HANDBUCH DES BIOLOGIEUNTERRICHTS · SEKUNDARBEREICH I

HANDBUCH DES BIOLOGIE-UNTERRICHTS

SEKUNDARBEREICH I

Herausgeber:
Dieter Eschenhagen, Oldenburg; *Ulrich Kattmann*, Oldenburg;
Dieter Rodi, Schwäbisch Gmünd

Mitarbeiter:
Friedrich Bay, Schwäbisch Gmünd; *Gerd-Günter Begerow*, Waldstetten;
Wolfgang Beisenherz, Bielefeld; *Jürgen Döhl*, Bielefeld;
Michael Dünckmann, Mettingen; *Margareta Erber*, Halle i.W.;
Roland Hedewig, Kassel; *Heinrich Hofmeister*, Hannover;
Gernot Jung, Oldenburg; *Karl Kuhn*, Freiburg; *Wilfried Probst*, Flensburg;
Ferdinand Rüther, Bonn; *Karl Schilke*, Kiel; *Eberhard Schmidt*, Bonn;
Volker Schneider, Freiburg;
Wolfgang Schwoerbel, Biberach

AULIS VERLAG DEUBNER & CO KG · KÖLN

HANDBUCH DES BIOLOGIE-UNTERRICHTS

SEKUNDARBEREICH I

BAND 2

Lebensformen und Verwandtschaft

Herausgegeben von
Dieter Eschenhagen, Ulrich Kattmann und Dieter Rodi

Verfaßt von
*Dieter Eschenhagen, Ulrich Kattmann, Wilfried Probst,
Eberhard Schmidt und Wolfgang Schwoerbel*

AULIS VERLAG DEUBNER & CO KG · KÖLN

Die Deutsche Bibliothek – CIP-Einheitsaufnahme
Handbuch des Biologieunterrichts. – Köln : Aulis-Verl. Deubner.
Sekundarbereich 1 / Hrsg.: Dieter Eschenhagen ... Mitarb.:
Friedrich Bay ...
NE: Eschenhagen, Dieter [Hrsg.]; Bay, Friedrich

Bd. 2. Lebensformen und Verwandtschaft / hrsg. von Dieter Eschenhagen ...
Verf. von Dieter Eschenhagen ... – 1992
ISBN 3-7614-1027-1

Zu den Herausgebern und Autoren

Eschenhagen, Dieter, Prof. Dr.
Universität Oldenburg

Kattmann, Ulrich, Prof. Dr.
Universität Oldenburg

Probst, Wilfried, Prof. Dr.
Pädagogische Hochschule Flensburg

Rodi, Dieter, Prof. Dr.
Pädagogische Hochschule Schwäbisch Gmünd

Schmidt, Eberhard, Prof. Dr.
Universität Essen

Schwoerbel, Wolfgang, Gymnasialprofessor Dr.
Wieland-Gymnasium, Biberach

Best.-Nr. 8082

Einbandgestaltung: Atelier Warminski, Büdingen
Gesamtherstellung: Konrad Triltsch, Graph. Betrieb GmbH, 8700 Würzburg
ISBN 3-7614-1027-1

Inhaltsverzeichnis

Gliederung des Gesamtwerkes

HANDBUCH DES BIOLOGIEUNTERRICHTS
SEKUNDARBEREICH I

Band 1: Phänomen Vielfalt
Band 2: Lebensformen und Verwandtschaft
Band 3: Stoff- und Energiewechsel
Band 4: Sinnesleistungen – Steuerung – Verhalten
Band 5: Sexualität – Fortpflanzung – Entwicklung
Band 6: Vererbung
Band 7: Evolution
Band 8: Umwelt (Umweltbeziehungen – Ökosysteme – Umweltschutz)

Vorwort

Der Band 2 dieses Handbuches bildet mit dem Band 1 „Phänomen Vielfalt“ eine thematische Einheit. Während es im ersten Band um das Kennenlernen der Mannigfaltigkeit des Lebendigen auf verschiedenen Ebenen der biologischen Organisation ging, steht im vorliegenden Band das Ordnen der Vielfalt im Mittelpunkt.

Das Bemühen, Pflanzen und Tiere aufgrund ihrer Ähnlichkeiten übersichtlich und für die Schüler einsehbar zu ordnen, spielte im Biologieunterricht schon immer eine Rolle. Dabei orientierte man sich in erster Linie oder sogar ausschließlich an dem von den Taxonomen erarbeiteten System der Organismen.

Dieses Ordnen nach Ähnlichkeiten im Bauplan liegt jungen Schülern jedoch meist fern. Läßt man diese zum Beispiel eine Anzahl von Tieren frei nach eigenen Gesichtspunkten ordnen, so spielen dabei Ähnlichkeiten im Körperbau nur eine untergeordnete Rolle. Viel wichtiger erscheinen dann das Vorkommen in bestimmten Lebensräumen („Wassertiere“) und Bewegungsweisen („fliegende Tiere“, „kriechende Tiere“). Das Ordnen der Lebewesen aufgrund derjenigen Merkmale, die sich aus ihrer Angepaßtheit an den Lebensraum und die Lebensweise ergeben, verdient wegen seiner besonderen Nähe zur Denkweise der Heranwachsenden und zu den heute so bedeutsamen ökologischen Gesichtspunkten eine besondere Beachtung. Deshalb wurde dem Thema „Ordnen nach Lebensformen“ mit dem Kapitel I in diesem Band viel Platz eingeräumt, obgleich es bisher weder in der Wissenschaft noch im Biologieunterricht die große Bedeutung erlangt hat, die es verdient. Neben einigen bereits üblichen Unterrichtsthemen (z.B. „Überwinterung bei Samenpflanzen“) finden sich im Band daher auch bisher ungewohnte Beispiele (z.B. „Lebensformtyp Schaufelgräber“ oder „Lebensformen bei Zimmerpflanzen“).

Da das ungewohnte Klassifizieren nach Lebensformen den Blick zwangsweise auf die Kriterien des Ordnens lenkt, kann erwartet werden, daß die Behandlung von Lebensformtypen sich auch fördernd auf das Verständnis nach systematischen Gesichtspunkten auswirkt. Im vorliegenden Band wird dieser Aspekt im Kapitel II behandelt. Es wird vorgeschlagen, in die Prinzipien des Ordnens nach systematischen Gesichtspunkten am Beispiel einiger Gruppen der Wirbeltiere und der Samenpflanzen einzuführen und diese anhand ausgewählter Klassen der Wirbellosen und Abteilungen der Pflanzen vertiefend zu behandeln. In der Klassenstufe 9/10 soll schließlich ein Überblick über das System der Pflanzen und der Tiere erarbeitet werden, womit das Thema „Evolution“ (s. Band 7) vorbereitet wird.

Eine wesentliche Voraussetzung für das Ordnen von Lebewesen und das ökologische Arbeiten im Freiland ist die Fähigkeit, verschiedene Organismenarten zu unterscheiden und zu benennen sowie unbekannte Formen zu bestimmen. Die hier und im Band 1 vorgeschlagenen Bestimmungsübungen dienen besonders dazu, die Schüler mit einfachen Bestimmungsmethoden vertraut zu machen.

Oldenburg und Schwäbisch Gmünd
Frühjahr 1992

Dieter Eschenhagen · Ulrich Kattmann · Dieter Rodi

I Ordnen nach Lebensformen

0 Basisinformationen

0.1 Zum Thema

Die Natur stellt sich dar in einer ungeheuren Mannigfaltigkeit ihrer Lebewesen und in den vielseitigen Beziehungen zwischen ihnen. Wie läßt sich diese Fülle ordnen?
Bewährt hat sich die „natürliche" Klassifizierung aufgrund von Verwandtschaft und Homologie, die zu hierarchisch-taxonomischen Systemen der Pflanzen und Tiere führt und deren zentrale Ordnungskategorie der Artbegriff ist (s. Abschnitt II, 0.1 und Band 1, Abschnitt II, 2.1.1). Die taxonomische Gliederung bietet aber nicht die einzige Möglichkeit, die Mannigfaltigkeit der Arten zu ordnen. Auch die ökologisch-biologischen Zusammenhänge zwischen den Lebewesen und ihrer Umwelt sind hierzu gut geeignet. Dabei spielt das Kriterium der Analogie die zentrale Rolle: die Ähnlichkeit nicht verwandter Organismen aufgrund ihrer übereinstimmenden Lebensweise. Grundlage dieses Ordnungsgefüges bildet der Begriff „Lebensformtyp".
Viele Ökosysteme unserer Erde sind einander ähnlich. Seen und Teiche, Flüsse, Sand- oder Lehmböden kommen überall vor, Wüsten und Regenwälder finden sich in Asien, Afrika und in Amerika; Steppen umgeben gürtelförmig die ganze Erde. Innerhalb gleichartiger Ökosysteme herrschen ähnliche Lebensbedingungen, aber nicht überall leben Angehörige derselben Arten. In Australien besetzt der Beutelmull die gleiche „ökologische Planstelle", die der Maulwurf bei uns einnimmt und die der Goldmull in Zentralostafrika oder die Blindmäuse in Südosteuropa innehaben. Im Verlauf der Evolution haben die ähnlichen Umweltbedingungen bei diesen Arten zur Entwicklung weitgehender Übereinstimmungen in Körperbau und Verhalten geführt, obwohl sie den verschiedenen systematischen Gruppen der Beuteltiere, der Insektenfresser und der Nager angehören (s. Abb. I, 0-1). Alle zeichnen sich aus durch einen walzenförmigen Körper, durch Rückbildung des Schwanzes, kurze Beine, Verbreiterung der Vorderbeine zu Grabschaufeln, Reduktion der Augen, unterirdische Lebensweise. Man faßt solche Arten, die bei gleicher Lebensweise übereinstimmende

Abb. I, 0-1: Angehörige des Lebensformtyps „Schaufelgräber". a) Beutelmull (Beuteltier), b) Goldmull, c) Maulwurf (beide Insektenfresser), d) Erdbohrer und e) Blindmaus (beide Nagetiere) (aus: *Reichelt/Schwoerbel* 1974, 40)

Abb. I, 0-2: Angehörige des Lebensformtyps „Schwirrflieger“: a) Kolibri (Vogel), b) Taubenschwänzchen (Schmetterling), c) Wollschweber (Hummelfliege), d) Schwebfliege; außer der Schwebfliege nehmen alle ihre Nahrung im Flug auf (nach *Heß* 1983 und *Kelle/Sturm* 1984, verändert)

Strukturen ausgebildet haben, zu einem Lebensformtyp zusammen, ohne Rücksicht darauf, wie weit sie taxonomisch miteinander verwandt sind. Die genannten Bodenwühler verkörpern den Lebensformtyp „Schaufelgräber“. Auch die europäische Maulwurfsgrille vertritt diesen Lebensformtyp. Alle diese Arten sind einander stellenäquivalent. Die Herausbildung gleicher Merkmale und Verhaltensweisen durch die Evolution heißt Konvergenz. Konvergenz ist Ausdruck übereinstimmender Angepaßtheit verschiedener Arten.

Unter dem Begriff „Lebensformtyp“ werden somit Arten zusammengefaßt, die bei ähnlicher Lebensweise in gleichartigen Lebensräumen übereinstimmende Strukturen und Verhaltensweisen entwickelt haben. Damit sind von ihren Merkmalen her auch Rückschlüsse auf ihre Lebensweise möglich. Unter dem Kriterium des Nahrungserwerbs gehört der Kolibri zu den „Nektarsaugern“. Man kann ihn aber auch von einer anderen ökologischen Grundfunktion her beurteilen, z.B. der Bewegung. Von hier aus betrachtet, gehört er zum Lebensformtyp „Schwirrflieger“, und das Taubenschwänzchen sowie die Wollschweber und Schwebfliegen unter den Insekten können ihm zugeordnet werden (s. Abb. I, 0-2). Es gibt also jeweils mehrere Kriterien für eine Gliederung nach Lebensformtypen, je nachdem, welche ökologische Grundfunktion aus dem Komplex aller Funktionen zum Beurteilungsmaßstab ausgewählt wird.

Um „die Gesetzmäßigkeiten und Organisationszüge eines Ökosystems zu erfassen, kann die Kenntnis des Lebensformspektrums wichtiger sein als diejenige des viel schwerer zu ermittelnden Artenspektrums" (*Schaefer/Tischler* 1983). Die Ähnlichkeit von Organismen gleicher Lebensweise ist schon früh vielen Beobachtern aufgefallen. *A. v. Humboldt* erkannte vor über hundert Jahren, daß in biogeographisch ähnlichen Regionen der Erde Pflanzen mit gleichartigem Wuchs und übereinstimmender Lebensweise existieren, ohne jedoch miteinander verwandt zu sein. Die Botaniker *Kerner von Marilaun* (1869) und *Raunkiaer* (1907) befaßten sich zunehmend intensiver mit dieser Erscheinung; 1908 prägte der dänische Botaniker *Warming* den Begriff „Lebensform". *Raunkiaer* hat als erster ein Ordnungsschema auf dieser Grundlage erstellt, das die Pflanzen nach der Art des Überstehens der ungünstigen Jahreszeit gliederte; die Stellung von Knospen und anderen Erneuerungsorganen und deren Schutz vor Kälte und Trockenheit bildeten hierbei die Kriterien. Auch die Angepaßtheit an den Wassergehalt des Standortes läßt sich bei Pflanzen zur Grundlage eines Lebensformschemas machen (Hydrophyten, Halophyten, Xerophyten u.a.) oder auch die Ernährungsweise (Autotrophe, Parasiten, Saprophyten, Insektenfresser u.a.) Vor allem *Gams* (1918) und später *Friederichs* (1930) haben die Bedeutung des Begriffs „Lebensform" für die Ökologie herausgestellt und auch die Tierwelt in die Betrachtung einbezogen. *Kühnelt* (1965), *Remane* (1943) und *Tischler* (1955; 1956) gingen darüber hinaus und haben versucht, eine Ordnung und Gliederung der Tierwelt aufgrund einer Klassifizierung nach Lebensformen zu erstellen – ein Unterfangen, das in dem großangelegten Werk von *Koepcke* (1973 f.) einen vorläufigen Höhepunkt erreicht hat.

0.2 Zur Behandlung im Unterricht

Pflanzen und Tiere sind in die biotische und abiotische Situation ihrer Ökosysteme mehr oder weniger eng eingepaßt. Dieses ökologische Beziehungsgefüge zwischen ihnen selbst und ihrer Umwelt findet in der Betrachtung von Lebensformtypen die angemessene Behandlung: Denken in Lebensformtypen heißt biologisch denken! In den meisten Schulbüchern wird darauf viel zu wenig Wert gelegt. Das einschlägige Richtziel des Biologieunterrichts ist ja nicht, möglichst viele Arten kennenzulernen, vielmehr aus dem Bau eines Lebewesens mit einiger Sicherheit auf dessen Lebensweise schließen zu können. Und das wird mit der im Vergleich vorgenommenen Betrachtung von Lebensformen bzw. Lebensformtypen erreicht.
Generell wird der Schüler im Biologieunterricht am Begriff und den vielfältigen Erscheinungen von Angepaßtheit – mit einfachen Monographien beginnend (Maulwurf, Spechte u.a.) – über die Lebensformtypen in das Systemdenken der Ökologie eingeführt. Dazu kommt, gleichsam als zweite Schiene, die Erarbeitung des taxonomischen Begriffs „Art"; bei jüngeren Schülern ausgehend vom einzelnen Tier oder der einzelnen Pflanze – denn real ist nur das Individuum, alle Ordnungskategorien sind abstrakt –, bei älteren Schülern im Zusammenhang mit den Themen „Population", „Genetik", „Evolution". Beide Aspekte ergänzen sich und vermitteln ein tieferes Verständnis für die belebte Natur und für die Ordnung ihrer Mannigfaltigkeit. Das „Denken in Lebensformtypen"
- befähigt die Schüler, von der „Konstruktion", von den Merkmalen einer Pflanze oder eines Tieres auf deren bzw. auf dessen Lebensweise zu schließen,
- führt – neben den Themen „Symbiose" und „Parasitismus" – in die vielfältigen Wechselbeziehungen zwischen Arten und Umwelt ein,
- bereitet auf diese Weise die Behandlung von Ökosystemen vor.

Damit wird auch der Unterrichtseinheit „Evolution" eine sichere Basis gegeben.
Tischler (1975) beschreibt die Lebensformtypen als „Bau- und Leistungspläne, durch die eine Art in ihre spezielle Umwelt eingepaßt ist", und in diesem Sinne spricht *Odum* (1980) auch von Lebensformtypen als „ökologischen Konstitutionstypen". Mit der „speziellen Umwelt" ist hier die „ökologische Nische" gemeint (vgl. *Halbach* 1983). Das ist ein – zumal für jüngere Schüler – schwieriger

Begriff. Man kann ihn ins Unterrichtsprogramm aufnehmen und im Zusammenhang mit den Lebensformtypen behandeln; zu empfehlen ist dieser Schritt indessen nicht. Die Lebensformtypen selbst können in jedem Fall ohne den schwierigen und auch problematischen Begriff der „ökologischen Nische" (vgl. *Schwerdtfeger* 1975; *Remmert* 1984) erarbeitet werden.
Wie *Raunkiaer* die Pflanzen seinerzeit nach Kriterien des Überstehens ungünstiger Bedingungen bestimmten Lebensformen zugeordnet hat, kann man auch die Tiere in unseren Breiten nach der Art ihres Überwinterns lebensformtypisch gliedern: Aktiv Überwinternde – Zugvögel – Winterschläfer – Winterruher – Tiere mit Winterstarre. Doch sollte der Begriff des Lebensformtyps im Zusammenhang mit dem Thema „Überwinterung" nicht überstrapaziert werden. Die Behandlung dieses Themas dient nicht dazu, den Begriff Lebensformtyp einzuführen (der geschickte Lehrer mag das spätere Erfassen dieses Begriffs hier vorbereiten). Es geht vielmehr darum, beim Schüler Verständnis für die Schwierigkeiten der Tiere zu erwecken, in unseren Breiten „durch den Winter zu kommen", und ihm die verschiedenen Möglichkeiten der Tiere, die winterliche Not zu überwinden, aufzuzeigen sowie seiner emotionalen Hilfsbereitschaft diesen Tieren gegenüber eine sachgerechte Begründung zu geben. Vom Anspruch her ist das Thema „Überwinterung" einfacher, für die jüngeren Schüler auch naheliegender als die Betrachtung von Lebensformtypen, so daß es bereits auf niederer Klassenstufe behandelt werden kann.

Literatur

Friederichs 1930; *Gams* 1918; *Halbach* 1983; *Kerner von Marilaun* 1869; *Koepcke* 1973 f.; *Kühnelt* 1970; *Odum* 1980; *Raunkiaer* 1907; *Reichelt/Schwoerbel* 1974; *Remane* 1943; *Remmert* 1984; *Schaefer/Tischler* 1983; *Schwerdtfeger* 1975; *Tischler* 1955; 1956; 1984

1 Überwinterung von Samenpflanzen

1.1 Sachanalyse

Der Frost gefährdet die Pflanzen auf zweierlei Weise:

- Durch Gefrieren des Zellsaftes kommt es zu mechanischen Schädigungen.
- Wasser kann in gefrorenem Zustand weder aufgenommen noch in der Pflanze geleitet werden. Da aber die Verdunstung an oberirdischen Pflanzenteilen auch bei tieferen Temperaturen weitergeht, kann es zum Vertrocknen der Pflanzen kommen.

Unsere einheimischen Pflanzenarten sind an die kalten Jahreszeiten ganz unterschiedlich angepaßt. Eine Möglichkeit, diese unterschiedlichen Erscheinungen der Angepaßtheit zu ordnen, gibt die Lage der ausdauernden Organe zur Erdoberfläche oder – anders ausgedrückt – die Lage der Erneuerungsknospen, aus denen in jedem Frühjahr die neuen Triebe gebildet werden. Eine solche Einteilung erscheint sinnvoll, weil die oberirdischen Teile einer Pflanze während der Wintermonate besonders gefährdet sind. An der Bodenoberfläche, wo Laubstreu und Schneedecke einen gewissen Schutz gewähren, sind die Gefahren am geringsten. Je höher sich jedoch die Pflanzenteile in den Luftraum erheben, desto stärker ist die Beanspruchung. Bei regelmäßig hoher Schneedecke sind die niedrigen Pflanzen, wie kleine Kräuter und Zwergsträucher, wenig gefährdet, da die Schneedecke sehr gut isoliert. An Stellen, wo durch Wind der Schnee weggefegt wird, ist die Gefährdung aber sehr groß. Im Hochgebirge zum Beispiel sind solche vom Schnee blankgefegten Kuppen und Kanten oft nahezu pflanzenfrei.
Man unterscheidet nach diesem Einteilungsprinzip, das auf *Raunkiaer* (1907) zurückgeht, sechs verschiedene Überwinterungstypen: *Bodenpflanzen, Erdschürfpflanzen, Zwergpflanzen, Luftpflanzen, Einjährige* und *Wasserpflanzen* (s. Abb. I, 1-1).

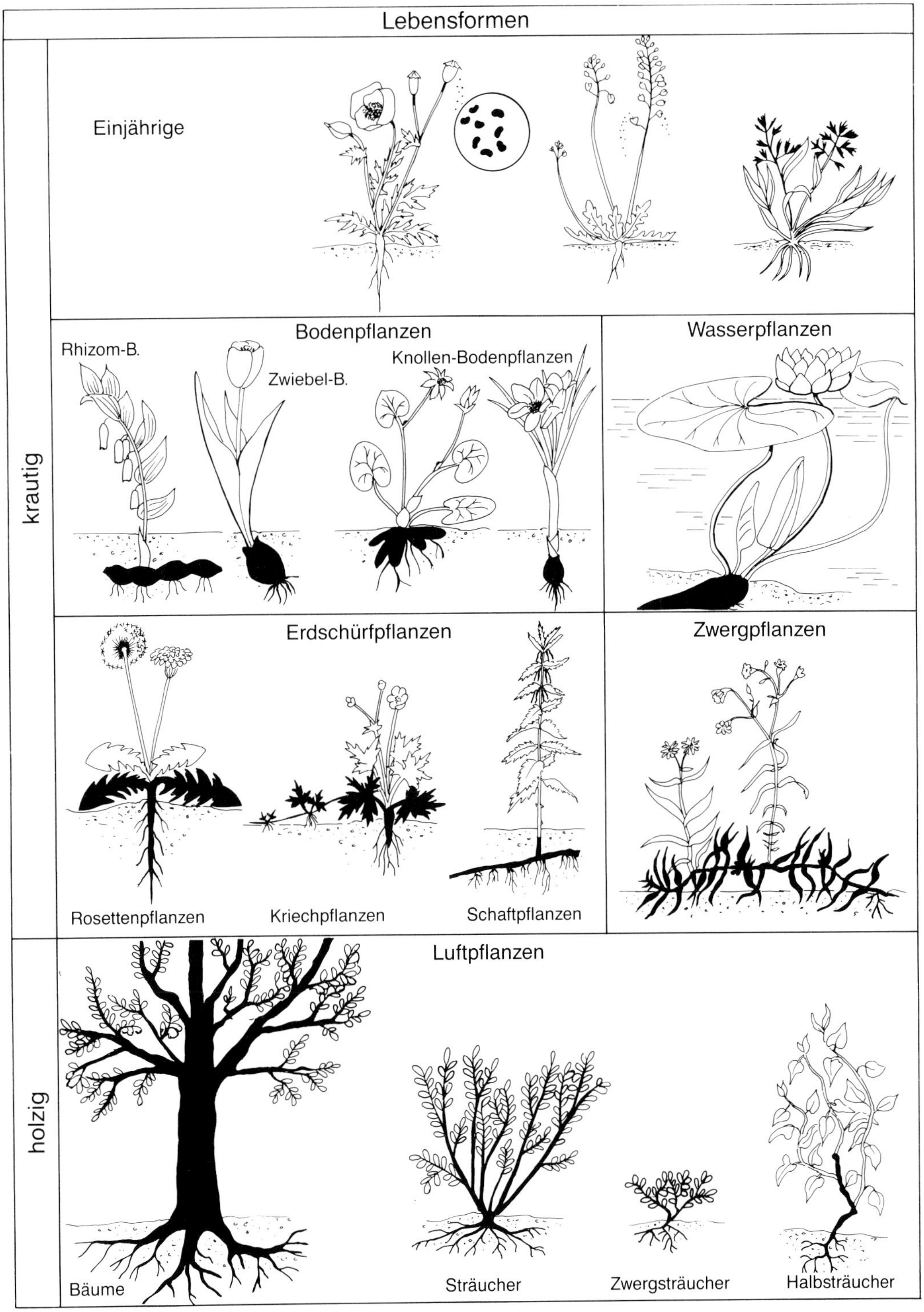

Abb. I, 1-1: Überwinterungsformen (Lebensformen) der Pflanzen nach *Raunkiaer* (1907) (nach *Haller/Probst* 1989, 42). Die überwinternden Teile sind schwarz ausgemalt

I Ordnen nach Lebensformen

Bodenpflanzen (Erdpflanzen, Geophyten)
Bei diesem Pflanzentyp wird die Berührung mit der kalten, trockenen Winterluft ganz vermieden. Die oberirdischen Teile sterben in der kalten Jahreszeit ab. Es überwintern nur unterirdische Sprosse, Sproß- oder Wurzelknollen oder Zwiebeln. Während der günstigen Jahreszeit wurden in diesen unterirdischen Organen Nährstoffe eingelagert, oft sind sie deshalb knollig verdickt. Sie enthalten reichlich Stärke oder Zucker. In einigen Fällen werden sie deshalb zu Speisezwecken verwendet (s. Abb. I, 1-2).

Abb. I, 1-2: Beispiele für Überwinterungs- und Speicherorgane von Erdpflanzen (Geophyten) (nach *Haller/Probst* 1989, 44)

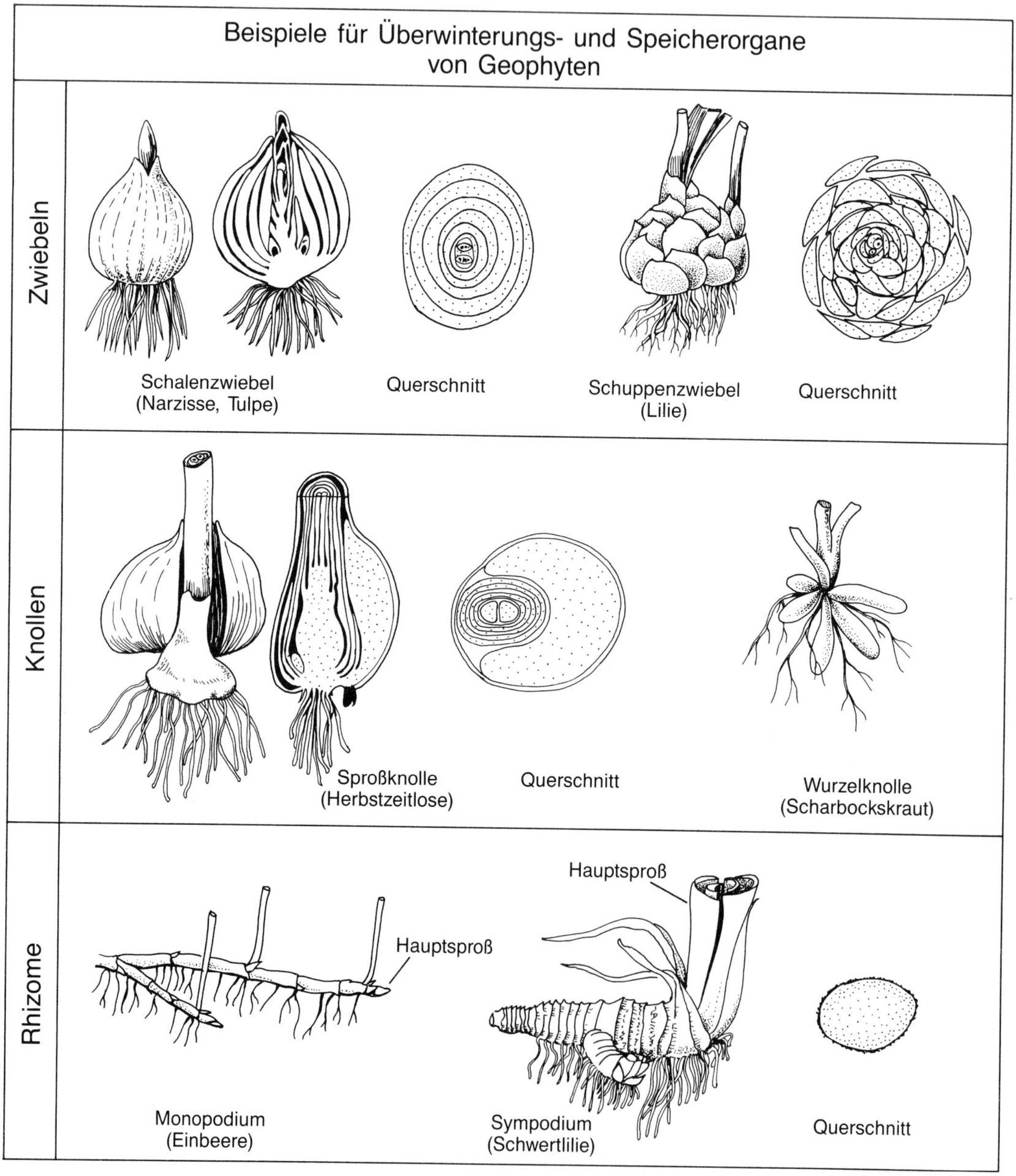

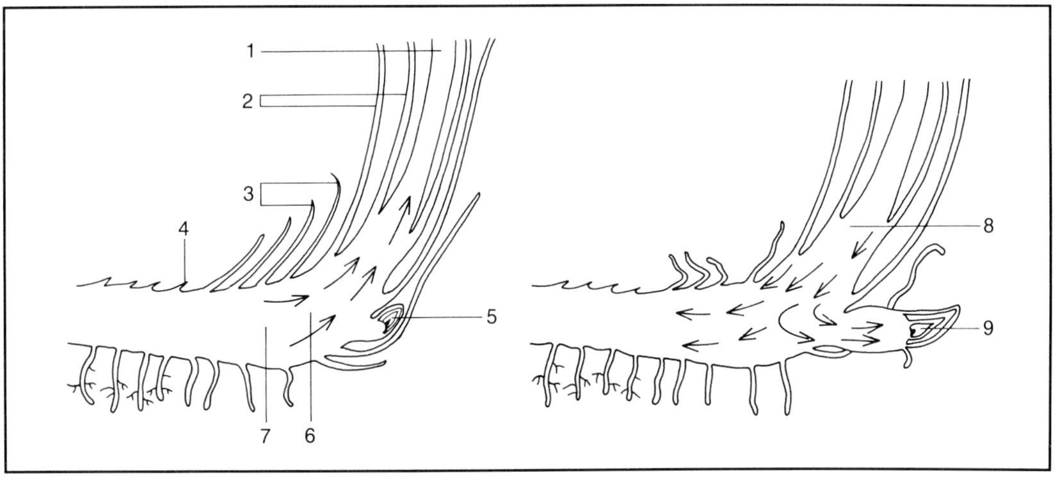

Abb. I, 1-3: Wachstum eines Erdsprosses: 1 Blütenstengel, 2 Blätter, 3 Blattbasen des Vorjahres, 4 Reste von vor zwei Jahren gewachsenen Blättern, 5 Seitenknospe, 6 Nährstoffe werden zu den wachsenden Pflanzenteilen transportiert, 7 der verdickte Sproßabschnitt ist gut mit Nährstoffen versorgt, 8 später im Jahr werden die Nährstoffe von den assimilierenden Blättern zum unterirdischen Stengel befördert, 9 die Seitenknospe wächst unter der Erde weiter; im nächsten Frühjahr krümmt sie sich nach oben und bildet Blätter (und Blüten), eine neue Seitenknospe setzt das unterirdische Wachstum fort (nach *Mackean* 1970, 62)

Geophyten herrschen vor allem in solchen Gebieten vor, in denen außer der kalten Jahreszeit auch noch eine zweite ungünstige Periode, etwa ein trockener Sommer, zu überstehen ist. Sie können dank der gespeicherten Reservestoffe sehr rasch austreiben und so auch sehr kurze Vegetationsperioden gut ausnutzen. Einige unserer frühblühenden Zierpflanzen sind Geophyten aus winterkalten und sommertrockenen Steppen Vorder- und Zentralasiens, z.B. Tulpe, Hyazinthe, Blaustern, Kaiserkrone, Krokus, Lilie und Schwertlilie.
Auch in den Laubwäldern der gemäßigten Zone ist die günstige Periode für krautige Pflanzen kurz, da im Sommer die Lichtmenge für eine positive Fotosynthesebilanz nicht mehr ausreicht. Die auffälligsten Frühblüher unserer Laubwälder, wie Buschwindröschen, Bingelkraut, Gelbstern, sind solche Geophyten. Die Herbstzeitlose, ein Knollengeophyt, ist an die besonderen Bedingungen unserer Mähwiesen angepaßt. Sie blüht im Herbst und treibt im Frühjahr Blätter und Früchte, die schon vor dem ersten Schnitt reifen (vgl. *Schmidt, H.,* 1981).
An den Überwinterungsorganen der Geophyten können alle Grundorgane der Höheren Pflanzen beteiligt sein. Unterirdische Rhizome (s. Abb. I, 1-3) sind kriechende Sproßachsen, die oft verdickt sind und zum Teil Knollen bilden, wie etwa bei der Kartoffel. Betrifft die Verdickung nicht allein die Sproßachse, sondern auch die Wurzel, sind also zwei Grundorgane betroffen, so spricht man von einer Rübe (Wilde Möhre, Pastinak, Löwenzahn). Die Rüben können mehr von der Wurzel (Wurzelrübe, z.B. Karotte) oder mehr von dem unteren Abschnitt des Sprosses, dem Hypokotyl (Hypokotylrübe, z.B. Futterrübe) gebildet werden. Zwiebeln sind ebenfalls verkürzte Sprosse. Die speichernden Organe sind jedoch die fleischig verdickten Blätter, die dicht beieinander liegen und sich überdecken. Die äußeren Blätter sind meist trockenhäutig und schützen die fleischigen inneren Blätter vor Austrocknung. Bei der Küchenzwiebel und anderen Allium-Arten stellen die Zwiebelschuppen fleischig verdickte Blattscheiden dar. Bei der Tulpe werden die Zwiebelschuppen von Niederblättern gebildet.

Oberflächenpflanzen (Erdschürfpflanzen, am Boden sprossende Pflanzen, Hemikryptophyten)
Auch bei den Oberflächenpflanzen sterben im Winter die oberirdischen Sprosse ab, doch bleiben unmittelbar an der Bodenoberfläche die Knospen erhalten, ebenso das Wurzelwerk, das als Reser-

vespeicher dient. Schon eine dünne Schneedecke, eine Laubschicht oder sogar die eigenen, abgestorbenen Blätter schützen die Knospen. Bei uns sind Pflanzen dieser Lebensform in großer Artenanzahl vertreten. Man kann folgende Untertypen unterscheiden:

Rosettenpflanzen: Die in einer grundständigen Rosette angeordneten Blätter überwintern. Viele zweijährige Arten bilden im ersten Jahr eine solche Blattrosette, aus der dann im zweiten Jahr ein Blütensproß austreibt (z.B. Roter Fingerhut, Nachtkerze, Distel-Arten, Wiesen-Schaumkraut, Rotes Leimkraut). Es gibt aber auch zahlreiche ausdauernde Rosettenpflanzen, die oft Rüben zur Reservestoffspeicherung besitzen, wie etwa der Gemeine Löwenzahn. Weitere Beispiele sind Schlüsselblume und Gänseblümchen.

Horstpflanzen: Wachsen bei einem Sproß nur die untersten Seitentriebe zu gestauchten Achsen aus, so entstehen – wie bei vielen Gräsern, Seggen und Binsen – Büschel gleich starker, unverzweigter Achsen, sogenannte Horste. In diesem Fall überwintern die gestauchten Basen dieser Triebe. Lange Achsen werden nur zur Blütezeit gebildet. Schon im Frühjahr treiben Blaugras, Hainsimse und verschiedene Seggen-Arten diese Blütensprosse, während sie bei vielen Gräsern erst Ende Mai, Anfang Juni ausgebildet werden.

Schaftpflanzen: Der unterste Teil des Stengels ist bei dieser Gruppe weitgehend blattlos. Im Herbst stirbt der oberirdische Sproß ab, die Erneuerungsknospen liegen an der Stengelbasis. Beispiele: Sumpf-Dotterblume, Weiße Taubnessel, Große Brennessel, Wiesen-Kerbel, Gemeiner Beifuß, Rainfarn, Johanniskraut. Oft treiben diese Knospen, wie bei der Großen Brennessel, schon unter dem Schnee aus.

Zwergpflanzen (Chamaephyten)
Zu dieser Gruppe rechnet man (i.e.S.; vgl. *Rothmaler* 1988) krautige Pflanzen, deren Erneuerungsknospen deutlich über der Bodenoberfläche liegen. Teilweise sind die oberirdischen Triebe unempfindlich gegen Frost, teilweise werden sie vom Schnee gegen die Kälte geschützt. Der Schutz der Knospen erfolgt häufig durch abgestorbene Pflanzenteile, z.B. bei Polsterpflanzen wie Blaukissen oder Steinbrech-Arten. Auch die Große Sternmiere und die Gelbe Taubnessel zählen zu dieser Gruppe.

Holzgewächse (Phanerophyten; Bäume und Sträucher, „Luftpflanzen“)
Die verholzten, oberirdischen Stämme, Äste und Zweige dieser Pflanzengruppe überdauern den Winter und treiben im nächsten Frühjahr erneut aus. Während bei den laubwerfenden Gehölzen die Blätter im Herbst abfallen und jedes Frühjahr neu gebildet werden, überdauern bei den immergrünen Gehölzen auch die Blätter oder die Nadeln mehrere Winter.
Nach der Höhe der Sproßsysteme unterscheidet man Bäume (Makro-Phanerophyten), Sträucher (Nano-Phanerophyten) ohne oberirdischen Stamm mit starker basaler Verzweigung und Zwergsträucher (Chamae-Phanerophyten), die höchstens 50 cm hoch werden. Schließlich kann man auch die Halbsträucher (Hemi-Phanerophyten) zu dieser Gruppe zählen. Sie sind nur im unteren Teil ihrer Sproßsysteme verholzt. Die oberen Triebe sterben, wie z.B. beim Bittersüßen Nachtschatten, im Winter ab und werden im Frühjahr neu gebildet.
Immergrüne Laubgehölze sind in Mitteleuropa selten und meistens auf klimatisch günstige Gebiete, d.h. auf Gebiete mit hoher Luftfeuchtigkeit und verhältnismäßig milden Wintern, beschränkt. Ein gutes Beispiel für diesen Pflanzentyp ist die Stechpalme. Die meisten Laubgehölze schützen sich durch Abwerfen ihrer Blätter vor Frostschäden und Austrocknen. Ferner sind die Knospen in der Regel von Schuppen eingehüllt, die einen sehr wirksamen Transpirationsschutz darstellen. Eine Besonderheit sind die Immergrünen Nadelgehölze. Dank ihrer hohen physiologischen Kälteresistenz und der starken Schutzeinrichtungen ihrer Nadeln gegen Austrocknung können sie den Winter selbst in sehr kalten, kontinentalen Klimaten gut überstehen. Sie sind die vorherrschenden Bäume des nördlichen Waldgürtels und der obersten Waldstufe der Gebirge.

Gehölze sind die vorherrschenden Lebensformen der Tropen. In tropischen Regenwäldern sind meist über 80% aller Pflanzenarten Phanerophyten. Nach Norden hin und in den Gebirgen nach oben hin nimmt der Anteil der Gehölze an der Vegetation ständig ab, und schließlich wird an der sogenannten Waldgrenze die endgültige Verbreitungsgrenze dieses Lebensformtyps erreicht, während andere Lebensformen noch wesentlich weiter polwärts oder höher gedeihen können.
Zu den Zwergsträuchern gehören bei uns vor allem die Heidekrautgewächse. Sie haben einen Verbreitungsschwerpunkt in den schneesicheren Lagen der Arktis und der alpinen Stufe der Gebirge, wo die Schneedecke ihre Knospen und Sprosse schützt. Ein zweiter Verbreitungsschwerpunkt liegt in den atlantischen Heidegebieten Westeuropas, die mit milden, feuchten Wintern günstige Bedingungen bieten. Als beliebte, schon im sehr zeitigen Frühjahr blühende Gartenpflanzen sind die Schneeheide und das Felsen-Steinkraut zu nennen.
Zu den Halbsträuchern kann man auch Brombeer-Arten und die Himbeere rechnen, da sie im Gegensatz zu anderen Sträuchern nur zweijährige Luftsprosse bilden. Die Erneuerungsknospen an den einjährigen Trieben liegen zum Teil weit über 50 cm hoch, doch sterben die Triebe immer nach dem Fruchten im zweiten Jahr ab. So gesehen, sind sie eine besondere, in das aufgestellte Raster nicht vollständig einzupassende Lebensform. Ökologisch haben die vielen in einem Brombeergestrüpp stehenbleibenden abgestorbenen Dornentriebe natürlich eine erhebliche Bedeutung, z.B. als Schutz vor Herbivoren.
Die Gehölze speichern ihre Reservestoffe vorzugsweise im Holzparenchym. Sie haben gegenüber den Kryptophyten und den Hemikryptophyten den Vorteil, daß sie – auch, wenn es sich um laubwerfende Arten handelt – jedes Jahr nur einen verhältnismäßig kleinen Teil ihres Vegetationskörpers neu aufbauen müssen. So ist es verständlich, daß unter ihnen viele Frühblüher zu finden sind, die dann die gesamte Vegetationsperiode zur Reifung der Früchte nutzen können. Ebenso wie bei den Geophyten kommen auch bei den Bäumen und Sträuchern viele Frühblüher vor. Die Blütenentfaltung vor der Belaubung hat bei insektenblütigen Bäumen den Vorteil, daß sie auffälliger sind und von den Bestäubern leichter besucht werden können. Für die Windblüher ist das Blühen vor der Belaubung noch wichtiger. Das Blätterwerk würde den größten Teil des Pollens wegfangen.

Einjährige (Annuelle, Therophyten)
Viele einjährige Pflanzen sind besonders in trocken-warmen Gebieten verbreitet und bei uns erst mit dem Ackerbau als „Unkräuter" und Ruderalpflanzen eingewandert. An ungünstige Jahreszeiten – in ihrer ursprünglichen Heimat meist Trockenperioden – sind sie gut angepaßt, da sie als unempfindliche Samen überdauern. Sie müssen jedoch alljährlich den gesamten Pflanzenkörper neu aufbauen, wodurch ihrer Größe gewisse Grenzen gesetzt sind. Allerdings gibt es ausgesprochen wuchskräftige einjährige Pflanzen, wie etwa den erst in jüngster Zeit sich bei uns ausbreitenden, aggressiven Neophyten „Indisches Springkraut" (Impatiens glandulifera). Außerdem können sie nur dort wachsen, wo der Boden nicht bereits von ausdauernden Pflanzen bedeckt ist, also insbesondere dort, wo durch Pflügen, Umgraben oder Aufschütten freier Boden geschaffen wurde. In natürlichen Habitaten sind sie typische Besiedler von Abbruchkanten und Rutschungen an Hängen, Kliffen und Prallhängen sowie Überschwemmungsgebieten von Gewässern.
Viele unserer einheimischen Einjährigen können bei günstiger Witterung auch mehrjährig wachsen, z.B. Sand-Hornkraut, Vogel-Miere, Acker-Hellerkraut, Bauernsenf, Acker-Schmalwand, Hungerblümchen, Acker-Stiefmütterchen, Persischer Ehrenpreis, Rote und Stengelumfassende Taubnessel, Gemeines Greiskraut und Einjähriges Rispengras.

Wasserpflanzen (Hydrophyten)
Auch für diese Pflanzengruppe bedeutet die kalte Jahreszeit eine Einschränkung ihrer Lebensbedingungen. Zwar ist nicht – wie bei den Landpflanzen – die Gefahr der Austrocknung gegeben. Neben den niedrigen Temperaturen ist jedoch vor allem das geringe Lichtangebot für viele Wasserpflanzen im Winter ein begrenzender Faktor. Oft sterben die Sproßsysteme ab, und nur die Rhi-

zome oder besondere Überwinterungsorgane – z.B. die sogenannten Hibernakeln, knospenähnlich gestauchte Kurzsprosse, die abfallen und auf den Boden sinken – überdauern.

1.2 Vorschläge zur Unterrichtsgestaltung

1.2.1 Didaktische Überlegungen

Da Pflanzen im Gegensatz zu den meisten Tieren an einen festen Ort gebunden sind, sind sie besonders abhängig von klimatischen und edaphischen Faktoren. Pflanzenökologie eignet sich deshalb noch besser als Tierökologie dazu, grundlegende Beziehungen und Abhängigkeiten von der belebten und unbelebten Natur aufzuzeigen. Dabei geht es um das geobotanische Konzept des Standorts als der Gesamtheit der an einem Wuchsort einer Pflanze auf sie einwirkenden Umweltfaktoren (vgl. *Walter* 1951).
Die Frage der Überwinterung und der Überwinterungsformen von Pflanzen ist in diesem Zusammenhang als Einführung besonders geeignet, da der Winter bei uns eine klimatische Extremsituation darstellt. An Extremsituationen aber wird die Wirkung der Standortfaktoren auf die Pflanzen besonders deutlich.

Abb. I, 1-4: Schneeglöckchen
a) Habitusskizze einer Pflanze im Frühjahr: 1 Blüte, 2 Blattspreite, 3 Blattscheide, 4 Blütenstengel (Sproßachse), 5 Zwiebel aus verdickten Blattbasen, 6 Wurzeln
b) Aufbau der Zwiebel: 1 Blütenstengel, 2 Blatt 1, 3 Blatt 2, 4 aus der Knospenhülle entstandene zylinderförmige Scheide, 5 zylinderförmige Basis des ersten Blattes, 6 zylinderförmige Basis des zweiten Blattes, 7 Achse (Zwiebelscheibe, Zwiebelkuchen)
c) herauspräpariertes Blatt mit zylinderförmiger Basis (b und c nach *Mackean* 1970, 50)

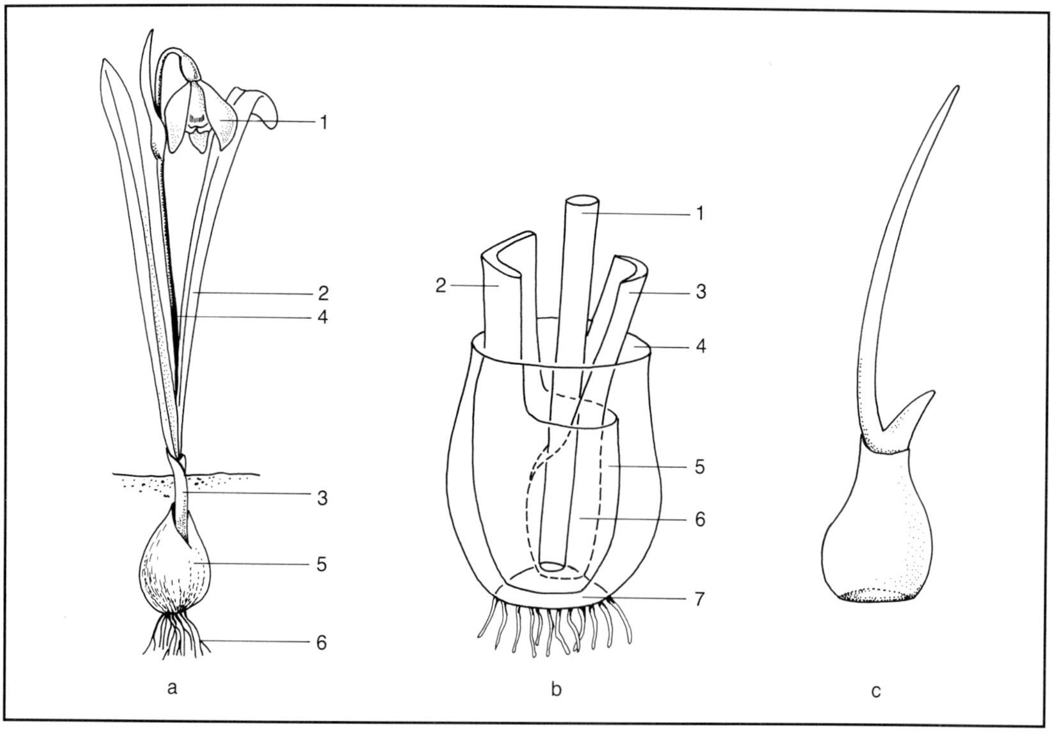

Der Unterricht sollte möglichst im zeitigen Frühjahr durchgeführt werden. Der Beginn der Vegetationsperiode und das Erscheinen der ersten Blüten wird von den meisten Menschen aufmerksamer registriert als spätere phänologische Ereignisse. Die Frage, wie es Schneeglöckchen, Huflattich und Buschwindröschen fertiggebracht haben, den Winter zu überdauern und so kurz nach Frost und Eis schon Blüten zu treiben, stellt sich fast von selbst.
Da das Thema als Einstieg in die Pflanzenökologie dienen soll, ist es wichtig, die Beziehungen zwischen Pflanzengestalt, Lebensweise und Umwelt der Pflanzen besonders sorgfältig herauszuarbeiten. Dies kann etwa in der Form geschehen, wie es im Kapitel „Samenpflanzen" für die Unterrichtseinheit „Frühblüher" vorgeschlagen wurde (s. Band 1, Abschnitt I, 1.4). Eine solche Unterrichtseinheit kann in Richtung „Überwinterung der Pflanzen" fortgeführt werden. So kann z.B. zunächst an einer auffälligen und allgemein bekannten Gartenpflanze, etwa am Schneeglöckchen (s. Abb. I, 1-4) oder an der Narzisse, eine Beziehung zu dem jahreszeitlichen Wechsel der klimatischen Bedingungen hergestellt werden. Ausgehend von einer solchen Erdpflanze, kann dann in einem zweiten Unterrichtsschritt untersucht werden, wie es anderen Pflanzen gelingt, über den Winter zu kommen. Dies könnte mit einem Unterrichtsgang in einem feuchten, krautreichen Wald eingeleitet werden. Im Frühjahr kann man sehr gut erkennen, wo die Erneuerungsknospen einer Pflanze liegen, da sie gerade auszutreiben beginnen und auch die schon neu entwickelten Triebe sich deutlich von den Vorjahrestrieben unterscheiden.
Bei der Auswertung könnten die Luftpflanzen (Bäume und Sträucher) neben den Erdpflanzen einen zweiten Schwerpunkt bilden. Im Vordergrund sollten dabei (wie etwa von *Schilke* 1977 vorgeschlagen) Laubabfall und Knospenbildung als Anpassungserscheinungen an die Winterkälte und die damit verbundene Wasserknappheit stehen. Dabei kann man eine Reihe von Parallelen zu den Erdpflanzen herausarbeiten (frühzeitige Anlage der Knospen bzw. der Zwiebeln oder Knollen der nächsten Vegetationsperiode, da den Winter über eine solche Neuanlage nicht möglich wäre; Anlage von Seitenknospen bzw. Brutzwiebeln oder Knollen). Zur Knospenanalyse eignet sich sehr gut die Roßkastanie (s. Abb. I, 1-5), da sie sehr große, gut gegliederte Knospen und Blattnarben hat. Ein Zweig der Roßkastanie kann ab Februar leicht im Klassenzimmer ausgetrieben werden.
Wichtiges Unterrichtsziel ist neben einer Schulung autökologischer und funktionsmorphologischer Betrachtungsweisen eine Erweiterung der Formenkenntnis (Frühblüher, Gehölze).

Unterrichtsziele:

Die Schüler sollen
- die Beziehungen zwischen jahreszeitlichem Gestaltwandel und Klimabedingungen bei einer frühblühenden Erdpflanze (z.B. Schneeglöckchen) beschreiben können;
- Beispiele für verschiedene Überwinterungsformen von Pflanzen nennen können;
- erklären können, daß die Frühblüher des Laubwaldes zwei ungünstige Jahreszeiten (Winter mit Frost, Sommer mit Lichtmangel) überstehen müssen;
- Die Entwicklung eines Laubholzzweiges im Jahreslauf beschreiben und mit dem Wechsel der Klimabedingungen in Verbindung bringen können (Laubfall als Verdunstungsschutz; Knospenschuppen als Verdunstungs-, Strahlungs- und Kälteschutz);
- einige typische Frühblüher benennen können;
- einige Bäume und Sträucher des Laubwaldes vor und nach dem Laubaustrieb erkennen können.

1.2.2 Unterrichtsprozeß

Zu Beginn des Unterrichts werden allen Schülern Schneeglöckchen (oder andere frühblühende Geophyten) ausgeteilt. Die Schüler erhalten den Auftrag, eine Umrißskizze von der Pflanze anzufertigen. Um Zeit zu sparen, kann diese Skizze auch auf einem Arbeitsblatt vorgegeben werden

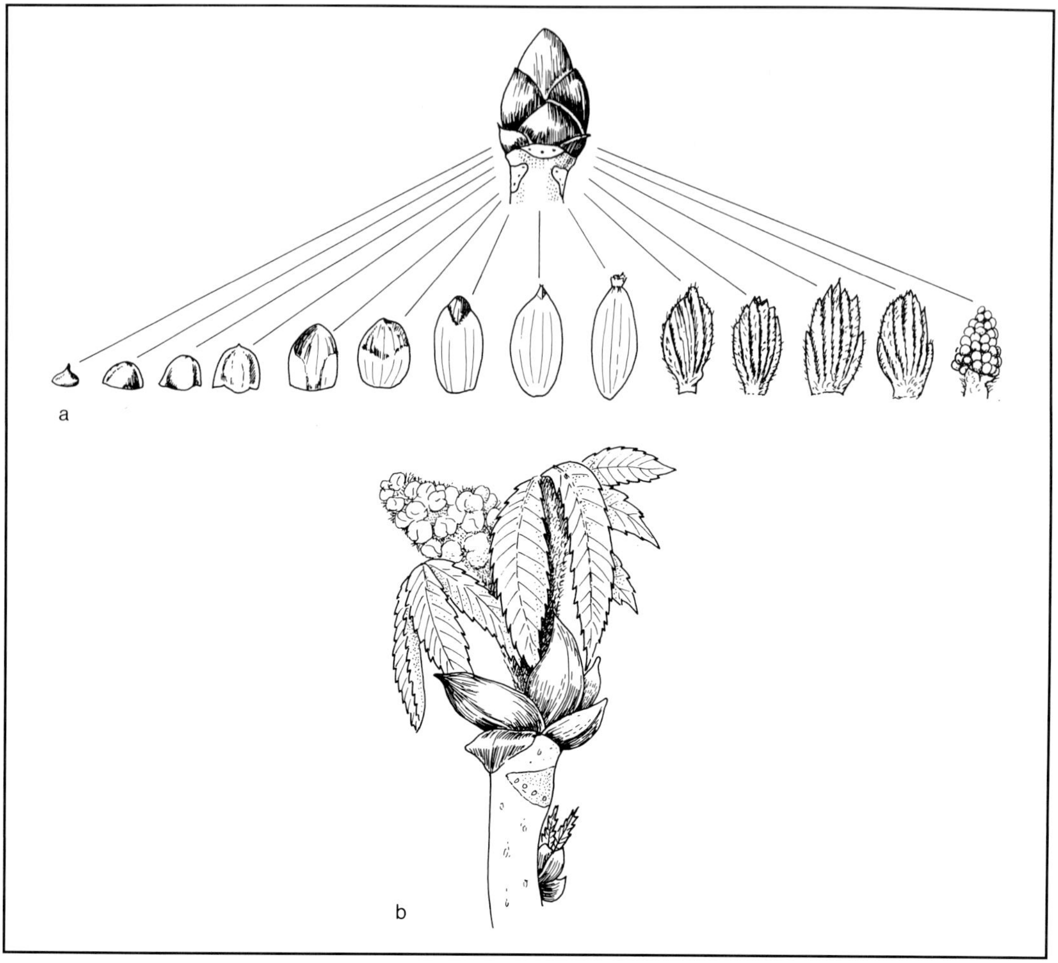

Abb. I, 1-5: a) Die Bestandteile der Knospe einer Roßkastanie (nach *Haller/Probst* 1980, 9). b) Im Zimmer ausgetriebene Knospe der Roßkastanie mit geöffneten Knospenschuppen, Laubblättern und Blütenstand

(s. Abb. I, 1-4). Anschließend wird die Zeichnung beschriftet. Sie sollte eine halbe DIN-A4-Seite füllen.
Die erste Zeichnung zeigt das Schneeglöckchen im Frühjahr. Jeder Schüler soll nun versuchen, die Veränderungen der Schneeglöckchenpflanze in den folgenden Jahreszeiten darzustellen. Er fertigt in derselben Größe eine Zeichnung für Sommer, Herbst und Winter an. Währenddessen teilt der Lehrer die Tafel in vier Abteilungen ein. Über jede Abteilung wird groß der Name der Jahreszeit geschrieben. Die von den Schülern angefertigten Zeichnungen werden nun jeweils der richtigen Jahreszeit zugeordnet. Die unterschiedlichen Darstellungen werden diskutiert, Fehler korrigiert. Es wäre günstig, wenn geeignete Dias oder Abbildungen zur Verfügung stünden. Zum Schluß werden vier sachlich richtige Zeichnungen als Vorlage für eine kreisförmige Darstellung an der Tafel oder auf einer Folie verwendet. Diese Zeichnung soll in das Heft übernommen werden (s. Abb. I, 1-6).
Der Formwandel des Schneeglöckchens wird als Angepaßtheit an den jährlichen Klimawechsel gedeutet. Man beginnt mit dem Frühjahrszustand: Die Blätter dienen der Nährstofferzeugung, die Blüten der Fortpflanzung. Bei der Sommerzeichnung soll beschrieben werden, daß die Nährstoffe von den Blättern in die Blattbasen gelangen und daß die Samen ausgestreut werden. Bei der Darstel-

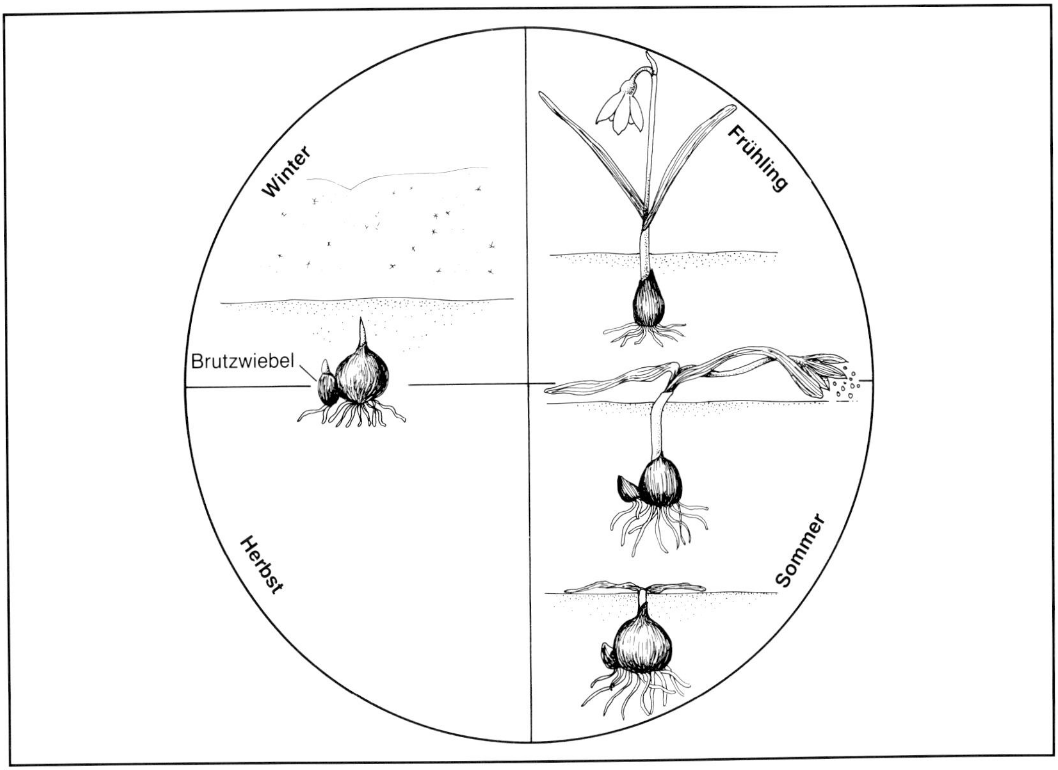

Abb. I, 1-6: Tafelbild: Der Formwandel der Schneeglöckchenpflanze im Jahresverlauf

lung des Herbstzustandes wird deutlich, daß Blätter und Stengel absterben. Auf der Winterzeichnung ist nur noch die Zwiebel im Boden zu sehen. Die Zwiebel dient der Stoffspeicherung. Ein kurzer Text könnte als Bildunterschrift formuliert werden, etwa: „Die Schneeglöckchen-Pflanze überwintert unterirdisch. Die im Frühjahr und Sommer gesammelten Nährstoffe werden in einer Zwiebel gespeichert."

Man kann sich nun überlegen, daß ähnlich wie das Schneeglöckchen viele andere Frühjahrsblüher an den jahreszeitlichen Klimawechsel angepaßt sind. Der Begriff „Erdpflanzen" wird eingeführt. Zur Behandlung der anderen Formen der Überwinterung bringt der Lehrer einige Pflanzen in den Unterricht mit, die dann in Arbeitsgruppen untersucht werden. Im Frühjahr läßt sich meistens recht gut erkennen, welche Teile der Pflanzen überwintert haben und welche Teile frisch austreiben, wo also die Überwinterungsknospen liegen. Sehr gut läßt sich an dieser Stelle jedoch auch ein Unterrichtsteil im Gelände einfügen. Die Schüler arbeiten in Gruppen zu 2 bis 4. Jede Gruppe benötigt Schreibzeug (Papier und feste Unterlage) sowie eine kleine Pflanzschaufel und zwei bis drei „Aktionskarten". Der Lehrer sollte sich vorher überzeugen, daß in dem Gelände möglichst viele verschiedene Lebensformen zu finden sind. Gut geeignet sind z.B. feuchte Bachniederungen mit Laubwald. Günstig ist es auch, wenn ein Waldrand oder die Grenze zu einer Lichtung in das Gebiet einbezogen wird. Es muß darauf geachtet werden, daß in dem Untersuchungsgebiet keine geschützten oder seltenen Pflanzenarten wachsen. Solche Standorte sollten sonst vor Ankunft der Gruppe deutlich markiert werden, und es muß darauf hingewiesen werden, daß die Pflanzen unbedingt zu schonen sind.

Folgende Arten könnten als Beispiele untersucht werden: Buschwindröschen, Scharbockskraut (s. Abb. I, 1-7), Bingelkraut, Giersch. Nach 10 bis 15 Minuten werden die Schüler zur Besprechung

Wie Pflanzen durch den Winter kommen — Aktionskarte
Suche nach der abgebildeten Pflanzenart. Wie sehen ihre unterirdischen Teile aus? Grabe vorsichtig eine Pflanze aus.

Nun kannst Du die nebenstehende Abbildung vervollständigen.
Name:

Wie Pflanzen durch den Winter kommen — Aktionskarte
Suche nach der abgebildeten Pflanzenart. Wie sehen ihre unterirdischen Teile aus? Grabe vorsichtig eine Pflanze aus.

Nun kannst Du die nebenstehende Abbildung vervollständigen.
Name:

Wie Pflanzen durch den Winter kommen — Aktionskarte
Suche nach der abgebildeten Pflanzenart. Wie sehen ihre unterirdischen Teile aus? Grabe vorsichtig eine Pflanze aus.

Nun kannst Du die nebenstehende Abbildung vervollständigen.
Name:

Wie Pflanzen durch den Winter kommen — Aktionskarte
Suche nach der abgebildeten Pflanzenart. Wie sehen ihre unterirdischen Teile aus? Grabe vorsichtig eine Pflanze aus.

Nun kannst Du die nebenstehende Abbildung vervollständigen.
Name:

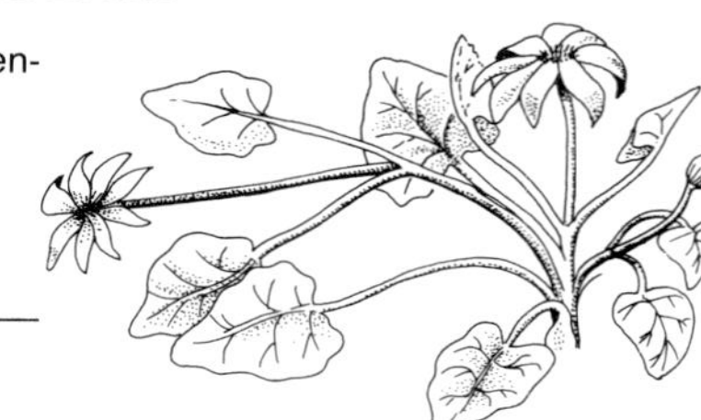

Abb. I, 1-7: Beispiele für Arbeitskarten (Aktionskarten) für die Geländearbeit

ihrer Ergebnisse zusammengerufen. Es zeigt sich, daß alle untersuchten Arten unter der Erdoberfläche überwintern. Sie werden deshalb „Erdpflanzen" genannt (wie das Schneeglöckchen). Nun werden Tabellen mit „Überwinterungsformen der Pflanzen" ausgeteilt. Dazu wird erläutert, daß man alle Pflanzenarten nach der Art ihrer Überwinterung einteilen kann. Jede Gruppe erhält die Aufgabe, für jede in der Tabelle abgebildete Lebensform mindestens ein Beispiel zu finden.
Die gesammelten Pflanzen werden dann auf Tabletts sortiert. Auf einem Tablett sollten immer nur Pflanzen eines Lebensformtyps angeordnet werden. Man kann die Tabletts schon vorher beschriften oder die Abbildung I, 1-1 vergrößern und zerschneiden und die jeweiligen Lebensformbilder auf die Tabletts kleben. Für das Sortieren sollten 20 bis 30 Minuten zur Verfügung stehen. Hat man im Gelände noch Zeit und ist die Witterung nicht zu ungünstig, so kann das Ergebnis an Ort und Stelle besprochen werden. Im anderen Fall nimmt man die Pflanzen mit ins Klassenzimmer, und für die Auswertung wird dann eine eigene Stunde vorgesehen. Dabei sollte an folgenden Fragen gearbeitet werden:

- Sind alle Pflanzen richtig eingeordnet?
- Wer kennt die Arten? (Die Namen werden auf Pappschilder geschrieben und diese neben die Pflanzen gelegt; sie können dann zur Übung eingesammelt und erneut richtig zugeordnet werden).
- Läßt sich etwas über die Verteilung der verschiedenen Lebensformen im Gelände sagen? Gibt es Stellen, an denen eine Lebensform besonders häufig ist? Läßt sich dies begründen?

Wird die Auswertung im Gelände vorgenommen, so sollten die Pflanzen – soweit sie mit den Wurzeln ausgegraben wurden – wieder an der Stelle eingepflanzt werden, an der sie entnommen wurden.

Abb. I, 1-8: Tafelbild: Ein Laubholzzweig im Jahresverlauf

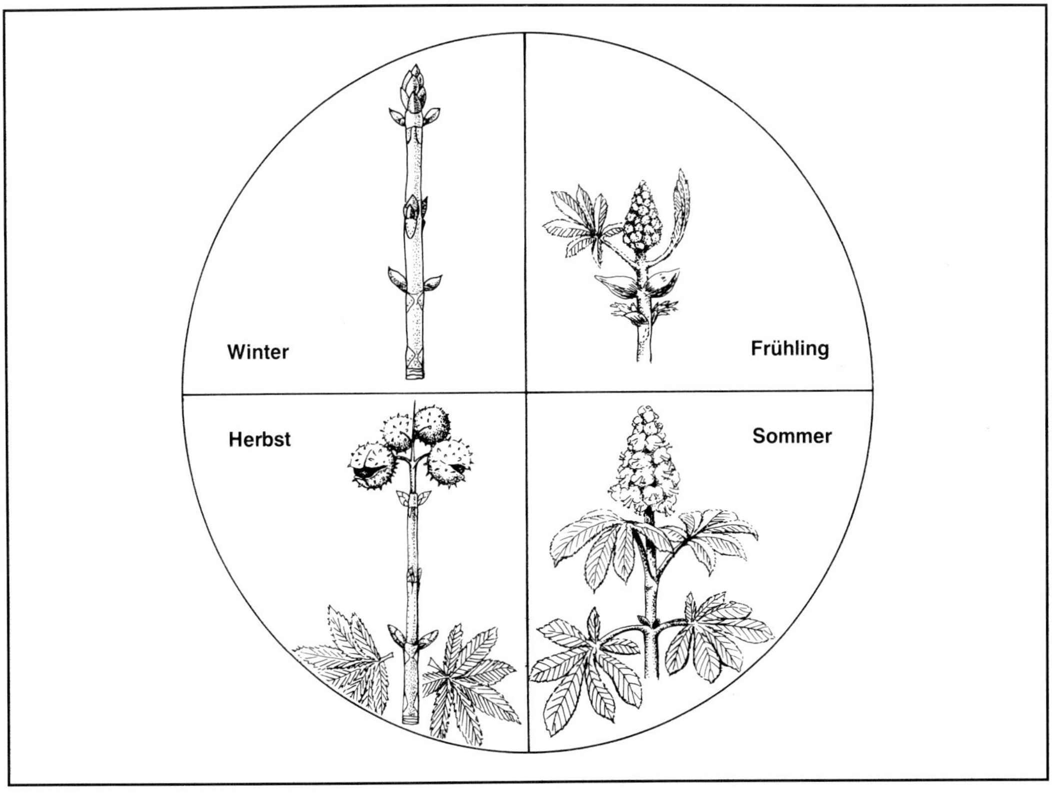

I Ordnen nach Lebensformen

Die Unterrichtseinheit wird mit einer Behandlung der verschiedenen Überwinterungsmöglichkeiten der Gehölze abgeschlossen. Aus dem morphologischen Vergleich von Immergrünen (vor allem Nadelgehölzen) und Sommergrünen läßt sich ableiten, daß Frostperioden vor allem deshalb für Pflanzen gefährlich sind, weil ihnen nicht genügend Wasser zur Verfügung steht. Ähnlich wie beim Schneeglöckchen kann die Entwicklung eines Laubholzzweiges (z.B. Roßkastanie) im Jahresverlauf besprochen werden (s. Abb. I, 1-8). Der Aufbau von Knospen wird besonders deutlich, wenn man einen Zweig im Klassenzimmer austreiben läßt.

1.3 Medien

1.3.1 Lebende Organismen

Schneeglöckchen und andere Frühblüher

1.3.2 Präparate und Modelle

Erler-Zimmer:
Gartentulpe, Blüte dreifach (median zerlegbar, Fruchtknoten teilbar) 124p; Schneeglöckchenblüte zehnfach (zerlegbar) 125;
Schlüter:
Waldbäume in Kästen (Schaukästen mit Keimlingen, Zweigen, Borkenstücken, Früchten bzw. Samen usw. von Fichte, Kiefer, Stiel-Eiche, Trauben-Eiche, Rot-Buche, Hainbuche, Weiß-Birke, Berg-Ahorn, Spitz-Ahorn, Linde, Esche) 1568–1601; Schlüter Biokit „Laubbäume" und „Nadelbäume" 1860, 1862.

1.3.3 Filme

FWU:
Eine Kastanienknospe blüht auf 36 0159.

1.3.4 Diapositive

FWU:
Wuchsformen der Laubbäume 10 0657; Wuchsformen einheimischer Nadelhölzer 10 0659; Zwiebel- und Knollengewächse 10 0669;
Jünger:
Die Wiese 310; Am Wegrand 311; Busch und Hecke 315; Laubwald Reihe 1 und Reihe 2 318/319; Park und Anlage 321; Frühlingsblumen 330

1.3.5 Arbeitstransparente

CVK:
Eine Wiese im Jahresverlauf 28658; Aspektfolge im Buchen-Mischwald 28674; Liliengewächse 18288; Hahnenfußgewächse 18296;
Hagemann:
Bäume: Kastanienbaum 460246; Sommereiche (Stiel-Eiche), Sommerlinde, Spitz-Ahorn, Fichte, Waldkiefer – 171716 bis 171723; Nadelbäume, Zapfen und Früchte 1 + 2 (je 3 Folien) 358716/358717; Laubbäume, Blätter und Früchte 1 + 2 (je 3 Folien) 358725/358726;

Westermann:
Wachstum einer Tulpenzwiebel (4 Folien) 358703; Frühblüher mit Speicherorganen (3 Folien) 358715;
Jünger:
Ungeschlechtliche Vermehrung von Blütenpflanzen: Gartentulpe (5 Folien) 7025;
Aulis:
Fortpflanzung bei Zwiebelpflanzen (Küchenzwiebel und Tulpe) je 5 Folien 3-14100 + 3-14101

1.3.6 Wandbilder

Klett (Pertlwieser Botanische Tafeln):
Schneeglöckchen 166019; Sumpfdotterblume 166029; Hohe Schlüsselblume 166039; Rot-Buche 166199;
Hagemann (Biologische Lehrtafeln):
Sal-Weide 070301; Buschwindröschen 070306; Sumpfdotterblume 070310; Weiß-Birke 070314; Stiel-Eiche 070315; Roßkastanie 070318; Schlüsselblume 070321; Tulpe 070334; Kiefer 070341

Literatur

Aichele/Schwegler 1974; *Bertsch, K.*, 1947; *Böhlmann* 1982; *Brogmus/Gerhardt* 1983; *Dylla* 1973; *Galland* 1982; *Gerhardt/Brogmus* 1984; *Haller/Probst* 1983; 1989; *Haug* o.J.; *Hofmeister* 1973; 1990; *Hofmeister/Miehe* 1979; *Kiesser* 1976; *Knoll* 1979; *Kremer* 1987; *Kuhn/Probst* 1980; *Kuhn/Probst/Schilke* 1986; *Lammert/Lammert* 1984; *Lipkow* 1976; *Mackean* 1970; *Pfeiffer* 1968; *Raunkiaer* 1907; *Reichelt/Schwoerbel* 1974; *Reichelt/Wilmanns* 1973; *Santarius* 1967; *Schilke* 1977; *Schmidt, H.*, 1981; *Schubert* 1986; *Seidel* 1984; *Siedentop* 1959; *Sperber* 1973; *Speta* 1984; *Stichmann* 1984; *Tendel* 1981; *Walter* 1951; *Weber, H.*, 1981

2 Überwinterung von Wirbeltieren

2.1 Sachanalyse

2.1.1 Allgemeine Hinweise

Mit der Entfernung vom Äquator prägen sich jahreszeitliche Klimaunterschiede immer deutlicher aus; entsprechend schwieriger wird es für Pflanzen und Tiere, die Unbilden des Winters lebend zu überstehen. Immer geht es in strengen Wintern um Leben und Tod; denn diese Zeit bedeutet nicht nur Kälte, sondern zugleich auch Hunger. Als Angepaßtheit an die ungünstigen Bedingungen der kalten Jahreszeit haben die Lebewesen der gemäßigten Zonen verschiedene Formen der Überwinterung entwickelt.
Zugvögel verlassen ihren im Winter unwirtlichen Lebensraum. Von den bei uns überwinternden Tieren fallen die Wechselwarmen meist in Winterstarre. Die Vögel und Säuger überstehen den Winter aktiv – geschützt durch ihr Gefieder oder Haarkleid –, oder sie retten sich in einen energiesparenden Winterschlaf; manche halten Winterruhe.
Zur Beschreibung des Sachverhalts, daß die drei Tiergruppen der Winterschläfer, der Winterruher und der Winterstarren im Jahresrhythmus ihre Lebensform ändern, indem sie von einer aktiven „Frühjahrs- bis Herbstform" in eine „bewegungslose Dauerform" im Winter übergehen, verwendet *Koepcke* (1973 f.) den Begriff der „jahreszeitlichen Polyözie".
Eine einfache Einführung in das Thema „Überwinterung" bieten *Eisentraut* (1955; 1956), *Raths* (1975) sowie die Themenhefte „Überwinterung" von „Unterricht Biologie" (vgl. *Knoll* 1979) und

„Überwinterung bei Tieren und Pflanzen" von „Naturwissenschaften im Unterricht" (vgl. *Tendel* 1981). Eine moderne Zusammenfassung unter Berücksichtigung der Biorhythmik („Innere Uhr") bringt *H. Müller* (1984). Umfassendere wissenschaftliche Darstellungen finden sich z.B. bei *Kayser* (1961) und in den Abhandlungen von *Raths/Kulzer* (1976) und *Lyman* u.a. (1982), die auch Ruheperioden von Vögeln einschließen. Spezielle Aspekte des Themas werden bei *Precht* u.a. (1973) und *Mrososky* (1970) sowie bei *Penzlin* (1977) und *Scheer* (1969) behandelt. *Herter* (1962) gibt einen Überblick über den Temperatursinn der Tiere, *H. Müller* (1981) über die Thermoregulation bei Vögeln; hierzu Ergänzungen bei *A. Bertsch* (1977). Informationen zum Winterschlaf der Fledermäuse bringen *Kulzer* (1969; 1973) und *Weigold* (1975). Mit Bezug auf den Biologieunterricht sei verwiesen auf *Lipkow* (1976; 1989), *Hechler/Koch* (1973) und *Peschke* (1981) sowie unter Betonung des Energiehaushalts auch auf *Schwarzmaier/Zauner* (1981). Die Überwinterung des Igels wird von *Wolf* (1979), die von Dachs und Hamster bei *Witt* (1981) behandelt. – Über den Vogelzug informieren z.B. *Creutz* (1987) und – ausführlich – *Schüz* (1971) sowie – bereits mit didaktischem Zuschnitt – *Weismann* (1978). Wissenschaftliche Darstellungen über die Züge von Vögeln, Fledermäusen und weiteren Tierarten finden sich bei *Schmidt-Koenig* (1975, hier auch ausführliche Literaturangaben, und 1980) und *Wallraff* (1974), in einfacher Form auch bei *Hoffmann* (1966). „Vogelzug" und „Insektenwanderungen" werden in Themenheften von „Naturwissenschaften im Unterricht" und „Unterricht Biologie" behandelt (vgl. *Blume* 1980; *Eschenhagen* 1988).

2.1.1 Zug in die Winterquartiere

Unter den Tieren scheinen die Zugvögel die eleganteste Lösung gefunden zu haben: Sie nehmen „Reißaus" vor dem Winter und fliegen in den warmen Süden in Gebiete mit reichem Futterangebot. Doch ihre Züge sind voller Risiko. Die Erscheinung, daß Zugvögel nicht in ihren günstigen Überwinterungsquartieren bleiben, sondern im Frühjahr wieder nach Norden ziehen, hängt vermutlich damit zusammen, daß im Sommer die Tage bei uns länger dauern als in den südlichen Breiten und damit Gelegenheit bieten, die große Menge des täglich benötigten Futters für die Alten und die Jungen zu beschaffen.

Abb. I, 2-1: a) Rundkäfig, wie er von *F. Sauer* zur Ermittlung der Richtung zugaktiver Grasmücken konstruiert wurde. Der Versuchsvogel „schwirrt" auf der Rundstange in Zugrichtung. Der Versuchsleiter liegt unter dem Käfig auf dem Boden und registriert Richtung und Schwirrdauer des Vogels, wie die Versuchsanordnung von *G. Kramer* (b) zeigt (aus *Schmidt-Koenig* 1980)

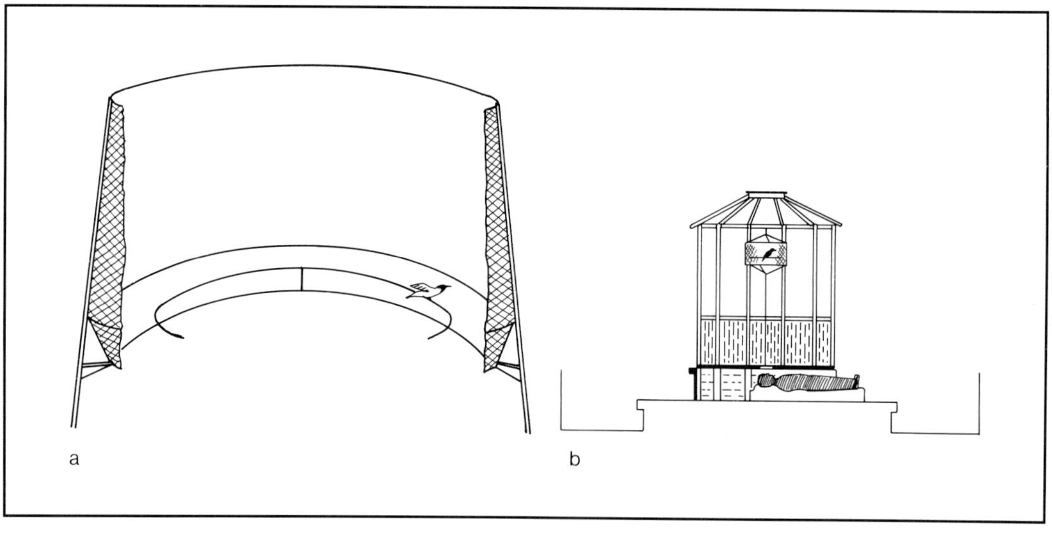

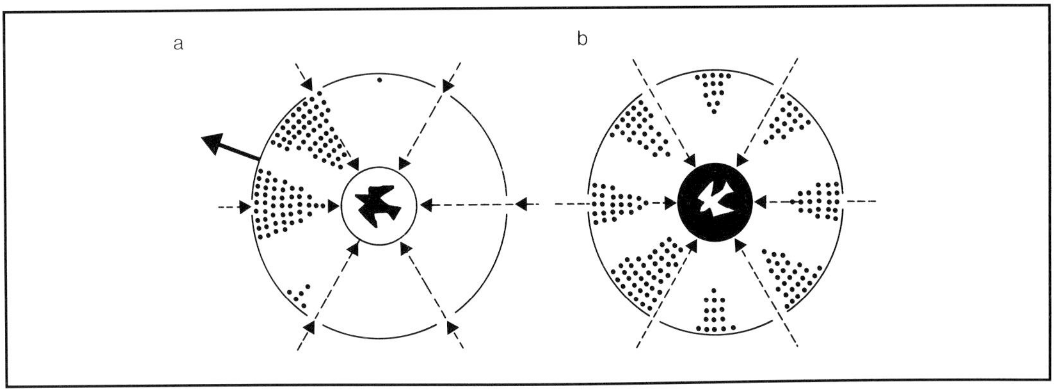

Abb. I, 2-2: Nachweis der WNW-Orientierung eines Stars nach der Sonne. Der Horizontalkreis des Rundkäfigs ist in acht Beobachtungssektoren geteilt. Jeder Punkt bedeutet, daß der Vogel 10 Sekunden lang in die entsprechende Richtung „geschwirrt" hat. Bei klarem Himmel und Sonnensicht (a) findet der Star leicht seine Vorzugsrichtung, bei bedecktem Himmel (b) ist er desorientiert (nach *Hoffmann* 1966)

In der Mehrzahl handelt es sich bei den Zugvögeln um Insektenfresser; sie trifft die winterliche Nahrungsarmut bei uns am härtesten. Die zurückbleibenden Vögel sind überwiegend Körner- und Beerenfresser. Die wenigen im Sommer Insekten fressenden Standvögel stellen sich auf Beeren und Samen um, z.B. Meisen, Spechte, Amseln; doch finden sie auch im Winter zusätzlich noch einzelne Insekten und Würmer. Eulen und Greife machen Jagd auf Vögel und Kleinsäuger.

Die Methode der Beringung (vgl. *Salomonsen* 1969; *Weismann* 1978; *Bub/Oelke* 1985; *Creutz* 1987) zur Erforschung der Vogelwanderungen wird erst seit Ende vorigen Jahrhunderts planmäßig angewendet. Immerhin erhielt schon 1579 *Leonhard Thurneisser* aus Basel die Rückmeldung des Kurfürsten von Brandenburg über einen Storch, den er mit einem „Messinghöslein" (Vogelring) versehen hatte. Der Rektor der „Berlinischen Gymnasii" *Leonard Frisch* (1666–1743) band rote Baumwollfäden an die Beine von Rauchschwalben. Da Fäden und Farbe im Frühsommer immer noch erhalten waren, schloß er, daß diese Vögel nicht im Schlamm überwintern, wie *Aristoteles* behauptet hatte. Außer der Beringung hat man auch Flügelmarken angebracht, das Gefieder mit Farbzeichen versehen, nachts ziehende Vögel mit Glühlämpchen und Tagzieher mit Mini-Sendern ausgerüstet. Die direkte Begleitung ziehender Vögel mit einem Kleinflugzeug wird ebenso praktiziert (vgl. *Griffin* 1965) wie ihre Beobachtung mit Radar (vgl. *Sutter* 1957; *Schmidt-Koenig* 1980).

Bei Forschungen im Labor läßt sich die Zugrichtung der Vögel in Rundkäfigen registrieren (vgl. *Matthews* 1971; *Schüz* 1971; *Schmidt-Koenig* 1980). Diese Versuche können nur zur Frühjahrs- und Herbstzeit ausgeführt werden, wenn sich die Tiere in Zugstimmung befinden. Dieser Zustand wird im wesentlichen durch die Verschiebung des Tag-/Nachtwechsels unter Vermittlung nervöser Steuerzentren im Zwischenhirn sowie des Hormonsystems bewirkt. Die bei den Untersuchungen verwendeten Rundkäfige werden in verschiedenen Ausführungen eingesetzt (s. Abb. I, 2-1). *Hoffmann* (1954; 1966), *Kramer, G.* (1949; 1950), *Sauer* (1957) u.a. benutzten einen Rundkäfig, in dem kurz über dem Boden eine kreisrunde Sitzstange von etwa 70 cm Durchmesser angebracht war, auf der die Tiere saßen. Der Käfig konnte allseits gegen Licht isoliert werden – bis auf den vom Experiment geforderten Himmelsausschnitt. Untersucht wurde das Zugverhalten von Tagziehern (z.B. Star) und von Nachtziehern (z.B. Laubsänger, Grasmücken, Rotkehlchen) sowie das Heimkehrvermögen von Brieftauben. Die Tiere werden einzeln im Käfig getestet. Wenn die Vögel zugbereit sind, stehen und trippeln sie mit kurzen Seitwärtsschritten auf der Rundstange, wobei sie häufig mit den Flügeln schlagen und sich genau in die Richtung drehen, in der sie zum Zug abfliegen würden, wenn sie das könnten. Der Versuchsleiter beobachtet hierbei Dauer und Richtung der einzelnen Zugeinstellungen der Vögel; Daten werden in einem übersichtlichen Richtkreisschema zusammengefaßt (s. Abb. I, 2-2). Um die mühselige Art der Beobachtung zu vereinfachen, haben *Merkel/*

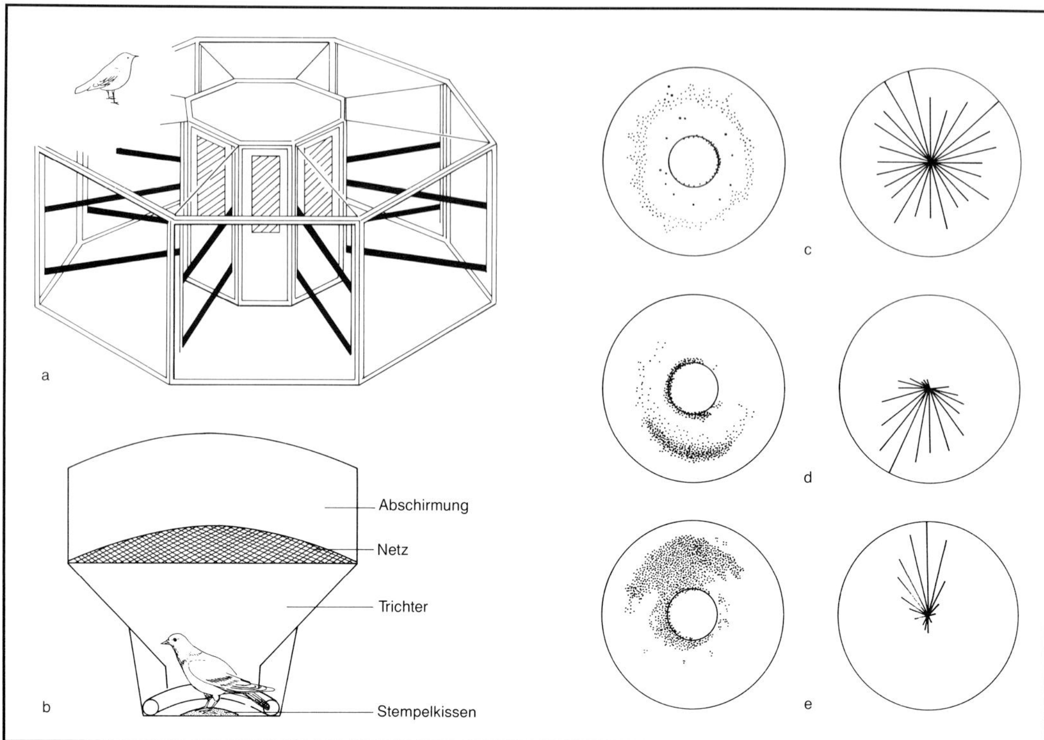

Abb. I, 2-3: a) Der von *Merkel* gebaute achteckige Käfig mit 8 elektromechanisch registrierenden, radial angeordneten Doppelsitzstangen. b) Die von *Emlen* erfundene Apparatur zu der im Text beschriebenen „Fußabdruckmethode“. c) bis e) Jeweils links die Rohdaten als „Fußabdruckhäufungen“ rechts die daraus errechneten Vektordiagramme (aus *Schmidt-Koenig* 1975; 1980)

Fromme (1958) radiär angeordnete Sitz- bzw. Sprungstangen eingeführt, welche die Bewegungen der Vögel über elektrische Kontaktgeber automatisch aufzeichnen. Auch Lichtschranken werden verwendet. Bei der Anordnung von *Emlen/Emlen* (1966) ist die Sitzstange als verdickter Rand eines Papiertrichters ausgeführt: In der Mitte des Käfigs befindet sich ein größeres Stempelkissen, auf dem die Vögel immer wieder ihre Füße beschmutzen. Sie hüpfen von hier auf den Trichterrand in Zugrichtung, rutschen dann aber wieder zurück auf das Stempelkissen, auf diese Weise markieren sie ihre Zugrichtung selbst (s. Abb. I, 2-3).

Stare, die Tagzieher sind, nutzen zur Orientierung den Sonnenstand (vgl. *Kramer, G.,* 1950). Die Bewegung der Sonne im Laufe des Tages wird von den Vögeln mit Hilfe ihrer „inneren Uhr“ verrechnet. Das hat *Hoffmann* erstmals 1954 mit einem Rundkäfig-Versuch gezeigt. Dabei wurde die innere Uhr von Staren, die auf eine in bestimmter Richtung liegende Futterquelle dressiert waren, experimentell um 6 Stunden vor- bzw. nachgestellt; das geschieht durch Vor- bzw. Nachstellen des simulierten Sonnenaufganges mit einer künstlichen Lichtquelle. Anschließend „irren“ sich die Stare in der Richtung zum Futter um 90° nach links bzw. nach rechts (s. Abb. I, 2-4). Entsprechende Richtungsabweichungen erhält man andererseits, wenn das in den Käfig fallende Licht um 90° gespiegelt wird (s. Abb. I, 2-5).

Grasmücken und Laubsänger als Nachtzieher orientieren sich an der Konstellation des Sternenhimmels (vgl. *Sauer* 1957). Rundkäfig-Versuche unter dem künstlichen Sternenhimmel eines Planetariums beweisen das besonders eindrucksvoll. Hierbei gelingt es auch, den Zug eines Vogels durch stetige Änderung des künstlichen Sternenhimmels innerhalb einer Nacht zu simulieren.

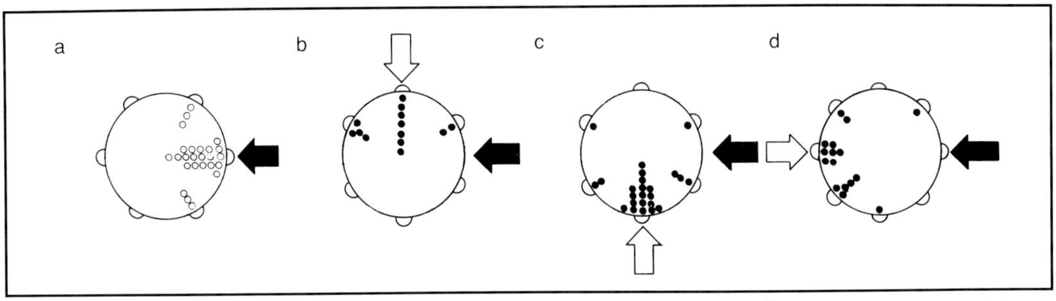

Abb. I, 2-4: Den Versuchen mit Staren entsprechende Experimente mit Tauben: Änderung der Vorzugsrichtung durch Verstellen der „inneren Uhr". Die schwarzen Pfeile zeigen die andressierte Richtung des Futtersuchens an, die weißen Pfeile die von den Tauben im Experiment gewählte Richtung.
a) Orientierung eines Versuchstiers unter normalen Bedingungen. b) Die „innere Uhr" wird um 6 Stunden vorgestellt, und die Tiere weichen von der dressierten Futterrichtung um 90° ab. c) Die „Uhr" wird um 6 Stunden nachgestellt, und die Tauben weichen um 90° in entgegengesetzter Richtung ab. d) Verstellung der „inneren Uhr" um 12 Stunden läßt die Vögel genau in Gegenrichtung nach Futter suchen (nach *Schmidt-Koenig* 1975, verändert)

Rotkehlchen und Grasmücken orientieren sich auf ihren Zügen am Magnetfeld der Erde; das haben z.B. Stahlkammer-Versuche mit nachts ziehenden Rotkehlchen erwiesen (vgl. *Wiltschko* 1968; 1973; 1978). Dabei benutzen sie die Sterne als sekundäre Orientierungshilfen. Offenbar erlernen die Vögel aufgrund des irdischen Magnetfeldes die Richtungskonstellation des Sternenmusters. Unter dem künstlichen Sternenhimmel eines Planetariums vollführen Grasmücken im Versuch während einer Nacht ihren gesamten Frühjahrs- oder Herbstzug nach Norden bzw. Süden, sofern die stetige Änderung der Sternenkonstellation im Verlauf der Nacht simuliert wird (vgl. *Sauer* 1957).
Die Orientierung von Tieren nach dem Stand von Sonne, Mond und Sternen wird unter der Bezeichnung „Himmelskompaß" zusammengefaßt (vgl. *Merkel* 1980; *Schöne* 1980).
Himmels- und Magnetkompaß dienen immer nur der Fernorientierung. Zur Nahorientierung benötigen die Vögel Landmarken, die optisch erfaßt werden (vgl. z.B. *Schlichte/Schmidt-Koenig* 1971; *Schlichte* 1973). Tauben, die allerdings keine Zugvögel sind, orientieren sich offenbar auch mit Hilfe des Geruchssinnes (vgl. *Wallraff* 1988).

Abb. I, 2-5: Versuche mit Staren: Künstliche Veränderung des Sonnenstandes. a) Zugrichtung der Stare unter normalen Bedingungen. b) Alles Licht, das in den Käfig eintritt, wird um 90° nach links gespiegelt: Die Tiere versuchen, unter einer Abweichung von 90° nach links zu ziehen. c) Spiegelung der Lichtstrahlen um 90° nach rechts und entsprechende Abweichung der Zugrichtung (nach *Hoffmann* 1966)

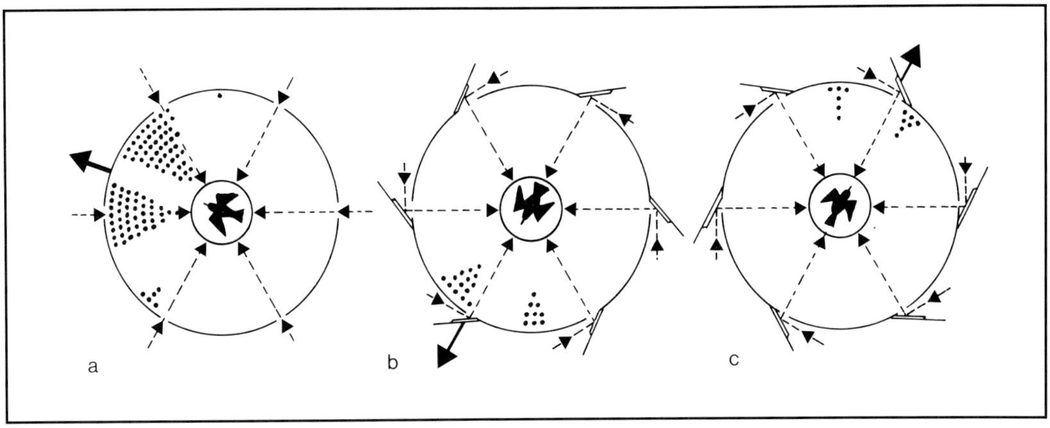

Abb. I, 2-6: Verhalten einer Amsel in der Klimakammer (aus *Reiss* 1985, 118)
+20 °C: Das Federkleid liegt an; dadurch wird die isolierende Luft herausgedrückt (Vögel können nicht schwitzen; in der Hitze öffnen sie den Schnabel und verdunsten Wasser aus dem Rachenraum).
0 °C: Die Amsel plustert das Gefieder auf, so daß es wärmeisolierend wirkt.
−20 °C: Die gegen Kälte wenig geschützten Körperteile Schnabel, Kopf und Beine werden in das schützende Gefieder eingezogen. Die Wärmeproduktion steigt. Bei extremen Außentemperaturen kann die Körpertemperatur zeitweise von 41 °C auf 39 °C gesenkt werden

2.1.2 Aktive Überwinterung

Für die aktiv überwinternden Gleichwarmen spielt die Dichte des Gefieders bzw. des Fells eine große Rolle (s. Kasten I, 2-1). Bei manchen Vögeln wird mit Beginn des Winters das Daunengefieder dichter, einige Säuger bekommen in der kalten Jahreszeit ein Winterfell (z.B. Hirsch, Reh); ein

Kasten I,2-1

Wärmedämmung verschiedener Materialien

Wie wirkungsvoll isoliert ein Fell oder ein Gefieder gegen Wärmeabstrahlung?

Denkt man sich 1 cm² Fell mit einer Dicke von 1 cm, so gibt die Wärmeleitfähigkeit an, wieviel Wärme (in cal) in 1 Sekunde durch dieses Fellstück fließt, wenn zwischen der Außenseite und der Hautseite ein Temperaturunterschied von 1 °C besteht. Der Kehrwert dieser Wärmeleitfähigkeit bedeutet den Widerstand des Pelzes gegenüber dem Wärmeabfluß und ist somit ein Maß für die Wärmedämmung. Sie wird in grad · cm · s/cal gemessen, d.h. sie gibt an, wieviel Grad Temperaturunterschied zwischen Außen- und Innenseite des Fells herrschen müßte, damit in 1 Sekunde die Wärmemenge von 1 Kalorie (4,19 Joule) hindurchflösse.

Folgende Werte sind gemessen worden:

Material	**Wärmeleitfähigkeit L** (cal/grad · cm · s)	**Wärmedämmung** R = 1/L (grad · cm · s/cal)
Luft	0,000056	17857
Federn	0,000057	17544
Kaninchenfell	0,00006	16667
Fettgewebe	0,0004	2500
Holz	0,0003-0,0009	1110-3330
Wasser	0,0014	714
Silber	1,0	1

(Die Wärmeleitfähigkeit wird auch in Watt/Masse gemessen, ist dann aber nicht so anschaulich darzustellen; entsprechendes gilt für die Wärmedämmung. Auf eine Umrechnung von Kalorien in Joule wird hier – da die angegebenen Werte lediglich dem Vergleich dienen – verzichtet)

damit verbundener Farbwechsel kann zur Tarnung dienen (z.B. Schneehase, Schneehuhn; Großes Wiesel). Trotzdem erleiden viele dieser Tiere den Erfrierungstod; denn wenn sie nicht genügend Nahrung finden, vermögen sie ihre Körpertemperatur von 35 bis 42 °C nicht mehr aufrechtzuerhalten (s. Abb. I, 2-6).

2.1.3 Winterschlaf

Winterschlaf kommt vor bei Fledermäusen, beim Igel, Ziesel, Murmeltier, Hamster und bei den Schlafmäusen oder Bilchen (Siebenschläfer, Haselmaus, Baumschläfer, Gartenschläfer). Winterschlafähnliche Vorgänge findet man bei einigen nichteinheimischen Arten, z.B. beim Schnabeligel, Schlafmausbeutler, Tanrek und bei manchen Lemuren. Es handelt sich durchweg um niedere Warmblüter, deren Normaltemperatur ohnehin mit den Außenbedingungen schwankt und gewöhnlich unter 36 °C liegt; außerdem sind die meisten von ihnen klein. Phylogenetisch hat sich der Winterschlaf konvergent bei den verschiedenen Tiergruppen herausgebildet. Unter den Vögeln ist nur die nordamerikanische Nachtschwalbe (Phanaeloptilus nuttali) als echter Winterschläfer bekannt geworden.

Instinkthandlungen dienen der Vorbereitung auf die lange Zeit der Lethargie: starke Nahrungsaufnahme (Hyperphagie) und Grabtätigkeit zur Errichtung von Unterschlupfen, bei Fledermäusen auch zum Teil weite Wanderungen.

Durch die innere Bereitschaft (z.B. gedrosselte Schilddrüsen- und Nebennierenmarkfunktionen, Wirkung des Hypothalamus, „Hibernation induction trigger“ im Blut) sowie durch die exogenen Faktoren der verkürzten Tageslänge, der niedrigeren Temperatur und vermutlich auch durch Nahrungsmangel wird der Winterschlaf ausgelöst. Die kritische Temperatur für den Eintritt in den Winterschlaf liegt bei den einzelnen Arten in verschiedener Höhe: Ziesel 20°, Siebenschläfer 18°, Haselmaus 15 bis 16°, Igel 14,4°, Hamster 9 bis 10 °C. Fledermäuse fallen bei kalter Witterung oft schon vor dem Winterschlaf tagelang in Lethargie.

Beim Eintritt in den Winterschlaf kommt es zunächst zu wechselnden Perioden von Senkung und Anstieg der Körpertemperatur, bis schließlich der eigentliche Schlaf einsetzt; Herzschlag und Atmung unterliegen ähnlichen Schwankungen (vgl. *Kulzer* 1969; 1973). Der Eintritt des Schlafzustandes wird bei Fledermäusen durch minutenlange Atempausen signalisiert, die sich im tiefen Schlaf bis zu einer Stunde ausdehnen. Atmung und Herzschlag bleiben während des Winterschlafs stark gedrosselt. Beispiel Mausohr: normal 600 Herzschläge in der Minute, im Winterschlaf 15 bis 20; Beispiel Igel: normal 40 bis 50 Atemzüge in der Minute, im Winterschlaf 7 bis 8.

Mit sinkender Außentemperatur kühlt sich der Körper des Winterschläfers immer mehr ab. Kennzeichnend für den Winterschlaf ist, daß bei einer Minimaltemperatur – meist einige Grade über Null – der Körper wieder aufgeheizt und damit aus der lebensbedrohenden Temperaturzone herausgeholt wird. Diese Reaktion zeigt, daß die Temperaturregulation während des Winterschlafs nicht ausgeschaltet ist, vielmehr eine Sollwert-Verstellung vorliegt. Der Winterschlaf ist also ein aktiv angesteuerter und geregelter Zustand. Einige Autoren betrachten deshalb die Winterschläfer neben den Gleichwarmen (Homoiothermen) und den Wechselwarmen (Poikilothermen) als eine dritte Gruppe die Heterothermen.

Die Temperaturfühler für den Weckreiz beim Erreichen der Minimaltemperatur liegen in der Haut, vor allem im Gesicht, und im Hypothalamus. Über vegetative Zentren im Stammhirn wird die Wärmeproduktion angeregt.

Winterschläfer wachen nicht nur beim Erreichen der Minimaltemperatur auf, sondern auch zwischendurch, spontan, und heizen dann ihren Körper an. Die Bedeutung dieses Vorgangs ist noch nicht erkannt. Während der Thermogenese („Aufwärmen“) – ganz gleich ob nach spontanem Wachwerden oder ausgelöst durch die Minimaltemperatur – wird der Energiegewinn im wesentlichen durch Fettabbau (Lipolyse) bewerkstelligt (R.Q. = 0,7).

Fett ist auch die Energiequelle während des Winterschlafs. Es macht zu Beginn dieser Ruhezeit etwa 30% des Körpergewichts aus. Der tägliche Verbrauch während des Schlafs ist minimal; er beträgt beim Gartenschläfer etwa 0,2% seines Ausgangsgewichtes (also am Tag etwa 150 bis 250 mg), bei Fledermäusen weniger als 0,1%. Außerordentlich energieintensiv hingegen ist das periodische Aufheizen und Wachwerden der Winterschläfer. Nur ein Drittel der Fettreserven wird während des gesamten Tiefschlafs verbraucht, zwei Drittel aber für die Aufheizvorgänge. Die bei der Beringung winterschlafender Fledermäuse unbeabsichtigt ausgeübten Weckreize können die Tiere durch den Aufwachvorgang oft so viel Reservefett kosten, daß sie den Winter nicht mehr überstehen.
Der Kohlenhydratstoffwechsel ruht während des Winterschlafs, der ja als physiologisch eben noch mögliche Sparschaltung zu verstehen ist. Beim Erwachen aus dem Winterschlaf jedoch verarbeitet der Organismus nach Hormonausstoß die Glykogenvorräte in der Leber und der Muskulatur, wodurch es zu einer schnellen Aktivierung der Körperfunktionen kommt. In der ersten Phase des Aufwachens – etwa bis zu einer Erwärmung auf 15 °C – erfolgt nach Erregung des Sympathikus der beschleunigte Abbau des zwischen den Schulterblättern bis zum Hals hin gelegenen und reichlich mit Blutgefäßen versorgten „braunen Fettgewebes“; es ist ein Ort intensiver chemischer Wärmebildung: „zitterfreie Thermogenese“. Wie ein Heizkissen erwärmt das braune Fettgewebe das durchströmende Blut. Die Temperatur des Vorderkörpers und des Kopfes – als Sitz des Zentrums für die Wärmeregulation – eilt der Erwärmung des übrigen Körpers beim Aufwachen um viele Grade voraus. In der zweiten Phase des Aufwachens werden durch vermehrte Ausschüttung von Adrenalin, Glukagon und Thyroxin sowie von Corticoiden die Glykogendepots in der Leber und Muskulatur mobilisiert; Atemfrequenz und Herzschlag steigen. Durch Zittern der Skelettmuskulatur wird weitere Wärme freigesetzt („Kältezittern“); auch der Herzschlag „wärmt“.
Der Hamster weicht vom Verhalten der übrigen Winterschläfer dadurch ab, daß er Vorratslager anlegt und häufig (etwa alle 5 Tage) während des Schlafes aufwacht, um zu fressen. Seine herbstlichen Fettpolster sind entsprechend schwächer ausgebildet.

Das Zusammenspiel ökologischer Faktoren (geeignetes Winterquartier) und physiologischer Faktoren (geregelter Winterschlaf) gewährleistet ein erfolgreiches Wiedererwachen. Der Aufwachvorgang selbst dauert bei kleinen Fledermäusen etwa ½ Stunde, bei größeren etwas über 1 Stunde. Der Igel benötigt 3 Stunden, das Murmeltier 4 bis 6 Stunden.
Während des Winterschlafs kugeln sich die Tiere ein und nehmen den Kopf zwischen die Hinterbeine, so daß die wärmeabgebende Körperoberfläche verkleinert ist (vgl. *Haßenberg* 1965). Hamster und Ziesel behalten im Winter ihren Sommerbau bei, erweitern ihn aber im Herbst um einen tiefer gelegenen, frostfreien Schlafkessel. Das Alpenmurmeltier wandert im Herbst aus seiner Sommerbehausung an der Schneegrenze in tiefere Lagen, bisweilen noch unter die obere Baumgrenze, wo es seinen Winterbau hat. Schlafmäuse überwintern in Erdlöchern und Baumhöhlen, auch in Scheunen und Kellern, Fledermäuse in Höhlen, manchmal auch in Baumstämmen; sie benötigen hohe Luftfeuchtigkeit. Der Igel wählt sich meist ein oberirdisches Winterlager im Gestrüpp und Laub unter dichten Hecken oder bewachsenen Zäunen; man findet ihn auch in Schuppen, Lauben und Viehställen.

2.1.4 Winterruhe

Ein echter Winterschlaf ist offenbar nur den „niederen Warmblütern“ möglich. Schon ein geringes Absinken der Körpertemperatur führt bei „höheren Warmblütern“ (z.B. bei Huftieren, Raubtieren, Primaten) zum Tod durch Atemlähmung. Nur einige von ihnen halten Winterruhe: Sie ziehen sich in ihre vorbereiteten Winterquartiere – Baue mit wärmeisolierenden Materialien: Moos, Gras, Laub, Haare u.a. – zurück und fallen in einen tiefen und langen Ruheschlaf mit nur geringer Senkung der Körpertemperatur (2 bis 10 °C).

Die Großbären gehören zu den Winterruhern, z.B. der Braunbär und der amerikanische Schwarzbär; doch auch der seit einiger Zeit bei uns häufig werdende Waschbär; in Amerika das Stinktier. Auch Dachs und Eichhörnchen sind Winterruher sowie manche Mäuse und vermutlich der Biber. Sie alle legen ein herbstliches Fettpolster an, das 30 bis 40% der Körpermasse ausmachen kann. Schon das Absinken der Körpertemperatur um wenige Grade führt zu einer hohen Energieersparnis (s. Tab. I, 2-1); so reduziert eine Temperatursenkung um 3 bis 7 °C beim Schwarzbären den Ruheumsatz um etwa 50% des Wertes bei normal 38 °C. Der Verzicht auf Bewegung während der Winterruhe setzt den Energieverbrauch noch weiter herab.

Tab. I,2-1: Energieeinsparung durch Absenken der Körpertemperatur bzw. Bewegungsaktivität bei Winterschläfern und Winterruhern, bezogen auf den Ruheumsatz unter Normalbedingungen (aus *Müller, H.*, 1984)

Tierart (Körpermasse)	absoluter Energiegewinn (kcal/24 h)	Energieeinsparung (%)	Energieeinsparung (kcal/kg/24 h)
Mausohrfledermaus (10 g)	7	99,4	700
Erdhörnchen (500 g)	36	96,6	72
Igel (1000 g)	54	95,5	54
Murmeltier (2500 g)	90	93,4	36
Schwarzbär (80 kg)	500–1300	30–75	6–16

Zwar ist bei den echten Winterschläfern wegen ihrer Kleinheit das Verhältnis von wärmeabgebender Oberfläche zum wärmeerzeugenden Körpervolumen im Hinblick auf die Wärmeregulation besonders ungünstig, doch können sie – wiederum wegen ihrer geringen Größe – „im Bedarfsfall" schnell aufheizen. Eben das ist den größeren Winterruhern nicht möglich: es würde in kritischen Kälte- und Erfriersituationen lebensgefährlich lange dauern. Dieser Sachverhalt macht verständlich, daß Winterschläfer klein sind und größere Tiere höchstens als Winterruher die Notzeit überstehen können. Das Eichhörnchen wird sehr häufig während der Winterruhe wach, verläßt seinen Kobel und sucht nach versteckten Nüssen. Sein herbstliches Fettpolster ist weniger stark entwickelt; dieser Nager kann auf seine Nuß- und Eichelreserve im Boden zurückgreifen.

2.1.5 Kältestarre – Winterstarre

Die Wechselwarmen (Poikilothermen, „Ektothermen") haben der Kälte wenig entgegenzusetzen: Ihre Körpertemperatur sinkt mit der Umgebungstemperatur. Das bringt den Vorteil eines extrem gedrosselten, energiesparenden Stoffwechsels, aber auch die Gefahr des „leisen Kältetods"; denn eine Sicherung, wie der Weckreiz tiefer Temperaturen bei den Winterschläfern, fehlt ihnen. Immerhin bewahren sie in der Regel die Wahl geeigneter Winterquartiere mit günstigem Mikroklima, der Aufbau von Fettreserven und eine gewisse Wasserarmut ihres Körpergewebes vor dem Erfrierungstod. Wissenschaftliche Untersuchungen weisen darauf hin, daß die stark herabgesetzte Aktivität der Wechselwarmen im Winter nicht allein passiv durch die Abkühlung hervorgerufen wird, sondern daß humorale und zentralnervöse Prozesse daran Anteil haben, die einer jahreszeitlichen Rhythmik folgen.

Manche Insekten sind äußerst kälteresistent und durchlaufen im Winter bei 0 °C und darunter wesentliche Abschnitte ihres Lebenszyklus (z.B. Frostspanner, Winterhaft, Gletscherfloh, Schneeflöhe, Schneefliegen). Die Überwinterungsstadien vieler Insekten – Ei, Raupe, Puppe oder Imago – können recht tiefe Temperaturen überstehen. Stechmücken ertragen Temperaturen von −30 °C und darunter; von der Schildwanze Perillus werden −26 °C gemeldet; die Eier des Schwammspinners nehmen selbst bei −50 °C keinen Schaden. Wesentliche Voraussetzung dafür ist die hohe Salzkonzentration des Gewebes aufgrund von Wasserarmut. Außerdem bilden viele Insekten im Spät-

herbst aus Glykogen den Zucker Trehalose, vor allem aber viel Glyzerin (3 bis 5% des Frischgewichtes!), das den Gefrierpunkt der Körperflüssigkeit erheblich herabsetzt. Kommt es bei sehr großer Kälte dennoch zur Eisbildung, so entstehen winzige scheibenförmige Kristalle, die die Gewebezellen nicht verletzen; außerdem wird das Blut durch das Ausgefrieren kleiner Eiskristalle nur noch konzentrierter. Daß Räder- und Bärtierchen nach einer Übergangszeit, in der sie viel Wasser verlieren, Temperaturen von unter −150°C über längere Zeit ertragen können, ohne Schaden zu nehmen, ist unter der Bezeichnung „Anabiose" bekannt.
Erwähnenswert ist, daß einige einheimische Schmetterlingsarten im Herbst und im Frühjahr bzw. Frühsommer weite Wanderungen ausführen. Sie fliegen vom Norden ins Mittelmeergebiet und wieder zurück. Vermutlich werden beide Züge nicht immer von denselben Tieren ausgeführt, da deren Lebensdauer begrenzt ist. Die Schmetterlinge ziehen in Schwärmen oder einzeln. Zu den Wanderfaltern gehören z.B. Admiral, Distelfalter, Postillion, Taubenschwänzchen, Weidenschwärmer und Totenkopf. Um die Wanderzüge dieser Falter zu erforschen, klebt man ihnen zwei Etikettenpaare aus dünnen Papierscheibchen auf die Ober- und Unterseite beider Vorderflügel, die an dieser Stelle vorher mit einer Lochzange perforiert werden. Analog der Vogelberingung tragen die vier Papierblättchen die entsprechenden Informationen (vgl. z.B. *Harz/Wittstadt* 1957; *Williams* 1961).
Die wechselwarmen Wirbeltiere sind in der Regel empfindlicher gegen Kälte als die Wirbellosen. Immerhin hat man für Schildkröten noch −5°C, für Eidechsen und Frösche −1°C als überlebbar registriert.
Molche und Reptilien überwintern an Land; erstere mehr in feuchten, letztere in trockenen Habitaten, z.B. in Moos, Torf, Streu, unter Steinen, in Erdhöhlungen, also dort, wo ihre Körpertemperatur während des Winters nicht unter den Gefrierpunkt absinkt. Fische und andere Wasserbewohner sind im Vorteil: Im strengsten Winter ist Wasser immer noch „warm"; denn unter 0°C sinkt die Temperatur flüssigen Wassers nicht, und am Grund stehender Gewässer beträgt die Temperatur meist um 4°C. Das nutzen viele Fische, Amphibien und Wirbellose zur Überwinterung aus. Gefriert ein Tier aber mit dem Eis, so muß es sterben. Bei Fischen kalter Gewässer sind Frostschutzproteine festgestellt worden (vgl. *Knoll* 1979; *Remmert* 1984): Bei Arten der Antarktis, z.B. Eisfischen, sind sie ständig vorhanden, bei Arten „gemäßigter Meere" nur während des Winters, z.B. bei der amerika-

Abb. I, 2-7: Verlauf der Körpertemperatur bei Tieren mit unterschiedlicher Überwinterung in Abhängigkeit von der Umgebungstemperatur (nach *Eisentraut* 1956, verändert)

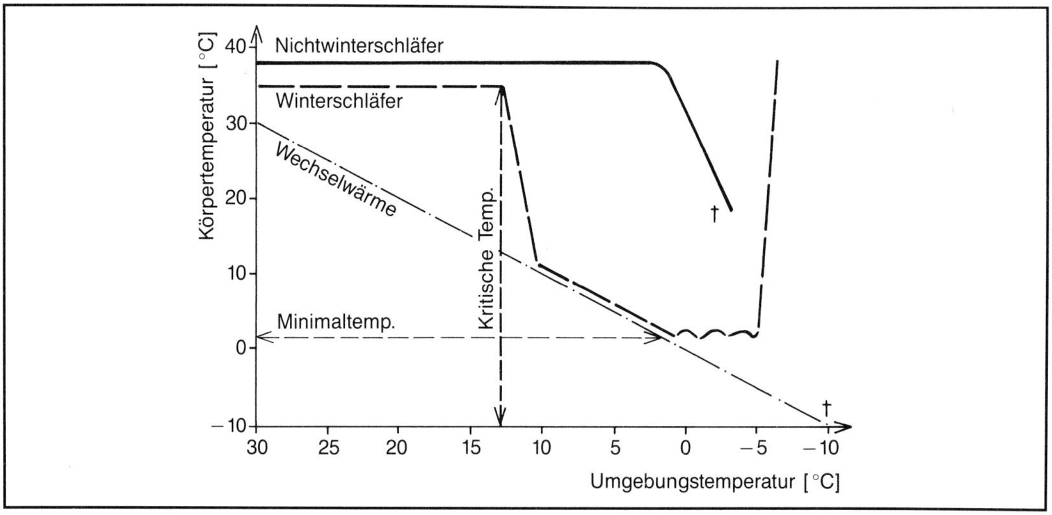

nischen Flunder. Im allgemeinen macht den Wassertieren weniger die Kälte zu schaffen als vielmehr die erschwerte Atmung, wenn das Gewässer zugefroren ist. Immerhin reicht den Fröschen bei gedrosseltem Stoffwechsel die Hautatmung zum Überleben. Eine zusammenfassende Übersicht über die Abhängigkeit der Körpertemperatur von der Umgebungstemperatur bei verschiedenen Tieren gibt Abbildung I, 2-7.

2.2 Kriterien der Themenauswahl

„Überwinterung" ist als Thema in den Lehrplänen aller Bundesländer vertreten und wird in jedem Schulbuch dargeboten; das Kapitel „Winterfütterung der Vögel" wendet sich schon an die jüngsten Schüler. Doch kommt bei der unterrichtlichen Behandlung in der Regel der ökologische Aspekt der verschiedenen Überwinterungsarten zu wenig in den Blick. So gibt z.B. die Einheit „Kältestarre" Gelegenheit, die jahreszeitlichen Veränderungen eines Sees in den Unterrichtsprozeß einzubeziehen. Viele weitere Möglichkeiten bieten sich an; einige davon sind in den „Vorschlägen zur Unterrichtsgestaltung" angedeutet.
Gerade der jüngere Schüler, der den Tieren emotional näher steht als der Erwachsene, ist auf vielfältige Weise mit dem Thema „Überwinterung", vor allem mit den hierbei auftretenden Problemen, befaßt. Er weiß, daß der Winter eine Notzeit für Tiere ist. Er hat die Schwierigkeiten eines fachgerechten und gelungenen Überwinterns bei seiner Schildkröte erfahren. Er hält Goldhamster, die mitunter eine rätselhafte, winterschlafähnliche Phase durchlaufen. Er beobachtet die herbstlichen Züge mancher Vogelarten, und er weiß um den Winterschlaf von Igel und Fledermaus. Er kennt die Bedeutung des Wortes „hamstern". Auf diese Schülererfahrungen kann der Lehrer Bezug nehmen; sie bedeuten zugleich auch Motivation.
Doch viele Vorgänge sind dem Schüler noch unbekannt. Nicht nur Details wie etwa die Frage nach der Winterruhe des Eichhörnchens; auch die wesentlichen Unterschiede zwischen Winterschlaf und Winterruhe einerseits sowie zwischen Winterschlaf und Winterstarre andererseits gilt es im Unterricht herauszuarbeiten. Denn Erfahrungen und Kenntnisse des Schülers auf diesem Gebiet werden auch in dessen eigenem Handeln wirksam, etwa im Umgang mit Schildkröte und Hamster, für die er verantwortlich ist. Außerdem wird seine Einstellung zum Naturschutz gefestigt, wenn er über Zugvögel und über eine sachgerechte Winterfütterung Bescheid weiß und die Folgen des mutwilligen Aufweckens von Winterschläfern kennt. Von der Sache her ist es nicht angebracht, innerhalb des Themas „Kältestarre" die Wirbellosen auszuschließen; der übergeordnete Gesichtspunkt liegt ja bei der Unterscheidung von Gleichwarmen und Wechselwarmen. Im folgenden werden deshalb – auch aus praktischen Erwägungen heraus – zumindest die Insekten in die Betrachtung einbezogen.
Das Thema „Überwinterung" läßt sich für den Unterricht einfach gliedern:

- Tiere, die dem Winter ausweichen: Zugvögel,
- Tiere, die „zu Hause" bleiben:
  - den Winter aktiv durchlebende Tiere,
  - Winterschläfer,
  - Winterruher,
  - in Kältestarre fallende Tiere.

Mit diesem Grundschema wird zugleich die unterrichtliche Weite des Themas angedeutet. Es bietet ökologische, physiologische und verhaltensbiologische Aspekte, die in angemessen einfacher Form im Unterricht berücksichtigt werden können. Weiterhin gibt die Behandlung der in der Gliederung genannten Einzelthemen den Schülern die Möglichkeit zu vielfältigem selbständigen Tun, sei es bei der Ausarbeitung von Versuchsplänen, bei der Durchführung von Experimenten, bei Beobachtungen oder bei der Beschaffung und Auswertung von Unterrichtsmaterial.

2.3 Vorschläge zur Unterrichtsgestaltung am Beispiel „Vogelzug“

2.3.1 Didaktische Überlegungen

Fällt der Unterricht noch in die Herbstzeit und sind ziehende Vögel am Himmel zu sehen, so empfiehlt es sich, mit den Zugvögeln zu beginnen und die Standvögel bzw. Strichvögel ans Ende dieser Einheit zu stellen. Hat der Winter aber bereits begonnen und sind Standvögel am Futterhäuschen zu beobachten, so beginnt der Unterricht mit ihnen.
Um den Schülern das erstaunlich präzise Heimkehrvermögen vieler Zugvögel zu veranschaulichen, wirkt ein in Erzählform vom Lehrer vorgetragener Bericht stärker als nüchterne wissenschaftliche Daten – z.B. über die Flugstrecke, die Tagesleistung u.a. –, die dann allerdings folgen müssen. Auch wenn der Storch bei uns selten geworden ist, stellt er doch ein gutes Beispiel für den Vogelzug dar: Seine Flüge sind sehr genau erforscht, es liegt hervorragendes und zugängliches Bildmaterial vor, und er ist ein volkstümliches Tier. Selbstverständlich eignen sich auch der Star, die Rauchschwalbe (vgl. *Emde* 1980; *Brauner* 1988), die Singdrossel und andere Arten (vgl. *Baker* 1980) als Beispiele; örtliche Gegebenheiten können bei der Wahl ausschlaggebend sein. Die angesprochenen Arten sollten während des Unterrichts als Stopfpräparate den Schülern immer vor Augen stehen; wenn das nicht möglich ist, auf einer Wandtafel oder im Lichtbild.
Die Leistungen der Zugvögel provozieren beim Schüler mit Sicherheit zwei Fragen: „Wie finden die Vögel ihren Weg?“ und „Woher weiß man das?“ Eine ausführliche Behandlung der ersten Frage ist nicht Inhalt des Unterrichts; dazu ist dieses Thema im Hinblick auf die Altersstufe der Schüler zu schwierig. Das schließt eine Antwort des Lehrers in einfacher Form nicht aus (s. Sachanalyse).
Die zweite Schülerfrage führt direkt auf die Methoden zur Erforschung des Vogelzugs. Dabei geht es in erster Linie um die Ermittlung des Zugweges durch Beringung. Die Demonstration von Ringen im Unterricht, deren Aufschrift, Anbringung usw. belehrt und überzeugt die Schüler besonders nachhaltig, so daß sie sich beim zufälligen Auffinden eines beringten Vogels sachgerecht verhalten. Doch bieten auch die Abbildungen in den Schulbüchern oder Dias ausreichende Informationen.
Um die Auswertung der Wiederfunde beringter Vögel anschaulich zu vermitteln, empfiehlt sich, den Schülern eine Tabelle mit Wiederfunddaten auszuhändigen (vgl. Auspicium 1959/60 ff.; *Vollert* 1960; *Bohnsack* 1967; 1968; *Schmidt, E.,* 1970; *Lipkow* 1976).
Die schwierige Frage, warum Zugvögel im Frühjahr wieder zurückkehren, kann – wenn sie von Schülern gestellt wird – mit dem Hinweis auf die im Sommer längere Tageszeit bei uns vordergründig geklärt werden (s. Sachanalyse).

Tab. I, 2-2: Vergleich: Standvögel und Zugvögel

Standvögel	Zugvögel
Nahrung: Samen, Beeren, pflanzliches Futter	Nahrung: Würmer, Larven, Insekten, tierliches Futter
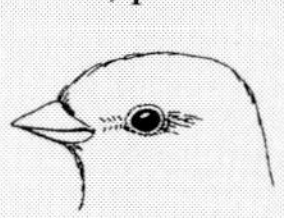	
Schnabel kurz, kräftig, breit	Schnabel länger, dünner, spitz
Körnerfresser	Insektenfresser

Da bei den Zugvögeln das mangelhafte Futterangebot im Winter als „Motiv" ihrer Züge im Unterricht herausgestellt wird, stellt sich die Frage, wie sich die Standvögel im Winter ernähren. Die Antwort auf diese Frage wird durch eine vergleichende Untersuchung der Schnabelformen von Zug- und Standvögeln gegeben (s. Tab. I, 2-2). Die Zuordnung von Schnabelform und Nahrung bringt die Schüler bei geschickter Führung durch den Lehrer bereits zu ökologischen Einsichten und dient außerdem zur Vorbereitung des Themas „Winterfütterung der Vögel". Die Winterfütterung wird im folgenden allerdings nicht weiter berücksichtigt, da dieses Thema in allen Schulbüchern ausführlich dargestellt wird. Auch die bei uns überwinternden Greife und Eulen sollten wegen des ökologischen Zusammenhangs von Nahrungsangebot und Überwinterungsweise in die Betrachtung einbezogen werden.

Unterrichtsziele:

Die Schüler sollen
- Zugvögel, Stand- und Strichvögel kennzeichnen und Beispiele dazu nennen können;
- Methoden zur Erforschung des Vogelzugs beschreiben können;
- an eindeutigen Beispielen von der Schnabelform eines Vogels auf dessen hauptsächliche Nahrung schließen können.

2.3.2 Unterrichtsprozeß

Herbstzeit – Vogelzugszeit

Beobachtungen und Vorwissen der Schüler zum Vogelzug werden zusammengetragen, z.B.:
- Beginnende Zugunruhe und Zusammenschluß zu Schwärmen, z.B. bei Staren im Herbst;
- „Verschwinden" bestimmter Vogelarten im Herbst (welche Arten ziehen, wohin ziehen sie?);
- Beobachtungen von Formationsflügen, z.B. von Enten („Reihe") und Gänsen („versetzte Reihe", „Keil") oder von Staren-Schwärmen;
- Zeitungsberichte über Wetterstürze, die zum Massensterben von Schwalben führen;
- feste Termine des Ab- und Anflugs im Herbst und Frühjahr; Bauernregeln: „Mariä Geburt – ziehen die Schwalben furt" (15. August), „Oculi – da kommen sie!" (4. Sonntag vor Ostern); Sprichwörter („Eine Schwalbe macht noch keinen Sommer");
- Vermutungen über die Auslösung der Zugstimmung (Tageslänge);
- Vermutungen über die Bedeutung der Züge (Nahrung).

Hierbei sollten alle von den Schülern (oder vom Lehrer) genannten Arten nach Möglichkeit als Stopfpräparat oder in guten Bildern sofort vorgestellt werden. Zur Vertiefung, auch zur Klärung erster Fragen, dient die Vorführung von Filmausschnitten oder Dias zum Vogelzug, z.B. „Star", „Rauchschwalbe", auch „Storchzug" und „Vogelzug und Vogelberingung".
Damit ist der erste Unterrichtsabschnitt beendet. In den folgenden Stunden sollen alle Arten, die jeweils behandelt werden, als Stopfpräparate oder in Form von Wandbildern gezeigt werden – aber nicht von Anfang an alle zugleich, vielmehr nach und nach, wie sie im Unterricht vorkommen: So können sich die Schüler die einzelnen Arten besser merken und mit dem dazugehörigen Unterrichtsinhalt assoziieren! In den folgenden Stunden werden die bereits vorgestellten Arten als Präparate immer wieder aufgestellt, wie auch die Wandbilder bis zum Abschluß dieser Unterrichtseinheit belassen bleiben.

Vogelzugsforschung, Beringungsmethode

Zu Beginn des 2. Unterrichtsabschnittes berichtet der Lehrer über die „Heimkehr" (den Frühjahrszug) z.B. einer Rauchschwalbe, eines Storchs, einer Grasmücke oder eines Stars. Nur eine Art soll als Beispiel dienen, und das Stopfpräparat (oder Bild) dazu wird vorher aufgestellt. Der Lehrer schildert, wie ein bestimmter Storch, der seit einigen Jahren auf dem Kirchturm in Hochdorf brütet,

aus 8000 bis 10 000 km Entfernung diesen Nistplatz immer wiederfindet, wie eine Rauchschwalbe, die tief in Afrika überwintert hat, im Frühjahr aufbricht und nun im Schwarm Tausende von Kilometern nach Norden zieht, die Alpen überquert, nach Deutschland einfliegt, Kurs nimmt auf eine bestimmte Landschaft, wobei sich die Schwärme aufteilen, den Landkreis Biberach erreicht, hier den Ort Mettenberg sucht und den abgelegenen Hof des Bauern Anton Dürr findet und dort auch ihren alten Nistplatz unter dem Dach. Noch eindrucksvoller können Berichte über nachts einzeln unter dem Sternenhimmel ziehende Grasmücken sein.
Sofort stellen die Schüler die Frage: „Woher weiß man das?", und der Lehrer formuliert diese Frage um: „Wie kann man das herausbekommen?" Einzelne Schüler bringen mit Sicherheit das Stichwort „Beringung" vor. Daß der Lehrer nun Ringe verschiedener Größen, auch beschriftete, zeigt, ist ein optimales Vorgehen. Gute Bilder (FWU 10 2042) und sachkundige Auskunft des Lehrers reichen auch aus. Die Schüler selbst sind in der Lage, das Vorgehen bei dieser Methode zu erfassen und zu schildern. Der Lehrer sollte sich aber erst zufrieden geben, wenn seine Schüler selbständig Aufgaben folgender Art bewältigen:

Am 29. 11. 1938 wurde 60 km nördlich von Duala (Kamerun) ein Rauchschwalben-Weibchen erlegt, das den Ring Nr. 8 407 950 der Vogelwarte Schweinfurt trug. Es war dort am 9. 8. 1938 beringt worden.
Welche Aussagen lassen sich aufgrund dieses Sachverhalts machen?
(Vermutliches Überwinterungsgebiet, zurückgelegte Strecke, durchschnittliche Mindest-Reisegeschwindigkeit in km/Tag).

Bei diesem Wissensstand sind die Schüler in der Lage, die folgende Aufgabe (evtl. als Hausaufgabe) selbständig zu lösen: Es werden einfache vervielfältigte Umrißkarten Europa/Afrika an die Schüler ausgegeben (wichtige Städte, Ortschaften, Flüsse sind eingezeichnet) sowie eine Tabelle über Wiederfunde, z.B. von Störchen oder Staren. Die Aufgabe selbst kann in relativ einfacher oder auch etwas anspruchsvollerer Form gestellt werden. Entweder bekommen die Schüler nur Wiederfund-Daten vom Winter und ermitteln die Winterquartiere und stellen Vermutungen über die Zugrichtung an, oder sie erhalten dazu Daten von verschiedenen Stationen des Herbst- und des Frühjahreszuges; damit läßt sich der Gesamtzug rekonstruieren. *E. Schmidt* (1970) gibt die Fundorte (für Stare) – wie üblich – in Längen- und Breitengraden an; der Lehrer kann aber auch in bestimmte geografische Orte „übersetzen", die in der Karte vorgegeben werden. Im Anschluß an diese Aufgabe ermitteln die Schüler die von den Vögeln ungefähr zurückgelegten Entfernungen.
Nach dieser exemplarischen Behandlung des Zugweges einer Art werden die Routen und Flugstrekken anderer einheimischer Vögel veranschaulicht. Dazu wird eine entsprechende Landkarte (Europa-Afrika) aufgehängt. Die Schüler benutzen ihre eigenen Atlanten. Der Lehrer gibt nur die Winterquartiere der Vögel an, und die Schüler ermitteln auf ihren Karten die vermutliche Flugroute; ein Schüler demonstriert den Weg auf der Wandkarte. Die ganze Klasse beteiligt sich an der Berechnung der Entfernung. Besonders reizvoll gestaltet sich dieser Unterrichtsabschnitt, wenn ein großer Schulglobus eingesetzt werden kann.
Wenn nicht schon während der Behandlung der Vogelberingung von den Schülern selbst andere Methoden zur Vogelzugsforschung genannt worden sind, ist jetzt Gelegenheit, darauf einzugehen. Die den Schüler bewegende Überlegung dazu ergibt sich aus den Nachteilen der Beringungsmethode, zumal, wenn die Vögel weite Strecken übers Meer oder Gebirge ziehen. Da die Schüler heute in der Regel technisches Wissen besitzen, kann sich der Lehrer hier auf kurze Informationen beschränken (s. Sachanalyse).
Das gilt schließlich auch für die Schülerfrage, wie sich die Vögel auf ihren Zügen orientieren. Der Lehrer selbst macht dieses Problem nicht zum Inhalt des Unterrichts; er muß aber – danach gefragt – seinen Schülern eine einfache Antwort geben. Die unterrichtliche Behandlung dieser Frage hängt stark vom Vorwissen und von der Aufnahmefähigkeit der Schüler ab. Immerhin kann der Lehrer von der alten Pfadfinder-Methode zur Orientierung ausgehen, nach der bei Kenntnis des Sonnen-

standes und der Uhrzeit die eigene Position ermittelt wird. Dem Alter der Schüler entsprechend muß der Lehrer die „innere Uhr“ der Vögel als ein „absolutes Zeitgefühl“ darstellen (weitere Informationen s. Sachanalyse).

Standvögel, Strichvögel
Die Schüler wissen, daß nicht alle Vögel im Herbst fortziehen, und sie können auch einige Arten nennen, die bei uns bleiben. Um diese Kenntnisse zu vertiefen, erhalten die Schüler den Auftrag, „Wintervögel“ am Futterhäuschen zu beobachten:
- Welche Arten kommen vor?
- Welche Arten sind häufig, welche selten?
- Bevorzugte Nahrung, Verhalten (Rivalität u.ä.) sind im Beobachtungsprotokoll festzuhalten.

Nur unter besonders günstigen schulischen Bedingungen kann diese Aufgabe direkt vom Klassenzimmer aus angegangen werden; in der Regel wird daraus eine Hausaufgabe. Wenn die direkte Beobachtung der Vögel am Futterhäuschen (noch) nicht möglich ist, kann der Film „Vögel im Winter“ (FWU 32 0822) eingesetzt werden, andernfalls auch als Ergänzung dienen. Bei der gemeinsamen Besprechung dieser Aufgabe im Klassenverband ergibt sich aus den Aufzeichnungen der Schüler zunächst eine Liste von „daheimbleibenden Vögeln“: Das sind die Standvögel. Nun werden Zug- und Standvögel einander gegenübergestellt. In eine Tabelle werden die zugehörigen Arten eingetragen. Dabei ergeben sich Schwierigkeiten bei der Einordnung z.B. der Krähen, und daraus wird der Begriff „Strichvogel“ („Teilzieher“) hergeleitet und mit Beispielen in die Tabelle eingefügt. („Zweideutigkeiten“, z.B. beim Star als Zug- oder Strichvogel werden – jedenfalls zunächst – nicht berücksichtigt, d.h. der Star gilt als Zugvogel). Alle genannten Arten sind wiederum als Präparate oder im Bild vorzustellen; speziell von Amsel und Star liegen Filme vor. Die Tabelle soll insgesamt nicht mehr als ein Dutzend Arten umfassen; die aber müssen die Schüler an charakteristischen Merkmalen erkennen können.
Der Lehrer sollte die Schüler dazu anregen, eine Bildersammlung einheimischer Vogelarten mit kurzen steckbriefartigen Beschreibungen anzulegen, geordnet nach Zug-, Stand- und Strichvögeln.

Unterschiedliche Nahrung der Zug- und Standvögel
Bei der Betrachtung der Stand- bzw. Zugvögel und bei ihrer Zusammenstellung in der Tabelle ist schon von deren Futter gesprochen worden, und daran schließt der letzte Unterrichtsabschnitt unmittelbar an. Es geht um ein Thema, für das junge Schüler stark motiviert sind: die richtige Fütterung der Vögel im Winter.
Hierzu zeigt der Lehrer käufliches Vogelfutter (Ringe, Knödel, Streufutter); Proben davon erhalten die Schüler zur eigenen Untersuchung auf Glasschälchen. Sie stellen fest: Samenkörner aller Art. Das führt zur Frage: „Fressen alle Vögel das gleiche?“ Diese Frage wird im Unterrichtsgespräch weiterentwickelt: „Kann man einem Vogel ansehen, was er frißt (so wie einem Reh oder einem Fuchs)?“ „Woran könnte man das am besten erkennen?“
Jetzt bilden die Schüler Arbeitsgruppen und werden mit Stopfpräparaten und Bälgen verschiedener Zug- und Standvögel sowie mit guten Abbildungen versorgt. Es ist günstig, Arbeitsplätze mit Material verschiedener Vogelarten auszustatten und die Schüler-Arbeitsgruppen „wandern“ zu lassen.
Die Schüler erhalten folgende Aufgaben:
- Zeichnet die Schnäbel einiger Vogelarten, schreibt ihren Namen dazu und was sie fressen!
- Ordnet eure Ergebnisse in einer Tabelle, die links für Standvögel, rechts für Zugvögel eingerichtet ist (s. Tab. I, 2-2). Welches Futter fressen hauptsächlich Standvögel, welches Zugvögel? Zeichnet in die Tabelle die Schnabelform der Standvögel und der Zugvögel ein!
- Kann man einem Vogel ansehen, was er frißt? Begründet eure Meinung!
- Der Storch sowie Eulen und Greife leben von tierischer Nahrung. Der Storch ist ein Zugvogel, Eulen und Greife aber nicht. Stellt die „Speisekarten“ dieser Vögel zusammen und versucht, eine Erklärung für ihr Verhalten gegenüber dem Winter zu finden!

I Ordnen nach Lebensformen

– Was läßt sich allgemein über die „Speisekarten" von Zug- und Standvögeln aussagen? Bringt das in einen Zusammenhang mit dem unterschiedlichen Verhalten der Vögel gegenüber dem Winter!
– Kann man einem Vogel ansehen, ob er ein Zugvogel ist oder ein Standvogel? Begründet eure Meinung!

Von hier aus läßt sich der Unterricht leicht zur vertieften Behandlung des Themas „Winterfütterung der Vögel" weiterführen. Dabei sollte man auch kritische Stellungnahmen zur Fütterung der Vögel berücksichtigen (vgl. z.B. *Knoll* 1979; *Landerer* 1985).

2.4 Vorschläge zur Unterrichtsgestaltung am Beispiel „Aktive Überwinterung"

2.4.1 Didaktische Überlegungen

Ein Ziel dieser Einheit ist die Kenntnis von Tierarten, die den Winter bei uns überstehen. Vertreter der Vögel haben die Schüler in der vorangegangenen Einheit kennengelernt, einige Säuger werden sie nennen können. Doch bietet ein Unterrichtsgang im Schnee die beste Möglichkeit, diese Arten festzustellen, und zwar einmal durch direkte Beobachtung, zum anderen durch ihre Spuren (vgl. *Janßen* 1989). Das Auffinden und Bestimmen von Spuren spricht die Schüler dieses Alters besonders an („Detektiv-Methode"). Vorteilhaft hierbei ist eine Waldbegehung; doch bringt auch der Gang durch einen Stadtpark – möglichst früh am Morgen – gute Ergebnisse. Eventuell können auch einzelne Schüler beauftragt werden, Spuren zu suchen und in einer Zeichnung festzuhalten. Ein solches Protokoll gehört zu jeder Exkursion. Die Bestimmung erfolgt im Unterricht aufgrund der Abbildungen im Biologie-Schulbuch, mit Hilfe von Dias oder – wenn vorhanden – unter Zuhilfenahme der Gipsmodelle von Trittsiegeln. Empfehlenswert zum Bestimmen sind auch *Bang/Dahlström* (1975), *Boucher* (1982) und *Kelle/Sturm* (1984).
Ein wichtiges Unterrichtsziel ist die Einsicht der Schüler, daß der Winter für alle Lebewesen eine schwierige Zeit ist. Als Ausgangspunkt bietet sich der Vergleich mit dem Verhalten des Menschen im Winter an. Hier kann der Lehrer an den vorausgegangenen Unterrichtsgang anknüpfen, der den Schülern mancherlei Vergnügen gebracht hat. Hingegen leiden die Tiere unter dem Winter: Kälte, Schneedecke, Futtermangel, lange Nächte und kurze Tage, zugefrorene Gewässer, verharschter Schnee, der die Läufe verletzt.
In Tabelle I, 2-3 sind einige Kriterien zusammengefaßt, die den Vergleich mit den Verhältnissen des Menschen ermöglichen; doch ist diese Tabelle weder als Lernstoff zu verstehen noch als Tafelanschrieb geeignet; sie soll lediglich dem Lehrer eine gewisse Orientierung geben, da der Vergleich zwischen Mensch und winteraktiven Tieren im Unterrichtsprozeß mehrfach angesprochen wird.
Schwerpunkt des folgenden Unterrichtsbeispiels ist die Behandlung der Frage, wie sich die winteraktiven Tiere vor der Kälte schützen. Damit der Unterricht nicht oberflächlich bleibt, müssen die Schüler einsehen, daß die Gleichwarmen im Winter einerseits den Vorteil eigener, konstanter Körpertemperatur haben, andererseits aber einen ständigen Kampf gegen zu hohe Wärmeverluste führen; sie müssen entsprechend nachheizen, und das kostet Energie, d. h. Futter. Nahrung aber ist im Winter knapp! Die Kenntnis dieses Zusammenhanges von Homoiothermie, Wärmedämmung und Futterbedarf winteraktiver Tiere ist ein weiteres Unterrichtsziel dieser Einheit.
Dazu müssen die Möglichkeiten der Gleichwarmen behandelt werden, sich vor der Winterkälte zu schützen. Hierzu führen die Schüler Untersuchungen von Fellen und von Federn durch. Die nötigen Fellproben erhält man ohne große Umstände beim Kürschner (evtl. nach Anmeldung einige Wochen vorher); Federn bringen Schüler mit in den Unterricht. Zu den Felluntersuchungen können auch Stopfpräparate von Säugern herangezogen werden. Proben vom Sommer- und Winterfell des

Mensch	Tiere	Pflanzen
Warme Kleidung, dicke Mäntel	Dichtes Fell (Winterpelz), dichtes Gefieder, Speckschicht	Abwerfen der Blätter
Kräftige Nahrung Vorräte	Fettpolster, Winterschlaf, Winterruhe, Winterstarre	Vorratsstoffe in Knollen, Zwiebeln, Wurzelstöcken u.a.
	Überwinterung als Ei	Überwinterung als Samenkorn
Geheizte Wohnung mit wärmedämmenden Fenstern und Wänden Iglu Reisen in wärmere Länder	Winterbau isoliert mit trockenem Laub Schneeloch tiefere Wasserschichten im See Flug in den warmen Süden Wanderung vom Gebirge ins Tal (Gemsen, Rotwild)	Überwinterung mit Knollen, Zwiebeln u.a. im geschützten Boden, geschützte Knospen

Tab. I,2-3: Anpassungen von Mensch, Tieren und Pflanzen an den Winter

Rehs (bzw. anderer Arten) erhält man von Forstleuten und Jägern, auch bei Lehrmittelfirmen.
In einfachen Versuchen lernen die Schüler zunächst die wärmedämmende Wirkung von Fell und Gefieder, auch von Fett sowie von Wollstoffen kennen. Die Messung der Felldichte bzw. Haarlänge bietet die Möglichkeit, die Dicke des Fells mit „der Kälte“ des Lebensraums der untersuchten Tierarten in Beziehung zu setzen. Die Größe der Tiere bleibt hierbei unberücksichtigt, obwohl sie eine wesentliche Rolle spielt. Doch würden die Schüler damit überfordert sein. Es geht hier darum, die Schüler durch eigene Messungen und eigene Überlegungen anzuleiten, eine wesentliche ökologische Gesetzmäßigkeit herauszufinden, und das ist auch in einem verhältnismäßig einfachen Verfahren möglich. Weiterhin soll nicht der Aufbau des Gefieders untersucht werden, wohl aber – da es hier um Wärmedämmung geht – einzelne Federn. Das geschieht mit Hilfe der Lupe, bietet aber auch die Möglichkeit, das Mikroskop einzusetzen: entweder über einen Monitor als Lehrerdemonstration oder – besser – als Schülerübung. Die Bezeichnungen der einzelnen Federstrukturen sind im Zusammenhang mit dieser Unterrichtseinheit unwichtig; bedeutungsvoll jedoch ist der vom Schüler phänomenologisch erfaßbare Sachverhalt, daß Luft in kleinen Portionen innerhalb der einzelnen Federn sowie im gesamten Gefieder festgehalten wird und auf diese Weise eine hervorragende Wärmedämmung leistet (s. Sachanalyse).
In weiteren einfachen Versuchen und Überlegungen wird das Wärmeleitvermögen von Luft und anderen Materialien untersucht, so daß der Schüler das elementare physikalische Hintergrundwissen zum Thema „Wärmeisolation“ erhält. Die hierzu nötigen Materialien – Metall- und Styroporteile, Wolle usw. – sind überall vorhanden. Durch diese Versuche wird die Wirkweise von Fell und Gefieder (sowie von Wollgewebe) erklärt: Sie wärmen nicht – aber sie halten warm!
Daß Haare und Federn wärmeisolierend wirken, sieht der Schüler leicht ein. Im Fall einer Fettschicht muß der Lehrer unter Umständen geschickt nachhelfen, wie das im „Unterrichtsprozeß“ angedeutet wird. Es zeigt sich, daß der schon zu Beginn angestrebte Vergleich zwischen den Maßnahmen des Menschen zur Bewältigung der Winterhärte mit dem winterlichen Verhalten der Tiere den Unterricht immer wieder fördert und vorantreibt (s. Tab. I, 2-3).
Viele Kurzthemen können an geeigneter Stelle in den Unterricht einbezogen werden, z.B. Tarnfarbe im Sommer und Winter, Wildfütterung, die Wirkung des Gefieder-Aufplusterns (s. Abb. I, 2-6) und Fellsträubens oder die Störung des Wildes durch Skifahrer, wodurch die Tiere zu energieverbrauchenden Fluchtbewegungen gezwungen werden.

I Ordnen nach Lebensformen

Unterrichtsziele:
Die Schüler sollen
- einsehen, daß der Winter für alle Lebewesen eine schwierige Zeit ist;
- erkennen, daß alle aktiv überwinternden Tiere gleichwarm sind, also zu den Vögeln oder Säugetieren gehören;
- einige aktiv überwinternde Tiere aufzählen können;
- Verhaltensweisen und Einrichtungen bei winteraktiven Tieren zur Überwindung der harten Winterzeit nennen und in ihrer Wirkung beschreiben können;
- den Zusammenhang von Homoiothermie, Wärmedämmung und Futterbedarf winteraktiver Tiere auf einfache Weise darlegen können.

2.4.2 Unterrichtsprozeß

(1) Der Lehrer führt kurz in das Thema ein: Die aktiv überwinternden Tiere gehören zu den Gleichwarmen; sie können sich „von innen her aufheizen". Das können wir Menschen auch; trotzdem müssen wir uns gegen die Winterkälte schützen und ebenso die winteraktiven Tiere.
Die Schüler erhalten die Aufgabe: „Betrachte das Leben im Jahresverlauf aus der Sicht eines Rehs und einer Schwalbe! In welcher Zeit haben es die Tiere leichter, wann schwerer – und warum?"
(2) Der Lehrer lenkt den Blick der Schüler auf deren Kleidung, auf die mit dicken Mänteln und gefütterten Jacken besetzten Garderobenhaken, auf Passanten, die mit Pelzmänteln in der Kälte herumlaufen oder Pelzmützen tragen. Nach einem Hinweis auf „warme Federbetten" werden Fell und Gefieder der Gleichwarmen als Schutz gegen Kälte von den Schülern leicht erkannt.
Wenn die Schüler die dritte Möglichkeit – die Fettschicht – nicht spontan angeben, hilft der Lehrer mit Hinweisen z.B. auf Wale in eiskalten Gewässern oder auf Kanalschwimmer, die sich mit einer dicken Fettschicht einschmieren.
Sofort ergibt sich eine Diskussion innerhalb der Klasse: „Was wirkt besser gegen Kälte: Fell, Gefieder, Fett – oder menschliche Kleidung?" Damit wird einmal die Wirksamkeit, zum anderen die mögliche Wirkweise der verschiedenen Materialien angesprochen. Da Mutmaßungen nicht weiterhelfen, bieten Versuche den besten Weg zur Lösung dieser Frage. Die Schüler sollen zunächst selbst Versuche vorschlagen und entwerfen, die geeignet sind, die anstehenden Probleme zu klären. Der Lehrer gibt nur dann Auskunft, wenn es sachlich erforderlich ist. Gemeinsam werden eine Versuchsplanung erstellt und die Aufgaben der Schüler bei der Durchführung festgelegt. Um die Wirksamkeit von Fell, Gefieder, Fett und Stoff zu untersuchen, werden folgende Versuche als Schülerübungen in Gruppen ausgeführt (vgl. *Lipkow* 1976, 76 f.):
Reagenzgläser werden mit Fellen umhüllt (mit Gummi oder Faden locker befestigen), andere mit Federn (nicht zu fest binden!). Ein Reagenzglas wird in das vorgestanzte Loch eines Speckwürfels gesetzt, ein weiteres in den Finger eines Wollhandschuhs eingeführt. Ein Reagenzglas bleibt ohne Umhüllung. Jetzt wird Wasser von 50 °C in die Gläser eingefüllt, die darauf mit einem durchbohrten Stopfen verschlossen werden, durch den ein Thermometer ins Wasser taucht. Von nun an wird die Wassertemperatur von Minute zu Minute abgelesen und in eine Tabelle eingetragen. Die Auswertung in einer Grafik stellt die Ergebnisse sehr anschaulich dar; sie kann gruppenweise und auch als Gesamtergebnis nach Mittelwertbildung aller Einzelversuche der Klasse erfolgen. Normalerweise werden diese Versuche bei Zimmertemperatur ausgeführt; realistischer jedoch ist ihre Ausführung in kalter Winterluft. Dieser Unterrichtsabschnitt wird abgeschlossen durch eine Zusammenfassung als Tafelanschrieb, der ins Heft übernommen wird.
(3) Die Schüler haben die Wirksamkeit der genannten Materialien untersucht. Der folgende Unterrichtsabschnitt zielt auf deren Wirkweise. Als Anregung kann der Lehrer das Interesse der Schüler auf – bei großer Kälte – aufgeplusterte Vögel lenken. Technisch versierte Schüler wissen gleich

Bescheid: Die Hauptrolle bei der Wärmedämmung spielt die in den „Geweben" vorhandene Luft, die wärmeisolierend wirkt. Zur Vertiefung und zum Verständnis dieses Sachverhalts, evtl. auch zur Hinführung, dienen folgende Beobachtungen, Versuche und Überlegungen; je nach Wissensstand und Interesse der Klasse wählt der Lehrer aus:

- Wenn ein Mensch vom Regen bis auf die Haut durchnäßt wird, beginnt er zu frieren, obwohl die Luft-Temperatur nicht gesunken ist. Warum?
- Wie müssen die vorher ausgeführten Versuche abgeändert werden, um diese Wirkung zu verdeutlichen? Ausführung der Versuche wie oben unter den neuen Bedingungen.
- Warum fetten Vögel ihr Gefieder ein?
- Gegenstände aus Metall und Wandplatten aus Steingut sowie Gewebe aus Wolle, Stücke von Styropor, ein Glas mit Wasser, die alle die gleiche Temperatur haben (10–15 °C, auch Zimmertemperatur möglich), werden mit der flachen Hand „auf ihre Wärme" geprüft: Die erstgenannten fühlen sich kalt an, die folgenden warm, Wasser wieder kalt. Warum ist das so?
- Es wird behauptet: Fäustlinge sind wärmer als Fingerhandschuhe! Stimmt das?
- Im Iglu der Eskimos ist es „warm", obwohl er aus Eis besteht.
- Amseln sitzen im Winter oft aufgeplustert auf einem Ast oder im Blattwerk einer Efeuwand, Säugetiere haben ein gesträubtes Fell. In Rudeln lebende Tiere rücken im Winter mitunter dicht aneinander. Welche Bedeutung haben diese Verhaltensweisen?

Den Abschluß bildet eine Aussprache der Schüler untereinander, ob es richtig ist, z.B. zu sagen: „Der Mantel wärmt mich gut". Die Thermosflasche wird in die Diskussion einbezogen: Wärmt sie? Was bedeutet die Redewendung „Das ist ein warmer Pullover"? Das Ergebnis dieser Aussprache – „Felle, Federn, Wolle halten warm" – dient als Zusammenfassung dieses Unterrichtsabschnittes.

(4) Um den Schülern eine Vorstellung davon zu geben, wie die wärmeisolierende Luft in den „Maschen" von Geweben, zwischen den Haaren im Fell und im Gefieder festgehalten wird, zugleich um sie selbst entdecken und beobachten zu lassen, folgen nun Untersuchungen von Fellen und Federn, jeweils auf verschiedene Weise, aber stets in Gruppenarbeit.

Abb. I, 2-8: Fell bei verschieden überwinternden Säugetieren (Arbeitsblatt)

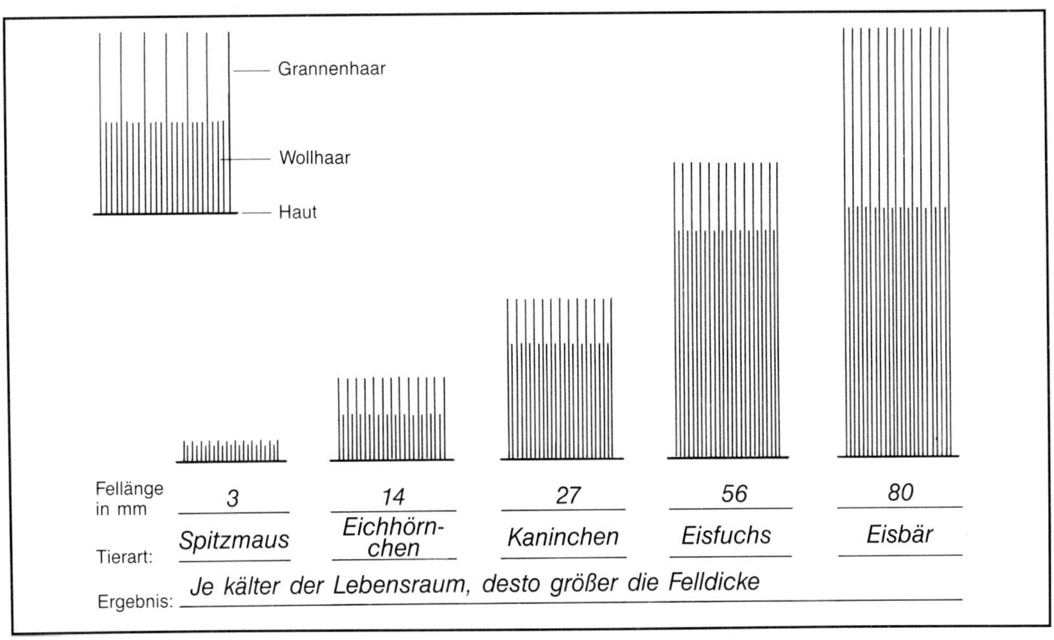

I Ordnen nach Lebensformen

Untersuchung von Fellen
(Dazu Stopfpräparate oder Bilder der Arten, deren Fell untersucht wird).
Verschiedene Fellproben werden an die Schüler verteilt.
Aufgabe 1: Untersucht mit der Lupe eine Fellprobe! Sind alle Haare gleich lang und gleich dick? Skizziere den Aufbau des Fells!
Aufgabe 2: (mit Abbildung I, 2-8): Hier sind verschiedene Felle vorgezeichnet. Meßt die Felldicke (Haarlänge) und tragt die Werte ein. Versucht herauszufinden, welches Fell zu welchem Tier gehört (Felle von Kaninchen, Spitzmaus, Eisbär, Eichhörnchen, Eisfuchs)!
Die Schüler könnten die Haarlänge der Felle einfach mit der Größe der Tiere korrelieren. Nach aller Erfahrung geschieht das nicht. Eine solche Zuordnung ist – wie eine kurze Betrachtung der Volumen-Oberflächen-Relation der Tiere ergibt, ohnehin nicht haltbar (Oberfläche ~ Wärmeabstrahlung, Volumen ~ Wärmeproduktion).
Die Schüler erkennen und halten schriftlich fest: Das Fell besteht aus langen Grannenhaaren und kürzeren Wollhaaren. Vor allem die Wollhaare wirken wärmeisolierend („warmhaltendes Unterzeug").
Anschließend werden Dichte und Dicke des Fells in Beziehung gebracht zum Klima des Lebensraumes der betreffenden Tierarten. Da die Schüler bei der Untersuchung der verschiedenen Felle die Frage nach der unterschiedlichen Haarlänge von sich aus bereits zur Sprache bringen, verhilft eine Tabelle zur nötigen Klarheit, z.B.:

Tierart	Länge der Grannenhaare	Ausbildung der Wollhaare	Lebensraum Klima
Eisbär	70 bis 80 mm	stark	Arktis, sehr kalt
Eisfuchs	49 bis 55 mm		
Marder	25 mm	mäßig	gemäßigte Zone
Eichhörnchen u.a.	14 mm		

Das Ergebnis dieser Untersuchung wird als Zusammenfassung festgehalten: Je kälter der Lebensraum der Säuger, desto dichter und dicker ist ihr Fell.
Anmerkung: Es ist sehr wohl möglich, daß die Schüler bei der Fell-Untersuchung bestimmter Arten zu unterschiedlichen Meßergebnissen kommen und auf diese Weise den Unterschied Sommerfell-Winterfell entdecken. Das läßt sich unterrichtlich zu einer umgehenden Weiterführung der Untersuchung nutzen (sonst siehe unten!).

Untersuchung von Federn
Aus dargelegten Gründen soll im Unterricht nicht das Vogelgefieder, vielmehr sollen einzelne Federn betrachtet und untersucht werden:
- Deckfedern und Daunenfedern werden mit bloßem Auge und mit der Lupe betrachtet, Spule, Kiel und Fahne benannt.
- Der Lehrer demonstriert die Lage der Daunenfedern an einem Stopfpräparat („warmhaltendes Unterzeug").
- Mikroskopische Untersuchung von Federn und Vergleich mit Geweben (Seide, Damenstrumpf u.a.): Verteilung und Festhalten der Luft.
- Kurze Betrachtung zum Einfetten des Gefieders.
- Manche Nester oder Lager von Säugern (welche?) werden mit Federn und Haaren oder mit trockenem Moos ausgelegt. Welche Zwecke erfüllen diese Materialien?

Vergleich Sommerfell – Winterfell
Als Übergang – oder begleitende Betrachtung – dient der Vergleich mit dem Menschen: Er trägt im Winter dicke, schwere, im Sommer leichte, luftige Kleidung. Daraus ergibt sich die Frage: Wird es den gleichwarmen Säugern und Vögeln im Sommer nicht zu heiß? Können auch sie die Kleidung wechseln? (Wenn einige Schüler bereits jetzt das Stichwort „Mauser" vorbringen, kann das unterrichtlich sofort genutzt werden; sonst siehe unten!).
Die Schüler untersuchen je ein Stück Sommerfell und Winterfell vom Reh.
Sommerfell: Rotbraun; kurz, straff, anliegend; weniger Wollhaare, „luftig".
Winterfell: Graubraun; länger, dichte Wollhaar-Schicht, wärmedämmend.
Die Schüler deuten ihr Ergebnis; der Lehrer gibt einen Hinweis auf das dichtere Daunengefieder der Vögel im Winter.
Der Lehrer zeigt Dias von Tieren mit deutlich unterschiedlichem Sommer- und Winterkleid, z.B. Hermelin, Schneehase, Schneehuhn (Dia-Reihe FWU 10 2336 „Schutz- und Tarnfärbung", Bilder 5 bis 8; Dia-Reihe Aulis-Verlag „Überwinterung"). Die Schüler werden aufgefordert, eine Erklärung bzw. Deutung zu geben.
Ergebnis: Mitunter dient das Winterfell oder Wintergefieder auch zur Tarnung.
An dieser Stelle ist Gelegenheit, auf die Bedeutung der Mauser bei Vögeln einzugehen.
(5) Die Bedeutung der Wahl eines geeigneten Winterquartiers kann man den Schülern mit einem einfachen Versuch zeigen: Eine etwas steife Plastiktüte wird mit Löchern versehen (Einschnitte mit einer Schere; verhindert zu starke Schweißkondensation) und über die Hand eines Schülers gestülpt, die ein Thermometer zur Messung der Temperatur innerhalb der Tüte hält. Mit einem Gummiband wird die Tüte dicht am Armgelenk des Schülers festgehalten. Ein zweites Thermometer mißt die Außentemperatur. Ergebnis: In der Plastiktüte steigt die Temperatur aufgrund der wärmeisolierenden Wirkung der ruhenden Luft. Schon vorher ist im Unterricht angesprochen worden, daß die Ausstaffierung tierischer Behausungen mit trockenen Blättern, Moosen o.a. die wärmeisolierende Wirkung erhöht.
(6) Das Dia eines im Schnee umgekommenen Tieres (z.B. einer Amsel, eines Rehes) wird gezeigt. Dazu berichtet der Lehrer: „Dieses Tier wurde von einer Schülergruppe bei einem Ausflug aufgefunden. ‚Es ist erfroren', sagten die einen, ‚nein', entgegneten die anderen, ‚es ist verhungert!' Wer hat recht?"
Die anschließende Aussprache macht den Schülern die Bedeutung ausreichenden Futters zur Aufrechterhaltung der Körpertemperatur gerade im Winter deutlich. Hier ist auch Gelegenheit, auf die Wildfütterung im Winter mitsamt ihrer Problematik einzugehen.
Mit Sicherheit wird in der Diskussion über den Futtermangel im Winter die Frage nach Reserven oder Vorräten von den Schülern aufgeworfen werden. Wenn in diesem Zusammenhang Eichhörnchen oder Hamster genannt werden, muß der Lehrer auf typische Vertreter der aktiven Überwinterer hinweisen, die keine Vorratslager anlegen und dennoch Reserven haben: in ihren eigenen Fettpolstern oder Fettschichten.

2.5 Vorschläge zur Unterrichtsgestaltung am Beispiel „Winterschlaf"

2.5.1 Didaktische Überlegungen

Der Winterschlaf ist allen Schülern bekannt, meist vom Igel her, oft auch von den Fledermäusen. Deshalb empfiehlt sich, vornehmlich diese beiden Beispiele im Unterricht heranzuziehen; doch sollten die Schüler auch die übrigen einheimischen Winterschläfer kennenlernen.

Zu Beginn dieser Einheit muß sich der Lehrer bewußt machen, daß die Biologie der hier als Beispiele herangezogenen Tiere den Schülern in aller Regel vom früheren Unterricht her bekannt ist. Um Leerlauf oder Langeweile zu vermeiden, sollte also zügig unter dem Aspekt „Winterschlaf" unterrichtet werden; nur dort, wo Lücken im Wissen der Schüler über die Lebensweise der Tiere vorliegen, muß der Lehrer nachhelfen.
Nicht bekannt ist den Schülern der Unterschied Winterschlaf – Winterruhe – Winterstarre. Nur durch den Vergleich wird der Unterricht hier wirkungsvoll, d.h. erst bei der Behandlung der Winterruhe und – später – der Winterstarre kann der Unterschied herausgearbeitet werden (s. Abschnitt I, 2.7).
Die Unterrichtseinheit „Winterschlaf" gibt dem Schüler Gelegenheit zu einfachen Selbstversuchen, die ihm zeigen, daß heftiges Atmen und schneller Herzschlag sowie Temperaturanstieg („Schwitzen") Anzeichen intensiven Stoffwechsels sind – und umgekehrt.
Als Anschauungsmaterial können außer Stopfpräparaten und Bildern einige Filme, im Fall der Fledermäuse auch ein sehr gutes Tonband eingesetzt werden. Es empfiehlt sich – wie fast immer –, nur bestimmte Ausschnitte der Filme zu zeigen; zu viele der fesselnden Zusammenhänge würden sonst nur mitgeteilt und nicht unterrichtlich wirksam werden.
Eine Besprechung der Vorbereitungen zum Winterschlaf, der Winterquartiere (s. Abschnitt I, 2.4) und der Körperhaltung der schlafenden Tiere kann die Behandlung des Themas abrunden; diese Aspekte werden im folgenden „Unterrichtsprozeß" jedoch nicht mehr aufgegriffen.
Der Lehrer kann bei der Behandlung des Themas „Winterschlaf" mit einer Fülle von Schülerfragen rechnen (z.B. „Was frißt ein Igel im Winter, wenn er wach wird?", „Können Igel erfrieren?", „Soll man zu Hause gepflegte Igel vor dem Winterschlaf aussetzen?"). Es ist nicht sinnvoll, auf alle diese Fragen zu Beginn des Unterrichts einzugehen: Den größten Teil der Fragen können die Schüler selbst am Ende der Einheit beantworten, und das sollte genutzt werden. Der Lehrer findet sachkundige Auskunft in einem Merkblatt des Deutschen Tierschutzbundes und in der Broschüre „Das Igel-Brevier" (vgl. *Poduschka/Saupe/Schütze* 1979).
Ein winterschlafender Igel darf nicht aufgestört und schon gar nicht im Unterricht vorgeführt werden. Sollte ein Schüler ein von ihm gepflegtes Tier mitbringen, muß der Lehrer damit rechnen, daß die Schüler im Klassenverband so stark emotional reagieren, daß ein zielgerichteter Unterricht kaum noch möglich ist. Als Ausweg bietet sich an, den „igelbesitzenden" Schüler über seine Erfahrungen berichten und von seinen Mitschülern befragen zu lassen.
Oft ist es zweckmäßig, die wichtigsten „Lebensdaten" eines Tieres in aller Kürze zusammenzustellen (s. Kasten I, 2-2).

Unterrichtsziele:

Die Schüler sollen
- einige Winterschläfer nennen können;
- den Winterschlaf als hervorragende Anpassung einiger Kleinsäuger an die ungünstigen Lebensbedingungen des Winters verstehen und die zugrundeliegende physiologische „Energie-Sparschaltung" auf einfache Weise beschreiben können;
- wissen, daß zum Aufwachvorgang eines Winterschläfers viel Energie benötigt wird; die Gefahr zu häufigen Aufwachens aus dem Winterschlaf am Beispiel des Igels oder der Fledermaus erklären können; einsehen, daß man einen Winterschläfer nicht mutwillig wecken darf.

2.5.2 Unterrichtsprozeß

(1) Der Igel als Winterschläfer steht im Mittelpunkt dieser Unterrichtseinheit. Vieles darüber wissen die Schüler bereits, und sie wollen ihre Kenntnisse „an den Mann bringen". Das kann der Lehrer als Einstieg nutzen. Bei dieser verbalen Materialsammlung geht es im wesentlichen um die herbst-

Steckbrief: Igel	**„Zugehörigkeit“:**	Insektenfresser
	Vorkommen:	Europa
	Größe:	25 bis 40 cm
	Gewicht:	600 bis 1200 g
	Färbung:	graubraun
Besondere Kennzeichen:	Stachelkleid und Einrollreflex; Rüsselschnauze mit schwarzer ,,Lackspitze“, kurze Beine; guter Geruchs- und Gehörsinn; Winterschläfer; ,,Schädlingsbekämpfer“	
Nahrung:	Insekten, Asseln, Würmer, Schnecken; Frösche, Jungmäuse; in der Not: Fallobst, Beeren, Bucheckern	
Lebensweise:	Einzelgänger; Nachtjäger und Tagschläfer; in Feld und Wald, in Heiden, auf Grasfluren, unter Zäunen und in Hecken	
Lautäußerungen:	Igelsäuglinge ,,zwitschern“, ältere Igel schnaufen, keckern, schreien	
Fortpflanzung:	ein- bis zweimal im Sommer 4 bis 7 Junge	
Lebensdauer:	3 bis 4 Jahre	
Achtung!	Besonders geschützte Tierart! Fangen und Töten verboten! Pflegen erlaubt, aber später freilassen!	

Kasten I,2-2

lichen Vorbereitungen des Igels auf die Winterzeit, um das Aufwachen des Igels mitten im Winter und um die richtige Fürsorge für dieses Tier in einer solchen Situation. Ein Schüler wird bestimmt, die aufgeworfenen Fragen zu sammeln; erst am Ende oder während dieser Unterrichtseinheit werden sie durch schülereigene Untersuchungen geklärt.

Die Vorbereitungen des Igels auf den Winterschlaf sind Inhalt des ersten Unterrichtsabschnittes. Die Schüler bringen beide Gesichtspunkte – Herrichtung eines geeigneten Winternestes sowie die angefressenen Fettvorräte – sofort zur Sprache. Der letzte Teil des Igel-Films (FWU 32 2279) ermöglicht eine anschauliche Wiederholung ihres früher – bei der monografischen Behandlung des Tieres – erworbenen Wissens.

(2) Um die Frage zu klären, worin sich der langdauernde Winterschlaf vom Normalschlaf unterscheidet, bekommen die Schüler ein Arbeitsblatt (s. Kasten I, 2-3), auf dessen Grundlage sie Messungen von Herzschlag und Atemfrequenz beim Igel auswerten: Körpertemperatur, Herzschlag und Atmung sind während des Winterschlafs stark herabgesetzt.

(3) Die Bedeutung dieses Ergebnisses wird durch Eigenversuche ermittelt, die im selben Arbeitsblatt protokolliert werden: gegenseitiges Messen des Pulses und der Atemfrequenz in Ruhe und nach Belastung (Kniebeugen, Treppenlaufen u.a.); Beobachtung: Schwitzen. Die Ergebnisse werden mit den Daten des Igels (Arbeitsblatt) verglichen: „Das ist das Geheimrezept der Winterschläfer“!

(4) Um den Schülern den schwer zu erklärenden Sachverhalt zu veranschaulichen, daß Igel nur selten während des Winterschlafs erfrieren, schildert der Lehrer folgende Begebenheit:

Kennzeichen des Winterschlafs

Forscher haben Herzschläge und Atemzüge des Igels im Sommer und während des Winterschlafs aufgezeichnet. Für einen bestimmten Igel ergaben sich folgende Meßreihen, die elektronisch aufgenommen wurden:

Im Sommer: Körpertemperatur 35 °C

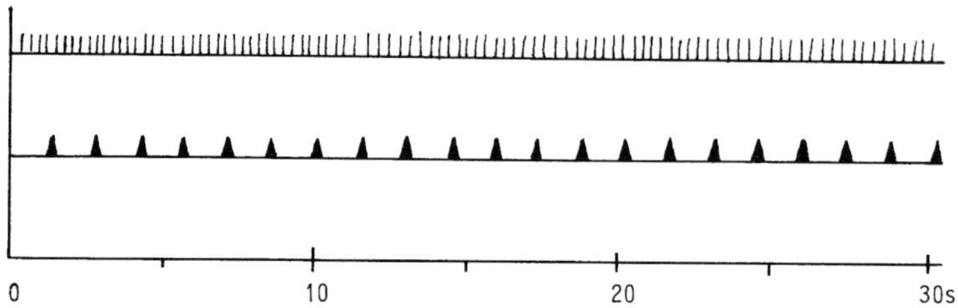

Herzschlag: *198*/min

Atemzüge: *42* /min

Zeit

Während des Winterschlafs: Körpertemperatur 5 °C

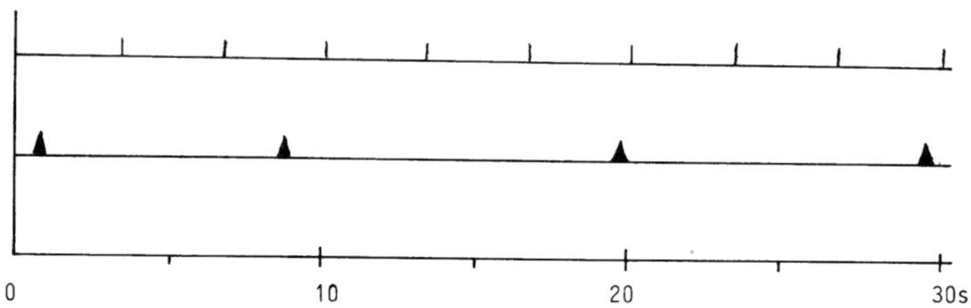

Herzschlag: *20* /min

Atemzüge: *8* /min

Zeit

Messung von Puls (Herzschläge/min) und Atmung (Atemzüge/min) beim Menschen in Ruhe und bei Belastung:

	Puls:			Atmung:		
	In Ruhe	Bei Belastung		In Ruhe	Bei Belastung	
Hans:	*76*	*144*	Schläge/min	*26*	*46*	Atemzüge/min
Sven:	*81*	*146*	Schläge/min	*24*	*48*	Atemzüge/min

Bei Belastung *Zunahme der Herzschläge und der Atemzüge.*

Das bedeutet: *Erhöhte Energiefreisetzung, erhöhter Stoffwechsel.*

Ergebnis: *Beim Igel wird während des Winterschlafs der Stoffwechsel herabgesetzt. Die Fettreserven reichen für die lange Winterzeit.*

Kasten I,2-3

„Am Rande eines Komposthaufens hatte ein Igel sein Winterschlafnest eingerichtet. An einem Novembertag betrug die Lufttemperatur +4 °C, die Temperatur im Komposthaufen +8 °C, und der Igel hatte eine Körpertemperatur von 9 °C. Bei einem Kälteeinbruch im Januar war das Nest eines Tages leer; der Igel fand sich aber im Innern des Komposthaufens eingerollt in tiefem Winterschlaf. Die Lufttemperatur betrug −12 °C, die Temperatur im leeren Nest −5 °C; im neuen Nest wurde eine Temperatur von +2 °C festgestellt, und die Körpertemperatur des Igels betrug jetzt +3 °C." Die Schüler stellen Vermutungen an, der Lehrer erklärt. Als Ergebnis wird festgehalten: Der Igel ist von der allzu großen Kälte geweckt worden und hat sich ein neues, besseres Versteck gesucht. Ein Kennzeichen des Winterschlafs ist, daß die Tiere durch zu starke Abkühlung beim Erreichen einer bestimmten Temperatur wach werden und dann ihren Körper aufheizen, bevor sie erneut in Winterschlaf fallen.

(5) Der Lehrer schildert folgende Begebenheit (zur Einstimmung einzelne Dias oder Filmausschnitt, siehe „Medien"): „Naturforscher haben einen Winter lang die in einer Höhle winterschlafenden Fledermäuse beringt und „vermessen" (Temperatur, Herzschlag, Atmung). Zu Beginn des Frühjahres mußten sie feststellen, daß viele der Tiere erfroren waren."

Möglicherweise finden die Schüler sogleich die richtige Erklärung; an dieser Stelle aber sollte ihnen das Tonband über die dramatischen Vorgänge beim „Erwachen einer Fledermaus aus dem Winterschlaf" vorgeführt werden: So begreifen sie unmittelbar, wieviel Energie jedes Aufwachen kostet.

Tafelanschrieb und Hefteintrag: Einen Winterschläfer darf man nicht mutwillig wecken, weil sich dessen Energiereserven (Fett) sonst vorzeitig erschöpfen.

(6) Jetzt wird das besondere Verhalten des Hamsters in den Unterricht einbezogen (erster Teil des Hamster-Films, FWU 32 0401), dessen Winterschlaf weniger tief verläuft und durch zahlreiche Aufwachvorgänge zur Nahrungsaufnahme unterbrochen wird.

Als Abschluß dieser Einheit werden alle einheimischen Winterschläfer im Bild vorgestellt (s. „Medien") und mit einem kurzen „Steckbrief" versehen. Dazu gibt der Lehrer das formale Gerüst, und die Schüler liefern die entsprechenden Angaben dazu. Zum Hefteintrag kleben die Schüler möglichst von jeder Art ein Bild.

2.6 Vorschläge zur Unterrichtsgestaltung am Beispiel „Winterruhe"

2.6.1 Didaktische Überlegungen

Da der Winterschlaf bereits behandelt worden ist, wird diese Unterrichtseinheit auf der Grundlage des Vergleichs zwischen Winterschlaf (Igel) und Winterruhe durchgeführt. Das jedem Schüler bekannte Eichhörnchen soll hier als Beispiel dem Igel gegenübergestellt werden – die Schüler warten ohnehin darauf, daß die Überwinterungsweise dieses ihnen vertrauten Tieres im Unterricht zur Sprache kommt. Die Schüler kennen die Lebensweise beider Arten recht genau. Ausgehend von ihrem Wissen über die Kennzeichen des Winterschlafs beim Igel, entwerfen sie den Plan zu einer Untersuchung des Eichhörnchens, durch die eine klare Entscheidung getroffen werden kann, ob dieses Tier einen Winterschlaf hält oder nicht. Die Meßwerte einer solchen Untersuchung werden den Schülern mitgeteilt.

Diese Unterrichtseinheit gibt auch Gelegenheit, auf die Verhaltensbiologie des Eichhörnchens einzugehen.

Unterrichtsziele:

Die Schüler sollen
- „Winterschlaf" und „Winterruhe" als verschiedene Überwinterungsweisen am Beispiel von Igel und Eichhörnchen im Vergleich darstellen können;
- einige weitere Winterruher nennen können.

2.6.2 Unterrichtsprozeß

(1) Schon früher haben die Schüler „Spuren im Schnee" untersucht und aufgezeichnet. Mit Hilfe von Dias, Modellen oder Tafelbildern veranstaltet der Lehrer eine kleine Kennübung dazu – und provoziert am Beispiel der Trittsiegel des Eichhörnchens eine Schülerdiskussion: Ist das Eichhörn-

chen ein Winterschläfer? Die Schüller müssen Argumente für ihre Meinung angeben: Kriterium für „Ja“ z.B.: An Orten, an denen Eichhörnchen das Jahr über häufig sind (Parks), trifft man sie im Winter nicht; Kriterium für „Nein“ z.B.: Spuren der Tiere im Schnee, Verstecken von Nüssen im Herbst. Einwand anderer Schüler: Vergleiche mit dem Hamster, der seinen Winterschlaf in Abständen unterbricht. Die Diskussion kreist auch um die Frage, wo sich das Eichhörnchen im Winter aufhält. Die Schüler kennen den „Kobel“ vom früheren Unterricht. Aber auch das bringt keine Entscheidung, und die Frage bleibt bestehen.
(2) Unter Hinweis auf den Igel fordert der Lehrer seine Schüler auf, einen Plan zur Erforschung des wahren Sachverhaltes aufzustellen. Damit ist eine Besinnung auf die Kriterien des Winterschlafs gefordert: Messen der Körpertemperatur, des Herzschlags und der Atmung mitten im Winter und als Vergleich dazu im Sommer. Eine Tabelle wird entworfen. Erst jetzt gibt der Lehrer die Daten wissenschaftlicher Untersuchungen bekannt:

	Sommer	Winter
Umgebungstemperatur	25°	7° (im Kobel)
Körpertemperatur	37°	37°
Herzschläge pro Minute	170	140
Atemzüge pro Minute	60	40

Die Schüler erkennen: Das Eichhörnchen hält keinen Winterschlaf; aber es schläft tief, und dabei sind Atmung und Herzschlag verlangsamt. Die Bedeutung dieser Veränderungen müssen die Schüler als Herabsetzung des Stoffwechsels und damit als Energieersparnis selbst erkennen und begründen. Zum Abschluß wird „Quick, das Eichhörnchen“ (FWU 32 1711) oder „Das Eichhörnchen“ (FWU 32 3891) in Ausschnitten vorgeführt.
(3) Zuletzt zeigt der Lehrer im Bild – nachdem die Schüler Vermutungen über weitere Winterruher angestellt haben – den Dachs, den Waschbär, den Braunbär und den Biber. Zu jeder dieser Arten stellen die Schüler mit Unterstützung des Lehrers jeweils eine kurze Charakteristik zusammen („Steckbrief“), die als Eintragung ins Heft festgehalten wird.

2.7 Vorschläge zur Unterrichtsgestaltung am Beispiel „Kältestarre – Winterstarre“

2.7.1 Didaktische Überlegungen

In dieser Unterrichtseinheit geht es um eine Besinnung auf alle die Tiere, die bisher beim Thema „Überwinterung“ noch nicht betrachtet worden sind: Frösche, Eidechsen, Schlangen, Insekten und auch die Fische.
Nur mit Glück werden der Lehrer oder ein Schüler ein in Winterstarre befindliches Tagpfauenauge, einen Kleinen Fuchs oder einen Zitronenfalter finden. Doch läßt sich die Kältestarre eines Insekts am Beispiel der Stabheuschrecken, die in den Schulen oft gehalten werden, demonstrieren.
Die Dia-Reihe FWU 10 0614 bringt die Raupe des Kiefernspinners als Überwinterungsstadium. An weiteren einsetzbaren Medien sind außer Insektenkästen zu empfehlen: die Filme „Entwicklung des Maikäfers“ (FWU 32 0569) und „Schwalbenschwanz“ (FWU 32 0697); die Dia-Reihen „Maikäfer“ (FWU 10 0715/16), „Schwalbenschwanz (FWU 10 2036), „Kohlweißling“ (FWU 10 0509), „Tagfalter im Frühjahr“ (FWU 10 0475) und „Nachtfalter I und II“ (FWU 10 0502/3). Auch der Film „Tiere im Winter“ (FWU 32 2308) geht auf das Überwinterungsverhalten von Insekten ein. Als wichtige Ergänzungen sind die Filme „Weinbergschnecke“ (FWU 30 0303, besonders erster und letzter Teil) und die „Kreuzspinne“ (FWU 32 0524, letzter Teil) empfehlenswert.

Die Insekten spielen über den Einstieg hinaus eine wesentliche Rolle. Wasserarmut bzw. Salzkonzentration in den Geweben der Insekten sind bedeutsam für das Ertragen tiefer Temperaturen; das läßt sich in Schülerübungen mit verschieden hoch konzentrierten Salzlösungen demonstrieren.
Die Diskussion der Vorteile und Gefahren von Kältestarre strukturiert den Unterrichtsprozeß. Abkühlung als „Sparschaltung“ kennen die Schüler vom Winterschlaf und von der Winterruhe. In Versuchen ermitteln sie jetzt, daß ein Körper im Winter desto weniger Wärme verliert, je kälter er bereits ist. Diesem Vorteil der Wechselwarmen wird die Gefahr des Erfrierens gegenübergestellt.
In einem zweiten Unterrichtsteil wird die Überwinterung wechselwarmer Wirbeltiere behandelt. Die Fülle der Arten zwingt zur Beschränkung; empfohlen werden eine Molchart, eine Krötenart und der Feuersalamander, Zauneidechse und Ringelnatter. Der Teichfrosch ist zusammen mit dem Karpfen Thema eines dritten Unterrichtsteils. Überwinterungsweisen der angegebenen Tierarten sind in Schulbüchern oder auch bei *Grzimek* (1979) und im Urania-Tierreich (1967 ff.) beschrieben; der Auftrag des Lehrers an alle oder einzelne Schüler, sich darüber zu informieren und darüber zu berichten, ist hier die Methode der Wahl.
Immer wieder wird der Lehrer beim Thema „Winterstarre“ den Vergleich mit „Winterschlaf“ und „Winterruhe“ suchen. Lehrreich hierzu sind Abkühlversuche mit Frosch und Maus als Repräsentanten der wechselwarmen und der gleichwarmen Tiere (vgl. *Bauer, H. C.,* u.a 1974; *Bühring/Clausnitzer* 1979, 27 ff.). Doch muß sich der Lehrer bei der Planung seines Unterrichts sehr wohl überlegen, ob er diese Versuche mit seinen Schülern durchführen will, insbesondere, ob sie für seine Klasse nicht zu schwierig sind.
Die im Wasser überwinternden Tiere werden in einem dritten Anlauf betrachtet. Die Schüler müssen sich klarmachen, daß Wasser im Winter bedeutend wärmer ist als die Außenluft. In einfacher Weise muß der Lehrer auch auf das Zufrieren stehender Gewässer an der Oberfläche eingehen, um die größte Wintergefahr in diesem Lebensraum in den Griff zu bekommen: Sauerstoff-Mangel. Das alles kann exemplarisch ausgeführt werden am Beispiel von Karpfen (Film FWU 32 0831) und Gras- oder Teichfrosch, wobei auch das Thema „Hautatmung“ einbezogen wird (Versuche bei *Bühring/Clausnitzer* 1979). Es ist auch möglich, hier die Zirkulation und Stagnation eines Sees im Laufe des Jahres in die unterrichtliche Behandlung einzubeziehen, um den Sachverhalt ökologisch zu verankern. Doch muß der Lehrer dabei die Auffassungsgabe der Schüler in Betracht ziehen und abwägen, ob auf diese Weise nicht wichtige Inhalte späterer Stufen vorweggenommen werden (s. Band 8, Kapitel III, 4).
Als Lernerfolgskontrolle mit Transfer eignet sich die Deutung der Überwinterungsweise der Honigbiene, die ein wechselwarmes Tier ist und doch nicht in Kältestarre fällt.

Unterrichtsziele:

Die Schüler sollen
- die Energieersparnis durch Drosselung des Stoffwechsels als gemeinsames Kennzeichen von Winterschlaf, Winterruhe und Kältestarre erkennen und mit eigenen Worten anhand von Beispielen wiedergeben können;
- Unterschiede in der Art der Überwinterung angeben können für Tiere, die im Wasser, und für Tiere, die auf dem Land überwintern.

Im folgenden Abschnitt „Unterrichtsprozeß“ wird nur die Behandlung des Themas „Vorteile und Gefahren der Kältestarre als Überwinterungsweise“ als Beispiel ausgeführt; es gehört zum ersten Teil der oben skizzierten Einheit.

2.7.2 Unterrichtsprozeß „Vorteile und Gefahren der Kältestarre“

(1) Zum Einstieg in dieses Thema zeigt der Lehrer den Schülern einige Stabheuschrecken (am besten mittelgroße Larven), die er danach einzeln auf die Glasplatte eines Tageslichtprojektors

bringt. Die Tiere laufen sofort los. Nun macht der Lehrer dasselbe mit Larven, die vorher etwa 20 Minuten bei 4 °C im Kühlschrank verbracht haben: Die kalten Tiere sind starr und klamm. Jetzt wird der Begriff „Winterstarre" eingeführt. (Mit steigender Temperatur werden auch diese Tiere wieder lebhafter. Vorsicht: Die kalten Tiere nicht zu schnell aufwärmen!).
Nun fordert der Lehrer die Schüler zum Vergleich einer winterschlafenden Fledermaus mit einem Zitronenfalter in Kältestarre auf, die ständig sinkenden Außentemperaturen ausgesetzt sind. Die Schüler erkennen leicht, daß die Fledermaus durch die Kälte geweckt wird, während der Falter schließlich erfriert.
Wenn möglich, sollten im Unterricht auch eine Kohlweißlingspuppe und ein Präparat mit Eiern der Nonne oder des Schwammspinners oder ein entsprechendes Präparat gezeigt werden, um die Schüler davon zu überzeugen, daß Insekten in verschiedenen Entwicklungsstadien überwintern können; damit erhält der Unterricht zugleich einen ökologischen Aspekt.
(2) Sobald die Schüler die Gefahr des Erfrierens für die Insekten erkannt haben, fragen sie spontan – vom Vergleich mit der Fledermaus ausgehend – nach ähnlichen Sicherungen wie bei den Winterschläfern. Der Lehrer muß sie enttäuschen: Ein Weckreiz fehlt bei den Winterstarren; dennoch gibt es bei ihnen lebenserhaltende Vorgänge, die nun im Versuch von den Schülern selbst in Arbeitsgruppen ermittelt werden.
Jede Gruppe erhält 3 große Reagenzgläser mit 3 Stopfen, die von einem Thermometer durchbohrt sind. Ins erste Reagenzglas wird Wasser von 60 °C, ins zweite Wasser von 35 °C und ins dritte Wasser von 25 °C gefüllt; die Wassermenge soll jeweils gleich sein. Nicht rühren! Die Reagenzgläser werden mit dem Stopfen verschlossen. Alle 2 Minuten wird die Temperatur abgelesen und protokolliert. Die Auswertung erfolgt eventuell anhand einer Grafik. Ergebnis: Je kälter ein Körper ist, desto langsamer und desto weniger Wärme gibt er an eine noch kältere Umgebung ab; Tieren in Kältestarre wird also besonders wenig Wärme von der kalten Umgebung entzogen. Das Ergebnis wird ins Heft eingetragen. (Die Versuche gelingen noch besser während des Winters im Freien; als Temperaturen des Wassers in den Reagenzgläsern wählt man in diesem Fall 60 °C, 20 °C und 5 °C).
(3) Dieses Ergebnis genügt den Schülern nicht: Im Winter gefriert alles Wasser (und Blut), also müßten auch die Insekten erfrieren. Sie stellen die Frage, warum stark abgekühlte Insekten (unter 0 °C) nicht erfrieren. Zunächst ist zu klären, was „erfrieren" bedeutet: Es bilden sich Eiskristalle in den Zellen (vgl. „Einfrieren" von Lebensmitteln).
Die Frage heißt somit: Wie wird eine Eisbildung in den Geweben der Insekten bei großer Kälte verhindert? Der Lehrer läßt die Schüler Vermutungen anstellen. Dabei hilft er – falls die Schüler nicht selbst darauf kommen – mit dem Hinweis, daß auch der Mensch im Winter Eisbildung verhindern will, zumal in den Städten. Auf das Stichwort „Salz" oder „Salzstreuen" hin wird folgender Versuch ausgeführt, um das Verhalten von Salzlösungen gegenüber Kälte zu zeigen – am besten als Lehrerversuch, wobei die Schüler helfen:
Kleine Bechergläser oder Reagenzgläser werden mit reinem Wasser (Kontrolle) und verschieden stark konzentrierten Kochsalzlösungen beschickt (gleiche Menge Wasser mit jeweils größeren Salzportionen) und ins Gefrierfach eines Kühlschrankes gebracht. Nach einiger Zeit sind nur das Wasser und die weniger konzentrierten Lösungen gefroren (evtl. an die Gläser klopfen: Unterkühlung!). Zur genaueren Auswertung, die aber nicht nötig ist, mißt man die Gefriertemperatur der einzelnen Lösungen oder auch nur die Zeit bis zu deren Gefrieren. Ergebnis: Salz(lösung) schützt vor Erfrieren.
Was dieses Ergebnis mit den Insekten zu tun hat, muß der Lehrer erklären. Die Schüler verstehen den Sachverhalt leicht, wenn Blut und Zellplasma der Tiere als „Salzlösungen" dargestellt werden, und sie sehen ein, daß Wasserverlust hilft, tiefe Temperaturen zu überstehen. Als Ergänzung gibt der Lehrer zuletzt weitere Informationen (s. Sachanalyse).
(4) Eine weitere Möglichkeit, tiefe Außentemperaturen ohne Schaden zu überstehen, haben die Schüler bei den Winterschläfern und Winterruhern bereits kennengelernt: geeignete Unter-

schlupfe. Zur Vertiefung eignet sich ein ausschnittweises Vorführen des Films „Tiere im Winter" (FWU 32 2308) – bei abgestelltem Ton und mit der Aufgabe, hinterher die Vorbereitungen verschiedener Insektenarten auf den Winter zu schildern.

2.8 Medien

2.8.1 Lebende Organismen

Viele Zugvögel – auch Stand- und Strichvögel – können die Schüler das ganze Jahr über in der Natur beobachten, zu den Zugzeiten insbesondere jene Arten, die sich hierzu in Schwärmen zusammenfinden. Dazu kommen Beobachtungen an Stand- und Strichvögeln während des Winters am Futterhäuschen.
Zum Thema „Kältestarre" können im Unterricht Versuche mit Stabheuschrecken durchgeführt werden (s. Abschnitt II, 5.3.1). Um den Schülern die Überwinterungsstadien von Insekten zu zeigen, empfiehlt es sich, zufällig gefundene Eier bzw. Puppen von Schmetterlingen sachgemäß aufzubewahren.
In Winterstarre fallende Wechselwarme (Amphibien, Reptilien) kennen die Schüler vom Sommer her.

2.8.2 Präparate

Stopfpräparate gibt es von allen in dieser Unterrichtseinheit genannten Vögeln, auch vom Igel, Eichhörnchen und von Fledermäusen; mitunter enthält die Schulsammlung auch einen ausgestopften Dachs. Hier finden sich von den wechselwarmen Wirbeltieren, die in Kältestarre fallen, auch Alkoholpräparate, die wegen ihres für Schüler oft abschreckenden Aussehens in zunehmendem Maße von Plastikmodellen ersetzt werden. In Kältestarre überwinternde Insekten sind in manchen Schaukästen als gespannte Trockenpräparate enthalten und auch als Einschlußpräparate in Kunstharz erhältlich. Für Schüleruntersuchungen sind Fellproben erforderlich, die man als „Abfälle" vom Kürschner bekommt. Proben vom Sommer- und Winterfell von Reh und Hirsch liefern die Lehrmittelfirmen. Federn verschiedener Art bringen Schüler mit in den Unterricht; sie sind auch im Fachgeschäft erhältlich.

2.8.3 Modelle

SOMSO:
Blindschleiche ZoS 1026; Zauneidechse ZoS 1030/1; Ringelnatter ZoS 1033; Würfelnatter ZoS 1034; Feuersalamander ZoS 1001/1002, Männchen und Weibchen; Alpensalamander ZoS 1000; Gelbbauchunke ZoS 1009; Rotbauchunke ZoS 1010/1; Erdkröte ZoS 1012/13, Männchen und Weibchen; Kreuzkröte ZoS 1014; Wechselkröte ZoS 1015; Laubfrosch ZoS 1016/1; Grasfrosch ZoS 1017/18, Männchen und Weibchen; Moorfrosch ZoS 1019; Kleiner Teichfrosch ZoS 1021; Seefrosch ZoS 1022; Wasserfrosch ZoS 1023/24, Männchen und Weibchen.

2.8.4 Glas- und Praktikumsgeräte

Für Schülerversuche werden benötigt (Anzahl je nach Schüler- bzw. Gruppenzahl):
- Reagenzgläser, Reagenzglasständer, Bechergläser, Thermometer, Stopfen (durchbohrt), Stoppuhren (durch Armbanduhren mit Sekundenzeiger ersetzbar), Zentimetermaß (Lineal), Pinzetten, Scheren.
- Styroporabfälle (Verpackungen), Metallteile, Wolle, Steine, Sand; große Speckwürfel; Plastiktüten, Gummibänder.

Ein Kühlschrank sollte zur Verfügung stehen. Kochsalz wird benötigt.

2.8.5 Filme

FWU:
Im Dorf der Weißen Störche 32 0536; Der Star 32 2466, Radarortung; Der Star 32 0711; Die Rauchschwalbe 30 0205, Schlußteil: Zug; Tiere im Winter 32 2308, Stare; Vögel im Winter 32 0822; Körnerfresser 36 0658; Insektenfresser 36 0659; Tiere im Winter (Rot- und Schwarzwild, Reh, Schneehase, Schneehuhn, Igel, Hamster, Eichhörnchen, Schwalbenschwanz, Ringelspinner) 32 2308; Bergwild in Wintersnot 32 0617; Gemsen 30 0356; Wildfütterung 30 1396; Der Igel 32 2279; Im Hamsterrevier 32 0401; Einheimische Fledermäuse 32 2612; Fledermäuse 30 0366; Die Zauneidechse 32 0935; Die Ringelnatter 32 1285; Der Karpfen 32 0831, „Winterruhe"; Die Weinbergschnecke 30 0303; Die Kreuzspinne 32 0524; Der Schwalbenschwanz 32 0697; Entwicklung des Maikäfers 32 0569; Das Eichhörnchen 32 3801; Quick, das Eichhörnchen 32 1711/12; Der Dachs 32 2311;
Klett:
Winterschlaf der Fledermäuse 994429; Kältestarre der Ringelnatter 994399;
IWF, O. König/Wien:
Glis glis, Siebenschläfer: Erwachen aus dem Winterschlaf E 906.

2.8.6 Diapositive

FWU:
Vogelzug und Vogelberingung 10 2042; Storchzug 10 0739; Gefiederte Wintergäste 10 0941; Tiere überwintern (Kleiber, Igel, Mausohr, Siebenschläfer, Hamster, Dachs, Kreuzotter, Moorfrosch, Feuersalamander, Frostspanner, Eigelege, Ringelspinner, Raupennest Goldafter, Zitronenfalter, Wespe, Marienkäfer, Weinbergschnecke) 10 0319; Schutz- und Tarnfärbung (Sommer- und Winterkleid von Schneehase und Schneehuhn) 10 2336; Spuren im Schnee 10 0806; Der Igel 10 2322; Murmeltiere 10 0104; Fledermäuse 10 0108; Die Zauneidechse (Bild 13 Winterstarre) 10 0959; Lurche 10 0694; Nachtfalter I/II 10 0502/3; Der Maikäfer (Bild 15 Kältestarre); Der Kiefernspinner 10 0614; Der Kohlweißling 10 0509; Tagfalter im Frühjahr 10 0475;
V-Dia:
Der Igel D 22090; Tarnung, Warnung, Mimikry D 22070; Fledermäuse I und II (mit Tonband) DT 22163/64; Siebenschläfer in Schlafstellung D 22091, Bild 9; Winterstarre bei Eidechsen D 22099, Bild 17; Maikäfer in Kältestarre D 22050, Bild 19;
Aulis, Köln:
Reihe „Überwinterung";
CVK:
Reihe „Wirbeltiere in ihrem Lebensraum", Bild: Dachs.

2.8.7 Tonbänder/Kassettentonbänder

FWU:
Lebensvorgänge bei der Fledermaus 22 0202;
V-Dia:
Fledermäuse I und II (mit Dia-Reihen) DT 22163/64.

2.8.8 Arbeitstransparente

Spezielle Arbeitstransparente zum Thema „Überwinterung" werden von Lehrmittelfirmen kaum angeboten. Es lohnt sich, Arbeitstransparente nach eigener Konzeption anzufertigen; Anregungen dazu finden sich z.B. in IPN-Einheitenbank Curriculum Biologie: „Überwinterung" und „Leben in der Kälte", *Lipkow* 1976; 1989.

2.8.9 Wandtafeln

Jung-Koch-Quentell:
Fledermaus; Maulwurf; Igel; Vögel im Winter; Am Futterhäuschen (Kernbeißer, Gimpel, Feldsperling, Blaumeise, Schwanzmeise, Kohlmeise, Goldammer, Amsel, Kleiber); Murmeltiere.

Literatur

Allgemeine Hinweise
Aschoff 1984; *Aschoff* u.a. 1971; *Bauer, E. W.*, 1976; *Bergmann* 1987; *Bertsch, A.*, 1977; *Blume* 1980; *Carthy* 1968; *Cleffmann* 1979; *Collatz* u.a. 1972; *Creutz* 1987; *Eisentraut* 1955; 1956; *Eschenhagen* 1988; *Grzimek* 1979; 1987/88; *Hechler/Koch* 1973; *Herter* 1938; 1962; *Hoffmann* 1966; *Immelmann* 1974; *Kaestner/Gruner* 1980 ff.; *Kayser* 1961; *Kloft* 1978; *Knoll* 1979; *Koepcke* 1973 f.; *Kulzer* 1969; *Lipkow* 1974; 1976; 1989; *Lyman* u.a. 1982; *Mrososky* 1970; *Müller, H.*, 1984; *Niethammer* 1979; *Penzlin* 1977; *Peschke* 1981; *Petzsch* 1969; *Precht* u.a. 1973; *Raths* 1975; *Raths/Kulzer* 1976; *Remmert* 1984; *Sanderson/Bolle* 1956; *Scheer* 1969; *Schmidt, H.*, 1971; 1981; *Schmidt-Koenig* 1975; 1980; *Schöne* 1980; *Schüz* 1971; *Schulz* 1978; *Schwarzmaier/Zauner* 1981; *Stern/Schröder/Vester/Dietzen* 1980; *Strübing* 1958; *Tendel* 1981; *Urania* Tierreich 1967 ff./1977; *Wallraff* 1974; 1988; *Weigold* 1975; *Weismann* 1978; *Williams* 1961; *Witt* 1981; *Wolf* 1979; *Ziswiler* 1976

Zu: *Vogelzug*
Auspicium 1959 ff.; Bohnsack 1967; 1968; *Brauner* 1988; *Bub/Oelke* 1985; *Creutz* 1987; *Curry-Lindahl* 1971; *Emde* 1980; *Emlen/Emlen* 1966; *Griffin* 1965; Hess. Inst. f. Lehrerfortbldg. 1970/71; *Hoffmann* 1954; 1966; *Knoll* 1979; *Kramer, G.*, 1949; 1950; 1952; *Landerer* 1985; *Lipkow* 1976; *Matthews* 1971; *Merkel* 1971; 1972; 1980; *Merkel/Fromme* 1958; *Salomonsen* 1969; *Sauer* 1957; *Schlichte* 1973; *Schlichte/Schmidt-Koenig* 1971; *Schmidt, E.*, 1970; *Schmidt-Koenig* 1975; 1980; *Schöne* 1980; *Schüz* 1971; *Sutter* 1957; *Vollert* 1960; *Wallraff* 1988; *Weismann* 1978; *Wiltschko* 1968; 1973; 1978

Zu: *Aktive Überwinterung*
Bang-Dahlström 1975; *Bauer, H. C.*, u.a. 1974; *Blume* 1980; *Boucher* 1982; *Hanke* u.a. 1977; *Hechler/Koch* 1973; *Janßen* 1989; *Kalchreuter* 1984; *Kelle/Sturm* 1984; *Lipkow* 1976; *Lobeck/Streitz* 1970; *Olberg* 1959; *Reiss* 1985; *Schütte* 1979

Zu: *Winterschlaf*
Bestajovsky 1979; *Eisentraut* 1955; 1956; *Fritzsche* 1980; *Haßenberg* 1965; *Herter* 1965; *Knoll* 1979; *Koenig* 1980; *Krämer-Brand/Brand* 1987; *Kulzer* 1969; 1973; *Lipkow* 1976; *Lyman* u.a. 1982; *Meise* 1962; *Mrososky* 1970; *Müller* 1984; *Natuschke* 1960; *Pflumm* 1985; *Poduschka* 1972; 1982; *Poduschka/Saupe/Schütze* 1979; *Precht* u.a. 1973; *Raths* 1975; *Raths/Kulzer* 1976; *Weigold* 1975; *Witt* 1981; *Wolf* 1979

Zu: *Winterruhe*
Eisentraut 1955; *Herter* 1965; *Kloft* 1978; *Knoll* 1979; *Lyman* u.a. 1982; *Müller* 1984; *Precht* u.a. 1973; *Schwarzmaier/Zauner* 1981; *Witt* 1981

Zu: *Kältestarre – Winterstarre*
Abraham/Pfisterer 1979; *Bauer, H. C.*, u.a. 1974; *Bäßler* 1965; *Bayrhuber* 1975; *Bühring/Clausnitzer* 1979; *Frommhold* 1959; 1964; *Grzimek* 1979; *Hanke* u.a. 1977; *Harz/Wittstadt* 1957; *Hemmer* 1979; *Herter* 1962; *Hoffmann* 1978; *Kabisch* 1959; *Kasbohm* 1973; *Knoll* 1979; *Lipkow* 1974; *Lobeck/Streitz* 1970; *Müller* 1984; *Peschke* 1981; *Peters* 1969; *Rademacher* 1979; *Raths/Biewald* 1961; *Remmert* 1984; *Schmid* u.a. 1961; *Schwarzmaier/Zauner* 1981; *Strübing* 1958; *Wieser* 1973; *Williams* 1961

3 Lebensformtypen bei Pflanzen

3.1 Sachanalyse

3.1.1 Das Konzept der Lebensformen

Es ist eine lange bekannte Tatsache, daß bestimmte Pflanzengestalten für bestimmte Klimazonen charakteristisch sind. Doch war *Alexander von Humboldt* zu Beginn des vorigen Jahrhunderts der erste, der die Beziehung von Pflanzenformen, geografischer Verbreitung und klimatischen Bedingungen wissenschaftlich untersuchte. Ohne Rücksicht auf das botanische System gruppierte *Humboldt* die riesige Fülle der Pflanzenformen in siebzehn Lebensformtypen (z.B. Palmen, Heidekräuter, Nadelgehölze, Lianen, Myrtenformen, Lorbeerformen). Heute erscheinen uns diese Lebensformtypen zum Teil recht künstlich. Doch bleibt es unbestritten *Humboldts* Verdienst, als erster auf die ökologische Bedeutung der Wuchsform und die damit zusammenhängende Bedeutung der Konvergenz aufmerksam gemacht zu haben (s. Abb. I, 3-1; vgl. *Wittmann/Maas/Kiewisch* 1985).
Schon *Humboldt* erkannte, daß in der Vegetation eines bestimmten Klimagebietes trotz großer Artenvielfalt meistens nur wenige Lebensformen vorherrschen. Sie prägen das Erscheinungsbild der Vegetation, den Vegetationstyp. Diese physiognomisch geprägten Vegetationstypen werden auch „Formationen" genannt. Da sich das Klima sowohl mit der geografischen Breite als auch mit der Höhenstufe etwa gleichsinnig ändert, kann man verwandte Formationen nicht nur in den verschiedenen breitenabhängigen Klimazonen der Erde, sondern auch in den Höhenzonen der Gebirge wiederfinden (s. Tab. I, 3-1). Dabei können ähnlichen Formen ganz unterschiedliche Konstruktionsprinzipien zugrunde liegen, je nachdem, welchem Verwandtschaftskreis die Pflanzen angehören. Die stammsukkulenten Kakteen zum Beispiel sind ausgezeichnet an trockenheiße Wüstengebiete angepaßt. Sie sind jedoch auf die Neue Welt beschränkt. In Afrika und Asien gibt es zwar in ähnlichen Lebensräumen ganz ähnlich aussehende Pflanzengestalten. Es handelt sich jedoch nicht um Kakteen, sondern um andere Pflanzenfamilien, vor allem um Wolfsmilchgewächse. An der Blüte kann man diesen Unterschied sofort erkennen. Denn trotz der großen Ähnlichkeit vieler stammsukkulenter Pflanzen haben die fertilen Teile, die Blüten und die Früchte, ihre Eigenart

Tab. I,3-1: Lebensformspektren verschiedener Klimazonen (Zahlen: Anteile an der Gesamtflora in %) (nach *Walter* aus *Kuhn/Probst* 1980, 275, verändert)

	Phanerophyten	Chamaephyten	Hemikryptophyten	Kryptophyten	Therophyten
Tropische Zone (Seychellen)	61	6	12	5	16
Wüstenzone					
(Lybische Wüste)	12	21	20	5	42
(Zyrenaika)	9	14	19	8	50
Mediterrane Zone (Italien)	12	6	29	11	42
Gemäßigte Zone					
(Pariser Becken)	8	6,5	51,5	25	9
(Schweizer Mittelland)	10	5	50	15	20
Arktische Zone (Spitzbergen)	1	22	60	15	2
Nivale Stufe (Alpen)	–	24,5	68	4	3,5

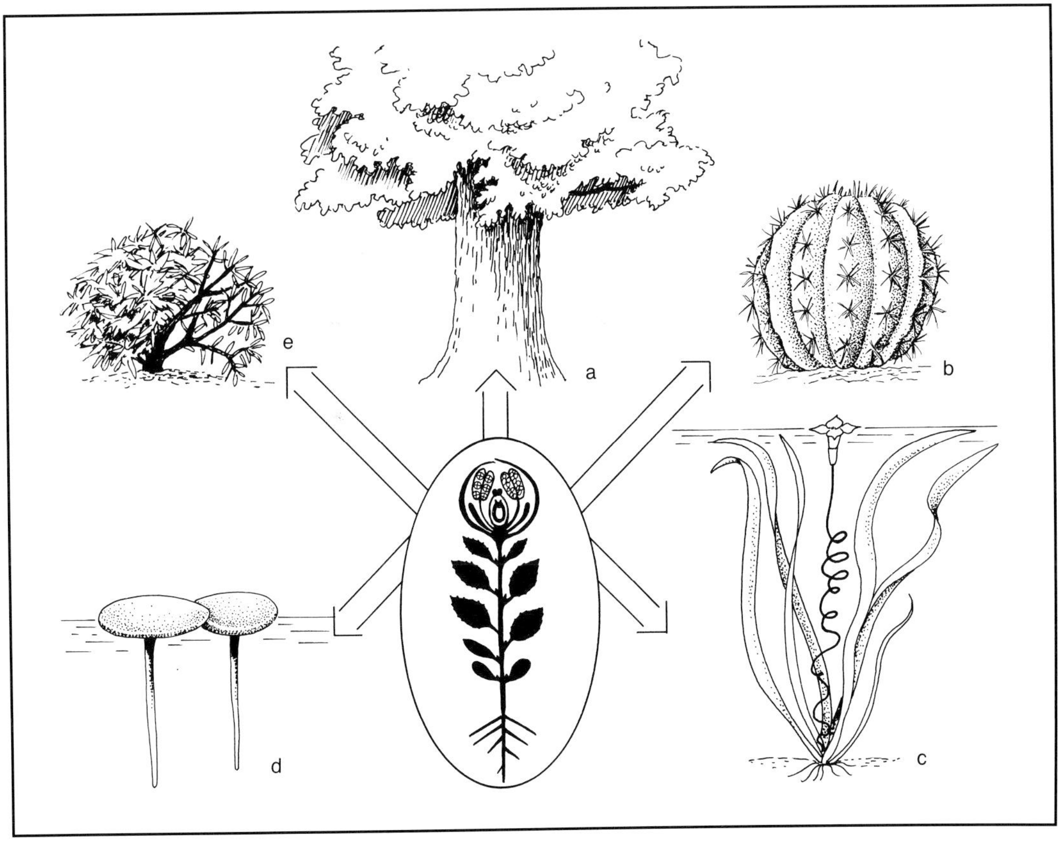

Abb. I, 3-1: Lebensformen als Variationen des Grundbauplans der Bedecktsamer. a) Baum (Eiche), b) Stammsukkulente (Kaktus), c) Unterwasserpflanze (Sumpfschraube), d) Schwimmblattpflanze (Wasserlinse), e) Dornpolsterpflanze (Acantholimon)

bewahrt. Einen blühenden Kaktus kann man auf den ersten Blick von einer blühenden Euphorbie, einer Stapelie oder einer Kleinie unterscheiden. Diese ähnlichen Lebensformen, die sich in ganz unterschiedlichen Verwandtschaftsgruppen im Laufe der Stammesgeschichte herausgebildet haben, sind ein Zeichen für den starken Umweltdruck, der über Selektion zu konvergenten Entwicklungen geführt hat.

Solche Konvergenzen sind besonders auffällig in extremen Lebensräumen, wie sie z.B. Wüsten und andere Trockengebiete darstellen. Aber auch der Lebensraum „Wasseroberfläche" ist mindestens für Höhere Pflanzen ungewöhnlich. Neben Moosen (Schwimm-Moos Ricciocarpus) und Farnen (Schwimmfarn, Algenfarn) haben hier auch Samenpflanzen (Wasserlinsen) ganz ähnliche Gestalten ausgebildet.

Die Beschäftigung mit den verschiedenen Gestalttypen der Lebewesen führt also zu einer Betrachtung der Beziehungen zwischen diesen Lebewesen und ihrer Umwelt. Eine Klärung solcher Zusammenhänge ist oft nur experimentell möglich. Bis heute ist deshalb ein physio-ökologisch abgesichertes System der Wuchs- und Lebensformen nicht erreicht worden. Trotzdem kann man mit Hilfe der Lebensformen einen Lebensraum anschaulich und übersichtlich beschreiben, ohne lange Artenlisten aufzuführen. Man erhält eine Groborientierung über die ökologischen Bedingungen dieses Lebensraumes ohne aufwendige Messungen. Für eine großräumige Kartierung der Vegetation haben sich solche physiognomischen Methoden sehr bewährt. Sie gestatten weitgehende ökologi-

sche Aussagen und Schlußfolgerungen und können als wichtige Basis für weitergehende, detailliertere Studien dienen. Die globale Gliederung der Erde in Vegetationszonen oder in Großökosysteme (s. Band 1, Kapitel II, 5 „Vegetationsgürtel") stützt sich im wesentlichen auf Lebensformen (vgl. z.B. *Whittaker* 1975; *Walter* 1976).
Fragt man nach der Entstehung solcher an ihre Umwelt angepaßte Gestalttypen, so läßt sich die ökologische zur evolutionsbiologischen Fragestellung ausweiten. Bei der Untersuchung der ökologischen Beziehungen kann die Angepaßtheit einer bestimmten Tier- oder Pflanzenart an ihre Umwelt im Vordergrund stehen (Autökologie). Man kann aber auch nach den zahlreichen Wechselbeziehungen zwischen den Gliedern einer Lebensgemeinschaft und ihrer Umwelt fragen (Synökologie; s. Band 8).

3.1.2 Einteilungskriterien

Mit der Entwicklung der verschiedenen Systeme für die Einteilung von Lebensformen und Wuchsformen sind die Namen *Humboldt, Grisebach* und *Schimper* verbunden. Der auch heute noch gebräuchlichste Versuch einer Klassifizierung stammt von *Raunkiaer* (1907). Seine Gliederung richtet sich ausschließlich nach der Lage der Erneuerungsknospen während der ungünstigen Vegetationsperiode, also bei uns der kalten Jahreszeit (s. Kapitel I, 1). Für weltweite Untersuchungen und Möglichkeiten des weltweiten Vergleichs muß das *Raunkiaer*'sche System allerdings wesentlich erweitert werden. Dieser Aufgabe haben sich in jüngerer Zeit *Schmithüsen* (1968) und *Ellenberg/Müller-Dombois* (1967 a; b) unterzogen. In dem System von *Ellenberg/Müller-Dombois* spielen die *Raunkiaer*'schen Lebensformen als übergreifende Gliederungseinheiten eine wichtige Rolle. Die Untergliederung geht jedoch wesentlich weiter. Dabei werden Art und Weise der Verzweigung, Aussehen und Gliederung der Blätter, Knospenschutz, Sukkulenz, Verholzung, Laubabwurf u.a. herangezogen (s. Kasten I, 3-1).

Kasten I,3-1: Überblick über das System der pflanzlichen Lebensformen nach *Ellenberg/Müller-Dombois* 1967 (aus *Reichelt/Wilmanns* 1973, 29–35, vereinfacht)

1. Holzige oder krautige immergrüne Pflanzen, über 25–50 cm hoch werdend
1.1 Phanerophyten mit normalen Holzstämmen und Ästen
1.2 Phanerophyten mit holzigen, unverzweigten Stämmen und großen, endständigen Blattwedeln
1.3 Phanerophyten mit verdicktem wasserhaltigen Stamm
1.4 Große Phanerophyten mit sukkulenten Stämmen von der Basis bis zur Spitze und nicht-sukkulenten (= wasserspeichernden) Blättern oder mit völlig sukkulenten Sprossen
1.5 Phanerophyten mit nicht oder nur zum Teil verholztem Stamm

2. Holzige oder krautige grüne Pflanzen, die 25–50 cm hoch werden oder größere Pflanzen, deren Zweige periodisch bis zu dieser Höhe absterben. Erneuerungsknospen 25–50 cm über dem Boden
2.1 Verholzt bis zu den Zweigspitzen
2.2 Nur am Grunde der Zweige verholzt
2.3 Nicht verholzte Kräuter, Gräser oder Farne bis etwa 1 m Höhe bzw. mit periodischem Absterben des Sproßsystems bis zu einer Höhe von 25 cm über dem Boden
2.4 Dickfleischige Pflanzen (Sukkulente), unter 50 cm hoch bleibend

3. Ausdauernde Pflanzen mit periodischer Reduktion der Sprosse. Die Knospen liegen flach in Bodennähe und sind oft durch Erde oder Pflanzenteile geschützt
3.1 Aufrecht wachsende Hemikryptophyten ohne Schaft
3.2 Kriechende Hemikryptophyten
3.3 Mit Schaft
3.4 Im Wasser wachsend

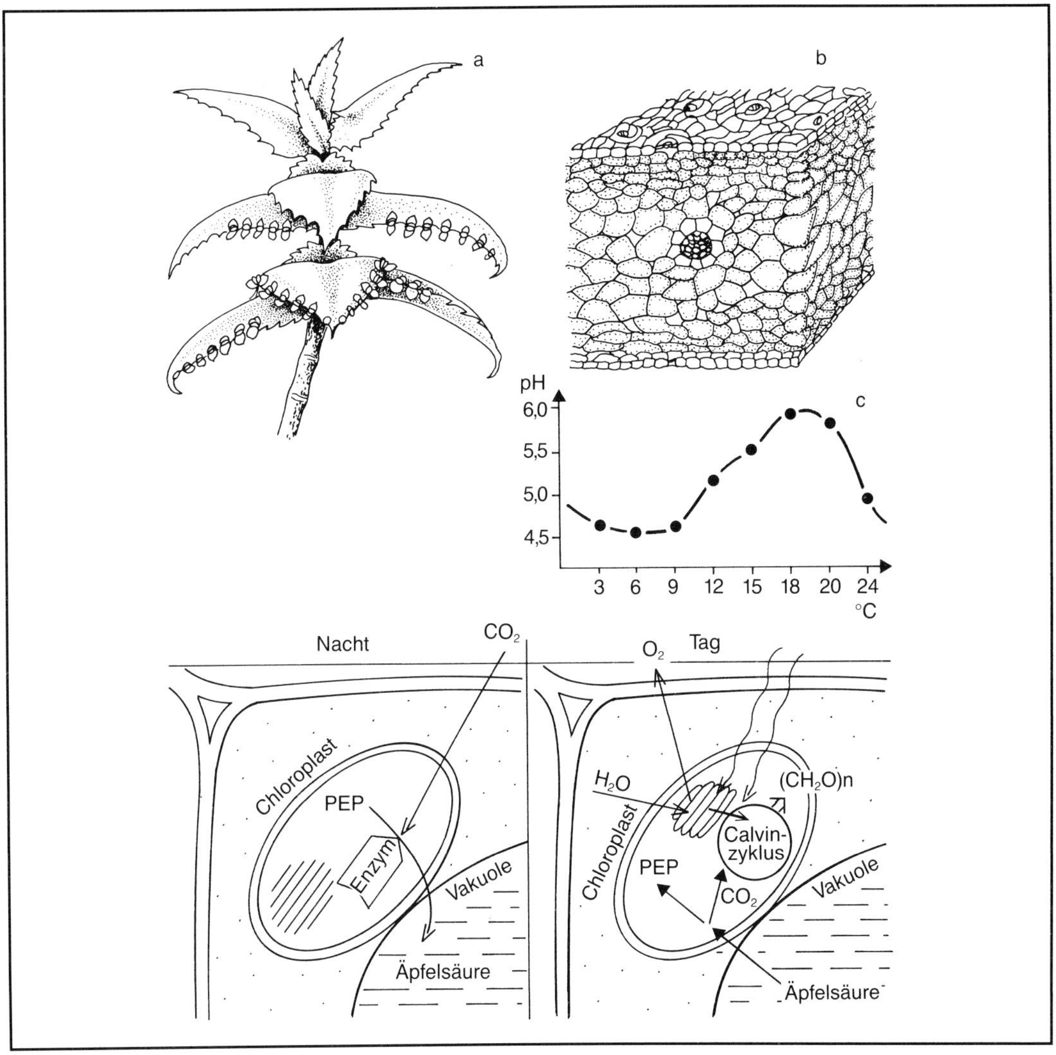

Abb. I, 3-2: Wasserspeicherung und Kohlenstoffdioxidspeicherung durch Sukkulenz: a) Habitus des Brutblatts (Bryophyllum daigremontianum), b) Ausschnitt aus dem Blatt mit Wasserspeichergewebe, c) Tagesverlauf des Säuregehalts im Wasserspeichergewebe des Blatts, d) biochemischer Mechanismus des diurnalen Säurewechsels (PEP Phosphoenol- Brenztraubensäure) (nach *Kuhn/Probst* 1980)

3.1.3 Sukkulenz als Beispiel für ein übergeordnetes Gestaltungsprinzip bei vermindertem Wasserangebot

Wasserspeicherung, nächtliche Kohlenstoffdioxidspeicherung und Verringerung der transpirierenden Oberfläche sind Prinzipien, die alle Sukkulenten gemeinsam haben (s. Abb. I, 3-2; s. Band 1, Abschnitt I, 1-5). Trotzdem ist der Formenreichtum bei sukkulenten Pflanzen riesengroß. Wasserspeicherung und CO_2-Speicherung sind bei vielen Sukkulenten miteinander gekoppelt. Die Pflanzen können in der Nacht bei geöffneten Spaltöffnungen CO_2 aufnehmen und gebunden als Äpfelsäure in den großen Zellvakuolen speichern. Am Tage, wenn die Photosynthese einsetzt, kann dieses CO_2 bei sinkendem Gehalt im Blattinneren wieder freigesetzt werden. So können die Sukkulenten tagsüber ihre Spaltöffnungen geschlossen halten und damit viel Wasser einsparen.

Ein formaler Unterschied betrifft die unterschiedliche Ausbildung der Sukkulenz in unterschiedlichen Grundorganen. Man unterscheidet zwischen Blattsukkulenz, Stammsukkulenz und Wurzelsukkulenz. Aber auch Blattsukkulenz und Stammsukkulenz, zunächst recht unterschiedlich erscheinende Bauprinzipien (betrachtet man etwa ein Brutblatt oder einen Säulenkaktus), münden in ganz ähnliche Endgestalten, die weitgehend kugelförmig sind (etwa beim Lebenden Stein und beim Peyotlkaktus; s. Band 1, Abb. I, 1-13, 1-14). Besondere Einrichtungen, wie Haare, Dornen oder Rippen, dienen einmal der Oberflächenbeschattung, zum anderen der Abwehr von Freßfeinden und der Stabilisierung des Schrumpfungsvorganges bei Wasserverlust (Ziehharmonikaprinzip). Neben morphologischen Sukkulenten-Typen kann man auch noch öko-physiologische Typen unterscheiden. Die Eusukkulenten (Blatt- und Stammsukkulenten) haben im allgemeinen eine sehr niedrige osmotische Konzentration des Zellsaftes (z.B. Aloë, Dickblattgewächse, Euphorbien, Stapelien). Sie wachsen auf salzfreien Böden. Demgegenüber enthalten die extrem sukkulenten Aizoaceen meistens mehr Ionen in ihrem Zellsaft. Sie können sowohl auf salzfreien als auch auf verbrackten Böden vorkommen. Schließlich gibt es die Gruppe der sukkulenten Salzpflanzen (Halophyten). Zu ihnen gehören z.B. Gänsefußgewächse, wie Queller (Salicornia) oder Soden (Suaeda). Im Gegensatz zu den echten Halophyten fehlt ihnen ein diurnaler Säurezyklus und damit die Möglichkeit, nachts CO_2 zu speichern (vgl. *Walter/Breckle* 1984).
In dem System der Gestalttypen nach *Ellenberg/Müller-Dombois* treten Sukkulente an zahlreichen verschiedenen Stellen auf (s. Kasten I, 3-2). Daraus geht hervor, daß es sukkulente Bäume, Sträucher, Kräuter, Epiphyten, Geophyten und Xerophyten gibt. Auch andere Bauprinzipien, wie dauerhafte, immergrüne Blätter, treten bei unterschiedlichsten Gestalttypen immer wieder in ähnlicher Form auf. So gibt es immergrüne Bäume, Sträucher, Lianen, Epiphyten und Kräuter.

3.1.4 Lebensformen und die Erfassung der Vegetation

Pflanzengesellschaften sind ein besonders wichtiger Teil eines Ökosystems. Für die weltweite Gliederung der Biosphäre in verschiedene Großökosysteme werden deshalb vor allem die vorherrschenden Pflanzenformen herangezogen (vgl. z.B. *Whittaker* 1975; *Walter* 1976; *Walter/Breckle* 1983–91). Aus den vorherrschenden Lebensformen ergeben sich die vorherrschenden Vegetationstypen, die man in Formationsklassen, Formationsunterklassen, Formationsgruppen und Formationen gliedert (s. Band 1, Abschnitt II, 5).

3.1.5 Synusien

Innerhalb jeder Pflanzengesellschaft kommen verschiedene Gruppen von ähnlichen Lebensformen vor, die jeweils eine Einheit bilden. Nach *Gams* (1918) werden solche Einheiten als „Synusien" bezeichnet. Diese Synusien oder Vereine entsprechen häufig den horizontalen Schichtung einer Pflanzengesellschaft, z.B. der Baumschicht, der Strauchschicht oder der Krautschicht in einem Wald-Ökosystem. Doch nicht nur eine horizontale Schichtung, sondern auch ein Nebeneinander verschiedener Synusien ist häufig. In den nordwesteuropäischen Heidegesellschaften zum Beispiel gedeiht unter der Synusie der Zwergsträucher eine solche von Moosen. Wo die Zwergsträucher in einiger Entfernung voneinander stehen und dazwischen noch genügend Sonnenlicht bis auf den Boden gelangt, wird diese Moos-Synusie von einer in der gleichen Ebene stehenden Strauchflechtensynusie (Rentierflechten) abgelöst. Die räumliche Verteilung und das Muster der Lebensformen in einer Pflanzengesellschaft wird auch als ihre Struktur bezeichnet.

3.1.6 Lebensformspektren

Seit *Raunkiaer* werden Lebensformspektren oder Biospektren von Pflanzengesellschaften aufgestellt. Man berechnet für bestimmte Gebiete oder Vegetationseinheiten, wieviel Prozent aller vor-

1. Phanerophyten (Bäume und Sträucher)	
1.3 Phanerophyten mit verdicktem, wasserhaltigen Stamm	**Flaschenbäume**
1.4 Große Phanerophyten mit sukkulenten Stämmen von der Basis bis zur Spitze	**Sukkulente Bäume**
2. Chamaephyten (Zwergsträucher und Halbsträucher)	
2.4 Dickfleischige Pflanzen unter 50 cm hoch bleibend	
2.4.1 Mit sukkulenten Stämmen	**Zwerg-Stammsukkulenten**
2.4.2 Mit sukkulenten Blättern	**Zwerg-Blattsukkulenten**
2.4.3 Mit sukkulenten Wurzeln	**Zwerg-Wurzelsukkulenten**
3. Hemikryptophyten (Erdschürfpflanzen)	
4. Geophyten (Erdpflanzen)	
4.2 Mit Zwiebeln bzw. Knollen	**Zwiebel- bzw. Knollen-Geophyten**
4.3 Mit Rhizomen	**Rhizom-Geophyten**
5. Therophyten (Einjährige Pflanzen)	
5.5 Mit Wasserspeichergewebe	**Sukkulente Therophyten**
6. Lianen	
7. Epiphytische Lianen	
(auf anderen Pflanzen keimend, aber später Verbindung zum Boden herstellend oder im Boden keimend, später aber ohne Verbindung mit dem Boden)	
8. Epiphyten (Überpflanzen, Aufwuchspflanzen)	
8.21 Sukkulente Achsen und/oder Blätter	**Sukkulente Epiphyten**
9. Sproß-Schwimmpflanzen	

Kasten I,3-2: Sukkulente Lebensformen nach dem System *Ellenberg/Müller-Dombois* (1967). Zwiebel- und Knollengeophyten haben fleischig verdickte unterirdische Blätter oder Wurzeln, Rhizom-Geophyten häufig verdickte unterirdische Kriechsprosse

kommenden Arten auf die einzelnen Lebensformen entfallen (s. Abb. I, 3-3). So enthält man charakteristische Werte für die einzelnen Klimazonen oder auch für bestimmte Pflanzengesellschaften. Das Bild von der vorherrschenden Wuchsform wird noch klarer, wenn man auch die Mengenverhältnisse der einzelnen Arten berücksichtigt. Bei einer einzelnen Vegetationsaufnahme geschieht dies dadurch, daß man die geschätzten Deckungsgrade für die verschiedenen Arten einer Lebensform zusammenzählt. Bei mehreren Vegetationsaufnahmen summiert man die gesamten Deckungsgrade und Arten einer Lebensform und dividiert dann durch die Anzahl der Aufnahmen. So erhält man die sogenannte mittlere Gruppenmenge (vgl. z.B. *Knapp* 1971).

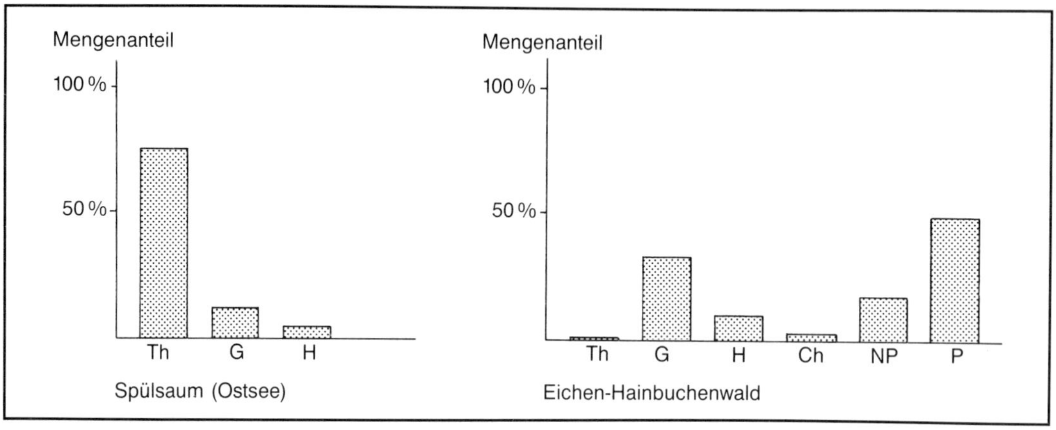

Abb. I, 3-3: Lebensformspektren im Vergleich. Th Therophyten (Einjährige), G Geophyten (Erdpflanzen), H Hemikryptophyten (Oberflächenpflanzen), CH Chamaephyten (Zwergpflanzen), NP Nanophanerophyten (Sträucher), P Phanerophyten (Bäume)

3.2 Kriterien der Themenauswahl

Für die Klassenstufe 5/6 wurde die „Überwinterung von Samenpflanzen“ (s. Kapitel I, 1) als Einstiegsthema in die Pflanzenökologie vorgeschlagen. Dieses Thema – die Beziehungen von Pflanzenarten zu bestimmten Umweltfaktoren – soll nun wieder aufgenommen werden. Dabei wird der Begriff der Überwinterungsform zu dem allgemeineren Begriff der Lebensform erweitert. Das bedeutet eine Verallgemeinerung in zweierlei Hinsicht:

- Nicht nur die kalte Jahreszeit soll als Kriterium der Angepaßtheit von Pflanzen an ihren Standort berücksichtigt werden. Andere extreme Standortbedingungen, die sich genauso prägend auf die Pflanzengestalten auswirken, werden in die Betrachtung einbezogen.
- Nicht nur die mitteleuropäischen Verhältnisse sollen behandelt werden, auch andere Klima- und Vegetationsverhältnisse, insbesondere die der Tropen und Subtropen, werden Gegenstand des Unterrichts.

Dabei kann auch in der Klassenstufe 7/8 die autökologische Betrachtungsweise im Vordergrund stehen. Die Lebensformen verschiedener Pflanzenarten sollen als Ausdruck unterschiedlicher Lebensstrategien gesehen werden (vgl. *Martensen* 1985). Bei der Auswahl der Pflanzenbeispiele sollten vor allem drei Gesichtspunkte beachtet werden:

- Die untersuchten Pflanzenarten sollten möglichst deutliche Erscheinungen der Angepaßtheit an bestimmte (extreme) Lebensräume erkennen lassen.
- Die untersuchten Pflanzenarten sollten leicht zugänglich sein.
- Die untersuchten Pflanzenarten sollten jeweils beispielhaft für eine große Anzahl vergleichbarer Arten sein. Sie sollten gleichzeitig prägende Lebensformen bestimmter Vegetationsgebiete darstellen.

Viele Zimmerpflanzenarten werden solchen Anforderungen gerecht. Sie sind den Schülern zu einem guten Teil vom Aussehen her bekannt. Macht man sich klar, unter welchen Bedingungen sie in ihrer Heimat existieren und welche Beziehungen zwischen ihren – oft sehr auffälligen – Gestalten und diesen Lebensbedingungen bestehen, so kann man daraus Rückschlüsse auf die richtige

Pflege ziehen. Diese Kenntnisse können zum Beispiel auf die Pflanzensammlung im Klassenzimmer oder im Biologieraum angewandt werden.
Wie *Hofmeister* (1990) hervorgehoben hat, sind Lebensformen jedoch auch bei Exkursionen und Geländepraktika „in idealer Weise geeignet, ökologische Zusammenhänge aufzuzeigen". Hierbei läßt sich direkt an die Vorkenntnisse und Erfahrungen aus der Unterrichtseinheit „Überwinterung der Pflanzen" anknüpfen. In der Klassenstufe 7/8 sollte nicht mehr die einzelne Pflanzengestalt, sondern die Verteilung und Häufigkeit bestimmter Lebensformen an einem Standort im Vordergrund stehen. So kann man über die Lebensformen zu den Vegetationstypen und damit von einer vorwiegend autökologischen Betrachtung zu einer synökologischen Betrachtung kommen.
Mit Schülern lassen sich solche Beziehungen am besten herausarbeiten, wenn man ein Gelände auswählt, in dem mehrere deutlich unterschiedliche Biotope aneinandergrenzen (z.B. Waldrand, Weg und frisch aufgefülltes Gelände).
Ziel soll es sein, ausgehend von der Funktionsgestalt und der Lebensweise einzelner Pflanzenarten, eine Vorstellung von dem ökologischen Beziehungsgefüge eines Lebensraumes zu entwickeln. Wie dieses Ziel durch geeignete Auswahl und Sequenz der Themen erreicht werden kann, sei an einem Beispiel dargestellt:

(1) Einjährige Pflanzen gedeihen nur in Gebieten, in denen durch bestimmte Umwelteinflüsse immer wieder vegetationsfreie Stellen entstehen (durch Überschwemmung, Erdrutsch usw.).
(2) In unseren Breiten werden solche vegetationsfreien Stellen fast ausschließlich durch menschlichen Einfluß geschaffen (Baumaßnahmen, Bewirtschaftungsformen).
(3) Gebiete, die ständig menschlichem Einfluß unterworfen sind, zeichnen sich in der Regel durch das Vorherrschen von Einjährigen aus.
(4) Demgegenüber sind Einjährige an ungestörten Waldstandorten kaum anzutreffen.
(5) Trifft man in Waldbiotopen auf Einjährige, so kann man daraus auf besondere Veränderungen, wie Windbruch, Kahlschlag, Wegebau, Grabenaushub oder Vertritt, schließen.

3.3 Vorschläge zur Unterrichtsgestaltung am Beispiel „Lebensformen bei Zimmerpflanzen"

3.3.1 Didaktische Überlegungen

Der Unterricht baut auf die Unterrichtseinheit „Überwinterung bei Pflanzen" aus der Orientierungsstufe auf. Dabei liegt der Schwerpunkt auf der Verallgemeinerung der dort gewonnenen Einsicht, daß vor allem die Extrembedingungen eines Lebensraumes für die Pflanzen wichtig sind. Zimmerpflanzen sind hervorragendes Anschauungsmaterial für Lebensräume unserer Erde, die wir in Mitteleuropa nicht kennen. Da viele Pflanzen gerade wegen ihrer außergewöhnlichen Gestalt als Zimmerpflanzen kultiviert werden, findet man unter dieser Gruppe besonders ausgefallene Erscheinungen der Angepaßtheit. Gleichzeitig kann die Verbindung hergestellt werden zwischen dem natürlichen Lebensraum und dem Zimmer als extremem Lebensraum mit niedriger Luftfeuchte und geringem Lichtangebot. Die theoretisch erarbeiteten Kenntnisse über die Lebensbedingungen der Pflanzen können in praktische Pflegetips umgesetzt werden. Krankheiten und Mißbildungen bei Zimmerpflanzen können als Folgen von Pflegefehlern erkannt werden.

Unterrichtsziele:

Die Schüler sollen

- begründen können, warum Sukkulente besonders gut an trockene Lebensräume angepaßt sind (Wasserspeicherung, Verringerung der transpirierenden Oberfläche);

- zwischen Stammsukkulenz und Blattsukkulenz unterscheiden und für jeden Typ einige Beispiele nennen können;
- wissen, daß in Pflanzengruppen unterschiedlicher Verwandtschaftsgrade ganz ähnlich aussehende Sukkulente vorkommen, und erklären können, daß diese sich im Laufe der Erdgeschichte unter ähnlichen Umweltbedingungen bilden konnten;
- verschiedene Zimmerpflanzen aufgrund ihrer Lebensform bestimmten Bereichen des tropischen Regenwaldes zuordnen können;
- aus Lebensform und Herkunft verschiedener Zimmerpflanzen ihre Pflegebedürfnisse ableiten können.

Abb. I, 3-4: Arbeitsblatt zum Zusammenhang von Pflanzengestalt und Größe der Wasser abgebenden Oberfläche. Die Zahlen der vier Modellpflanzen sind so gewählt, daß die Volumina in allen vier Fällen etwa gleich sind.

- Berechne bei den abgebildeten schematischen Pflanzenmodellen das Verhältnis von Oberfläche zu Volumen.

(Oberfläche eines Zylinders: $O = 2 \pi r (r+h)$
Volumen eines Zylinders: $V = \pi r^2 h$
Oberfläche einer Kugel: $O = 4 \pi r^2$
Volumen einer Kugel: $V = \frac{4}{3} \pi r^3$)

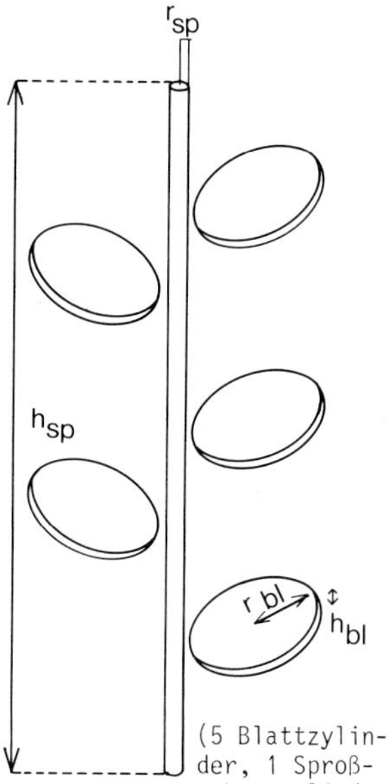

(5 Blattzylinder, 1 Sproßachsenzylinder

r_{bl} = 10,0 cm r_{sp} = 1,5 cm
h_{bl} = 1,0 cm h_{sp} = 100 cm

O = 4412,4 cm²
V = 2277,8 cm³

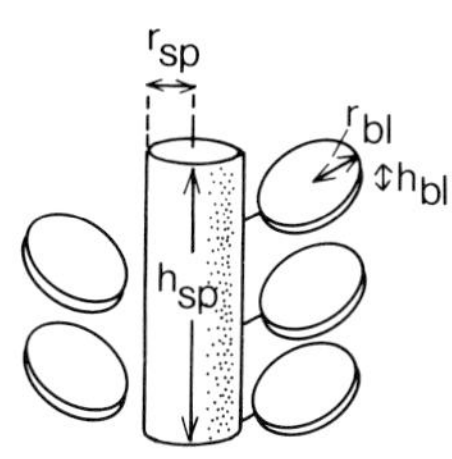

5 Blattzylinder
1 Sproßachsenzylinder

r_{bl} = 5,0 cm r_{sp} = 3,0 cm
h_{bl} = 4,0 cm h_{sp} = 25,0 cm

O = 1922,7 cm²
V = 2277,7 cm³

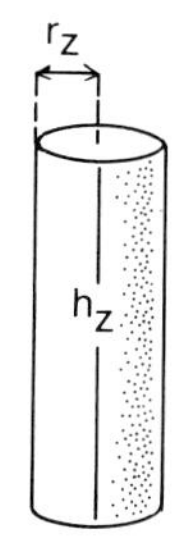

r_z = 5,0 cm
h_z = 29,0 cm

O = 1068,1 cm²
V = 2277,7 cm³

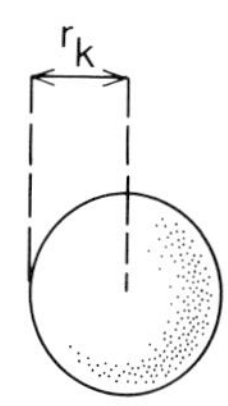

r_K = 8, 16 cm

O = 836,7 cm²
V = 2276,0 cm³

- Welche Schlußfolgerung läßt sich aus diesem Ergebnis ziehen?
- Suche Beispiele für solche Pflanzengestalten mit verringerter Oberfläche (zu Hause, im Blumenladen, in Büchern). Skizziere einige Beispiele für Pflanzenarten mit besonders starker Oberflächenverringerung.

3.3.2 Unterrichtsprozeß

Der Unterricht kann – wie unter „Samenpflanzen, Beispiel Sukkulente" (s. Band 1, Abschnitt I, 1.5), dargestellt – mit der Gegenüberstellung einer normalen und einer sukkulenten Pflanze beginnen. Es soll herausgearbeitet werden, daß das wichtigste Prinzip im Bauplan vieler Trockenpflanzen eine Verringerung der Oberfläche ist und daß dadurch Wasser eingespart werden kann (s. Abb. I, 3-4). Schließlich soll deutlich werden, daß unter ähnlichen Umweltbedingungen im Laufe der Stammesgeschichte durch Anpassungsdruck aus ganz unterschiedlichen Ausgangsformen ähnliche Gestalten entstanden sind. In der Klassenstufe 9/10 kann man an diese Kenntnisse unter den Stichworten „Evolutionsfaktoren", „Selektion", „Konvergenz" anknüpfen (s. Band 7).

In der zweiten Unterrichtsphase wird eine Reihe unterschiedlich aussehender Zimmerpflanzen vorgestellt, die alle aus dem tropischen Regenwald stammen (vgl. *Noack* 1985). Vertreten sein sollten „Luft-Tillandsie", nestförmige Bromelien, Nestfarn oder Hirschgeweihfarn, Lianen wie Fensterblatt oder Efeutute, Ruellie oder eine andere samtblättrige Schattenpflanze, Moosfarn, Dieffenbachie (s. Kasten I, 3-3).

Kasten I,3-3: Für den Unterricht geeignete Zimmerpflanzenarten

Lebende Kollektionen von Sukkulenten und andere geeigneten Pflanzen werden in der Bundesrepublik von verschiedenen Botanischen Gärten und Zentralschulgärten (z.B. Hannover, Hamburg) angeboten.

Hier einige Beispiele für gut geeignete Arten:

Brutblatt (Bryophyllum spec.): Blattsukkulente, Wasserspeicherung zur Überwindung von Trockenzeiten; außerdem ermöglichen die großen Zellsafträume eine nächtliche Speicherung von Kohlenstoffdioxid. Die Pflanze zeigt durchgehend leichte Sukkulenz (alle Teile sind etwas verdickt). Im übrigen entspricht der Bau einer typischen Gefäßpflanze. Die Art eignet sich deshalb gut zu Vergleichen mit anderen Zimmerpflanzen. (Wie lange kann die Pflanze im Vergleich zur Buntnessel Trockenperioden überdauern? Experiment mit Fön, vgl. Klettfilm 99907.)

Pfennigbaum (Crassula portulacea): Bildet verzweigte sukkulente Stämme mit dick sukkulenten elliptischen Blättern. Diese und eine Reihe ähnlicher Arten sind in Süd- und Südwestafrika zu Hause. Sie sind sehr anspruchslos und überstehen auch längere Trockenzeiten sehr gut; Vermehrung durch Stecklinge; eignet sich gut zur Demonstration der Sukkulenz – ähnlich wie Brutblatt.

Aloë (z.B. Aloë brevifolia): Blattsukkulente mit rosettig angeordneten, spitz zulaufenden Blättern, die meistens bestachelt sind. Häufig entwickeln sich im Frühjahr lange traubenartige Blütenstände aus den Blattachseln; leichte Vermehrung durch Seitentriebe, die schon an der Mutterpflanze Wurzeln bilden (Heimat: Afrika).

Agave (z.B. Agava americana): Blattsukkulente, die der vorigen habituell stark ähnelt. Blütenstände werden bei Zimmerkultur nicht gebildet (Heimat: Amerika, im Mittelmeergebiet eingebürgert).

Silberkerze (Säulenkaktus, Cleistocactus strausii): Gerippter stammsukkulenter Säulenkaktus mit dichtstehenden Büscheln silbergrauer, nadelförmiger Dornen; sehr lichtbedürftig, im Winter sollte (falls nicht künstlich beleuchtet werden kann) eine Ruheperiode bei 5–10 °C eingehalten werden.

Kaktus-Euphorbie (Euphorbia pseudocactus): Wie der Name schon sagt, eine habituell an Säulenkakteen erinnernde Wolfsmilch mit vier- bis fünfkantigen, an den Kanten bedornten, blattlosen Sprossen. Im Unterschied zu Kakteen sitzen die Dornen bei fast allen Euphorbien in Paaren, Pflege wie Säulenkaktus. Vermehrung durch Stecklinge, die man nach dem Schneiden einige Tage trocknen läßt.

Kugelkaktus (z.B. Reboutia spec., Echinopsis spec., Mammillaria spec.): Im Blumenhandel wird eine große Anzahl kugeliger Kakteenarten, z.B. aus den oben genannten Gattungen, angeboten. Alle sind sehr lichtbedürftig und sollten die dunklere Winterzeit über kühl und trocken gehalten werden. Leichte Vermehrung durch ,,Kindelbildung" (abfallende Seitentriebe).

Lebender Stein (Lithops spec.): Die Pflanzen bestehen aus zwei Blättern, die meistens etwas in den Boden eingesenkt sind und oben Lichtfenster bilden. Die große Ähnlichkeit mit kleinen Steinen hat zu dem Namen ,,Mimikrypflanzen“ Anlaß gegeben (in Wirklichkeit handelt es sich nicht um Mimikry, sondern um Mimese, da kein anderes Lebewesen imitiert wird). Möglicherweise dient diese kryptische Erscheinung dem Fraßschutz; Pflege wie Kugelkaktus, keine Düngung.

Efeutute (Scindapsus pictus): Liane des Tropischen Regenwaldes (Heimat Malaysia). Sehr anspruchslose Pflanze, die auch trockene Zimmerluft gut aushält, muß mäßig begossen werden.

Fensterblatt (Monstera deliciosa): Sehr große Liane mit fensterartig durchbrochenen Blättern. Die ,,Fenster“ machen die Blätter unempfindlich gegen Stürme. Die dicken Luftwurzeln dienen nicht nur als Haftorgane, sie nehmen auch Wasser und Mineralstoffe auf, weshalb man das Fensterblatt am besten an einem mit Moos umwickelten Stamm oder Stab zieht. Die Luftwurzeln werden dann über das Moos gegossen; heller, nicht zu sonniger Standort (Heimat: Mexiko).

Epiphytische Bromelien (z.B. Aechmea fasciata, Vriesea splendens, Guzmannia usw.): Nestwuchs zum Sammeln von Wasser- und Humusstoffen; Wasseraufnahme durch Saugschuppen an den Blättern; Blätter mit starkem Verdunstungsschutz; Kälteempfindlichkeit (Temperaturen unter 10 °C werden schlecht vertragen). Typische Beispiele für Epiphyten der mittleren und oberen Stockwerke der tropischen Regenwälder, deren Hauptproblem es ist, da ihnen der Kontakt zum Mineralboden fehlt, genügend Wasser und Mineralstoffe aufnehmen zu können.

Bartflechten-Tillandsie (Tillandsia usneoides): Diese, in ihrem Habitus und in ihrer Lebensweise sehr stark an Bartflechten erinnernde ,,Luft-Bromelie“ wird in letzter Zeit öfter im Blumenhandel angeboten. Wenn sie regelmäßig besprüht werden und dem Wasser ab und zu etwas Blumendünger zugesetzt wird, gedeihen sie auch im trockenen Zimmer. Wurzeln werden nicht ausgebildet, die von Schuppenhaaren weißsilbrigen, geschlängelten Triebe werden nach dem Besprühen grün. Das Wasser wird über Saugschuppen der Blätter aufgenommen.

Hirsch-Geweihfarn (Platycerium alcicorne = P. bifurcatum): Eine der wenigen Farnarten, die in trockener Zimmerluft gut gedeihen. Dieser Epiphyt bildet in regelmäßigem Wechsel zwei Sorten von Blättern: große, gabelige gelappte Wedel, die der Assimilation dienen und schalenförmige ,,Nischenblätter“, die an der Unterlage eine Art Blumentopfboden bilden in dem sich Humusteilchen und Wasser ansammeln. Die Pflanze braucht einen hellen Standort, aber keine direkte Sonne; die Pflanzen müssen gut gedüngt werden (Heimat: tropisches Australien).

Ruellie (Dopteracanthus portellae): Diese Zimmerpflanze wird seltener gehalten, da sie relativ hohe Ansprüche an die Luftfeuchtigkeit stellt. Sie ist jedoch als Hygrophyt und Schattenpflanze des Tropischen Regenwaldes sehr gut geeignet zum Studium der Anpassungserscheinungen an einen solchen extremen Lebensraum (z.B. sehr stark erhobene Spaltöffnungen, dünnschichtige Blätter mit papillöser Epidermis: Samteffekt).

Grünlilie (Chlorophytum comosum): Vorwiegend in der weißbunten Form ,,Variegatum“ im Handel; Beispiel für Wurzelsukkulenz, die dieser Pflanze das Überdauern von Trockenperioden ermöglicht, wie sie für ihre südafrikanische Heimat typisch ist; heller, nicht zu trockener Standort; anhaltend niedrige Luftfeuchte führt zur Bräunung der Blattspitzen; sehr leichte Vermehrung durch Ausläufer.

Zunächst wird auf einen Widerspruch aufmerksam gemacht: Alle diese sehr unterschiedlich aussehenden Pflanzengestalten stammen aus ein und demselben Lebensraum. Kann man hier trotzdem von „Angepaßtsein“ sprechen? Einige Dias oder ein Filmausschnitt (s. Band 1, Abschnitt II, 5.4.3, Medienliste „Vegetationsgürtel“) geben einen Eindruck von den Besonderheiten des Ökosystems „Tropischer Regenwald“. Es soll deutlich werden, daß es innerhalb dieses Lebensraumes ganz unterschiedliche Lebensbedingungen gibt (s. Band 8, Kap. III,6). Durch eine Schemaskizze (s. Abb. I, 3-5) kann dies klar und einprägsam herausgearbeitet werden. Nun wird ein Arbeitsblatt ausgeteilt, auf dem die sieben Hauptpflanzentypen des Tropischen Regenwaldes beschrieben sind (s. Kasten I, 3-4). Die Schüler erhalten den Auftrag, jede der vorgestellten Zimmerpflanzen einem dieser Typen zuzuordnen. Es zeigt sich, daß besonders viele Pflanzen zu den Aufwuchspflanzen (Epiphyten) und Kletterpflanzen (Schlingpflanzen, Lianen) gehören, einige auch zu den Bodenpflanzen. Am Beispiel der Epiphyten kann dies etwas ausführlicher ökologisch begründet werden (vgl. *Wehrenberg* 1985). Es sollte deutlich werden, daß das Leben in den Baumkronen des Regenwaldes einiges mit den Lebensbedingungen in einem geheizten Wohnzimmer gemeinsam hat (zeit-

Abb. I, 3-5: Schichtung und ökologische Nischen im Tropischen Regenwald. 1 Herausragende Baumriesen, 2 obere Kronenregion, 3 untere Kronenregion, 4 unteres Stockwerk (Stammregion), 5 Bodenbereich. Die Skizze kann zur Beantwortung folgender Fragen benutzt werden: In welchen Stockwerken kommen die meisten Tier- und Pflanzenarten vor? (Oberer und unterer Kronenbereich) Wie lassen sich die Stockwerke charakterisieren? (1 viel Licht, starke Feuchtigkeits- und Temperaturschwankungen, 2 reichlich Licht, erheblich geringere Feuchtigkeits- und Temperaturschwankungen durch dichteren Kronenschluß, 3 weniger Licht, dafür ausgeglicheneres Klima, 4 Lichtmangel, „Durststrecke" für bodenkeimende Lianen, 5 Licht reicht nur für extreme Schattenpflanzen aus, Zone der Saprophyten (Pilze)). Wie lassen sich verschiedene Zimmerpflanzen-Arten in die Stockwerke einordnen? (in Anlehnung an *Perry* 1984, 118)

1. Urwaldbäume
Sie bilden das meistens mehrfach geschichtete Blätterdach des Regenwaldes. Die größten von ihnen können Höhen über 50 m erreichen. Meistens besitzen sie immergrüne, etwas ledrige, ganzrandige Blätter, die oft eine „ Träufelspitze“ zum besseren Ablaufen des Niederschlagswassers besitzen. Viele haben strebepfeilerartig ausgebildete Stammverdickungen, die unten in schmale, mehrere Meter hohe Brettwurzeln übergehen. Damit wird die Standfestigkeit des flach streichenden Wurzelsystems erhöht.

2. Kräuter und Sträucher
Sie bedecken den Urwaldboden überall dort besonders dicht, wo Bäume locker stehen (z.B. weil Baumriesen umgefallen oder abgestorben sind). Neben Blütenpflanzen wie Gräsern, wilden Bananen, Gesnerien-Gewächsen kommen hier viele Farnpflanzen und Moose vor.

3. Kletterpflanzen und Schlinger
Lianen winden sich dünnen bis dicken Seilen vergleichbar an den Stämmen hoch und entfalten ihre Blätter und Blüten zwischen den Baumkronen. Soweit es sich um Bodenkeimer handelt, ist für sie die erste dunkle Strecke vom Waldboden bis in den Kronenbereich schwer zu überwinden. Besonders üppig gedeihen sie deshalb an Waldrändern und Flußufern, wo die Belichtung günstig ist.

4. Aufwuchspflanzen (Epiphyten)
Sie wachsen auf Baumstämmen, auf Zweigen und sogar auf Blättern. Im Ökosystem spielen sie eine große Rolle als Kleinstlebensräume für Kleintiere. Die Lückenräume und Wasseransammlungen zwischen ihren Blättern sind von einer großen Anzahl von Insektenlarven, Strudelwürmern, Regenwürmern, Schnecken, Asseln, Hundertfüßlern, Tausendfüßern, Termiten, Heuschrecken, Ohrwürmern, Ameisen, Skorpionen, Spinnen, Baumfröschen, Eidechsen, Schlangen bewohnt. Da sie keinen Kontakt zum Mineralboden haben, ist für sie das Auffangen von Wasser und das Sammeln von Mineralstoffen besonders wichtig. Sie haben in der Regel besondere Vorrichtungen dafür entwickelt (Nestwuchs, Saugschuppen zur Wasseraufnahme über die Blätter, Nischenblätter, saugfähige Wurzelumhüllungen).

5. Würgepflanzen
Sie beginnen ihr Leben häufig als Aufwuchspflanzen und entsenden später Luftwurzeln nach unten. Sobald diese den Boden erreichen und die Pflanzen stützen, werden sie unabhängig vom unterstützenden Baum, den sie durch nunmehr üppigeres Wachstum nicht selten abtöten. Dabei spielt vor allem die Lichtkonkurrenz eine wichtige Rolle (zu dieser Gruppe gehören viele Arten wilder Feigen, Gattung Ficus).

6. Saprophyten, Moderpflanzen
Hierzu zählen Pilze, aber auch Orchideen und Enziane, die sich mit Hilfe der Pilze von organischem Abfallmaterial ernähren. Diese organischen Abfallstoffe sammeln sich nicht nur am Urwaldboden, sondern auch zwischen Ästen und Stammverstärkungen, Baumhöhlen, Rindenrissen usw., wo tote Blätter, abgefallene Blüten und Früchte langsam verrotten.

7. Halbschmarotzer und Schmarotzer (Parasiten)
Sie sitzen entweder an den Wurzeln oder als Aufwuchspflanzen auf Ästen und Stämmen. Teilweise besitzen sie noch Chlorophyll (wie verschiedene Mistel-Arten) und können so einen Teil ihrer benötigten Nährstoffe selber erzeugen, teilweise sind es bleiche Vollparasiten, die ganz auf die Versorgung durch die Wirtspflanzen angewiesen sind (wie die riesenblütigen Rafflesien).

Kasten I,3-4: Haupt-Pflanzentypen im Tropischen Regenwald (nach einer Broschüre zum Frankfurter Exotarium, verändert)

weise geringe Luftfeuchtigkeit, Wasser- und Bodenmangel) (s. Abb. I, 3-6). Dann wird angesprochen, daß ähnliche Bedingungen für viele Lianen gelten. Die besondere Fähigkeit der Lianen, dem Licht nachzuwachsen, sollte hervorgehoben werden, da sich dies auch an Zimmerpflanzen gut beobachten läßt. Demgegenüber besteht der Vorteil der Bodenpflanzen für die Zimmerkultur in ihrem geringen Lichtbedarf. Oft sind sie jedoch gegen zu trockene Zimmerluft empfindlich.

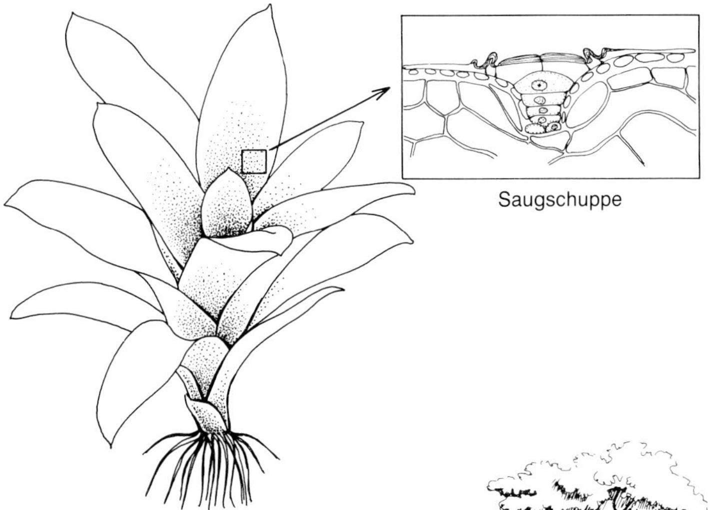

Kennst Du
Zimmerpflanzen,
die eine
ähnliche
Wuchsform
besitzen?

Namen:

____

____

____

____

Welchen Lebensraum
besiedeln Sie? (ankreuzen)

Welchen Vorteil bringt
ihnen der „Blatttrichter"?

Warum eigenen sie sich
besonders gut als Zimmer-
pflanzen?

Abb. I, 3-6: Die Angepaßtheit einer Bromelie (z.B. Vriesea) an die Lebensweise als Aufwuchspflanze (Arbeitsblatt)

Abschließend kann die Aufgabe gestellt werden, die vorgeführten Zimmerpflanzen an der richtigen Stelle in der Schemaskizze einzuzeichnen. Für jede Pflanzenart wird (eventuell arbeitsteilig) ein Pflegeplan entwickelt. Wenn möglich, sollten die Pflanzen eine Zeit lang im Klassenzimmer oder im Biologieraum gehalten werden.

3.4 Vorschläge zur Unterrichtsgestaltung am Beispiel „Aufnahme eines Lebensform-Spektrums"

3.4.1 Didaktische Überlegungen

Kernstück dieses Unterrichts, der ebenfalls auf der Unterrichtseinheit „Überwinterung von Samenpflanzen" (s. Kap. I, 1) aufbaut, ist eine Geländeübung, in der möglichst arbeitsteilig in verschiedenen Biotopen von Schülergruppen Vegetationsaufnahmen durchgeführt werden. Dabei geht es weniger um die Erfassung der verschiedenen Arten als um das Erkennen der unterschiedlichen Lebensformen und ihrer Häufigkeit. Während also bei dem Vorschlag „Zimmerpflanzen" die Ausweitung des Lebensformkonzeptes auf die verschiedenen Klima- und Vegetationszonen der Erde angestrebt wird, soll hier der Übergang von einer autökologischen zu einer synökologischen Betrachtungsweise erreicht werden.
Die günstigste Jahreszeit für das Geländepraktikum ist das Frühjahr, da man zu dieser Zeit am leichtesten erkennen kann, welcher Lebensform eine Pflanzenart zuzuordnen ist (die Erneuerungsknospen sind gerade erst ausgetrieben).
Der Lehrer sollte sich das Untersuchungsgebiet vorher genau anschauen und sich für alle Zweifelsfälle überlegen, um welche Lebensformen es sich handelt. Man kann dies auch in einer Flora (*Schmeil/Fitschen* 1982; *Oberdorfer/Müller* 1983; *Rothmaler* 1988 f.) nachschlagen. Für die Geländearbeit benötigt man einige Wäscheseile und Stöcke, die notfalls auch im Gelände geschnitten werden können, um die Aufnahmefläche zu markieren. Diese sollte je nach Untersuchungsgebiet unterschiedlich groß sein (Wiese 10 bis 15 m^2, Wald 100 bis 400 m^2, s. Tabelle I, 3-2).

Unterrichtsziele:
Die Schüler sollen

- wissen, daß die Pflanzenarten eines Lebensraumes zusammen als „Pflanzengesellschaft" bezeichnet werden und daß sich Pflanzengesellschaften normalerweise aus mehreren Lebensformen zusammensetzen;
- eine Methode beschreiben und anwenden können, mit der man die Häufigkeit einer bestimmten Lebensform in einer Pflanzengesellschaft feststellen kann;
- an einigen Beispielen erklären können, wie sich der Anteil der Lebensformen einer Pflanzengesellschaft (Lebensformspektrum) aus den jeweiligen Umweltbedingungen erklären läßt.

3.4.2 Unterrichtsprozeß

Zunächst werden die verschiedenen Lebensformen der Pflanzen anhand eines Arbeitsblattes (s. Abb. I, 1-1) und mitgebrachter Beispielarten vorgestellt. Dieser Schritt kann relativ schnell gehen, wenn es sich um eine Wiederholung handelt, d.h., wenn die „Überwinterung bei Pflanzen" schon früher behandelt wurde (s. Kapitel I, 1).
Im folgenden Unterrichtsgespräch wird erarbeitet, daß an einem Standort immer verschiedene Lebensformtypen von Pflanzen anzutreffen sind und daß die Häufigkeitsverteilung der vorkommenden Lebensformen ein Indiz für die Umweltfaktoren des jeweiligen Standortes ist. Einige Beispiele können besprochen werden (Überwiegen von Einjährigen auf ständig umgebrochenen offenen Böden, Überwiegen von Erdpflanzen in der Krautflora von Laubwäldern).

Gemeinschaft	Größe der Probefläche (in m^2)
Flechtengemeinschaften	0,1– 1
Moosgemeinschaften	0,5– 4
Felsspaltengemeinschaften	0,5– 5
Dauerweiden	0,5– 10
Wiesen (Mähwiesen)	10 – 25
Heiden	10 – 25
Ruderalgesellschaften	10 – 50
Ackerunkrautgesellschaften	20 – 80
Trockenrasen	50 – 70
Schlaggesellschaften	50 – 100
Krautschicht in Wäldern	50 – 200
Wälder der gemäßigten Zone (mit Baumschicht)	100 – 500

Tab. I,3-2: Größe der Probeflächen für pflanzensoziologische Vegetationsaufnahmen (nach *Reichelt/Wilmanns* aus *Kuhn/Probst* 1980, 275)

Die Klasse wird in Arbeitsgruppen von drei bis fünf Schülern geteilt. Jeder Gruppe wird ein Untersuchungsgebiet zugewiesen und mit Fähnchen oder Stöcken markiert. Nun erhalten die Gruppen den Auftrag, in ihrem Untersuchungsgebiet von jeder vorkommenden Pflanzenart ein Exemplar oder ein Blatt als Beleg einzusammeln und gleichzeitig die Lebensform zu bestimmen. Je nach Vorkenntnissen der Schüler und zur Verfügung stehender Zeit kann man auch darauf achten, daß die richtigen Artnamen bekannt werden. Insbesondere sollte der Lehrer die Namen nennen, wenn er danach gefragt wird. Die Schüler sollen die Häufigkeit der einzelnen Arten in einer Schätzskala festlegen, die von prozentualen Deckungsgraden ausgehen kann, aber sehr grob gerastert ist. Beispiel: Arten von 0–1% Deckung erhalten die Häufigkeitszahl 1, Arten bis 20% Deckung die Zahl 2, bis 50% Deckung die Zahl 3 und über 50% die Zahl 4.

Bei diesem Schätzen der Häufigkeit muß der Lehrer den Gruppen helfen. Man kann auch alle Gruppen zusammenrufen und die Schätztechnik an einigen Beispielen vorführen.

Am besten werden die Arten gleich nach Lebensformen getrennt aufgeschrieben, wobei bei bekannten Arten der Name, sonst einfach eine Kennziffer notiert werden sollte, die auch an einem Belegexemplar der unbekannten Pflanzen angebracht wird (Klebeetikett). Während dieser Arbeit sollte der Lehrer von Gruppe zu Gruppe gehen und bei der Zuordnung helfen.

Sinnvoll ist es, die Gruppen parallel in verschiedenen Biotopen arbeiten zu lassen. Lohnend ist zum Beispiel der Vergleich der Krautflora eines Laubwaldes, des Waldrandes und einer anschließenden Wiese oder eines (nicht zu gepflegten) Ackerstückes.

Die nachbereitenden Stunden im Klassenzimmer werden dafür verwendet, die Ergebnisse darzustellen und auszuwerten. Zunächst arbeitet jede Gruppe mit Hilfe ihrer Notizen ein Lebensformspektrum ihres Untersuchungsgebietes in Form eines Säulendiagrammes aus. Dabei geht man so vor, daß zunächst die Häufigkeitswerte für alle Arten einer Aufnahme zusammengezählt werden.

Beispiel:	Buschwindröschen (Erdpflanze)	3
	Bingelkraut (Erdpflanze)	2
	Lungenkraut (Erdschürfpflanze)	2
	Gelbstern (Erdpflanze)	1
	Frühlings-Hainsimse (Erdschürfpflanze)	2
	Wald-Sauerklee (Erdschürfpflanze)	2
	Große Sternmiere (Zwergpflanze)	2
	Summe	14

Nun wird die Summe für jede Lebensform getrennt ausgerechnet:
Erdpflanzen 3 + 2 + 1 = 6
Erdschürfpflanzen 2 + 2 + 2 = 6
Zwergpflanzen 2.
Daraus ergeben sich die ungefähren Prozentanteile:
Erdpflanzen 6/14 x 100 = 43%
Erdschürfpflanzen 6/14 x 100 = 43%
Zwergpflanzen 2/14 x 100 = 14%.

Diese Umrechnung auf Prozentanteile ist notwendig, um die verschiedenen Aufnahmen miteinander vergleichen zu können. Von jeder Arbeitsgruppe wird nun das Verhältnis der Lebensformen zueinander in einem Säulendiagramm (s. Abb. I, 3-3) dargestellt. Am besten zeichnen die Schüler die Diagramme so groß (etwa auf DIN-A3-Format), daß sie dann zum Vergleich an die Tafel oder die Anschlagwand geheftet werden können. Gemeinsam wird eine ökologische Deutung der verschiedenen Lebensformspektren versucht.

3.5 Medien

Siehe Angaben in Abschnitt I, 1.3.3 und Band 1, Abschnitt II, 5.4.3;
außerdem Diaserien des FWU:
Blühende Topfpflanzen 1 10 0670; Blühende Topfpflanzen 2 10 0671.

Literatur

Aichele/Schwegler 1974; *Böhlmann* 1982; *Bünning* 1956; *Ellenberg/Müller-Dombois* 1967 a; b; *Encke* 1968; *Gams* 1918; *Haager* 1980; *Haller/Probst* 1989; *Hofmeister* 1973; 1990; *Hofmeister/Wiencke* 1977; *Humboldt* 1806; *Janßen* 1985a; *Killermann/Scherf* 1986; *Kindersley* 1981; *Knapp* 1971; *Kuhn/Probst* 1980; *Kummert* 1975; *Larcher* 1980; *Martensen* 1985; *Noack* 1985; *Oberdorfer/Müller* 1983; *Raunkiaer* 1907; *Reichelt/Wilmanns* 1973; *Rohwedder/Endress* 1983; *Rothmaler* 1988 f.; *Santarius* 1967; *Schilke* 1984, *Schmeil/Fitschen* 1982; *Schmithüsen* 1968; *Schubert* 1986; *Stichmann* 1987; *Strasburger* 1983; *Troll* 1957; 1973; *Vogellehner* 1981; *Walter* 1960; 1976; 1979; *Walter/Breckle* 1983; 1984; 1986; 1991; *Wehrenberg* 1985; *Whittaker* 1975; *Winkel* 1985; *Wittmann/Maas/Kiewisch* 1985

4 Lebensformtypen bei Tieren

4.1 Sachanalyse

4.1.1 Ordnen nach Lebensformtypen

Unter dem Begriff Lebensformtyp werden Arten zusammengefaßt, die bei ähnlicher Lebensweise in gleichartigen Lebensräumen übereinstimmende Strukturen und Verhaltensweisen entwickelt haben, so daß Rückschlüsse auf ihre Lebensweise möglich sind. Ein eindrucksvolles Beispiel bieten die bereits im Abschnitt I, 0.1 erwähnten Schaufelgräber. Die amerikanischen Kolibris „vertreten" die Nektarvögel Afrikas in der Neuen Welt, und ihnen sind die Honigfresser Australiens sowie einige Kleidervögel Hawaiis stellenäquivalent. Sie alle gehören zum Lebensformtyp der nektarsaugenden Vögel und haben lange, pinselförmige Zungen konvergent entwickelt. Die Beuteltiere

Australiens und die Säuger der übrigen Welt liefern ebenso treffliche Beispiele für Stellenäquivalenz und Lebensformtypen wie die Steppentiere auf den verschiedenen Kontinenten der Erde (vgl. *Janßen* 1985).
Im Vergleich zur natürlichen (phylogenetischen) Systematik ergeben sich für eine Lebensform-Systematik wesentliche Unterschiede. Denn die Gliederung nach Lebensformen erfolgt aufgrund analoger funktioneller Ähnlichkeiten, während das natürliche System auf homologen, verwandtschaftlichen Übereinstimmungen beruht. Da für eine Gliederung nach Lebensformtypen verschiedene Gesichtspunkte herangezogen werden können, hat eine bestimmte Art nicht nur einen Platz in einem solchen Ordnungssystem; sie nimmt vielmehr verschiedene Plätze in mehreren Systemen ein. Hinzu kommt, daß nicht nur bei Entwicklung durch Metamorphose, sondern ganz allgemein bei unterschiedlichen Ansprüchen von Jungtieren und Erwachsenen an die Umwelt die einzelnen Stadien einer Art verschiedenen Lebensformtypen angehören können. Das heißt: Die Klassifikation nach Lebensformtypen weist keine Stammbaumgliederung auf wie das natürliche System, sondern gliedert sich in parallel verlaufende Abteilungen. Mit Recht nennt *Kühnelt* (1970, 108) die Lebens-

Tab. I,4-1: Lebensformen hinsichtlich der stofflichen Zusammensetzung der Nahrung (nach *Kühnelt* 1970, 167, verändert)

1	autotroph	2
–	heterotroph	3
2	photosynthetisch ..... z.B. Höhere Pflanzen	
–	chemosynthetisch ..... z.B. Schwefelbakterien	
3	euryphag (mit einem breiten Nahrungsspektrum)	4
–	stenophag (mit einem engen Nahrungsspektrum)	7
4	omnivor (Allesfresser)	5
–	unspezialisierte Räuber ..... z.B. Füchse	
–	unspezialisierte Pflanzenfresser ..... viele Huftiere	
–	detritivor (Abfallfresser)	6
5	mikrophag (Filtrierorganismen)	Wasserflöhe, Muscheln, Seescheiden
–	makrophag	Bären, Schweine
6	Verzehrer pflanzlicher Abfälle	Larven von Erdschnaken, Hornmilben, Doppelfüßer, Landasseln
–	Substratfresser	Pierwurm, Regenwürmer
7	auf bestimmte Produkte spezialisiert	8
–	auf bestimmte Organismen spezialisiert	9
8	Spezialisten für pflanzliche Produkte	
	..... Blütenstaub: Bienen	
	..... Nektar: Bienen, Schmetterlinge	
	..... fleischige Früchte: Fruchttauben, Tukane	
	..... Samen: Finkenvögel	
	..... Holz: Larven von Hirschkäfern, Bockkäfern, Prachtkäfern	
	..... Baumsäfte: Hirschkäfer	
–	Spezialisten für tierische Produkte	
	..... Haare: Motten, Speckkäfer	
	..... Wachs: Wachsmotte	
	..... Aas: Totengräber, Aaskäfer	
	..... Kot: einige Blatthornkäfer	
9	Spezialisten für bestimmte Pflanzen	
	..... Blattfresser: Koala, Lemming, Raupen, Blattwespenlarven	
	..... Saftsauger: Blatt- und Schildläuse	
–	Spezialisten für bestimmte Tiere	
	..... Fleischfresser: Raubsäuger, Greifvögel, viele Reptilien, Laufkäfer	
	..... Blutsauger: Egel, Zecken, Stechmücken, Flöhe	

form-Systematik einen „Kunstgriff zur Kennzeichnung von Gruppen ökologisch übereinstimmender Organismen".
Man kann, um Lebensformtypen zu kennzeichnen, als entscheidendes Kriterium die Zusammensetzung bzw. die Beschaffenheit der Nahrung betrachten (Schlamm-, Aas-, Blatt-, Grasfresser u.a.) oder die Art der Nahrungsaufnahme (Schlinger, z.B. Schlangen, Greife, Hunde, Robben; Pipettierer, z.B. Seepferdchen; Lecker, z.B. Vampire) und des Nahrungserwerbs (Räuber, Weidegänger, Filtrierer, z.B. Bartenwale, Angler, z.B. Anglerfische und Fransenschildkröte).
Koepcke (1973 f.) gliedert die Lebensformtypen nach Substanzerwerb (z.B. Jäger, Weidegänger, Filtrierer u.a.), nach Bewegung (Gräber, Springer, Läufer, Schlängler u.a.) und nach Resistenz (z.B. gegen Kälte, Wärme; Verdunstung; Feinde). Weiterhin werden hierbei z.B. die Flieger (Bewegung) in die Lebensformtypen Gleitspringer, Flatterflieger, Ruderflieger und Schwirrflieger unterteilt.
Als Beispiel für eine Bestimmungstabelle nach Lebensformtypen sei hier die *Kühnelt*'sche Tabelle für „Lebensformen hinsichtlich der stofflichen Zusammensetzung der Nahrung" aufgeführt (s. Tab. I, 4-1).

4.1.2 Lebensformtyp „Schaufelgräber"

Maulwurf und Werre sind unter den einheimischen Arten Vertreter des Lebensformtyps „Schaufelgräber"; das drückt sich schon in der Bezeichnung „Maulwurfsgrille" für die Werre aus. Obwohl beide Arten verschiedenen Tiergruppen angehören (s. Tab. I, 4-2), stimmen sie in einigen Verhaltensweisen und vielen körperlichen Merkmalen überein (s. Abb. I, 4-1). Beide haben

- einen spitzen oder kegelförmigen Kopf;
- einen walzenförmigen Rumpf ohne Hals;
- eine samtige Behaarung ohne Strich;
- Vorderbeine, die als Grabbeine, und (Mittel- und) Hinterbeine, die als Lauf- und Stemmbeine ausgebildet sind;
- ein gutes Gehör und einen feinen Tastsinn, aber weniger gut ausgebildete Augen.

Alle diese Merkmale weisen auf die ebenfalls übereinstimmende unterirdische Lebensweise beider Arten hin: „Schaufelgräber". Die Tatsache, daß es sich bei diesen beiden Vertretern um einen Säuger und ein Insekt handelt, trägt wesentlich zum Verständnis und zur Veranschaulichung des Ordnungsprinzips nach Lebensformtypen bei. Freilich bezieht sich die Ordnung im vorliegenden Fall nur auf die unterirdische Bewegungsweise. In der Fortpflanzung und in der Entwicklung der Jungen bzw. Larven unterscheiden sich Maulwurf und Werre sehr stark voneinander, auch in der Art ihrer Überwinterung, in ihrem inneren Körperbau und in weiteren Merkmalen.

Abb. I, 4-1: a) Der Maulwurf als Säugetier und b) die Maulwurfsgrille als Insekt gehören zum Lebensformtyp der „Schaufelgräber" (nach *Schaller* 1962)

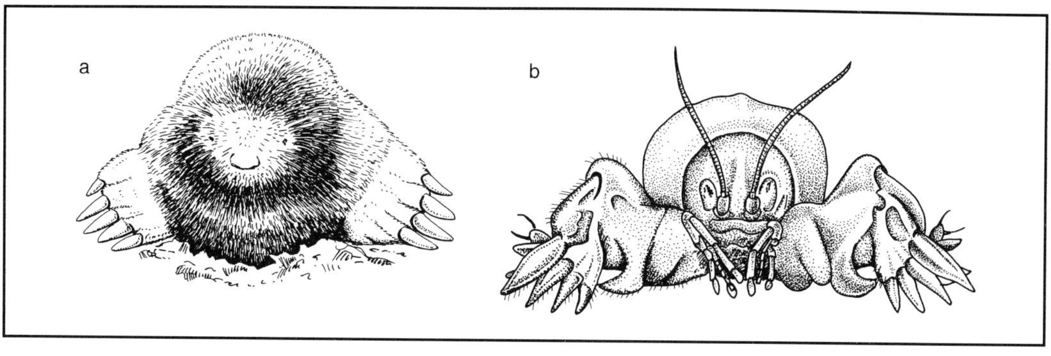

Maulwurf	Werre
Wirbeltier	Wirbelloser
Säugetier	Insekt
gleichwarm	wechselwarm
inneres Knochenskelett	äußeres Chitinskelett
kurzes Fell ohne Strich	feine, dichte, samtige Behaarung

Tab. I,4-2: Vergleich. Maulwurf und Werre

Eine ganze Reihe von Kleinsäugern aus verschiedenen Erdteilen verkörpert ebenfalls den Lebensformtyp „Schaufelgräber". Dazu gehören z.B.

- der Beutelmull, ein Beuteltier aus Australien,
- der Goldmull, ein Insektenfresser aus Südafrika,
- der Erdbohrer aus Afrika und die Blindmäuse aus Südost-Europa, beide Nagetiere,
- der Gürtelmull, ein Zahnarmer (Edentata) aus Südamerika (s. Abb. I, 0-1).

Die typischen Merkmale dieser Tiere sind leicht erkennbar, und man kann mit Sicherheit auf ihre Lebensform als Schaufelgräber schließen.

Das gilt neben der Werre auch für einige andere Insekten, z.B. für die Larven der Großzikaden, die eine lange unterirdische Entwicklungsphase durchlaufen (vgl. *Kaestner* 1973) sowie für die exotische Wanze Scaptocoris talpa („talpa", lat. Maulwurf). Sie ist ein „Hinterbein-Schaufelgräber" und lebt unterirdisch als Wurzelsauger; die Vorderbeine werden wie Picken zum Vorziehen und Festhalten eingesetzt (s. Abb. I, 4-2).

4.1.3 Lebensformen bei wasserlebenden Wirbeltieren, insbesondere Fischen

Von den etwa 43 000 Wirbeltierarten gehören 23 000 zu den Fischen. Deren Mannigfaltigkeit drückt sich sowohl in der großen Arten- und Individuenanzahl als auch in der vielfältigen Ausgestaltung von Körperbau und Lebensweise aus. Dennoch sind Grenzen vorgegeben. Denn alle sind Wassertiere und an das Vorkommen in diesem Medium und an dessen Eigenschaften gebunden. Einerseits gibt das Wasser den Tieren Auftrieb (Archimedisches Prinzip), andererseits hemmt es deren Fortbewegung. Die Angepaßtheit an den Widerstand des Mediums ist bei der „Stromlinienform" schnellschwimmender Fische besonders augenfällig. Experimente haben gezeigt, daß ein spindelförmiger Körper, der vorn rund und etwas dick ist und nach hinten zu schmal und spitz wird, dem

Abb. I, 4-2: a) Grabende Wanze Scaptocoris talpa aus Guatemala, ein unterirdischer „Hinterbeinschaufelgräber" b) Unterirdisch lebende Junglarve einer amerikanischen Singzikade, darunter Grabbein vegrößert. Beide Tiere sind etwa 1 cm lang (nach *Weber/Weidner* 1974)

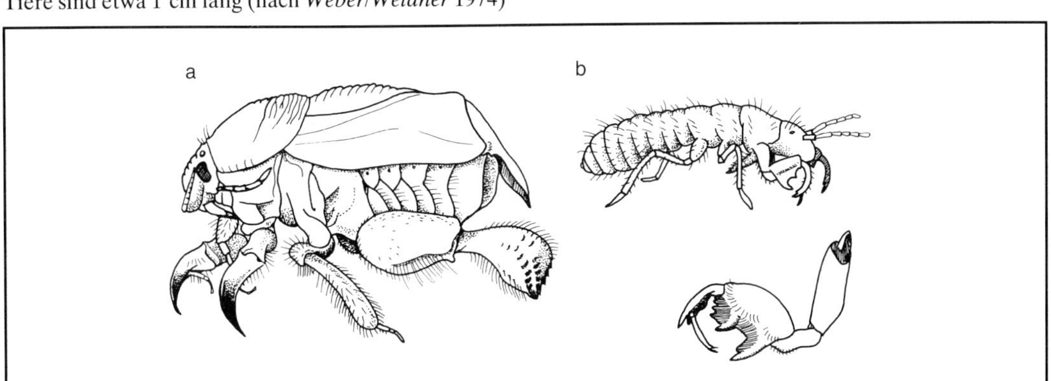

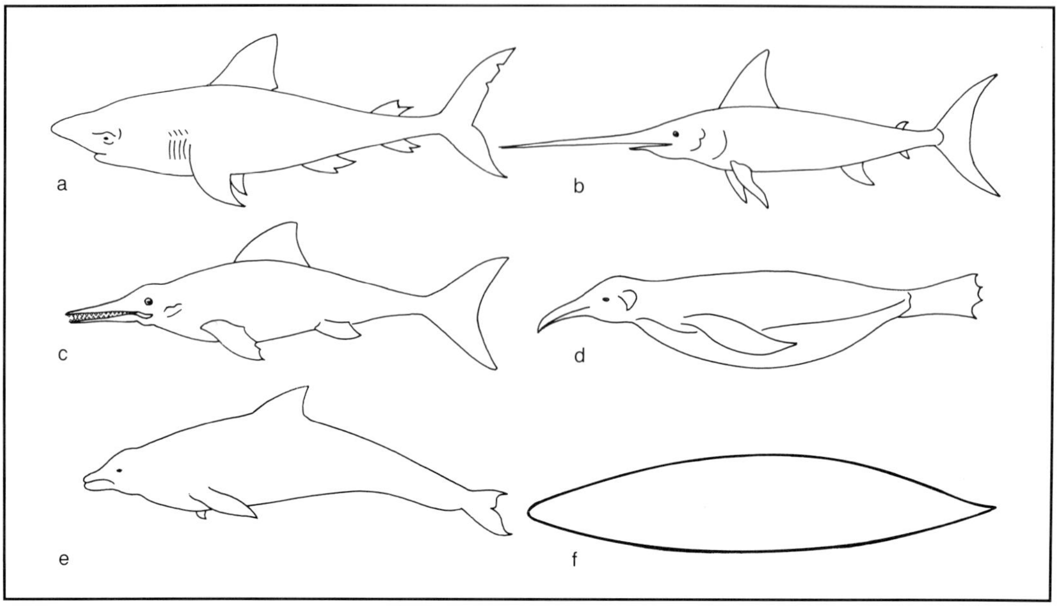

Abb. I, 4-3: Vertreter des Lebensformtyps der Schnellschwimmer. a) Hai (Knorpelfisch), b) Schwertfisch (Knochenfisch), c) Ichthyosaurier (fossiles Reptil), d) Pinguin (Vogel), e) Delphin (Säugetier), f) ideale Spindelform (aus *Czihak/Langer/Ziegler* 1981, ergänzt)

Wasser den geringsten Widerstand entgegensetzt. Diese Spindelform (s. Abb. I, 4-3) wird bei den Walen in idealer Weise von einigen Delphinarten, bei Fischen zum Beispiel vom Thunfisch, erreicht. Bei den Fischen erzeugt die Schwanzflosse durch seitliche Hin- und Herbewegungen den Antrieb: Das Wasser wird abwechselnd nach hinten rechts und links weggedrückt, und das schiebt den Fisch nach vorn (Wrickschwimmer). Die messerförmige Abwandlung der Spindelform bei den Fischen (s. Abb. I, 4-4) sorgt – in Zusammenarbeit mit den Flossen – für die nötige Lagestabilität beim Schwanzschlag; sonst würde, zumal bei den schnellschwimmenden Arten, das Vorderende zu entsprechenden Hin- und Herbewegungen gezwungen. Beim Schnellschwimmen werden Brust- und

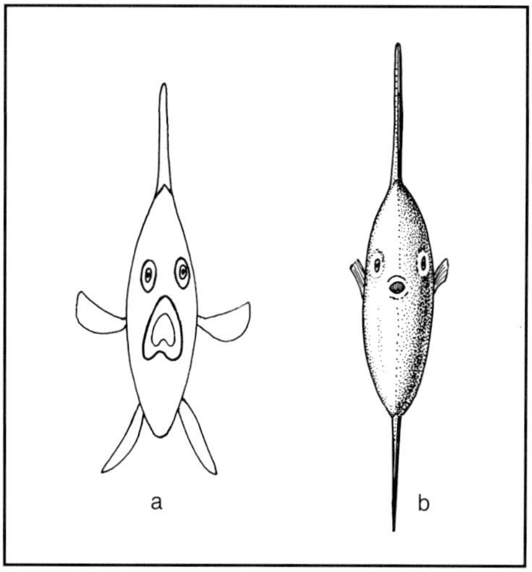

Abb. I, 4-4: Messerförmige Abwandlung der Spindelform bei Fischen. a) Allgemeines Schema, b) Mondfisch von vorn (aus *Norman* 1966)

Bauchflossen angelegt. Die durch Auf- und Abschläge ihrer Schwanzflosse schwimmenden Delphine – ein Erbe ihrer über Land galoppierenden Vorfahren – sind durch ihre größere Masse stabilisiert; außerdem setzen fortwährende Formveränderungen kleinster Areale ihrer Haut den Wasserwiderstand erheblich herab, wodurch eine Wirbelbildung vermieden wird. Die Schleimschicht bei den Fischen wirkt in gleicher Weise, wenn auch nicht so deutlich.
Experimente haben außerdem bewiesen, daß eine halbmondförmige Schwanzflosse bei hohen Schlagfrequenzen (bei Schnellschwimmern über 20–25 Schläge in der Sekunde) den besten Vortrieb erzeugt. Tatsächlich sind die Schnellschwimmer mit einer solchen Flosse ausgerüstet, z.B. Thunfisch, Haie und Speerfisch (Höchstgeschwindigkeit 70–80 km/h, Delphine 30–40 km/h). Ausführliche technische Informationen über die Physik des Schwimmens finden sich bei *Hertel* (1963), *Gray* (1957, 1968) und *Kummer* (1980). Der Lebensformtyp „Schnellschwimmer" ist nicht auf Fische beschränkt. Außer einigen Walarten können auch die ausgestorbenen Fischsaurier dazugezählt werden sowie unter den Vögeln die Pinguine (s. Abb. I, 4-3). Allerdings benutzen diese zum Antrieb die Flügel, weshalb sie auch mit den „Brustflossenschwimmern" verglichen werden können. Daß vor allem die kleineren Pinguinarten hierbei hohe Geschwindigkeiten erreichen (etwa 30 km/h), erkennt man gut, wenn sie aus dem Wasser ans Ufer schnellen.
Die Erbauer der schnellen modernen U-Boote wenden das Formprinzip der „Schnellschwimmer" seit einiger Zeit mit Erfolg auf ihre Konstruktionen an: Die Spindelform atomgetriebener U-Boote ähnelt stark der Körperform eines Delphins. Auch moderne Flugzeuge werden häufig in die Form eines Schnellschwimmers gebracht: Bei den hohen Geschwindigkeiten dieser Maschinen leistet die Luft einen fast ebenso hohen Widerstand wie Wasser bei geringerer Geschwindigkeit.
Die „Schnellschwimmer" (s. Abb. I, 4-4) verkörpern nur einen Lebensformtyp unter den Fischen. Aufgrund des Kriteriums der Fortbewegung lassen sich die Fische in folgende Lebensformtypen gliedern:

- Schnellschwimmer („Wrickschwimmer"; siehe oben): Speerfisch, Thun, Bonito, Haie (hierzu auch Delphine und Fischsaurier).
- Flossensaumschwimmer: Der undulierende Flossensaum treibt die Tiere an; Zitteraal, Rochen (hierzu gehört auch die Tintenschnecke, der „Tintenfisch", Sepia).
- Schlängler: Aal, Muräne, Flösselhecht, Neunauge (hierzu gehören auch Seeschlangen).
- Brustflossenschwimmer: Die Schwanzflosse dient nur der Steuerung, die spatelförmigen Brustflossen sorgen für den Vor- und Rücktrieb. Lippfische, Kuhrochen (hierzu gehören auch Pinguine und Wasserschildkröten).
- Propellerschwimmer: Die schwirrenden Brustflossen – unterstützt von Rücken- und Afterflossen – ermöglichen ein Manövrieren auf engem Raum; Kugelfisch, Kofferfisch, Seepferdchen.
- Gondoliereschwimmer: Ruderbewegungen der hinteren Rückenflosse und der Afterflosse erzeugen den Vortrieb; Drückerfische.
- „Fliegende Fische": heringsgroß. In der Mehrzahl nur Gleiter. Die großen schmalen Brustflossen werden beim Segeln ausgebreitet. Die asymmetrische Schwanzflosse treibt die Fische noch an, nachdem ihr Körper das Wasser verlassen hat. Beilbauchfische als echte Flieger (mit Brustflossenschlag).
- Laufschwimmer: Laufen am Meeresboden mit Hilfe verstärkter Flossenstrahlen der Brustflossen. Chemische Sinnesorgane an den Spitzen der Strahlen erleichtern das Auffinden von Nahrung (am und im Boden lebende Krebs- und Weichtiere); Knurrhähne; die größte einheimische Art, der Rote Knurrhahn der Nordsee, mißt bis zu ¾ Meter. Knurrhähne können auch gut schwimmen. Vermutlich stakst in ähnlicher Weise der Stelzenfisch über den Boden der Tiefsee (s. Abb. I, 4-5).

Auch das Kriterium des Nahrungserwerbs erlaubt eine Gliederung der Fische in Lebensformtypen, die – von der Unterscheidung in Fried- und Raubfische ausgehend – leicht zu erarbeiten ist und es ermöglicht, die Fülle der Arten in ein überschaubares Schema einzuordnen:

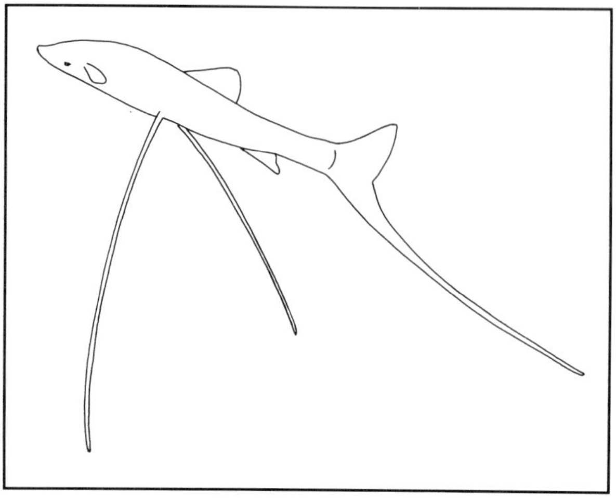

Abb. I, 4-5: Der blinde Tiefseefisch Benthosaurus in 2100 m Tiefe auf dem Meeresboden des Atlantiks vor Afrika. Die verlängerten Flossenstrahlen werden als Stelzen eingesetzt (aus *Houot* 1955)

- Hetzjäger: Kabeljau, Bonito, Makrele, Thunfisch, Haie.
- Lauernde Jäger („Wegelagerer"): Hecht, Barrakuda. Der Hecht „stößt" auf seine Beute. Dabei erreicht er „aus dem Stand" Höchstgeschwindigkeit. Antrieb hierzu gibt die Schwanzflosse, die in ihrer Wirksamkeit von der schwanzwärts verlagerten Rücken- und der Afterflosse unterstützt wird.
- Angler: Getarnte Bodenfische, z.B. der Seeteufel Lophius, oder Tiefseefische. Sie locken Beute an mit „Angeln", die leuchten oder mit Scheinködern besetzt sind, und schnappen dann zu.
- Pinzettenfische: Schmetterlingsfische, Pinzettenfisch (Chelmon rostratus), Schnabelfisch (Forcipiger longirostris). Mit ihren Pinzettenschnauzen ziehen diese Korallenfische die Weichkörper von Korallen einzeln aus ihren Bechern; auf ähnliche Weise nehmen sie auch andere Kleintiere auf und lösen den Algenbewuchs aus den „Zwickeln" der Steinkorallen.
- Pipettierer: Elefantenfisch, Feilenfisch, Seepferdchen. Fische mit röhrenförmigem Maul, durch das sie wie mit einem kurzen Strohhalm zusammen mit einem Wasserschwall kleine Beutetiere einsaugen.
- Korallenknacker: Papageienfische, Drückerfische (fressen auch Schnecken und Seeigel). Fische, bei denen eine Anzahl von Zähnen miteinander verschmolzen ist und pflastersteinähnliche Kauplatten bildet; die vorderen Zähne sind zu einem scharfen schnabelartigen Gebiß umgeformt. Diese Fische fressen u.a. Polypen mitsamt ihren Kalkbechern und zermalmen sie. Mit den Papageienschnäbeln schaben sie auch von Steinen die Überzüge aus Algen, Polypen, Moostierchen u.a. ab. – Die Gebisse von Muschel- und Schneckenknackern sind ähnlich ausgebildet.
- Suchgräber: Sägerochen (Pristis, bis zu 6 m), einige Halbschnäbler und Störe. Die Fische wühlen mit Fortsätzen der Schnauze den Gewässerboden auf und suchen dann nach Freßbarem.

Gerade die Betrachtung der Fische unter dem Gesichtspunkt der Lebensformen erhellt sehr augenfällig die unerhörte Mannigfaltigkeit der Fischgestalt in Anpassung an die ebenso vielfältigen Möglichkeiten ihres Lebensraums.

4.1.5 Eulen und Greife

Beide Ordnungen umfassen „Jäger"; dennoch ist eine erste wesentliche Differenzierung leicht möglich. Denn die Eulen sind Dämmerungs- und Nachtjäger, die Greife Tagjäger. Die Arten beider Gruppen gehen sich im Tag-Nacht-Wechsel „aus dem Weg". Da die Behandlung der Eulen im fol-

genden Unterrichtsbeispiel von untergeordneter Bedeutung ist, werden sie hier nicht weiter berücksichtigt.
Die Greife bilden aufgrund der Wahl verschiedener Biotope auch unterschiedliche Nischen – wie man bei geeigneten Beispielen schon am Namen feststellen kann (vgl. *Osche* 1973): Die Rohrweihe lebt im Röhricht der Seen und Teiche, die Kornweihe bevorzugt offene, steppenartige Landschaften, auch Moore, Wiesen und Felder. Hier kommt es schon zu Überlappungen mit den Biotopen der Wiesenweihe und der Steppenweihe, d.h. das Kriterium der Biotopwahl allein reicht nicht aus, die Greifarten in ihrer Lebensweise eindeutig voneinander abzusetzen.
Der Begriff „Nische" beinhaltet ja auch mehr. Mäusebussard und Habicht sind etwa gleich groß und schwer, und beide Arten bevorzugen Wald, offenes Gelände und Kultursteppen. Der Mäusebussard aber fängt hauptsächlich Kleinsäuger, Mäuse, Maulwürfe usw., – wenn er auch Amphibien, Kriechtiere, Jungvögel und Insekten nicht verschmäht –, während sich der Habicht im wesentlichen von Vögeln ernährt, vom Spatz bis zum Fasan, aber auch Säuger bis zur Größe eines Hasen erbeutet. Unterschiedlich sind auch die Jagdweisen beider Arten. Der Bussard ist ein Gleitstoßgreifer. Der Habicht pirscht im Tiefflug über den Boden, oder er packt die Beute in schnellem Start, wobei ihm die breiten Schwingen eine große Beschleunigung verleihen; er ist ein Pirsch- und Startfluggreifer.
Das trifft auch für den Sperber zu, der wie der Habicht halboffenes Gelände bevorzugt. Beide Arten fangen Vögel. Sie unterscheiden sich aber erheblich durch ihre Körpergröße und damit auch durch die Größe ihrer Beutetiere. Der Sperber „schafft" Vögel nur bis zur Größe des Eichelhähers, der Habicht schlägt auch den Fasan.
Zur Abgrenzung der Greifarten voneinander können also

- Kriterien ihres Lebensraums,
- ihre Jagdmethoden,
- ihre Körpergröße und die bevorzugten Beutetiere

herangezogen werden. Das wird durch die folgenden Beispiele noch verdeutlicht.
Der Wespenbussard ist etwa gleich groß und schwer wie Mäusebussard und Habicht und liebt waldreiche Gebiete. Er besitzt aber keine dolchspitzen Krallen; sie sind vielmehr breiter ausgebildet und dienen zum Ausscharren und Aufkratzen von Wespennestern und Behausungen anderer Hautflügler. Außerdem fängt dieser Greif Insekten vieler Arten, Raupen, Regenwürmer, Spinnen, Frösche und die Jungvögel bodenbrütender Arten, und gern sättigt er sich mit Beeren.
Wanderfalke und Baumfalke sind stürmische Vogeljäger, die ihre Beute im Flug schlagen. Der größere Wanderfalke packt auch Fasane, der kleinere Baumfalke meist nur sperlingsgroße Vögel – darunter Schwalben –, und nimmt daneben auch Insekten, z.B. Käfer und Libellen.
Außer den umfangreichen Darstellungen über Greife (vgl. z.B. *Glutz v. Blotzheim/Bauer/Bezzel* 1971; *Weick* 1980; *Bezzel* 1984; *Brüll* 1984) liegt eine Reihe kleinerer Monographien vor (vgl. z.B. *Moll* 1962; *Fischer* 1974 f.; *Kramer* 1975; *Piechocki* 1975; *Melde* 1983; *Ortlieb* 1987 f.; *Fiuczynski* 1988).

4.1.6 Tiere im Watt

Nach der Beschaffenheit der Küste unterscheidet man zwischen Sandwatt und Felswatt.
Sandwatt: Das Gebiet zwischen dem Wasserstand bei Ebbe und bei Flut heißt Gezeitenzone oder einfach Strand. Je flacher die Küste, desto breiter der Strand. Die deutsche Nordseeküste ist besonders flach. Der bei Ebbe aus dem Wasser auftauchende Meeresboden hat eine Breite von 5 bis 15 km und erreicht an manchen Stellen sogar 30 km. Er besteht aus Sand und Schlick in verschiedener Mischung. Im bewegten Wasser scheidet sich mehr Sand ab, im ruhigeren mehr Schlick. Das ist ein nährstoffreiches Material; es besteht aus Tonteilchen, totem Plankton und Tierabfällen.

I Ordnen nach Lebensformen

Felswatt: Wegen ihrer unterschiedlichen Härte leisten die übereinanderliegenden Gesteinsschichten einer Felsküste dem Wasser und dem Wind verschieden starken Widerstand. Im Laufe der Zeit entsteht eine Folge schräg aufsteigender oder auch ebener Gesteinsplatten. Die Insel Helgoland führt diese Verhältnisse beispielhaft vor Augen. Um 50 Meter überragt der rote Buntsandsteinblock den Felssockel, dessen oberer Teil bei Ebbe trockenfällt und das Felswatt bildet; der Tidenhub beträgt etwa 2,5 Meter. Die Kraft der Wellen wirkt an steilen Felsen viel stärker als im Sandwatt; deshalb werden sie auf Helgoland durch Schutzmauern gesichert. Vom schräg abfallenden Gestein fließt das Wasser bei Ebbe fast restlos ab; auf ebenen Flächen bleiben in Mulden und Ritzen Pfützen zurück.
Der Wechsel von Ebbe und Flut bewirkt fortwährende Veränderungen der Umweltbedingungen:

- Brandung und heftiger Wellengang bei Flut, Sog und ruhiges Wasser bei Ebbe;
- „Überschwemmung" bei Flut, „Trockenheit" bei Ebbe;
- Hitze und Gefahr der Austrocknung bei Ebbe, plötzliche Abkühlung bei Flut;
- Gefahr zu erfrieren bei Ebbe im Winter; Zerstörung durch Eisgang;
- bei Ebbe Gefahr durch Feinde aus der Luft, bei Flut durch Feinde vom Wasser her.

Andererseits erfolgt der Wechsel von Ebbe und Flut regelmäßig, und Tiere und Pflanzen können sich darauf einstellen. Sie behaupten sich in diesem schwierigen Lebensraum durch mannigfache Schutzeinrichtungen und spezielle Verhaltensweisen.
Gegen die Gewalt der Brandung – vor allem im Felswatt – und gegen die Gefahr, fortgespült zu werden, schützen sich Pflanzen (Tange) und Tiere durch

- „Anwachsen" oder Festkleben auf der festen Unterlage: Seepocken, Austern; Vertäuen der Miesmuschel mit Byssusfäden;
- Saugnäpfe: Napfschnecken (zugleich flache Form: die Höhe der Gehäuse als Maß für die Stärke der Brandung am Standort!), Füßchen der Stachelhäuter; bei manchen Fischen sind die Bauchflossen zu einer Haftscheibe umgewandelt, z.B. beim Seehasen (Cyclopterus) und bei den „Scheibenbäuchen" des Mittelmeers (Lepadogaster) und der Nordsee (Liparis);
- starke, glatte Gehäuse: Seepocken, Muscheln, Schnecken;
- Stachelkleid zur Verankerung: Seeigel;
- Schutz in Ritzen und unter Steinen: Krebstiere, Würmer, Seerosen;
- Einbohren in Stein, Fels, Holz: Bohrmuscheln (mechanisch oder chemisch mit Säure);
- Einwühlen in Sand und Schlick: Würmer, Muscheln, Krabben, Schlickkrebs.
- Bei Tangen: Zerteilung des Körpers in schmale, flache, fädige Form; elastisch nachgebender Körper; Haftscheiben (Fucus), Haftkrallen (Laminaria).
- In „lichten Tangwäldern" finden viele Tiere Halt und Schutz (Dreikantwurm, Posthörnchenwurm, auch kleinere Tange).

Gegen Hitze und drohende Austrocknung schützen sich die Lebewesen durch

- verdunstungssichere Gehäuse: Schnecken, Muscheln, Krebse, Seeigel;
- Zuflucht in verbleibenden Pfützen und Tümpeln (Prielen);
- Deckung unter Steinen, in Ritzen, unter feuchtem Tang;
- Einwühlen in feuchten Sand und Schlick (gefährdet die Atmung!);
- Überziehen mit einer Schleimschicht: Seerosen; Tange;
- Festsaugen und dichtes Anschmiegen an die Unterlage: Napfschnecken;
- Verschließen der Gehäuse, in denen ein kleiner Wasservorrat aufbewahrt wird: Seepocken, Schnecken, Muscheln, Röhrenwürmer; Seerosen schließen sich bei Ebbe und kugeln sich ein; der im Magenraum verbleibende Wasservorrat reicht zum Überstehen der Ebbe.
- Bohrmuscheln verfügen über einen Wasservorrat in den Bohrlöchern.

Gegen die Gefahr des Erfrierens im Winter, besonders bei Ebbe, graben sich viele Muscheln, Schnecken und Würmer ein. Sie können zwar wochenlang in gefrorenem Boden leben, doch sterben sie hier oft an Sauerstoff-Mangel. Tiere, die sich nicht eingraben, werden von „Eisscheuerung" bedroht: Sie können durch Eisschollen, Eisbrocken oder auch gefrierendes Wasser verletzt oder erdrückt werden (vgl. *Theede* 1981).
Die Brandung macht das Watt zu einem gefährlichen Lebensraum, das vor- und zurückflutende Wasser bringt den hier siedelnden Organismen aber auch eine Fülle von Vorteilen:

- Zufuhr immer neuer Nahrungsstoffe aus dem Meer;
- Fortspülen von Abfällen und Exkrementen;
- Durchmischung des Wassers mit Sauerstoff;
- Durchmischung des Wassers mit Mineralstoffen; üppiges Plankton.
- Die grünen Pflanzen produzieren im Watt viel mehr Nahrung als im offenen Meer. Durch Ebbe und Flut wird das Wasser des flachen Wattenmeers andauernd gründlich durchmischt, so daß die Mineralstoffe am Ende der Nahrungsketten dem Phytoplankton sofort wieder zur Verfügung stehen. Außerdem reicht das Sonnenlicht bei Niedrigwasser bis zum Boden, wo die schleimigen Überzüge der Kieselalgen zusätzlich Nahrung bereiten. Auch Meeresströmungen führen Mineralien und Plankton aus der offenen See bis vor die Küste.
- Fortpflanzung und Ausbreitung der Lebewesen im Watt werden begünstigt: Meeresströmungen verdriften die Eier und Larven über weite Strecken. (Das hohe Risiko dieser Fortpflanzungsweisen erfordert die Produktion außerordentlich vieler Keimzellen).

Gezeitenwechsel und Wellenschlag sorgen für alles, was die im Watt siedelnden Pflanzen und Tiere benötigen: Die Gezeitenzonen gehören zu den fruchtbarsten Gebieten der Meere. Unter dem Gesichtspunkt des Nahrungserwerbs lassen die Bewohner des Watts folgende Lebensformtypen erkennen:

- Schlickfresser ernähren sich von Detritus und schlucken Sandkörner mit den anhaftenden Nahrungsteilchen: Pierwurm, Köcherwurm und Schlickkrebs (Tastfänger), Bäumchenröhrenwurm (Netzfänger und zugleich „Weidegänger"), Borstenwurm Pygospio (leckt von größeren Sandkörnern die Kieselalgen ab und schluckt die kleineren Körnchen mitsamt dem Bewuchs von Algen und anderen Lebewesen).
- Weidegänger „grasen" an der algenreichen Boden- oder Felsenoberfläche: Napfschnecken, Watt- und Uferschnecke, Bäumchenröhrenwurm, Garnelen; unter den Muscheln die Pipettierer.
- Strudler und Filtrierer: Muscheln, Seepocken, Schwämme.
- Räuber und Aasfresser: Taschenkrebs, Strandkrabbe, Seeringelwurm, Scholle, Wellhornschnecke, Purpurschnecke, Purpurseerose (festsitzender Räuber).

Gezeitenzone ist Kampfzone. Das gilt nicht nur in bezug auf Brandung, Wellen und den periodischen Wechsel von Überspülung und Trockenlegung – es gilt auch für die Verfolgung der Wattiere durch Feinde. Bei Ebbe fallen Vögel ein, die verschiedenartige und ganz bestimmte Jagdmethoden haben:

- Tastjäger: Der Säbelschnäbler zieht seinen Schnabel „hin-und-her-säbelnd" durch Schlick und Sand und spürt so seine Beute auf;
- Augenjäger: Der Regenpfeifer rennt kurze Strecken, hält dann an und fängt, was er erspäht;
- Stöberjäger: Der Brachvogel dreht Muscheln, Tang und Steine um und schnappt die fliehenden Tiere. Auch die Silbermöve stöbert, kommt aber auch auf andere Weise zu ihrem Futter (Abfälle, Aas, Eier anderer Vögel, gelegentlich Beeren).

Bei Flut, wenn die Wattbewohner unter Wasser aus ihren Verstecken herauskommen, werden sie von Bodenfischen wie Schollen und Flunder sowie von Krabben verfolgt. Unter anderem sind sie geschützt durch Tarnung (Garnele, Sandfloh, Gespensterkrebschen) und starke Gehäuse (Muscheln, Schnecken, Seepocken) oder indem sie sich eingraben (Muscheln, Garnelen) oder in Ritzen und unter Tang verstecken (Krabben, Schnecken, Sandfloh).
Weitere Informationen zum Thema „Wattenmeer" bieten *Grimm* (1988), *Peukert* (1988), *Dietrich* (1980a), *Eschenhagen* (1987), *Thies* (1985) und – in ausführlicher wissenschaftlicher Weise – *Götting/Kilian/Schnetter* (1982, 1988).
Gute und bilderreiche Darstellungen finden sich bei *Reineck* (1970), *Gerhard* (1981) und – ganz ausgezeichnet – bei *Abrahamse* u.a. (1976); bereits auf den Unterricht zugeschnitten und den Umweltschutz betonend: „Wattenmeer und Nordsee" der Aktionskonferenz Nordsee (1989) (s. auch Band 8, Kap. III,5).

4.2 Kriterien der Themenauswahl

Es gibt zwei Wege, in die Betrachtung von Lebensformtypen einzuführen: über Einzelbeispiele oder über die Behandlung von Ökosystemen. Entsprechend dem biologischen Kenntnisstand empfiehlt sich für jüngere Schüler der erste Weg, da er sich unmittelbar an die neuerlich wieder mehr geübte monografische Vorgehensweise des Biologieunterrichts der Orientierungsstufe anschließt. Auch die Angepaßtheit der Tiere an ihre Umwelt kommt dabei gründlich zur Sprache. Die hierbei vom Schüler erworbenen Kenntnisse bilden eine gute Basis für die nun ins Auge gefaßte Zielrichtung auf den Begriff des Lebensformtyps. Jetzt werden einzelne Arten in den Mittelpunkt gestellt, und aus deren Merkmalen und Verhaltensweisen wird dann im Unterricht der entsprechende Lebensformtyp entwickelt.
Der zweite Weg kann bei fortgeschritteneren Schülern gewählt werden. Nach der Behandlung eines Ökosystems mit den kennzeichnenden Pflanzen und Tieren wird der (vom Konkreten zum Abstrakten führende) Versuch unternommen, dieses Ökosystem als Gesamtheit nach „Planstellen" für Lebensformtypen zu gliedern – kurz: nach den „Planstellen" zu suchen, die die bereits bekannten Arten besetzen, und deren Rolle im Gefüge des Ganzen herauszuarbeiten. Beide Wege ergänzen einander und können vom heranwachsenden Schüler nacheinander beschritten werden (vgl. Unterrichtsbeispiel von *Janßen* 1985 c). Der hier vorgeschlagene Unterrichtsablauf ist sehr stark abhängig von der Auswahl der Themen und Beispiele. Grundsätzlich sollten vertraute, dem Schüler aus eigener Erfahrung bekannte Arten Ausgangspunkt des Unterrichts sein, deren Behandlung zugleich die Entdeckerfreude der Schüler befriedigt und ihr eigenes Tun in Versuchen und bei Beobachtungen fördert. Vor der gelegentlichen Einbeziehung einer exotischen Art braucht der Lehrer nicht zurückzuschrecken; es kommt dem psychischen Entwicklungsstand der – im übrigen fernseherfahrenen – Schüler sehr entgegen. Ein gewisses Maß an Einübung der Lebensformtyp-Betrachtungsweise ist notwendig; doch kann die Aufstellung einer Bestimmungstabelle wegen der hierzu erforderlichen weitreichenden Kenntnisse nicht als Ziel des Unterrichts angesehen werden.
Der Übergang von der monografischen Behandlungsweise zur Betrachtung von Lebensformtypen wird durch sehr einfache Beispiele wesentlich erleichtert. Schon der junge Schüler versteht aufgrund des Vergleichs der vertrauten Haustiere Hund und Katze die beiden Lebensformtypen „Hetz- und Schleichjäger". Auch die Begriffspaare „Nestflüchter – Nesthocker" oder „Gleichwarme – Wechselwarme" können – mehr oder weniger propädeutisch – als einfache Einführung dienen; sie werden im Folgenden allerdings nicht ausgeführt. Bestens geeignet ist das Paradebeispiel der „Schaufelgräber". Alle Schüler kennen den Maulwurf als volkstümliches Tier und von der vorausgegangenen monografischen Behandlung im Unterricht. Der Vergleich mit anderen Kleinsäugern desselben Lebensformtyps bereitet keine Schwierigkeiten. Wesentlich lehrreicher noch läßt sich dieses Bei-

spiel gestalten, wenn man die Werre in die Betrachtung einbezieht. Da die Insekten meist als Lehrplan-Thema der Klassenstufe 7/8 vorgegeben sind, stellt die vergleichende Betrachtung von Maulwurf und Werre als „Schaufelgräber“ ein besonders überzeugendes und auch didaktisch empfehlenswertes Beispiel dar – zumal ökologische Lerninhalte in den Lehrplänen dieser Stufe ebenfalls vorgeschrieben werden.
Als weiteres Beispiel, das zugleich experimentell in Schülerversuchen zu erarbeiten ist, bieten sich die „Schnellschwimmer“ an. Die Schüler sind auf dieses Thema gut vorbereitet, da sie auf der Klassenstufe 5/6 die Fische, Vögel (Pinguine) und Säuger (Delphine) kennengelernt haben. Die Einbeziehung fossiler Meeresechsen gibt dieser Einheit einen neuen, interessanten Aspekt. Durch die technische Betrachtungsweise in dieser Unterrichtseinheit werden erfahrungsgemäß viele Schüler besonders angesprochen.
Weiterhin ist eine Betrachtung verschiedener Lebensformtypen unter den Fischen vom Anspruch her und mit Bezug auf Alter und Interesse der Schüler sehr zu empfehlen, da sie hilft, die gesamte Unterrichtseinheit „Fische“ auf überschaubare Weise zu gliedern.
Das Thema „Fische“ leitet von den oben genannten Einzelbeispielen über zur Lebensform-Betrachtung von Ökosystemen. Dieser Weg ist der anspruchsvollere und bringt zugleich eine Anwendung – und Erfolgskontrolle – der von den Schülern erworbenen Kenntnisse und ihres Vermögens, auch in komplizierteren Systemen Lebensformtypen zu erkennen und zu beschreiben. Eine Behandlung des Watts ist besonders geeignet, dieses Ziel zu erreichen; denn die hier erkennbaren Lebensformtypen lassen sich relativ leicht voneinander abgrenzen. (Dieser Gesichtspunkt könnte auch als Argument für die Wahl des Korallenriffs als unterrichtliches Beispiel gelten; doch sind Schüler dieses Alters aus eigener Anschauung eher mit dem Watt als mit dem Riff vertraut).
Noch lehrreicher gestaltet sich die Behandlung des Watts, wenn der Gesichtspunkt der Einnischung hier berücksichtigt wird („Wie Tiere miteinander den Lebensraum nutzen“; vgl. auch – für die Sekundarstufe II – *Peukert* 1988). Durch ihre Kenntnisse zum Thema „Angepaßtheit“ sind die Schüler auf die Erarbeitung dieses Begriffs vorbereitet. Bei der Behandlung an dieser Stelle kommt es weniger auf den Begriff selbst als auf seinen Inhalt an. Als Einführung kann eine Betrachtung der „Eulen und Greife“ dienen, ein Thema, das Lebensformtypen aufgrund der unterschiedlichen Jagdweisen bei Greifen erarbeiten läßt: Startfluggreifer, Pirschfluggreifer, Spähfluggreifer, Gleitfluggreifer. Die Bedeutung der Eulen beschränkt sich in diesem Zusammenhang allerdings auf die Rolle von „Nachttieren“ gegenüber den tagaktiven Greifen.
Sowohl am Beispiel „Watt“ als auch am Beispiel „Eulen und Greife“ können auf der Sekundarstufe I oder auch später die beiden Ordnungsprinzipien „Lebensformtyp“ und „systematische Taxonomie“ miteinander in Verbindung gebracht und verglichen werden.

4.3 Vorschläge zur Unterrichtsgestaltung am Beispiel „Lebensformtyp Schaufelgräber“

4.3.1 Didaktische Überlegungen

Die Unterrichtseinheit „Schaufelgräber“ lebt vom ständigen Vergleich zwischen Maulwurf und Werre, der wie ein roter Faden durch den Unterricht hindurchführt. Später treten andere Arten hinzu.
Wenn die vorliegende Unterrichtseinheit im Rahmen einer Besprechung der Insekten stattfindet, so kann man davon ausgehen, daß die Behandlung des Maulwurfs bereits früher erfolgt ist, so daß nur eines der beiden im Mittelpunkt stehenden Tiere, die Werre, dem Schüler noch unbekannt ist. Da gerade dieses Insekt seine Neugier reizt, ist ein – gegenüber dem bereits bekannten Maulwurf – den Unterricht anregendes Motiv gegeben, und das gilt auch für den Fall, daß diese Unterrichtsein-

heit erst nach der Behandlung der Insekten erfolgt. Aber auch der Maulwurf wird bei der beabsichtigten Lebensformtyp-Betrachtung und durch den Vergleich mit der Werre wiederum interessant. Wichtig ist, mit der „motivierenden“ Werre zu beginnen, dann den Maulwurf hinzuzuziehen und im Vergleich den Begriff „Lebensformtyp“ herauszuarbeiten; dieser wird anschließend auf andere Kleinsäuger angewendet und dadurch vertieft.
An Medien werden Stopfpräparate vom Maulwurf benötigt und lebende oder tote Maulwurfsgrillen, im Ersatzfall entsprechende Bilder bzw. Wandkarten, dazu Bildmaterial von den Kleinsäugern des hier behandelten Lebensformtyps und anderen Arten als Vergleichsobjekte. Dem Lehrer wird empfohlen, selbst einige Dias anzufertigen (Quellen von Bildern der Schaufelgräber siehe unter „Sachanalyse“ und „Medien“).

Unterrichtsziele:

Die Schüler sollen
- in der Lage sein, die typischen Merkmale eines Schaufelgräbers anzugeben und deren Bedeutung für die unterirdische Lebensweise zu beschreiben;
- Vertreter dieses Lebensformtyps nennen (und deren systematische Stellung angeben) können;
- aus einer Reihe von Tieren (Bilder, Präparate) die zum Lebensformtyp „Schaufelgräber“ gehörigen erkennen und auswählen und ihre Wahl begründen können;
- den Begriff des Lebensformtyps am Beispiel der Schaufelgräber erklären können.

4.3.2 Unterrichtsprozeß

Im vorliegenden Unterrichtsbeispiel ist eine Besprechung des Maulwurfs vorausgegangen (vgl. z.B. *Kieffer* 1988). Darauf erfolgt der Einstieg in die neue Einheit „Schaufelgräber“ sehr kurz und unmittelbar, indem den Schülern lebende oder präparierte Werren gezeigt und zur Beobachtung und Untersuchung angeboten werden – notfalls auch im Bild des Schulbuchs, als Dia oder Wandtafel. Den Namen des Objekts darf der Lehrer nicht nennen. Das seltsame, erstaunliche Tier fesselt die Schüler sofort. Sie entdecken Eigenarten seines Körperbaus und äußern Mutmaßungen über seine Lebensweise. Bald ist klar – vielleicht mit geringer Hilfe des Lehrers –: Ein Insekt! Auskunft des Lehrers: „Eine Grille“, nicht mehr. Die Schüler werden treffende Namen selbst vorschlagen. Denn rasch richtet sich die Aufmerksamkeit auf die Grabbeine des Tieres: „Wie ein kleiner Maulwurf!“ lautet das spontane Urteil der Schüler. Kaum bedarf es der Lenkung durch den Lehrer, um zu diesem Ergebnis zu gelangen (s. auch Abb. I, 4-1).
Jetzt erst wird der Maulwurf zum Vergleich herangezogen. Soweit vorhanden, werden Stopfpräparate (auch zum vorsichtigen Anfassen des Fells: Strich!) ausgegeben oder aufgestellt; wenn das nicht möglich ist, müssen Bilder eingesetzt werden. Wichtig ist, daß die Schüler jederzeit Maulwurf und Maulwurfsgrille miteinander vergleichen können. Sie sollen Entsprechungen in den Merkmalen aufspüren und nennen, die in einer Tabelle zusammengestellt werden (s. Tab. I, 4-2). Wenn der Lehrer nachhelfen muß, empfiehlt sich, auf das betreffende Merkmal des Maulwurfs hinzuweisen und von den Schülern nach den vorhandenen oder fehlenden Entsprechungen bei der Grille suchen zu lassen – oder umgekehrt. Nicht nur auf Körper- und Kopfform sowie die Ausbildung der Beine ist dabei zu achten; auch „Gebiß“, Augen und Körperbedeckung beider Arten sollen untersucht werden. Die Schüler äußern sich zur Frage: Wie steht es mit dem Vorkommen der Tiere in sandigem oder sumpfigem Boden?
In der Zusammenfassung ergibt sich, daß beide Arten dieselbe unterirdische Lebensweise haben und in den entsprechenden Merkmalen übereinstimmen und daß sie deshalb einen bestimmten Lebensformtyp verkörpern, den der Schaufelgräber – obwohl sie nicht miteinander verwandt sind. Der Lehrer sollte den Begriff „Lebensform“ hierbei auch von den Wortteilen her erklären.

Der bisher skizzierte Verlauf des Unterrichts gibt nur die generelle Richtung an, in der fortgeschritten werden soll. Jederzeit sind kleinere „Abweichungen“ möglich. Längst schon haben die Schüler nach Fortpflanzung, Entwicklung, Verständigung, Nahrung usw. der Maulwurfsgrille gefragt. Alle diese Angaben werden nun in einem kurzen „Steckbrief“ zusammengefaßt. Zuletzt wird die Frage geklärt, auf welchen von allen genannten Merkmalen die Typisierung beider Arten als „Schaufelgräber“ beruht: Nur aufgrund ihrer unterirdischen Bewegungsweise gehören Maulwurf und Werre zum Lebensformtyp der Schaufelgräber; bezüglich anderer Merkmale verhalten sie sich unterschiedlich, z.B. in der Fortpflanzung.
Im folgenden Unterrichtsabschnitt soll das Erarbeitete auf weitere Kleinsäuger angewendet werden, um den Begriff „Lebensformtyp“ zu vertiefen. Lichtbilder von Vertretern des Lebensformtyps „Schaufelgräber“ werden mit Dias anderer, den Schülern wenig bekannter Tiere (z.B. Faultier, Klippschliefer, Gürteltier, Stachelschwein) zu einer Serie gemischt, die der Klasse mit der Aufgabe vorgeführt wird, etwas über die Lebensweise der gezeigten Arten auszusagen, auch wenn sie dem Namen nach unbekannt sind. Bei vielen Tieren werden die Schüler „passen“, die Vertreter der „Schaufelgräber“ müssen sie aber sofort herausfinden und in wesentlichen Merkmalen beschreiben können. Damit wird zugleich eine Erfolgskontrolle durchgeführt.
Das Lichtbild einer Großzikadenlarve und der Wanze Scaptocoris am Ende der Dia-Serie (s. Abb. I, 4-2) fordert die Schüler erneut zu einer Deutung der Lebensweise dieser Tiere heraus, insbesondere bei der Wanze, deren Vorderbeine ja anders als bei den Kleinsäugern und der Werre eingesetzt werden.

4.4 Vorschläge zur Unterrichtsgestaltung am Beispiel „Hund und Katze – Hetzjäger und Schleichjäger“

Didaktische Überlegungen und Unterrichtsprozeß

Auf Sachinformationen zum Thema „Hund und Katze – Hetzjäger und Schleichjäger“ kann wegen der ausführlichen Darstellung in den Schulbüchern hier verzichtet werden.
Da die Schüler mit beiden Tieren sehr vertraut sind, handelt es sich hier um eines der einfachsten Beispiele, in die Lebensformtypen einzuführen. Es wird jedoch vorgeschlagen, Hund und Katze als Vertreter verschiedener Lebensformtypen erst nach der Behandlung der „Schaufelgräber“ in den Unterricht einzubeziehen: Unter dem Aspekt des – für die Schüler neuartigen – Themas „Lebensformtypen“ werden die aus Klassenstufe 5 bekannten Haustiere Hund und Katze für die Schüler erst recht wieder interessant. Es ist aber auch sinnvoll, diese Einheit im Rahmen der Erstbesprechung von Hund und Katze auf Klassenstufe 5 zu behandeln (vgl. *Kuhn, W.*, 1975a) oder auch – propädeutisch im Hinblick auf das Thema „Lebensformtypen“ – im Anschluß daran.
Um die bereits vorhandenen Kenntnisse der Schüler und ihre Erfahrungen mit beiden Haustieren unterrichtlich zu nutzen, wird auch beim vorliegenden Thema ein paralleles Vorgehen empfohlen, das sich aber – um dem Lernziel gerecht zu werden – streng an die Merkmale und Verhaltensweisen beider Tiere in bezug auf deren Jagdmethoden hält; sonst gerät der Unterricht diffus. Im Falle des Hundes wird man mitunter den Wolf in die Betrachtung einschließen.
Bilder, Dias, Filme zu diesem Thema (s. „Medien“) stehen in genügender Auswahl zur Verfügung. Die Verwendung von Stopfpräparaten ist bei den Kenntnissen der Schüler und ihren Erfahrungen im Umgang mit den Tieren eher problematisch, im übrigen auch überflüssig. Vorsicht beim Einsatz lebender Tiere, die im gefüllten Klassenraum oft anders reagieren als in gewohnter Umgebung!
Der Unterricht zu diesem Thema verläuft erfahrungsgemäß sehr lebhaft, so daß dem Lehrer hierbei im wesentlichen eine ordnende Funktion zukommt. Ganz gleich, welchen Verlauf der Unterricht im

Einzelfall nimmt, am Ende der Stunde sollte sich eine prägnante Zusammenfassung – als Tafelbild und als Niederschrift ins Heft – ergeben (s. Tab. I, 4-3).

Tab. I,4-3: Vergleich: Hund und Katze

Hund	Katze
Hörbares Tapsen der bekrallten Pfoten auf dem Boden: Krallen nicht einziehbar.	Lautloses, sehr geschmeidiges und der Umwelt angepaßtes Laufen: Krallen einziehbar.
Vierbeinige Spur.	Setzt beim Lauf Fuß für Fuß in einer Linie voreinander: „schnüren" (weil die Trittsiegel wie an einer Schnur aufgereiht erscheinen).
Große Polster an den Zehenballen, langes Laufbein des Zehengängers: guter, ausdauernder Läufer.	Nur kleine Polster an den Zehenballen; Hinterbeine als Sprungbein ausgebildet (Fersenbein und Mittelfußknochen verlängert); „Katzenbuckel".
Tütenförmige Ohren: gutes Gehör. Jagd tagsüber und nachts.	Tütenförmige Ohrmuscheln: gutes Gehör; „Katzenaugen", Schnurhaare: Jagd meist in der Dämmerung.
Ursprünglich Rudeljäger (Wolf).	Einzeljäger.
Hetzt die Beute laut bellend, packt sie im Lauf; lange Schnauze.	Schleicht sich langsam an die Beute heran, lauert geduldig; überwältigt die Beute im Sprung mit scharfen Krallen und Gebiß; stumpfe Schnauze.
Frißt hastig, schlingt.	Frißt langsam.
Lebensformtyp „Hetzjäger"	*Lebensformtyp „Schleichjäger"*

Nach der vergleichenden Betrachtung von Hund (Wolf) und Katze wird das Thema durch Einbeziehung weiterer Vertreter von Hetz- und Schleichjägern ergänzt. Geeignete Beispiele für Hetzjäger sind außer dem Wolf der Hyänenhund und Raubwale, für Schleichjäger die Wildkatze, Kröten, Feuersalamander und andere Lurche, Chamäleon, Seepferdchen und Schützenfisch („Spuckfisch"). Wolf, Hyänenhund und Raubwale sind „soziale Hetzjäger"; hierauf im Unterricht einzugehen, lohnt sich immer. Bei der Vorstellung der genannten Arten müssen zum besseren Verständnis Dias oder Filme, evtl. nur in Ausschnitten, gezeigt werden (s. „Medien").
Zur Vertiefung des Themas erarbeiten die Schüler zu Hause anhand von Berichten über den Beuteerwerb bei Löwen (vgl. z.B. *Grzimek* 1979) Antworten auf die Fragen „Ist der Löwe ein Hetz- oder ein Schleichjäger?" und „Ist er ein sozialer Jäger?" Sie sollen ihre Antworten begründen.

4.5 Vorschläge zur Unterrichtsgestaltung am Beispiel „Lebensformtypen bei Fischen"

4.5.1 Didaktische Überlegungen

Die Betrachtung verschiedener Lebensformtypen bei Fischen ermöglicht es, die große Mannigfaltigkeit dieser Wirbeltierklasse in ein Ordnungsgefüge zu bringen, das auch den jungen Schülern verständlich ist und ihnen hilft, bei allen Details dennoch den Überblick nicht zu verlieren. Besonders

gut eignen sich die Lebensformtypen nach den Kriterien der Fortbewegung und der Ernährung, weil die Schüler hier von der Anschauung ausgehen und den Rückschluß vom Körperbau auf die Lebensweise „mit gesundem Menschenverstand“ bewältigen können. Ziel des Unterrichts ist dabei nicht, die Fülle der Lebensformtypen vor den Schülern auszubreiten; vielmehr ist allein wichtig, die Schüler in die Lage zu versetzen, von einem ihnen bis dahin unbekannten Fisch zu vermuten, wie er lebt: am Boden, im freien Wasser, in der Tiefsee oder an der Wasseroberfläche, als Räuber oder als Friedfisch, als Jäger, Angler, Schlammwühler, Korallenknacker usw.
Im Mittelpunkt dieser Unterrichtseinheit steht der Lebensformtyp der „Schnellschwimmer“. Das hat mehrere Gründe: Das Element Wasser kennt der Schüler gut aus eigener Erfahrung; Auftrieb und Wasserwiderstand hat er oft am eigenen Leib erfahren. Die strömungsgünstige Spindelform ist ihm aus der Technik als „Stromlinienform“ bekannt (U-Boot, Düsenflugzeug, moderne Lokomotiven, Autos u.a.) und reizt ihn als Untersuchungsobjekt. Denn dieses Thema läßt sich auf der Grundlage einiger einfacher Versuche erarbeiten und erlebnishaft im Gedächtnis verankern. Auch ein Vergleich der Schwimmleistungen verschiedener Fischarten mit sportlichen Rekorden ist möglich.

Unterrichtsziele:

Die Schüler sollen
- kennzeichnende Merkmale der „Schnellschwimmer“ angeben und Arten nennen können, die diesem Lebensformtyp angehören;
- in der Lage sein, charakteristische Merkmale auch bei ihnen nicht bekannten Fischen festzustellen und daraus auf deren Zugehörigkeit zu Lebensformtypen der Fortbewegung und des Nahrungserwerbs zu schließen sowie das Ergebnis ihrer Überlegung zu begründen und diesen Lebensformtypen bekannte Arten als Beispiele zuzuordnen.

4.5.2 Unterrichtsprozeß

(1) Das Thema „Fortbewegung im Wasser“ bedarf keines speziellen Einstiegs: Ein Dia oder ein kurzes Filmstück badender Kinder oder mit Schwimmflossen versehener Taucher bietet den jungen Schülern Anregung genug.
Von Anfang an sollten schwimmende Fische betrachtet werden: Beobachtung von Fischen im Schulaquarium, Besuch eines Zoo-Aquariums oder Betrachtung von Filmausschnitten (z.B. „Die Bachforelle“). Insbesondere sollten die beiden Filme „Fische – Fortbewegung durch Schwimmen“ und „Fische – verschiedene Schwimmtypen“ (FWU 32 3485 und 32 3486) in den Unterricht einbezogen werden. Der erstgenannte Film stellt die Forelle als Schnellschwimmer der Karausche als „Langsamschwimmer“ stehender Gewässer gegenüber und erläutert außerdem technische Aspekte des Schwimmens. Die Dia-Reihe „Fische – Körperform und Bewegung“ (FWU 10 2870) zeigt exemplarisch typische „Fischgestalten“. Abbildungen verschiedener Meeresfische finden sich auf einer Bildtafel im Themenheft „Meer“ von „Unterricht Biologie“ (vgl. *Dietrich* 1980a).
(2) Fische schwimmen offenbar „ohne Anstrengung“. Um den Schülern die trotz dieser Beobachtung vorhandene Problematik der Fortbewegung im Wasser klarzumachen, fordert der Lehrer sie auf, ihre eigenen Erfahrungen beim Baden vorzutragen. Im Unterrichtsgespräch kann der Lehrer durch gezielte Fragen die Schüler zu präziseren Aussagen bringen, ohne dabei ihren Erfahrungsbereich zu verlassen, z.B.: „Ist Bewegung im Wasser leichter oder schwerer als in der Luft?“ „Was geschieht, wenn man in vollem Lauf ins Wasser rennt? Warum?“ „Was empfindet man beim Aufrichten aus dem Wasser (oder beim Aufstehen in der Badewanne)?“ „Warum kann man unter Wasser nicht in die Hände klatschen?“ Die zusammen mit diesen und ähnlichen Fragen aufgeworfenen Probleme werden mit doppeltem Ziel erörtert und mit Hilfe von Versuchen gelöst:

- Klärung des scheinbaren Gewichtsverlustes im Wasser: Auftrieb;
- der große Widerstand von Wasser gegen schnelle Bewegungen.

Zum Auftrieb können einfache Experimente ausgeführt werden, entweder als Demonstrationsversuch des Lehrers oder in Gruppenarbeit der Schüler. Anleitungen dazu finden sich in jedem Physik-Schulbuch („Archimedisches Prinzip"). Die Schüler wissen ohnehin: Wasser macht leicht! Daß schnelle Bewegungen unter Wasser viel Energie kosten, hat jeder selbst erfahren. Der Unterschied zwischen komprimierbarer Luft und nicht zusammendrückbarem Wasser wird veranschaulicht im Vergleich eines „Bauchklatschers" aufs Wasser und auf eine federnde Luftmatratze.
(3) Die Schüler sind nun darauf vorbereitet, die Körperform schnellschwimmender Fische zu studieren. Sofern der Besuch eines Zoo-Aquariums nicht möglich ist, müssen hier Filmausschnitte eingesetzt werden (z.B. FWU 32 3485, 32 2747, 30 0655, IWF E 155; s. „Medien"). Dazu werden die Höchstgeschwindigkeiten einiger Fische zunächst von den Schülern geschätzt, dann vom Lehrer genannt (s. Tab. I, 4-4). Hierzu werden folgende Aufgaben gestellt: Berechne die Geschwindigkeit eines Brust- und eines Kraulschwimmers! (Weltrekorde 100 m Brust etwa 1 Minute, 100 m Kraul etwa 50 Sekunden). Vergleiche mit der Geschwindigkeit schnellschwimmender Fische! Warum hinkt der Vergleich? (Fische als Wassertiere, Mensch als Landbewohner: Körperform, Extremitäten zur Fortbewegung, bei Fischen Schwanzschlag; Atmung. Instruktiv ist eine Umrechnung der Geschwindigkeit von km/h in Körperlängen/Sekunde).

Tab I,4-4: Kurzzeitige Höchstgeschwindigkeiten einiger Fische im Vergleich mit Walen und dem Eselspinguin

Art	Geschwindigkeit (km/Std.)
Barsch	4
Zander	7
Hecht	8
Aal	12
Lachs, Forelle	25
Barrakuda	44
Thunfisch	75
Hai, Marlin, Schwertfisch	70–90
Blauwal	30
Delphin	45
Finnwal	55
Schwertwal	65
Eselspinguin (unter Wasser)	36

Als Objekte zur genauen Betrachtung eines schnellschwimmenden Fisches eignen sich Makrelen. (Eine Präparation ist nicht erforderlich, kann aber vom Lehrer – auch auf Wunsch der Schüler – durchgeführt werden). Die Schüler werden aufgefordert, in Gruppenarbeit (etwa 4 bis 6 Schüler bekommen ein Tier) folgende Aufgaben zu bearbeiten:

- Fertige eine Umrißzeichnung der Makrele an, zeichne die Flossen, das Maul und die Augen ein! Benenne die Flossen, beschrifte deine Zeichnung!
- Beschreibe die Form des Fisches!
- Woraus besteht der Schwanz? (Hierzu schneidet der Lehrer einen Fisch mit dem Messer quer durch.) Wo mündet der Darm nach außen?

Die Schüler erkennen, daß der muskulöse Schwanz für den Antrieb sorgt und – im Zusammenhang damit – daß die inneren Organe nach vorn verschoben sind. Noch gründlicher läßt sich die Fortbewegung der Fische, insbesondere durch Schwanzschlag, mit den von *Schwarzenbach* 1981 vorgeschlagenen Untersuchungen mit Stroboskop und Fischrad zeigen.

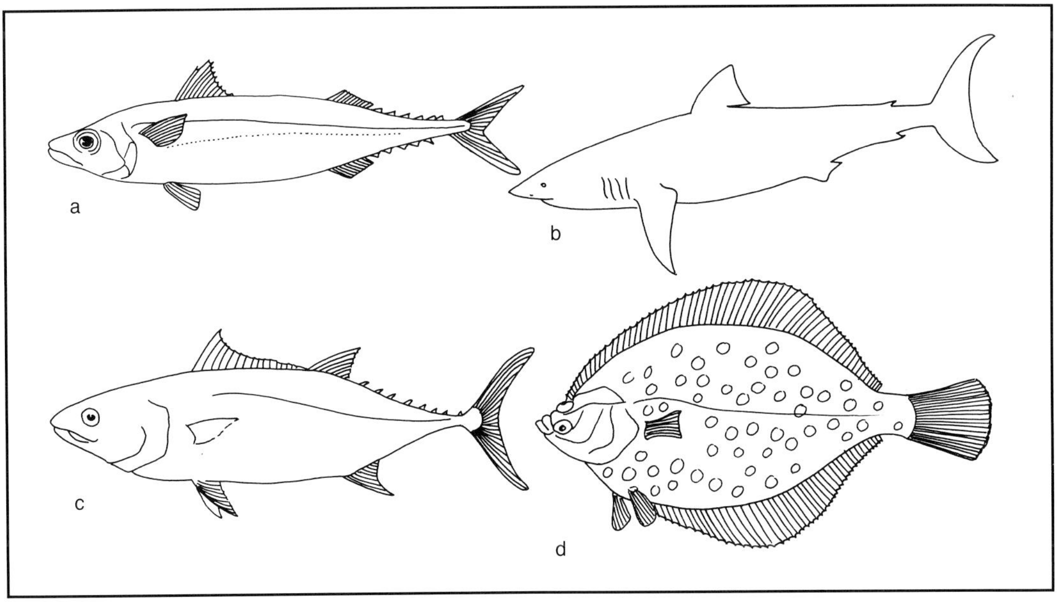

Abb. I, 4-6: Umrißzeichnungen von a) Makrele, b) Hai, c) Thunfisch und d) Scholle, alle etwa auf gleiche Größe gebracht (nach *Klausewitz* 1965)

Weitere Aufgaben dienen der Erarbeitung der Stromlinienform (Spindelform):

- Zeichne unter die Skizze der Makrele die Umrisse eines Hais oder eines Thunfisches sowie einer Scholle (nach Bildvorlagen und/oder Dias; s. Abb. I, 4.6). Der Lehrer kann hier auch eine Scholle als Demonstrationsobjekt zum Vergleich mit der Makrele in den Unterricht mitbringen: Welche Flossen sind bei der Scholle erkennbar? Benenne sie! Welche Körperform hat dieser Fisch? Zeichne sie! Wo lebt die Makrele, wo die Scholle? Dazu werden folgende Fragen gestellt: Welcher der beiden Fische kann vermutlich schneller schwimmen? Warum?
- Warum nennen wir manche Autos „schnittig"? (Vergleiche z.B. die Karosserie eines Citroën mit einem Hai!).
- Wie überwinden Fische den Wasserwiderstand? (Messerförmiger Körper, der „durchs Wasser schlüpft").

(4) Um die Spindelform als bestgeeignete Körperform schnellschwimmender Fische zu demonstrieren, lassen sich folgende Versuche durchführen (vgl. *Haider* 1966; *Windelband* 1968; *Schwoerbel* 1976; sonst Film FWU 32 3485).

- 3 Portionen gleicher Masse (Gewicht) aus Kerzenwachs werden zu einem Quader, einer Walze und einer Spindel geformt (s. Abb. I, 4-8a, S. 84) und aus jeweils gleicher Höhe in ein wassergefülltes Glasbecken fallengelassen. Am tiefsten dringt der spindelförmige Körper ein.
- Eleganter läßt sich der Versuch mit einer Wellenwanne (aus der physikalischen Lehrmittelsammlung der Schule) ausführen. An der Stirnseite der drei Körper wird je eine dünne Schnur befestigt, die über eine Rolle (Rad) am Ende der Wanne bodenwärts geführt und mit jeweils gleich großen Gewichten beschwert wird: Die Spindel wird am schnellsten durch das Wasser gezogen!
- Läßt man über einen Trichter von oben auf die Stirnseite der drei Körper Wasser fließen (das in einem Becherglas aufgefangen wird), so können die Schüler aufgrund des spritzenden Wassers Vermutungen über die „Schlüpfrigkeit" der drei Körper anstellen (s. Abb. I, 4-8b, S. 84).

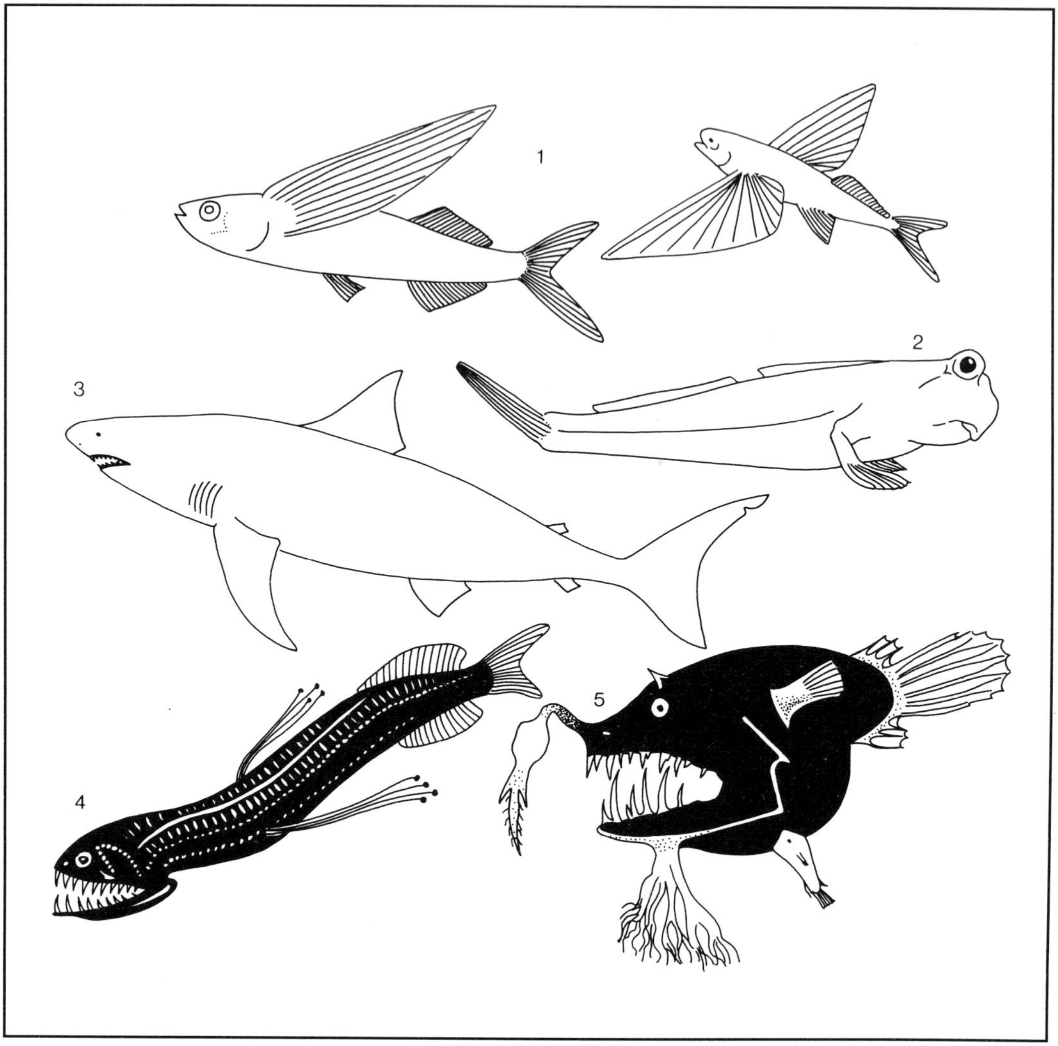

Abb. I, 4-7: Arbeitsblatt zu „Lebensformtypen bei Fischen" Aufgabe: Beschreibe die Schwimm- und/oder die Ernährungsweise und – wenn möglich – auch den Lebensraum der abgebildeten Fische!

1 Der spindelförmige Körper weist auf den guten Schwimmer hin. Was bedeuten die großen Brustflossen? Der Fisch kann das Wasser verlassen und segeln! Es ist ein fliegender Fisch. Der untere Teil der Schwanzflosse ist länger als der obere: Wenn der Fisch die Wasseroberfläche bereits durchstoßen hat, gewinnt er noch mehr Fahrt, indem er mit dem verlängerten unteren Teil der Schwanzflosse das Wasser peitscht. – Länge bis zu 45 cm.

2 Der Fisch läuft mit Hilfe der beinförmigen Brustflossen, wobei er sich auf die in der Mitte verwachsenen Bauchflossen und auf die Schwanzflosse stützt. Die Augen sitzen an den höchsten Stellen des Kopfes – „Ausguck"; auch beim Schwimmen wird der Kopf über Wasser gehalten. Dieser Fisch lebt im Mangrovewald-Gürtel der Erde, wo er auf dem Schlick, auf Wurzeln, Zweigen und Ästen herumklettert und kleine Krebstiere fängt; er lebt also an Land. Mit Hilfe des Hinterkörpers kann sich der Fisch vom Untergrund abschnellen und weite Sprünge ausführen. Er heißt Schlammspringer. – Länge 10 bis 12 cm.

3 Hai. Das Gebiß verrät den Räuber, die Körperform den schnellen Schwimmer.

4 Dunkle Färbung und Leuchtflecken: Tiefseefisch! Gebiß: Räuber! Körperform: Schnell schwimmendes Tier!

5 Färbung und Leuchtflecken: Tiefseefisch! Gebiß: Räuber! „Angel" mit Leuchtköder: Angler, d.h. der Fisch lauert auf Beute und schwimmt nur wenig. Auf der Bauchseite hat sich das viel kleinere Männchen festgebissen. Das Weibchen ist faustgroß.

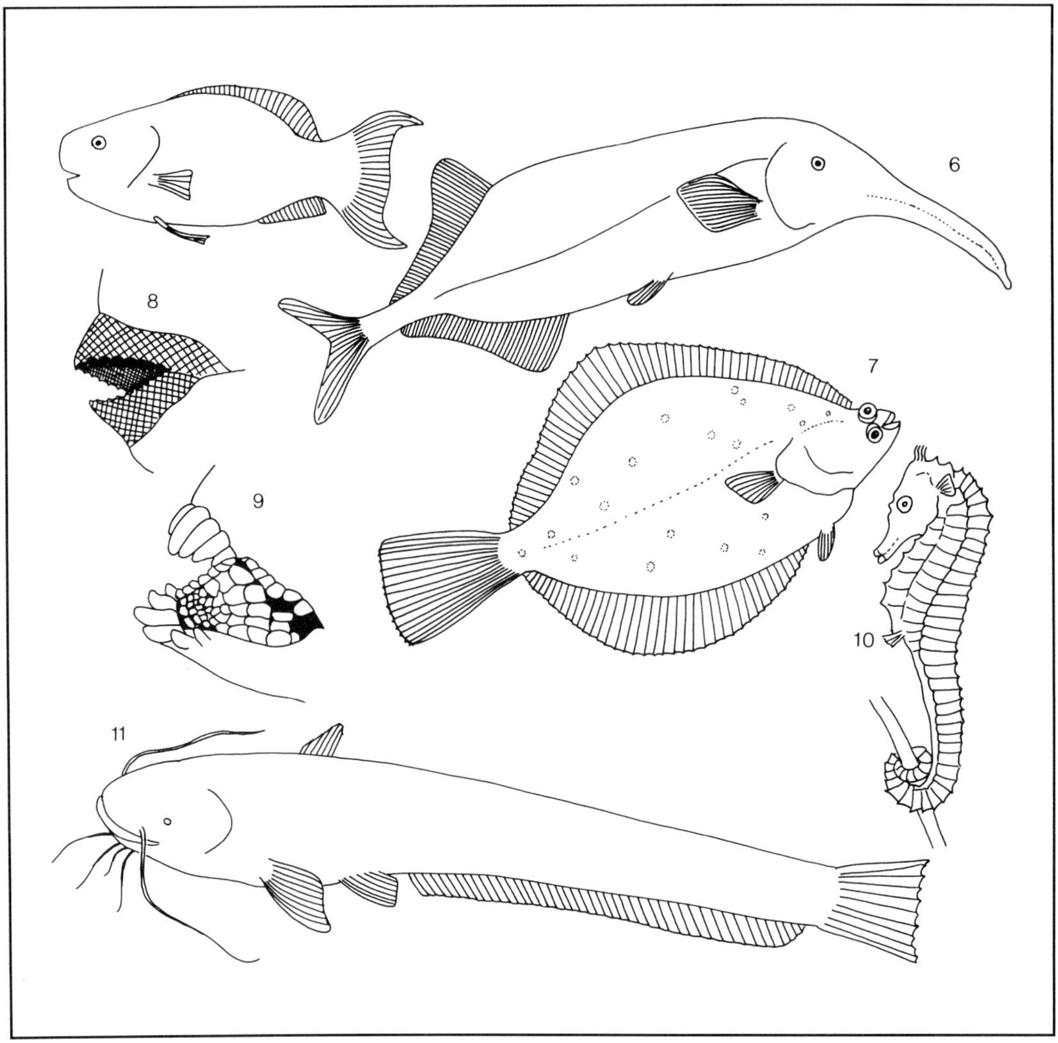

6 Elefantenfisch aus afrikanischen Flüssen. Der Kopf ist rüsselartig verlängert: Kein Räuber! Der Fisch sucht sich die Nahrung auf dem Grund und saugt sie mit dem Atemwasser ein: „Pipettierer". – 10 cm lang.

7 Die Scholle, ein platter Fisch: Bodentier, kein guter Schwimmer. Kräftiges Gebiß; frißt Krebstiere, Muscheln, Schnecken.

8 Papageienfisch: Bunt und mit Schnabel (im Bild links darunter), d.h. die vorderen Zahnreihen oben und unten sind zu scharfen Platten verwachsen, mit deren Hilfe die Fische Pflanzenteile oder Korallenbäumchen abpflücken, die dann von den derben hinteren Schlundzähnen zermalmt werden, die am Gaumen und im Unterkiefer straßenpflasterähnliche Platten bilden.

9 Der Seewolf oder Steinbeißer (im Bild nur das Gebiß) ernährt sich von Muscheln und Schnecken, auch von Korallen.

10 Seepferdchen: Körperform und die winzigen Flossen verraten den schlechten Schwimmer („Propellerschwimmer"); dazu paßt der Wickelschwanz, mit dem sich die Fische an Pflanzenstengeln festhalten. Röhrenförmiges Maul: Pipettierer, der sich von Kleinkrebsen ernährt. Brutpflege.

11 Barteln und kleine Augen: Der Fisch verläßt sich weniger auf seine Augen, mehr aufs Tasten und Schmekken. Dunkle Farbe und breite Kopfform weisen hin auf einen Fisch, der am Grund, im Schlamm des Süßwassers lebt. Das Gebiß dient dem Festhalten und Zerkleinern der Beutetiere: Der Wels ist ein Räuber, der Insektenlarven, Muscheln und Schnecken frißt, auch andere Fische verfolgt.

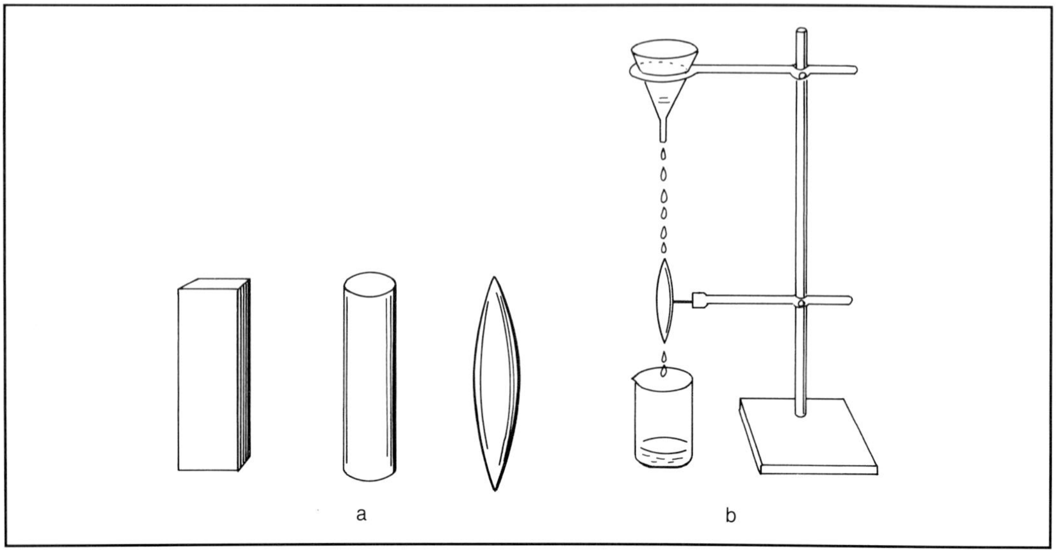

Abb. I, 4-8: a) Quader, Walze und Spindel als Modellkörper. b) Die Modellkörper werden an einem Stativ befestigt. Durch einen Trichter mit enger Öffnung wird gezielt Wasser darauf geleitet (nach *Schwoerbel/Sauerland/Rodi* 1970, 55)

– Um die Wirbelbildung zu zeigen, zieht man scheibenförmige, in Quadrat-, Rechteck-, Kreis- und Spindelform geschnittene Werkstücke aus Holz durch eine wassergefüllte Wellenwanne, wobei die Wasseroberfläche mit Schwefel- oder Kreidepulver, Korkmehl, Bärlappsporen oder anderem Material bestreut wird. Sehr gut ist das Hinzufügen kleiner $KMnO_4$-Kristalle. (An manchen Schulen ist in der Physikabteilung ein „Pohlsches Stromfadengerät" vorhanden, mit dem dieses Experiment noch besser ausgeführt werden kann).

(5) Ist die Stromlinienform erst einmal erarbeitet, ergibt sich die Frage nach dem Antrieb der Fische. Dazu werden Filme gezeigt. Geeignet sind „Fische – Fortbewegung durch Schwimmen" (FWU 32 3485) und „Die Bachforelle" (FWU 32 2747). Brauchbar ist die Darstellung der Haie in „Tierleben im Korallenriff" (FWU 30 0655). Empfehlenswert sind auch Filme des IWF, z.B. „Dornhai" (E 166).
Die Schüler kennen bereits die Muskulatur des Schwanzes. Die Funktion der Schwanzflosse verdeutlicht ihnen der Vergleich mit einem Boot, das mit einem einzigen Ruder durch „Wricken" vom Heck aus fortbewegt wird. Eine geeignete, vom Lehrer aus vorhandenen Dia-Reihen (s. „Medien") zusammengestellte Dia-Auswahl mit schnellschwimmenden Fischen bringt die Schüler auf die „Halbmondform" der Schwanzflosse. Es hängt vom technischen Verständnis der Klasse ab, wie weit der Lehrer jetzt noch auf die Rückenflossen als Stabilisatoren und die mehr oder weniger flache messerförmige Ausbildung des Fischkörpers eingeht (s. Abb. I, 4-4).
(6) Wesentlich ist, um den Begriff „Lebensformtyp" ins Auge zu fassen, im nächsten Unterrichtsschritt auf andere Schnellschwimmer überzugehen: Gibt es Tiere, die schnell schwimmen können, obwohl sie keine Fische sind? Der Delphin ist eventuell schon früher im Unterrichtsgespräch berücksichtigt worden; verschiedene Robbenarten und andere Säuger werden jetzt genannt, z.B. Ottern („Seeottern", Film FWU 32 2144). Sie alle besitzen einen spindelförmigen Körper. Ein Bild unter Wasser schwimmender Pinguine (s. Abb. I, 4-3d; auch Film FWU 36 0519, letzter Teil) führt den Unterricht weiter. Das Dia eines Fischsauriers (s. „Medien") kommentiert der Lehrer mit der Feststellung, daß dieses Tier längst ausgestorben ist, man aber dennoch weiß, ob es schnell oder nur langsam schwimmen konnte. Die Schüler nennen hierzu kennzeichnende Merkmale und begründen

ihre Aussagen. In einer Zusammenfassung wird der Lebensformtyp der „Schnellschwimmer“ herausgearbeitet.
Der Übergang zu anderen Lebensformtypen der Fortbewegung bei Fischen kann durch gezielte Beobachtungsaufgaben angestrebt werden, die die Schüler beim Studium der verschiedenen Fischarten im Schulaquarium, beim Besuch eines Zoo-Aquariums oder auch bei der Vorführung geeigneter Filme lösen (z.B. FWU 32 3486 „Fische – verschiedene Schwimmtypen“, 36 0271, 1. Teil, „Seepferdchen“, IWF E 524 „Aal“, E 61 „Feilenfisch“, E 170 „Knurrhahn“; dazu FWU 36 0585 „Fortbewegung Sepia“). Dias sind hier weniger geeignet, weil sie keine Bewegungsfolgen zeigen.
Der Lehrer kann das Interesse der Schüler wecken, wenn er im Anschluß an die „Schnellschwimmer“ eine selbst zusammengestellte Dia-Serie zeigt, die außer Vertretern dieses Lebensformtyps auch Fische mit anderen Schwimmweisen umfaßt, z.B. Korallenfische, Seepferdchen, Aal. Durch dieses Verfahren wird einmal eine Lernerfolgskontrolle erreicht und zum anderen der Blick der Schüler auf die weiteren Lebensformtypen der Fortbewegung bei Fischen gelenkt. Unter Verwendung geeigneter Anschauungsmaterialien, wozu auch konservierte und getrocknete Fischpräparate gehören, gelingt es, weitere Lebensformtypen entsprechend der Sachanalyse mit den Schülern zu erarbeiten.
(7) Will man in einem folgenden Unterrichtsabschnitt die Fische nach den Lebensformen des Nahrungserwerbs gliedern, kann man vom Begriffspaar „Jäger und Gejagte“ bei Säugetieren ausgehen („Räuber“/„Greifsäuger“ und Beute; Fleisch- und Pflanzenfresser) und untersuchen, ob diese Grenzziehung auch für Fische gilt. Präparate, Bilder oder Dias (FWU 10 2243) mit typischen Vertretern der Fried- und Raubfische, besonders die Betrachtung von deren Gebissen, aber auch der Körperform und der Flossen, bringen die Schüler auf die richtige Spur. Von hier aus lassen sich die verschiedenen Lebensformtypen gemäß der Sachanalyse erarbeiten.
(8) Ganz gleich, ob die Fische im Unterricht nach den Lebensformtypen der Fortbewegung oder der Ernährung oder nach beiden Kriterien behandelt worden sind, die Schüler beschäftigen sich gern und eifrig mit einem Arbeitsblatt nach Art der Abbildung I, 4-7.
Zur Lösung der Aufgaben dürfen die Schüler ihre Hefteintragungen hinzuziehen. Aus psychologischen Gründen soll dieses Arbeitsblatt außer Arten, die den Schülern noch unbekannt sind, auch Fische zeigen, mit denen sie vertraut sind. Die Aufgabe eignet sich sowohl als Hausaufgabe wie als Klassenarbeit mit einem hohen Anteil an Transfer.

4.6 Vorschläge zur Unterrichtsgestaltung am Beispiel „Eulen und Greife“

4.6.1 Didaktische Überlegungen

Das Thema „Eulen und Greife“ ist geeignet, auch junge Schüler mit dem Vorgang der „Einnischung“ bekannt zu machen. Dabei ist durchaus nicht nötig, den Begriff selbst zur Sprache zu bringen; das kann einer gründlicheren Behandlung im Rahmen der Einheit „Ökologie“ auf einer höheren Klassenstufe vorbehalten bleiben. Über Formulierungen wie „Tiere nutzen den Lebensraum auf vielerlei Weise“ oder „Wie Tiere sich aus dem Weg gehen“ werden die Schüler mit den wesentlichen Kennzeichen der Einnischung bzw. „Nische“ vertraut. Außerdem werden hierbei weitere Lebensformen herausgearbeitet und damit die Grundlagen zu einer Ordnung der Greife nach Lebensformtypen geschaffen.
Doch ist ratsam, mit dieser Unterrichtseinheit erst zu beginnen, nachdem einige der hier interessierenden Vogelarten in Form einfacher Monografien behandelt worden sind (vgl. *Hahn* 1979; *Steen* 1980; *Wessel* 1981).

Art	Größe	Lebensraum	Jagdweise und Beute
Mäusebussard	50–55 cm, 900–1000 g, „plump"	Wald, offenes Gelände, Kultursteppe	Gleitstoßgreifer; Kleinsäuger (Mäuse, Maulwürfe), Frösche, Eidechsen, Jungvögel, Insekten u.a.
Habicht	50 cm, ♂ 550–750 g, 55–60 cm, ♀ 1100–1200 g, „schlank"	Wald, offenes Gelände, Kultursteppe	Pirsch- und Startfluggreifer; Vögel bis Fasanengröße, Säuger bis Hasengröße
Sperber	28–38 cm, ♂ 140 g, ♀ 240 g	Halboffenes Gelände, Nadelholz	Pirsch- und Startfluggreifer; Kleinvögel bis zur Größe des Eichelhähers
Wespenbussard	50–58 cm, 750–900 g	Lichte Waldungen, Feldgehölze	Wespen, Hummeln und andere Insekten; Regenwürmer, Frösche, Eidechsen; Beeren
Fischadler	50–58 cm, 1500 g	An Seen	Späh- und Stoßfluggreifer; Fische
Roter Milan	60–65 cm, 1000–1100 g	Abwechslungsreiche Landschaft mit Gewässern; Abfallplätze	Gleitfluggreifer; Kleinsäuger, Frösche, Eidechsen; Aas. Belästigt andere Greifer, so daß sie ihre Beute fahren lassen und der Milan sie übernimmt
Seeadler	70–90 cm, ♂ 3700 g, ♀ 5000–6000 g	An Seen	Spähflug- und Gleitfluggreifer; Wasservögel, Fische, Ratten, Hasen; Aas
Steinadler	76–88 cm, ♂ 3500 g, ♀ 4500 g	Gebirgslandschaft	Spähflug- und Gleitstoßgreifer; Säuger bis zur Größe von Junggemsen (Murmeltiere, Kaninchen, Jungfüchse)
Wanderfalk	40–48 cm, ♂ 600 g, ♀ 900 g	Offenes Gelände, Wald; Felswände, Stadt	Späh- und Stoßfluggreifer; Flugjagd; schlägt fliegende Beute: Vögel bis Fasanengröße
Baumfalk	♂ 30 cm, 180 g, ♀ 35 cm, 300 g	Abwechslungsreiche Landschaft	Flugjagd auf Insekten (Libellen, Käfer) und kleine Vögel
Turmfalk	33 cm, 200–240 g	Überall, auch in Städten	Rüttelnder Späh- und Stoßfluggreifer; Feldmäuse (85% der Beute) und andere Kleinsäuger; Eidechsen; Insekten

Tab. I,4-5: Übersicht über einheimische Greifvögel

Unter den Kriterien des Standorts, der Körpergröße, der Beute und des Jagdverhaltens werden sodann die verschiedenen Nischen der einzelnen Arten gekennzeichnet sowie – speziell unter dem Gesichtspunkt ihres Jagdverhaltens – die Arten bestimmten Lebensformtypen zugeordnet.
Es empfiehlt sich, zunächst jeweils zwei Arten miteinander zu vergleichen und dann erst eine dritte oder vierte Art anzuschließen. Zur Information über die grundlegenden Sachverhalte dient Tabelle I, 4-5; sie soll den Schülern aber keineswegs zu Beginn der Einheit vorgelegt, vielmehr im Verlauf des Unterrichts durch den Vergleich verschiedener Arten erarbeitet werden. Als Beispiele können folgende Vergleichsreihen behandelt werden:

Mäusebussard ⟷	Habicht	Seeadler ⟷	Steinadler
↕	↕		
Wespenbussard	Sperber	Wanderfalke ⟷	Baumfalke
↕			↕
Fischadler			Turmfalke
↕			
Roter Milan			

Werden zum Schluß die einzelnen Greifarten noch einmal nach den vier Kriterien betrachtet, so ist für die Schüler sehr deutlich, daß sie zwar jeweils einzelne Kennzeichen gemeinsam haben, sich jedoch in anderen voneinander unterscheiden: Jede Art hat ihr eigenes, spezifisches Kombinat von Merkmalen. Damit haben die Schüler bereits grundlegende Einsichten in jenen Sachverhalt gewonnen, der mit den Fachausdrücken „Nische" bzw. „Einnischung" bezeichnet wird.

Unterrichtsziele:

Die Schüler sollen
- die Umwelten einzelner Greifvogelarten beschreiben können;
- einige Greifvogelarten nach ihrem Jagdverhalten bestimmten Lebensformtypen zuordnen können;
- erkennen, daß das Leben verschiedener Greifvogelarten in unterschiedlichen Umwelten innerhalb eines größeren Lebensraumes zwischenartliche Konkurrenz mindert und ihnen eine optimale Nutzung des ökologischen Angebots dieses Lebensraumes ermöglicht.

4.6.2 Unterrichtsprozeß

Die zu behandelnden Greifarten sollten als Stopfpräparate oder auf Wandtafeln ständig im Blick der Schüler sein. Dias müssen bereitstehen (FWU 10 2197 „Einheimische Greifvögel", FWU 10 4292 „Flugbilder einheimischer Greifvögel") und – wenn es um Bewegungsfolgen geht – Filme, von denen vorwiegend Ausschnitte gezeigt werden (FWU 36 0293 oder 32 2349 Mäusebussard, 32 5929 „Sperber und Habicht", 30 0374 „Raubvögel der Heimat", 30 0499 Steinadler, 32 4904 „Jagd mit Greifvögeln").

(1) Ein Tisch mit ausgestopften Greifen und einer oder zwei Eulen erregt sofort das Interesse der Schüler. Sie wissen: Alle aufgestellten Vögel sind „Jäger", Räuber. Der Lehrer weist darauf hin, daß die meisten von ihnen aus derselben Gegend (z.B. aus der Umgebung des Schulorts) stammen, und fragt die Schüler nach der Nahrung der Tiere.

Meist stoßen die Schüler jetzt von sich aus auf das zentrale Problem der Konkurrenz – sonst muß der Lehrer mit einer entsprechenden Frage nachhelfen. Die Erörterung und Lösung kann nun in verschiedenen Richtungen verlaufen. Vielleicht erkennt ein Schüler, daß sich Eulen und Greife über den Tag-Nacht-Wechsel „aus dem Weg gehen". Oder die Schüler bringen die unterschiedliche Größe der Vögel in die Diskussion ein: großer Jäger – große Beute, kleiner Jäger – kleine Beute (hierzu Film FWU 32 5929). Vielleicht gelingt einem Schüler auch der Einstieg über die Namen einiger Greife und damit über ihren Lebensraum. Möglicherweise wird mit der Art der Beute bereits die Jagdmethode einiger Greife angesprochen. Außerdem ergibt sich schnell, daß bei den Kriterien Körpergröße, Standort, Beute und Jagdweise „Überschneidungen" vorkommen.

(2) Um den Unterricht zu strukturieren, muß der Lehrer die Schüler zum Vergleichen anregen. Mäusebussard und Habicht erweisen sich zu Beginn als besonders günstig; denn ihre Ähnlichkeit

„auf den ersten Blick" löst sich bei genauerem Hinsehen in eine Reihe kennzeichnender Merkmale auf. Außerdem lassen sich die Unterschiede in der Ausbildung dieser Vögel in Beziehung setzen. Die Schüler tragen Kennzeichen zusammen, die sie bereits wissen oder jetzt entdecken, und vergleichen. Um auf die etwas schwierigen Jagdweisen zu kommen, lenkt der Lehrer die Aufmerksamkeit auf „Plumpheit" oder „Schlankheit" beider Arten; Filmausschnitte (FWU 36 0293 oder 32 2349 Mäusebussard, 32 5929 Abschnitte Habicht) helfen weiter. Auch der Vergleich der Flugbilder wird nun interessant, zumal wenn später immer mehr Arten in die Betrachtung einbezogen werden und die Sicherheit der Schüler beim Erkennen der Arten nach den Flugbildern in Schattenrißdarstellung mit Hilfe von Dias als Quiz eingeübt wird (FWU 10 4292; hierzu auch „Greifvogel-Mobile"; s. „Medien").
Unter der Voraussetzung, daß gute Bilder (z.B. Tafel 129 „Mitteleuropäische Vogelwelt", Kronen-Verlag, Hamburg) oder sogar ein Stopfpräparat vorhanden sind, kann jetzt der Wespenbussard in die Betrachtung einbezogen werden. Vom Namen dieses Vogels ausgehend, wird von den Schülern der „Speisezettel" dieses Greifs zusammengestellt; der Lehrer muß hierbei Wissen und Mutmaßungen der Schüler bestätigen oder korrigieren. Dann fordert er die Schüler auf, nach Merkmalen der Angepaßtheit an diese Ernährungsweise zu suchen. Dabei wird der Wespenbussard mit anderen Greifen (Mäusebussard, Habicht, Milan o.a.) verglichen; auf Krallen, Schnabelform, Nasenlöcher und Befiederung der Schnabel-Augen-Partie wird besonders geachtet. Die Ergebnisse lassen sich in einer Übersicht (s. Kasten I, 4-1) zusammenfassen. Den Grund, warum der Wespenbussard ein Zugvogel ist, können die Schüler bei Betrachtung des „Speisezettels" selbst finden.
(3) Da der Habicht nun bekannt ist, folgt der Vergleich Habicht – Sperber („die kleine Ausgabe des Habichts"). Grundlage hierzu bildet die Vorführung des Films FWU 32 5929 („Sperber und Habicht"). Dazu werden Stopfpräparate oder Bilder beider Arten aufgestellt, und die Schüler erhalten vorher den Auftrag, auf Merkmale, Standort und Jagdweise insbesondere des Sperbers zu achten. Beim ersten Zeigen des Films empfiehlt es sich, zeitweilig den Ton abzustellen; bei einer zweiten Vorführung kann der Film dann normal durchlaufen.
Das anschließende Unterrichtsgespräch führt über die Frage nach der möglichen Beute auf die Bedeutung der unterschiedlichen Körpergröße beider Vögel. Ein Vergleich Wanderfalke – Baumfalke (entsprechender Abschnitt im Film FWU 30 0374 und letzter Teil des Films 32 4904) festigt diese Erkenntnis; er kann auch zur Leistungskontrolle dienen.
(4) Die Kennzeichen der besprochenen Arten werden – durchgehend im Unterricht oder am Ende – in einer Tabelle (s. Tab. I, 4-5) zusammengefaßt. Sie bildet die Grundlage der abschließenden

Kasten I,4-1: Nahrung des Wespenbussards und Angepaßtheit an den Nahrungserwerb

Nahrung: Larven, Raupen, Vollinsekten, z.B. Heuschrecken;
Wespen, Hummeln;
seltener Frösche und Eidechsen.
Im Gewölle finden sich Wabenreste und Chitinteile.

Angepaßtheit:
- Krallen nicht so stark gekrümmt wie bei anderen Greifen, auch nicht dolchscharf, stumpfer: Die Krallen sind in erster Linie Kratz- und Grabwerkzeuge.
- Schmales, schlitzförmiges Nasenloch verhindert Eindringen von Fremdkörpern beim Graben.
- Schnabel schlanker als bei anderen Greifen: Gut geeignet, Larven aus den Waben herauszuholen.
- Zwischen Schnabelgrund und Augen kleine schuppenförmige Federn als Schutz gegen Insektenstiche. (Diese Stelle ist bei anderen Greifen nackt oder mit borstenförmigen Federn besetzt.)
- Zugvogel; Winterquartiere im tropischen und südlichen Afrika.

Betrachtung der einzelnen Greifarten nach den vier Kriterien Körpergröße, Standort, Beute und Jagdweise. Das letztgenannte Kriterium kann durch die Vorführung des Films FWU 32 4904 „Jagd mit Greifvögeln“ (Adler, Habicht, Wanderfalke) noch einmal veranschaulicht werden.

4.7 Vorschläge zur Unterrichtsgestaltung am Beispiel „Tiere im Watt“

4.7.1 Didaktische Überlegungen

Die Fülle der im Watt siedelnden Lebewesen legt eine Ordnung nach Lebensformtypen besonders nahe. Dabei geht es bei der unterrichtlichen Aufarbeitung nicht darum, jeden einzelnen Lebensformtyp zu benennen oder die verschiedenen Typen gar zu klassifizieren; es geht vielmehr um eine Darstellung der biologischen Mannigfaltigkeit eines bestimmten Standorts und deren Ordnung aufgrund der Lebensweise der hier vertretenen Arten. Die gelegentliche Benennung eines Lebensformtyps (z.B. „Stöberjäger“, „Strudler“) wird die Schüler nicht belasten. Richtziel ist auch hier wieder, die Schüler zu eigenständigem Erkennen biologischer Zusammenhänge zu führen. Es versteht sich, daß im Rahmen dieser Unterrichtseinheit auch das Thema „Nische“ bzw. „Einnischung“ wegen der sich bietenden guten Gelegenheit fortgesetzt und vertieft werden kann.
Voraussetzung für das Verständnis dieser Einheit ist die Kenntnis von Ebbe und Flut sowie des Begriffs „Tidenhub“. Das hierzu Nötige kann der Lehrer den Schülern auf einfache Weise klarmachen; wie weit er dabei auf die Ursache der Gezeiten eingeht, hängt vom Interesse und Auffassungsvermögen der Schüler ab. Auch das Watt in den beiden Ausprägungsformen des Sand- und des Felswatts sollten die Schüler vorher kennengelernt haben (vgl. *Dietrich* 1980a; *Grimm* 1988).
Für das unterrichtliche Vorgehen ergeben sich zwei Wege: entweder kurze Monografien derjenigen Lebewesen, die bestimmte Lebensformtypen besonders deutlich kennzeichnen, oder eine mehr synthetische Betrachtung, die von den speziellen Verhältnissen im Watt ausgeht und dann gezielt diejenigen Arten berücksichtigt, die die entsprechenden Merkmale der Angepaßtheit besonders gut zeigen. Dieser zweite Weg, bei dem das „abiotische Gerüst“ des Watts als Gliederungsschema des unterrichtlichen Vorgehens dient, ist der schwierigere, für den Erkenntnisprozeß der Schüler aber sicher auch der wertvollere und ertragreichere.
Dieser Weg wird auch im folgenden „Unterrichtsprozeß“ gewählt. Er schließt nicht aus, daß an geeigneter Stelle Kurzmonografien in den Unterricht eingebaut werden, um Schwierigkeiten und Möglichkeiten von Lebewesen in der Brandung anschaulich darzustellen. Sand- und Felswatt sollten im Unterricht nicht nacheinander, sondern parallel behandelt werden. Dann wird der Lernprozeß abwechslungsreicher und fesselnder.
Klassen der Küstenregion sind auf diese Unterrichtseinheit ungleich besser vorbereitet als die des Binnenlandes. Doch kennen heute viele Schüler Sand- und Felsküsten sowie deren Lebewesen von Aufenthalten in den Sommerferien. Es ist ein Erlebnis für alle Schüler, auch für die mit der Küste vertrauten, Pflanzen und Tiere (bzw. deren Reste als Schalen, Gehäuse, Panzer und andere Strukturen), die sie bisher mehr spielerisch zur Kenntnis genommen haben, im Unterricht als Bewohner eines schwierigen Lebensraums mit erstaunlichen Merkmalen der Angepaßtheit näher kennenzulernen. Viele Schüler bringen tierliches und pflanzliches „Strandgut“ aller Art mit in den Unterricht, wissen schon manches und wollen mehr darüber erfahren. In der Regel sind Muscheln und Schneckengehäuse in den Schulen in reicher Auswahl vorhanden, auch Präparate von Krebstieren. Bildmaterial in Form von Dias und Filmen (s. „Medien“, „Unterrichtsprozeß“) liegt als gutes Angebot vor. Eine Wattwanderung ist nur bei Schülern in Küstennähe möglich, der Besuch eines Meeresaquariums auch im Binnenland. Der Lehrer kann Anleitung zu einer kleinen Muschel- oder Schneckensammlung geben; einzelne Vogelfedern fordern dazu heraus, ihren ursprünglichen Träger zu ermitteln.

I Ordnen nach Lebensformen

Einen ersten einfachen Überblick über das Watt geben *Dietrich* (1980a), *Grimm* (1988), *Janus* (1986), *Zucchi* u.a. 1989 sowie „draußen" mit den Heften 7 „Nordsee" (1980), 39 „Helgoland" (1985) und 44 „Wattenmeer" (1986). Wissenschaftlich und mit Zuschnitt für den Unterricht informiert *Thies* (1985). Als Bestimmungsbücher geeignet sind *Campbell* (1977), *Janke/Kremer* (1988), *Kosch/Frieling/Janus* (1973) und *Kuckuck* (1974).

Unterrichtsziele:

Die Schüler sollen
- Unterschiede von Sand- und Felswatt darstellen können;
- abiotische Faktoren der Gezeitenzone – Untergrund, bei Flut Brandung, bei Ebbe Hitze und Wind, Kälte im Winter – in ihren Auswirkungen kennen sowie Schutzeinrichtungen der hier siedelnden Tiere an Beispielen beschreiben können;
- Vorteile des vor- und zurückflutenden Wassers für die Bewohner der Gezeitenzone nennen und mit Beispielen belegen können;
- die Ernährungsweisen kennzeichnender Wattbewohner kennen und deren Zugehörigkeit zu bestimmten Lebensformtypen hinsichtlich des Nahrungserwerbs angeben können.

4.7.2 Unterrichtsprozeß

(1) Der Lehrer hat alle Präparate der Schulsammlung von Wattbewohnern (Trocken-, Flüssigkeits- und Kunststoffpräparate) ungeordnet auf einem großen Tisch ausgebreitet, dazu die Sammlungsstücke von Schülern, die vorher gebeten wurden, ihr eigenes Material mitzubringen. Die Schüler stellen sich um den Tisch herum, betrachten die Objekte und nennen Namen – soweit möglich.
(2) Nun fragt der Lehrer nach der allgemeinen Beschaffenheit dieser Organismen bzw. ihrer Überreste – „hart, fest (leicht zerbrechlich höchstens wegen der Trockenheit der Präparate), zäh (Tange)" – und versucht mit der Frage nach dem Lebensraum dieser Tiere die Schüler so zu führen, daß sie die Entsprechung zwischen der „Härte" des Baumaterials dieser Tiere und den schwierigen Bedingungen, unter denen sie leben, entdecken: Wellenschlag und Brandung der Gezeitenzone. Hierzu werden Dias der Reihe FWU 10 0082 („Das Watt"; evtl. auch aus den Reihen 10 4232 und 10 6552) eingesetzt. Im Unterrichtsgespräch werden – kurz und soweit erforderlich – die Entstehung von Ebbe und Flut sowie der Unterschied von Sand- und Felswatt erklärt.
Wichtiger ist der folgende Unterrichtsschritt. Die Schüler werden aufgefordert, die Bedingungen (abiotische Faktoren) zu nennen, unter denen Wattiere leben. Um das Vorstellungsvermögen anzuregen, können hierzu außer der genannten Dia-Reihe der Film „Lebensraum Wattenmeer" (FWU 32 3441) und ein Teil des Films „Im Watt zwischen Ebbe und Flut" (FWU 32 0321) gezeigt werden. Die Schüler nennen im wesentlichen

- Wellenschlag und Brandung bei Flut,
- Hitze und Gefahr der Austrocknung bei Ebbe,
- Regen (Süßwasser) und hartes, festes Eis.

Schutz bieten starke Gehäuse bzw. Körperbedeckungen sowie das Eingraben in den Wattboden. Eine Zusammenfassung der Ergebnisse wird als Tafelanschrieb und als Hefteintrag festgehalten.
(3) Der folgende Unterrichtsschritt soll sich als Gruppenarbeit vollziehen. Der Lehrer verteilt die aufgestellten Präparate – grob geordnet: Muschelschalen, Schneckenhäuser, Seepocken, Tange, Krebstiere, Seeigel, Seesterne, Würmer u.a. – an Schülergruppen (s. Abschnitt II, 7.4). Die Schüler erhalten außerdem bilderreiche Bestimmungsbücher bzw. Fotokopien der zu den Objekten jeder Gruppe passenden Seiten. Die Schüler bearbeiten folgende Aufgaben:

- Fertigt eine Skizze der Tiere bzw. ihrer Überreste an!

- Versucht, den Namen der Tiere zu ermitteln, und schreibt ihn zu Eurer Zeichnung. (Das gilt sinngemäß auch für Tange).
- Schreibt auffällige Merkmale der Tiere auf! Können sie als Schutzeinrichtungen gedeutet werden? Wogegen? Begründet Eure Meinung!

Es ist durchaus in Ordnung, wenn der Lehrer bei der Verteilung der Präparate einzelne schwierigere Objekte (z.B. Hai- oder Rocheneihüllen, Laichballen der Wellhornschnecke, evtl. auch Sepia-Schulp) „dazumogelt“: Hier entstehen Diskussionen unter den Schülern, Mutmaßungen werden geäußert. Das nutzt der Lehrer, geeigneten Schülern kurze Referate über die strittigen Objekte aufzugeben, und diese Arbeitsweise wird erweitert: Auch andere Schüler erhalten den Auftrag, ein Kurzreferat über die Biologie jeweils eines Wattbewohners zu halten. Der jeweilige Schüler ist von da an „Spezialist“ für diese Art. Geeignet sind zum Beispiel Napfschnecken (hierzu auch die „technische“ Betrachtung einer Napfschnecke als „Saugnapf mit strömungsgünstigem Schutzschild“), Seepocken („Trutzburgen im Fels“), Seeigel, Seesterne, Seerose und Pierwurm. Die schwierigeren Muscheln sollte der Lehrer gemeinsam mit der Klasse behandeln (s.u.). Voraussetzung für das Gelingen dieser Arbeitsweise ist eine ausreichende Versorgung der Schüler mit Literatur (Schulbuch, Bestimmungsbuch, zusätzliche Literatur aus der Schüler- und Lehrerbücherei, evtl. aus einer öffentlichen Bücherei).

(4) Die Schüler benötigen Zeit für die Vorbereitung ihrer Referate. Derweil beginnt der Lehrer die Reihe der monografischen Betrachtungen mit der Behandlung der Miesmuschel. Zwei Filme dienen der Veranschaulichung: FWU 32 3167 („Die Miesmuschel – Leben in Ebbe und Flut“) und 32 3248 („Atmung und Nahrungsaufnahme“). Vor allem werden die Befestigung durch Byssus und die Ernährungsweise der Muschel behandelt (vgl. *Dietrich* 1980b; *Gaberding/Thies* 1980; *Czieslik/Nottbohm* 1987).

Im Rahmen der nun folgenden Schülerreferate können die Filme FWU „Lebensraum Wattenmeer“ (FWU 32 3441), „Im Watt zwischen Ebbe und Flut“ (FWU 32 0321) und „Tiergärten in der Nordsee“ (FWU 30 0377) in Abschnitten oder auch in ganzer Länge eingesetzt werden. Die Reihe FWU 10 2110 enthält Dias von Seerosen; Stachelhäuter finden sich in FWU 10 4439 (zur Bewegung des Seeigels FWU 36 0002 und 30 2094). Weitere Informationen bringen *Fiedler* (1988) über Sandgarnele und Strandkrabbe, *Peukert* (1988) über Schlickkrebs, Pierwurm, Watt-Ringelwurm, Rasen-Ringelwurm und Wattschnecke sowie *Thies* (1985) über mehrere das Watt kennzeichnende Arten.

(5) Der folgende Unterricht geht von den Kurzreferaten der Schüler aus, in denen unter anderem festgestellt wurde, daß viele Arten des Watts ortsfest sind oder sich nur wenig bewegen. Daraus ergibt sich die Frage, wie sich diese Lebewesen gegen extreme Umweltbedingungen, vor allem gegen Hitze und Austrocknung, schützen. Die im Vergleich zum Wasser erheblich schnellere Erwärmung des steinigen Grundes bei Ebbe wird den Schülern in folgenden Versuchen veranschaulicht, die – wenn genügend Gerät zur Verfügung steht – von ihnen selbst ausgeführt werden:

a) Ein Stein von etwa 200 g und die gleiche Masse Wasser (im Rundkolben) werden mit demselben Bunsenbrenner nacheinander gleich lange erhitzt. Feststellen der Endtemperatur (Thermometer, Hand – Vorsicht!). Ergebnis: Der Stein ist viel heißer als das Wasser.

b) Jetzt wird der Stein zusammen mit der gleichen Wassermasse im Becherglas auf 60 °C erhitzt. Der Stein wird dann herausgenommen und neben dem Becherglas auf die gleiche Unterlage gesetzt. Messen der Temperatur alle 2 Minuten. Der Stein kühlt schneller ab. Ergebnis: Wasser erwärmt sich viel „langsamer“ als Stein, hält die Wärme aber besser (evtl. grafische Darstellung mit zwei Kurven).

Nun werden Einrichtungen bei Tangen und Tieren gegen Verdunstung erörtert: Schatten (unter Steinen, Tangen), Wasservorräte (z.B. im eigenen Gehäuse; feuchter Sand, Priele; auch als Schleimschicht), dazu feste Schalen (s. Sachanalyse).

(6) Vor dem letzten Unterrichtsabschnitt sollte jetzt eine Zusammenfassung des Erarbeiteten stattfinden. Die „Spezialisten“ unter den Schülern erhalten als Hausaufgabe den Auftrag, „ihr Tier“ unter folgenden Gesichtspunkten zu betrachten und das Ergebnis schriftlich festzuhalten:

I Ordnen nach Lebensformen

- Wie heißt „Dein" Tier?
- Wo lebt es?
- Wie meistert es die Schwierigkeiten seines Lebensraumes?
- Wer jagt das Tier, wen jagt es selbst?

Bei der Behandlung im Klassenverband wird nun das Thema „Angepaßtheit" noch einmal zusammenfassend erörtert. Abschließend werden zwei Tabellen als Tafelanschrieb und als Hefteintrag erarbeitet (s. „Sachanalyse"):

a) Schutz von Wattbewohnern gegen Wellenschlag und Brandung:

Schutzeinrichtung:	Beispiel (Art):
⋮	⋮

b) Schutz von Wattbewohnern gegen Hitze und Austrocknung:
(wie oben)

(7) Das letzte Thema, „Vorteile des Lebens in der Gezeitenzone", bringt eine überraschende Wende in den Unterrichtsverlauf und sollte deshalb nicht vorweggenommen werden. Bisher war immer die Rede von den Schwierigkeiten der in diesem Biotop siedelnden Lebewesen: „Gezeitenzone ist Kampfzone". Nun erinnert der Lehrer noch einmal daran, daß sich hier ein üppiges Leben entwickelt hat.

Ein Bild der spritzenden Brandung, stets in den Dia-Reihen für Biologie oder Geographie zum Thema „Meer" enthalten, führt die Schüler dahin, eine starke Anreicherung des Wassers mit Sauerstoff zu vermuten. Im Unterrichtsgespräch ergibt sich schnell, daß Mineralstoffe mit der Flut herangeführt und von den assimilierenden Produzenten erneut in den Kreislauf eingeschleust werden (s. Abb. I, 4-9).

Spätestens bei diesem Stand des Unterrichtsprozesses wird die Frage nach der Ernährung der Wattbewohner aufgeworfen. Wichtig ist, zunächst einmal zu klären, wovon sich die Masse der Tiere in diesem Lebensraum ernährt. Damit rückt das Plankton in den Mittelpunkt des Interesses. Es kann – sofern nicht schon geschehen oder für später vorgesehen (s. Band 8) – mehr oder weniger ausführlich behandelt werden unter Einbeziehung mikroskopischer Untersuchungen durch die Schüler oder nur als Demonstration durch den Lehrer (Mikroskop, Fernsehschirm). Untersuchungsmate-

Abb. I, 4-9: Wirkung der Gezeiten an der Küste. Entwurf zu einem Tafelbild (aus *Bauer, E. W.*, 1978, 48)

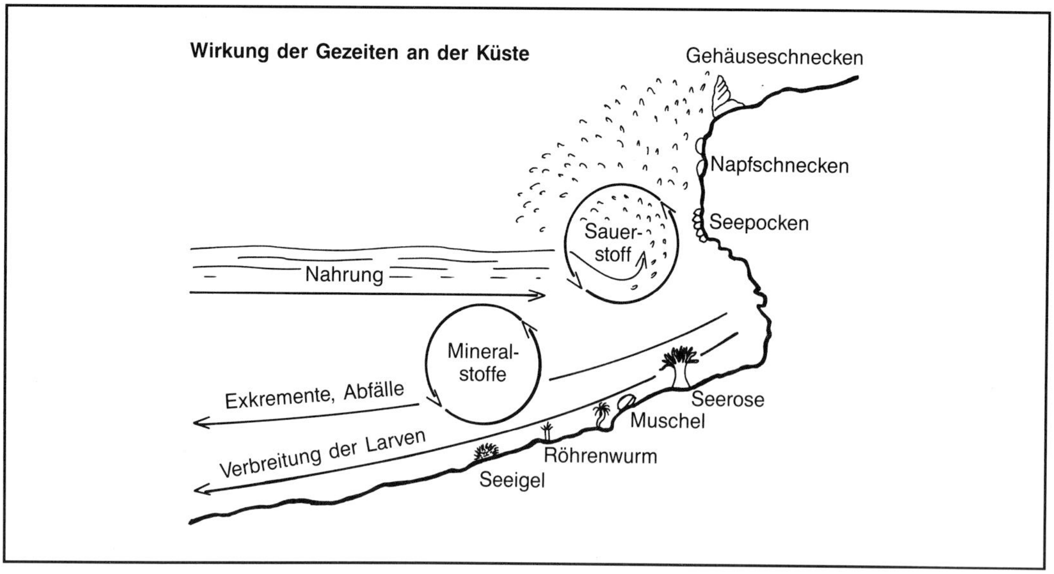

rial ist von der Biologischen Anstalt Helgoland zu beziehen. Einige Bilder der Dia-Reihe „Kieselalgen" (FWU 10 0650) betreffen Arten des Meeres. Es geht hier nicht um Details, sondern um die anschauliche Vorstellung von der Mannigfaltigkeit und Kleinheit sowie von der Bedeutung des Planktons. Ist dieses Ziel erreicht, verstehen die Schüler auch leicht die verschiedenen Lebensformtypen des Nahrungserwerbs (s. Sachanalyse).
Die Zusammenfassung dieses Unterrichtsabschnittes geschieht auf zweifache Weise: erstens Erarbeitung einer Tabelle über die Lebensformtypen des Nahrungserwerbs mit Beispielen und zweitens die erneute Betrachtung des Nahrungserwerbs der Wattbewohner unter dem Aspekt der Nischenbildung und Konkurrenzvermeidung. Hier haben die „Spezialisten" unter den Schülern wiederum das Wort.
(8) Wenn genügend Bildmaterial vorhanden ist (FWU 10 0486 und 10 0487; s. auch „Medien"), kann es reizvoll sein, bei Ebbe einfallende Vögel nach ihren Jagdmethoden als Lebensformtypen zu kennzeichnen. Dieses Thema läßt sich unterrichtlich erweitern unter dem Gesichtspunkt der Feinde von Wattieren bei Ebbe und bei Flut (s. „Sachanalyse").

4.8 Medien

4.8.1 Lebende Organismen

Hund und Katze, den Maulwurf – seltener die Maulwurfsgrille –, etliche Greife und eine Reihe von Fischen kennen die Schüler aus eigener Anschauung. Einige Schüler lernen während des Urlaubs Meerestiere kennen. In jeder Schule ist ein Aquarium vorhanden; mancher Schüler pflegt Fische im häuslichen Aquarium.
Im Ausnahmefall kann ein Hund oder eine Katze in den Unterricht mitgebracht werden. Es ist jedoch zu bedenken, daß sich die Tiere in fremder Umgebung anders verhalten als zu Hause. Viele Tiere, vor allem auch Meerestiere, sind in den Schauaquarien der Zoos zugänglich.
Einige Meerestiere können in der Schule auch in Seewasseraquarien gehalten werden. Die Biologische Anstalt Helgoland (Meeresstation, Postfach 148, 2192 Helgoland) liefert u.a. Seesterne, Seeigel und Schlangensterne.

4.8.2 Präparate

Die Lehrmittelfirmen bieten Stopfpräparate an vom Maulwurf und den Greifvögeln (Turmfalke, Rotfußfalke, Habicht, Sperber, Rauhfußbussard, Mäusebussard, Rohrweihe, Kornweihe, Wiesenweihe) sowie von Austernfischer, Säbelschnäbler, Bekassine, Schnepfe, Regenpfeifer, Brachvogel und Silbermöwe. Wichtig für den Unterricht sind die Skelette vom Maulwurf sowie von Hund und Katze.
Als Naturabgüsse oder Trockenpräparat sind erhältlich: Seepferdchen, Fliegender Fisch, Aal, Flußbarsch, Karpfen, Hering, Makrele, Scholle, Flunder, Knurrhahn, Seenadel, Katzenhai; Seepocken, Strandkrabbe, Taschenkrebs; Meeresmuscheln, verschiedene Korallen, Seeigel, Seesterne; Algen (Tang).
In biologischen Schaukästen sind folgende Themen aufbereitet: Maulwurf; Forelle, Aal, Scholle, Hering; Strandkrabbe, Einsiedlerkrebs, Sandklaffmuschel, Miesmuschel, Herzmuschel; Seeigel, Seestern; „Tiere der Nord- und Ostsee". Der Schaukasten „Das Leben im Meer" gibt einen Überblick; unter dem gleichen Titel ist ein Koffer erhältlich (Schlüter Biokit 1882), der Muschelschalen, Schneckenhäuser, Korallen, Seeigel, Seesterne und anderes Material enthält. Korallenstücke, Seeigel, Seesterne und Sepiaschulpe sind auch getrennt zu beziehen.

I Ordnen nach Lebensformen

Wegen ihrer Handlichkeit können einige interessante Kunstharz-Einschlußpräparate vorteilhaft im Unterricht eingesetzt werden, z.B. von der Maulwurfsgrille, vom Seeringelwurm, von der Seeraupe (Aphrodite), vom Einsiedlerkrebs und von Seepocken.
Schließlich liefert die Biologische Anstalt Helgoland (s. I, 4.8.1) konservierte Tiere, z.B. Seesterne und Seeigel, auch Meeresplankton. Es ist nützlich, Schüler, die im Urlaub „an die See" fahren, zu bitten, Muschelschalen, Schneckenhäuser, Schneckenlaich, Rochen- und Haieier, Tange und anderes „Strandgut" zu sammeln und in den Unterricht mitzubringen.

4.8.3 Modelle

Einige Modelle, die zur Betrachtung von Lebensformtypen im Unterricht herangezogen werden können, sind bereits unter I, 4.8.2 als Naturabgüsse genannt worden. Zu ergänzen sind das Seestern-Modell (SOMSO: ZoS 114) und das Modell eines Delphins (Schlüter).

4.8.4 Filme

Schaufelgräber
FWU:
Der Maulwurf 32 0951;
IWF:
Talpa europaea – Graben und Erdtransport E 2846; Talpa europaea – Fortbewegung über und unter der Erde E 2846; Talpa europaea – Beuteerwerb und Nahrungsaufnahme;

Lebensformtypen bei Fischen
FWU:
Fische – Fortbewegung durch Schwimmen 32 3485; Fische – verschiedene Schwimmtypen 32 3486; Die Bachforelle 32 2747; Der Karpfen 32 0831; Beobachtungen am Seepferdchen (1. Teil) 36 0271; Adelie-Pinguin: Fortbewegungsweisen (Schlußteil) 36 0519; Am Korallenriff (Fische, Vögel, Suppenschildkröte) 32 0891; Tierleben im Korallenriff (Haie, Rochen) 30 2621; Sepia officinalis 32 2621; Sepia officinalis: Fortbewegung und Farbwechsel 36 0585; Chamäleon des Meeres (Sepia, Krake, Muräne, Hummer) 32 0409; Seeotter 32 2144; Die Saurier 32 2655;
Klett:
Der Delphin – Anpassungen an das Wasserleben 99898; Schwimmbewegungen der Fische 99897;
IWF:
Dornhai (Schwimmbewegungen) E 166; Aal (Schwimmbewegungen) E 524; Anglerfisch (Nahrungserwerb) E 1939; Knurrhahn (Nahrungssuche) E 170; Silbriger Schleimfisch (Laufen auf den Brustflossen) E 2425; Doktorfisch (Brustflossenschwimmen) E 64; Zwergfadenfisch (Beutespukken) E 1674; Feilenfisch (Schwimmen) E 61; Kugelfisch (Schwimmen) E 30;

Hund und Katze
FWU:
Der Deutsche Schäferhund 32 0853; Die Wildkatze 32 2837; Wildkatze: Nahrungserwerb 36 0755; Wildkatze: Greif- und Beißverhalten 36 0809; Der Luchs 36 0499;

Eulen und Greife
FWU:
Der Mäusebussard (Gleitfluggreifer, Fang einer Maus) 32 2349; Der Mäusebussard, ein Greifvogel 36 0293; Sperber und Habicht (Körperbau, Jagdweise) 32 5929; Im Reiche des Steinadlers 32 0499; Jagd mit Greifvögeln (Adler, Habicht, Wanderfalke) 32 4904; Raubvögel der Heimat (Wanderfalke, Roter Milan, Mäusebussard, Habicht, Baumfalke, Kornweihe) 30 0374; Laßt sie leben – Greifvögel 32 4166;

Tiere im Watt
FWU:
Lebensraum Wattenmeer 32 3441; Im Watt zwischen Ebbe und Flut (Quallen, Korallen, Seesterne, Seeigel, Einsiedlerkrebse, Hummer, Pierwurm, Sandklaffmuschel u.a.) 32 0321; Tiergärten der Nordsee 30 9377; Die Miesmuschel – Leben im Wechsel von Ebbe und Flut 32 3167; Atmung und Nahrungsaufnahme bei der Miesmuschel 32 3248; Bewegungen bei Seeigeln 30 2094 und 36 0002.

4.8.5 Diapositive

Schaufelgräber
FWU:
Insektenfresser (Dia 5: Schädel vom Maulwurf) 10 2763; Heuschrecken und verwandte Arten (Dia 13: Werre) 10 0695;
V-Dia:
Geradflügler D 22141;
CVK:
Gliedertiere in ihrer Umwelt (Dia 76: Maulwurfsgrille) Reihe 28 577;

Lebensformtypen bei Fischen
FWU:
Fische 10 5963; Fische – Körperform und Fortbewegung (Hai, Barrakuda, Soldatenfisch, Fledermausfisch, Kaiserfisch, Papageifisch, Doktorfisch, Kofferfisch, Kugelfisch, Drückerfisch, Rochen) 10 2870; Einheimische Süßwasserfische 10 2243; Die Bachforelle 10 0185; Tierleben im Korallenriff (Korallen, Seeanemone, Strudelwurm, Schnecken, Seeigel, Fische) 10 0690; Evolution der Reptilien (Ichthyosaurier) 10 2629;
CVK:
Lebensräume im Meer (Küste bei Ebbe und Flut, Wattvögel, Schlickbewohner, Atoll) Reihe 28607; Wirbeltiere in ihrem Lebensraum (Dia 119: Schwimmender Pinguin) Reihe 19624;
V-Dia:
Korallenriff (Krake, Fische) D 22085;
Jünger:
Korallenriff (Korallen, Fische) Reihe 1 und 2 2991/2;

Hund und Katze
FWU:
Der Hund 10 5114; Die Katze 10 6686; Die Hauskatze 10 4445;
V-Dia:
Die Hauskatze D 22073;
CVK:
Fortbewegung bei Tier und Mensch (Dia 155: Katze im Sprung) Reihe 19640;

Eulen und Greife
FWU:
Einheimische Greifvögel 10 2197; Im Adlerhorst 10 5854; Eulen 10 0902; Flugbilder einheimischer Greifvögel 10 4292;
V-Dia:
Flugbilder einheimischer Greifvögel D 22071; Greifvögel D 22115;

Tiere im Watt
FWU:
Das Watt 10 0082; Helgoland 10 4232 und 10 6552; Stachelhäuter 10 4439; Hohltiere 10 2110 und

10 6636; In den Seevogelschutzgebieten 10 0486 und 10 0487; Kieselalgen 10 0650;
V-Dia:
Stachelhäuter D 22084; Hohltiere D 22121; Tiere des Meeres D 22085; See- und Strandvögel D 22057.

4.8.6 Tonbildreihe

FWU:
See- und Strandvögel 14 4296.

4.8.7 Arbeitstransparente

Eigens zur Behandlung von Lebensformtypen im Unterricht gefertigte Arbeitstransparente werden zur Zeit kaum angeboten. Es kann aber eine Reihe von Transparenten eingesetzt werden, die einzelne Themen gut veranschaulichen, z.B. „Lebensräume im Meer: Felsküste Helgolands“ (CVK 28690). Im übrigen wird die Herstellung eigener Arbeitstransparente empfohlen.

4.8.8 Wandtafeln

Jung-Koch-Quentell:
Die Katze; Der Hund; Hauskatze; Maulwurf; Greifvögel; Tag- und Nachtgreifvögel; Seefische; Süßwasserfische; Karpfen; Roter Seestern; Tintenfisch; Ohrenqualle; Steinkorallen; Urtiere I (Geißeltierchen u. Wurzelfüßer); Tiere der Nordsee; Am Nordseestrand.

4.8.9 Besichtigungen

Möglichkeiten, die anläßlich einer Exkursion an die Nord- und Ostseeküste erworbenen Kenntnisse durch den Besuch eines entsprechenden Museums, Zoos oder Aquariums zu vertiefen, hat *Drutjons* in UB 43 (1980) zusammengestellt.

Literatur

Zu: Ordnen nach Lebensformtypen
Halbach 1983; *Janßen* 1985c; *Kaestner* 1973; *Koepcke* 1973 f.; *Kühnelt* 1970; *Reichelt/Schwoerbel* 1974; *Remane* 1952; *Schaller* 1962; *Weber/Weidner* 1974

Zu: Schaufelgräber
Grzimek 1979; 1987/88; *Harz* 1957; *Kaestner* 1972 f.; *Kieffer* 1988; *Koepcke* 1973 f.; *Petsch* 1969; *Schaefer/Tischler* 1983; *Schaller* 1962

Zu: Lebensformtypen bei Fischen
Czihak/Langer/Ziegler 1981; *Deckert* 1969; *Dombrowsky* 1981; *Evans* 1987; *Gerlach, R.*, 1950; *Gray* 1957; 1968; *Grzimek* 1979; *Herald/Vogt* 1960; *Hertel* 1963; *Houot/Willm* 1955; *Klausewitz* 1965; *Kummer* 1980; *Muus/Dahlström* 1975; *Norman* 1966; *Rodi* 1973; *Rodi/Sauerland/Schwoerbel* 1970; *Schwarzenbach* 1981; *Schwoerbel* 1976; *Windelband* 1968; *Zucchi* 1986

Zu: Eulen und Greife
Bezzel 1984; *Brüll* 1984; *Fischer* 1974; 1975; 1983; *Fiuczynski* 1988; *Gierke/Ruge* 1981; *Glutz v. Blotzheim/Bauer/Bezzel* 1971; *Grzimek* 1979; *Hahn* 1979; *Kramer, V.*, 1975; *Melde* 1983; *Moll* 1962; *Ortlieb* 1987; 1988; *Osche* 1973; *Piechocki* 1975; *Rockenbauch* 1975; *Steen* 1980; *Weick* 1980; *Wessel* 1981

Zu: Hund und Katze
Fox 1975; *Frings* 1977; *Grzimek* 1979; *Kuhn, W.*, 1975a; *Leyhausen* 1973; 1982; *Winkel* 1977; *Zimen* 1978

Zu: Tiere im Watt
Abrahamse u.a. 1976; Aktionskonferenz Nordsee 1989; *Buchsbaum/Milne* 1960; *Campbell* 1977; *Czieslik/Nottbohm* 1987; *Danneel* 1979; *De Haas/Knorr* 1965; *Dietrich* 1980; *Dircksen* 1973; *Eichholz/Hinrichs* 1988; *Eschenhagen* 1987; *Fiedler* 1988; *Fioroni* 1981; *Gaberding/Thies* 1980; *Gerhard* 1981; *Gerhardt/Dircksen* 1982; *Götting/Kilian/Schnetter* 1982; 1988; *Grasshoff* 1987; *Grimm* 1988; Helgoland 1985; *Hinrichs* 1978; *Janke/Kremer* 1988; *Janus* 1986; *Kock* 1983; *Kosch/Frieling/Janus* 1974; *Kuckuck* 1974; *Kükenthal/Renner* 1984; *Meyer* 1985; Nordsee 1980; *Peukert* 1982; 1988; *Reineck* 1982; *Streble* 1978; *Tait* 1971; *Tardent* 1979; *Theede* 1963; 1981; *Thies* 1985; Wattenmeer 1986; *Witte* 1974; *Zucchi* u.a. 1989

II Ordnen nach systematischen Gesichtspunkten

0 Basisinformationen

0.1 Zum Thema

0.1.1 Biologische Systematik

Das Phänomen „Leben“ ist stets gebunden an Individuen. Jedes Individuum stellt ein abgrenzbares Gebilde dar, das sich von anderen Individuen unterscheiden läßt. Greift man aus der riesigen Anzahl von Lebewesen einige beliebige heraus und vergleicht sie miteinander, so stellt man fest, daß die Unterschiede zwischen ihnen mehr oder weniger groß, manchmal aber gar nicht erkennbar sind. Beim Ordnen der Vielfalt liegt es nahe, zunächst einmal alle Individuen, die einander zum Verwechseln ähnlich sind, zu einer Gruppe zusammenzufassen und diese Gruppe mit einem eigenen Namen zu versehen. Damit scheint ein erster systematischer Sammelbegriff – die Art (Spezies) – gewonnen zu sein.

Allerdings stellt sich bei näherem Hinsehen heraus, daß die Bestimmung des Artbegriffs durch die Aussage „zum Verwechseln ähnlich“ nicht für alle Fälle gelten kann. Würde man nur dieses eine Kriterium zugrundelegen, so würde man zum Beispiel den Stockerpel von der Stockente oder das Hirschkäfermännchen vom Hirschkäferweibchen abtrennen, und man dürfte weder Raben- und Nebelkrähe noch Bernhardiner und Zwergpinscher jeweils einer Art zurechnen. Offenbar gibt es auch innerhalb der einzelnen Arten eine gewisse Variabilität: Es treten Unterschiede zwischen den Geschlechtern, den Entwicklungsstadien und den Angehörigen verschiedener Populationen auf. Durch Berücksichtigung der innerartlichen Variabilität und auch solcher Merkmale, die nur durch längere Beobachtung an lebenden Organismen zu ermitteln sind, kommt man vom „morphologischen“ zum „biologischen“ Artbegriff (s. Band 1, Abschnitt II, 2.1: „Art und Rasse“).

Dieser kann folgendermaßen definiert werden: Arten sind „Gruppen von wirklich oder potentiell sich fortpflanzenden natürlichen Populationen, die reproduktiv von anderen solchen Gruppen isoliert sind“ (*Mayr* 1967, 28).

Auch wenn man die Art in dieser Weise als potentielle Fortpflanzungsgemeinschaft definiert, sind nicht alle Schwierigkeiten ausgeräumt. So gibt es eine Reihe von Lebewesen, die sich durch diesen Artbegriff nicht erfassen lassen, weil sie sich vegetativ oder eingeschlechtlich fortpflanzen. Weiter sind hier Fälle von Artbastardierungen zu nennen, die in manchen Verwandtschaftskreisen – vor allem bei Pflanzen – auch unter natürlichen Verhältnissen vorkommen. Schließlich ergeben sich Probleme, wenn der Systematiker nur auf tote Pflanzen oder Tiere zurückgreifen kann. In diesen Fällen bleibt nichts anderes übrig, als zur Abgrenzung von Arten morphologische und möglichst unterschiedliche weitere (z.B. physiologische und biochemische) Merkmale heranzuziehen.

Die Einführung des biologischen Artbegriffs hat zum einen wichtige praktische Folgerungen. So konnte das System der Pflanzen und Tiere durch die Zusammenfassung von früher als eigene Arten beschriebenen Populationen zu jeweils einer „polytypischen“ Art vereinfacht werden. Zum anderen trägt dieser Artbegriff dazu bei, das dem morphologischen Artbegriff innewohnende typologische Denken zu überwinden (s. Band 1, Abschnitt II, 2.1).

Ohne Zweifel ist die Art die wichtigste systematische Einheit. Sie ist auch die einzige Kategorie, die sich nach theoretisch begründeten Kriterien abgrenzen läßt, also „objektivierbar“ ist (vgl. *Gruner* 1980, 37). Alle höheren Kategorien sind viel schwieriger zu definieren. Schon in bezug auf die

nächsthöhere Einheit, die Gattung (das Genus), gibt es keine allgemein anerkannten Regeln, nach denen eine Abgrenzung erfolgen soll. Nach *Mayr* ist die Gattung eine „Einheit, die entweder eine oder mehrere Arten von gemeinsamer Abstammung umschließt und die von anderen, ähnlichen Einheiten durch einen deutlichen Abstand ... getrennt ist" (zitiert nach *Illies* 1969, 62). Was „deutlicher Abstand" heißt, muß allerdings von Fall zu Fall erneut diskutiert und bestimmt werden.
Das Phänomen der diskontinuierlichen Variabilität (vgl. *Weberling/Schwantes* 1981, 12), das es gestattet, eine Art von anderen Arten und verschiedene Gattungen gegeneinander abzugrenzen, gilt auch für die höheren taxonomischen Einheiten. Jedes Taxon, d.h. jede konkrete Gruppe von Organismen, die von anderen Gruppen deutlich verschieden ist, wird einer der taxonomischen Rangstufen (Kategorien) zugeordnet. Das Ergebnis des Bemühens um eine Klassifizierung der Formenvielfalt in der belebten Natur ist ein hierarchisch organisiertes (enkaptisches) System, in dem jeweils das Taxon der höheren Kategorie ein Taxon oder mehrere Taxa der nächstniederen Kategorie umfaßt (s. Abb. II, 0-1). Letztes Ziel ist es, ein System aller gegenwärtigen (rezenten) und ausgestorbenen (fossilen) Organismenarten zu erstellen, das die natürlichen Verwandtschaftsverhältnisse widerspiegelt (natürliches System). Von diesem Ziel ist die Wissenschaft noch weit entfernt, was angesichts der Schwierigkeiten der Artabgrenzung und der Anzahl an rezenten und fossilen Arten nicht verwunderlich ist: Es sind bisher allein etwa 400 000 rezente Pflanzenarten (einschließlich Bakterien) und etwa 1 400 000 rezente Tierarten bekannt (vgl. *Sturm* 1982; *Flindt* 1988). Die Diszi-

Abb. II, 0-1: Prinzip der Enkapsis (Einschachtelung), dargestellt an einem Systemausschnitt (auf jeder Stufe des Systems ist nur eine Einheit in Untereinheiten gegliedert)

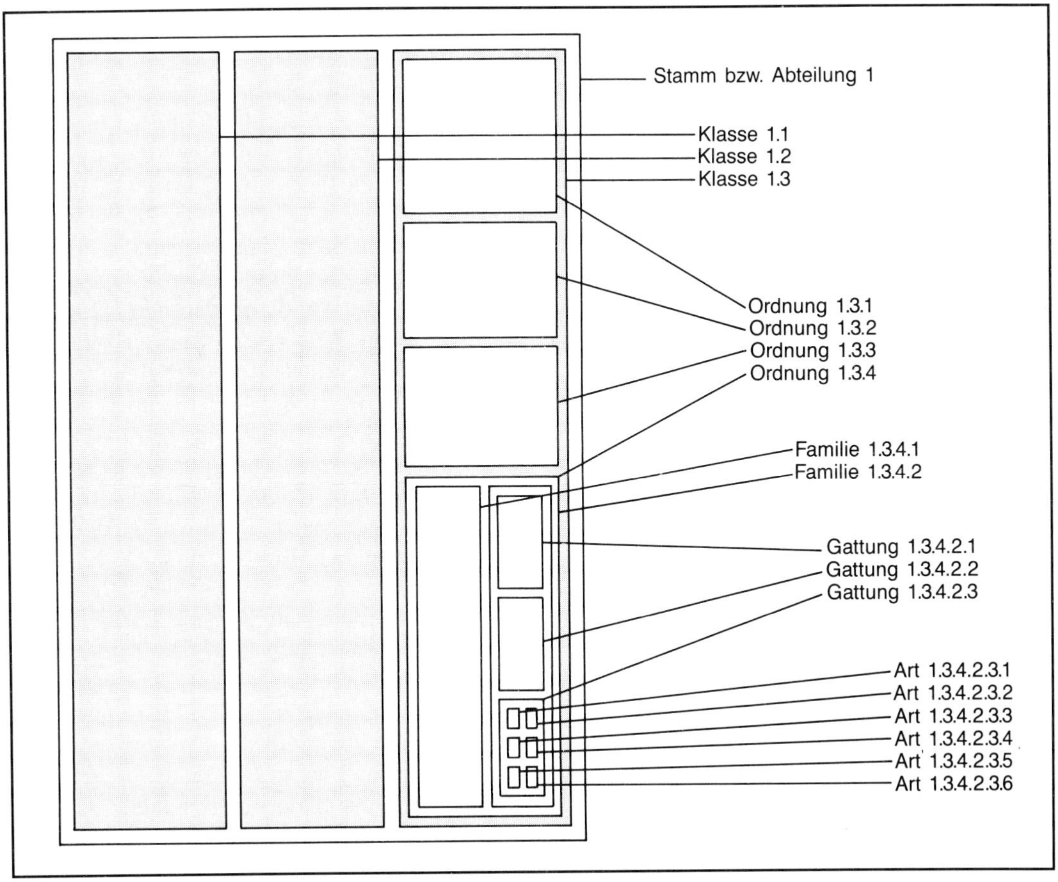

plin, die sich mit der Vielfalt, dem Vergleich und der Klassifikation der Organismen befaßt, ist die Systematik. Man kann sie gliedern in die Phyto- und Zoographie einerseits und die Taxonomie andererseits. „Aufgabe der Phyto- und Zoographie ist es, von allen systematischen Einheiten eine so vollständige Beschreibung zu geben, daß man die beschriebenen Arten und Gruppen jederzeit wiedererkennen und von anderen, eventuell sehr ähnlichen unterscheiden kann" (*Czihak/Langer/Ziegler* 1981, 879). Die Taxonomie hat die Aufgabe, die beschriebenen Gruppen unter Beachtung der internationalen Nomenklaturregeln in das System einzuordnen und dieses System ständig zu revidieren. Man kann sie als „Systematik im engeren Sinne" oder (nach *Mayr*) als „Theorie und Praxis der Klassifikation" bezeichnen (vgl. *Gruner* 1980, 17).

Nach den international gültigen Nomenklaturregeln wird jedes Taxon des Systems mit einem wissenschaftlichen (lateinischen oder latinisierten) Namen bezeichnet. Die Arten tragen nach der von *Carl von Linné* (1707–1778) eingeführten binären Nomenklatur zwei Namen, den großgeschriebenen Gattungsnamen und den kleingeschriebenen Artnamen (z.B. Haselnuß: Corylus avellana). Durch die Endungen der Namen höherer Taxa deutet man ihren Rang an. So tragen im System der Pflanzen die Familiennamen die Endung -aceae, die Ordnungen -ales, die Klassen (bei den Gefäßpflanzen) -opsida oder -atae. Im System der Tiere sind nur die Endungen der Bezeichnungen weniger Kategorien standardisiert, vor allem Unterfamilie (-inae), Familie (-idae), Überfamilie (-oideae).

Die Systematik ist auf andere biologische Disziplinen angewiesen: denn alle diese Disziplinen tragen zur exakteren Kennzeichnung der Arten bei. Andererseits bildet die Systematik die Grundlage für alle anderen Bereiche der Biologie; denn nur aufgrund der genauen Beschreibung der Arten und ihrer Eingliederung in ein international anerkanntes System können sich Physiologen, Ethologen, Ökologen, Genetiker oder Wissenschaftler angewandter biologischer Disziplinen miteinander über ihre Forschungsobjekte verständigen.

Gegenüber allen denkbaren „künstlichen" Systemen, denen stets nur einzelne Kriterien zugrundeliegen (z.B. Größe, Farbe, Anzahl oder Form bestimmter Organe), zeichnet sich das natürliche System dadurch aus, daß es im Prinzip alle genetisch bedingten Eigenschaften der Organismen berücksichtigt, seien sie nun morphologischer, anatomischer, physiologischer oder biochemischer Art. Entscheidend ist, daß dieses System die natürliche Verwandtschaft widerspiegelt.

Die Erfassung möglichst vieler Merkmale führt in der Praxis schnell zu einer großen Menge an Einzeldaten. Die Auswertung dieses Datenmaterials ist sehr aufwendig und erfordert den Einsatz leistungsstarker Computer. Die Auffassung, man könne durch die Berechnung eines „allgemeinen Ähnlichkeitswertes" (vgl. *Mayr* 1975, 348) aus der Vielfalt der Merkmale zur Feststellung der Verwandtschaftsbeziehungen gelangen, ist umstritten. Nach *Sturm* (1982, 8) hat diese moderne Methode („numerische Taxonomie") in einigen Bereichen des Systems wichtige Fortschritte gebracht; andere Autoren beurteilen die „numerische Taxonomie" weitaus skeptischer (vgl. *Götz/Knodel* 1980, 137).

Im allgemeinen begnügt sich der Systematiker nicht damit, möglichst viele Eigenschaften der Lebewesen zu beschreiben und zum Vergleich mit anderen heranzuziehen. Er versucht auch stets, zwischen „wesentlichen" und „unwesentlichen" Merkmalen zu unterscheiden. Grundlegend für Aussagen über die Stellung von Organismen im natürlichen System ist die Entscheidung darüber, ob es sich bei den jeweils zum Vergleich herangezogenen Eigenschaften um homologe oder analoge Elemente handelt. Als analog bezeichnet man Merkmale verschiedener Organismen, die zwar äußerlich ähnlich sind und auch dieselbe Funktion erfüllen, die aber auf unterschiedliche Ursprungsstrukturen zurückgehen und die damit keinen Hinweis auf natürliche Verwandtschaft geben können. In der Regel kann man die unterschiedliche Herkunft dieser Merkmale daran erkennen, daß sie sich in ihrem inneren Aufbau und in ihrer Lage innerhalb des Gesamtbauplans unterscheiden. Analoge Bildungen, die bei großer Ähnlichkeit oft auch als „Konvergenzen" bezeichnet werden, sind im Laufe der Stammesgeschichte durch Anpassung an gleiche oder ähnliche Lebensbedingungen ent-

standen. Die Konvergenz kann einzelne Eigenschaften, Strukturen oder Organe verschiedener Arten betreffen, sie kann sich aber auch auf die gesamte Gestalt beziehen – wie etwa bei Delphinen und Hochseefischen oder bei sehr ähnlich aussehenden stammsukkulenten Arten bei Kakteen und Euphorbien. Solche durch die Umwelt geprägten Lebensformen lassen sich ebenfalls systematisch ordnen (s. Abschnitt I, 0.1).
Maßgeblich für die Stellung der Lebewesen im System der Taxonomen ist ihr Vergleich im Hinblick auf homologe Strukturen. Als homolog gelten diejenigen Bildungen zweier oder mehrerer Lebewesen, die einander in ihrem Bauplan entsprechen, unabhängig davon, ob ihre äußere Form und ihre Funktion ähnlich oder unähnlich sind. Bekannte Beispiele aus der Botanik sind die Sproßdornen und Sproßknollen verschiedener Samenpflanzen, die trotz ihrer Unähnlichkeit in der äußeren Gestalt und trotz ihrer unterschiedlichen Funktion doch aus demselben Grundorgan der Pflanzen hervorgehen und gewisse Bauplanmerkmale des Sprosses auch noch im ausgewachsenen Zustande erkennen lassen. Aus dem zoologischen Bereich seien die Vorderbeine und Flügel der Wirbeltiere genannt, die sich trotz unterschiedlichster Form und Funktion doch in ihrem inneren Gefüge entsprechen.
In unzähligen Fällen konnten Bauplanentsprechungen von Strukturen rezenter Organismen durch die Untersuchung rezenter und fossiler Formen auf einen gemeinsamen stammesgeschichtlichen Ursprung zurückgeführt werden. Diese Erfolge lassen den Schluß zu, daß auch bei solchen Arten, deren Abstammung nicht durch lückenloses Fossilmaterial belegbar ist, Bauplanähnlichkeiten auf tatsächlicher Verwandtschaft beruhen.
Für die Untersuchung von Lebewesen im Hinblick auf homologe Merkmale stehen dem Systematiker die von *Remane* (1956) entwickelten „methodischen Kriterien der Homologie“ zur Verfügung. Diese betreffen zwar in erster Linie die Morphologie, sind aber sinngemäß auch auf andere Bereiche zu übertragen. Nach dem „Kriterium der Lage“ sind Strukturen homolog, wenn sie die gleiche Lage in einem vergleichbaren Gefügesystem haben. Nach diesem Kriterium sind zum Beispiel Elle und Speiche im Armskelett vieler Wirbeltiere zu homologisieren.
Nach dem „Kriterium der speziellen Qualität der Strukturen“ sind auch solche Elemente homolog, die nach dem ersten Kriterium nicht homologisierbar sind, sich aber durch besondere Merkmale („Sondercharaktere“) auszeichnen. Dieses Kriterium gestattet sogar häufig die Homologisierung isolierter Teile eines rezenten oder fossilen Organismus, z.B. einer Feder oder eines Zahnes.
Das „Kriterium der Verknüpfung durch Zwischenformen“, das auch als „Stetigkeitskriterium“ bezeichnet wird, sagt aus, daß einander unähnliche Strukturen homologisierbar sind, wenn sie sich durch eine Reihe von Zwischenformen miteinander verbinden lassen. So finden sich in den Blüten der Weißen Seerose Übergangsformen zwischen Kronblättern und Staubblättern, die darauf hindeuten, daß diese beiden Pflanzenorgane einander homolog sind. Häufig lassen sich Organe zweier erwachsener Organismen nach den beiden ersten Kriterien nicht homologisieren; die Betrachtung der Ontogenese zeigt aber, daß diese Organe aus ähnlichen Ursprungsformen hervorgehen (vgl. z.B. die Entstehung der Gehörknöchelchen Amboß und Hammer aus Teilen des primären Kiefergelenks während der Embryonalentwicklung der Säuger).
Durch die Feststellung von Homologien läßt sich zwar nachweisen, daß die verglichenen Taxa miteinander verwandt sind, sie erlaubt aber noch keine Aussage über den Grad der Verwandtschaft. An diesem Punkt setzen Methoden an, deren Reichweite unter den Taxonomen noch umstritten ist, besonders die „Phylogenetische Systematik“ und die „Evolutionäre Taxonomie“ (vgl. *Mayr* 1975; *Hennig* 1982; *Ax* 1984). Liegen dem Vergleich beispielsweise drei Arten (A, B und C) zugrunde, die aufgrund von Homologien als untereinander verwandt erkannt sind, so stellt sich nun die Frage, ob A näher mit B oder C verwandt ist. Nach *Hennig* kann diese Frage beantwortet werden, wenn es gelingt, zwischen ursprünglichen (plesiomorphen) und abgeleiteten (apomorphen) Merkmalen zu unterscheiden. In seiner „phylogenetischen Systematik“ geht *Hennig* davon aus, daß sich in der Stammesgeschichte jeweils eine Stammform (Mutterart) in zwei Arten (Tochterarten) aufgespalten

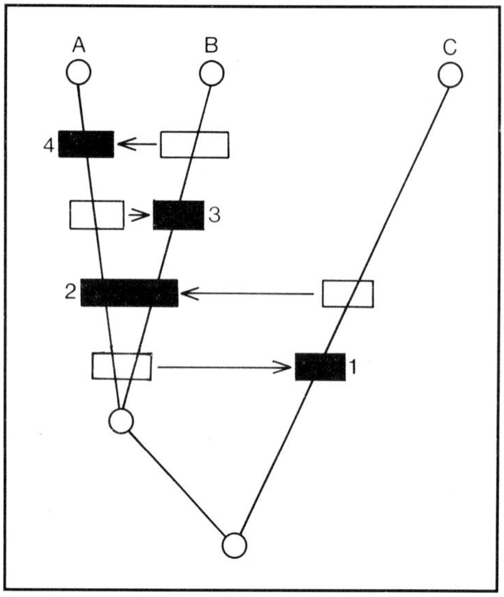

Abb. II, 0-2: Merkmale bei Schwesterarten (Erklärung im Text)

hat und daß diese Formen im weiteren Verlauf der Phylogenese weitere Aufspaltungen durchgemacht haben können. Daraus folgt, daß jede heute existierende Art eine Schwesterart haben muß, die näher mit ihr verwandt ist als jede andere Art. Diese besonders nahe Verwandtschaft müßte sich erkennen lassen an Merkmalen, die nur den beiden Schwesterarten gemeinsam sind, nicht aber einer größeren Organismengruppe. Wenn im oben zugrundegelegten Falle A und B Schwesterarten sind, so würden sich folgende Verhältnisse ergeben (s. Abb. II, 0-2): A unterscheidet sich von B und der Mutterart durch bestimmte abgeleitete Merkmale (Nr. 4); B weist ebenfalls solche apomorphen Merkmale auf (Nr. 3). Ihre gemeinsamen Merkmale (Nr. 1 und 2) sind (im Vergleich zu C) entweder gemeinsam ursprünglich (synplesiomorph; Nr. 1) oder gemeinsam abgeleitet (synapomorph; Nr. 2). Die synapomorphen Merkmale weisen – im angenommenen Falle – die Arten A und B als Schwesterarten aus und sind ganz allgemein konstituierend für Schwestergruppen, d.h. für diejenigen Sippen, die direkt auf eine gemeinsame Stammform zurückgehen. Ein ideales phylogenetisches System wäre (nach *Hennig*) dann gegeben, wenn alle Taxa monophyletisch wären, d.h. wenn die Angehörigen eines jeden Taxons auf eine einzige und nur ihnen zukommende Stammform zurückgeführt werden könnten.

Alle heute existierenden Entwürfe für ein System des Organismenreiches entsprechen dieser Forderung nicht vollständig, da immer neben monophyletischen Gruppen auch poly- und paraphyletische vorkommen (s. Abb. II, 0-3). In einem polyphyletischen Taxon sind Arten zusammengeschlossen, die auf zwei oder mehrere Stammformen zurückgehen: Beim Klassifizieren ist es nicht gelungen, analoge (konvergente) Merkmale auszuschließen. Eine paraphyletische Gruppe hat zwar eine gemeinsame Stammform, umfaßt aber nicht alle ihre Nachfahren. In diesem Falle ist die Unterscheidung zwischen plesio- und apomorphen Merkmalen nicht gelungen.

Diese Unterscheidung stellt ein „Kernproblem und gleichzeitig wohl das schwierigste Problem bei der Verwandtschaftsanalyse im Sinne der phylogenetischen Systematik" dar (*Gruner* 1980, 50). Da es in der Evolution keine bestimmte Entwicklungsrichtung gibt (z.B. vom Einfachen zum Komplizierten), ist die Entscheidung, ob ein Merkmal ursprünglich oder abgeleitet ist, meist schwierig. Neben der geologischen und der ontogenetischen Aufeinanderfolge können bei dieser Entscheidung noch weitere Kriterien eine Rolle spielen (vgl. *Gruner* 1980, 51).

Das von vielen Forschergenerationen entwickelte System der Organismen erlaubt es,

- bereits bekannte Arten oder Taxa höherer Ordnung in umfassendere Verwandtschaftsgruppen einzuordnen (z.B. Löwe als Raubtier, Säugetier, Wirbeltier) und mit anderen Gruppen in Beziehung zu setzen (z.B. Löwe als katzenartiges Raubtier mit hundeartigen Raubtieren);

Abb. II, 0-3: Stammbaumschema der Verwandtschaftsverhältnisse von Organismengruppen (aus *Sturm* 1982)

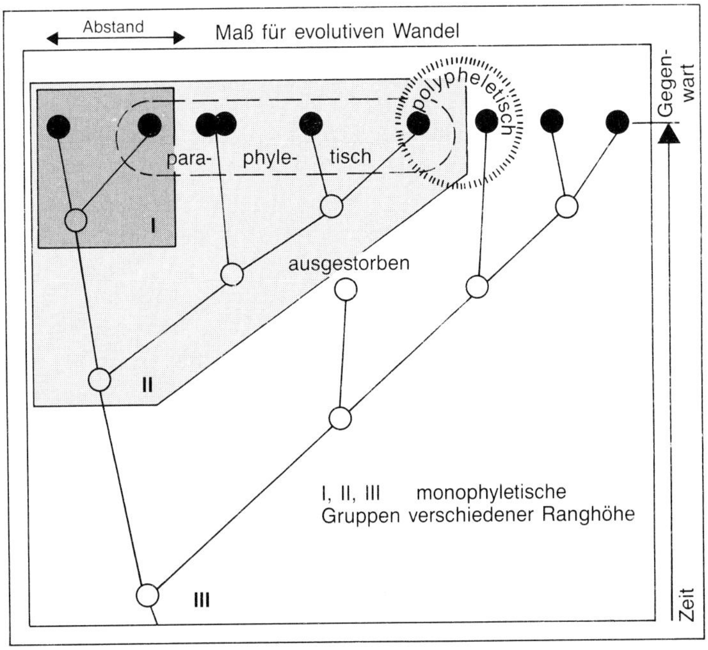

– neuentdeckte Arten oder Sippen höherer Ordnung richtig einzuordnen;
– bereits beschriebene, aber subjektiv unbekannte Arten oder Taxa höherer Ordnung zu determinieren (zu bestimmen).

0.1.2 Bestimmungsmethoden

Das Bestimmen von Pflanzen und Tieren setzt das Vorhandensein von Vergleichsmaterial oder Bestimmungsliteratur voraus. Nach *Sturm* (1975; 1982) kann man vier Bestimmungsmethoden unterscheiden, die sich auch miteinander kombinieren lassen:

– Vergleich Objekt – Objekt
– Vergleich Objekt – Gesamtabbildung (Habitusabbildung)
– Vergleich Objekt – ausführliche Beschreibung
– Verwendung eines Bestimmungsschlüssels.

Die Anwendung der erstgenannten Methode ist insofern besonders wertvoll, als sie einen bis in feinste Einzelheiten reichenden Vergleich ermöglicht. Sie scheitert allerdings in der Praxis meist daran, daß keine Vergleichssammlung vorhanden ist, die alle jeweils in Frage kommenden Arten umfaßt. Die zweite Methode ist Grundlage vieler Bestimmungswerke, vor allem solcher, die nur eine relativ geringe Anzahl an Arten umfassen. Meistens liefern solche Bildbände keine sicheren Ergebnisse, weil nicht alle in der betreffenden systematischen Gruppe oder dem jeweiligen Ökosystem vorkommenden Arten erfaßt sind. Häufig werden in solchen Büchern die Gesamtdarstellungen durch Detailabbildungen und Hinweise auf wichtige Merkmale ergänzt (vgl. z.B. *Peterson/Mountfort/Hollom* 1984; *Kelle/Sturm* 1979; 1984). Dadurch werden die Schwierigkeiten zwar gemildert, aber nicht ausgeräumt.
Die Bestimmung eines Lebewesens allein mit Hilfe der an dritter Stelle genannten Methode ist im allgemeinen sehr schwierig und zeitraubend. Ausführliche Beschreibungen kommen zwar in vielen Bestimmungswerken vor, sie stellen aber fast durchweg nur ein Element unter anderen Elementen

(Abbildungen, Bestimmungsschlüssel) dar und werden meistens vor allem zur Bestätigung einer bereits auf anderen Wegen vollzogenen Bestimmung benutzt.
Der in der Wissenschaft übliche Weg zur Determination eines Lebewesens ist die Verwendung eines Bestimmungsschlüssels, d.h. eines eigens zur Ermittlung des richtigen Taxons konstruierten Programms. Die meisten Schlüssel sind dichotom (zweigabelig) aufgebaut: Der Benutzer wird Schritt für Schritt dem Ziel nähergeführt, indem er jeweils vor eine Alternativ-Entscheidung gestellt wird (s. Abb. II, 4-2, Tab. II, 4-4). Die im Bestimmungsschlüssel verwendeten Merkmale (z.B. Form, Größe, Farbe, Musterung) sind so ausgewählt, daß jeweils nur eine der beiden Merkmalsausprägungen bei dem zu bestimmenden Objekt zu finden ist. Manche Bestimmungsschlüssel sind nicht streng dichotom, sondern enthalten auch Bestimmungsschritte mit mehr als zwei Entscheidungsmöglichkeiten; sie sind polytom (mehrgabelig). Einmal haben polytome Schlüssel den anderen Methoden gegenüber den Vorteil, daß sie Platz sparen. Zum anderen treten die meisten Merkmale mit mehr als zwei Alternativen auf. Ein polytomer Schlüssel ist also ein besseres „Abbild der Natur". Weiterhin kann man nach *Sturm* (1975) Bestimmungsschlüssel danach unterscheiden, ob Gegensatzpaare immer unmittelbar benachbart aufgeführt werden, oder ob sie – in einer mehr systematischen Anordnung der Taxa – getrennt sind.
Dichotome und polytome fortlaufend geschriebene Bestimmungsschlüssel haben den anderen Bestimmungsmethoden gegenüber den Vorzug, daß sie wenig Platz benötigen. Nur unter Verwendung solcher Schlüssel kann es zum Beispiel gelingen, sämtliche wildwachsenden und häufig kultivierten Gefäßpflanzenarten Deutschlands und der angrenzenden Gebiete in einem Buch mit etwa 500 Seiten zu erfassen (vgl. *Schmeil/Fitschen* 1988). Wenn die zu determinierenden Objekte gut erhalten sind, die notwendigen Hilfsmittel (z.B. Lupe, Stereomikroskop) zur Verfügung stehen, der Benutzer die im Schlüssel vorkommenden Organbezeichnungen und Merkmale kennt und außerdem im Beobachten geübt ist, führt die Verwendung von Bestimmungsschlüsseln dieser Art absolut sicher zum Ziel. Die Tatsache, daß die bekannten traditionsreichen Bestimmungsbücher für Mitteleuropa (vgl. besonders *Schmeil/Fitschen* 1988, *Brohmer* 1982) im Laufe ihrer Geschichte mehrfach neu bearbeitet wurden, zeigt nicht nur, daß die Systematik ständig Fortschritte macht, sondern auch, daß es immer noch Möglichkeiten zur Verbesserung von Bestimmungsschlüsseln gibt.
Alle fortlaufend geschriebenen Bestimmungsschlüssel haben jedoch einige Nachteile (vgl. *Sturm* 1975, 67 f.):

- Sie berücksichtigen meistens nur eine kleine Auswahl der für das entsprechende Taxon bedeutenden Merkmale. Gerade bei sogenannten „wissenschaftlichen" Bestimmungsschlüsseln ist es oft unmöglich, eine Pflanzen- oder Tierart zu bestimmen, wenn nicht ein bestimmtes Entwicklungsstadium vorliegt (Beispiel: Bestimmungsmerkmal „Frucht" bei Doldenblütlern und Kreuzblütlern).
- Bestimmte Merkmale werden nur für einen Teil der Taxa angegeben, so daß kein durchgehender Vergleich möglich ist.
- Es ist sehr schwer, sich die charakteristischen Merkmale eines Taxons nach einem Bestimmungsschlüssel einzuprägen, da sie räumlich und damit für den Leser auch zeitlich getrennt aufgeführt werden. Wenn man den Bestimmungsgang richtig durchlaufen hat, kommt man zwar zu einem Namen, aber man kennt die Art oder das Taxon nicht. Die Merkmalskombination muß nun durch mühsames „Rückwärtsbestimmen" ermittelt werden.
- Die Gliederung einer systematischen Gruppe und die Beziehungen der einzelnen Taxa zueinander werden nicht deutlich.

Die meisten der genannten Nachteile wirken sich vor allem dann ungünstig aus, wenn es darum geht, sich formenkundliche und systematische Grundkenntnisse anzueignen.
Die beiden erstgenannten Nachteile können durch eine „Merkmalstabelle" – häufig auch „synoptische Bestimmungstabelle" genannt – vermieden werden: In einer Zeile stehen die Merkmale, in

einer Spalte die Taxa (s. Tab. II, 4-1). In der jeweiligen Merkmalsspalte kann für jedes Taxon ein kurzer Text stehen, oder es werden nur die zutreffenden Merkmale angekreuzt. Die Merkmale können durch diese „zweidimensionale" Anordnung annähernd vollständig erfaßt werden. Auch läßt sich gut die Verteilung und Ausprägung eines Merkmals innerhalb einer systematischen Gruppe vergleichen. Der Nachteil: Bei Aufnahme von mehr als fünf bis sechs Taxa wird eine solche Tabelle unübersichtlich, und ihre Benutzung wird schwierig.

Die beiden letztgenannten Nachteile können durch eine synoptische, tabellarische Darstellung eines dichotomen oder polytomen Schlüssels vermieden werden (vgl. z.B. *Schmidt, E.*, 1971; *Wellinghorst* 1982; s. Tab. II, 4-2). Eine solche Anordnung ist wesentlich übersichtlicher und prägt sich besser ein als ein fortlaufender Bestimmungstext. Verwandtschaftsbeziehungen und Ähnlichkeiten einzelner Taxa werden viel deutlicher, insbesondere dann, wenn dem Schlüssel auch noch Bilder beigegeben werden.

Durch Kombination von Merkmalstabelle und Tabellenschlüssel läßt sich eine synoptische Bestimmungstabelle entwickeln, die in gewissem Umfang die Vorteile beider Verfahren vereinigt (s. Tab. II, 4-3). Der Aufbau einer solchen Tabelle ist zweidimensional: In der oberen Zeile stehen die Merkmale, in der letzten Spalte die Namen der Taxa. Dabei wird versucht, Arten mit ähnlichen Merkmalskombinationen benachbart anzuordnen. Merkmalsgegensätze werden durch dicke, waagerechte Striche hervorgehoben. Innerhalb einer Merkmalsspalte wird nach Art des Tabellenschlüssels weiter aufgegliedert (vgl. *Haller/Probst* 1983; 1989; *Martensen/Probst* 1990). Die Vorteile dieser Tabelle sind:

- Man kann die Tabelle weitgehend wie einen Bestimmungsschlüssel verwenden.
- Man erkennt sofort die Gliederung einer systematischen Gruppe und kann sie sich deshalb leicht einprägen.
- Man erkennt, welche Merkmale bei einer Gruppe für die Großgliederung, welche für die Feineinteilung in Frage kommen.
- Die Redundanz der Bestimmung ist – wie bei einer Merkmalstabelle – höher als bei herkömmlichen dichotomen oder polytomen Schlüsseln. Man kann sich praktisch verschiedene Bestimmungsschlüssel aus einer Tabelle zusammensetzen. Deshalb ist häufig noch eine Bestimmung möglich, wenn das zu bestimmende Objekt unvollständig ist oder nicht alle gefragten Merkmale zeigt.

0.2 Zur Behandlung im Unterricht

Im Vergleich zu früheren Zeiten hat das Ordnen von Lebewesen im Biologieunterricht an Bedeutung verloren. Während noch vor wenigen Jahren – zumindest in den Klassen 5 bis 7 des Gymnasiums – der Unterricht durch das System der Pflanzen und Tiere strukturiert war und allein dadurch die systematischen Kategorien ständig vermittelt und geübt wurden, gilt heute die „Vielfalt und Ordnung des Lebendigen" als eines unter mehreren „Grundphänomenen", an denen sich der Unterricht orientiert (vgl. *Eschenhagen/Kattmann/Rodi* 1985, 106 f.).

Es sollte aber nicht vergessen werden, daß in gewisser Weise der Aspekt „Vielfalt und Ordnung" alle anderen „Kennzeichen des Lebendigen" übergreift: Ob man Stoff- und Energiewechsel, Verhalten oder Vererbung von Organismen behandelt, immer wird man neben der oft erstaunlichen Einheitlichkeit im Prinzipiellen eine bunte Mannigfaltigkeit im einzelnen vorfinden und dadurch ganz selbstverständlich immer wieder auf die Erscheinung der abgestuften Ähnlichkeit stoßen. So spielt der systematische Aspekt in die Behandlung aller anderen Phänomene hinein – wenn auch mehr oder weniger deutlich (vgl. *Probst* 1977a; *Sturm* 1982).

Der systematische Gesichtspunkt bietet sich geradezu als Korrektiv für eine durchgängige Orientierung des Unterrichts an Grundphänomenen an. Ebensowenig, wie „Leben an sich" existiert, gibt es

irgendeine Lebenserscheinung unabhängig von einem Lebewesen. Gerade in der Sekundarstufe I wird man allgemeine Merkmale nicht abgehoben von Organismen, sondern stets an konkreten Exempla erarbeiten. Die Berücksichtigung des systematischen Aspekts stellt sicher, daß das Einzellebewesen nicht zum Träger allgemeiner Eigenschaften degradiert wird, sondern als Ganzes im Blick bleibt. Diese umfassende (und vergleichende) Betrachtungsweise kommt dem Interesse besonders der Schüler in den ersten Jahrgängen der Sekundarstufe I entgegen.
Die Beschäftigung mit dem System der Lebewesen ermöglicht es den Schülern, ihre Kenntnisse sinnvoll zu strukturieren. Die Berücksichtigung des Systems würde auch Lehrplangestalter, Schulbuchautoren und Lehrer davor bewahren, bei der Auswahl der unterrichtlichen Exempla einseitig zu verfahren, z.B. bedeutende Taxa völlig zu vernachlässigen.
Hier stellt sich die Frage, an welchen Stellen im Unterrichtsplan der Sekundarstufe I das Thema „Ordnen" auftreten sollte. Einigkeit besteht darüber, daß es bereits im 5. oder 6. Schuljahrgang zu berücksichtigen ist. In vielen entsprechenden Schulbüchern ist es als das letzte Thema oder eines der letzten Themen behandelt. Der Lehrer kann, wenn er diese Anordnung übernimmt, auf vielfältige Vorerfahrungen der Schüler bauen, die diese in anderen unterrichtlichen Zusammenhängen der vorangegangenen Monate oder Jahre gewonnen haben (vgl. z.B. *Kattmann/Palm/Rüther* 1982). Von manchen Autoren wird vorgeschlagen, das Ordnen von Lebewesen mit der Behandlung eines Ökosystems zu verknüpfen, weil die Vielzahl der in einem Biotop vorgefundenen Arten geradezu nach einem Klassifizieren verlangt (vgl. z.B. *Knoll/Werner* 1979).
Sinnvoll ist allerdings auch, das Thema „Ordnen" mit dem Thema „Vielfalt in Beispielen" zu verbinden und bereits zu Beginn der Sekundarstufe I zu behandeln. Damit wird von vornherein ein grobes Raster geschaffen, das später durch immer mehr Detailkenntnisse verfeinert wird. Einige wichtige Voraussetzungen für dieses Vorgehen bringen die Kinder bereits aus ihrer Grundschulzeit mit. Wie verschiedene Untersuchungen erwiesen haben, kennen Kinder in diesem Alter eine große Menge an Pflanzen und – vor allem – an Tieren (vgl. z.B. *Eschenhagen* 1982; 1984; *Etschenberg* 1983; 1985; *Hesse, M.*, 1984). Außerdem verwenden sie bereits viele Namen systematischer Gruppen (z.B. Vögel, Fische, Säugetiere, Schmetterlinge, Käfer). Auch das Klassifizieren haben die Kinder in der Regel schon im Grundschulunterricht an verschiedenen Gegenständen geübt, u.a. im Rechnen und im Sachunterricht. Untersuchungen an Schülern des 3. und 4. Schuljahres haben aber gezeigt, daß ein sinnvoller Gebrauch der Bezeichnungen für bestimmte Taxa nicht unbedingt mit einem Verständnis der Prinzipien der Klassifikation Hand in Hand geht. Auch wurde dabei deutlich, daß sich „Lernerfolge in Hinsicht auf ein durchgehendes Verständnis der Tier- und Pflanzenklassifizierung ... mit Hilfe einer kürzeren Unterrichtseinheit (3–4 Std.) in der Primarstufe nur sehr schwer erzielen" lassen (*Laufens/Detmer* 1980, 50). Die Tatsache, daß sich bei diesen Untersuchungen die Lernerfolge bei Schülern des 4. Schuljahres als größer erwiesen als bei denen des 3. Schuljahres, läßt vermuten, daß in den Anfangsklassen der Sekundarstufe I bessere Bedingungen für die hier geforderten Lernleistungen gegeben sind (vgl. z.B. auch *Piaget/Inhelder* 1973; *Ginsburg/Opper* 1982).
Bei der Einführung in das biologische System muß allerdings bedacht werden, daß auch Schüler dieses Alters die Lebewesen überwiegend nicht nach taxonomischen Gesichtspunkten ordnen, sondern nach anderen Kriterien, z.B. Lebensraum, Größe, Fortbewegungsweise, Beziehung zum Menschen (Haustiere) oder „Charaktereigenschaften" (gefährliche Tiere, kluge Tiere). Welche sachlichen Schwierigkeiten zwölfjährige Schüler beim Einordnen von Tieren nach taxonomischen Kriterien hatten, zeigt eine Arbeit von *Ryman* (1974a; b). Während die Schüler Tiere nach Habitusbildern fast durchweg richtig bezeichnen konnten, fiel ihnen die Klassifikation schwer. Das Ordnen von Tieren setzt das Verständnis von teilweise schwierigen Definitionen voraus (z.B.: Wirbeltiere sind Tiere mit Wirbelsäule). Die dazu notwendige Abstraktionsleistung fällt vielen Schülern dieses Alters noch schwer (s. Abschnitt II, 1.1).
Im Biologieunterricht des Sekundarbereichs I geht es darum, unter Berücksichtigung dieser Voraussetzungen den Schülern einen Einblick in Aufgaben, Verfahren und Ergebnisse der biologischen

Systematik zu vermitteln. Das Gesamtthema „Ordnen nach systematischen Gesichtspunkten" läßt sich in drei Teilbereiche gliedern:

- Bilden von Gruppen innerhalb einer gegebenen Gesamtheit von Lebewesen (Sortieren, Gruppieren, Klassifizieren) und Zuordnen weiterer Arten zu den geschaffenen Gruppen.
- Bestimmen unbekannter Arten nach vorgegebenen Bestimmungsschlüsseln, Bestimmungstabellen oder Abbildungen und selbständiges Konstruieren von Bestimmungsschlüsseln.
- Erarbeiten wichtiger Baupläne und eines Überblicks über das gesamte natürliche System.

Die Teilthemen können im Unterricht in beliebiger Reihenfolge behandelt werden. Einige Gründe sprechen aber dafür, die oben genannte Abfolge zu wählen. Sicher ist, daß ein Verständnis für Baupläne und die höheren Stufen des Systems leichter zu stiften ist, wenn Übungen im Gruppieren vorangegangen und die Prinzipien des „Bildens von Klassen" verstanden sind. Die beim Klassifizieren von Pflanzen und Tieren gewonnenen Kenntnisse (Namen von Arten und höheren Taxa, Merkmale, Organe) erleichtern den Schülern auch den Zugang zu Bestimmungsübungen. Ob man solche Übungen direkt an das Ordnen von Lebewesen anschließt oder ob man eine andere Hinführung wählt (z.B. über die Behandlung eines Ökosystems), spielt keine entscheidende Rolle. Wesentlich ist, daß eine Situation herbeigeführt wird, in der die Schüler selbst die Notwendigkeit des Determinierens erkennen.
Besonders eingehend sollten dichotome Bestimmungsschlüssel oder entsprechende Bestimmungstabellen behandelt werden. Dafür spricht vor allem ihre große Bedeutung in der Biologie. Wichtig ist auch, daß die Schüler auf diese Weise am besten zum genauen Beobachten der Objekte und zum ständigen Vergleichen der Ausprägungen eines Merkmals angeleitet werden. Dabei lernen sie nicht nur Arten und systematische Grundbegriffe kennen, sondern werden auch in ihrer Beobachtungsfähigkeit gefördert. Schließlich könnten sie das formale Prinzip des dichotomen Bestimmungsschlüssels erkennen und zur Einsicht gelangen, daß für das Erreichen eines Zieles die angewendete Strategie bedeutsam ist.
Außer dem Benutzen vorgegebener Bestimmungsbücher sollte auch das eigene Konstruieren einfacher Schlüssel geübt werden. Bereits 1914 stellte *Georg Kerschensteiner* fest, daß der Beitrag von biologischen Bestimmungsübungen „für die geistige Zucht ... sehr bescheiden", jedoch die „Umkehrung des Verfahrens, die Herstellung des Begriffsschemas aus einer Anzahl von vorliegenden Arten, ... meist fruchtbarer" sei (1959, 95). „Dabei ergibt sich eine Fülle von Mutmaßungen und Vergleichungen, die nicht aus gegebenen Vorschriften sich entwickeln, sondern frei aufsteigen" (1959, 96). Das Aufstellen eines Bestimmungsschlüssels fördert nicht nur die Beobachtungs- und Denkfähigkeit, sondern liefert auch den Nachweis dafür, ob die Schüler das Prinzip des Determinierens verstanden haben. Das selbständige Zusammenbauen eines Bestimmungsschlüssels gelingt allerdings nur, wenn man sich keine zu große Anzahl verschiedener Taxa vornimmt (fünf bis acht Arten sind für den Anfang ausreichend). Am besten geht man von einer Merkmalstabelle aus und faßt dann in einem zweiten Schritt aus dieser Merkmalstabelle gleiche Merkmale zusammen. Aus der synoptischen Tabelle lassen sich sowohl fortlaufend geschriebene dichotome bzw. polytome Schlüssel als auch synoptische Tabellenschlüssel ableiten (vgl. *Kuhn/Probst/Schilke* 1986, 197 f.).

Literatur

Ax 1984; *Brohmer* 1982; *Czihak/Langer/Ziegler* 1981; *Eschenhagen* 1982; 1984; *Eschenhagen/Kattmann/Rodi* 1985; *Etschenberg* 1983; 1985; *Flindt* 1985; 1988; *Gerlach, M.*, 1983; *Ginsburg/Opper* 1982; *Götz/Knodel* 1980; *Gruner* 1980; *Grupe* 1961; *Haller/Probst* 1983; 1989; *Hennig* 1982; *Hesse, M.*, 1984; *Heywood* 1971; *Illies* 1969; *Kattmann/Palm/Rüther* 1982; *Kelle/Sturm* 1979; 1984; *Kerschensteiner* 1959; *Knoll/Werner* 1979; *Kraus* 1982; *Kremer* 1983; 1989; *Kuhn/Probst/Schilke* 1986; *Laufens/Detmer* 1980; *Martensen/Probst* 1990; *Mayr* 1967; 1975; *Peterson/Mountfort/Hollom* 1984; *Piaget/Inhelder* 1973; *Probst* 1977a; *Remane* 1956; *Ryman* 1974a; b; *Schmeil/Fitschen* 1988; *Schmidt, E.*, 1971; 1977; *Schüttoff* 1975; *Sturm* 1975; 1982; *Vogellehner* 1983; *Weberling/Schwantes* 1981; *Wellinghorst* 1982

1 Klassen der Wirbeltiere

1.1 Sachanalyse

Die etwa 46 800 rezenten Wirbeltierarten werden heute von den meisten Systematikern sieben Klassen zugeordnet: Rundmäuler, Knorpelfische, Knochenfische, Lurche, Kriechtiere, Vögel und Säugetiere. Im Biologieunterricht der Sekundarstufe I beschränkt man sich wohl durchweg, indem man die ersten drei Gruppen zu einer Einheit zusammenfaßt, auf die Ausgliederung von fünf Klassen: Fische (Pisces, etwa 25 000 rezente Arten), Lurche (Amphibia, 2800), Reptilien (Reptilia, 6000), Vögel (Aves, 8600), Säugetiere oder Säuger (Mammalia, 4400).
Diese Klassen unterscheiden sich durch eindeutige, meist leicht feststellbare Merkmale voneinander. Für die Zuordnung der Wirbeltierarten zu den fünf Gruppen reicht es häufig schon aus, Unterschiede in der Beschaffenheit der Haut heranzuziehen:

- Fische haben eine schleimige Haut mit Schuppen, die entweder ganz unter der Oberhaut (Epidermis) liegen oder diese mit einer Spitze (Hautzähnchen) durchstoßen;
- Lurche haben meist eine feuchte Haut, die keine Schuppen und nur eine dünne Hornschicht ausbildet;
- Kriechtiere haben eine trockene Haut mit äußeren hornigen Schuppen;
- Vögel haben Federn;
- Säuger haben Haare.

Zuordnungsschwierigkeiten können bei denjenigen Arten auftreten, bei denen die typischen Hautstrukturen teilweise oder ganz reduziert sind, z.B. bei vielen Walen, die als erwachsene Tiere keine Haare mehr haben. Einige der im folgenden aufgeführten Merkmale schaffen aber im allgemeinen schnell Klarheit:
Fische: typische Wassertiere, Kiemenatmung, meist je ein Brust- und Bauchflossenpaar und unpaare Rücken-, Schwanz- und Afterflosse, einfacher Blutkreislauf, meist äußere Befruchtung.
Lurche: Metamorphose, meist fischähnliche Larven im Wasser, erwachsene Tiere an Land, Herz mit einer Kammer und zwei Vorkammern, meist äußere Befruchtung oder Spermaübertragung durch Spermatophoren.
Reptilien: Herzkammer durch meist nicht vollständige Scheidewand unterteilt, linker und rechter Aortenbogen vorhanden, wie Fische und Lurche wechselwarm (poikilotherm), innere Befruchtung, Eier dotterreich, mit mehr oder weniger fester Außenhülle, Entwicklung der Embryonen meist außerhalb des Mutterleibs, Embryo – wie bei Vögeln und Säugern – von Embryonalhüllen (Amnion und Serosa) umgeben, Zähne meist gleichförmig, einspitzig.
Vögel: vordere Extremitäten als Flügel ausgebildet, Kiefer zahnlos, Hornschnabel, nur eine große Hautdrüse (Bürzeldrüse), Lungen mit Luftsäcken verbunden, vierkammeriges Herz, rechter Aortenbogen vorhanden, gleichwarm (homoiotherm), Eier mit Kalkschale, hochentwickelte Brutfürsorge.
Säugetiere: viele Hautdrüsen (Schweiß-, Talg-, Milchdrüsen), bis auf wenige Arten lebendgebärend, Ernährung der Jungen durch Milch, vier Herzkammern, linker Aortenbogen vorhanden, gleichwarm, Zwerchfell als spezieller Atemmuskel entwickelt, drei Gehörknöchelchen, Zähne meist verschiedenartig (Schneidezähne, Eckzähne, Vorbackenzähne oder Prämolaren, Backenzähne oder Molaren), meist ein Zahnwechsel.

1.2 Vorschläge zur Unterrichtsgestaltung

1.2.1 Didaktische Überlegungen

Im Tierkundeunterricht der Klassenstufe 5/6 stehen die Wirbeltiere im Mittelpunkt. Die verschiedenen „Kennzeichen des Lebendigen" werden fast durchweg an Vertretern dieser Tiergruppe erarbeitet. Deshalb liegt es nahe, mit Klassifizierungsversuchen bei Wirbeltieren zu beginnen. Man kann sicher sein, daß die Schüler viele verschiedene Wirbeltiere aus ihrer vor- und außerschulischen Erfahrung sowie aus dem vorangegangenen Unterricht in der Grundschule und den Klassen 5 und 6 kennen: Haus- und Heimtiere, Wild, Kleinsäuger, Singvögel, exotische Tiere.
Entsprechende Überlegungen gelten auch für die Gruppe der Blütenpflanzen (s. Abschnitt II, 3.2). Ein Argument spricht sogar eindeutig dafür, mit den Pflanzen zu beginnen: Blütenpflanzen lassen sich – zumindest in der Vegetationsperiode – in beliebiger Anzahl als Originale beschaffen; das ermöglicht nicht nur das direkte Beobachten und Untersuchen, sondern auch Kleingruppen- oder Partnerarbeit. Es gibt aber auch Gründe dafür, zuerst die Wirbeltiere zu behandeln:

- Die Gruppe „Wirbeltiere" läßt sich leichter von den „Nichtwirbeltieren" abgrenzen als die Blütenpflanzen von den „Nichtblütenpflanzen".
- Es ist für die Schüler einfacher, ein Wirbeltier einer der Wirbeltierklassen zuzuordnen, als die Familienzugehörigkeit einer Blütenpflanze zu erkennen.
- Wenn man fünf Wirbeltierklassen berücksichtigt, erfaßt man die Gesamtheit der Wirbeltiere; wählt man aber Vertreter von fünf Pflanzenfamilien aus, so muß man eine Vielzahl an Blütenpflanzen vernachlässigen.

Im Hinblick auf die formalen Zielsetzungen der Unterrichtseinheit – Üben des Klassifizierens – stellt sich die Frage, ob man nicht statt der Lebewesen irgendwelche anderen Objekte einsetzen sollte, z.B. das „Modell-System", eine Reihe verschieden geformter, gefärbter und gemusterter Pappstücke (vgl. *Becker* 1972). Das Arbeiten mit solchen Gegenständen bietet den Vorzug, daß dabei das Grundsätzliche des Ordnens (das Vergleichen und das Abstrahieren von Merkmalen) besonders deutlich wird, weil die Objekte selbst nur die wesentlichen Kennzeichen tragen und die Gefahr der Ablenkung durch irgendwelche den Unterrichtsprozeß nicht fördernde Assoziationen gering ist. Die Abstraktheit eines „Modell-Systems" erscheint andererseits als Nachteil: Gerade jüngere Schüler arbeiten sicher viel lieber mit Tieren und Pflanzen als mit Pappstücken, und sie können dabei auch noch ihre biologischen Kenntnisse erweitern. Deshalb wird man nichtbiologische Objekte höchstens bei der ersten Einführung ins Klassifizieren verwenden (vgl. *Bolay* 1983), sonst aber mit Lebewesen arbeiten.
Es ist wenig sinnvoll, die Kinder an das Gruppieren von Wirbeltieren heranzuführen, ohne mit ihnen vorher die Gesamtheit der Wirbeltiere (Vertebrata) gegenüber den anderen Großgruppen des Tierreichs abzugrenzen. Da sie sich in ihrer bisherigen Schulzeit mit Nicht-Wirbeltieren niemals systematisch befaßt haben, kann es sich hier aber nur um eine grobe Unterscheidung handeln. Bei Untersuchungen von *Ryman* (1974a) wurden Wirbellose und Wirbeltiere von vielen zwölfjährigen Kindern nicht sicher unterschieden. Aal und Kreuzotter wurden zu einem hohen Prozentsatz zu den Wirbellosen gezählt, während Ameisen, Spinnen, Hundertfüßer und Krebse den Wirbeltieren zugeordnet wurden. *Ryman* vermutet, daß das Konzept für Wirbeltiere bei den Kindern am Besitz eines abgesetzten Kopfes, eines festen Körpers und von Gliedmaßen orientiert war. Es wird deshalb vorgeschlagen, die Wirbeltiere aufgrund weniger Merkmale pauschal gegenüber der Gesamtheit aller übrigen Tiergruppen (den „Wirbellosen") abzugrenzen. Dieses Vorgehen läßt es auch geboten erscheinen, auf eine Aussage über den Rang der taxonomischen Gruppe „Wirbeltiere" zu verzichten und dieses Thema höheren Schulstufen zu überlassen (s. Kapitel II, 7).

II Ordnen nach systematischen Gesichtspunkten

Im heute gültigen System der Tiere wird den Vertebraten nur der Rang eines von drei oder vier Unterstämmen des Stammes „Chordata“ (Chordatiere) zuerkannt (vgl. *Remane/Storch/Welsch* 1985). Die Schüler hätten keinen Gewinn davon, wenn man ihnen die Bezeichnung „Unterstamm“ mitteilte; einfach wäre es, wenn man den Wirbeltieren „bis auf weiteres“ den Rang eines Stammes zuweisen würde.

Die Zuordnung der verschiedenen Wirbeltierarten zu den fünf Wirbeltierklassen ist ein sehr naheliegendes und in vielen Fällen relativ einfaches Unterfangen. Die Bezeichnungen der Klassen sind bereits den meisten Kindern der 5. Klasse geläufig. Besonders mit den Namen „Vögel“ und „Fische“ gehen sie ganz selbstverständlich um. Wahrscheinlich sind es die auffälligen Besonderheiten der Lebensweise von Vögeln und Fischen, die diese den Kindern so bekannt sein lassen: Vögel sind d i e fliegenden, Fische d i e schwimmenden Tiere. Zwischen Fischen und Vögeln gibt es auch kaum Verwechslungsmöglichkeiten: Fliegende Fische sind doch leicht der richtigen Klasse zuzuordnen, und Pinguine sind eindeutig Vögel. Etwas größere Schwierigkeiten treten bei den Säugetieren auf; denn hier gibt es Arten, die in ihrer Lebensweise anderen Gruppen ähneln (z.B. Fledermäuse, Wale, Robben) und zum Teil auch wichtige Merkmale ihrer Klasse nicht aufweisen (z.B. Wale; s.o.). Weitere Komplikationen treten bei der Abgrenzung von Lurchen und Reptilien auf: Der Habitus vieler Vertreter (z.B. Molche, Eidechsen) verführt zu falschen Einordnungen, die Bezeichnungen der Gruppen sind den Kindern weniger vertraut, und das Wort „Kriechtiere“ ist sprachlich verwirrend (es wird am besten von Anfang an durch „Reptilien“ ersetzt). Durch eine angemessene Auswahl der Beispiele für die erste Einführung in das Klassifizieren von Wirbeltieren können aber die Probleme gering gehalten werden. Die gezielte Hinzunahme auch schwieriger Beispiele kann dazu beitragen, daß die Unterrichtseinheit vom Anfang bis zum Ende interessant bleibt.

Ein bedenkenswertes Teilproblem ist die Zuordnung des Menschen zu den Säugetieren (vgl. *Kattmann/Stange-Stich* 1974; *Pissarek/Riquarts* 1979). Hier wird vorgeschlagen, den Menschen am Ende der Unterrichtseinheit einzubeziehen. Viele Schüler dieser Klassenstufe haben sich über die Stellung des Menschen im zoologischen System noch keine Gedanken gemacht, viele sträuben sich gefühlsmäßig dagegen, ihn so zu behandeln wie jedes andere Säugetier. Um so wichtiger ist es, im Unterricht deutlich zu machen, daß es eine ganze Reihe von Merkmalen des Körperbaus und der Lebensweise gibt, die ihn eindeutig als Verwandten von Hund, Katze oder Schimpansen kennzeichnen.

Das Bereitstellen geeigneter Medien ist bei dieser Unterrichtseinheit schwieriger als bei dem Thema „Familien der Samenpflanzen“. Am günstigsten wäre es in diesem Falle, man könnte den Schülern viele Tierpräparate in die Hand geben oder zumindest demonstrieren. Lebende Tiere würden die Kinder allzu sehr von den eigentlichen Aufgaben ablenken, und andere Medien (vor allem Abbildungen) lassen oft die wesentlichen Merkmale nicht so gut erkennen. Da die meisten Schulen nicht über die wünschenswerte Menge an Präparaten verfügen, empfiehlt es sich, zusätzlich zu den vorhandenen Präparaten Bildmaterial einzusetzen, das man im Laufe der Zeit sammeln oder auch selbst herstellen kann.

Unterrichtsziele:

Die Schüler sollen

- Wirbeltiere von Wirbellosen unterscheiden und wesentliche Merkmale der Wirbeltiere nennen können;
- die fünf Klassen der Wirbeltiere aufzählen können;
- Unterscheidungsmerkmale der Wirbeltierklassen nennen können;
- mehrere Vertreter jeder Klasse kennen;
- Wirbeltiere, die in Form eines Präparats oder einer Abbildung gezeigt werden, den betreffenden Klassen zuordnen können;

- bekannte Wirbeltiere, deren Namen genannt wird, in das System der Wirbeltiere einordnen können;
- begründen können, warum der Mensch der Klasse der Säuger zugeordnet wird.

1.2.2 Unterrichtsprozeß

Zu Beginn des Unterrichts wird die Klasse ohne einen langen Kommentar mit einer größeren Anzahl (12 bis 15) Wirbeltieren und wenigen (3 bis 5) Wirbellosen konfrontiert. Dabei sitzen die Schüler am besten im Kreis um eine freie Fläche herum, auf der die Tiere in Form von Präparaten oder möglichst großen Abbildungen ohne System angeordnet sind. Bei den Wirbeltieren sollte es sich nur um solche Arten handeln, deren Klassenzugehörigkeit relativ leicht zu erkennen ist. Wünschenswert wäre, wenn von jeder Wirbeltierklasse mehrere Arten vorhanden wären und von jeder Klasse wenigstens ein Exemplar so präpariert wäre, daß die Schüler die Hautbeschaffenheit nicht nur gut sehen, sondern auch ertasten können. Ob die Tiere bereits mit ihren Artnamen beschriftet sind oder ob das Zuordnen von Namenskärtchen als erste Aktivität der Schüler vorgesehen wird, ist für den weiteren Verlauf des Unterrichts unerheblich. Wichtig ist nur, daß vor dem Beginn des Ordnens jedes Tier eindeutig benannt ist.
Der Lehrer teilt nun der Klasse mit, daß die meisten der mitgebrachten Tiere eine Reihe von gemeinsamen Merkmalen haben und deshalb zu einer einzigen großen Tiergruppe gezählt werden, daß aber drei (vier, fünf) der Tiere nicht zu dieser Gruppe gehören. Die Schüler machen Vorschläge zur Gruppierung und begründen jeweils ihre Aussagen. Dabei wird sich allmählich herauskristallisieren, daß die eine Tiergruppe durch zwei Paar Gliedmaßen (Beine, Arme, Flügel, Flossen) und ein innen liegendes Skelett mit einer Wirbelsäule gekennzeichnet ist. Sollten die Schüler auf Knochengerüst und Wirbelsäule nicht von selbst kommen, kann der Lehrer als „stummen Impuls" ein Skelettpräparat eines möglichst großen Wirbeltiers demonstrieren. Es sollte ausdrücklich angesprochen werden, daß die Fischgräten den Knochen der anderen Vertreter dieser Tiergruppen und die Brust- und Bauchflossen der Fische den Extremitäten der Landwirbeltiere entsprechen. Der Name „Wirbeltiere" wird eingeführt, und es wird festgestellt, daß man alle anderen Tiere den Wirbeltieren als „Wirbellose Tiere" gegenüberstellen kann.
Nun werden die Präparate bzw. Bilder der Wirbellosen entfernt. Die Schüler erhalten die Aufgabe, die übrigen Tiere „irgendwie" zu ordnen. Durch die vorangegangene Unterrichtsphase sind die Schüler schon darauf aufmerksam geworden, daß es beim Gruppieren von Tieren besonders auf Körperbaumerkmale ankommt. Damit nicht durch Äußerungen „guter" Schüler bestimmte Möglichkeiten der Klassifizierung von vornherein favorisiert werden, empfiehlt es sich, die Schüler aufzufordern, diese Aufgabe in Partner- oder Kleingruppen anzugehen und die Ergebnisse zu notieren. Für die Gruppenarbeit erhält jede Gruppe ein eigenes Sortiment von Wirbeltieren. Die einzelnen Tiersortimente könnten dabei identisch sein oder partiell übereinstimmen. Die dritte Möglichkeit – jede Schülergruppe erhält völlig andere Tiere als jede andere – würde zu einer zu großen Gesamtanzahl von Tieren führen und die folgenden Unerrichtsschritte komplizieren. Am einfachsten wäre es, jeder Gruppe eine Anzahl kleiner Tierbilder in der Art von Memory-Karten in die Hand zu geben (vgl. *Pissarek/Riquarts* 1979; s. Abb. II, 1-1).
Nachdem die Gruppen ihre Klassifizierungsvorschläge erarbeitet haben, werden die einzelnen Resultate verlesen und begründet. Außer der Gruppierung, auf die man letzten Endes hinaus will, schlagen die Schüler meist noch weitere Möglichkeiten vor, z.B.

- Tiere am Land, im Wasser, in der Luft;
- Tiere mit oder ohne Fell;
- Tiere mit oder ohne Federn;
- fliegende oder nichtfliegende Tiere;
- Haustiere – Wildtiere.

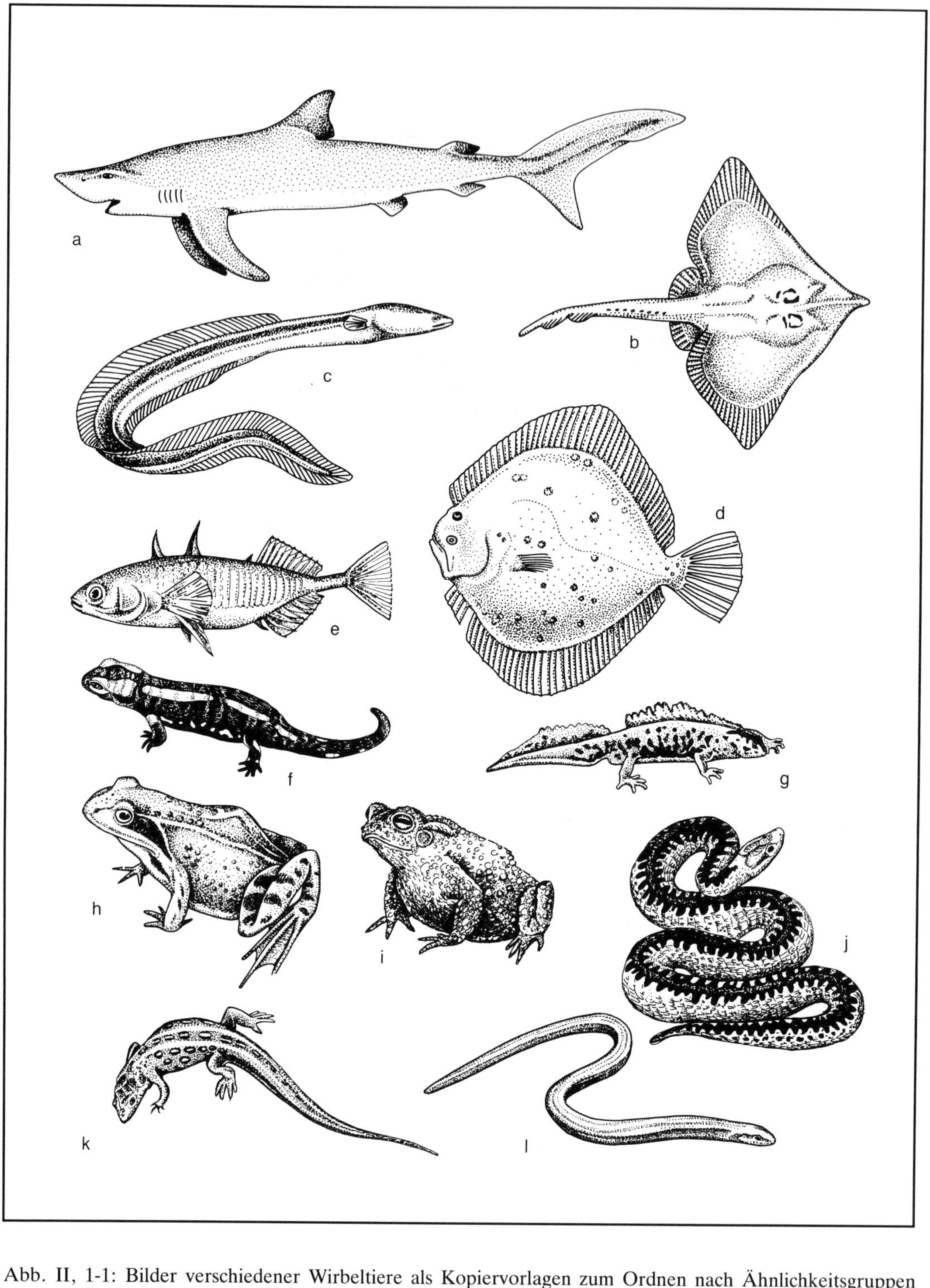

Abb. II, 1-1: Bilder verschiedener Wirbeltiere als Kopiervorlagen zum Ordnen nach Ähnlichkeitsgruppen a) Blauhai, b) Nagelrochen, c) Aal, d) Steinbutt, e) Stichling, f) Feuersalamander, g) Kammolch, h) Grasfrosch, i) Erdkröte, j) Kreuzotter, k) Zauneidechse, l) Blindschleiche, m) Landschildkröte, n) Krokodil, o) Emu, p) Pin-

guin, q) Singdrossel, r) Habicht, s) Stockente, t) Känguruh, u) Eichhörnchen, v) Hermelin, w) Delphin, x) Gibbon (nach *Remane/Storch/Welsch* 1985; *Kelle/Sturm* 1984)

II Ordnen nach systematischen Gesichtspunkten

In Anbetracht der gestellten Aufgabe sind alle in sich logischen Lösungen als richtig zu werten. Nun teilt der Lehrer mit, daß die Wissenschaftler, die sich mit den Tieren befassen, die Wirbeltiere in fünf Untergruppen aufgliedern, und nennt die Namen der Wirbeltierklassen. Alle im Klassenraum vorhandenen Tiere werden – mit möglichst eingehender Begründung – den betreffenden Gruppen zugeordnet. Das kann an der Tafel oder mit Hilfe einer Folie geschehen. Interessanter ist der folgende Weg: An einer Steck- oder Magnettafel wird eine fünfspaltige Tabelle mit den Bezeichnungen der Wirbeltierklassen angelegt; jede Schülergruppe erhält Zettel passender Größe und schreibt auf jeden Zettel den Namen eines ihrer Tiere; die beschrifteten Zettel werden den betreffenden Spalten zugeordnet. Schwierigkeiten können sich daraus ergeben, daß die Schüler die Tiernamen nicht groß und deutlich genug schreiben und daß viele Namen mehrfach auftauchen; das kann zu einer gewissen Enttäuschung der Schüler führen, weil sie einige Zettel umsonst beschriftet haben. Falls nur ein einziges Tiersortiment verwendet worden ist, vereinfacht sich das Verfahren: Für jedes Tier wird nur ein Zettel bereitgehalten.
Wenn einzelne Schüler falsche Zuordnungen vornehmen, ist das günstig für den Fortgang des Unterrichts; denn dadurch wird eine Auseinandersetzung um die kennzeichnenden Merkmale der Wirbelklassen angeregt. Sollten gar keine Schwierigkeiten auftauchen, empfiehlt es sich, durch das gezielte Einbringen schwieriger Fälle die Schüler zum Suchen nach wesentlichen Merkmalen zu provozieren: Eine Fledermaus zeigt, daß es bei den Vögeln nicht in erster Linie auf die Flügel ankommt, sondern auf die Federn; ein Delphin weist auf die Bedeutung der Kiemen bei Fischen und auf das Lebendgebären und Säugen bei den Säugetieren hin; ein Molch führt zur Erarbeitung der Hornschuppenstruktur der Reptilienhaut. Je nach dem Vorwissen der Schüler, dem vorhandenen Unterrichtsmaterial und der verfügbaren Zeit wird man hier mehr oder weniger in die Tiefe gehen. Günstig wäre es, wenn man wenigstens die wichtigsten Merkmale anschaulich behandeln könnte, z.B. durch Betrachten und Anfassen der Haut oder von Hautproben eines Knorpelfisches, eines Knochenfisches, einer Kröte, eines Frosches, einer Eidechse oder Schlange, eines Vogels und eines Säugetiers.
Die Resultate dieser Unterrichtsphase werden am besten in die schon bestehende Tabelle eingetragen, die nun drei Zeilen enthält: Tiergruppe, Beispiele, wichtige Merkmale. Jetzt sollte auch die Bezeichnung „Klasse“ eingeführt und die Tabelle mit einer Überschrift versehen werden: Die fünf Klassen der Wirbeltiere.
Abschließend regt der Lehrer an, auch den Menschen in das erarbeitete System der Wirbeltiere einzuordnen. Zum Einstieg in dieses Unterthema bieten sich folgende Möglichkeiten an:

- Der Lehrer fordert die Schüler einfach auf, den Menschen einer der Wirbeltierklassen zuzuordnen;
- er stellt fest, daß bei allen bisherigen Gruppierungsversuchen eine Art von Lebewesen, die auch im Klassenraum anwesend war und ist, vergessen worden sei;
- er behauptet, daß die Arbeit noch nicht abgeschlossen sei, und stellt den Kindern ohne viel Worte ein Skelett des Menschen aus der Schulsammlung oder eine Skelett-Abbildung vor.

In jedem Fall sollen die Schüler die erarbeiteten Wirbeltier- bzw. Säugetiermerkmale auf den Menschen beziehen. Falls die Schüler aus rein sachlichen Gründen Schwierigkeiten haben, den Menschen den Säugetieren zuzuordnen (zweibeiniger Gang, Fehlen der Körperbehaarung), sollte man sie durch den Vergleich mit anderen Säugetieren (manche Affen können auch streckenweise auf zwei Beinen laufen, viele Wale haben kein einziges Haar) von der geringen Stichhaltigkeit dieser Einwände zu überzeugen versuchen. Sollten sie Bedenken äußern, den Menschen „wie ein Tier zu behandeln“, sollte man auf diese Bedenken ausführlich eingehen (vgl. *Pissarek/Riquarts* 1979). Vielleicht gelingt es, den Schülern plausibel zu machen, daß es keine Abwertung für den Menschen bedeutet, wenn man ihn aufgrund der Übereinstimmung in vielen Merkmalen zu den Säugetieren rechnet. Wichtig ist, daß man abschließend die Bezeichnung „Säuger“ (statt „Säugetiere“) einführt, die den Menschen umfaßt, ohne ihn den Tieren gleichzustellen.

Zur Festigung des Gelernten bieten sich verschiedene Methoden an, die spielerischen Charakter haben und deshalb den meisten Kindern Spaß machen. So könnte der Lehrer zum Beispiel eine Diaserie mit guten Bildern verschiedener, möglichst wenig bekannter Wirbeltiere zusammenstellen und den Schülern in ziemlich schneller Folge vorführen. Die Aufgabe der Schüler besteht darin, jeweils nur aufzuschreiben, um welche Klasse es sich handelt. Bei einer zweiten Vorführung werden die Namen der Tiere genannt und die Merkmale besprochen, die für die Zuordnung zu einer der Klassen wesentlich sind. Eine weitere Möglichkeit besteht darin, daß der Lehrer eine Reihe von Tiernamen nennt oder an die Tafel schreibt und die Schüler diese durch farbige Markierungen den Wirbeltierklassen zuordnen.
Geeignet sind auch Spiele in der Art von „Ich weiß etwas, was Du nicht weißt, und das ...". Ein Kind beginnt das Spiel mit der Nennung verschiedener Merkmale „seines" Wirbeltiers. Hat ein Mitschüler erkannt, um welche Klasse es sich handelt, flüstert das erste Kind ihm ins Ohr, welches Tier es gemeint hat, und er führt das Spiel fort, bis ein anderes Kind das Tier herausbekommen hat.
Entsprechende Methoden sind auch für Lernerfolgskontrollen geeignet.
Im übrigen sollte man die Schüler anregen, ihre Arbeitsmappen durch das geordnete Einkleben von Wirbeltierbildern zu bereichern. Dabei sollten die Kinder dazu angehalten werden, jedem Bild den entsprechenden Namen beizugeben.

1.3 Medien

Stopfpräparate verschiedener Wirbeltiere; Präparate einiger wirbelloser Tiere; Hautpräparate von Knorpel- und Knochenfischen, Eidechsen oder Schlangen, Säugetieren; Skelett eines großen Wirbeltieres; Skelett eines Menschen;
Abbildungen verschiedener Wirbeltiere (z.B. Poster, Kalenderbilder);
Dias verschiedener Wirbeltiere, deren Zuordnung zu der jeweiligen Wirbeltierklasse schwierig ist.

Literatur

Benz 1984; *Becker* 1972; *Bolay* 1983; *Kattmann/Stange-Stich* 1974; *Kelle/Sturm* 1984; *Laufens/Detmer* 1980; *Pissarek/Riquarts* 1979; *Remane/Storch/Welsch* 1985; *Ryman* 1974a; b

2 Einige Ordnungen der Säugetiere

2.1 Sachanalyse

Die etwas mehr als 4000 rezenten Säugetierarten werden (nach *Haltenorth* 1969, Bd. II, 138) drei Unterklassen (Ursäuger oder Prototheria, Mittelsäuger oder Metatheria, Eutheria oder Echtsäuger) zugeordnet. Nach neuerer Auffassung (vgl. *Remane/Storch/Welsch* 1985) werden Metatheria und Eutheria zur Gruppe der Theria zusammengefaßt und den Prototheria gegenübergestellt.
Die Gruppe der Ursäuger wird heute allein durch die Ordnung der Kloakentiere (Monotremata) repräsentiert, deren sechs Arten nur in der australischen Region vorkommen. Die Monotremata (Schnabeltiere und Ameisenigel) unterscheiden sich von den anderen Säugern durch eine ganze Reihe von Merkmalen. Der Darmtrakt, die Niere und die Geschlechtsorgane münden in einen gemeinsamen Raum, die Kloake. Der weibliche Geschlechtsapparat hat keinen Uterus. Die dotter-

reichen Eier werden im Eileiter mit einer Hornschale versehen. Sie werden entweder in eine Hautfaltenbruttasche gebracht (Ameisenigel) oder in eine Bruthöhle abgelegt und dort bebrütet (Schnabeltier). Die Jungen lecken die Milch von zwei zitzenlosen Mammarfeldern, auf denen Milchdrüsen münden. Die von Hornscheiden umgebenen Kiefer enthalten, zumindest im Erwachsenenalter, keine Zähne.
Die Metatheria (Marsupialia, Beuteltiere) waren im Tertiär in Südamerika sehr formenreich entwickelt. Heute kommen nur noch wenige Arten in Süd- und Nordamerika vor; eine bestimmende Rolle spielen sie in der australischen Region. *Haltenorth* (1969) gliedert die Gruppe in fünf Ordnungen (Ratten-, Marder-, Nasenbeutler, Mausoppossum, Känguruhartige), während *Remane/Storch/Welsch* (1985) nur drei Ordnungen unterscheiden. Beuteltiere zeichnen sich in beiden Geschlechtern durch ein Paar Beutelknochen aus, das am Schambein ansetzt. Dieses Merkmal findet sich auch bei solchen Arten, die keinen echten Beutel ausbilden, z.B. den Marderbeutlern. Uterus und Scheide sind ursprünglich zweigeteilt (daher der weitere Name Didelphia); die Zweiteilung ist aber bei den rezenten Arten mehr oder weniger weit aufgehoben. Im allgemeinen ist – im Unterschied zu den Placentalia – kein Mutterkuchen ausgebildet. Die Jungtiere werden nach sehr kurzer Tragezeit sehr klein und unselbständig geboren; entsprechend lang ist die Säuge- und Beutelzeit. Echte Zitzen in unterschiedlicher Anzahl (2 bis mehr als 20) sind vorhanden. Beuteltiere haben nur eine Zahngeneration; nur einer der Prämolaren wird gewechselt.
Die Gruppe der Eutheria (Placentalia, Plazentatiere) umfaßt die Mehrzahl aller rezenten Säugetierarten. *Haltenorth* (1969) unterscheidet 17 Ordnungen, *Remane/Storch/Welsch* (1985) gliedern 19 Ordnungen aus. Eine ganze Reihe dieser Gruppen kann hier außer Betracht bleiben, weil sie sehr artenarm sind, in Mitteleuropa nicht vorkommen und wenig bekannt sind (z.B. Rüsselspringer, Riesengleitflieger, Zahnarme, Schuppentiere, Erdferkel, Seekühe, Schliefer). Die verbleibenden Ordnungen können in Kürze folgendermaßen charakterisiert werden:

Insektenfresser sind spitzmaus- bis rattengroße Kleintierfresser mit spitzhöckerigen Backenzähnen, deren Haare auch zu Stacheln umgebildet sein können.
Wichtigste einheimische Vertreter: Igel, Spitzmäuse, Maulwurf.

Fledermäuse sind maus- bis mardergroße Säuger mit spitz- bis stumpfhöckerigen Backenzähnen, deren Vorderextremitäten durch eine Flughaut zwischen den verlängerten Armen, Mittelhandknochen und Fingern zu Flugwerkzeugen umgebildet sind. Die einheimischen Kleinfledermäuse fressen vorwiegend Insekten. Das wichtigste Sinnesorgan ist das Ohr.
Wichtige Vertreter: Glattnasen, Hufeisennasen.

Nagetiere sind zwergmaus- bis wasserschweingroße Tiere von sehr verschiedener Gestalt. Ein Schwanz kann fehlen, ist aber meist lang. In jeder Kieferhälfte sitzt nur ein Schneidezahn; die Nagezähne sind nur auf der Vorderseite von Schmelz überzogen und daher meißelartig scharf, sie wachsen dauernd nach. Lebensweise und Nahrung sind sehr unterschiedlich. Die Hasentiere, die früher zu den Nagetieren gestellt wurden, sind nicht näher mit diesen verwandt (s.u.).
Wichtige Vertreter: Eichhörnchen, Biber, Wühler, Mäuse, Schläfer, Stachelschwein, Meerschweinchen.

Raubtiere sind zwergwiesel- bis bärengroße Tiere mit 4 bis 5 im allgemeinen bekrallten Zehen. Die Eckzähne sind gut entwickelt, die Prämolaren spitzhöckerig, die Molaren spitz- oder stumpfhöckerig; der letzte obere Prämolar und der erste untere Molar sind besonders groß (Reißzähne). Die Nahrung ist unterschiedlich; meist sind die Raubtiere Klein- oder Großtierfresser.
Wichtige Vertreter: Familie Hunde: Wolf, Haushund, Fuchs, Schakal; Familie Bären: Braunbär, Eisbär; Familie Kleinbären: Waschbär; Familie Marder: Hermelin, Baummarder, Dachs, Otter; Familie Schleichkatzen: Mungo; Familie Hyänen: Tüpfelhyäne; Familie Katzen: Wildkatze, Hauskatze, Luchs, Löwe, Tiger, Gepard.

Flossenfüßer oder Robben (von vielen Autoren als Unterordnung zu den Raubtieren gezählt) sind meist amphibisch lebende Tiere in der Größe zwischen Ringelrobbe und See-Elefant. Sie sind durch torpedoförmige Gestalt, die Umbildung der Extremitäten zu Flossen, ein dickes, fettreiches Unterhautfettgewebe, ein dichtes, kurzes Haarkleid, verschließbare Ohren und Nasenlöcher und ihre innere Organisation dem Wasserleben angepaßt. Ihre Eckzähne sind kräftig entwickelt, die Backenzähne alle gleichförmig mit Spitzen ausgestattet. Die meisten Arten ernähren sich von Fischen, Tintenschnecken oder Krebstieren.
Wichtige Vertreter: Ohrenrobben (Seelöwen, Seebären), Walrosse, Seehunde (Seehund, Ringelrobben, Mönchsrobben).

Hasentiere sind meerschweinchen- bis hasengroße Pflanzenfresser mit großen, seitlich stehenden Augen und mittelgroßen bis sehr großen Ohren. Die Hinterbeine sind meist länger als die Vorderbeine. Die Sohlen sind behaart. Der Schwanz ist kurz oder fehlt. Im Oberkiefer steht hinter dem einen scharfkantigen Schneidezahn jeder Kieferhälfte noch ein kleiner stumpfer Zahn; Eckzähne fehlen; deshalb klafft eine Lücke (Diastema) zwischen Schneidezähnen und Prämolaren. Der Blinddarm ist stark entwickelt. Zwei Kotsorten werden abgegeben: weicher Blinddarmkot und fester Darmkot. Der Blinddarmkot wird direkt nach der Ausscheidung wieder aufgenommen (Coecotrophie); er enthält von Blinddarmsymbionten produzierte Proteine und Vitamine.
Wichtige Vertreter: Wildkaninchen, Feldhase.

Unpaarhufer sind mittelgroße bis große Tiere mit großem Kopf, tonnigem Rumpf, mittellangen, plumpen oder schlanken Beinen und kurzem bis langem Schwanz. Die Ohren sind mittelgroß bis groß und stehen aufrecht. Das Haarkleid ist kurz und anliegend oder fehlt fast völlig. Der dritte Strahl der Zehen ist am stärksten entwickelt oder allein ausgebildet. Die Enden der Zehen sind mit Hornscheiden (Hufen) bedeckt. Schneidezähne und Eckzähne sind etwa gleichgroß, Prämolaren und Molaren stehen in geschlossener Reihe, zwischen Eck- und Backenzähnen ist eine Lücke. Die Kauflächen sind mit Querhöckern oder Schmelzfalten versehen. Der Magen ist einfach, der Blinddarm stark entwickelt. Die Jungen sind typische Nestflüchter (Laufjunge).
Wichtige Vertreter: Tapire, Nashörner, Pferde.

Rüsseltiere sind die größten rezenten Landtiere. Sie sind aufgrund ihrer zu einem Rüssel verlängerten Nase, der großen Ohren, der säulenartigen Beine und der beiden als Stoßzähne ausgebildeten oberen Schneidezähne von allen anderen Säugetieren leicht zu unterscheiden.
Wichtige Vertreter: Afrikanischer und Indischer Elefant.

Paarhufer sind hasen- bis giraffengroße Säuger von sehr verschiedener Gestalt. Viele Arten haben Zahn- oder Stirnwaffen. Der dritte und vierte Strahl der Zehen sind besonders kräftig ausgebildet, die anderen Strahlen sind schwach entwickelt oder fehlen ganz, der erste fehlt stets. Die Endglieder der Zehen tragen Hornhufe. Bei einigen Untergruppen fehlen die oberen Schneide- und Eckzähne. Die Backenzähne stehen in geschlossener Reihe, die Kauflächen sind vielhöckerig oder mit verbundenen Jochen ausgestattet. Der Magen ist einfach oder mehrteilig. Die Jungen sind typische Laufjunge (Nestflüchter).
Wichtige Vertreter: Schweine, Flußpferde, Kamele, Hirsche (Elch, Ren, Reh, Rothirsch), Giraffen, Rinder (Antilopen, Gazellen, Hausziege, Hausschaf, Bison, Wisent, Hausrind).

Wale sind typische Wassersäugetiere von ca. 1 bis 30 Meter Länge. Die Vorderextremitäten sind zu Flossen umgebildet, die Hinterextremitäten verkümmert. Der Körper endet mit quergestellter Schwanzflosse. Ohrmuscheln fehlen. Bei Zahnwalen kommt nur noch eine Zahngeneration vor, bei Bartenwalen werden die Zähne vor der Geburt durch verhornte Gaumenleisten (Barten) ersetzt, die bis zu etwa 4 m lang sein können. Die Jungen werden mit dem Schwanz voran geboren.
Wichtige Vertreter: Zahnwale (Delphine, Schwertwale, Pottwale), Bartenwale (Grau-, Furchen-, Glattwale).

II Ordnen nach systematischen Gesichtspunkten

Unter den *Herrentieren* oder *Primaten* finden sich maus- bis ungefähr menschengroße Arten. Vom Vierfüßergang über das Schwinghangeln bis zum zweibeinigen Aufrechtgang kommen verschiedenste Fortbewegungsweisen vor. Die Extremitäten sind mit 5 Fingern bzw. Zehen ausgestattet; diese haben Hornkrallen oder -nägel. Die Augen sind auffallend groß und nach vorn gerichtet. Primaten sind Pflanzenfresser oder Gemischtköstler (Allesfresser).
Wichtige Vertreter: Halbaffen (Lemuren, Loris, Koboldmakis), Greifschwanzaffen (Nacht-, Brüll-, Kapuziner-, Klammeraffen), Krallenaffen, Hundsaffen (Bodenaffen, Meerkatzen, Stummelaffen), Gibbons, Menschenaffen, Mensch.

2.2 Vorschläge zur Unterrichtsgestaltung

2.2.1 Didaktische Überlegungen

Die Schüler können das Charakteristische des biologischen Systems nur verstehen, wenn sie mehrere Stufen der System-Hierarchie kennen. Am häufigsten verwenden sie die Kategorien „Art“ und „Gattung“: Sie sprechen von der Kohlmeise, dem Eichhörnchen oder dem Marder, wissen allerdings meist gar nicht, daß sie die Tiere mit ihrem Art- bzw. Gattungsnamen bezeichnen. Durch den Biologieunterricht mag ihnen im Laufe der Zeit an einigen Beispielen deutlich geworden sein, daß der Artname im allgemeinen die genaueste Bezeichnung für ein Lebewesen ist.
Wenn die Unterrichtseinheit „Klassen der Wirbeltiere“ bereits behandelt wurde, so können die Schüler auch schon mit dem Wort „Klasse“ umgehen. Es fehlen ihnen die beiden Zwischenstufen „Ordnung“ und „Familie“. Da im vorangegangenen Unterricht ein höheres Taxon (die Gruppe der Wirbeltiere) in die Taxa der nächstniederen Stufe aufgeteilt wurde, liegt es nahe, noch eine Stufe im System hinunterzusteigen, indem man die Klassen in Ordnungen untergliedert. Günstig ist, daß im System der Wirbeltiere – anders als etwa im System der Samenpflanzen – die Namen der Ordnungen meist besser bekannt sind als die der Familien und daß sie sich im allgemeinen eindeutiger von den Gattungsbezeichnungen abheben als die Familiennamen (z.B.: der Dachs gehört zur Familie „Marder“ und zur Ordnung „Raubtiere“, der Maulwurf zur Familie „Maulwürfe“ und zur Ordnung „Insektenfresser“).
Bei der Vielzahl der Ordnungen der Wirbeltiere wäre es sinnlos, Vollständigkeit anzustreben; es bietet sich ein exemplarisches Vorgehen an. Dafür eignet sich die Klasse der Säugetiere besonders gut (vgl. *Schröpfer* 1982). Säugetiere sind für die Kinder sicher interessanter als etwa Fische und Lurche. Die Lurche scheiden auch deshalb aus, weil die Klasse nur drei Ordnungen umfaßt, deren eine nur in den Tropen verbreitet ist. Gegen die Wahl der Vögel spricht, daß die Anzahl der Ordnungen bei ihnen noch größer ist als bei den Säugetieren und die Unterscheidung auf erhebliche Schwierigkeiten stößt. Außerdem gehören die meisten den Schülern bekannten Vogelarten zu einer einzigen, außerordentlich artenreichen Ordnung, den Sperlingsvögeln.
Auch innerhalb der Klasse der Säugetiere können nicht alle Ordnungen behandelt werden; die Knappheit an Unterrichtszeit wird es noch nicht einmal zulassen, alle in der Sachanalyse gekennzeichneten 11 Ordnungen anzusprechen (vgl. *Starke* 1975). Hier wird empfohlen, wenigstens einige Ordnungen zu berücksichtigen, um den Schülern einen Einblick in die Vielfalt der Säugetierformen und einen Überblick über die einheimischen Arten zu ermöglichen. Die Behandlung nur zweier Ordnungen, z.B. der Vergleich einer Spitzmaus mit der Hausmaus unter Einbeziehung weiterer Arten der Insektenfresser und der Nagetiere, würde dieser Zielsetzung nicht gerecht werden.
Die weitere Untergliederung einer Tierordnung in Familien, Gattungen und Arten wird im folgenden mit behandelt. Als Beispiel sind die Ordnungen „Paarhufer“ und „Raubtiere“ gut geeignet, weil sie eine ganze Reihe relativ gut bekannter und leicht unterscheidbarer Familien umfassen. Da die

Paarhufer bereits als Exemplum für die Vielfalt unter den Wirbeltieren behandelt worden sind (s. Band 1, S. 35 ff.), werden hier die Raubtiere vorgeschlagen. Die Ordnung enthält neben vielen einheimischen auch einige allgemein bekannte „exotische“ Arten, die erfahrungsgemäß die Schüler besonders interessieren (z.B. Löwe, Tiger, Eisbär). Gegen die Wahl dieser Gruppe spricht höchstens, daß in den vorliegenden System-Vorschlägen mehrere Familien zu Unterordnungen oder Familiengruppen zusammengefaßt und die einzelnen Familien in Unterfamilien aufgegliedert werden, z.B. die Familie „Marder“ in „Wiesel“, „Dachse“, „Otter“ und andere.
Eine Vereinfachung dieser recht komplizierten Verhältnisse läßt sich ohne weiteres didaktisch rechtfertigen. Man könnte zum Beispiel die Familie der bei uns nicht vertretenen Schleichkatzen ganz unberücksichtigt lassen, die Familie der Kleinbären den „Bären“ zurechnen und die Familie „Marder“ nicht in Unterfamilien aufgliedern.
In dieser Unterrichtseinheit sind viel größere Schwierigkeiten zu erwarten als beim Thema „Klassen der Wirbeltiere“. Das ergibt sich zum einen aus der Notwendigkeit, aus der Vielzahl der Säugetierordnungen eine Auswahl zu treffen. Es kann also vorkommen, daß Schüler Säugetierarten als Beispiele in den Unterricht einbringen, die in keine der behandelten Ordnungen gehören. Zum anderen sind die Unterscheidungsmerkmale der Ordnungen teilweise erheblich schwerer zu erkennen als die der Klassen. So erfordert beispielsweise der Vergleich zwischen Insektenfressern (Spitzmäusen) und Nagetieren (Wühlmäusen) oder der zwischen Hasen- und Nagetieren eine genaue Betrachtung der Gebisse. Das wiederum macht die Bereitstellung von Medien notwendig, die diese Strukturen erkennen lassen; Ganzpräparate oder Gesamtabbildungen reichen hierzu nicht aus. Besonders wichtig sind folgende Medien:

- Schädelpräparate von Insektenfressern, Nagetieren, Raubtieren, Hasentieren, Unpaarhufern, Paarhufern oder entsprechende naturgetreue Abbildungen (s. Abb. II, 2-1).
- Fußskelettpräparate, vor allem von Unpaarhufern und Paarhufern, oder entsprechende Abbildungen (s. Abb. II, 2-2).
- Gesamt- und Teilabbildungen von Fledermäusen, Robben, Elefanten und Walen (s. Abb. II, 2-3).

Die Schwierigkeiten verstärken sich noch bei der Aufgliederung der Ordnung „Raubtiere“ in Familien. Es zeigt sich hier, daß Schüler häufig zur richtigen Gruppenbildung bzw. Zuordnung zu bereits gebildeten Gruppen in der Lage sind, die unterscheidenden Merkmale aber schwer in Worte fassen können. Im Unterricht wird es darum gehen, den Gesamteindruck (Habitusbild) stärker zu differenzieren, indem man wenigstens einige charakteristische Merkmale der ausgewählten Familien herausarbeitet.

Unterrichtsziele:

Die Schüler sollen
- Mindestens acht Ordnungen der Säugetiere aufzählen und mindestens je zwei Vertreter dieser Ordnungen nennen können;
- Merkmale zur Unterscheidung der Ordnungen angeben können;
- einheimische und im Zoo häufig gehaltene Säugetiere den Säugetierordnungen zuordnen können;
- mindestens vier Familien der Ordnung „Raubtiere“ nennen und bekannte Raubtiere in die Familie einordnen können;
- die Bezeichnung Klasse, Ordnung, Familie, Gattung und Art in der richtigen Reihenfolge aufzählen und ihre Bedeutung anhand von Beispielen aufzeigen können.

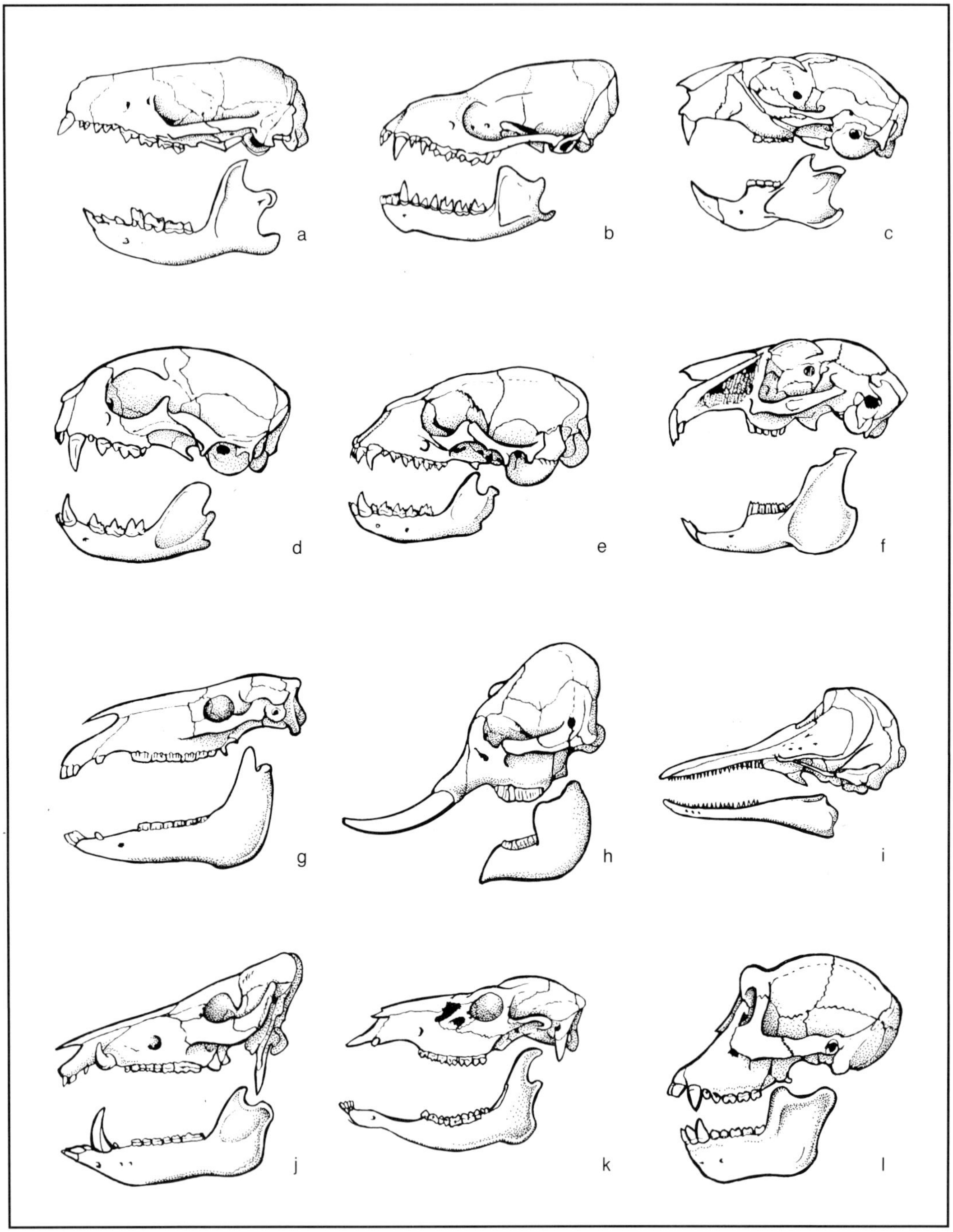

Abb. II, 2-1: Schädel von Säugetieren. Alle Schädel ungefähr auf die gleiche Länge gebracht. a) Igel (Ordnung Insektenfresser), b) Mausohr (Fledermäuse), c) Eichhörnchen (Nagetiere), d) Wildkatze (Raubtiere), e) Seehund (Robben), f) Hase (Hasentiere), g) Pferd (Unpaarhufer), h) Elefant (Rüsseltiere), i) Delphin (Wale), j) Wildschwein (Unpaarhufer), k) Rothirsch (Unpaarhufer), l) Schimpanse (Primaten) (aus *Haltenorth* 1977, 56 f.)

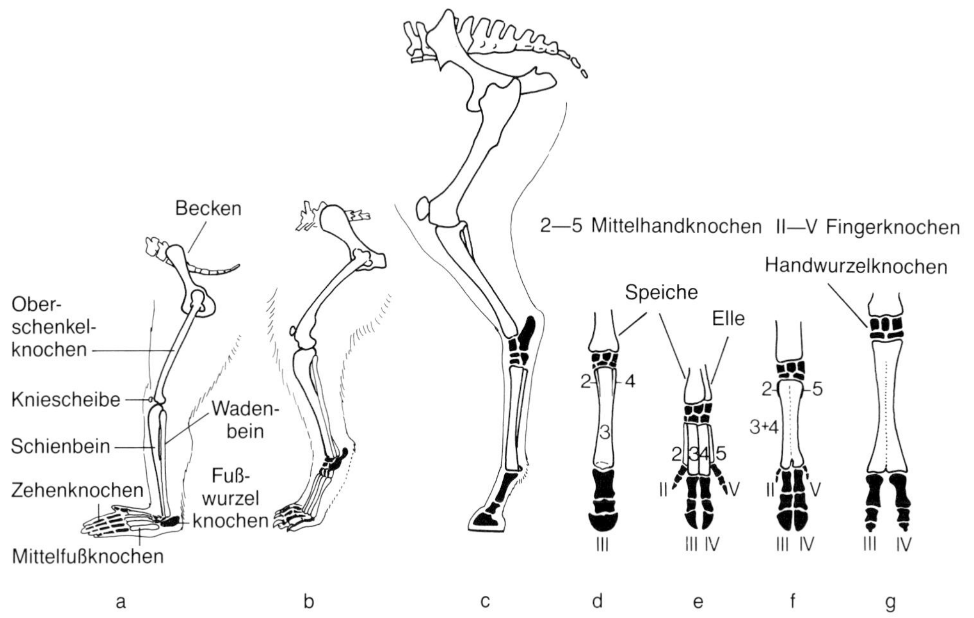

Abb. II, 2-2: Bein- und Fußskelette verschiedener Säugetiere: a) Hinterbein eines Sohlengängers (Affe), b) Hinterbein eines Zehengängers (Hund), c) Hinterbein eines Zehenspitzengängers (Pferd), d) Vorderfuß eines Pferdes, e) Vorderfuß eines Schweins, f) Vorderfuß eines Rindes, g) Vorderfuß eines Kamels (Abb. a–c aus *Kühn, A.*, 1972; d–g aus *Hadorn/Wehner* 1978)

Abb. II, 2-3: Flügel einer Fledermaus (aus *Kühn, A.*, 1972)

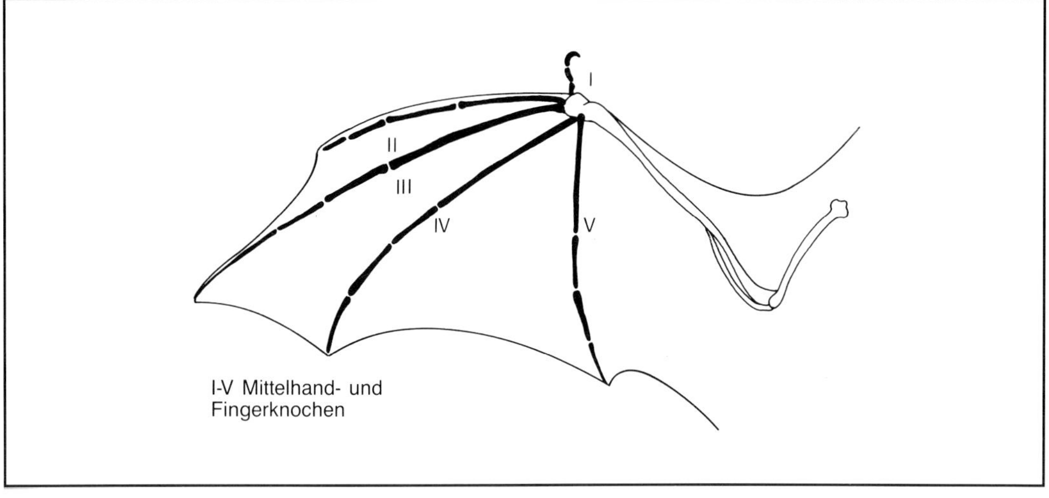

2.2.2 Unterrichtsprozeß

Zu Beginn des Unterrichts werden die Schüler aufgefordert, allein oder in Partnerarbeit möglichst viele Säugetiere, die bei uns vorkommen oder den Schülern aus einem Zoo bekannt sind, zusammenzutragen und aufzuschreiben. Dabei sollten genaue Bezeichnungen (Artnamen) bevorzugt werden. Nach Untersuchungen von *Gahl* (1973) können bereits Grundschüler in kurzer Zeit je nach Altersstufe im Durchschnitt 30 bis 60 Tiernamen aufzählen, von denen mehr als 80% Namen von Wirbeltieren sind. Man kann also einerseits eine große Anzahl von Nennungen erwarten, braucht aber andererseits nicht zu befürchten, daß die entstehenden Tierlisten unüberschaubar werden.
Nach dieser Einleitung könnte man weiter so vorgehen, wie das beim Thema „Klassen der Wirbeltiere" (s. Abschnitt II, 1.2.2) vorgeschlagen wurde. Im Sinne einer Methodenvariation wird dagegen das folgende Verfahren empfohlen. Man zeigt den Schülern zwei häufige einheimische Säugetiere verschiedener Ordnungen, z.B. Baummarder und Reh, in Form von Stopfpräparaten oder guten Bildern (Dias, Wandbilder, Kalenderbilder). Die Schüler sollen in ihrer zuvor selbst zusammengestellten Liste alle diejenigen Tiere mit einem Kreuz bzw. einem Kreis kennzeichnen, die ihrer Meinung nach dem einen bzw. dem anderen Tier ähnlich sind (zu derselben Untergruppe der Säugetiere gehören). Die folgende Einzel- oder Partnerarbeit kann unterschiedliche Ergebnisse haben:

- falsche Zuordnungen (z.B. wird dem gezeigten Baummarder das Eichhörnchen, dem Wildschwein das Meerschweinchen zugeordnet);
- richtige, aber zu stark begrenzte Zuordnungen (z.B. werden dem Baummarder zwar Hermelin und Iltis, nicht aber Hund und Katze beigesellt);
- richtige Zuordnung, d.h. Kennzeichnen aller und nur derjenigen aufgelisteten Tiere, die den jeweiligen Ordnungen zugehören.

Bei der Auswertung der Ergebnisse sollte zuerst angestrebt werden, falsche Zuordnungen durch Sammeln von Argumenten zu korrigieren. Dabei werden bereits einige Merkmale genannt werden, auf die es bei der Unterscheidung der Säugetierordnungen besonders ankommt. Wenn irgend möglich, sollte man diese Stichworte aufgreifen und den Schülern Material in die Hand geben, anhand dessen sie sich von den Unterschieden zwischen den „richtigen" und den „falschen" Beispielarten überzeugen können. Schädel- und Fußskelettvergleiche sind hier angebracht. In dieser Unterrichtsphase werden meist bereits die Namen der betreffenden Ordnungen auftauchen, in diesem Fall also „Raubtiere" und vielleicht auch schon „Paarhufer". Wenn man zu verstehen gibt, daß es in dieser Stunde um Gruppen dieser Größenordnung geht, werden viele Schüler, die bei ihrer Zuordnung den Kreis zu eng gezogen hatten, die zuerst getroffenen Entscheidungen von selbst revidieren können. Man sollte aber ausdrücklich anerkennen, daß ihr erster Ansatz keineswegs falsch war, sondern eher „zu genau". Bereits an dieser Stelle kann man den Schülern mitteilen, daß es heute um die Einteilung der Klasse „Säugetiere" in Ordnungen geht und daß man diese Ordnungen ihrerseits in Familien aufgliedern kann. Eine Tafel- oder Folienskizze nach dem Muster der Abbildung II, 2-4 kann diese Aussage illustrieren. Damit alle Schüler die richtigen Resultate festhalten, wird vereinbart, daß in den jeweiligen Listen alle Angehörigen der gewählten Ordnung in einer festgelegten Weise (z.B. durch Unterstreichen mit einer bestimmten Farbe) gekennzeichnet werden sollen. Alle Namen, die die Kinder gefunden haben, werden an der Tafel (oder auf der Folie) notiert. Dabei braucht man noch nicht streng darauf zu achten, daß nur Artnamen festgehalten werden.
Je nach Leistungsfähigkeit und Arbeitshaltung der Klasse wird man nun selbst durch das Vorführen weiterer Tiere oder Tierbilder das bereits angewendete Verfahren wiederholen oder die Schüler Beispiele nennen lassen, denen die aufgelisteten Vertreter der jeweils angesprochenen Gruppe zugeordnet werden sollen. Wichtig ist, daß bei jeder neuen Ordnung die Schüler dazu angehalten werden, die wichtigen Erkennungsmerkmale klar zu benennen. Indem man selbst weitere Arten erwähnt, die ein von den Schülern genanntes Kennzeichen nicht aufweisen, aber doch zu der betref-

Abb. II, 2-4: Muster für eine Tafel- oder Folienskizze (Erklärung im Text)

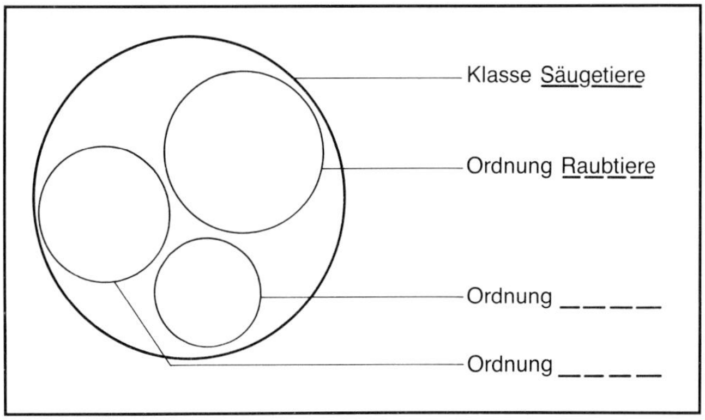

fenden Ordnung gehören, kann man allzu schnelle Festlegungen in Frage stellen. Wenn beispielsweise die Schüler die Gruppe „Raubtiere“ als „Fleischfresser“ charakterisieren wollen, sollte man auf Dachs und Bär hinweisen, die Allesfresser sind; wenn sie die Nagetiere als „langschwänzig“ bezeichnen, sollte man als Gegenbeispiel das Meerschweinchen nennen – falls das nicht schon ein Schüler tut.

Wie intensiv man die Schüler dazu anhält, die Merkmale der Ordnungen aufzuschreiben oder in Skizzen festzuhalten, wird von der Situation der Klasse abhängen, unter anderem davon, ob ein geeignetes Schulbuch vorliegt. Eine gute Möglichkeit zur Ergebnisfixierung besteht darin, den Schülern Abschnitte von Fotokopien mit Abbildungen wichtiger Strukturen (z.B. Schädel, Fußskelett) auszuteilen (s. Abb. II, 2-1 und 2-2). Die Schüler haben dann die Aufgabe, die Skizzen zusammen mit kurzen Erläuterungen und eventuell weiteren selbstgesammelten Abbildungen zu „Kennkarten“ der verschiedenen Ordnungen zusammenzustellen (s. Sachanalyse).

Falls geeignetes Bildmaterial vorhanden ist, können sich die Schüler auch durch das Zuordnen der abgebildeten Arten zu den betreffenden Ordnungen das System der Klasse Säugetiere einprägen (vgl. das Quartett „Säugetiere in der Bundesrepublik Deutschland“, *Zucchi* 1982).

Der Unterricht über die weitere Untergliederung der Ordnung „Raubtiere“ wird am besten durch einen Zoobesuch eingeleitet (vgl. *Benz* 1984). In fast allen Zoologischen Gärten findet man sehr viele Raubtiere, meist auch Arten aus denjenigen Familien, die bei uns nicht heimisch sind (z.B. Hyänen). Die Schüler sollten zumindest die Namen sämtlicher Raubtier-Arten notieren. Günstig wäre es, wenn sie auch alle Angaben über die systematische Einordnung der betreffenden Arten und außerdem Stichworte zu Merkmalen des Körperbaus und der Lebensweise aufschreiben würden.

Bei der Nachbesprechung des Zoobesuchs können die Schüler über die beobachteten Raubtier-Arten anhand ihrer Aufzeichnungen kurz berichten. Wenn sie nicht von sich aus Vorschläge zur systematischen Gliederung der Raubtiere machen, gibt man ihnen am besten die Namen der wichtigsten Familien vor: Hunde, Bären, Marder, Hyänen, Katzen. Sollten die Schüler im Zoo auch die Namen „Schleichkatzen“ und „Kleinbären“ kennengelernt haben, so wird man auch diese Familien berücksichtigen. Wenn kein Zoobesuch stattfinden kann, zeigt man den Schülern möglichst viele Abbildungen von Raubtieren oder erinnert sie einfach an die schon bei früherer Gelegenheit zusammengetragenen Arten.

Im Unterrichtsgespräch oder in Kleingruppenarbeit wird nun versucht, die Raubtier-Arten den vorgegebenen Familien zuzuordnen. Entscheidend ist dabei, daß die Schüler angehalten werden, ihre Zuordnungsvorschläge zu begründen. Folgende Merkmale könnten eine Rolle spielen:

Hunde: Mittelgroße Tiere, Schnauze meist spitz, viele Zähne (je nach Art 38–48), Schwanz mittellang, buschig.

II Ordnen nach systematischen Gesichtspunkten

Bären: Große, plumpe Tiere, meist mit Stummelschwanz (Familie Kleinbären meist mit langen Schwänzen), Sohlengänger (s. Abb. II, 2-2), Zehen mit langen Krallen, Fell meist lang, je nach Art 36–42 Zähne.

Marder: Kleine bis mittelgroße Tiere, mit kurzen Beinen und meist kleinen Ohren, je nach Art 28–38 Zähne, Fleisch- oder Gemischtfresser.

Hyänen: Etwa so groß wie ein Schäferhund, Hals ziemlich lang, Hinterbeine meist kürzer als Vorderbeine, Ohren mittelgroß, 32–34 Zähne, Aasfresser und Jäger.

Katzen: Schnauze kurz, wenige Zähne (je nach Art 28–30), Augen groß, Zehen mit zurückziehbaren Krallen, Fell weich, kurz bis mittellang.

Bei Unklarheiten werden die bereitgehaltenen Abbildungen zu Rate gezogen (s. Abb. II, 2-1). Zur Verdeutlichung der Unterschiede im Gebißaufbau werden am besten die Extreme (z.B. Haushundschädel mit 42, Hauskatzenschädel mit 30 Zähnen) als Präparat oder Abbildung gezeigt. Der Unterschied zwischen dem Sohlengang der Bären und dem Zehengang der meisten anderen Raubtiere kann anhand der Skelette vom Menschen (statt des Bären) und von Hund und Katze erklärt werden. Als Ersatz können auch Dias oder Folienskizzen dienen (s. Abb. II, 2-2). Falls es die Zeit erlaubt, kann man an dieser Stelle einzelne Raubtiere (z.B. mit Hilfe von Filmen) vertiefend behandeln.
Am Ende der Unterrichtseinheit sollte den Schülern im Rückblick auf die letzten Unterrichtsstunden noch einmal verdeutlicht werden, wie man stufenweise die große Gruppe der Wirbeltiere in immer kleinere Gruppen aufgegliedert hat. Die bereits früher verwendete Skizze (Abb. II, 2-4) wird entsprechend ergänzt. Schließlich wird an einigen Beispielen erklärt, wie man Familien in noch kleinere Einheiten (Gattungen) und diese wiederum in Arten untergliedern kann. Zu empfehlen ist hier die Familie „Katzen", zu der neben weiteren 18 Gattungen auch die Gattung „Pantherkatzen" (wissenschaftlich: Panthera) mit den vier Arten Löwe (Panthera leo), Tiger (P. tigris), Leopard (P. pardus) und Jaguar (P. onca) gehört. Dieses Beispiel ist deshalb so günstig, weil zum einen alle Arten der Gattung den Schülern bekannt sind und zum anderen sowohl die Arten als auch die Gattung sinnvolle und nicht ungebräuchliche deutsche Namen tragen, die sich deutlich voneinander unterscheiden.
Zur Sicherung der Lernergebnisse empfiehlt sich ein spielerisches Einüben der richtigen Reihenfolge der taxonomischen Kategorien anhand von einfachen Beispielen. Neben der mündlichen Form, bei der ein Schüler die Reihe beginnt und andere sie fortsetzen, ist auch die Form des Lückentextes brauchbar, z.B.: Der Löwe gehört zur Gattung ..., zur ... Katzen, zur Ordnung ..., zur Klasse ... Interessierte Schüler werden sich bei solchen Übungen nicht an die Ordnung der Raubtiere halten wollen und Beispiele vorschlagen, die auch dem Lehrenden nicht geläufig sind. Hier bleibt nichst anderes übrig, als auf die einschlägige Literatur zurückzugreifen (vgl. *Stresemann* 1967; *Mohr* 1974; *Grzimek* 1979; *Brohmer* 1982).
Der Vergewisserung darüber, ob die Schüler die enkaptische Struktur des Systems tatsächlich verstanden haben, dienen Fragen wie die folgenden:

- Gehören alle Säugetiere zu den Wirbeltieren, alle Wirbeltiere zu den Säugetieren, alle Raubtiere zu den Säugetieren, alle Säugetiere zu den Raubtieren?
- Welche der folgenden Gruppen umfaßt mehr Arten: Wirbeltiere oder Säugetiere, Insektenfresser oder Säugetiere?

2.3 Medien

Stopfpräparate zweier Säugetiere verschiedener Ordnungen oder entsprechende Abbildungen;
Schädelpräparate verschiedener Säugetiere oder entsprechende Abbildungen;
Fußskelette verschiedener Säugetiere oder entsprechende Abbildungen;
Abbildungen von Säugetieren, z.B. Quartett „Säugetiere in der Bundesrepublik Deutschland" (vgl. *Zucchi* 1982);
Dias und andere Abbildungen von Raubtieren, z.B. Tafelwerk „Säugetiere" des Kronen Verlages (vgl. *Mohr* 1974).

Literatur

Benz 1984; *Brohmer* 1982; *Gahl* 1973; *Grzimek* 1979; *Hadorn/Wehner* 1978; *Haltenorth* 1969; 1977; *Kazmaier* 1978; *Kühn, A.*, 1972; *Mohr* 1974; *Remane/Storch/Welsch* 1985; *Schmidt, H.*, 1981; *Schneider* 1984; *Schröpfer* 1982; *Starke* 1975; *Stresemann* 1989; *Zucchi* 1982

3 Familien der Bedecktsamer

3.1 Sachanalyse

3.1.1 Klassen und Unterklassen

Die Bedecktsamer, eine der drei Unterabteilungen der Samenpflanzen, sind mit über 250 000 Arten die beherrschende Pflanzengruppe der Gegenwart. Sie haben sich vermutlich erst am Ende der Juraformation, also vor etwa 140 Millionen Jahren, aus Nacktsamern entwickelt. Im Gegensatz zu allen heute lebenden Nacktsamern werden ihre Blüten meist von auffälligen Hüllblättern umgeben, weshalb sie auch „Blütenpflanzen" genannt werden. Im botanischen Sinne kommen Blüten – Sporophyllstände mit abgeschlossenem Wachstum – allerdings schon bei Farnpflanzen, etwa bei Schachtelhalmen und Bärlappen, vor.
Einzelheiten des Baus einer typischen Bedecktsamerblüte und die Vorgänge der Bestäubung und Befruchtung sowie der Fruchtbildung und der Fruchttypen werden in den Bänden 5 und 8 behandelt.
Die Unterabteilung wird im allgemeinen in zwei Klassen aufgeteilt (vgl. dagegen z.B. *Huber* 1991):

- Einkeimblättrige Bedecktsamer (Liliatae, Monocotyledonae)
- Zweikeimblättrige Bedecktsamer (Magnoliatae, Dicotyledonae).

Die wichtigsten Unterscheidungsmerkmale der beiden Klassen sind in Abb. II, 3-1 zusammengestellt. Auffällige habituelle Merkmale (Wuchsform, Verzweigung, Blattaderung) gehen auf prinzipielle Unterschiede des Dickenwachstums zurück: Bei den Einkeimblättrigen gibt es in der Regel kein sekundäres Dickenwachstum der Achsenorgane, dafür ein sehr lang anhaltendes primäres Dikkenwachstum. Damit hängt zusammen, daß die Blätter mit ihrer Basis meistens mehr als die Hälfte der Sproßachse umgreifen und von zahlreichen Adern versorgt werden.
Innerhalb beider Klassen gibt es einige Taxa (Arten, Gattungen und Familien), die in einzelnen Merkmalen abweichen.

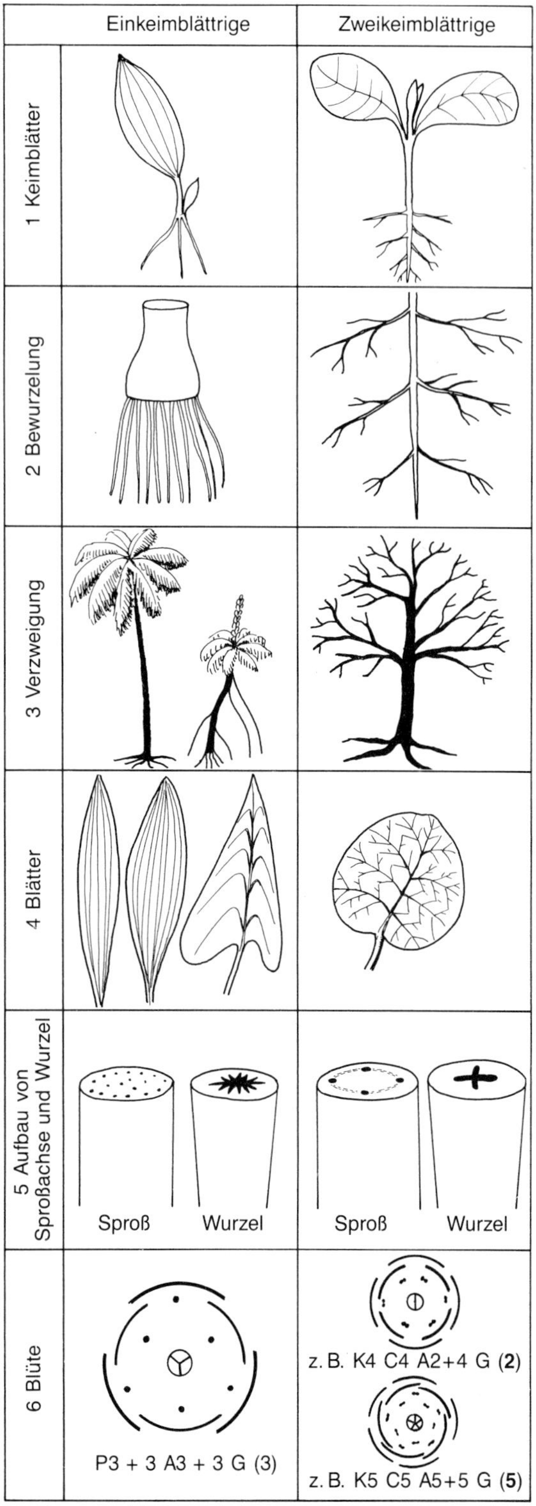

Abb. II, 3-1: Unterschiede zwischen Einkeimblättrigen und Zweikeimblättrigen Bedecktsamern

Im allgemeinen (vgl. z.B. *Cronquist* 1981; *Ehrendorfer* 1983b; *Frohne/Jensen* 1985; *Martensen/Probst* 1990) untergliedert man die Bedecktsamer in folgende Unterklassen:

Klasse Zweikeimblättrige Bedecktsamer

1. Unterklasse: Magnolienähnliche (Magnoliidae)
2. Unterklasse: Hahnenfußähnliche (Ranunculidae)
3. Unterklasse: Buchenähnliche oder Zaubernußähnliche (Hamamelidae)
4. Unterklasse: Nelkenähnliche (Caryophyllidae)
5. Unterklasse: Rosenähnliche (Rosidae)
6. Unterklasse: Kohlähnliche oder Dillenienähnliche (Dilleniidae)
7. Unterklasse: Taubnesselähnliche (Lamiidae)
8. Unterklasse: Asternähnliche (Asteridae)

Klasse Einkeimblättrige Bedecktsamer

9. Unterklasse: Lilienähnliche (Liliidae)
10. Unterklasse: Grasähnliche (Commelinidae)
11. Unterklasse: Froschlöffelähnliche (Alismatidae)
12. Unterklasse: Palmenähnliche (Arecidae).

Zum Teil werden die Zingiberanae – eine Überordnung der Commelinidae – als eigene Unterklasse (Ingwerähnliche) gewertet. Weitere Veränderungen sind in der Zukunft insbesondere bei den Dilleniidae, Rosidae und Lamiidae zu erwarten. So wird z.B. von *Frohne/Jensen* (1985) eine eigene Unterklasse Cornidae (Hartriegelähnliche) aufgestellt, die neben den im allgemeinen zu den Dilleniidae gerechneten Cornales und Ericales auch die meist zu den Lamiidae gestellten Ordnungen Dipsacales, Gentianales und Oleales umfaßt.

Beispiele

Unterklasse Hahnenfußähnliche (Ranunculidae)

Die Vertreter dieser Unterklasse haben – wie die Magnoliidae fast alle – eine größere Anzahl ursprünglicher Merkmale, z.B. eine große Anzahl freier, schraubig gestellter Blütenteile (Fruchtblätter, Staubblätter, Hüllblätter). Im Gegensatz zu den Magnolienähnlichen sind die Hahnenfußähnlichen überwiegend krautige Pflanzen. Wichtigste einheimische Familien sind die Hahnenfußgewächse und die Mohngewächse.

Beispiel: Hahnenfußgewächse (Ranunculaceae)

Verbreitungsschwerpunkt der etwa 3000 Arten ist die nördliche gemäßigte Zone. Die meisten Vertreter sind krautig, die artenreiche Gattung Clematis bildet jedoch verholzte Lianen (Waldrebe). Die wechselständigen oder selten gegenständigen Blätter sind meistens gefiedert oder fiederschnittig. Sie können – wie bei vielen Hahnenfußarten – an einen Vogelfuß erinnern.
Die Blütenglieder sind in der Regel spiralig um eine mehr oder weniger verlängerte Achse gestellt. Besonders deutlich ist diese Achsenverlängerung z.B. beim Gift-Hahnenfuß (Ranunculus sceleratus) oder beim Mäuseschwänzchen (Myosurus minimus). Oft ist die Blütenhülle nicht klar in Kelch und Krone differenziert. Die Zahl der Hüllblätter ist unterschiedlich. Sie kann sogar innerhalb einer Art beträchtlich schwanken (Buschwindröschen, Scharbockskraut). Charakteristisch ist eine große Anzahl spiralig gestellter Staubblätter. Die Anzahl der freien Fruchtblätter schwankt zwischen 1 (Christophskraut) und mehreren hundert (Gift-Hahnenfuß). Die Familie zeigt eine außergewöhnlich große Vielfalt von Blütengestalten und Bauplänen. Neben reinen Pollenblumen, wie Buschwindröschen und Clematis, kommen Nektardrüsen in auffällig gestalteten Honigblättern vor, z.B.

Akelei, Hahnenfuß und Christrose. Daneben gibt es auch Windbestäubung, etwa bei der Wiesenraute (Thalictrum-Arten).
Auch der Bau der Früchte und damit die Art und Weise ihrer Verbreitung zeigen große Unterschiede bei den verschiedenen Arten. Besonders häufig sind Balgfrüchte (Christrose, Akelei, Sumpfdotterblume) und Nüßchen (Hahnenfuß-Arten, Anemone). Daneben kommen auch Beeren vor (Christophskraut). Ölkörper für die Ameisenverbreitung findet man an den Samen der Christrose. Besondere Windverbreitungseinrichtungen sind typisch für Clematis-Arten und für Pulsatillen. Beim Gretchen im Busch (Gattung Nigella) sind die Fruchtblätter sogar verwachsen.

Unterklasse Rosenähnliche (Rosidae)
Diese Unterklasse stellt ein großes Sammelbecken verschiedenster Bedecktsamergruppen dar. Man kann zahlreiche Übergänge von ursprünglichen zu abgeleiteten Merkmalen feststellen (s. Tabelle II, 3-1).
Die – teilweise sogar noch freien – Fruchtblätter enthalten meistens nur wenige Samenanlagen. Gefiederte oder gefingerte Blätter sind häufiger als ungeteilte. Es besteht eine Tendenz zur Ausbildung becher- oder scheibenförmiger Blütenachsen und Sammelfrüchten (Rosengewächse) sowie zur Diskusbildung (scheibenartige Verbreiterung der Blütenachse zwischen Staubblättern und Fruchtblättern). Wichtigste einheimische Familien sind die Rosengewächse, die Steinbrechgewächse, die Schmetterlingsblütler (Bohnengewächse) und die Doldenblütler (Selleriegewächse).

Beispiel: Rosengewächse (Rosaceae)
Mit fast 3400 Arten gehören die Rosengewächse zu den großen Familien. Wie die Hahnenfußgewächse sind sie weltweit verbreitet. Ihr Schwerpunkt liegt jedoch in der nördlichen gemäßigten

Tab. II,3-1: Übersicht über die phylogenetische Wertigkeit verschiedener Merkmale der Bedecktsamer

Primitive Merkmale	Abgeleitete Merkmale
Stark verlängerte Blütenachse	Blütenachse verkürzt und abgeflacht oder sogar becherförmig eingesenkt
Schraubige Stellung der Blütenteile	Wirtelige Stellung der Blütenteile
Große, unbestimmte Anzahl der Blütenteile	Bestimmte und kleine Anzahl der Blütenteile
Fruchtblätter frei	Fruchtblätter verwachsen
Blüten mit mehreren Symmetrieebenen	Blüten mit nur einer (selten zwei) Symmetrieebenen
Blütenhüllblätter und Staubblätter frei	Blütenhülle und/oder Staubblätter verwachsen
Verschiedene Blütenteile durch Übergänge miteinander verbunden	Einzelne Wirtel der Blütenhülle, Staubblätter und Fruchtblätter scharf voneinander abgegrenzt
Alle Blütenteile wohl ausgebildet	Einzelne Blütenteile nur als Rudimente vorhanden oder ausgefallen
Einfache Blütenstände	Kompliziert gebaute Blütenstände, die teilweise wie Einzelblüten erscheinen können (Pseudanthien)
Alle Blüten im Blütenstand gleich	Blüten im Blütenstand unterschiedlich
Samen mit Nährgewebe	Samen ohne Nährgewebe, dafür z.B. Speicher-Keimblätter
Streufrüchte	Schließfrüchte
Immergrüne Blätter	Fallaub

Zone. Mit Obstbäumen, wie Apfel, Birne, Pflaume, Kirsche, Pfirsich, und Beerensträuchern, wie Himbeere, Brombeere, Erdbeere, haben Rosengewächse auch große wirtschaftliche Bedeutung. In der Familie gibt es sowohl Gehölze als auch krautige Arten, sogar wenige Einjährige. Wasserpflanzen fehlen. Insbesondere bei den Gehölzen kommen häufig Stacheln und Sproßdornen vor.
Die Blätter sind ungeteilt oder geteilt. Meistens stehen sie wechselständig an der Achse. Fast immer tragen sie deutlich erkennbare Nebenblätter an der Stielbasis, die jedoch oft später abfallen.
Die Blüten sind meistens groß und auffällig. Windblütige Formen mit unscheinbaren Blüten kommen viel seltener vor (Beispiel: Kleiner Wiesenknopf). Charakteristisch ist ein „Außenkelch": ein

Abb. II, 3-2: Von der Blüte zur Frucht (Beispiele): 1 Stachelbeere (Steinbrechgewächs): Beerenfrucht: Samen sind von der fleischigen Fruchtwand eingeschlossen, Fruchtknoten unterständig; 2 Kirsche (Rosengewächs): Steinfrucht: innerer Teil der Fruchtwand ist harter Stein, Fruchtknoten mittelständig; 3 Erdbeere (Rosengewächs): Sammelnußfrucht: viele Nüßchen sitzen auf der fleischig verdickten Blütenachse (Fruchtknoten oberständig). Schwarz: Samen bzw. Samenanlage, locker punktiert: Fruchtfleisch, dicht punktiert: Steinkern, schraffiert: fleischige Blütenachse

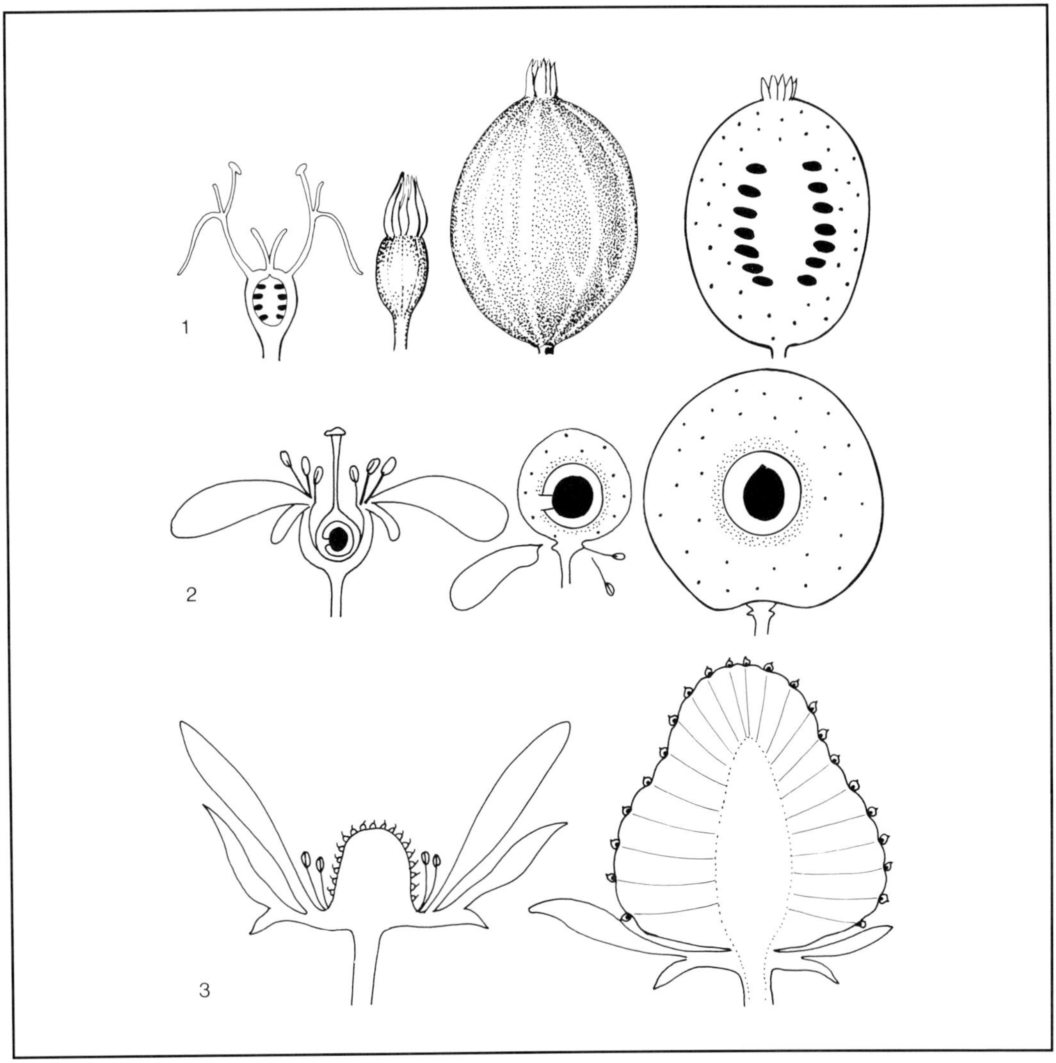

Kreis kleiner, auf Lücke zu den Kelchblättern stehender Blättchen. Diese Blättchen werden als Verwachsungsprodukte aus den beiden Nebenblättern der benachbarten Kelchblätter gedeutet.
Häufig kommen zahlreiche Staubblätter vor. Bei jungen Blüten kann man erkennen, daß sie sich von außen nach innen entwickeln (die äußeren sind etwas länger gestielt und größer entwickelt als die inneren). Die Fruchtblätter sind fast immer frei. Sie können jedoch – wie beim Apfel – von der Blütenachse umwachsen werden. Manche Arten, wie Fingerkraut und Erdbeere, besitzen eine große Anzahl einsamiger Fruchtblätter. Kirsche und Pflaume haben nur ein einziges einsamiges Fruchtblatt, das sich zur Steinfrucht entwickelt. Der Apfel besteht aus fünf Fruchtblättern mit je zwei Samenanlagen, die von der fleischig werdenden Achse umwachsen werden. Bei anderen Apfelfrüchten können mehr Samenanlagen pro Fruchtblatt vorkommen (z.B. Quitte). Sie können aber auch bis auf eine Samenanlage reduziert sein (z.B. Birne, Mispel). Die Stellung der Fruchtblätter zeigt alle Übergänge von oberständig über mittelständig bis unterständig (s. Abb. II, 3-2). Die Gattung Rosa z.B. hat tief becherförmige Blütenachsen, die in ihrem Inneren viele unterständige Fruchtblätter enthalten. Demgegenüber haben Erdbeeren und Himbeeren eindeutig oberständige Fruchtblätter. Die Fruchtknoten von Kirsche und Pflaume sind mittelständig (für die systematische Gliederung der Rosengewächse in Unterfamilien hat die Ausbildung der Fruchttypen besondere Bedeutung; s. Kapitel II, 8).

Unterklasse Kohlähnliche (Dilleniidae)
(Keine Übersetzung des wissenschaftlichen Namens, da die namengebenden Dilleniaceen in unserer Flora nicht vorkommen.)
Ähnlich wie zur Unterklasse Rosidae stellt man auch zu den Dilleniidae eine Vielzahl recht unterschiedlicher Familien und Ordnungen. In beiden Fällen muß man damit rechnen, daß in Zukunft Umgruppierungen und die Aufstellung weiterer Unterklassen erfolgen werden.
Als basale Gruppe wird die Ordnung Dilleniales mit den Familien Dilleniengewächse und Pfingstrosengewächse (auch in Mitteleuropa heimisch) angesehen. Ihre Blüten zeigen meistens einen Übergang von Laubblättern zu Blütenhüllblättern und von diesen zu Staub- und Fruchtblättern (dies gilt insbesondere für die gefüllten Gartenformen). Die Blütenachse hat sich stark erweitert, und um die freien Fruchtblätter ist eine ringförmige Drüsenscheibe, ein Diskus, ausgebildet. Ausgehend von dieser durch zahlreiche ursprüngliche Merkmale gekennzeichneten Gruppe, lassen sich zwei verschiedene Entwicklungslinien erkennen, die sich im Bau des Fruchtknotens unterscheiden: Im „Wandsamerast", zu dem zum Beispiel die Kohlgewächse (Kreuzblütler) und die Veilchengewächse gehören, sitzen die Samenanlagen wandständig. Bei der zweiten Linie, zu der die Malvengewächse gezählt werden, sitzen die Samenanlagen „zentral winkelständig" in gekammerten Fruchtknoten.
Stark reduzierte Blüten und kätzchenartige Blütenstände finden sich bei den Weidengewächsen.
Die Fruchtblätter sind fast immer verwachsen. Sie enthalten in der Regel viele Samenanlagen.
Im Gegensatz zu den Rosidae überwiegen bei den Dilleniidae ungeteilte Laubblätter.
Wichtigste heimische Familien sind Kreuzblütler (Kohlgewächse), Weidengewächse, Malvengewächse, Storchschnabelgewächse und Heidekrautgewächse.

Beispiel: Kohlgewächse (Kreuzblütler, Brassicaceae)
Die Familie besteht aus rund 380 Gattungen mit über 3000 Arten. Zu ihr gehören viele wirtschaftlich bedeutende Arten, wie die Kohlsorten, Senf, Raps, Rettich, Kresse und zahlreiche Zierpflanzen, wie Blaukissen, Steinkraut und Goldlack. Ebenso wie die Hahnenfußgewächse und die Rosengewächse ist auch diese Familie weltweit verbreitet. Doch hat sie ihren Verbreitungsschwerpunkt vor allem in den Ländern um das Mittelmeerbecken und in Südwest- und Zentralasien. Fast alle Kreuzblütler sind krautig. Daneben gibt es wenige Zwergsträucher und ganz selten auch höhere Sträucher. Viele einjährige Garten- und Ackerwildkräuter gehören zu dieser Familie.
Die wechselständigen Blätter sind ganzrandig oder fiederschnittig, oft mit vergrößerten Endlappen. Geteilte Blätter sind selten. Charakteristisches biochemisches Merkmal sind die in allen Pflanzen-

teilen vorkommenden Senfölglucoside. Bei Verletzungen werden durch ein pflanzeneigenes Enzym die stechend riechenden und scharf schmeckenden Senföle freigesetzt (allgemeine Formel: R–N=C=S). Sie bedingen den scharfen Geschmack von Senf, Rettich, Meerrettich und Kresse. Viele Senföle haben eine beachtliche antibiotische Wirkung. Für die Verwendung von Rapssamen in der Futtermittel- und Margarineherstellung sind sie jedoch ungünstig, weshalb man senfölfreie Sorten gezüchtet hat (00-Raps).
Die Blüten sind immer in einfachen oder verzweigten Trauben angeordnet. Meistens treten im Blütenstandsbereich keine Blätter (Tragblätter, Vorblätter) auf. Der Bau der Blüte ist innerhalb der ganzen Familie sehr einheitlich und kann durch die Blütenformel K4 C4 A2 + 4 G(2) beschrieben werden (Abb. II, 3-7). Lediglich die Größenverhältnisse der verschiedenen Blütenglieder können stark variieren. Der Fruchtknoten trägt zwei Reihen Samenanlagen an den Verwachsungsnähten der beiden Fruchtblätter. Zwischen den Fruchtblättern ist eine „falsche“ Scheidewand ausgebildet. (Falsch bedeutet in diesem Zusammenhang, daß sie nicht aus ursprünglichem Fruchtknotengewebe gebildet ist. Die beiden Fruchtblätter sind mit ihren Rändern verwachsen). Aus dem Fruchtknoten entwickelt sich eine Kapsel, die sich an den Verwachsungsnähten der Fruchtblätter öffnet. In der Mitte bleibt ein Rahmen mit der falschen Scheidewand stehen. Dieser besondere Typ einer Kapselfrucht wird „Schote“ genannt.
Trotz des einheitlichen Bauplanes kann die Gestalt der Cruciferenschoten recht stark variieren. Für die systematische Untergliederung der Familie und für die Artbestimmung spielen die Fruchtformen deshalb eine wichtige Rolle.

Unterklassen Taubnesselähnliche (Lamiidae) und Asternähnliche (Asteridae)
In diesen beiden Unterklassen sind die Bedecktsamer mit den meisten abgeleiteten Merkmalen zusammengefaßt. Es ist nur ein Staubblattkreis entwickelt, insgesamt gibt es also nur vier Blütenblattkreise, und die Kronblätter sind immer verwachsen. Daher lautet die alte Bezeichnung dieser Ordnungsgruppe „Sympetalae tetracyclicae“. Oft sind auch die Kelchblätter verwachsen und die Filamente der Staubblätter mit den Kronblättern verbunden. Die typische Blütenformel lautet: K(5) [C(5) A5] G(2).
Mehrfach kommen köpfchenartige Blütenstände vor, die wie Einzelblüten wirken (Korbblütler, Glockenblumengewächse, Kardengewächse, Enziangewächse). Wie vor allem neuere chemische Untersuchungen beweisen, kann man innerhalb dieser früher meist zur Unterklasse Asteridae zusammengefaßten Gruppe zwei verschiedene Verwandtschaftskreise unterscheiden. Die Lamiidae lassen sich an die Dilleniidae anschließen, während die Asteridae Übereinstimmungen mit verschiedenen Rosidae-Gruppen aufweisen.
Bei der Unterklasse Lamiidae sind die Staubblätter frei. Der Fruchtknoten ist ober- oder unterständig. Speicherstoff ist Stärke.
Wichtigste einheimische Familien: Enziangewächse, Geißblattgewächse, Kardengewächse, Rauhblatt- oder Borretschgewächse, Rachenblütler (Braunwurzelgewächse), Lippenblütler (Taubnesselgewächse), Nachtschattengewächse.
Bei der Unterklasse Asteridae (Asterähnliche; s. Abb. II, 3-3) sind im Gegensatz zur vorangegangenen Unterklasse die Staubbeutel verwachsen, die Staubfäden aber frei. Der Fruchtknoten ist immer unterständig. Weitere Unterschiede sind das teilweise Auftreten von Milchsaftröhren und der Ersatz des Speicherstoffes Stärke durch Inulin.
Wichtigste einheimische Familien sind die noch ursprünglicheren, mit radiären und oft noch einzeln stehenden Blüten ausgestatteten Glockenblumengewächse und die Asterngewächse (Korbblütler).

Beispiel: Taubnesselgewächse (Lippenblütler, Lamiaceae)
Die Lippenblütler sind weltweit mit über 3000 Arten verbreitet. Dank ihres Gehaltes an ätherischen Ölen gehören ihnen zahlreiche Gewürz- und Heilpflanzen an, z.B. Minzen, Melisse, Rosmarin, Salbei, Majoran.

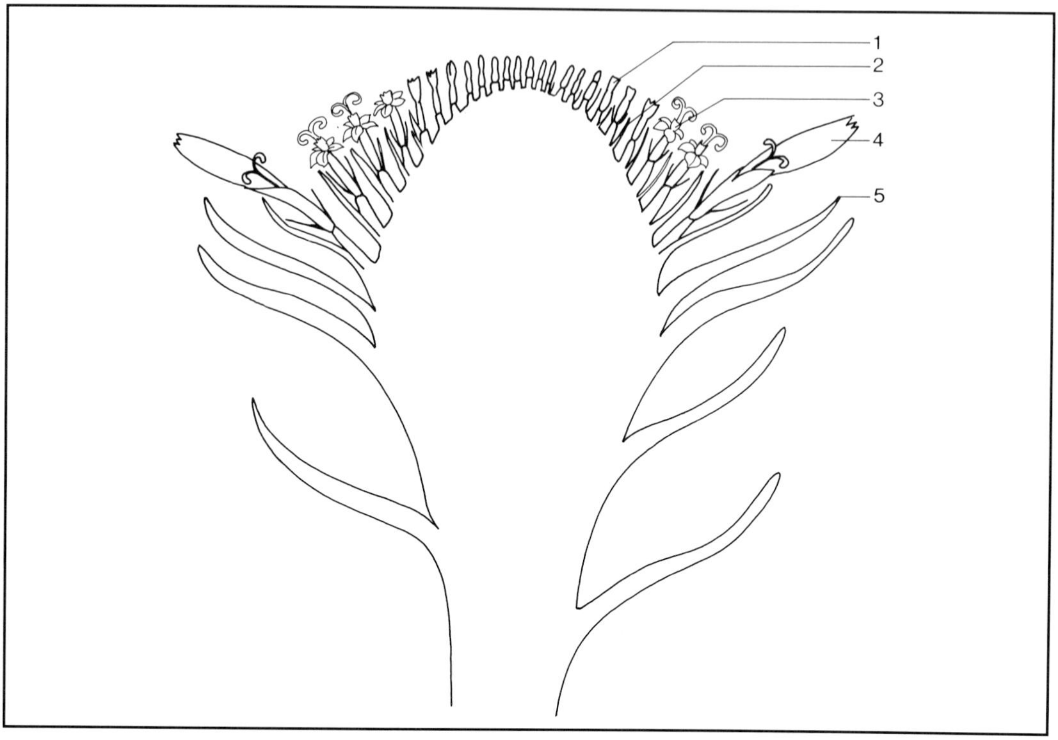

Abb. II, 3-3: Aufbau eines Blütenköpfchens der Asterngewächse (Korbblütler): 1 geschlossene Scheibenblüte, 2 Spreublatt (Tragblatt einer Blüte), 3 geöffnete, zweigeschlechtliche Scheibenblüte, 4 Strahlenblüte (weiblich, steril), 5 Hüllblatt (Hochblatt)

Die meisten Taubnesselgewächse bevorzugen offenes Gelände. Nur wenige Gattungen sind charakteristisch für den tropischen Regenwald.

Viele Vertreter der Familie sind Einjährige, krautige Stauden oder Zwergsträucher. Die oft ungeteilten, gekerbten oder gezähnten Blätter sitzen kreuzgegenständig an den charakteristisch vierkantigen Stengeln. Die Stengelkanten sind durch Kollenchym versteift. Nebenblätter sind nicht ausgebildet. Häufig sind Blätter und Achsen kräftig behaart. Die ätherischen Öle werden in Drüsenhaaren (bzw. Drüsenschüppchen) gebildet (s. Abb. II, 3-4).

Die meist ährenartigen Blütenstände haben einen charakteristischen Bau: Den Tragblättern der Hauptachse entspringen kurze Seitenachsen, die sich zunächst dichasial und dann oft weiter monochasial verzweigen. Dadurch, daß alle Seitenachsen kurz bleiben, entsteht oft der Eindruck eines um die Hauptachse angeordneten Blütenquirls. Seine Abblühfolge ist ein Hinweis auf die Verzweigung.

Die Blüten sind streng monosymmetrisch (zygomorph). Trotz beachtlicher Formenvielfalt haben sie einen einheitlichen Grundbauplan: Kelch- und Kronblattkreis sind aus je fünf Blättern zusammengesetzt. Zwei Kronblätter sind zu einer Oberlippe, drei zu einer Unterlippe verwachsen. Die Oberlippe dient in der Regel als Hülle für die vier (seltener zwei) Staubblätter und den langen Griffel, der sich an der Spitze in zwei Narbenäste gabelt. Die Unterlippe ist meist flach, tellerartig ausgebildet und in mehrere Lappen gegliedert. Der Fruchtknoten ist oberständig. Er besteht aus zwei verwachsenen Fruchtblättern mit je zwei Samenanlagen. Bei der Fruchtreife zerfällt er in vier einsamige nüßchenartige Teilfrüchte (Klausen; zur Blütenbiologie s. Band 8, Kap. II,1).

Abb. II, 3-4: Bauplan der Taubnesselgewächse (Lippenblütler), die typischen Merkmale sind schematisch dargestellt. Blüte: 2 Fruchtblätter, Frucht aus 4 Klausen, 4 Staubblätter, 5 verwachsene Kronblätter, 5 verwachsene Kelchblätter; Stengel vierkantig, Blatt zweiseitig mit ätherischen Ölen, Wurzel vierstrahlig

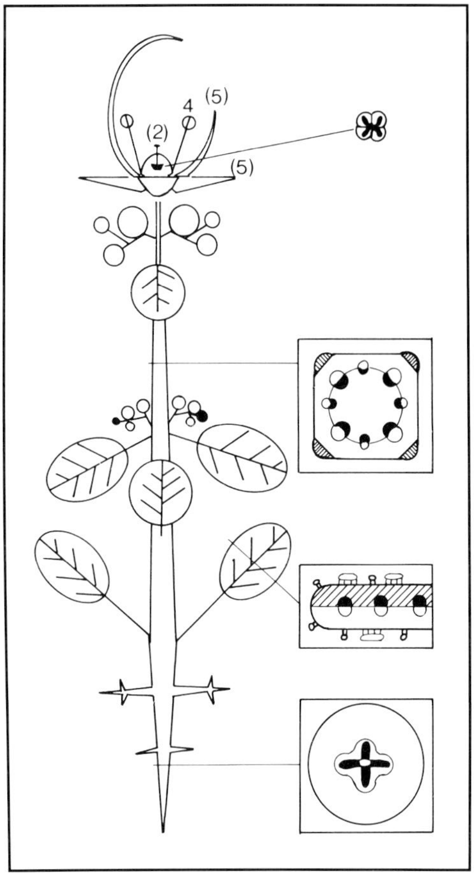

Unterklassen Lilienähnliche (Liliidae) und Grasähnliche (Commelinidae)
Zu dieser Unterklasse gehören die meisten einheimischen Einkeimblättrigen. Ursprünglich weisen ihre Blüten eine Blütenhülle aus zwei dreizähligen Wirteln auf, die oft einheitlich gestaltet ist (Perigon). Es folgen zwei dreizählige Staubblattkreise und ein aus drei verwachsenen Fruchtblättern gebildeter dreikammeriger Fruchtknoten mit zentralwinkelständigen Samenanlagen.
Bei abgeleiteten Formen kann ein Staubblattkreis ausfallen. Auch die Anzahl der Fruchtblätter kann reduziert sein, und es können monosymmetrische Blütenhüllen entwickelt werden. Besonders abgeleitete, oft sehr bizarre Blütenformen kommen bei der artenreichen Familie der Orchideen vor (s. Band 8, Abschnitt I,1.1.3). Im Zusammenhang mit dem mehrfach vollzogenen Übergang zur Windblütigkeit kommt es zur Reduktion der Blütenhüllen und weiterer Blütenglieder. Für viele windblütige Formen ist ein „grasartiger“ Habitus kennzeichnend.
Wichtigste heimische Familien: Liliengewächse; i.w.S., Orchideengewächse, Binsengewächse, Sauergrasgewächse, Süßgrasgewächse.

Beispiel: Die Liliengewächse und ihre Verwandten
Die Liliengewächse und ihre zahlreichen verwandten Familien (vgl. z.B. *Martensen/Probst* 1990) besitzen vorwiegend radiäre Blüten mit zwei gleichartigen Hüllblattkreisen, ein bis zwei Staubblattkreisen und einem aus drei Fruchtblättern verwachsenen ober- oder unterständigen Fruchtknoten mit zahlreichen Samenanlagen. Das Nährgewebe der Samen ist stärkefrei und enthält Reservezellu-

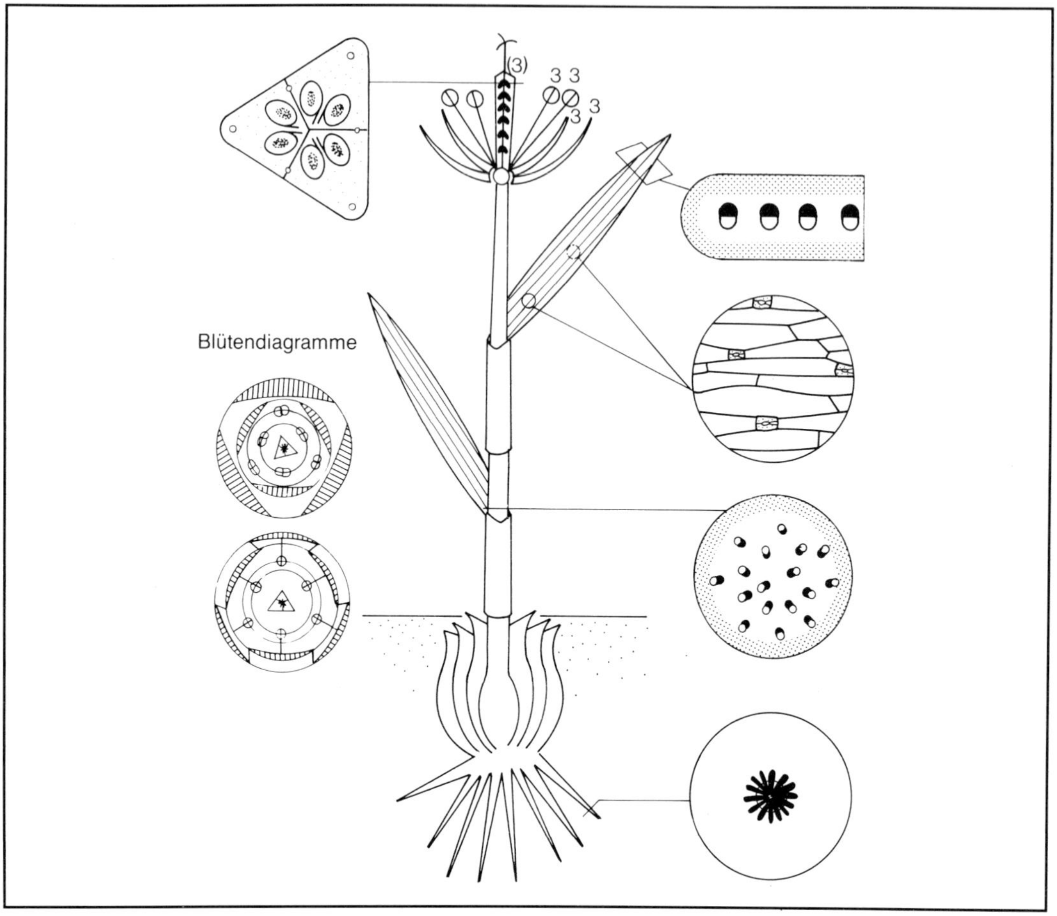

Abb. II, 3-5: Bauplan der Liliengewächse (im weiteren Sinne). Blüte: Fruchtknoten aus 3 Fruchtblättern verwachsen (synkarp), zwei Kreise mit je 3 Staubblättern, 2 Kreise mit je 3 Perigonblättern; Blattquerschnitt gleichseitig, Stengel rund mit verteilten Gefäßen, Wurzel vielstrahlig

lose, Eiweiß oder fettes Öl. Typische Lebensform sind Erdpflanzen (Geophyten; s. Kapitel I, 1 und I, 3) mit unterirdischen Speicherorganen: Rhizomen, Knollen oder Zwiebeln. Der Verbreitungsschwerpunkt sind die subtropischen bis gemäßigten Trockengebiete.
Während man früher den Verwandtschaftskreis nur in drei bis vier Familien gliederte (Liliengewächse, Amaryllisgewächse, Schwertliliengewächse, zum Teil noch Agavengewächse) haben sich heute die meisten Systematiker zu einer starken Aufsplitterung der alten Familie Liliaceae entschlossen. Für die neue Gliederung sind vor allem vegetative Merkmale (Rhizome oder Knollen oder Zwiebeln), Inhaltsstoffe (z.B. Alkaloide), der Bau der Früchte (z.B. nahtspaltige oder wandspaltige Kapseln bzw. Beeren) und Unterschiede in der Samenentwicklung und Pollenbildung entscheidend. Die Tabelle II, 3-2 gibt eine Zusammenstellung der alten und neuen Gliederung. Zu den Liliaceae (s. Abb. II, 3-5) im engeren Sinne gehören nur noch die Tulpen, Gelbsterne, Lilien und Schachblumen. Charakteristisch sind radiär-symmetrische Blüten mit Nektarsekretion am Grund der Hüllblätter bzw. Staubblätter. Die Früchte sind fach- oder wandspaltige Kapseln. Die Samen sind niemals schwarz gefärbt. Alle Liliengewächse im engeren Sinne sind Zwiebelpflanzen.

Tab. II,3-2: Die Liliengewächse und ihre Verwandten (nach *Ehrendorfer* 1983b)

Die alte Einteilung mit einer sehr weit gefaßten Familie der Liliengewächse	Die neue Einteilung mit einer weitgehenden Aufspaltung der Liliengewächse
Familie Schmerwurzgewächse (Dioscoreaceae) →	Ordnung Schmerwurzartige (Dioscoreales)
	Familie Schmerwurzgewächse (Dioscoreaceae)
Familie Liliengewächse (Liliaceae)	Ordnung Spargelartige (Asparagales)
→	Fam. Maiglöckchengewächse (Convallariaceae)
→	Fam. Hyazinthengewächse (Hyacinthaceae)
→	Familie Affodilgewächse (Asphodelaceae)
→	Familie Lauchgewächse (Alliaceae)
Familie Agavengewächse (Agavaceae) →	Familie Agavengewächse (Agavaceae)
Familie Amaryllisgewächse (Amaryllidaceae) →	Familie Amaryllisgewächse (Amaryllidaceae)
	Ordnung Lilienartige (Lilialales)
→	Familie Germergewächse (Melanthaceae)
→	Familie Liliengewächse (Liliaceae)
→	Familie Herbstzeitlosengewächse (Colchicaceae)
Familie Schwertliliengewächse (Iridaceae) →	Familie Schwertliliengewächse (Iridaceae)

3.2 Kriterien der Themenauswahl

Nach einer Untersuchung von *M. Hesse* (1983) können 50% von über 1000 befragten Studienanfängern des Lehrfaches Biologie weniger als zehn Pflanzengattungen richtig benennen. In derselben Erhebung wird festgestellt, daß die Studienanfänger, die sich zweifellos für das Fach Biologie überdurchschnittlich interessieren, ihre eigene Formenkenntnis als äußerst gering einschätzen (maximal 30 Pflanzenarten). Untersuchungen zu den Pflanzenkenntnissen von Schülern haben ebenfalls wenig befriedigende Ergebnisse erbracht (vgl. zum Beispiel *Eschenhagen* 1984).

Wissen über ökologische Zusammenhänge und die Fähigkeit, im Gelände eine Diagnose zu stellen, setzen aber detaillierte Kenntnisse voraus. Erst, wenn man Formen kennt, kann man Zeigerarten richtig beurteilen und von dem Beobachten im Gelände Rückschlüsse auf die Umweltsituation einer bestimmten Landschaft ziehen. Solche Fähigkeiten werden nicht nur von vielen Planungsbeamten in Kommunalverwaltungen und Landesämtern verlangt, sondern im Grunde auch von jedem Staatsbürger, der bei Anhörungen zu Bebauungsplänen, Flächennutzungsplänen u.ä. Gelegenheit hat, seine Meinung zu äußern und Stellung zu nehmen.

Darüber hinaus ist die differenzierte Wahrnehmungsfähigkeit der Natur um uns eine ganz wichtige Voraussetzung des Naturerlebens und der emotionalen Bindung an Natur und Landschaft. Die große Bedeutung, die solche Wahrnehmungsfähigkeiten und Erlebnisfähigkeiten für ein umweltgerechtes Verhalten und für „Mitweltbewußtsein" hat, ist heute weithin anerkannt (vgl. z.B. *Probst* 1977a; *Trommer* 1988).

II Ordnen nach systematischen Gesichtspunkten

Man könnte daraus zunächst den Schluß ziehen, daß es wohl wichtig ist, Formenkenntnisse zu vermitteln, daß jedoch systematische Kenntnisse nicht notwendig sind. Ist es doch für die differenzierte Wahrnehmung, aber auch für die ökologische Beurteilung nicht wichtig, zu wissen, zu welcher Familie eine Pflanze gehört, sondern in erster Linie, ob sie z.B. Stickstoff im Boden anzeigt oder ob es sich um eine Magerrasenpflanze handelt. Das ist teilweise richtig, teilweise aber auch falsch. Um überhaupt einen Einstieg in die Formenkenntnis zu bekommen, ist es unbedingt notwendig, einen Blick für Ähnlichkeiten und Unterschiede zu entwickeln. Und Ähnlichkeiten und Unterschiede sind nun einmal die Grundlagen des natürlichen Systems. Will man ähnlich aussehende Pflanzen voneinander unterscheiden, so ist es wichtig, die systematischen Merkmale zu kennen. Bei den Blütenpflanzen heißt dies, daß man zumindest einige häufige Familien richtig ansprechen und Pflanzen diesen Familien zuordnen kann. Auch wenn die Pflanzen nicht bekannt sind, ist dann eine Bestimmung mit bebilderten Bestimmungsbüchern viel leichter, und die Gefahr eines Irrtums ist viel geringer.
Ein zweiter Punkt, der für die Behandlung wichtiger Pflanzenfamilien im Biologieunterricht der Sekundarstufe I spricht, ist die Beziehung der Systematik zur Evolution. Die Schulung des Blicks für „Verwandtschaften" zwischen den Lebewesen ist ein wichtiges, das Verständnis der Evolution vorbereitendes Unterrichtsziel.
Wegen der vielen neuen Inhalte des Biologieunterrichts stehen heute allerdings nicht mehr so viele Stunden für die Vermittlung des Pflanzensystems und der Pflanzenfamilien zur Verfügung, wie dies noch in früheren Jahrzehnten der Fall war. Man muß sich auf die Wirkung des exemplarischen Vorgehens verlassen und wenige wichtige Familien auswählen. Aufgrund der Repräsentanz in unserer Flora, der wirtschaftlichen Bedeutung einzelner Vertreter, der Auffälligkeit und der Häufigkeit der Arten könnte eine Auswahl z.B. folgende Familien umfassen:

Einkeimblättrige Bedecktsamer: Liliengewächse (im weiteren Sinne), Süßgrasgewächse.

Zweikeimblättrige Bedecktsamer: Hahnenfußgewächse, Nelkengewächse, Rosengewächse, Bohnengewächse (Schmetterlingsblütler), Asterngewächse (Korbblütler), Taubnesselgewächse (Lippenblütler), Buchengewächse, Selleriegewächse (Doldenblütler), Kohlgewächse (Kreuzblütler), Nachtschattengewächse.

Es läßt sich über viele weitere Familien diskutieren. Die Gesamtanzahl sollte jedoch 15 auf keinen Fall übersteigen.
In den Unterrichtsbeispielen finden sich Vorschläge
- für eine synoptische Behandlung mehrerer Bedecktsamerfamilien,
- für die ausführliche Behandlung einer Familie (Kohlgewächse),
- für die Behandlung einiger Familien aus einer Verwandtschaftsgruppe (Lilienähnliche).

Die drei Möglichkeiten können auch kombiniert werden. So kann man z.B. mit der ausführlichen Behandlung einer Familie beginnen und dann weitere Familien in einem synoptischen Unterrichtsverfahren dazu in Beziehung setzen. Wenn es sich dabei um Familien desselben Verwandtschaftskreises handelt, so hat dies den Vorteil, daß man die graduelle Abwandlung von Merkmalen gut verfolgen kann. Aber auch das Konzept, ganz unterschiedliche Familien zu behandeln, um die Bauplanvielfalt vorstellen zu können, hat etwas für sich.
Für die ausführlichere Behandlung einer Familie wurden die Kohlgewächse (Kreuzblütler) ausgewählt, weil alle Vertreter dieser Familie einen sehr einheitlichen Blütenbau haben und weil Beispielarten – auch solche mit großen, auffälligen Blüten, wie Raps, Nachtviole oder Silberblatt – leicht zu beschaffen sind. Sowohl die Bedeutung der Nutzpflanzen aus dieser Familie wie die große Anzahl einheimischer Wildkräuter, die zu den Kreuzblütlern gehören, sind ebenfalls Argumente dafür, dieses Beispiel zu wählen.
Ähnlich gut geeignet wären die Bohnengewächse (Schmetterlingsblütler; vgl. *Pfisterer* 1984). Bei den Taubnesselgewächsen (Lippenblütler) ist der Blütenbau zwar ebenfalls recht einheitlich, aber

komplizierter und weniger gut durchschaubar. Auch die Nelkengewächse wären im Prinzip geeignet, doch gibt es hier gewisse Variationen im Blütenbau. In stärkerem Maße noch gilt dies für Hahnenfußgewächse und Rosengewächse. Recht gut geeignet sind schließlich noch Selleriegewächse (Doldenblütler) und Asterngewächse (Korbblütler). Doch bei diesen Familien sind die Einzelblüten sehr klein, und es tritt zudem die Schwierigkeit auf, daß zunächst ganze Blütenstände für Einzelblüten gehalten werden können.
Für den Unterricht über Samenpflanzenfamilien aus einer Verwandtschaftsgruppe bieten sich die Vertreter der Lilienähnlichen an, da sie auffällige große Blüten besitzen, deren Bau leicht zu analysieren und zu charakterisieren ist. Außerdem sind sie über den Blumenhandel auch im Winter zu beschaffen. So ist es kein Zufall, daß die Tulpenblüte ein klassisches Beispiel für den Biologieunterricht geworden ist.
Die Blüten verschiedener Lilienverwandter zeigen deutlich, daß sie auf einen gemeinsamen Bauplan zurückzuführen sind. Gleichzeitig weisen sie jedoch charakteristische Unterschiede auf, die für die Einteilung in verschiedene systematische Untergruppen (Ordnungen, Familien) herangezogen werden können. Auch die Merkmale des vegetativen Bereiches sind sehr charakteristisch und können bei einer vergleichenden Untersuchung berücksichtigt werden, z.B. die Überwinterungsorgane (Zwiebeln, Knollen, Rhizome), die Blütenstände und die Blattformen.
In jedem Falle sollte man bei der Behandlung einzelner Familien wirtschaftlich bedeutsame Vertreter besonders hervorheben (bei den Gräsern z.B. die Getreidearten, bei den Kreuzblütlern den Kohl und seine verschiedenen Varietäten, bei den Rosengewächsen die Obstbäume).
Die Blüte und die Blütenregion als wichtigster Merkmalskomplex für die systematische Einteilung sollten auch im Unterricht im Vordergrund stehen. Dabei sollte es weniger darum gehen, möglichst viele verschiedene Blütendiagramme oder Blütenformeln zu lernen, als das Verständnis für bestimmte Bauzusammenhänge zu wecken, z.B. durch den Bau von Blütenmodellen.

3.3 Vorschläge zur Unterrichtsgestaltung am Beispiel „Wichtige Familien der Samenpflanzen"

3.3.1 Didaktische Überlegungen

Für den Aufbau des Unterrichts bieten sich verschiedene Möglichkeiten an:
(1) Behandlung einer Familie nach der anderen (Morphologie am Beispiel eines häufigen Vertreters, weitere Beispiele, z.B. wirtschaftlich wichtige Vertreter).
(2) Beginn mit einer Bestimmungs- oder Zuordnungsübung von Vertretern aller zu behandelnden Familien. So gelingt es, Einteilungskriterien zu erarbeiten und die besonderen Merkmale der Familien im Vergleich deutlich zu machen.
(3) Kombination von Verfahren (1) und Verfahren (2), z.B. dadurch, daß nach einer Einführung in das Thema über Blüten aus mehreren Familien nachher einzelne Familien ausführlicher behandelt werden. In einer abschließenden Zuordnungsübung können die erworbenen Kenntnisse geprüft und gefestigt werden.

Die erste Methode entspricht etwa dem Aufbau nach *Schmeil.* Sie hat den Vorteil großer Übersichtlichkeit, den Nachteil einer gewissen Stereotypie. Ohnehin beim Pflanzenkundeunterricht vorhandene Motivationsprobleme können sich hier verstärken. Beim zweiten vorgeschlagenen Weg besteht die Gefahr der Unübersichtlichkeit. Auch wird es schwieriger, eine Familie in einem umfassenderen Sinne zu behandeln. Es ist nicht einfach, nur aus dem Vergleich heraus eine klare Vorstellung von verschiedenen häufigen Familien bei den Schülern aufzubauen. Aus diesem Grunde bietet sich eine Kombination von vergleichenden und mehr monografisch auf eine Familie bezogenen Unterrichtsphasen an (3). Bei diesem Verfahren ist eine Einführungsphase wichtig, wie sie im folgenden vorgestellt wird.

II Ordnen nach systematischen Gesichtspunkten

In jedem Falle sollte der Unterricht dazu anregen, auch Pflanzen im Freien anzuschauen, eventuell zu sammeln und als Ergänzung für das Biologieheft ein kleines Herbar anzulegen. Je nachdem, wieviel Zeit für die Unterrichtseinheit zur Verfügung steht, ist es sinnvoll, hierzu eine Exkursion einzuplanen.

Unterrichtsziele:

Die Schüler sollen
- die wichtigsten Bauelemente einer Bedecktsamerblüte nennen und unterscheiden können (Fruchtblätter, Staubblätter, Kronblätter, Kelchblätter);
- angeben können, daß die Anzahl und Anordnung dieser Blütenelemente für die Bestimmung von Pflanzenarten, insbesondere aber für ihre Einteilung in Verwandtschaftsgruppen (Familien) entscheidend ist;
- mindestens fünf verschiedene Familien am Bau ihrer Blüten erkennen können;
- ein Blütenmodell aus Plastilin, Karton, Streichhölzern, Zahnstochern oder ähnlichem bauen können, das sich eindeutig einer Familie zuordnen läßt.

3.3.2 Unterrichtsprozeß

Als Einstieg werden den Schülern einige auffällige Blüten gezeigt. Anschließend erhalten sie den Auftrag, aus Plastilin, buntem Karton, Streichhölzern, Zahnstochern oder ähnlichem Material Blüten zu bauen. Dabei werden zunächst keine weiteren Vorgaben gemacht, was Farbe und Anordnung der einzelnen Blütenteile betrifft. Das Basteln sollte keinesfalls mehr als 10 Minuten beanspruchen.
Dann teilt der Lehrer verschiedene große und auffällige Blüten aus, die einen überschaubaren Bauplan haben (Lilie oder Tulpe, Christrose, Anemone, Raps, Sternmiere, Kirsche; gut geeignet sind auch Blüten aus dem Blumenladen, man sollte allerdings gefüllte Blüten und Blüten mit verwachsenen Blumenkronen bzw. reduzierten Blütenteilen nicht verwenden). Die Schüler untersuchen nun, aus welchen verschiedenen Bauteilen diese Blüten bestehen. Sie vergleichen dabei mit ihrer selbst gefertigten Blüte und stellen Übereinstimmungen und Unterschiede fest. Es stellt sich heraus, daß bei allen verschiedenen Blüten die Anordnung dieser Teile, d.h. ihre Reihenfolge von außen nach innen, dieselbe ist. Sie wird in einer schematischen Skizze (s. Abb. II, 3-6) an der Tafel festgehalten und ins Heft übernommen. Daneben wird notiert, welche Unterschiede man bei den verschiedenen Blüten feststellen kann: Farbe, Form der Blütenteile, Anzahl der Blütenteile, Anordnung der Blütenteile. Der Lehrer weist nun darauf hin, daß diese verschiedenen Merkmale zur Bestimmung und zur Einteilung der Pflanzen verwendet werden. Der Begriff „Verwandtschaft" kann eingeführt werden.
Die verschiedenen Merkmale werden nun gewertet. Als Ergebnis soll herauskommen, daß Merkmale, die schon innerhalb einer Art wechseln (wie z.B. die Farbe der Blütenkrone) für die Unterscheidung und die Ermittlung von Verwandtschaftsverhältnissen wenig nützlich sind. Zum Schluß wird das Tafelschema koloriert, wobei der Lehrer darauf hinweist, daß bei der Charakterisierung einer Blüte für die verschiedenen Blütenteile immer dieselben Farben verwendet werden: Kelch grün, Krone rot, Staubblätter gelb, Fruchtblätter violett oder blau. Diese Farbgebung wird auch in die Heftzeichnungen übernommen.
Im folgenden Unterricht werden verschiedene Familien der Bedecktsamer behandelt. Es sollen jeweils möglichst mehrere Beispielarten untersucht werden. Dabei sollen die Blüte und ihr Aufbau im Mittelpunkt stehen. Zum Abschluß wird aus den gleichen Materialien, wie oben beschrieben, ein Blütenmodell gefertigt, das dem Blütenaufbau der behandelten Familie entsprechen soll. Es ist günstig, zwei Familien gleichzeitig zu behandeln und zwei unterschiedliche Modelle anfertigen zu lassen. In manchen Fällen wird dafür die Zeit einer Dreiviertelstunde nicht ausreichen, so daß der Unterricht in Doppelstunden vorteilhaft wäre.

Abb. II, 3-6: Schema einer Bedecktsamerblüte. 1 Stempel besteht aus 2 Narbe, 3 Griffel und 4 Fruchtknoten; 5 Staubblätter bestehen aus 6 Staubbeutel, 7 Staubfaden; Blütenhülle besteht aus 8 Kronblättern und 9 Kelchblättern, 10 Blütenboden gestauchte, häufig verbreiterte Blütenachse

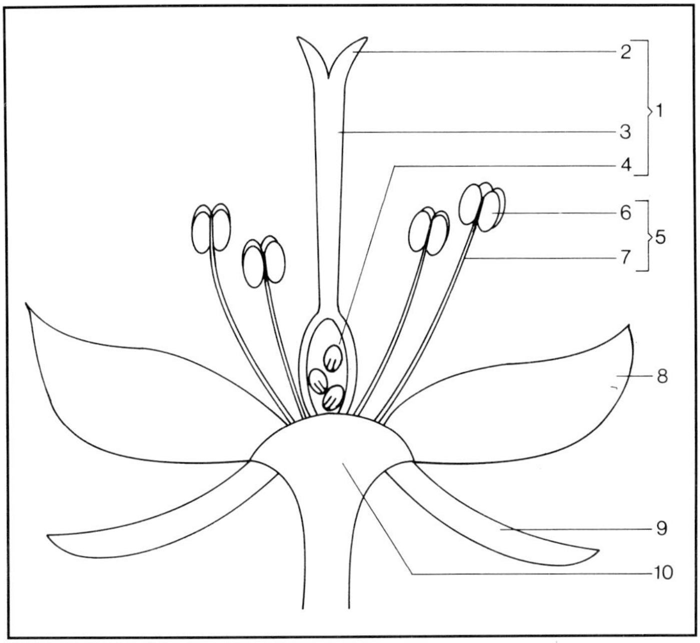

Zum Abschluß der Unterrichtseinheit stehen die verschiedenen Blütenmodelle der behandelten Familien auf dem Platz jeder Partnergruppe. Der Lehrer teilt nun Beispielarten für die verschiedenen Familien aus, und die Schüler erhalten den Auftrag, diese Arten durch Vergleich mit ihren selbst gefertigten Blütenmodellen der richtigen Familie zuzuordnen.
Man kann statt der Blütenmodelle auch Modelle von Blütensprossen oder sogar von ganzen Pflanzen anfertigen lassen. Dies ist vor allem bei Familien sinnvoll, bei denen die einzelnen Blüten so klein sind, daß ihr Aufbau zunächst beim Erkennen der Familie keine Rolle spielt (Doldengewächse, Korbblütler, Gräser). Auch wenn die Anordnung der Blätter und der Blattschnitt wichtige Bestimmungsmerkmale sind (Hahnenfußgewächse, Doldenblütler, Rötegewächse), ist ein solches Vorgehen zu empfehlen.

3.4 Vorschläge zur Unterrichtsgestaltung am Beispiel „Kohlgewächse (Kreuzblütler)"

3.4.1 Didaktische Überlegungen

Die charakteristischen Merkmale der Kohlgewächse sollten an einer auffälligen Pflanze (z.B. Raps, Nachtviole, Silberblatt) erarbeitet werden. Um die Ergebnisse zu festigen, können anschließend einige weitere Vertreter kürzer besprochen werden. Dabei empfiehlt es sich, auch Nutzpflanzen zu berücksichtigen. Als Festigungsphase hat es sich bewährt, eine größere Anzahl von Kreuzblütlern im Gelände oder aus einer Sammlung von unterschiedlichen Pflanzenarten herausfinden zu lassen. Dabei soll es insbesondere darauf ankommen, die Variationsbreite der Merkmale (Blattformen, Blütengröße, Blütenfarbe usw.) zu erkennen.
Um den Unterricht abwechslungsreicher zu gestalten und die Ergebnisse zu festigen, empfiehlt sich die Anlage eines kleinen Herbars. Aber auch Zeichnungen, Fotografien oder Lichtdrucke sind zur Dokumentation gut geeignet (vgl. *Eschenhagen/Kattmann/Rodi* 1985, 366; *Kuhn/Probst/Schilke* 1986).

Unterrichtsziele:

Die Schüler sollen
- die wichtigsten Bauelemente einer Bedecktsamerblüte nennen und unterscheiden können;
- angeben können, daß die Anzahl und Anordnung dieser Blütenelemente für die Bestimmung von Pflanzenarten, insbesondere aber für eine Einteilung in Verwandtschaftsgruppen (Familien) entscheidend ist;
- den Aufbau der Blüte der Kohlgewächse (Kreuzblütler) beschreiben können;
- den Aufbau einer Kreuzblütlerfrucht beschreiben können;
- einige wichtige Nutz- und Zierpflanzen aus der Familie der Kreuzblütler nennen können;
- wichtige vegetative Merkmale der Kohlgewächse nennen können;
- Kreuzblütler aus einer größeren Anzahl unterschiedlicher Pflanzenarten herausfinden können.

3.4.2 Unterrichtsprozeß

Zu Beginn werden Ende Mai bis Anfang Juni überall leicht beschaffbare blühende Rapspflanzen ausgeteilt. Es wird nach dem Namen der Pflanze gefragt und nach dem Vorkommen und ihrer Verwendung als ölliefernde Nutzpflanze. Anschließend erhalten Partnergruppen den Auftrag, die Pflanze durch wenige Stichworte zu charakterisieren. Dafür werden etwa fünf Minuten Zeit gegeben. Einige dieser Beschreibungen werden vorgelesen, und der Lehrer sammelt die genannten Merkmale an der Tafel, wobei er sie schon vorsortiert (Merkmale des Blütenbereiches, des Sprosses, der Wurzel, Duft und Geschmack, Verwendung und wirtschaftliche Bedeutung).
In dem anschließenden Unterrichtsgespräch soll die Bedeutung der verschiedenen Merkmale besprochen werden. Dabei wird herausgearbeitet, daß die Merkmale des Blütenbereiches für die systematische Einteilung besonders wichtig sind. Schließlich wird der Blütenbau der Rapspflanze genau erarbeitet (s. Abb. II, 3-7; vgl. *Pfisterer* 1984). Dies kann z.B. über die Entwicklung eines Blütendiagramms geschehen. Anschaulicher ist es, ein Blütenmodell der Kreuzblüte bauen zu lassen (s. Abschnitt II, 3.3). In der folgenden Unterrichtsphase werden zunächst die Entwicklung der Blüte zur Frucht und der typische Bau der Kreuzblütlerfrucht behandelt (s. Abb. II, 3-7). Dabei sollten einige (auch getrocknete) Beispiele für Kreuzblütlerfrüchte zur Verfügung stehen (z.B. Hirtentäschelkraut, Raps, Acker-Hellerkraut, Silberblatt, Hederich). Unbedingt sollte nun auch auf das wichtige biochemische Merkmal, den Gehalt an scharf schmeckenden Senfölen, aufmerksam gemacht werden. Als Impuls kann eine Tube Senf dienen oder die Aufforderung, Geschmacksproben an Blättern von Kresse, Bitterem Schaumkraut o.ä. vorzunehmen. Mit Hilfe einer alten Kaffeemühle läßt sich Senf aus Senfsamen selbst herstellen.
Nachdem die wichtigsten Merkmale der Kreuzblütler erarbeitet wurden, stellt der Lehrer weitere Kulturpflanzen und Nutzpflanzen vor, insbesondere die Kohlsorten, eventuell auch Rettich, Kresse und Steckrüben. Auf Zierpflanzen kann besonders hingewiesen werden, z.B. dadurch, daß man die Aufgabe stellt, Zierpflanzen aus der Familie der Kreuzblütler in den Unterricht mitzubringen. In jedem Falle wäre es günstig, wenn man blühende Pflanzen zur Verfügung hätte (z.B. geschossenen Kohl oder Gartenkresse; Brokkoli läßt sich mit etwas Glück in der Vase zum Blühen bringen). Eine Ausstellung könnte diese Unterrichtsphase abschließen.
Der letzte Unterrichtsabschnitt dient vor allem der Festigung der gewonnenen Kenntnisse. Aus einer größeren Anzahl unterschiedlicher Pflanzenarten sollen die Kreuzblütler herausgefunden werden. Am besten geschieht dies auf einer Exkursion. Dabei ist es sehr günstig, daß die Kreuzblütler eine größere Anzahl an Ruderal-, Garten- und Ackerwildpflanzen stellen und deshalb in der Umgebung fast jeder Schule Möglichkeiten für einen solchen Unterrichtsgang gegeben sind. Der Lehrer sollte sich vorher das zu besuchende Gebiet anschauen und notfalls die ihm nicht bekannten Pflanzen bestimmen. Die Schüler arbeiten in Zweier- oder Dreiergruppen. Jede Gruppe erhält den Auftrag, möglichst viele verschiedene Kreuzblütler-Arten zu sammeln. Dabei sollte von jeder Art

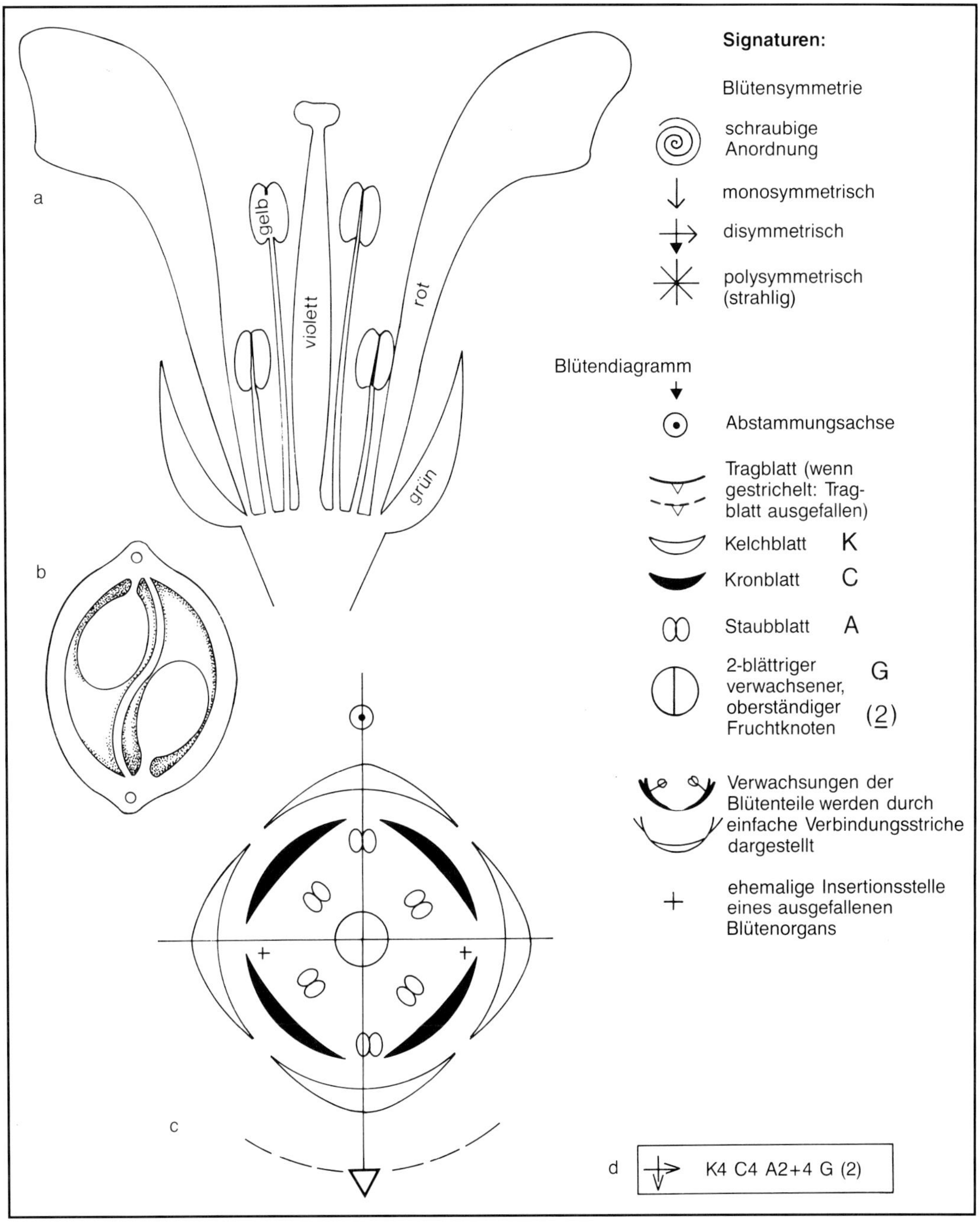

Abb. II, 3-7: Blütenanalyse der Raps-Blüte (Brassica napus, Kohlgewächs). a) Blütenlängsschnitt, b) Querschnitt des Fruchtknotens mit 2 Samenanlagen und Scheidewand, c) aus a) und b) und Blütenaufsicht entwickeltes Blütendiagramm, d Blütenformel

nur ein Exemplar, dieses aber vollständig mit Wurzeln, gesammelt werden. Der Lehrer muß sich vorher überzeugen, daß dabei keine geschützten oder seltenen Arten beschädigt werden. Diese Gefahr ist gering, wenn man in Schulnähe arbeitet und sich auf Ruderalstandorte sowie die Wildkrautflora von Parkflächen und Grünanlagen beschränkt.

II Ordnen nach systematischen Gesichtspunkten

Schon in der Sammelphase sollte der Lehrer helfen und auf falsche Zuordnungen aufmerksam machen. Die Bearbeitung der gesammelten Pflanzen kann am besten wieder im Klassenzimmer stattfinden. Wichtig ist in jedem Fall, daß alle Sammelstücke auf ihre Zugehörigkeit zur Familie Kohlgewächse geprüft werden. In Zweifelsfällen wird der Aufbau der Blüte – eventuell mit Hilfe von Lupen – untersucht. Auf die Variationsbreite der verschiedenen Merkmale sollte besonders hingewiesen werden. Dabei wird sich zeigen, daß weiße und gelbe Blüten häufig, rote und purpurfarbene selten und blaue Blüten nie vorkommen, daß häufig grundständige Blattrosetten auftreten und daß die Blütensprosse nach oben zu kleiner und einfacher gestaltete Blätter tragen. Auch die typische Gestalt der Blätter – einfach fiederschnittig – sollte hervorgehoben werden.
Die Pflanzensammlung sollte zu einem Herbar verarbeitet oder anderweitig dokumentiert werden. Gut eignet sich dazu z.B. ein Kopierer, mit dem man die frischen oder gepreßten Pflanzen abbilden kann. Aber auch Lichtdrucke mit Hilfe von Lichtpauspapier, die von Schülern im Freien oder im Klassenzimmer angefertigt werden, stellen eine gute Möglichkeit dar, die Sammelergebnisse festzuhalten.
Im Anschluß wäre es sinnvoll, mindestens eine weitere Familie – etwa Taubnesselgewächse oder Asterngewächse – in ähnlicher Ausführlichkeit zu behandeln.

3.5 Vorschläge zur Unterrichtsgestaltung am Beispiel „Einige Familien der Lilienähnlichen“

3.5.1 Didaktische Überlegungen

Ziel dieses Unterrichts soll es sein, einerseits – ähnlich wie in Abschnitt II, 3.4 – den Blick für die charakteristischen Merkmale einer Verwandtschaftsgruppe zu schulen, andererseits die „Innendifferenzierung“ dieser Gruppe darzustellen und aus der abgestuften Ähnlichkeit abgestufte Verwandtschaftsbeziehungen herzuleiten.
Der hohe Bekanntheitsgrad der Liliengewächse und die Möglichkeit, viele dieser Gewächse aus Knollen, Zwiebeln und Rhizomen zu ziehen, und nicht zuletzt die Nutzung verschiedener Zwiebelgewächse als Küchenpflanzen, bieten weitere Möglichkeiten, den Unterricht abwechslungsreich zu gestalten und multisensorische Erfahrungen zu machen.
Neben den Vertretern der Lilienartigen im engeren Sinne sollte man noch eine Orchidee und einen Vertreter aus der Gruppe grasähnlicher Pflanzen (z.B. eine blühende Tradeskantie oder eine großblütige Binse) hinzuziehen. Die stark abgewandelten Blüten der echten Gräser sowie die winzigen und stark reduzierten Blüten der Aronstabgewächse und ihrer Verwandten sind weniger gut geeignet, da hier Ähnlichkeiten mit den Liliengewächsen im Blütenbau nicht mehr erkannt werden können.

Unterrichtsziele:
Die Schüler sollen
- am Beispiel der Tulpenblüte den Bauplan einer Bedecktsamerblüte darstellen können;
- den Blütenbau von Liliengewächsen (im weiteren Sinne), Amaryllisgewächsen und Irisgewächsen beschreiben können;
- einige Abwandlungen erläutern können, die von der Lilienblüte zur Orchideenblüte bzw. zur Binsenblüte führen;
- erklären können, daß die abgestufte Ähnlichkeit innerhalb von Pflanzen der Lilienverwandten Ausdruck einer abgestuften Verwandtschaft ist;
- verschiedene Vertreter den oben genannten Familien richtig zuordnen können.

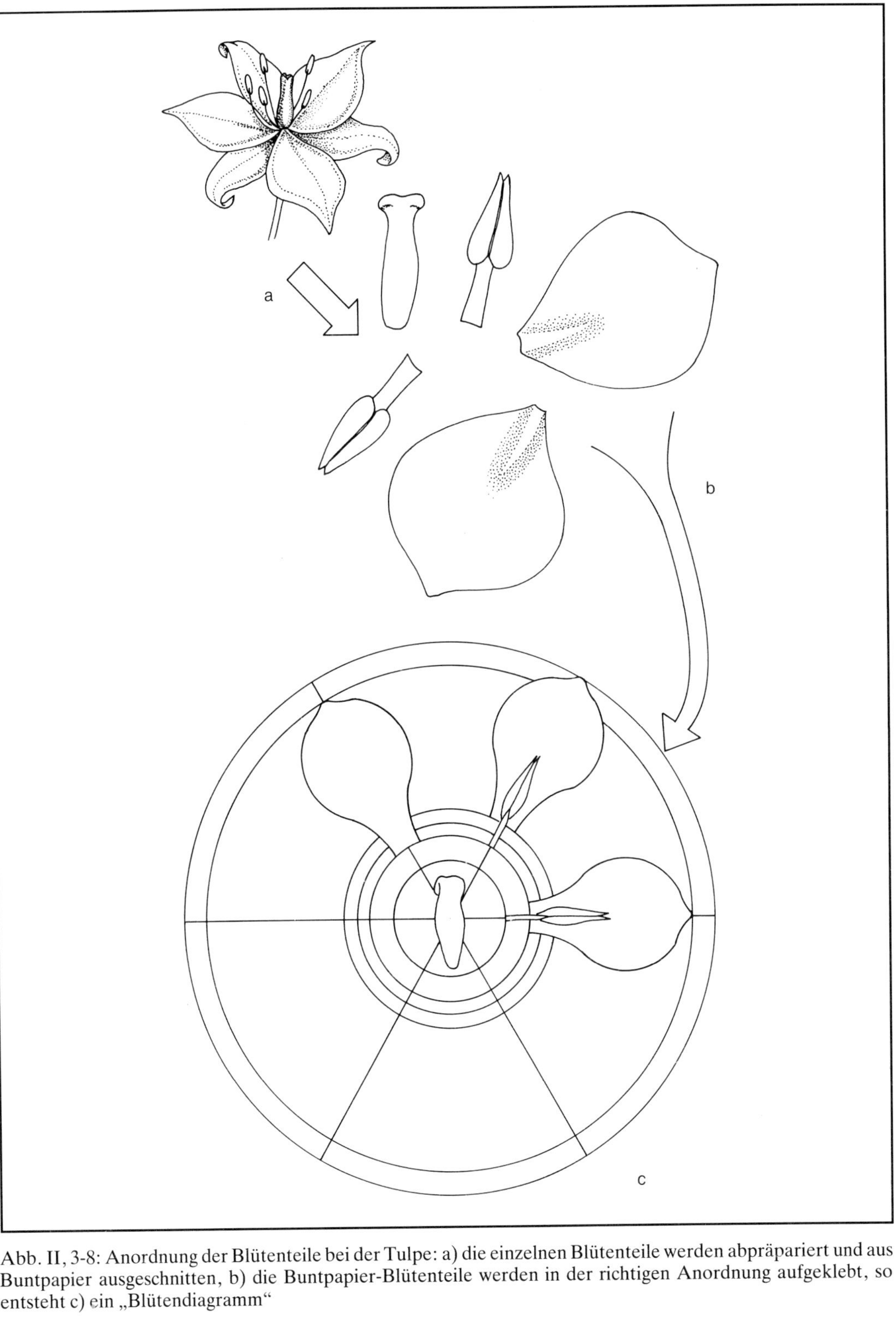

Abb. II, 3-8: Anordnung der Blütenteile bei der Tulpe: a) die einzelnen Blütenteile werden abpräpariert und aus Buntpapier ausgeschnitten, b) die Buntpapier-Blütenteile werden in der richtigen Anordnung aufgeklebt, so entsteht c) ein „Blütendiagramm"

3.5.2 Unterrichtsprozeß

Zur Materialbeschaffung kann man die Aufgabe stellen, blühende Lilienverwandte aus dem eigenen Garten mitzubringen. Auch ist es sinnvoll, zu diesem Zweck vorher verschiedene Liliengewächse im Klassenzimmer anzutreiben (Hyazinthengläser bzw. Blumentöpfe mit Hyazinthen, Narzissen, Schneeglöckchen, Krokus, Tulpen, Amaryllis).
Die Unterrichtseinheit beginnt mit dem Bau der Tulpenblüte. Die verschiedenen Blütenteile, ihre Anordnung und ihre Aufgaben werden besprochen.
Dabei ist es wichtig, verschiedene methodische Möglichkeiten zu nutzen. Um die Anordnung der Blütenteile kennenzulernen, können die Schüler z.B. die Tulpenblüte von außen nach innen Teil für Teil präparieren und die einzelnen Blütenteile dann aus Buntpapier ausschneiden. Dazu werden sie auf Buntpapier gelegt, mit Bleistift umfahren und ausgeschnitten. Für die Blütenhüllblätter wird rotes, für die Staubblätter gelbes und für den Stempel violettes oder blaues Papier verwendet. Diese Teile werden dann in der richtigen Reihenfolge in der richtigen Stellung in das Biologieheft geklebt und beschriftet. Zur Kontrolle werden vom Lehrer ebenfalls die Blütenteile aus Farbfolie ausgeschnitten, und ein Schüler darf diese Folien auf dem Overheadprojektor richtig anordnen. Zunächst werden die Buntpapier-Blütenteile nur ins Heft gelegt, dann kontrollieren alle, ob sie die Teile richtig angeordnet haben (Overheadbild). Erst jetzt werden sie eingeklebt und beschriftet (s. Abb. II, 3-8).
Einfacher und platzsparender kann man die Anordnung der Blütenteile mit einem Blütendiagramm darstellen. Dies könnte im Unterricht ein zweiter Schritt sein; man kann den ersten Schritt aber auch auslassen und gleich mit der Einführung des Diagramms beginnen. Am besten läßt sich dieses Prinzip eines Blütenbauplans oder Grundrisses mit einer geschlossenen Tulpenblüte (Kühlschrank!) und einem Stempelkissen einführen. Die Tulpenblüten werden in der unteren Hälfte quer geschnitten, und dann wird die Schnittfläche auf ein Stempelkissen gedrückt. Nun werden auf einem Blatt Papier mehrere Probedrucke gemacht. Jeder Schüler schneidet seinen besten Druck aus und klebt ihn in das Biologieheft. Anschließend kann noch ein „schönes" Blütendiagramm mit Zirkel und Buntstiften angefertigt werden (s. Abb. II, 3-9). Der Lehrer zeichnet das Diagramm mit farbiger Kreide und Schnur oder Zirkel an die Tafel (Farben wie beim Buntpapier). Die durch das Diagramm dargestellten Stellungsverhältnisse werden schließlich durch einen Blütenlängsschnitt (gleiche Teile werden mit gleichen Farben dargestellt) ergänzt.
Recht lustig sind „lebende Blütendiagramme", bei denen die Schüler die einzelnen Blütenteile spielen und sich entsprechend in konzentrischen Kreisen anordnen.
Im folgenden werden Blüten von Iris bzw. Krokus und Schneeglöckchen bzw. Narzisse ebenso in Partnerarbeit untersucht und Blütendiagramme bzw. Blütenlängsschnitte erarbeitet. Der Vergleich der drei Blütendiagramme von Tulpe, Schneeglöckchen und Iris ergibt die charakteristischen Merkmale der drei Familien Liliengewächse i.w.S., Amaryllisgewächse und Schwertliliengewächse (s. Abb. II, 3-10).
Anschließend sollen einige stärker abgeleitete Blüten und Familien behandelt werden. Man beginnt am besten mit einer Orchideenblüte. Blütenzweige von Dendrobien sind für wenige Mark im Blumenhandel erhältlich. Ein bis zwei Blütentrauben enthalten in der Regel genügend Blüten, um eine Klasse zu versorgen. Ähnlich wie bei den vorangegangenen Objekten werden die einzelnen Blütenteile auseinandergenommen, und es wird versucht, Homologien zwischen den vorigen Blüten und der Orchideenblüte zu ermitteln. Dias von unterschiedlich gebauten Orchideenblüten sollen dann die große Formenvielfalt und gleichzeitig die starke Spezialisierung auf bestimmte Bestäuber deutlich machen (s. Band 8). Gut geeignet wären z.B. Frauenschuh oder Paphiopedilum (mit Gleitfallen-Unterlippe) und Ophrys-Arten, die als Weibchenattrappe für verschiedene Hautflügler wirken.

Bei der Analyse einer Binsenblüte ist die geringe Größe das Problem. Man sollte hier mit Binokularen oder Lupen arbeiten. Dann kann man feststellen, daß die Zusammensetzung und die Anord-

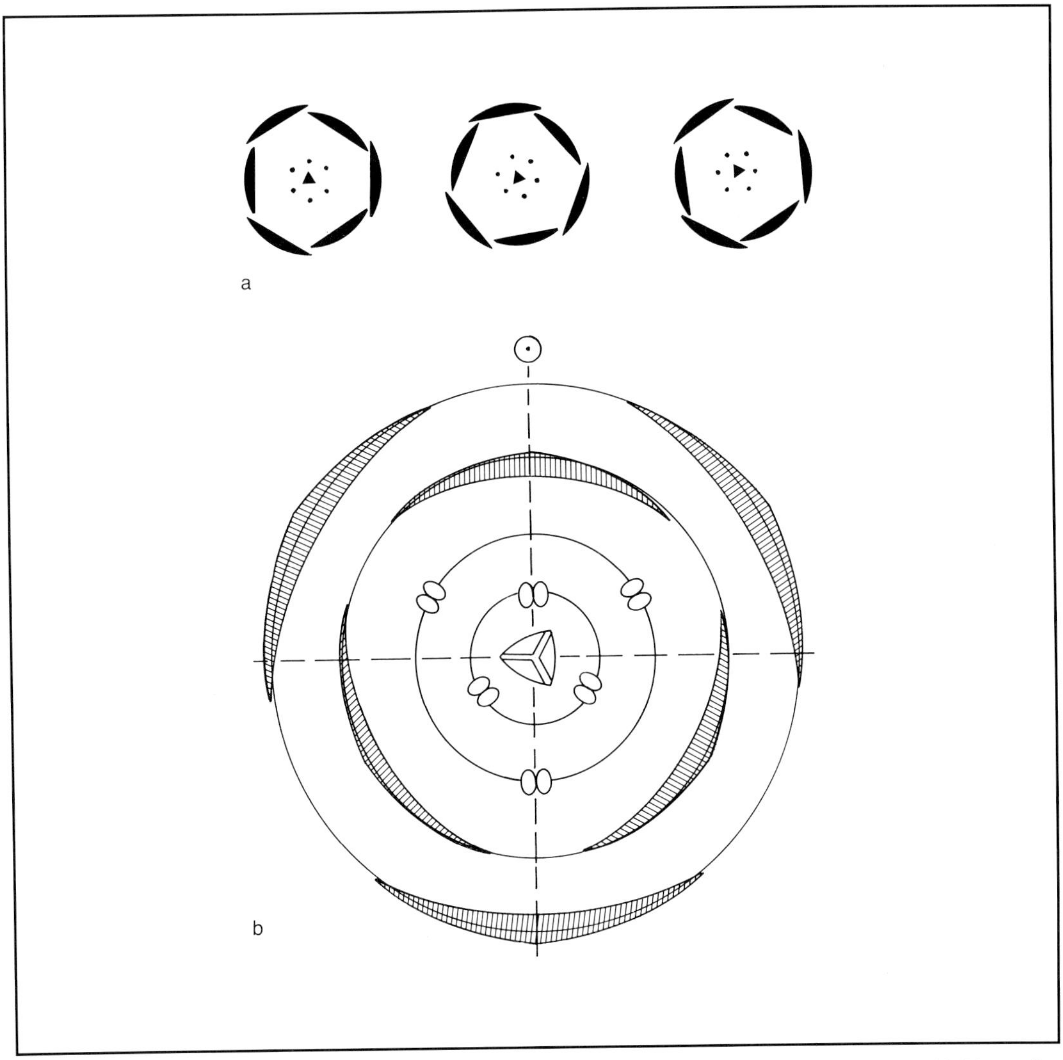

Abb. II, 3-9: Blütendiagramme: a) Beispiele für „gestempelte" Blütendiagramme der Tulpe, b) Blütendiagramm der Gartentulpe (Tulipa gesneriana)

nung der Blütenteile im wesentlichen den Verhältnissen der Tulpenblüte entsprechen. Auch die Blütenformel stimmt meist noch mit dieser überein. Die Veränderungen im Aussehen der Blüte werden mit der veränderten Bestäubungsweise (Wind!) in Verbindung gebracht.
Die Unterrichtseinheit kann durch Vorführung einiger Dias abgeschlossen werden, in denen verschiedene Pflanzen aus den Verwandtschaftskreisen der Lilienähnlichen gezeigt werden. Gemeinsam soll jeweils die Zuordnung zu einer Familie vorgenommen werden. Arbeitet man stattdessen mit Originalobjekten, so kann man die Kosten dadurch niedrig halten, daß man sie im Wandergruppenverfahren (vgl. *Eschenhagen/Kattmann/Rodi* 1985) bearbeiten und zuordnen läßt.
Schließlich kann man auf die besondere Bedeutung von Vertretern der Gattung Allium (heute eigene Familie Alliaceae, Lauchgewächse) eingehen, die – ähnlich wie Kreuzblütler Senföle – scharf schmeckende Lauchöle enthalten und deshalb als Küchenpflanzen genutzt werden. Voraussetzung wäre hier allerdings, daß eine blühende Pflanze zur Verfügung steht (im Frühjahr z.B. Bärlauch, sonst blühender Schnittlauch, blühende Küchenzwiebelpflanze).

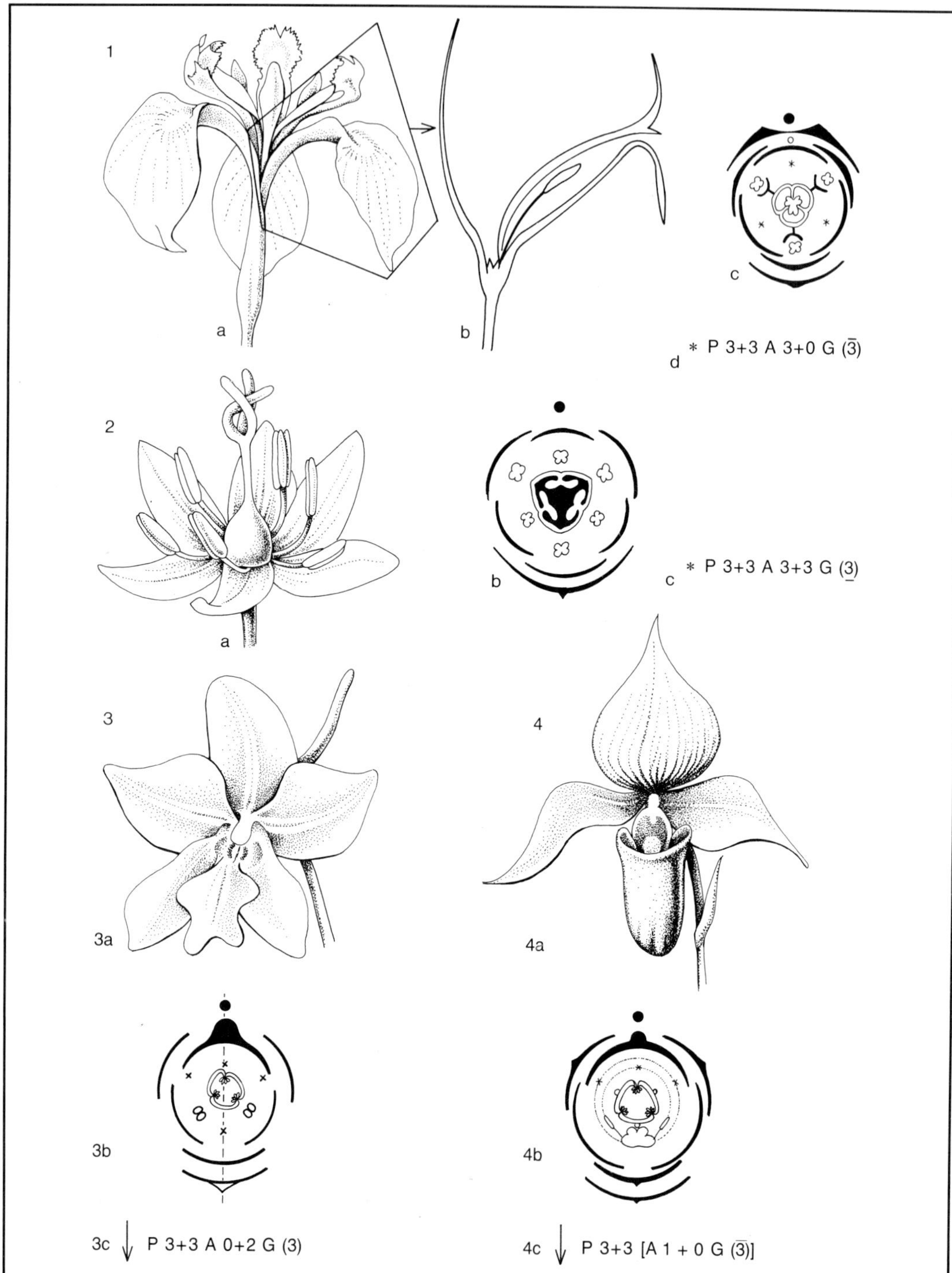

Abb. II, 3-10: Blüten aus dem Verwandtschaftskreis der Lilienähnlichen. 1 Schwertlilie: a) Gesamtblüte, b) Längsschnitt durch Teilblüte, c) Diagramm, d) Blütenformel. 2 Binse: a) Gesamtblüte, b) Diagramm, c) Blütenformel. 3 Orchidee: Dendrobium: a) Gesamtblüte, b) Diagramm, c) Blütenformel. 4 Orchidee: Paphiopedilum: a) Gesamtblüte, b) Diagramm, c) Blütenformel

3.6 Medien

3.6.1 Lebende Pflanzen

Blühende Pflanzen von Gärtnereien oder aus Gärten, insbesondere Kohlgewächse und Lilienähnliche.

3.6.2 Modelle

Blütenmodelle werden zum Beispiel von der Firma Hagemann angeboten. Da diese käuflichen Modelle teuer sind, empfiehlt sich stattdessen der Einsatz von selbstgebauten Blütenmodellen (s. Abschnitt II, 3.3 und II, 3.4). Auch Plastik- oder Seidenblumen können Verwendung finden.

3.6.3 Filme

FWU:
Bienen sammeln Nektar (von der Kirschblüte zur Frucht) 36 0232.
Westermann:
Das Blühen der Pflanzen (Zeitrafferaufnahmen vom Aufblühen verschiedener Blüten) 355216; Das Reifen von Früchten (Zeitrafferaufnahmen von der Umwandlung des Fruchtknotens in die Frucht) 355105.

3.6.4 Diapositive

V-Dia:
Die Gartentulpe D 23054; Verwandtschaftsbegriff bei Pflanzen, Familie Liliengewächse D 23080; Der Raps D 23057; Die Duftende Schlüsselblume D 23055; Die Weiße Taubnessel D 23058; Der Apfelbaum D 230546; Mitteleuropäische Orchideen D 23051; Morphologie und Biologie der Blüte I: Bau und Symmetrie der Blüte D 23064;
CVK:
Dia-Sammlung Biologie I/A Verwandtschaft bei Pflanzen 19632;
Jünger:
Bau der Blüten Reihe I 301; Bau der Blüte Reihe II 302;
FWU:
Anatomie der Blüte 10 0538; Einheimische Orchideen 10 2109; Geschützte Frühblüher 10 0540; Zwiebel- und Knollengewächse 10 0669;
Hagemann:
Die Tulpe (11 Farbdias) 65066; Die Wicke (11 Farbdias) 65067; Löwenmäulchen (5 Farbdias) 65068; Korbblütler (10 Farbdias) 65069.

3.6.5 Arbeitstransparente

CVK:
Liliengewächse 18288; Hahnenfußgewächse 18296; Von der Blüte zur Frucht 18237;
Klett:
Entwicklung eines Blütendiagramms (Tulpe) 99802; Aufbau und Funktion einer Blüte (Kreuzblütler) 99803; Aufbau einer Schmetterlingsblüte (Erbse) 99805; Fruchtbildung 99804.

3.6.6 Wandtafeln

Hagemann:
Buschwindröschen 070306; Raps 070308; Heckenrose 070309; Sumpfdotterblume 070310; Kirschbaum 070311; Erbse 070313; Apfelbaum 070316; Wilde Möhre 070320; Schlüsselblume 070321;

II Ordnen nach systematischen Gesichtspunkten

Weiße Taubnessel 070323; Löwenzahn 070330; Herbstzeitlose 070333; Tulpe 070334; Knabenkraut 070349.

Literatur

Becker 1972; *Berck* 1970; *Binder* 1976; *Bolay* 1983; *Clausnitzer* 1984; *Cronquist* 1981; *Ehrendorfer* 1983b; *Eschenhagen* 1976; 1984; *Eschenhagen/Kattmann/Rodi* 1985; *Etschenberg* 1983; *Frohne/Jensen* 1985; *Galland* 1982; *Graf* 1976; *Haller/Probst* 1977 a; b; 1989; *Hesse, M.*, 1983; 1984; *Huber* 1991; *Jacob/Jäger/Ohmann* 1987; *Killermann/Scherf* 1986; *Klopfer* 1974; *Knoll* 1984; *Korbes* 1976; *Kuhn/Probst/Schilke* 1986; *Lange/Heinrich* 1984; *Leunis* 1885; *Martensen/Probst* 1990; *Matzke* 1981; 1985; *Meincke* 1989; *Osche* 1975; *Paulus/Dünckmann* 1978 a; b; *Pfisterer* 1984; *Probst* 1977 a; b; *Rohweder/Endress* 1983; *Scherf* 1986; *Schmeil* 1931; 1970; *Schuster* 1977; *Staeck* 1976; *Stichmann* 1974; *Sturm* 1982; *Tille* 1985; *Trommer* 1988; *Vogellehner* 1981; *Wagener/Strey* 1981

4 Bestimmen von Samenpflanzen und Wirbeltieren

4.1 Sachanalyse

Die in Mitteleuropa heimischen Arten der Samenpflanzen und Wirbeltiere sind wissenschaftlich gut bearbeitet. Bis auf einige kritische Gruppen sind alle Arten mit der vorliegenden Bestimmungsliteratur eindeutig zu determinieren. Neben wissenschaftlichen Bestimmungsschlüsseln liegen zahlreiche Tafelwerke vor, die oft farbige Gesamtabbildungen, Ausschnittszeichnungen und erläuternde Texte enthalten. Außer Gesamtwerken, mit denen man alle Samenpflanzen (z.B. *Oberdorfer/Müller* 1983; *Rothmaler* 1988 f.; *Schmeil/Fitschen* 1988) oder alle Wirbeltiere (z.B. *Brohmer* 1982; *Stresemann* 1986 ff.) bestimmen kann, gibt es auch Spezialwerke für die verschiedenen Wirbeltierklassen oder für Gruppen der Samenpflanzen (z.B. *Peterson/Mountfort/Hollom* 1984: Vögel Europas; *Corbet/Ovenden* 1982: Säugetiere Europas; *Klapp* 1983: Gräser). Die botanische Bestimmungsliteratur umfaßt außerdem Werke, die sich auf bestimmte Lebensformen beschränken (z.B. *Fitschen* 1987: Gehölzflora) sowie andere, die nur bestimmte Vegetationszonen oder Regionen betreffen (z.B. *Hegi/Merxmüller/Reisigl* 1977: Alpenflora). Andere Werke enthalten Tiere und Pflanzen eines Lebensraumes (z.B. *Kuckuck* 1974: Der Strandwanderer; *Campbell* 1987: Der Kosmos-Strandführer).
Für die Hand der Schüler gibt es Bücher mit einfachen Bestimmungsschlüsseln (vgl. *Heinzel/Klausnitzer/Kummer* 1988; *Kummer* u.a. 1991). Wenn es um die rasche Bestimmung einer Art geht, sind in vielen Fällen reich bebilderte Bestimmungswerke vorzuziehen (vgl. z.B. *Jüngling* u.a. 1970; *Kelle/Sturm* 1979; 1984; *Fitter/Fitter/Blamey* 1987; *Aichele/Golte-Bechtle* 1990). Die Bild-Text-Methode versagt aber bei denjenigen Arten, die in ihrem Habitus anderen Arten sehr ähnlich sind. Solche schwierigen Gruppen, z.B. Gräser, Seggen, Korbblütler oder Doldenblütler, Fische oder Kleinsäuger, lassen sich nur nach einer längeren Einarbeitungszeit sicher bestimmen. Hierzu sind meistens wissenschaftliche Bestimmungsbücher mit ausführlichen und exakten Schlüsseln notwendig. Einige Gattungen der Samenpflanzen, die sich nur ausnahmsweise mittels Kreuzbefruchtung fortpflanzen, z.B. Brombeeren, Weißdorn-Arten oder Habichtskräuter, oder auch Gruppen, die stark zur Bastardbildung neigen, wie etwa Weiden, können von Laien kaum sicher determiniert werden. Neben speziellen Bestimmungswerken sind Spezialkenntnisse erforderlich, die nur durch eine lange und intensive Beschäftigung mit den Objekten erworben werden können. Bei solchen schwierigen Gruppen sollte man sich in der Schule grundsätzlich mit dem Bestimmen der Gattung oder Untergattung zufrieden geben.

Beim Bestimmen von Arten eines Taxons wird man auf die besonderen Merkmale dieser Gruppe aufmerksam. Auch wenn man durch eine Bestimmungsübung meist nur einen kleinen Teil der Arten oder Formen kennenlernen kann, hat man doch einen Zugang zu der Gruppe gewonnen, indem man diese gruppenspezifischen Bestimmungsmerkmale angeschaut hat. In manchen Bestimmungsbüchern (z.B. *Brohmer* 1982) wird jeweils vor der Bestimmungstabelle einer Gruppe auf die besonderen, für die Determination wesentlichen Merkmale hingewiesen. Ein wichtiges Erlebnis, das jeder Schüler hat, der sich zum erstenmal zum Zwecke des Bestimmens mit einer Pflanzen- oder Tiergruppe auseinandersetzt, ist, daß aus gleichförmig und kaum unterscheidbar wirkenden Organismen eindeutig gegeneinander abgrenzbare Arten werden. Was vorher ohne Struktur erschien, wird auf einmal differenziert und wohlgegliedert (vgl. *Sturm* 1975, 56 ff.).

4.2 Kriterien der Themenauswahl

Da in den Klassen 5 und 6 aus dem Pflanzenreich in erster Linie die Samenpflanzen und aus dem Tierreich schwerpunktmäßig die Wirbeltiere behandelt werden, liegt es nahe, Bestimmungsübungen ausschließlich an Beispielen aus diesen beiden Gruppen durchzuführen. Der Biologieunterricht hat so viele wichtige Aufgaben zu erfüllen, daß für Bestimmungsübungen nur wenig Zeit übrigbleibt. Weil Pflanzen als Bestimmungsobjekte sehr viel leichter zu beschaffen und zu handhaben sind als Tiere, sollten botanische Bestimmungsübungen Vorrang vor zoologischen haben. Auf das Thema „Wirbeltiere" soll in diesem Zusammenhang vor allem deshalb nicht ganz verzichtet werden, weil die Schüler hierbei erkennen können, daß die Prinzipien des Bestimmens bei Pflanzen und Tieren in gleicher Weise gelten. Damit wird das Schwergewicht der Behandlung auf die formalen Aspekte des Bestimmens gelegt. Es wird nicht gelingen, auf diesem Wege eine umfangreiche Kenntnis von Wirbeltierarten zu vermitteln.
Von verschiedenen Autoren wird empfohlen, in den Gebrauch von Bestimmungsschlüsseln anhand einfacher nichtbiologischer Objekte einzuführen (vgl. z.B. *von Glahn* 1958: geometrische Figuren; *Kattmann/Palm/Rüther* 1982: Münzen; s. Abb. II, 4-1). Vorteilhaft dabei ist ohne Zweifel, daß durch die geringe Anzahl und eindeutige Ausprägung der Merkmale die Aufmerksamkeit der Schüler stark auf das Prinzipielle dieses Verfahrens gelenkt und seine allgemeine Verwendbarkeit verdeutlicht wird. Andererseits besteht die Gefahr, daß das Bestimmen von Münzen oder anderen Gegenständen als Fremdkörper in einer biologischen Unterrichtseinheit empfunden wird, besonders dann, wenn am Anfang der Bestimmungsübung die Schülerfrage nach den Namen bestimmter Pflanzen oder Tiere steht. Auch ist im allgemeinen die Motivation zum Bestimmen biologischer Objekte größer als die zur Beschäftigung mit anderen Gegenständen. Aus diesen Gründen wird hier vorgeschlagen, gleich mit dem Bestimmen von Lebewesen zu beginnen. Dabei sollen solche Gruppen ausgewählt werden, für die einfache und leicht überschaubare dichotome Bestimmungsschlüssel in der Literatur vorliegen oder gut zu konstruieren sind.
Bei botanischen Bestimmungsübungen, die gleichzeitig der ersten Einführung der Schüler in die Technik des Bestimmens dienen sollen, ist die Auswahl geeigneter Objekte besonders wichtig. Die ausgewählten Pflanzen sollen sich leicht unterscheiden und in Gruppen abgestufter Ähnlichkeit gliedern lassen. Diese Forderung ist am besten dadurch zu erfüllen, daß man nicht Arten einer engen Verwandtschaftsgruppe, z.B. einer Familie, verwendet, sondern Arten ganz unterschiedlicher Taxa, die in einem bestimmten Gebiet vorkommen. Gut geeignet sind beispielsweise die einheimischen Bäume. Bäume sind die größten und auffälligsten Pflanzen in unserer Umgebung. Da die Anzahl der einheimischen Baumarten recht begrenzt ist, kann man hier in einer Bestimmungsübung eine gewisse Vollständigkeit erzielen. Baumarten bieten sich auch deshalb zur Einführung in das Bestimmen an, weil Bäume und Wälder zunehmend in das Interesse der Öffentlichkeit rücken und die Kenntnis der Gehölzarten deshalb schon zur Allgemeinbildung gehört. Legt man auf die syste-

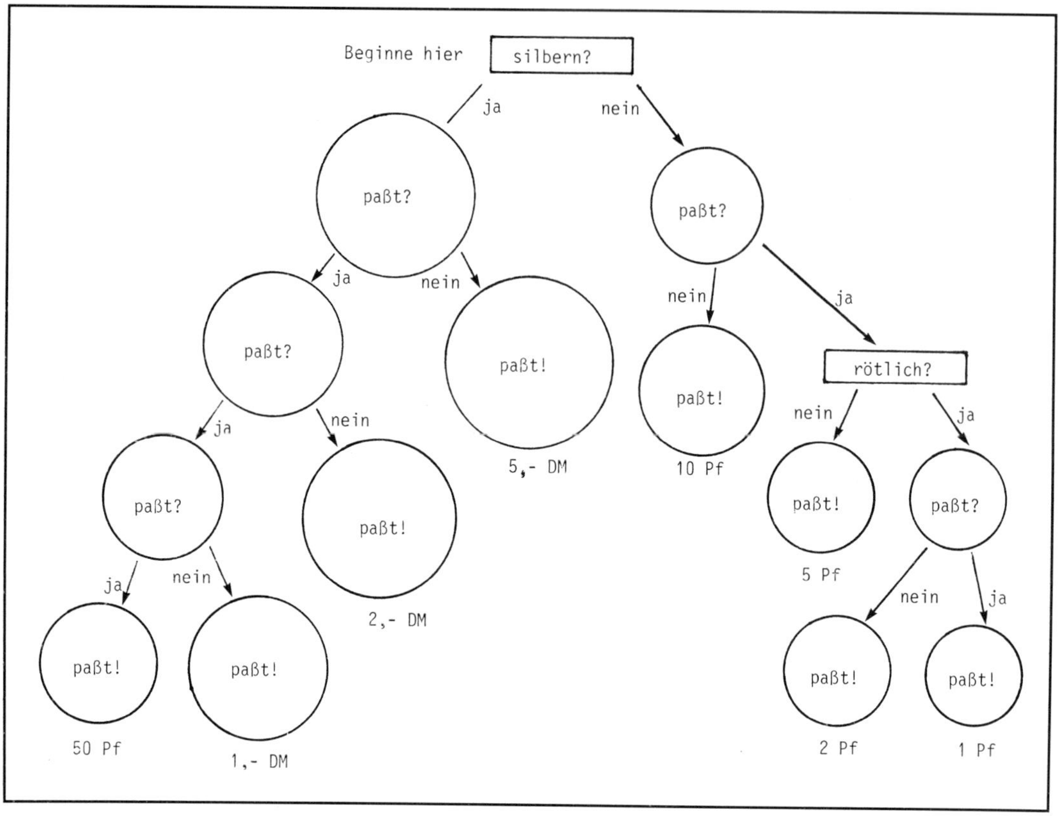

Abb. II, 4-1: Muster für einen dichotomen Bestimmungsschlüssel für Münzen (aus *Kattmann/Palm/Rüther* 1982, verkleinert)

matische Gliederung keinen besonderen Wert, so liefern die Blätter und die Blattstellung bei den Bäumen bessere Unterscheidungsmerkmale als Blüten und Früchte. Aber auch Verzweigungstyp und Wuchsform, Borke und Rinde an den jungen Zweigen sind gute Bestimmungshilfen (vgl. z.B. *Aichele/Schwegler* 1983; *Amann* 1983; *Fitschen* 1987).

Will man das Pflanzenbestimmen mit einer systematischen Einführung in die Samenpflanzen verbinden und sollen Blütenbau und Blütenform der Bedecktsamer im Vordergrund stehen, so ist es sinnvoll, eine Bestimmungsübung mit blühenden Pflanzen durchzuführen. Die Auswahl der Arten wird sich hier vor allem nach der Jahreszeit richten. Aus verschiedenen Gründen sind Frühjahrsblüher (bis Mitte Mai) besonders gut geeignet:

- Die meisten Frühjahrsblüher haben große Blüten, deren Merkmale sich leicht feststellen lassen.
- Die Gesamtanzahl der bei uns vorkommenden Frühjahrsblüher ist überschaubar. Durch eine Auswahl von fünf bis zehn Arten kann man bereits die häufigsten Frühjahrsblüher einer Gegend erfassen.
- Im Frühjahr ist das Interesse an blühenden Pflanzen – den klassischen Frühlingsboten – besonders stark.

Die größte Auswahl an blühenden Pflanzen gibt es im Frühsommer. Aber auch im Spätsommer wird in manchen Biotopen, z.B. auf Schuttflächen und in Kiesgruben, ein Höhepunkt erreicht. Dabei handelt es sich allerdings in vielen Fällen um kleinblütige Doldenblütler und Korbblütler, die sich für die Untersuchung des Blütenbaus nicht gut eignen. Hier sollte man vegetative Merkmale bzw. Blütenstandstypen heranziehen.

Der Mangel an publizierten Unterrichtsvorschlägen zum Bestimmen von Wirbeltieren weist darauf hin, daß solche Übungen im Biologieunterricht sehr selten sind. Intensiv bearbeitet ist anscheinend nur die Gruppe der Hirsche (vgl. *Schmidt, E.*, 1982). Dieses Defizit dürfte vor allem darin begründet sein, daß die Beschaffung geeigneten Bestimmungsmaterials hier besondere Schwierigkeiten bereitet. Kaum eine Schule verfügt über eine umfangreiche Sammlung von Wirbeltierpräparaten, und die Nutzung von Beständen örtlicher Museen kommt nur in den wenigsten Fällen in Betracht.
Am ehesten ist noch damit zu rechnen, daß die Biologiesammlungen eine Serie von Säugetierschädeln enthalten, die auch in anderen Unterrichtszusammenhängen genutzt werden (vgl. *Nehls* 1961; *Rose* 1971; *Starke* 1975). Deshalb wird in einem der beiden folgenden Vorschläge zur Unterrichtsgestaltung empfohlen, Säugetierschädel zu bestimmen.
Der zweiten vorgeschlagenen Unterrichtseinheit liegt die Auffassung zugrunde, daß man angesichts des Mangels an Originalobjekten und Präparaten auf der einen Seite und des reichhaltigen Angebots an Abbildungen auf der anderen Seite auch einmal auf Bildmaterial zurückgreifen sollte. Hierfür ist die Klasse der Amphibien gut geeignet, weil sie nur wenige mitteleuropäische Arten umfaßt, die häufig in Form von Einzelbildern oder Übersichtspostern dargestellt worden sind.

4.3 Vorschläge zur Unterrichtsgestaltung am Beispiel „Bestimmen von Frühjahrsblühern“

4.3.1 Didaktische Überlegungen

Wissenschaftliche Bestimmungsschlüssel sind bei der Bestimmung der Frühjahrsblüher schwierig zu handhaben, da sie eine sichere Determination der über 2000 einheimischen Gefäßpflanzenarten ermöglichen müssen. Es bietet sich deshalb an, für den Unterricht einen einfachen Bestimmungsschlüssel selbst aufzustellen. Das selbständige Konstruieren eines Bestimmungsschlüssels erfordert exakte Beobachtung, richtige und eindeutige Beschreibung von Merkmalen und ein logisches Zusammenfügen der einzelnen Bestimmungsschritte. Es ähnelt stark der Aufstellung eines Computerprogramms. Bei der Auswahl einfacher, eindeutig unterschiedener Objekte ist es nicht schwierig. Dabei kann das Prinzip des Bestimmungsschlüssels besser gelernt werden als bei der Übung mit fertigen Schlüsseln.
Es empfiehlt sich folgende Methode: Eine Reihe von Frühjahrsblühern – nicht weniger als 5, nicht mehr als 10 – wird an die Schüler ausgeteilt. Nun werden Art für Art einige Merkmale in einer Tabelle aufgelistet (s. Tab. II, 4-1). Auf diese Weise erhält man eine Merkmalstabelle. Durch Zusammenfassen der Merkmale gelangt man zu Artengruppen, die einander ähnlicher sind als andere (s. Tab. II, 4-2). Über den „Tabellenschlüssel“ (s. Tab. II, 4-3) kommt man zu einem dichotomen Bestimmungsschlüssel. Zum Schluß können die Arten gemischt und wieder ausgeteilt werden, und der selbstgefertigte Schlüssel kann erprobt werden. Nach dieser Vorübung läßt sich dann auch ein wissenschaftlicher Bestimmungsschlüssel benutzen (vgl. z.B. *Schmeil/Fitschen* 1982; *Oberdorfer/Müller* 1983; *Rothmaler* 1988 f.). Dabei ist es allerdings günstig, wenn man mit einer Familie anfängt (z.B. Hahnenfußgewächse, Rosengewächse, Liliengewächse), da die ersten Bestimmungsschritte, die zu den großen systematischen Kategorien führen, besonders schwierig sind. Wissenschaftliche Bestimmungsschlüssel benutzen eine verhältnismäßig umfangreiche Fachterminologie, die meistens auf den ersten Seiten des Bestimmungsbuches erläutert wird. Da es nicht möglich ist, von den Schülern zu verlangen, daß sie alle diese Fachausdrücke zu der Bestimmungsübung lernen, sollte man für den speziellen Ausschnitt des Bestimmungsschlüssels die notwendigen Fachwörter herausschreiben und als Arbeitsblatt kopieren, so daß die Schüler während des Bestimmungsvorganges die auftretenden Fachbegriffe nachlesen können.

Tab. II,4-1: Merkmalstabelle mit zufälliger Anordnung der Pflanzenarten

Blütenhülle				Staubblätter und Fruchtblätter			Laubblätter		
Kelch	Krone, Perigon	Verwachsen?	Symmetrie	beide vorh.?	Staubbl. (Anzahl)	Fruchtblätter	Stellung	Form	Arten
5	(5)	ja	✳	ja	5	(2)	wechselständig	granzrandig	Echtes Lungenkraut
4	4	nein	↓→	ja	6	(2)	wechselständig	gefiedert	Wiesen-Schaumkraut
5	5	nein	✳	ja	10	(5)	gegenständig	ganzrandig	Große Sternmiere
3	–	nein	✳	nein	viele	(3)	gegenständig	gekerbter Rand	Wald-Bingelkraut
(5)	(5)	ja	↓	ja	4	(2)	gegenständig	gekerbter Rand	Gundermann
5	5	nein	✳	ja	10	(5)	grundständig	dreigeteilt (kleeartig)	Wald-Sauerklee
(5)	(5)	ja	✳	ja	5	(2)	grundständig	Rand gezähnt	Wald-Schlüsselblume
–	6–8	nein	🌀	ja	viele	viele	drei in Wirtel	tiefgeteilt	Busch-Windröschen
5	8–12	nein	🌀	ja	viele	viele	grundst. u. gegenst.	gekerbt	Scharbockskraut

↓ Blüte mit einer Symmetrieachse

↓→ Blüten mit zwei Symmetrieachsen

🌀 Blüten schraubig

✳ Blüte mit mehreren Symmetrien

( ) bedeutet: Teile sind verwachsen

Tab. II,4-2: Merkmalstabelle (geordnet)

Blütenhülle				Staubblätter und Fruchtblätter			Laubblätter		
Kelch	Krone, Perigon	Verwachsen?	Symmetrie	beide vorh.?	Staubbl. (Anzahl)	Fruchtblätter	Stellung	Form	Arten
3	–	nein	✳	nein	viele	(3)	gegenständig	gekerbter Rand	Wald-Bingelkraut
5	(5)	ja	✳	ja	5	(2)	wechselständig	ganzrandig	Echtes Lungenkraut
(5)	(5)	ja	✳	ja	5	(2)	grundständig	Rand gezähnt	Wald-Schlüsselblume
5	5	nein	✳	ja	10	(5)	gegenständig	granzrandig	Große Sternmiere
5	5	nein	✳	ja	10	(5)	grundständig	dreigeteilt (kleeartig)	Wald-Sauerklee
5	8–12	nein	🌀	ja	viele	viele	grundst. u. gegenst.	gekerbt	Scharbockskraut
–	6–8	nein	🌀	ja	viele	viele	drei in Wirtel	tiefgeteilt	Busch-Windröschen
4	4	nein	↓→	ja	6	(2)	wechselständig	gefiedert	Wiesen-Schaumkraut
(5)	(5)	ja	↓	ja	4	(2)	gegenständig	gekerbter Rand	Gundermann

<table>
<tr><td colspan="7">Pflanzen nur mit weiblichen oder männlichen Blüten</td><td>Wald-Bingelkraut</td></tr>
<tr><td rowspan="8">Pflanzen mit Zwitterblüten</td><td colspan="6">Blüten mit 1 Symmetrieebene</td><td>Gundermann</td></tr>
<tr><td rowspan="7">Blüten mit 2 oder mehr Symmetrieebenen oder schraubig angeordnete Blütenteile</td><td colspan="5">ohne Kelch, 6 bis 8 Perigonblätter</td><td>Busch-Windröschen</td></tr>
<tr><td rowspan="6">mit Kelch</td><td colspan="4">Kelch 4, Krone 4, Staubblätter 6</td><td>Wiesen-Schaumkraut</td></tr>
<tr><td rowspan="5">Kelch 5</td><td rowspan="2">Krone verwachsen</td><td colspan="2">Blätter wechselständig, ganzrandig, Blüten rot oder blau</td><td>Echtes Lungenkraut</td></tr>
<tr><td colspan="2">Blätter grundständig, gekerbt, Blüten gelb</td><td>Wald-Schlüsselblume</td></tr>
<tr><td rowspan="3">Krone frei</td><td colspan="2">Krone 8 bis 12, gelb</td><td>Scharbockskraut</td></tr>
<tr><td rowspan="2">Krone 5</td><td>schmale, gegenständige Blätter</td><td>Große Sternmiere</td></tr>
<tr><td>3-geteilte, grundständige Blätter</td><td>Wald-Sauerklee</td></tr>
</table>

Tab. II,4-3: Tabellenschlüssel

Unterrichtsziele:

Die Schüler sollen
- den Aufbau eines Bestimmungsschlüssels erklären können;
- für einige ausgewählte Arten einen Bestimmungsschlüssel selbst herstellen können;
- dichotome Bestimmungsschlüssel zur Bestimmung von Gefäßpflanzen benutzen können.

4.3.2 Unterrichtsprozeß

Dem Bestimmen von Samenpflanzen sollen die Behandlung des Bauplans einer Pflanze (Grundorgane) sowie eine Unterrichtseinheit über Blüten und Blütenbestandteile vorausgegangen sein. Das Bestimmen wird als eine Methode eingeführt, mit deren Hilfe man schnell verschiedene Pflanzenarten unterscheiden und richtig benennen kann. Der Bestimmungsübung sollte eine überschaubare Auswahl an Arten zugrundeliegen, die sich gut unterscheiden lassen, z.B. folgende Gruppe von Frühblühern: Gemeines Lungenkraut, Moschuskraut, Wiesen-Schaumkraut, Große Sternmiere, Wald-Bingelkraut, Gundermann, Wald-Sauerklee, Wald-Schlüsselblume, Buschwindröschen, Scharbockskraut (vgl. auch *Galland* 1982).
Zuerst zeigt der Lehrer der Klasse die Pflanzen, und die Schüler nennen alle ihnen bekannten Namen. Der Rest muß vom Lehrer ergänzt werden. Für jede Art hat der Lehrer einen Pappstreifen vorbereitet, auf dem der Name der Pflanze am rechten Ende steht. Diese Namen werden mit Doppelklebeband oder Magnethafter in der Reihenfolge an der Tafel befestigt, in der die Pflanzen richtig benannt werden. So ergibt sich zum Schluß eine tabellenartige Anordnung. Die Pappstreifen werden dann in einzelne Merkmalsspalten unterteilt, und die Merkmale werden mit Kreide darüber an die Tafel geschrieben: Blütenhülle, Staubblätter, Fruchtblätter und Laubblätter, jeweils noch weiter unterteilt (wie in Tab. II, 4-1).

Art für Art werden nun die typischen Merkmale eingetragen. Auf diese Weise erhält man eine Merkmalstabelle. Diese Merkmalstabelle kann auf ein Blatt Papier abgeschrieben oder als Arbeitsblatt ausgegeben werden. Im folgenden erhalten die Schüler den Auftrag, die Arten so zu gruppieren, daß möglichst viele Merkmale bei benachbarten Arten gleich sind, so daß sie nur einmal geschrieben werden müssen. Der Lehrer macht dies an einem Beispiel vor, indem er die Pappstreifen an der Tafel austauscht. Die Schüler erhalten Klebstoff und Schere und können zunächst die Merkmalstabelle in Streifen schneiden (pro Art ein Streifen) und dann probieren, welche Anordnung die meisten Zusammenfassungen von Merkmalen erlaubt. Die Ergebnisse werden besprochen. Die beste Anordnung wird an der Tafel realisiert (s. Tab. II, 4-2 und II, 4-3).
Der Lehrer erklärt nun, wie sich aus dieser Tabelle ein dichotomer Bestimmungsschlüssel anfertigen läßt (s. Tab. II, 4-4). Dieser Bestimmungsschlüssel wird an die Tafel geschrieben und von den Schülern ins Heft übertragen. Zum Schluß werden alle Pflanzenarten eingesammelt und gemischt. Jeder Schüler erhält drei Arten, die er mit Hilfe des selbstgemachten Schlüssels bestimmen soll.

Tab. II,4-4: Dichotomer Bestimmungsschlüssel

1	Pflanzen nur mit weiblichen oder männlichen Blüten	Wald-Bingelkraut
1'	Pflanzen mit Zwitterblüten	2
2	Blüten mit 1 Symmetrieebene	Gundermann
2'	Blüten mit 2 oder mehr Symmetrieebenen oder schraubig angeordneten Blütenteilen	3
3	Blüten ohne Kelch, 6 bis 8 Kronblätter	Busch-Windröschen
3'	Blüten mit Kelch	4
4	Kelchblätter 4	Wiesen-Schaumkraut
4'	Kelchblätter 5	5
5	Krone verwachsen	6
5'	Krone frei	7
6	Blätter wechselständig, ganzrandig, Blüten rot oder blau	Echtes Lungenkraut
6'	Blätter grundständig, gekerbt, Blüten gelb	Wald-Schlüsselblume
7	Kronblätter 8 bis 12, gelb	Scharbockskraut
7'	Kronblätter 5	8
8	schmale, gegenständige Blätter	Große Sternmiere
8'	dreigeteilte, grundständige Blätter	Wald-Sauerklee

4.4 Vorschläge zur Unterrichtsgestaltung am Beispiel „Bestimmen von Säugetieren nach Schädelmerkmalen“

4.4.1 Didaktische Überlegungen

Für die Säugetiere ist ein heterodontes Gebiß, d.h. ein Gebiß mit unterschiedlichen Zähnen, charakteristisch. Deshalb eignen sich die Schädel von Säugetieren besonders gut zum Bestimmen der taxonomischen Untereinheiten der Klasse Säugetiere. In wissenschaftlichen Bestimmungswerken findet man häufig Schlüssel zum Bestimmen von Schädeln oder zumindest Abbildungen von Säugerschädeln (vgl. z.B. *Brohmer* 1982). In fast jeder Biologiesammlung werden präparierte Schädel aufbewahrt. Viele Schüler haben schon einmal irgendeinen ausgebleichten Tierschädel oder Teile davon bei Streifzügen draußen gefunden. Sicher ist bei solchen Gelegenheiten die Frage nach dem Namen des Tieres gestellt worden. Diese Frage ist deshalb besonders reizvoll, weil mit dem Schädel nur ein kleiner, im allgemeinen nicht näher bekannter Teil des Tieres vorliegt, das den Kindern als Ganzes mehr oder weniger gut bekannt ist. Dieser „detektivische“ Ansatz kann das Bestimmen von Schädeln im Unterricht interessant machen. Auch wenn die Schüler einen Schädel in die Hand bekommen, der ihnen fremd ist, haben sie gewisse Anhaltspunkte für die Zuordnung zu einer Art oder einer Artengruppe, z.B. die Größe und auffällige Zähne (Eckzähne, Nagezähne). Ihre erste

Vermutung wird durch das exakte Bestimmen bestätigt oder widerlegt. In jedem Falle macht die Arbeit mit dem Bestimmungsschlüssel ein genaues Hinsehen notwendig; sie führt dadurch zur Differenzierung des ursprünglichen groben Gesamteindrucks vom Schädel. Wenn genügend Schädel in der Sammlung vorhanden sind, bietet dieses Thema auch eine günstige Möglichkeit, die Schüler in Kleingruppen eigene Bestimmungsschlüssel zur Determination einiger Schädel erarbeiten zu lassen. Da aber die meisten Sammlungen nicht so reichhaltig sein dürften, wird im folgenden davon ausgegangen, daß mit einem vorgegebenen Schlüssel gearbeitet wird. Man benötigt dabei nicht mehr als einen Schädel pro Schülergruppe. Durch ein Austauschen zwischen den Gruppen kann man dafür sorgen, daß jeder Schüler mehrere Objekte näher kennenlernt.
Der Bestimmungsschlüssel (s. Tab. II, 4-5) führt nur bis zur Stufe der Säugetierordnungen. Er umfaßt nur Ordnungen, die in der heimischen Fauna vertreten sind. Robben und Fledermäuse sind nicht berücksichtigt, weil deren Schädel selten in Sammlungen vorhanden sind. Selbstverständlich wäre es besonders reizvoll, wenn der von den Schülern benutzte Schlüssel bis zur einzelnen Säugetier-Art führte. Für den Lehrenden dürfte es nicht schwierig sein, für die ihm zur Verfügung stehenden Schädel einen Bestimmungsschlüssel zu konstruieren, der eine Art-Bestimmung ermöglicht. Sollten in Einzelfällen bei der Aufstellung eines solchen Schlüssels Probleme auftreten, könnte man die betreffenden Objekte einfach ausklammern.
Im folgenden wird vorausgesetzt, daß den Schülern vor Beginn der Bestimmmungsübung der Aufbau eines Säugetiergebisses bekannt ist. Dabei genügt aber die Unterscheidung zwischen Vorderzähnen (Schneidezähnen), Eckzähnen und Backenzähnen. Die in der Wissenschaft übliche Gliederung der Backenzähne in Praemolaren (Vormahlzähne) und Molaren (Mahlzähne) bringt hier keinen wesentlichen Gewinn.

Tab. II,4-5: Bestimmungsschlüssel für einige Ordnungen einheimischer Säugetiere nach Schädelmerkmalen

1 a	Oberkiefer ohne Vorderzähne (Schneidezähne)..	Ordnung Paarhufer (Gruppe Wiederkäuer)
1 b	Oberkiefer mit Vorderzähnen	2
2 a	Im Oberkiefer und Unterkiefer je 2 Vorderzähne, die als Nagezähne ausgebildet sind; manchmal stehen im Oberkiefer hinter den beiden Nagezähnen 2 kleine Zähne........	3
2 b	Vorderzähne nicht als Nagezähne ausgebildet	4
3 a	Im Oberkiefer nur 2 Nagezähne..	Ordnung Nagetiere
3 b	Im Oberkiefer hinter den Nagezähnen 2 kleine Zähne (Stiftzähne)	Ordnung Hasentiere
4 a	Schädel sehr groß, über 40 cm lang; in jeder Kieferhälfte 6 Backenzähne mit breiten Kauflächen und Schmelzfalten	Ordnung Unpaarhufer
4 b	Schädel kleiner, Backenzähne anders	5
5 a	Schädel länger als 20 cm; insgesamt 44 Zähne: in jeder Kieferhälfte 3 Vorderzähne, 1 Eckzahn und 7 Backenzähne	Ordnung Paarhufer (Gruppe Schweine)
5 b	Schädel kleiner, Gebiß anders	6
6 a	Mittlere Vorderzähne im Oberkiefer kleiner als die seitlichen Vorderzähne; Eckzähne länger als die benachbarten Zähne	Ordnung Raubtiere
6 b	Mittlere Vorderzähne im Oberkiefer gleichgroß oder größer als die seitlichen Vorderzähne	Ordnung Insektenfresser

Unterrichtsziele:

Die Schüler sollen
- den Aufbau des Säugetiergebisses kennen;
- einheimische Säugetiere nach Schädelmerkmalen den betreffenden Säugetier-Ordnungen zuordnen und ihre Entscheidung begründen können;
- charakteristische Schädelmerkmale wichtiger einheimischer Säugetiere nennen können.

4.4.2 Unterrichtsprozeß

Den Bestimmungsübungen an Säugetierschädeln wird meistens die Behandlung einiger Säugetierordnungen vorausgegangen sein (s. Abschnitt II, 2). In diesem Falle kann man zum Bestimmen als einer weiteren Möglichkeit zum näheren Kennenlernen einheimischer Säugetiere hinführen. Sonst liegt es nahe, den Schülern einen Tierschädel zu zeigen, den man selbst irgendwann gefunden hat, und von den Fundumständen zu berichten. Die Schüler werden ihrerseits von Schädelfunden erzählen und Vermutungen über die Artzugehörigkeit des gezeigten Schädels anstellen. Falls sie bereits Bestimmungsschlüssel kennengelernt haben, werden sie vorschlagen, den Schädel exakt zu bestimmen.

In diesem Falle teilt der Lehrer so viele Bestimmungsschlüssel aus, daß mindestens jeder zweite Schüler ein Exemplar zur Verfügung hat (s. Tab. II, 4-5). Der Schädel wird gemeinsam bestimmt, indem jeweils ein Schüler die Alternativen des Schlüssels vorliest und zwei Schüler anhand des ihnen vorliegenden Schädels entscheiden, welche Alternative zutrifft. In vielen Fällen ist es auch möglich, den Schädel so auf den Arbeitsprojektor zu legen, daß alle Schüler aufgrund des Schattenrisses über die Alternative entscheiden können. Sollten die Schüler noch nie mit einem dichotomen Bestimmungsschlüssel umgegangen sein, wäre es günstig, sie systematisch in diese Arbeitsweise einzuführen (s. Abschnitt II, 4.3.2).

Nun wird die Klasse in Zweier- und Dreiergruppen eingeteilt. Jede Gruppe erhält einen Bestimmungsschlüssel und einen oder mehrere Schädel ohne Namen, aber mit Nummern. Falls die Gruppen jeweils mehr als einen Schädel bekommen können, sollte man darauf achten, daß nicht eine Gruppe nur solche Objekte hat, die nach den ersten Bestimmungsschritten schon determiniert sind. Wenn eine Gruppe einen Schädel bestimmt hat, gibt sie diesen an eine beliebige andere Gruppe weiter und holt sich von dieser ein anderes Objekt. Man kann auch auf dem Lehrertisch eine Reihe von Schädeln aufstellen und die Schüler auffordern, sich dort im Tausch gegen bereits bestimmte Objekte mit unbekannten zu versorgen.

Am Schluß der Gruppenarbeit wird geprüft, ob alle Schädel von allen Gruppen richtig angesprochen worden sind. Aufgetretene Schwierigkeiten werden erörtert. Die Schüler prägen sich die Merkmale der Schädel gut ein, wenn sie nun noch spielerisch mit ihnen umgehen können, zum Beispiel in folgender Weise:
- Ein Schüler wählt einen Schädel aus und zeigt ihn den Klassenkameraden; einer von diesen nennt den Namen des Tieres.
- Ein Schüler nennt den Namen eines Tieres; ein anderer sucht aus der Reihe der Schädel den richtigen heraus.
- Ein Schüler sucht sich einen Schädel aus, ohne ihn den Mitschülern zu zeigen, und nennt charakteristische Merkmale. Die anderen Schüler versuchen, den Namen des Tieres oder zumindest die richtige Ordnung oder Familie herauszubekommen. Zur Bestätigung wird dann der Schädel gezeigt oder – wenn er sehr klein ist – per Folienskizze demonstriert.

Spätestens in dieser Unterrichtsphase sollte man klären, daß die Reißzähne der Raubtiere nicht die Eckzähne, sondern besonders große und scharfe Backenzähne sind.

Es lohnt sich, zum Abschluß der Bestimmungsübungen mit den Schülern eine Ausstellung auf dem Schulflur zu gestalten, die je ein Exemplar aller behandelten Säugetier-Arten umfaßt. Die Schädel

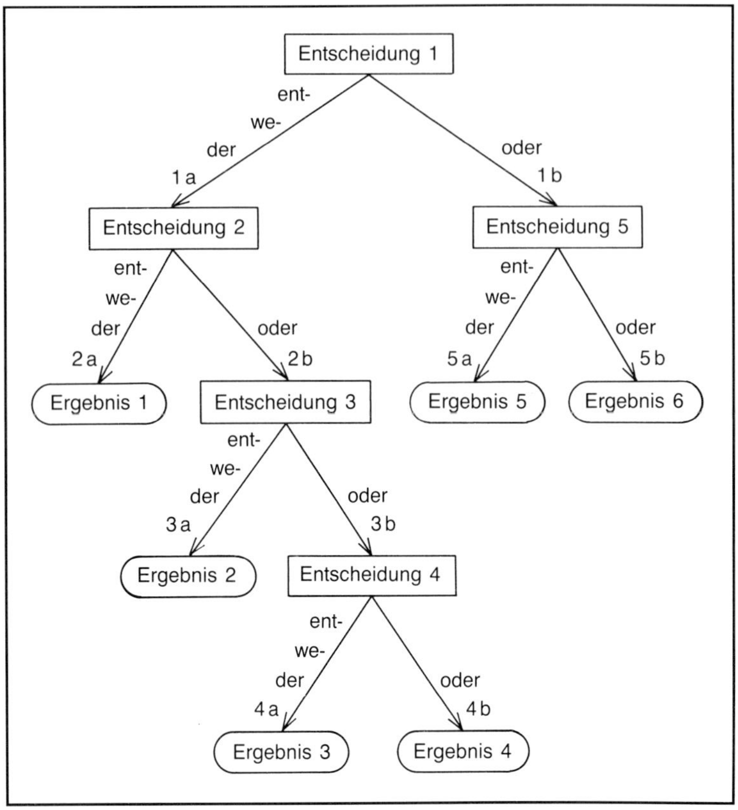

Abb. II, 4-2: Schema eines dichotomen Bestimmungsschlüssels für sechs Objekte

sollten nach den systematischen Gruppen geordnet und mit Angaben zu den wichtigsten Merkmalen versehen sein. Die Ausstellung könnte auch dazu dienen, das Prinzip eines dichotomen Bestimmungsschlüssels zu veranschaulichen (s. Abb. II, 4-2).

4.5 Vorschläge zur Unterrichtsgestaltung am Beispiel „Bestimmen von Amphibien"

4.5.1 Didaktische Überlegungen

Den Schülern sind im allgemeinen einige Lurche bekannt; zumindest ist ihnen der Typ „Frosch" vertraut. Viele Kinder dieser Altersstufe kennen aber weder den zweiten Bauplantyp der Lurche, die Schwanzlurche, noch die verschiedenen Amphibienarten. Bei einer Gesamtanzahl von 19 mitteleuropäischen Arten kann es gelingen, den Schülern auch dann einen Überblick und eine gewisse Artenkenntnis zu vermitteln, wenn nur einige Arten zur Bestimmung verfügbar sind. Das ist in diesem Falle deshalb besonders wichtig, weil es sich hier großenteils um seltene oder selten werdende Arten handelt, deren Erhaltung nur dann gewährleistet erscheint, wenn sie wenigstens weiten Kreisen der Bevölkerung bekannt sind (vgl. *Hedewig* 1983).
Nach der Bundesartenschutzverordnung vom 25. 8. 1980 und den einschlägigen Gesetzen und Verordnungen der Bundesländer gelten Kammolch, alle Unken und Kröten außer der Erdkröte, Moorfrosch und Springfrosch als vom Aussterben bedroht. Darüber hinaus stehen auch alle anderen

europäischen Amphibienarten unter besonderem Schutz, nur in Bayern sind der Wasser- und Teichfrosch und der Grasfrosch vom Schutz ausgenommen (vgl. *Gospodar* 1983; *Hintermeier* 1984).
Man kann im Unterricht also nur Präparate (Dermoplastiken), Nachbildungen oder Abbildungen verwenden. Da es gute Farbabbildungen der Lurcharten gibt, bringt dieser Ersatz keine allzu großen Schwierigkeiten mit sich. Man muß sich nur vergewissern, daß die in der verwendeten Bestimmungstabelle erwähnten Merkmale auf den Abbildungen zu erkennen sind. Wenn das nicht der Fall ist, sollte man den Gesamtdarstellungen entsprechende Detailabbildungen beifügen.
Für das Bestimmen von Lurchen mit einem dichotomen Bestimmungsschlüssel eignen sich für diese Altersstufe besonders die Tabellen bei *Stresemann* (1967, 79–96), da in ihnen fast durchweg mit bloßem Auge erkennbare Merkmale verwendet sind. Ohne einige Änderungen sind allerdings auch diese Tabellen nicht zu gebrauchen. So ist es notwendig, alle Abkürzungen und schwerverständlichen Fachausdrücke zu vermeiden oder zumindest sorgfältig zu erklären (vgl. *Schmidt, E.,* 1971, 20).
Beim Bestimmen einzelner Arten werden die Schüler auch auf Merkmale derjenigen Arten aufmerksam, die nicht zur Bestimmung vorliegen. Das System der einheimischen Lurcharten ist so leicht überschaubar (s. Tab. II, 4-6), daß man es auch in der Klassenstufe 5/6 dazu verwenden kann, den Schülern einen Überblick über diese Tiergruppe zu vermitteln – vorausgesetzt, die Bezeichnungen der verschiedenen Taxa und ihre Größenordnung sind ihnen bereits bekannt.

Unterrichtsziele:

Die Schüler sollen
- verschiedene Methoden zum Bestimmen von Tieren kennen;

Tab. II,4-6: System der einheimischen Amphibienarten

Ordnung	Familie	Gattung	Art
Caudata (Schwanzlurche)	Salamandridae	Salamandra (Salamander)	S. salamandra, Feuersalamander S. atra, Alpensalamander
		Triturus (Wassermolche)	T. cristata, Kammolch T. alpestris, Bergmolch T. vulgaris, Teichmolch T. helveticus, Fadenmolch
Anura, Ecaudata (Froschlurche)	Discoglossidae (Scheibenzüngler)	Bombina (Unken)	B. bombina, Rotbauch- oder Tieflandsunke B. variegata, Gelbbauch- oder Bergunke
		Alytes	A. obstreticans, Geburtshelferkröte
	Pelobatidae	Pelobates	P. fuscus, Knoblauchkröte
	Bufonidae (Echte Kröten)	Bufo	B. bufo, Erdkröte B. viridis, Grüne Kröte oder Wechselkröte B. calamita, Kreuzkröte
	Hylidae (Baumfrösche)	Hyla (Laubfrösche)	H. arborea, Laubfrosch
	Ranidae (Echte Frösche)	Rana	R. esculenta, Wasser- oder Teichfrosch R. ridibunda, Seefrosch R. temporaria, Grasfrosch R. arvalis, Moorfrosch R. dalmatina, Springfrosch

II Ordnen nach systematischen Gesichtspunkten

- mit Hilfe eines einfachen dichotomen Bestimmungsschlüssels Tiere bestimmen können;
- einige einheimische Lurcharten benennen und in das System einordnen können.

4.5.2 Unterrichtsprozeß

Die Bestimmungsübung an Lurchen sollte ihren Ausgang von einer direkten Begegnung der Kinder mit irgendwelchen Amphibien nehmen. Im Idealfall findet man bei einer Exkursion einige Lurcharten, von denen die Schüler wenigstens eine Art nicht genau kennen. In den meisten Klassen wird es einige Schüler geben, die die einheimischen Lurche ungefähr ansprechen können (Salamander, Molch, Kröte, Frosch); aber die Artnamen sind häufig keinem Kind bekannt. In einer solchen Situation ergibt sich spontan die Frage nach der genauen Bezeichnung. Wenn der Lehrer sich zurückhält, werden die Schüler von sich aus Möglichkeiten nennen, wie man zum Ziel kommen kann: Verwandte oder Bekannte fragen, Abbildungen heranziehen, in Büchern nachschlagen. Am besten wäre es, wenn der Lehrer an Ort und Stelle farbige Gesamtabbildungen möglichst vieler Lurche austeilen könnte (s. Medien, Abschnitt II, 4.6). Wurden beispielsweise Teichmolche und Grasfrösche gefunden, so werden die Kinder zwar schnell bestätigt finden, daß es sich um eine Molch- und eine Froschart handelt; es ist aber keineswegs sicher, daß die Bilder zu einer exakten Bestimmung ausreichen; denn der Grasfrosch kann leicht mit dem Springfrosch oder dem Moorfrosch verwechselt werden, und Teichmolchweibchen ähneln Fadenmolchweibchen.
Damit ist ein geeigneter Ausgangspunkt für die Einführung eines dichotomen Bestimmungsschlüssels (s. Tab. II, 4-7) gegeben. Im allgemeinen wird man die Bestimmung nicht im Freien durchführen können. Deshalb wäre es günstig, wenn man wenigstens ein Exemplar jeder gefundenen Art mit

Tab. II,4-7: Bestimmungsschlüssel für mitteleuropäische Amphibienarten (nach *Stresemann*, Bd. 3, 1989, verändert)

1 a	Tiere auch als Erwachsene mit Schwanz. Körper gestreckt. Hinterbeine nur wenig länger als Vorderbeine.	2
1 b	Tiere als Erwachsene ohne Schwanz. Körper gedrungen. Hinterbeine deutlich länger als Vorderbeine.	7
2 a	Schwanz im Querschnitt rund oder oval, ohne Flossensaum. Ohrdrüsenwülste stark entwickelt.	3
2 b	Schwanz seitlich zusammengedrückt, mit Flossensaum. Ohrdrüsenwülste undeutlich.	4
3 a	Tiere schwarz mit gelben Flecken oder Längsbinden.	Feuersalamander
3 b	Tiere ganz schwarz, ohne gelbe Flecken.	Alpensalamander
4 a	Ganzer Bauch gelb bis orangefarben, gefleckt oder ungefleckt. Bauchseiten ohne gelblichweiße Binde.	5
4 b	Nur Bauchmitte gelb bis orangefarben, getüpfelt, gefleckt oder ohne Zeichnung. Bauchseiten mit gelblichweißer Binde.	6
5 a	Bauchmitte meist mit schwarzen Flecken, manchmal fast ganz schwarz. Bauchseiten schwarz gefleckt. Seiten mit vielen weißen Punkten.	Kammolch
5 b	Bauch orangegelb, ohne Zeichnung. Seiten ohne weiße Punkte.	Bergmolch
6 a	Kehle ohne Zeichnung. Bauch ohne Zeichnung oder mit einzelnen dunklen Tupfen.	Fadenmolch
6 b	Kehle und Bauch gefleckt oder getüpfelt.	Teichmolch

Tab. II,4-7: Bestimmungsschlüssel für mitteleuropäische Amphibienarten (nach *Stresemann,* Bd. 3, 1989, verändert)

7 a	Bauch blaugrau bis schwärzlich, mit gelben oder roten Flecken.	8
7 b	Bauch hell, ohne gelbe oder rote Flecken.	9
8 a	Bauch mit karmin- bis orangeroten Flecken und weißen Punkten.	Rotbauchunke
8 b	Bauch mit gelben Flecken, keine oder wenige weiße Punkte.	Gelbbauchunke
9 a	Pupille senkrecht.	10
9 b	Pupille waagerecht.	11
10 a	Rücken hellbraun oder hellgrau, mit mehr oder weniger großen bräunlichen Flecken. Hinterfüße mit horniger scharfkantiger Grabschwiele.	Knoblauchkröte
10 b	Rücken einfarbig grau, warzig. Hinterfüße ohne Grabschwiele.	Geburtshelferkröte
11 a	Spitzen der Zehen mit runden Haftscheiben.	Laubfrosch
11 b	Spitzen der Zehen ohne Haftscheiben.	12
12 a	An den Kopfseiten große Ohrdrüsenwülste. Rückenseiten ohne Drüsenleisten. Oberseite stark warzig.	13
12 b	Keine Ohrdrüsenwülste. An den Rückenseiten Drüsenleisten. Oberseite glatt.	15
13 a	Hellgelbe warzenlose Linie in der Rückenmitte. Hinterbeine ziemlich kurz. Schwimmhäute nicht bis zur Hälfte der längsten Zehe reichend. Höcker an der Unterseite der Zehen paarig.	Kreuzkröte
13 b	Kleine helle Linie in der Rückenmitte. Hinterbeine länger. Schwimmhäute größer.	14
14 a	Oberseite mit dunkelgrünen Flecken auf hellem Grund. Höcker an der Unterseite der Zehen einfach.	Grüne Kröte, Wechselkröte
14 b	Oberseite gelb-, rot-, schwarzbraun oder grau. Höcker an der Unterseite der Zehen paarig.	Erdkröte
15 a	Schwimmhäute bis zur Spitze der längsten Zehe reichend. Oberseite grün, selten bräunlich. Kein dunkleer Schläfenfleck.	Grünfrösche (Teich-, Wasser- und Seefrosch)
15 b	Schwimmhäute nicht bis zur Spitze der längsten Zehe reichend. Dunkler Schläfenfleck vorhanden, aber manchmal undeutlich. Oberseite gelb bis braun.	16
16 a	Fersengelenk (unteres Gelenk des Unterschenkels) des seitlich an den Körper angelegten Hinterbeins reicht über die Schnauzenspitze hinaus (s. Abb. II, 4-4)	Springfrosch
16 b	Fersengelenk reicht höchstens bis zur Schnauzenspitze.	17
17 a	Schnauze spitz. Höcker auf der Unterseite der Hinterfüße an der kleinsten Zehe groß, seitlich zusammengedrückt, hart. Unterseite erwachsener Tiere weißlich, ohne dunkle Zeichnung.	Moorfrosch
17 b	Schnauze stumpf. Höcker auf der Unterseite der Hinterfüße an der kleinsten Zehe klein, rundlich oder oval, weich. Unterseite erwachsener Tiere weißlich-gelblich und grau bis rötlich marmoriert.	Grasfrosch

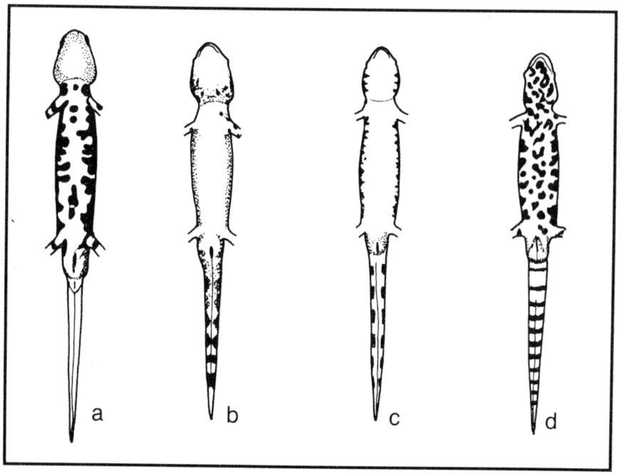

Abb. II, 4-3: Einheimische Molche von der Bauchseite: a) Kammolch, b) Bergmolch, c) Fadenmolch, d) Teichmolch (aus *Stresemann,* Bd. III, 1967, 83)

in die Schule nehmen und dort ein paar Tage lang halten könnte. Da das die Naturschutzgesetze im allgemeinen nicht zulassen (vgl. *Gospodar* 1983; *Hintermeier* 1984), muß man sich anders behelfen. Es wird empfohlen, möglichst viele Abbildungen der zu bestimmenden Arten den Schülern in die Hand zu geben oder die jeweils zu determinierende Art durch ein Farbdia zu demonstrieren. Dabei darf die Verdunkelung nur so weit geschlossen sein, daß die Schüler den Text der Bestimmungstabelle lesen können.

Wenn die Klasse noch keine Erfahrung im Umgang mit einem dichotomen Schlüssel hat, empfiehlt es sich, die erste Art gemeinsam zu bestimmen. Ein Schüler liest die jeweiligen Alternativen laut vor; alle Kinder betrachten ihr Bild bzw. das projizierte Dia. Beim Teichmolch würden sich insgesamt nur drei Bestimmungsschritte ergeben (von 1 a nach 2 b, 4 b, 6 b), beim Grasfrosch sieben (1 b, 7 b, 9 b, 11 b, 12 b, 15 b, 16 b, 17 b). Gelangt man an Stellen, an denen eine Entscheidung aufgrund der Abbildungen nicht möglich ist, muß man Zusatzinformationen (am besten in Form von Teilabbildungen) geben. So benötigt man wahrscheinlich eine Abbildung der Bauchseite eines Teichmolches (s. Abb. II, 4-3), eine (möglichst farbige) Abbildung der Unterseite von einer Unke und ein Bild zu Punkt 16 der Tabelle, aus der die Hinterbeinlänge des Grasfrosches hervorgeht (s. Abb. II, 4-4).

Wenn das betreffende Tier bestimmt ist, sollte man eine Beschreibung der Art aus einem geeigneten Buch vorlesen lassen, um das Bestimmungsergebnis bestätigt zu bekommen und weitere Kenntnisse zu vermitteln (vgl. z.B. *Brohmer* 1982; *Kelle/Sturm* 1984; *Stresemann* 1989). Meist wird sich hier eine Unterrichtsphase ergeben, in der es um die Lebensweise, die ökologische Bedeutung, die Gefährdung und den Schutz der betreffenden Art geht.

Die Entscheidung, ob man weitere Arten mit der ganzen Klasse bestimmt oder in Kleingruppen weiterarbeiten läßt, hängt von verschiedenen Faktoren ab. Der gemischt-arbeitsteilige oder arbeitstei-

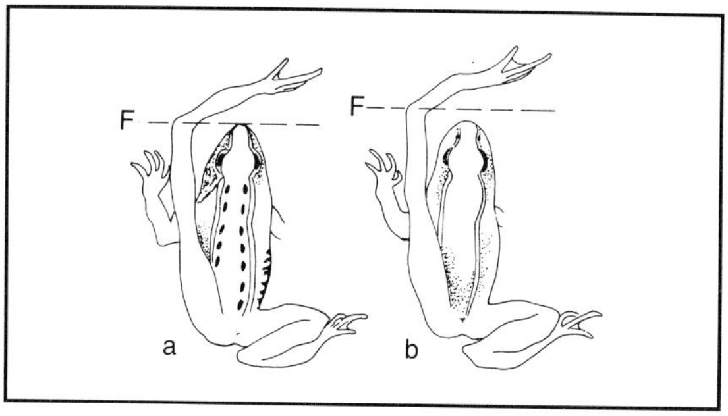

Abb. II, 4-4: Vergleich von Moor- und Grasfrosch (a) mit Springfrosch (b) (aus *Stresemann,* Bd. III, 1967, 92)

lige Gruppenunterricht (vgl. *Eschenhagen/Kattmann/Rodi* 1985, 307 ff.) bietet den Vorteil, daß man die Abbildungen der Lurche nicht in großer Anzahl oder als Dias bereitstellen muß, sondern mit jeweils einem Bild oder wenigen Bildern auskommt. In diesem Unterrichtsabschnitt ist es auch vertretbar, solche Arten einzubringen, die nicht bei der einleitenden Exkursion gefunden wurden. Wählt man den Weg des arbeitsteiligen Gruppenunterrichts, so kann man erreichen, daß innerhalb kurzer Zeit alle verfügbaren Lurcharten bearbeitet werden und jede Schülergruppe die ihr zugewiesenen Arten recht gründlich behandeln kann. Man sollte die einzelnen Schülergruppen anregen, die wichtigsten Kennzeichen ihrer Lurchart(en) aufzuschreiben und diesem Text die verwendeten Abbildungen beizufügen. Sehr einfach, aber auch lehrreich für die Schüler wäre es, wenn sie zuerst einmal diejenigen Merkmale aufschreiben würden, die in der Bestimmungstabelle genannt sind. Für den Teichmolch würde dieser Text etwa so lauten: „Tiere auch als Erwachsene mit Schwanz. Körper gestreckt. Hinterbeine nur wenig länger als Vorderbeine (1 a). Schwanz seitlich zusammengedrückt, mit Flossensaum: Ohrdrüsengeschwülste undeutlich (2 b). Nur Bauchmitte gelb bis orangefarben, Bauchseiten mit gelblichweißer Binde (4 b). Kehle und Bauch gefleckt oder getüpfelt (6 b)."
Die Resultate der Gruppenarbeit werden zum Schluß auf einer großen Papptafel oder einem Tapetenabschnitt zusammengefaßt. Dabei ergibt sich die Frage nach einer sinnvollen Anordnung der verschiedenen Blätter. Als Entscheidungshilfe kann das System der einheimischen Lurcharten dienen (s. Tab. II, 4-6). Einige systematische Zusammenhänge können die Schüler aber auch ohne diese Hilfe aufzeigen, z.B. die Gliederung der Klasse „Amphibien" in zwei Gruppen, die man dann nur noch als „Schwanzlurche" und „Froschlurche" zu bezeichnen braucht, die Aufteilung der Schwanzlurche in Salamander und Molche und die der Froschlurche in Kröten und Frösche. Die in der Tabelle dargestellte Systemübersicht sollte man so weit vereinfachen, wie es der im Unterricht verwendeten Artenauswahl entspricht; wenn beispielsweise die Geburtshelferkröte nicht berücksichtigt wurde, wird man die ganze Familie weglassen.
Auch wenn man nicht vorhat, die Schüler einen Bestimmungsschlüssel selbst konstruieren zu lassen (s. Abschnitt II, 4.3.2), lohnt es sich doch, ihnen nun den Aufbau eines dichotomen Bestimmungsschlüssels bewußt zu machen. Zur Veranschaulichung kann eine Tafel- oder Folienskizze entsprechend der Abbildung II, 4-2 dienen. Bei dieser Art der Darstellung wird besonders deutlich, daß man beim Bestimmen ständig vor Entscheidungen gestellt wird, daß also der Schlüssel gabelig aufgebaut ist.

4.6 Medien

Bestimmen von Frühblühern

Verschiedene Frühblüher aus dem Laubwald.

Bestimmen von Säugetieren nach Schädelmerkmalen

Schädel von Säugetieren verschiedener Ordnungen; Abbildungen von Säugetierschädeln (s. Abb. II, 2-1).

Bestimmen von Amphibien

Nachbildungen („Modelle")
Somso:
Gefleckter Feuersalamander ZoS 1001; Gelbbauchunke ZoS 1015; Erdkröte männlich ZoS 1012;

II Ordnen nach systematischen Gesichtspunkten

Erdkröte weiblich ZoS 1013; Kreuzkröte ZoS 1014; Wechselkröte ZoS 1015; Grasfrosch männlich ZoS 1017; Moorfrosch ZoS 1019; Wasserfrosch männlich 1023; Wasserfrosch weiblich 1024.

Diapositive
V-Dia:
Bildersammlung Lurche DS 229165–229172; Froschlurche I D 22136; Froschlurche II D 22137; Der Molch 22005;
FWU:
Lurche 10 0694; Einheimische Amphibien, Gefährdung und Schutz 10 02760.

Papierbilder
Farbtafel aus „natur“ 1982, H. 2; Poster „Einheimische Lurche in Lebensgröße“, herausgegeben vom BUND, Landesverband Hessen; Beihefter „Die Stimmen von Vögeln und Froschlurchen“, UB 15 (1991), H. 163, Schwarzweißabbildungen in UB 7 (1983), H. 78; Farbbilder bei *Thielcke* u.a. 1990.

Literatur

Aichele/Golte-Bechtle 1990; *Aichele/Schwegler* 1983; *Amann* 1983; *Brohmer* 1982; *Campbell* 1987; *Corbet/Ovenden* 1982; *Eschenhagen/Kattmann/Rodi* 1985; *Fitschen* 1987; *Fitter/Fitter/Blamey* 1987; *Galland* 1982; *Gerlach, M.*, 1983; *von Glahn* 1958; *Gospodar* 1983; *Hedewig* 1983; *Hegi/Merxmüller/Reisigl* 1977; *Heinzel/Klausnitzer/Kummer* 1988; *Hintermeier* 1982; 1984; *Jüngling* u.a. 1970; *Kattmann/Palm/Rüther* 1982; *Kelle/Sturm* 1979; 1984; *Klapp* 1983; *Kuckuck* 1974; *Kuhn/Probst/Schilke* 1986; *Kummer* u.a. 1991; *Nehls* 1961; *Oberdorfer/Müller* 1983; *Peterson/Mountfort/Hollom* 1984; *Rose* 1971; *Rothmaler* 1988 f.; *Schmeil/Fitschen* 1988; *Schmidt, E.*, 1971; 1982; *Schüttof* 1975; *Starke* 1975; *Stresemann* 1986 ff.; *Sturm* 1975; 1982; *Thielcke* u.a. 1990

5 Klassen der Gliederfüßer und einige Ordnungen der Insekten

5.1 Sachanalyse

5.1.1 Klassen der Gliederfüßer

Der Stamm der Gliederfüßer (Arthropoda) umfaßt mehr als 75% aller Tierarten. Es nimmt nicht wunder, daß die systematische Gliederung dieses Stammes außerordentlich kompliziert ist. Neben den Hauptkategorien der Taxonomie (Stamm, Klasse, Ordnung, Familie, Art) finden alle möglichen Zwischenkategorien Verwendung, z.B. Unterstamm, Unterklasse, Überordnung und Überfamilie (vgl. *Kaestner* 1973 ff.; *Remane/Storch/Welsch* 1985).
Von den sechs Klassen, in die viele Taxonomen die heute lebenden (rezenten) Gliederfüßerarten einteilen, bleiben hier zwei Klassen von vornherein unberücksichtigt: die Merostomata mit den Schwertschwänzen und die Asselspinnen (Pantopoda). Die vier übrigen Klassen sind:
- Spinnentiere (Arachnida), ca. 50 000 Arten
- Krebstiere (Crustacea), ca. 35 000 Arten
- Tausendfüßer (Myriapoda), ca. 6000 Arten
- Insekten (Insecta), ca. 800 000 Arten.

Während die beiden erstgenannten Klassen jeweils einen eigenen Unterstamm repräsentieren, bilden die letztgenannten Klassen zusammen den Unterstamm der Tracheata. In der Klasse der Myria-

poda sind mehrere Taxa zusammengefaßt, die nach Ansicht einiger Taxonomen jeweils den Rang einer Klasse beanspruchen können (vgl. *Grzimek* 1979, Bd. 1, 508).
Entscheidend für die Beschränkung auf diese einfache Untergliederung des Arthropodenstammes ist der Gesichtspunkt, daß sich die vier Klassen durch eine ganze Reihe leicht identifizierbarer Merkmale voneinander unterscheiden lassen und deshalb auch für den Unterricht der Sekundarstufe I geeignet sind.
Die allermeisten Gliederfüßer sind bereits nach oberflächlicher Betrachtung einer der vier Klassen zuzuordnen. Im allgemeinen genügt es, diejenigen Organe ins Auge zu fassen, die dem gesamten Stamm den Namen gegeben haben, nämlich die Beine bzw. Extremitäten, die aufgrund des festen Chitin-Außenskeletts in mehrere deutlich gegeneinander abgesetzte Abschnitte (Glieder) unterteilt sind. Neben der Art und Weise der Untergliederung der Extremitäten stellt die Anzahl der Gliedmaßen ein deutliches Unterscheidungsmerkmal dar: Die Insekten haben drei Paar Laufbeine, die Spinnentiere vier; bei vielen Krebstieren sind fünf Extremitätenpaare besonders kräftig entwickelt, und die Tausendfüßer haben meist weit mehr als zehn deutlich ausgebildete Beinpaare. Die Zuordnung aufgrund der Beinanzahl stößt allerdings besonders bei einer ganzen Reihe von Crustaceen auf Schwierigkeiten. Die Abweichungen vom Grundbauplan der Krebstiere sind oft derartig groß, daß es sehr detaillierter Untersuchungen bedurfte, ehe die Zuordnung einer bestimmten Art oder Artengruppe zu den Crustaceen gesichert erschien. Als Beispiele seien hier nur die festsitzenden Seepocken und die parasitischen Wurzelkrebse genannt.
Wegen dieser Schwierigkeiten ist es notwendig, eine Reihe weiterer morphologischer und einige zusätzliche Merkmale der vier Gliederfüßerklassen zu berücksichtigen.

Die *Spinnentiere* sind fast durchweg Landbewohner (Ausnahmen z.B. die Wasserspinne Argyroneta aquatica, Wassermilben). Der Körper der Tiere ist in zwei Teile gegliedert: Vorderkörper (Prosoma) und Hinterkörper (Opisthosoma) (s. Abb. II, 5-1). Der Vorderkörper stellt ein Ver-

Abb. II, 5-1: Schema der Organisation einer Spinne: 1 Chelicere, 2 Pedipalpus, 3 Laufbeine, 4 Spinnwarzen, 5 Atemspalte, 6 After, 7 Geschlechtsöffnung (aus *Hadorn/Wehner* 1978, 417)

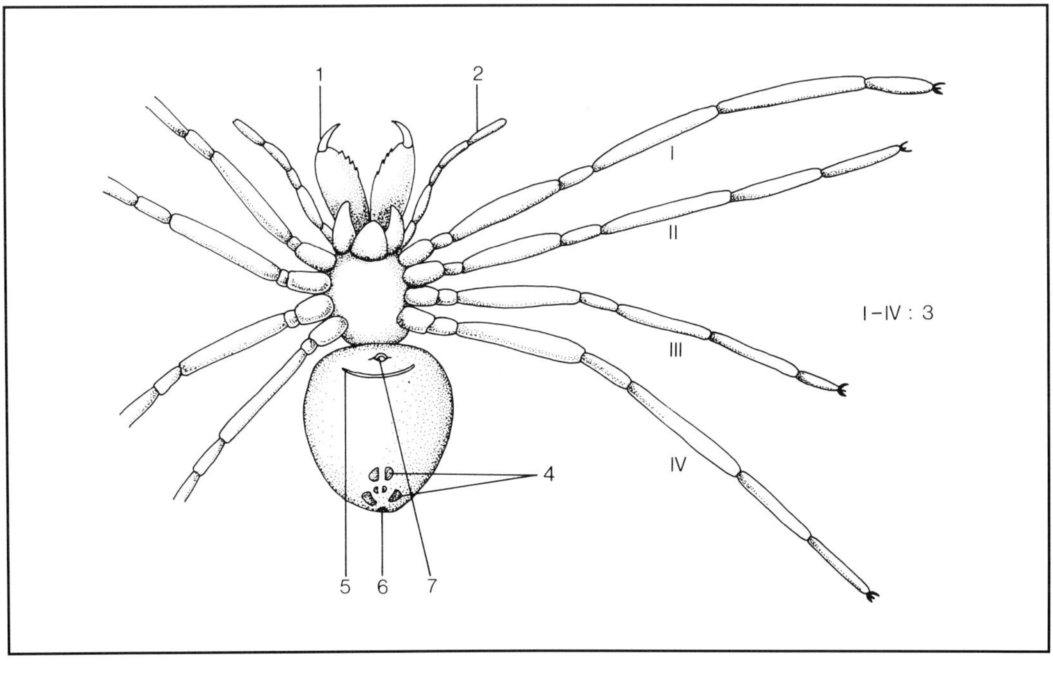

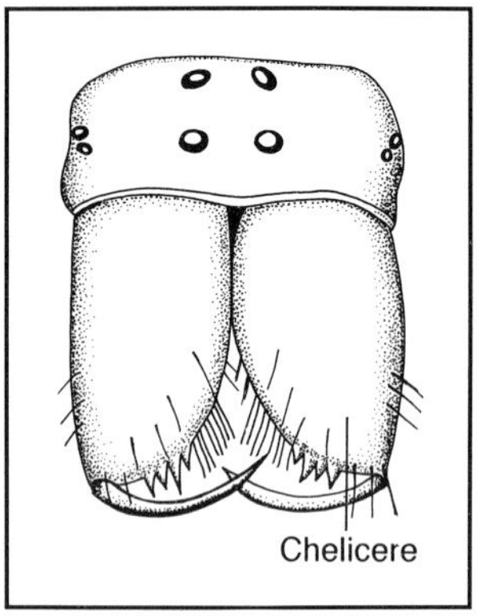

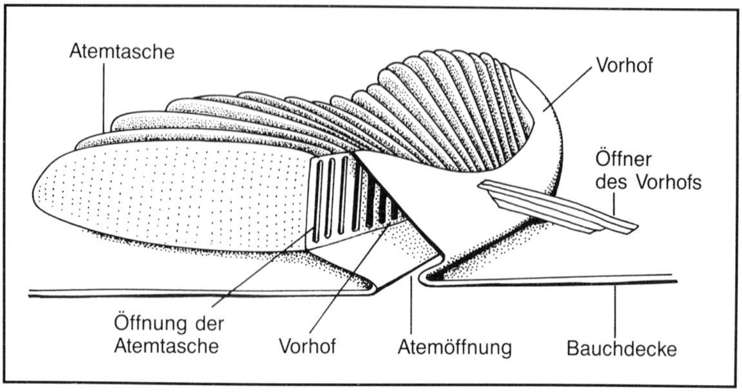

Abb. II, 5-2: Kopf einer Kreuzspinne, von vorn (aus *Wurmbach* 1968, 234)

Abb. II, 5-3: Blätterlunge eines Spinnentieres (aus *Wurmbach* 1968, 222)

schmelzungsprodukt aus Kopf und Brustteil dar. Das Prosoma trägt sechs Gliedmaßenpaare: 1 Paar Cheliceren (s. Abb. II, 5-2), 1 Paar Taster (Pedipalpen) und 4 Paar Laufbeine. Als Atmungsorgane dienen paarige „Fächerlungen" an der Bauchseite des Hinterkörpers (s. Abb. II, 5-3). Wichtige Gruppen: Skorpione; After- oder Pseudoskorpione; Echte Spinnen (mit Vogelspinnen, Radnetzspinnen, Wolfsspinnen, Trichterspinnen, Sackspinnen, Krabbenspinnen, Springspinnen, Kräuselradnetzspinnen); Weberknechte; Milben (mit Zecken).

Die *Krebstiere* sind ursprünglich Wassertiere, kommen aber auch in vielen terrestrischen Lebensräumen vor. Der Körper der Krebstiere weist eine – oft allerdings kaum noch erkennbare – Dreigliederung auf: Kopf, Brustteil und Hinterleib (Abdomen) (s. Abb. II, 5-4). Am Kopf sitzen außer 2 Paar Antennen noch 1 Paar Oberkiefer (Mandibeln) und 2 Paar Unterkiefer (Maxillen). Häufig folgen auf die Kopfextremitäten noch zwei oder drei Paar Mundwerkzeuge, die als umgewandelte Brustbeine gedeutet werden: die Kieferfüße (Maxillipeden). Die Extremitäten, die der Fortbewe-

Abb. II, 5-4: Schema der Organisation eines Krebstieres: 1 Kopf, 2 Thorax, 1 und 2: Cephalothorax, 3 Abdomen, 4 Carapax, 5 1. Antenne, 6 2. Antenne, 7 Mandibel, 8 1. und 2. Maxille, 9 Kieme an einer Thoraxextremität, 10 Komplexauge, 11 Gehirn, 12 Bauchmark, 13 Herz, 14 Darm, 15 Exkretionsorgane, 16 Geschlechtsorgan (nach *Hadorn/Wehner* 1978, 419)

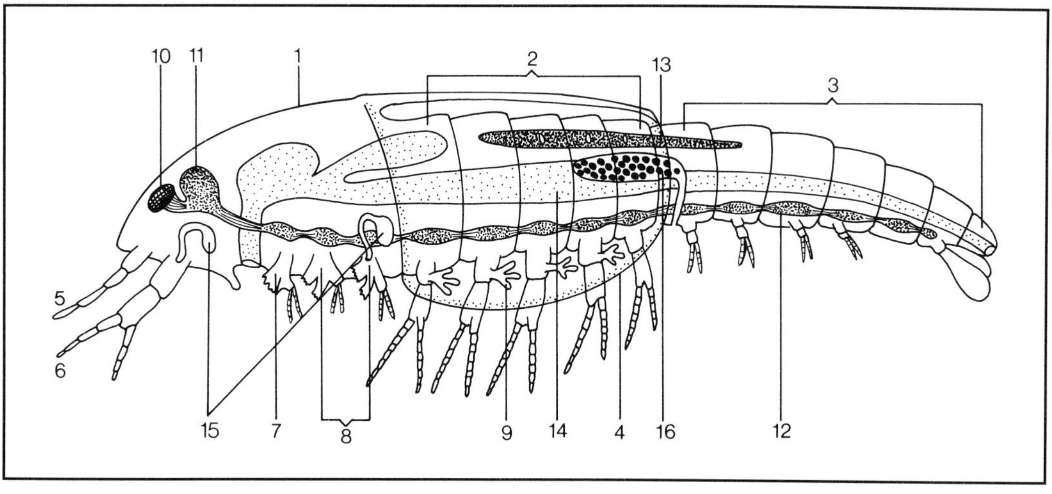

Abb. II, 5-5: Spaltfuß (Schwimmfuß) eines Blattfußkrebses (Chirocephalus grubei) (aus *Wurmbach* 1968, 241)

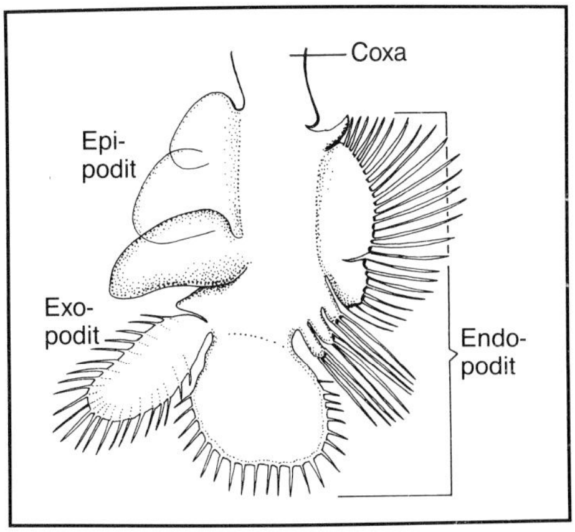

gung dienen, sitzen am Brustteil und häufig zusätzlich auch am Hinterleib. Bei vielen Krebsen ist der Körper teilweise oder ganz von einer vom Hinterrand des Kopfes ausgehenden Hautfalte, dem Rükkenschild (Carapax), bedeckt. Die Beine der Krebse sind im Grundtyp sogenannte Spaltfüße; sie setzen sich aus einem Innenast (Endopodit) und einem Außenast (Exopodit) zusammen, die meist noch weitere Anhänge, vor allem Kiemen, tragen (s. Abb. II, 5-5). Krebstiere atmen meist mit Hilfe von Kiemen, sehr kleine Formen kommen mit Hautatmung aus.
Wichtige Gruppen: Blattfußkrebse (mit Wasserflöhen); Muschelkrebse; Ruderfußkrebse; Rankenfüßer (mit Entenmuscheln und Seepocken); Höhere Krebse mit Zehnfußkrebsen (z.B. Garnelen, Hummern, Flußkrebsen, Krabben), Flohkrebsen, Asseln.

Tausendfüßer (Vielfüßler) sind typische Landtiere; das zeigt sich unter anderem im Besitz von Tracheen als Atmungsorganen. Der Körper der Tiere besteht aus dem Kopf und einer meist großen Anzahl (8 bis etwa 240) ziemlich ähnlichen Körperringen (Segmenten), die jeweils ein Beinpaar tragen können. Bei den Doppelfüßern sind die Körperringe des Rumpfes durch Verschmelzung zweier Segmente entstanden; sie haben dementsprechend im allgemeinen je zwei Beinpaare (s. Abb. II, 5-6).
Wichtige Gruppen: Doppelfüßer (mit Bandfüßern, Schnurfüßern und Saftkuglern); Hundertfüßer (mit Erdläufern, Steinkriechern und Spinnenasseln).

Insekten kommen vorwiegend an Land und im Süßwasser vor. Ihr Körper zeigt eine charakteristische Dreigliederung in Kopf, Brustteil (Thorax) und Hinterleib (Abdomen) (s. Abb. II, 5-7). Der Kopf trägt 1 Paar Fühler (Antennen), 1 Paar Oberkiefer (Mandibeln), 1 Paar Unterkiefer (Maxillen) und 1 unpaare Unterlippe (Labium), die sich aus paarigen Extremitätenanlagen durch Ver-

Abb. II, 5-6: Doppelfüßer (Gattung Polydesmus) (aus *Remane/Storch/Welsch* 1985)

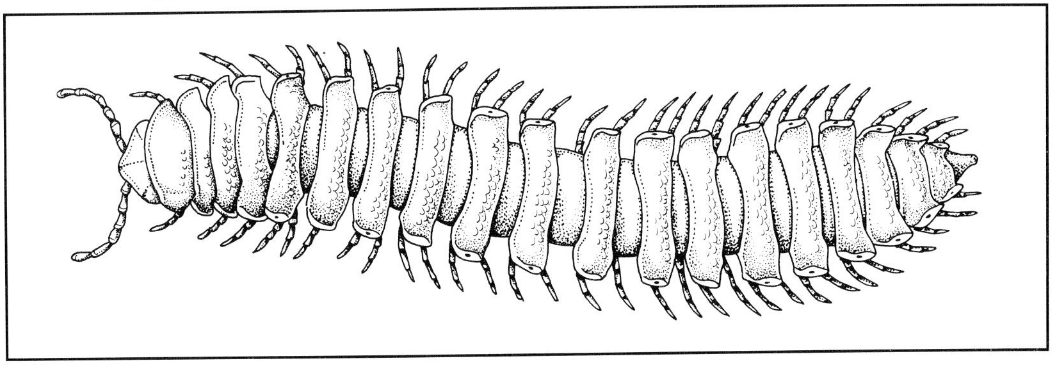

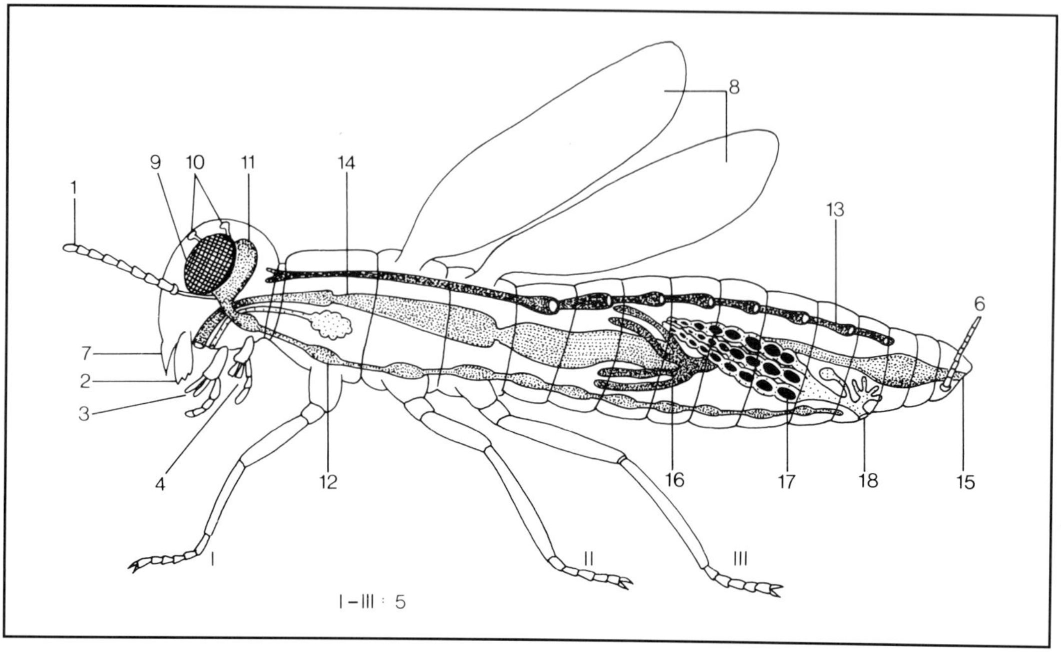

Abb. II, 5-7: Schema der Organisation eines geflügelten Insekts. 1 Antenne, 2 Mandibel, 3 1. Maxille, 4 2. Maxille, 5 Laufbeine, 6 Schwanzborste, 7 Oberlippe, 8 Vorder- und Hinterflügel, 9 Komplexauge, 10 Punktaugen, 11 Gehirn, 12 Bauchmark, 13 Herz, 14 Darm, 15 After, 16 Exkretionsorgan (Malpighische Gefäße), 17 Ovar, 18 Geschlechtsöffnung (nach *Hadorn/Wehner* 1978, 424)

schmelzung entwickelt hat (s. Band 1, Abb. I, 4-1a). Der Thorax umfaßt drei Segmente, die je ein Beinpaar tragen. Am zweiten und dritten Thoraxsegment finden sich bei den meisten Insekten als Hautausstülpungen zwei Flügelpaare.

5.1.2 Ordnungen der Insekten

Das System der Insekten ist so differenziert, daß es im Biologieunterricht der Sekundarstufe I nur im Ansatz behandelt werden kann. Als besonders schwierig erweist sich, daß die früher übliche Zweigliederung der Klasse in die „Flügellosen" (Apterygota, Ur-Insekten) und die „Flügelträger" (Pterygota) zugunsten einer für Laien schwer nachvollziehbaren Einteilung aufgegeben werden mußte. Man unterscheidet heute unter den ehemaligen Apterygota (mit ca. 3000 Arten) allein vier Unterklassen (Halbinsekten, Springschwänze, Doppelschwänze, Borstenschwänze), während man sämtliche Fluginsekten zu einer einzigen Unterklasse zählt.
Komplizierend wirkt auch die Aufteilung der Pterygota in mehrere Überordnungen (bei *Grzimek* 1979, Band 2, sind es 13). Den folgenden Ausführungen soll ein vereinfachtes System zugrundegelegt werden, das nur die beiden „alten" Unterklassen berücksichtigt und in der zweiten Unterklasse die Einteilung in Überordnungen vernachlässigt. Von den 26 Ordnungen, die von vielen Taxonomen unterschieden werden (vgl. *Grzimek* 1979, Band 2), werden hier nur die bekanntesten erwähnt.

Die *Ur-Insekten (Apterygota)* (s. Abb. II, 5-8) unterscheiden sich dadurch von den Pterygota, daß ihre Flügellosigkeit – phylogenetisch betrachtet – primär ist. In der Unterklasse der Pterygota treten zwar auch verschiedene flügellose Formen auf, z.B. Läuse, Flöhe, Arbeiterinnen der Ameisen; aber diese sind durch Rückbildung aus geflügelten Formen hervorgegangen. Ur-Insekten haben

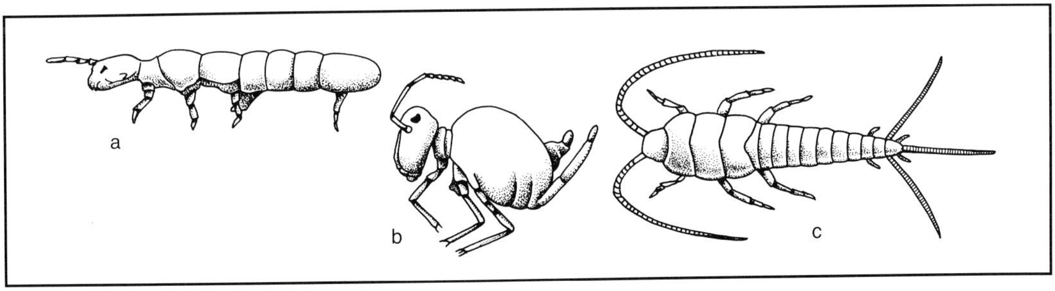

Abb. II, 5-8: Ur-Insekten (Apterygota): a) und b) Springschwänze, c) Borstenschwanz (Silberfischchen) (aus *Eidmann/Kühlhorn* 1970, 508 und 514)

neben den sechs Beinen, die am Thorax sitzen, noch mehrere paarige Hinterleibsanhänge, die Reste oder Umbildungen von Extremitäten darstellen. Bei den Springschwänzen sind diese Extremitäten als Sprungapparate ausgebildet.
Die Haut der Ur-Insekten ist fast durchweg dünn, die Kutikula wenig fest (wenig sklerotisiert). Man findet die Tiere dementsprechend vorwiegend an feuchten Stellen, vor allem im Boden oder in Bodennähe. Einige Arten haben als Laubstreuzersetzer große ökologische Bedeutung.
Vertreter: Springschwänze (Collembola); Borstenschwänze, z.B. Silberfischchen, Felsenspringer.

Eintagsfliegen (s. Abb. II, 5-9) können bis zu 6 cm groß werden, sind aber durchweg sehr zart wirkende Insekten. Die vier relativ großen, häutigen, dünnen Flügel werden in der Ruhe über dem Rücken zusammengeklappt. Die Erwachsenen (Imagines, Einzahl die Imago) haben meist drei (oder zwei) oft lange fadenförmige Hinterleibsanhänge. Sie leben nur wenige Stunden oder Tage (bis Wochen) und nehmen keine Nahrung auf. Die Larven, deren Entwicklung mehrere Jahre lang dauern kann, leben im Wasser. Die meisten Arten atmen durch seitlich an den Hinterleibssegmenten sitzende Tracheenkiemenblättchen und ernähren sich von Grün- und Kieselalgen oder von teilweise zersetzten organischen Resten.
In der Entwicklung der Eintagsfliegen tritt – wie bei den folgenden sieben Ordnungen – kein Puppenstadium auf; man spricht deshalb von einer unvollkommenen Verwandlung.

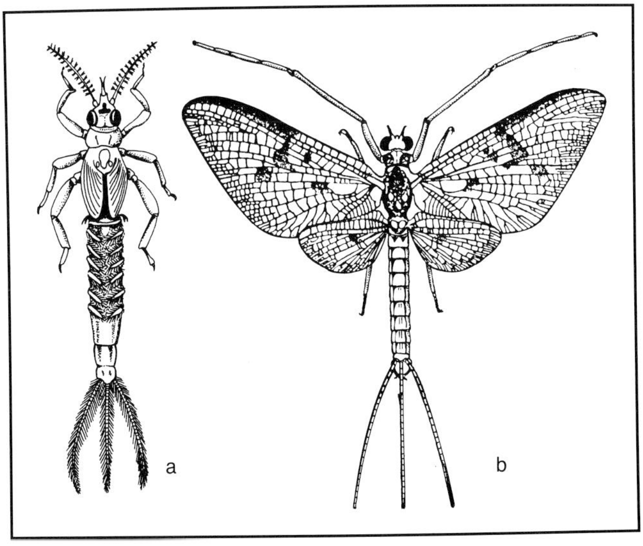

Abb. II, 5-9: Eintagsfliegen: a) Larve, b) Imago (aus *Eidmann/Kühlhorn* 1970, 518)

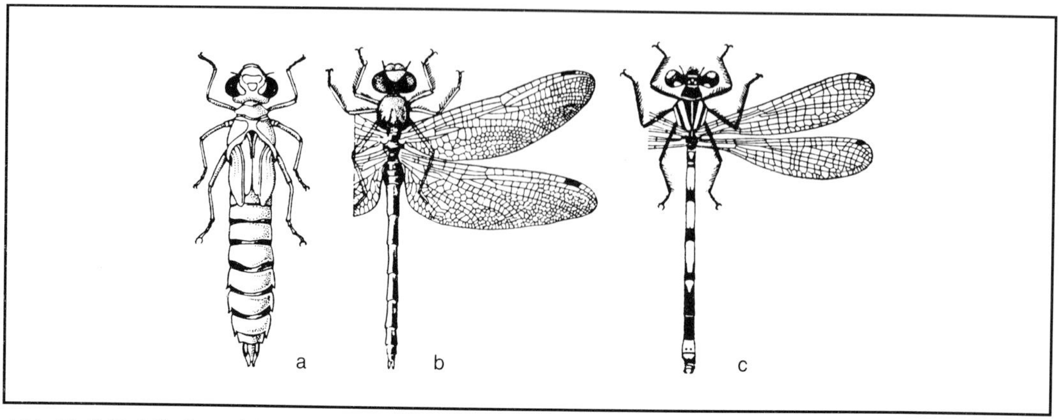

Abb. II, 5-10: Libellen: a) Larve einer Großlibelle, b) Großlibelle, c) Kleinlibelle (aus *Eidmann/Kühlhorn* 1970, 522)

Libellen (s. Abb. II, 5-10) sind räuberische Insekten mit einer Körperlänge bis zu 13 cm. Der Kopf ist sehr beweglich mit dem Brustteil verbunden; er trägt kräftige Mundwerkzeuge und kurze Fühler. Die Augen sind sehr groß und leistungsfähig. Die Flügel sind kräftig entwickelt und mit starken Längs- und Queradern versehen. Der Hinterleib ist auffallend lang und meist schlank. Die im Wasser lebenden Larven ernähren sich von Kleintieren, die sie mit Hilfe einer „Fangmaske" (der umgewandelten Unterlippe) fangen.
Vertreter: Kleinlibellen, z.B. Prachtlibellen (Gattung Calopteryx), Teichjungfern (Gattung Lestes), Schlanklibellen (Gattung Agrion); Großlibellen, z.B. Edellibellen (Gattung Aeschna), Königslibelle (Anax imperator), Vierflecklibelle (Libellula quadrimaculata).

Schrecken (s. Abb. II, 5-11) zeichnen sich meist durch besonders kräftige, zum Springen dienende Hinterbeine aus. Ihre Vorderflügel sind im allgemeinen fest und nicht faltbar; sie bedecken in der Ruhe die zarten, gefalteten Hinterflügel. Die Männchen der meisten Schrecken sind in der Lage, durch Aneinanderreiben von Schrilladern und -kanten Töne zu erzeugen; dementsprechend treten

Abb. II, 5-11: Schrecken: a) Langfühlerschrecke (Grille), b) Langfühlerschrecke (Heupferd), c) Kurzfühlerschrecke (aus *Eidmann/Kühlhorn* 1970, 528 u. 530)

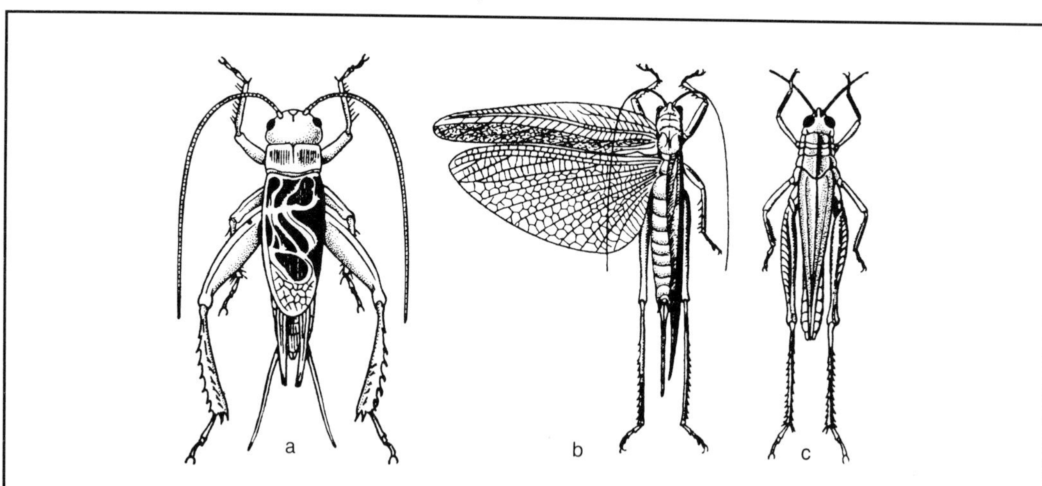

Abb. II, 5-12: Schaben: a) Junge Larve, b) Imago (aus *Eidmann/Kühlhorn* 1970, 540)

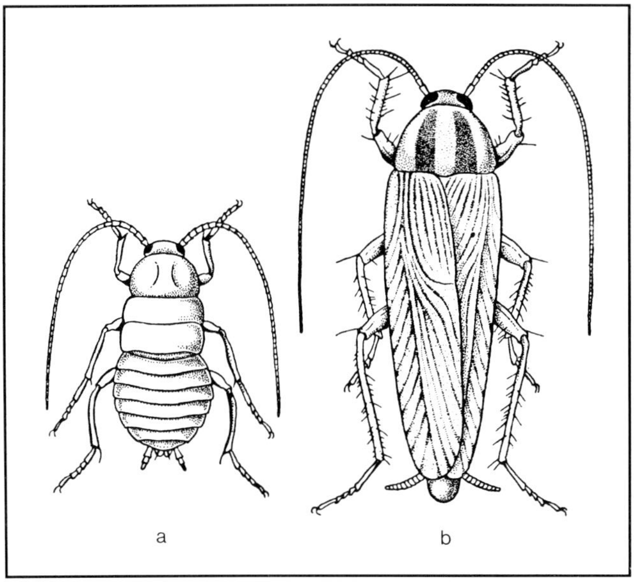

(bei beiden Geschlechtern) Gehörorgane auf, die entweder an den Beinen oder an der Hinterleibsbasis sitzen.
Vertreter: Langfühlerschrecken, z.B. Grünes Heupferd (Tettigonia viridissima), Warzenbeißer (Decticus verrucivorus), Maulwurfsgrille, Feldgrille, Heimchen; Kurzfühlerschrecken, z.B. Wanderheuschrecken, Blauflügelige Ödlandschrecke (Oedipoda caerulescens).

Schaben (s. Abb. II, 5-12) sind durch die Abplattung ihres Körpers dem Leben in engen Spalten angepaßt. Ihre kräftigen Beine ermöglichen ihnen ein schnelles Laufen. Beide Flügelpaare sind gut

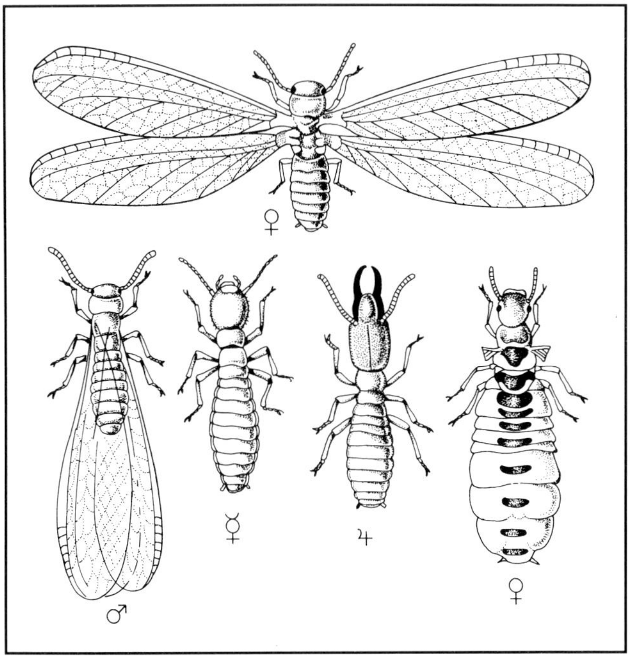

Abb. II, 5-13: Termiten, verschiedene Mor phen (Kasten) (aus *Eidmann/Kühlhorn* 1970, 544)

entwickelt, werden aber nur selten zum Fliegen benutzt. Die Fühler sind borstenförmig und auffallend lang. Am Hinterende befinden sich zwei weitere Tastorgane in Form zweier kurzer, gegliederter Cerci (Einzahl Cercus). Schaben haben typische kauende Mundwerkzeuge und leben von den verschiedensten organischen Substanzen, einige Arten von Küchenabfällen.
Vertreter: Waldschaben (Gattung Ectobius), Küchenschabe (Blatta orientalis), Amerikanische Großschabe (Periplaneta americana).

Termiten (s. Abb. II, 5-13) sind wärmeliebende soziale Insekten mit einer ausgeprägten Arbeitsteilung und charakteristischen Gestaltunterschieden zwischen verschiedenen Kasten (Polymorphie). Die Geschlechtstiere tragen zeitweise zwei gleichartige Flügelpaare, die den Hinterleib überragen. Die übrigen Angehörigen eines Termitenstaates (Arbeiter, Soldaten) sind zeitlebens flügellos. Sie leben im Dunkeln und sind dementsprechend weißlich gefärbt. Termiten errichten oft große Bauten aus Erde oder Holz.

Läuse (Tierläuse) (s. Abb. II, 5-14) sind kleine, durchweg ektoparasitisch lebende, flügellose Insekten. Die Haar- und Federlinge haben kauende Mundwerkzeuge, mit denen sie Hautschuppen und Federstaub fressen, während die Echten Läuse mit ihren stechend-saugenden Mundwerkzeugen an Säugetieren Blut saugen. Der Körper der Tierläuse ist meist abgeplattet, die Beine sind oft als Klammerorgane ausgebildet.

Wanzen (s. Abb. II, 5-15) haben meist einen abgeplatteten Körper, rüsselartige Mundwerkzeuge („Schnabel") und ungleichartige Flügel (wissenschaftlicher Name der Ordnung: Heteroptera, „Ungleichflügler"). Die Hinterflügel sind dünnhäutig; die Vorderflügel bestehen aus einem derben Vorder- und einem häutigen Hinterabschnitt. Es gibt auch eine ganze Reihe ungeflügelter Formen. Wanzen leben im Wasser und am Land; sie saugen an Pflanzen oder an Tieren.
Vertreter: Raubwanzen, Bettwanzen, Rindenwanzen, Feuerwanzen, Wasserläufer, Schwimmwanzen, Rückenschwimmer.

Pflanzensauger (s. Abb. II, 5-16) gehören wie die Wanzen zur Überordnung der Schnabelkerfe. Die Tiere ernähren sich im allgemeinen von dem in den Siebröhren der Pflanzen aufsteigenden Saft, den sie mit Hilfe ihres Stechrüssels aufnehmen. Die Hinterflügel sind kleiner als die Vorderflügel, stimmen aber in ihrem Aufbau überein (wissenschaftlicher Name der Ordnung: Homoptera, „Gleichflügler").
Vertreter: Zikaden, z.B. Blutzikade, Schaumzikaden, Singzikaden; Blattflöhe; Blattläuse.

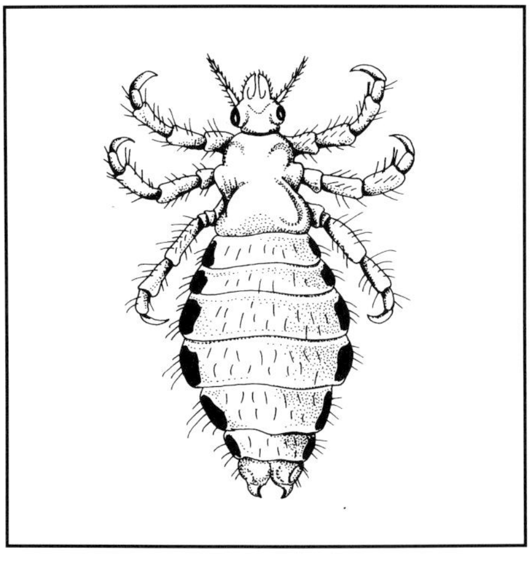

Abb. II, 5-14: Kleiderlaus (aus *Eidmann/Kühlhorn* 1970, 547)

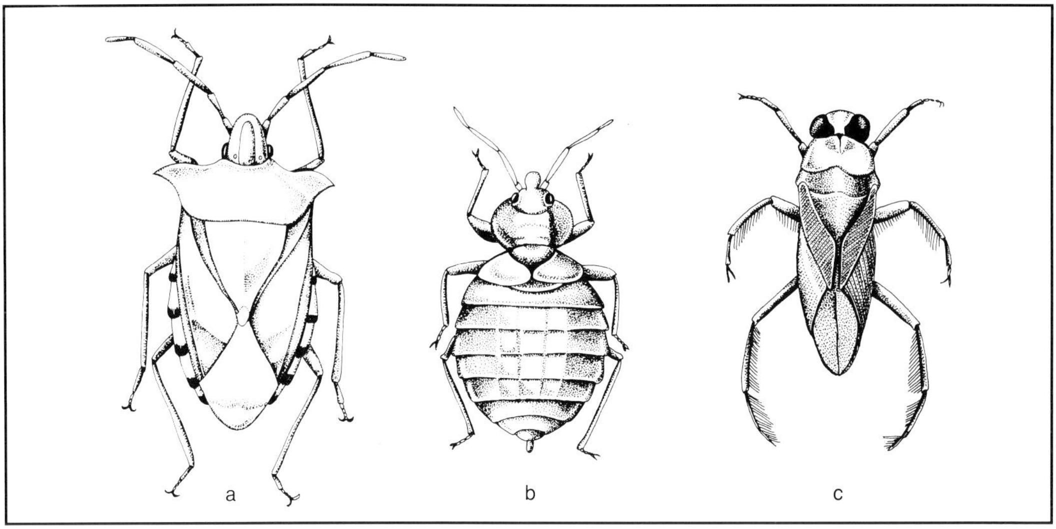

Abb. II, 5-15: Wanzen: a) Schildwanze, b) Bettwanze, c) Wasserwanze (Rückenschwimmer) (aus *Eidmann/Kühlhorn* 1970, 556 u. 558)

Die *Käfer* (s. Abb. II, 5-17) stellen in dieser Aufzählung die erste Ordnung mit vollkommener Verwandlung, d.h. mit einem Puppenstadium dar. Käfer sind besonders durch ihre harten, stark sklerotisierten Vorderflügel, die Deckflügel, gekennzeichnet (wissenschaftlicher Name: Coleoptera, „Hornflügler"). Charakteristisch ist auch, daß in der Rückenansicht von den drei Segmenten des Thorax vorwiegend der Rückenteil des ersten Segments (Prothorax) zu erkennen ist. Entsprechend der unvorstellbaren Artenanzahl dieser größten Insektenordnung (ca. 300 000 Arten) ist der Käfer-Bauplan in vielfältigster Weise abgewandelt.
Vertreter: Sandlaufkäfer; Laufkäfer; Schwimmkäfer, z.B. Gelbrand; Aaskäfer; Kurzflügler; Leuchtkäfer, z.B. Glühwürmchen; Weichkäfer; Schnellkäfer; Marienkäfer; Schwarzkäfer, z.B. Mehlkäfer; Blatthornkäfer, z.B. Maikäfer, Mistkäfer, Rosenkäfer; Hirschkäfer; Bockkäfer; Borkenkäfer; Rüsselkäfer.

Abb. II, 5-16: Pflanzensauger: a) Zikade (Buckelzirpe), b) Blattlaus, geflügeltes Männchen, c) Blattlaus, ungeflügeltes Weibchen (aus *Eidmann/Kühlhorn* 1970, 560 u. 563)

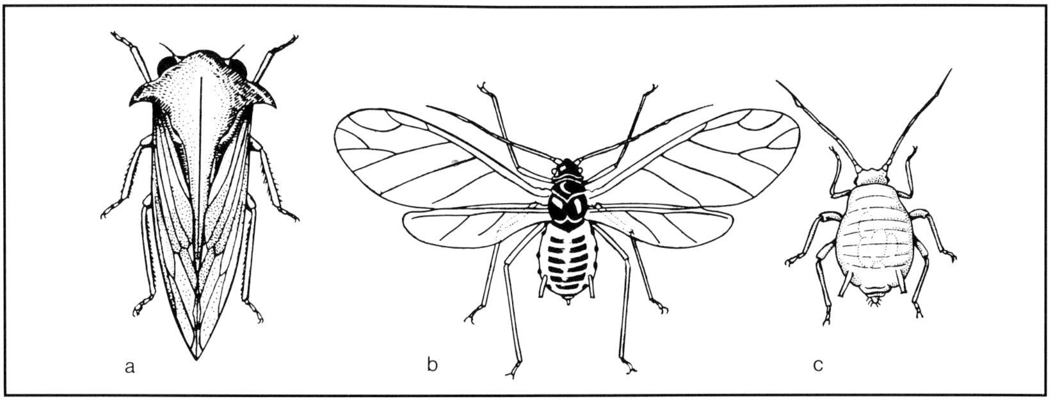

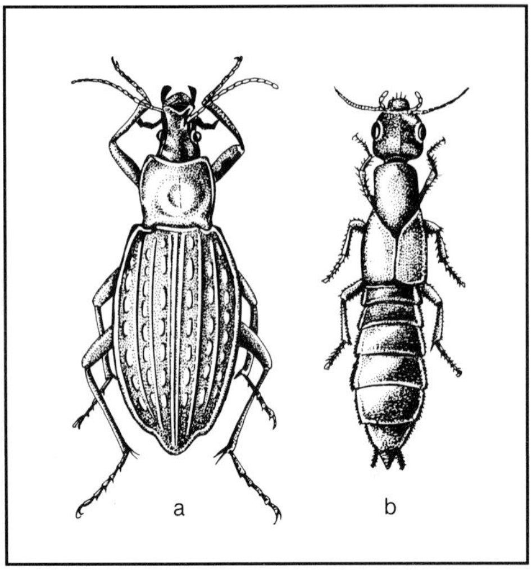

Abb. II, 5-17: Käfer: a) Laufkäfer, b) Kurzdeckflügelkäfer (aus *Eidmann/Kühlhorn* 1970, 573)

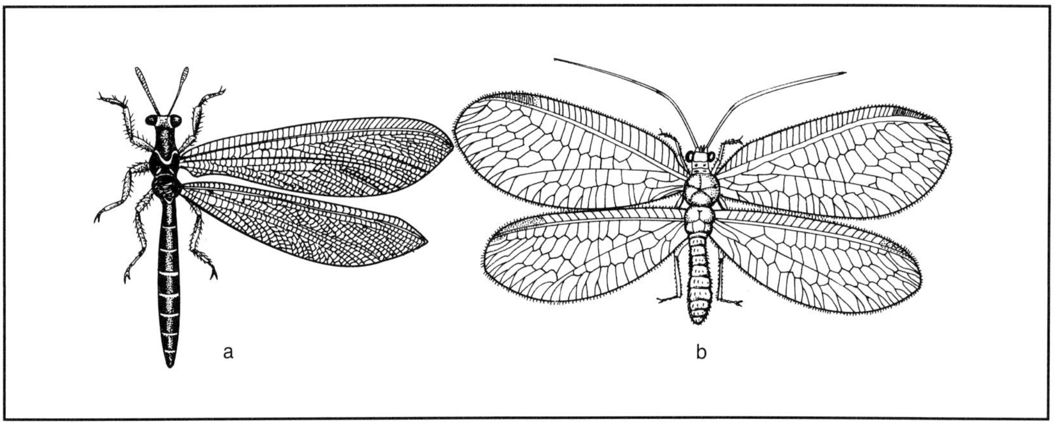

Abb. II, 5-18: Hafte: a) Ameisenjungfer, b) Florfliege (aus *Eidmann/Kühlhorn* 1970, 584)

Hafte (s. Abb. II, 5-18) werden (zusammen mit den *Schlammfliegen* und *Kamelhalsfliegen*) zur Überordnung der Netzflügler gezählt. Sie haben vier etwa gleichgroße, meist mit einer netzartigen Aderung versehene häutige Flügel. Ihre Mundwerkzeuge sind kauend.
Vertreter: Ameisenjungfern mit ihren Larven, den Ameisenlöwen; Goldaugen oder Florfliegen; Bachhafte; Schmetterlingshafte.

Schmetterlinge (s. Abb. II, 5-19) sind fast durchweg durch ihre breiten und mit Schuppen bedeckten vier Flügel von allen anderen Insekten gut zu unterscheiden. Ein unverkennbares Merkmal der meisten Schmetterlinge ist der aus den stark verlängerten Außenladen der Unterkiefer entstandene, in der Ruhe spiralig aufgerollte Saugrüssel.
Vertreter: Motten, z.B. Kleidermotte; Wickler, z.B. Eichenwickler; Spanner, z.B. Birkenspanner; Nachtpfauenauge; Glucken, z.B. Ringelspinner; Spinner, z.B. Maulbeerseidenspinner; Schwärmer, z.B. Weinschwärmer, Taubenschwänzchen; Eulen, z.B. Ordensbänder; Bärenspinner, z.B. Brauner Bär; Widderchen oder Blutströpfchen; Ritter, z.B. Schwalbenschwanz; Weißlinge; Bläulinge; Fleckenfalter, z.B. Tagpfauenauge, Kleiner Fuchs, Kaisermantel.

Abb. II, 5-19: Schmetterling (Familie Eulen) (aus *Eidmann/Kühlhorn* 1970, 589)

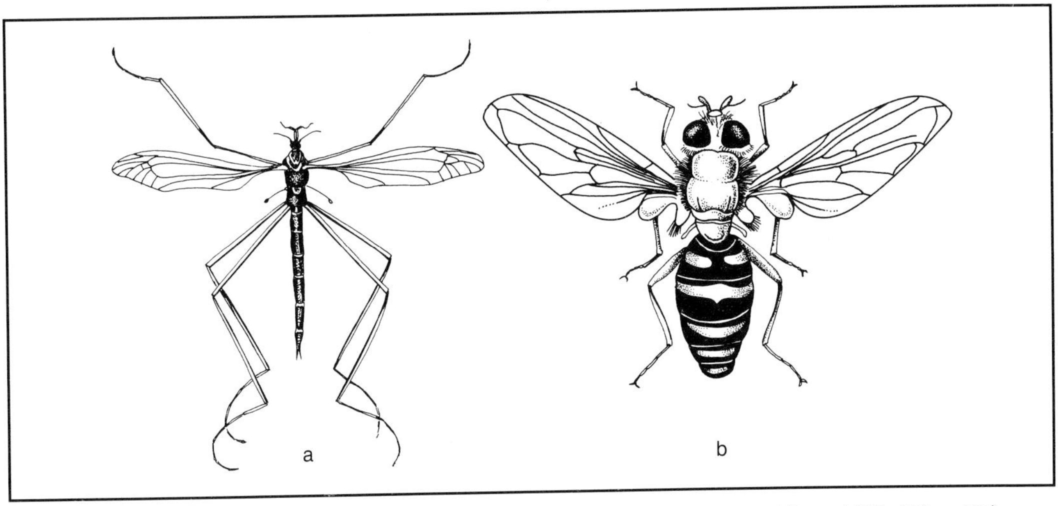

Abb. II, 5-20: Zweiflügler: a) Wiesenschnake, b) Schwebfliege (aus *Eidmann/Kühlhorn* 1970, 130 u. 601)

Bei den *Zweiflüglern* (s. Abb. II, 5-20) ist nur das vordere Flügelpaar als Flugwerkzeug ausgebildet, während das hintere Paar zu sogenannten Schwingkölbchen (Halteren) umgebildet ist. Die Vorderflügel sind von relativ wenigen Adern durchzogen. Die Mundwerkzeuge erscheinen im Vergleich zum kauenden Grundtyp als stark abgeleitet; sie sind stechend-saugend (vorwiegend bei Mücken) oder leckend-saugend (besonders bei Fliegen). Die Larven sind beinlos (Maden).
Vertreter: Stechmücken, z.B. Malariamücken der Gattung Anopheles; Büschelmücken (z.B. Gattung Corethra); Gallmücken, z.B. Buchengallmücke (Mikiola fagi); Zuckmücken (z.B. Gattung Chironomus); Wiesenschnaken; Tanzfliegen; Schwebfliegen; Bremsen; Raubfliegen; Wollschweber; Taufliegen (z.B. Gattung Drosophila); Echte Fliegen, z.B. Stubenfliegen, Wadenstecher, Tsetsefliegen; Lausfliegen; Schmeißfliegen; Raupenfliegen.

Flöhe (s. Abb. II, 5-21) sind kleine, flügellose und ektoparasitisch lebende Insekten mit vollständiger Verwandlung. Ihr Körper ist seitlich abgeflacht, die Hinterbeine sind als kräftige Sprungbeine entwickelt. Die stechend-saugenden Mundwerkzeuge dienen dem Saugen von Blut an Säugetieren oder Vögeln. Die Larven sind vorwiegend Abfallfresser.
Vertreter: Menschenfloh; Rattenfloh; Sandflöhe.

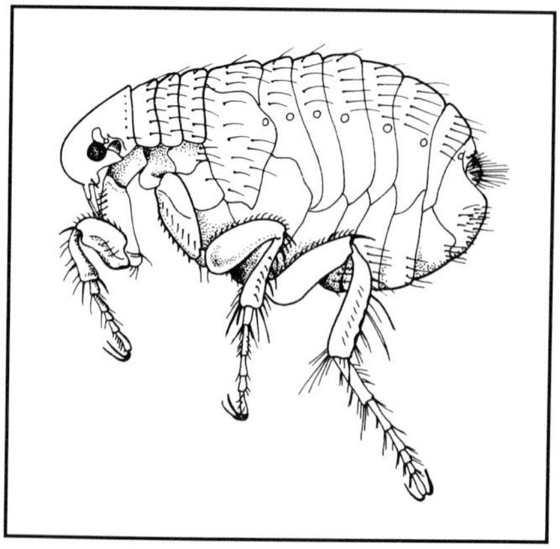

Abb. II, 5-21: Menschenfloh (aus *Eidmann/Kühlhorn* 1970, 606)

Hautflügler (s. Abb. II, 5-22) sind kleine bis mittelgroße Insekten mit vier durchsichtigen, wenigaderigen Flügeln, die auch rückgebildet sein können (z.B. bei Ameisen). Die Vorderflügel sind größer als die Hinterflügel. Die beiden Flügelpaare sind durch eine Reihe von Häkchen am Vorderrand der Hinterflügel, die in eine Falte am Hinterrand der Vorderflügel greifen, miteinander zu einer einheitlichen Flügelfläche verklammert. Der Kopf ist durch einen dünnen Halsteil mit dem Brustteil verbunden und dementsprechend gut beweglich. Außer den sehr leistungsfähigen Komplexaugen sind drei Punktaugen (Ocellen) ausgebildet. Die Mundwerkzeuge sind sehr unterschiedlich ausgeprägt; sie dienen zum Lecken, Saugen und Kauen. Die Vorderbeine tragen im allgemeinen Vorrichtungen zum Putzen der Antennen. Am Hinterleib der Weibchen ist ein Legeapparat oder ein Wehrstachel ausgebildet. Unter den Hautflüglern finden sich viele staatenbildende Arten.
Vertreter: Pflanzenwespen (Symphyta, z.B. Holzwespen, Halmwespen, Blattwespen); Taillenwespen (Apocrita, z.B. Schlupfwespen, Gallwespen, Erzwespen, Grabwespen, Wegwespen, Faltenwespen, Ameisen, Bienen).

Abb. II, 5-22: Hautflügler: a) Pflanzenwespe (Holzwespe), b) Schlupfwespe, c) Faltenwespe (Gattung Eumenes) (aus *Eidmann/Kühlhorn* 1970, 566)

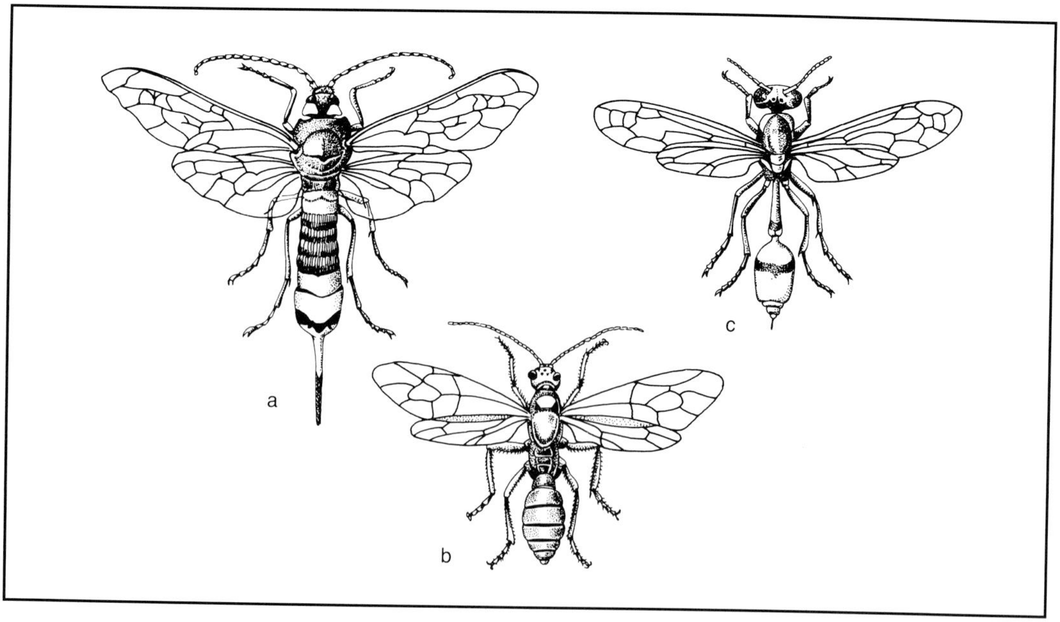

5.2 Vorschläge zur Unterrichtsgestaltung

5.2.1 Didaktische Überlegungen

Die Zielsetzungen dieser Unterrichtseinheit stimmen in formaler Hinsicht mit denen der Unterrichtseinheiten „Klassen der Wirbeltiere“ und „Ordnungen der Säugetiere“ für die Klassenstufe 5/6 überein. Hier wie dort geht es darum, den Schülern die Prinzipien des Klassifizierens von Tieren zu vermitteln. Nach aller Erfahrung genügt es aber nicht, wenn die Schüler einmal im Verlauf ihrer Schulzeit mit den Verfahren des Ordnens und Einordnens von Organismen in systematische Gruppen zu tun haben; Wiederholungen sind dringend erwünscht. Dabei erweist es sich als günstig, wenn die Objekte, an denen diese Verfahren geübt werden, wechseln.
Neben den Wirbeltieren eignen sich die Gliederfüßer für dieses Vorhaben besonders gut. Vertreter der vier wichtigsten Klassen kommen überall in der Umgebung der Schüler vor; Schüler der Klassen 7 und 8 kennen bereits viele Gliederfüßer-Arten; im vorangegangenen Unterricht zum Thema „Vielfalt bei Wirbellosen“ (s. Band 1, Abschnitt I, 4) spielten die Arthropoden eine beachtliche Rolle. Besonders günstig ist die Klasse der Insekten: Die Schüler können die ihnen bekannten Insektenformen ohne große Schwierigkeiten von den Angehörigen anderer Klassen oder Stämme unterscheiden; wenn man sich auf die wichtigsten Ordnungen beschränkt, fällt es den Schülern auch nicht schwer, innerhalb der Insektenklasse Gruppen zu bilden.
Das Schwergewicht der hier vorgeschlagenen Unterrichtseinheit liegt auf dem Thema „Ordnungen der Insekten“. Da aber in früheren Unterrichtseinheiten (s. Band 1, Abschnitt I, 4.3 bis I, 4.5) neben einigen Insektentypen auch andere Gliederfüßer (Spinnen, Tausendfüßer) behandelt worden sind, liegt es nahe, auch die Einordnung der Insekten in den Stamm der Arthropoden anzusprechen. Der Vergleich von Insekten mit verschiedenen Nicht-Insekten macht die Gemeinsamkeiten aller Insekten deutlich und erweist sich damit als sinnvoller Weg zur Gewinnung des Begriffs „Insekt“.
Beim Klassifizieren verschiedener Gliederfüßer gewinnen die Schüler eine Menge an Kenntnissen über eine Tiergruppe, die aufgrund ihres Arten- und Individuenreichtums und aufgrund ihrer besonderen Eigenschaften eine wichtige Rolle in den unterschiedlichsten Ökosystemen und damit auch für den Menschen spielt (vgl. *Eschenhagen* 1979). Besonders die Beschäftigung mit der Vielfalt der Insektenformen mag den einen oder anderen Schüler dazu motivieren, sich über den Biologieunterricht hinaus mit dieser Tiergruppe näher zu befassen.
Die Unterrichtseinheit könnte ebenso gut mit den Ordnungen der Insekten wie mit den Klassen der Gliederfüßer begonnen werden. Wenn hier vorgeschlagen wird, zuerst das zweitgenannte Unterthema zu behandeln, so ergibt sich das aus dem vorangegangenen Unterricht. Ein Bedürfnis der Schüler, mehr über die Unterscheidungsmerkmale der angesprochenen Tiergruppen und über systematische Zusammenhänge zu erfahren, dürfte vor allem in der Unterrichtseinheit „Würmer – und solche, die nur so heißen“ entstanden sein. In dieser Unterrichtseinheit kamen bereits Vertreter der Tausendfüßer und der Insekten vor. Die dort vorgenommene Zuordnung der Tierarten zu Gruppen (s. Band 1, Tab. I, 4-7) fordert zu einem vollständigen Überblick über den Stamm der Gliederfüßer und zu einer exakten Kennzeichnung der einzelnen Klassen heraus. Aus diesem Grunde wird im folgenden auch empfohlen, im Unterrichtsprozeß unmittelbar an die obengenannte Unterrichtseinheit anzuknüpfen.
Auch im Hinblick auf das zweite Unterthema („Ordnungen der Insekten“) ist schon im vorangegangenen Unterricht eine gewisse Vorarbeit geleistet worden. In der Unterrichtseinheit „Insekten an blühenden Pflanzen“ (s. Band 1, Abschnitt I, 4.3) spielten bereits die Namen einiger Insektenordnungen eine Rolle (Käfer, Wanzen, Schmetterlinge); daneben wurden aber auch Bezeichnungen für untergeordnete Taxa verwendet (z.B. „Bienen“ als Gruppe der Ordnung „Hautflügler“, „Fliegen“ als Gruppe der Ordnung „Zweiflügler“). Auch hier hat der Unterricht die Funktion der Ergänzung und der Verallgemeinerung. Er bietet damit gute Möglichkeiten für eine „immanente“ Wiederholung.

II Ordnen nach systematischen Gesichtspunkten

Die weitere Untergliederung von Insektenordnungen sollte – wenn überhaupt – nur exemplarisch behandelt werden. Als Beispiel bietet sich die Ordnung der Käfer an, weil den Schülern bereits die Namen einiger Käferfamilien geläufig sind und sie auch etliche Vertreter dieser Familien kennen, z.B. Schwimmkäfer, Marienkäfer, Maikäfer. Der Unterricht könnte den Schülern einerseits weitere Käferfamilien nahebringen, beispielsweise die Laufkäfer, die den meisten Kindern bis dahin unbekannt sein dürften (vgl. *Eschenhagen* 1982). Zum anderen läßt sich am Beispiel der Käfer die im allgemeinen schwer zugängliche Kategorie „Gattung“ veranschaulichen. Hierzu eignet sich die Familie der Blatthornkäfer, zu der einige gut unterscheidbare Gattungen gehören, die ihrerseits zum Teil mehr als eine einheimische Art umfassen (vor allem Mistkäfer Geotrupes und Maikäfer Melolontha).

Unterrichtsziele:

Die Schüler sollen
- die systematischen Kategorien Stamm, Klasse, Ordnung, Familie, Gattung, Art in der richtigen Reihenfolge aufzählen können;
- mindestens zwei Merkmale nennen können, durch die sich die Angehörigen des Stammes der Gliederfüßer von den Angehörigen anderer Stämme unterscheiden (festes Außenskelett, gegliederte Extremitäten);
- vier Klassen der Gliederfüßer nennen können;
- Unterscheidungsmerkmale der Gliederfüßerklassen darstellen können;
- einige Vertreter der einzelnen Klassen aufzählen können;
- bekannte Gliederfüßer den betreffenden Klassen zuordnen können;
- wissen, daß man die Klasse der Insekten in zwei Hauptgruppen einteilt: flügellose Insekten (Ur-Insekten), geflügelte Insekten;
- mindestens ein Beispiel für die Gruppe der Ur-Insekten nennen können, z.B. Springschwänze, Silberfischchen;
- mindestens acht Ordnungen der Pterygota aufzählen können;
- Vertreter der behandelten Insektenordnungen richtig zuordnen und die jeweilige Zuordnung durch Hinweise auf typische Merkmale begründen können;
- am Beispiel einer Insektenordnung, etwa der Käfer, die Aufgliederung in Familien aufzeigen und einige Familien dieser Ordnung nennen können.

5.2.2 Unterrichtsprozeß

Zu Beginn des Unterrichts erinnert der Lehrer die Schüler an die Behandlung des Themas „Vielfalt bei Wirbellosen“ und legt eine Liste aller damals angesprochenen Gliederfüßer vor, in der die Tiernamen in beliebiger Abfolge aufgeführt sind. Je nach dem Leistungsstand der Klasse verläuft die nächste Unterrichtsphase in einer der folgenden Weisen:

- Die Schüler werden aufgefordert, die aufgezählten Tiere nach systematischen Gesichtspunkten zu ordnen; zur Erleichterung dieser Aufgabe wird vorgegeben, daß sich *drei* Gruppen (Klassen) unterscheiden lassen.
- Der Lehrer teilt mit, daß alle aufgezählten Tiere zu einem Stamm des Tierreichs gehören und daß man innerhalb dieses Stammes vier Klassen, nämlich Spinnentiere, Krebstiere, Tausendfüßer und Insekten, unterscheidet. Die Schüler erhalten den Auftrag, jedes Tier einer dieser Klassen zuzuordnen.

In beiden Fällen könnte der Lehrer gleich eine zweite Aufgabe stellen: Nennt Merkmale, aufgrund derer Ihr die Gruppen gebildet bzw. die Tiere den Klassen zugeordnet habt. Diese Aufgabenstellung würde eine Partner- oder Kleingruppenarbeit rechtfertigen, während die Klassifizierungs- bzw. Zuordnungsaufgabe allein am besten in Einzelarbeit ausgeführt wird.

Sollte der Lehrende bei der zweiten Aufgabe Schwierigkeiten erwarten, könnte er den Schülern eine Reihe von Hilfen anbieten: Nachschlagen im Schulbuch oder in anderen Büchern, die im Arbeitsraum stehen, ist erlaubt; es dürfen Objekte aus der Sammlung benutzt werden; Bildmaterial steht zur Verfügung. Aus der Klassensituation wird sich ergeben, ob der Lehrer eine bestimmte Form der Ergebnisfixierung vorgibt, z.B. eine Tabelle der folgenden Art:

Ordnen von ....

Bezeichnung der Klasse				
Beispiele				
Merkmale der Klasse				

In dieser Tabelle sollten von vornherein Spalten für v i e r Klassen vorgesehen werden; für das Nachtragen weiterer Beispiele ist genügend Platz einzuplanen.
Nach Abschluß der Einzel- bzw. Partnerarbeit werden die Resultate – am besten anhand einer Folie, die ein Schüler bzw. eine Schülergruppe während der Stillarbeit angefertigt hat – verglichen. Wurde die oben an zweiter Stelle genannte Möglichkeit gewählt, so stellt sich jetzt heraus, daß für die eine Klasse (die Krebstiere) überhaupt keine Beispiele vorgekommen sind. Die Schüler nennen aus ihrer Erinnerung einige Krebstiere. Im anderen Falle teilt der Lehrer nun der Klasse mit, daß es außer den drei gefundenen Klassen noch eine vierte Klasse gibt, die zu demselben Stamm gehört, nämlich die Krebstiere.
Wurden während der Stillarbeit bereits die Klassenmerkmale erarbeitet, wird nun überprüft, ob die Ergebnisse der Schüler(gruppen) richtig und hinreichend sind. Falls das noch nicht geschehen ist, sollte an dieser Stelle eine Tabelle (siehe oben) angelegt werden, in die die wichtigsten Kennzeichen der vier Klassen eingetragen werden können. Sehr günstig wäre es, wenn den Tabellenspalten Bauplanskizzen der betreffenden Klassen beigefügt werden könnten (s. Abb. II, 5-1; II, 5-4; II, 5-7). Auf jeden Fall sollte man bei der Erarbeitung der Unterscheidungsmerkmale alle geeigneten Medien (Präparate, Modelle, Folien, Dias, Wandbilder) heranziehen. Zur Behandlung des Insekten-Bauplans eignen sich auch lebende Organismen, am besten Schaben, die dem Grundtyp der Insekten sehr nahestehen (vgl. *Kükenthal/Renner* 1984; s. Hinweise zur Haltung im Abschnitt II, 5.3 „Medien"). Die Tiere präsentiert man den Schülern zuerst jeweils einzeln in Petrischalen, die mit einem Tesafilmstreifen zugeklebt sind. Die einzelnen Schüler bzw. Schülergruppen können dann selbst entscheiden, ob sie ihr Tier auch einmal aus dem Gefäß herausnehmen wollen.
Ein weiterer Unterrichtsschritt (oder eine Hausaufgabe) besteht darin, daß die Schüler(gruppen) möglichst viele weitere Beispiele für die vier Tierklassen suchen. Dabei sollten sie (wieder) Tierbücher, Lexika und die Sammlung benutzen dürfen. Die erarbeitete Tabelle könnte man im Großformat an der Wand des Arbeitsraums aufhängen.
Zur Festigung und Sicherung des Gelernten kann die Aufgabe dienen, solche Arten oder Artengruppen den betreffenden Klassen zuzuordnen, die vom jeweiligen Grundbauplan stark abweichen und dementsprechend von den Schülern nur selten als Beispiele herangezogen werden, z.B. Skorpione, Milben; Wasserflöhe, Hüpferlinge, Asseln, Seepocken; Entwicklungsstadien von Insekten mit vollständiger Verwandlung. Es wäre günstig, wenn man diese Beispiele in Form von Dias demonstrieren könnte. Dabei ergibt sich die Möglichkeit, darauf hinzuweisen, daß besonders bei festsitzenden und parasitisch lebenden Tieren wichtige Merkmale der jeweiligen systematischen Gruppe schwer zu erkennen sind und daß man in manchen Fällen die Individualentwicklung eines Tieres verfolgen muß, ehe man eine sichere Zuordnung treffen kann (z.B. Seepocken, Insektenlarven oder -puppen).

II Ordnen nach systematischen Gesichtspunkten

Abschließend sollte noch – wenn das nicht schon bei passender Gelegenheit vorher geschehen ist – eine Überschrift zu der angefertigten Tabelle bzw. für den bisherigen Teil der Unterrichtseinheit gefunden werden. Ob die Schüler den Namen des Stammes (Gliederfüßer) selbst herausbekommen oder ob der Lehrende ihn mitteilt, ist unwesentlich. Wichtig ist dagegen, daß die gemeinsamen Merkmale aller Gliederfüßer kurz angesprochen und fixiert werden. Man kann die Schüler am besten dadurch zu den erwünschten Ergebnissen führen, daß man den Gliederfüßern einen Vertreter eines anderen Tierstammes gegenüberstellt, z.B. den bereits früher behandelten Regenwurm. Die Schüler werden dann schnell neben den gegliederten Extremitäten, auf die schon der Name hinweist, die feste Außenhülle als wichtiges Merkmal nennen. Man könnte hier auf die Funktion der Kutikula als Außenskelett und das Phänomen der Häutungen eingehen.
Den Ausgangspunkt für den zweiten Teil der Unterrichtseinheit („Einige Ordnungen der Insekten") bildet eine nochmalige Betrachtung der im ersten Teil erstellten Tabelle. Der Lehrer weist darauf hin, daß in der Zeile „Beispiele" neben den Artnamen (z.B. Honigbiene, Mehlkäfer) auch Bezeichnungen mehr oder weniger großer Tiergruppen stehen (z.B. Bienen, Fliegen, Schmetterlinge). Da die meisten dieser Beispiele wahrscheinlich in der Spalte „Insekten" zu finden sind, liegt es nahe, sich auf diese Klasse zu konzentrieren. In einem ersten Ansatz versucht man, die als Beispiele aufgeführten Taxa in eine sinnvolle Rangordnung zu bringen (z.B.: Die Honigbiene gehört zur Gruppe der Bienen, diese gehören – zusammen mit den Wespen und anderen – zur Gruppe der Hautflügler, diese – zusammen mit Käfern, Schmetterlingen und anderen – zur Klasse der Insekten).
Durch diese Übung gewinnen die Schüler ein Gefühl für die hierarchische Struktur des Systems. Eventuell nennt ein Schüler – in Erinnerung an früheren Unterricht zu dieser Thematik – auch schon die Namen der Taxa. Sollte das nicht der Fall sein, führt der Lehrende diese Bezeichnungen ein, wobei er das Schwergewicht auf die großen Gruppen der Insekten, also die Ordnungen, legt. Am besten wird nun eine Tabelle angefertigt, in die die Taxa der verschiedenen Rangstufen eingetragen werden können (Tafel, Folie). Falls beabsichtigt ist, außer den Ordnungen auch noch Familien und Gattungen zu behandeln (siehe unten), sollte man von vornherein zwei Spalten vorsehen, die vorerst freibleiben:

Die systematische Gliederung der Klasse Insekten

Klasse	Ordnungen			Arten (Beispiele)
Insekten				

In die Tabelle werden zuerst nur diejenigen Ordnungen eingetragen, die bereits im ersten Teil der Unterrichtseinheit angesprochen worden sind. Dann sollen die Schüler (allein oder in Partnergruppen) weitere Bezeichnungen von Insektengruppen aufschreiben, die sie für Ordnungen halten. Als Hilfe könnte ein Hinweis des Lehrers auf die unterschiedlichen Lebensräume und Lebensweisen von Insekten dienen, z.B. auf stehende und fließende Gewässer, auf den Boden, auf das Leben als Parasiten und die Sprungfähigkeit mancher Insekten. Nach der Stillarbeitsphase werden die Ergebnisse besprochen. Neben Bezeichnungen von Ordnungen werden sicher auch untergeordnete Gruppen genannt worden sein. In Zweifelsfällen, die die Schüler nicht im Gespräch klären können, gibt der Lehrer die notwendigen Informationen. Hierbei bietet sich die Gelegenheit, darauf hinzuweisen, daß sich auch die Zoologen nicht immer über den Rang der einzelnen Gruppen im System einig sind. Die gefundenen Ordnungen werden nun in die Tabelle eingetragen; wichtige Ordnungen, die nicht genannt worden sind, ergänzt der Lehrer.
Im nächsten Unterrichtsabschnitt geht es darum, die einzelnen Ordnungen, die nicht schon früher charakterisiert worden sind, näher zu beschreiben. Hierfür bietet sich Partner- oder Kleingruppen-

arbeit an. Um zu vermeiden, daß ein Streit um „beliebte" Insektenordnungen entsteht, empfiehlt es sich, Zettel vorzubereiten, auf denen jeweils der Name einer Ordnung steht, und die Schülergruppen je einen oder zwei Zettel ziehen zu lassen. Eine vergleichende Betrachtung, die immer mehr erbringt als die Behandlung eines einzigen Objekts, läßt sich durch Zuweisung von je zwei Ordnungen pro Gruppe ermöglichen. Eine gewisse innere Differenzierung kann man dadurch erreichen, daß man weniger interessierten Gruppen nur eine noch wenig bekannte Ordnung und als Vergleichsgegenstand eine derjenigen Ordnungen zuweist, die bereits unter dem Thema „Blütenbesuchende Insekten" (s. Band 1, Abschnitt I, 4.3) behandelt worden sind.
Für die Partner- bzw. Gruppenarbeit werden den Schülern möglichst verschiedene Arbeitshilfen zur Verfügung gestellt, z.B. genadelte Insekten der zu bearbeitenden Ordnungen oder entsprechendes Alkoholmaterial, Lexika, Bildbände, Schulbücher verschiedener Art, Abbildungen. Wichtig ist, daß die Medien nicht nur jeweils eine Art der verschiedenen Ordnungen betreffen.
Die gestellte Aufgabe könnte aus zwei Teilen bestehen:

- Vergleicht Eure beiden Insektenordnungen miteinander. Schreibt alle Merkmale, die Euch auffallen, gut geordnet auf. Denkt daran, daß es außer den Euch vorliegenden Arten noch weitere Beispiele für diese Insektenordnungen gibt. Versucht, möglichst viele weitere Beispiele zu finden.
- Stellt nur die *wichtigsten* Kennzeichen Eurer Insektenordnungen in Stichworten zusammen. Ihr sollt nur so viele Merkmale aufführen, wie unbedingt nötig sind, um die betreffende Ordnung von anderen Ordnungen zu unterscheiden.

Wie üblich, bringt die Unterrichtsphase der Auswertung der Gruppen- oder Partnerarbeit die größten Schwierigkeiten mit sich. Es würde sicher sehr lange dauern und für die Schüler langweilig sein, würde man alle Schülergruppen der Reihe nach über ihre Arbeitsergebnisse berichten lassen. Etwas interessanter wäre es, wenn jede Gruppe noch während der Stillarbeit ihre wichtigsten Resultate auf eine Folie schreiben und bei der Nachbesprechung anhand dieser Folie erläutern würde. Bei diesem Vorgehen sollten auf jeden Fall zusätzlich Abbildungen von Vertretern der betreffenden Ordnung verwendet werden, entweder als Skizzen, die die Schüler neben den Text gezeichnet haben, oder als Dias, die zusammen mit den Folientexten projiziert werden.
Ein anderes Verfahren, das weniger Zeit in Anspruch nimmt, besteht darin, daß der Lehrer in beliebiger Reihenfolge Dias mit Vertretern der verschiedenen Insektenordnungen zeigt und jeweils diejenigen Schüler, die durch die Gruppenarbeit zu „Experten" geworden sind, die Kennzeichen der betreffenden Ordnung nennen.
Zur Festigung des Gelernten kann ein Ratespiel dienen, bei dem jeweils ein Schüler eine Insektenordnung charakterisiert, ohne Vertreter dieser Ordnung zu nennen, und die anderen Schüler die Aufgabe haben, solche Beispiele zu ergänzen.
Man könnte auch alle Kurzbeschreibungen der behandelten Ordnungen zu einem Informationsblatt zusammenstellen oder von besonders interessierten Schülern zusammenstellen lassen und vervielfältigen. Es ist allerdings fraglich, ob hierbei der Gewinn in einem angemessenen Verhältnis zum Aufwand an Zeit, Mühe und Kosten steht. Es würde genügen, wenn man Bilder und Kurztexte („Kennkarten") zu den Insektenordnungen auf ein großes Stück Pappe kleben und im Arbeitsraum ausstellen würde. Zumindest sollte eine Liste angefertigt werden, in der die Ordnungen, die in der Tabelle (s. oben) in einer zufallsbedingten Abfolge aufgereiht sind, in drei Gruppen (Ur-Insekten, Insekten mit unvollständiger Verwandlung, Insekten mit vollständiger Verwandlung) angeordnet sind.
In diesem Zusammenhang sollte man darauf hinweisen, daß die Klasse der Insekten in zwei deutlich voneinander unterschiedene Gruppen eingeteilt wird, und das wichtigste Unterscheidungsmerkmal (Fehlen bzw. Besitz von Flügeln) im Sinne der Sachinformation (s. Abschnitt II, 5.1) besprechen. Außerdem wird man auf den unterschiedlichen Entwicklungsmodus bei den Pterygota und die Flügellosigkeit bei einigen Ordnungen dieser Gruppe eingehen (s. Band 5).

5.3 Medien

5.3.1 Lebende Organismen

Zur Behandlung des Bauplans der Insekten eignen sich am besten Schaben, besonders die Riesenwaldschabe (Blaberus giganteus). Diese Art kann ebenso zur Haltung empfohlen werden wie die Stabheuschrecke (Carausius morosus).

Haltung von Riesenschaben (vgl. *Wyniger* 1974; *Teschner* 1979)

Einen Zuchtansatz erhält man in zoologischen Universitätsinstituten. Als Zuchtgefäß eignen sich Glas- oder Plastikbehälter von etwa 40 cm Höhe und einer Grundfläche ab etwa 40 × 40 cm. Der dichtschließende Deckel sollte großenteils aus Gaze bestehen. Gut geeignet sind auch die handelsüblichen „Raupenaufzuchtkästen“ mit einer seitlich angebrachten Tür. Den Boden des Behälters bedeckt man mit einer etwa 3 cm hohen Schicht aus Torfmull und Hobelspänen. Als Unterschlupf für die Tiere dienen Eierbehälter aus Pappe oder – noch besser – ein „Schabenhaus“, das aus mehreren Etagen besteht (s. Abb. II, 5-23). Die Temperatur im Zuchtgefäß sollte 25–30° betragen. Das Futter (Brot, Hundekuchen, Haferflocken, Mohrrüben-, Apfel- und Kartoffelscheiben) wird am besten in einer Petrischale angeboten, die auf der Bodenschicht steht. Eine Tränke wird auf das Dach des Schabenhauses gestellt (s. Abb. II, 5-23).

Haltung von Stabheuschrecken (vgl. *Bäßler* 1965; *Wyniger* 1974)

Stabheuschrecken kann man von oder über Zoo-Handlungen beziehen. Zur Haltung eignen sich die oben beschriebenen Behälter. Die optimale Temperatur beträgt 26°; die relative Luftfeuchte sollte bei etwa 60% liegen. Als Futter eignen sich Blätter von Ampelpflanzen (Tradescantien), Efeu, Heckenrose, Brombeere oder Linde. Man stellt die abgeschnittenen Sprosse der Futterpflanzen in ein enghalsiges Gefäß mit Wasser oder bringt kleine Blumentöpfe mit Tradescantien- oder Efeupflanzen in den Zuchtbehälter ein. Es wird empfohlen, den Tieren mittels einer „Dochttränke“ Wasser anzubieten (s. Abb. II, 5-24).

Erwachsene Tiere legen ihre hartschaligen, braunen Eier am Boden zwischen dem Kot ab. Man sollte die Eier ab und zu aus dem Kot aussieben und in Einmachgläsern o.ä. gesondert aufbewahren (relative Luftfeuchte 60–70%). Etwa 90 Tage nach der Eiablage schlüpfen die Junglarven; bei guter Pflege sind sie nach etwa 6 Monaten geschlechtsreif.

Abb. II, 5-23: Unterschlupf und Tränke für die Haltung von Schaben

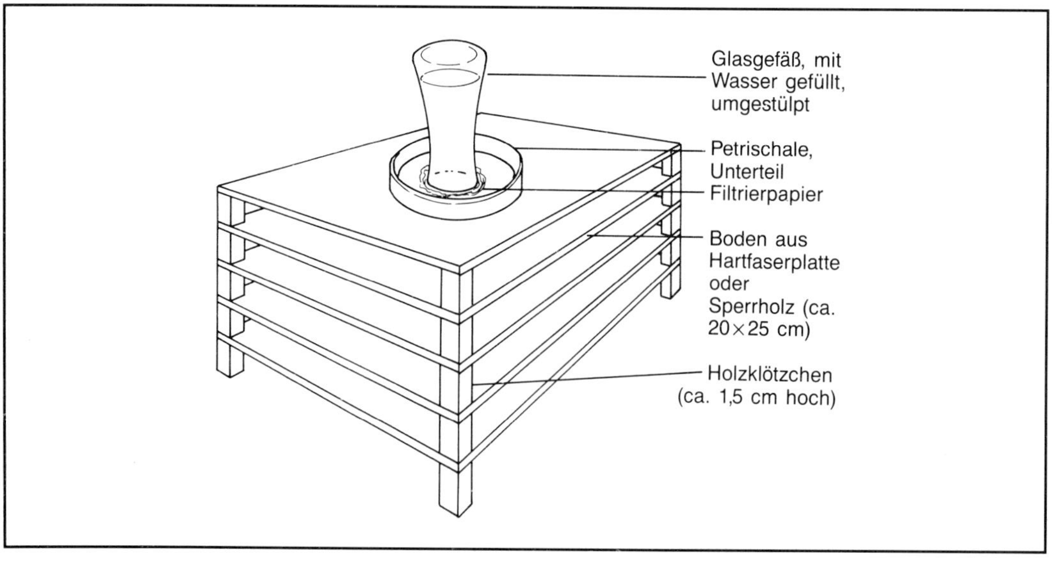

Abb. II, 5-24: Verschiedene Dochttränken für die Haltung von Stabheuschrecken (aus *Wyniger* 1974, 49)

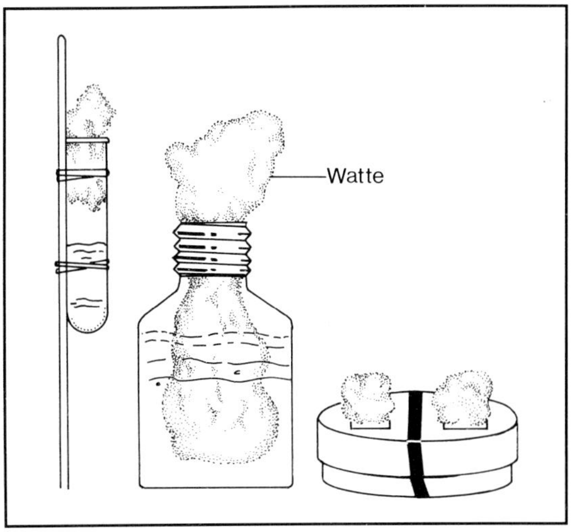

5.3.2 Präparate

Trockenpräparate von Gliederfüßern verschiedener Klassen, z.B. Krebspanzer, genadelte Insekten; Alkoholpräparate von Spinnen und Insekten.

5.3.3 Diapositive

FWU:
Spinnentiere verschiedener Ordnungen 10 0636; Spinnentiere. Echte Spinnen 10 0635; Der Flußkrebs 10 2528; Einheimische Libellen 10 0648; Heuschrecken und verwandte Arten 10 0695; Einheimische Käfer 10 0525; Fliegen und Mücken 10 0558;
V-Dia:
Bildersammlung Spinnentiere und Krebstiere DS 229222 – 229223 und 229228, 229236; Bildersammlung Insekten DS 229201 – 229217; Geradflügler (Heuschrecken, Grillen, Ohrwürmer u.a.) D 22141; Tagfalter D 22068; Wespen und Hummeln D 22047;
Lieder:
Gliederfüßler R 3265; Krebstiere R 3209; Spinnentiere und Tausendfüßler R 3212.

5.3.4 Arbeitstransparente

Hagemann:
Mappe Aus der Welt der Tiere 2 (darin: Gartenkreuzspinne) 174369; Mappe Insekten (darin: u.a. Honigbiene, Kohlweißling) 171850;
Jünger:
Bauplan eines Krebses 7413; Bauplan einer Spinne 7412; Bauplan eines Insekts 7411.

5.3.5 Wandtafeln s. Abschnitt II, 7.7.7.

Literatur

Bäßler 1965; *Eidmann/Kühlhorn* 1970; *Eschenhagen* 1979; 1982; *Grzimek* 1979; *Hadorn/Wehner* 1978; *Hesse, G.*, 1983; *Hoebel-Mävers* 1970; *Kaestner* 1973 ff.; *Kükenthal/Renner* 1984; *Remane/Storch/Welsch* 1985; *Schmidt, E.*, 1971; *Teschner* 1979; *Weber, R.*, 1967; *Weber/Weidner* 1974; *Windelband* 1967; *Wurmbach* 1968; *Wyniger* 1974

6 Abteilungen der Pflanzen

6.1 Sachanalyse

6.1.1 Zum Begriff

Bis heute sind mehr als 400 000 Pflanzenarten beschrieben worden. Bei der großen Anzahl jährlich neu beschriebener Arten kann man davon ausgehen, daß derzeit weit mehr als eine halbe Million Pflanzenarten auf der Erde leben. Trotz dieser riesigen Vielfalt fällt es nicht schwer, alle Pflanzen bestimmten großen Gruppen zuzuordnen.

Im *Linné*'schen System der Pflanzen werden nur zwei große Abteilungen unterschieden, die Blütenpflanzen (Phanerogamae) und die blütenlosen Pflanzen (Cryptogamae). Schon in den Botaniklehrbüchern des vergangenen Jahrhunderts findet man eine Einteilung der Pflanzen in fünf oder – wenn die Bakterien hinzugenommen werden – sechs große Gruppen: Algen, Pilze, Moose, Farne und Samenpflanzen. Diese „Pflanzenabteilungen" liegen heute noch den meisten Systemen zugrunde, die in Schulbüchern vorgestellt werden (vgl. zum Beispiel *Knodel/Bayrhuber* 1983; s. Abb. II, 6-1). Schaut man dagegen in ein modernes Hochschullehrbuch, so wird der Begriff „Abteilung" wesentlich enger gefaßt. In der 32. Auflage des *Strasburger* unterscheidet *Bresinsky* (1983) z.B. allein sieben verschiedene Abteilungen der Algen, drei der Schleimpilze und zwei der Echten Pilze.

Auf die Sonderstellung der chlorophyllosen Pilze wurde immer wieder aufmerksam gemacht. Vermutlich handelt es sich um mehrere unabhängige Verwandtschaftgsgruppen (vgl. z.B. *Dörfelt* 1989). Neue Vorschläge zur Ausgliederung aus dem Pflanzenreich finden immer breitere Akezptanz (vgl. *Margulis/Schwartz* 1989; *Kremer* 1989; s. Abb. II, 8-1).

Auch innerhalb der Gefäßpflanzen gibt es eine Tendenz zu einer starken Aufspaltung in viele verschiedene Abteilungen. So werden von vielen Botanikern Bärlappe, Schachtelhalme und Echte Farne in den Rang von Abteilungen erhoben. In einem 1966 von *Cronquist, Takhtajan* und *Zimmermann* vorgeschlagenen System der Embryobionta (Cormophyta oder Sproßpflanzen) werden acht Abteilungen unterschieden. Andererseits gibt es auch Versuche, die sicherlich als einheitliche Verwandtschaftsgruppe zu bewertenden Pflanzen mit der biochemischen Zellausstattung der Grünen Algen zu einer großen Abteilung zusammenzufassen, die die Grünen Algen, die Moose, die Farnpflanzen und die Samenpflanzen enthält (vgl. *Bremer/Wanntorp* 1981).

Dem Konzept der Abteilung oder des Stammes liegt ursprünglich der gemeinsame Bauplan einer großen Anzahl von Lebewesen zugrunde. Seit *Darwin* weiß man, daß dieser übereinstimmende Bauplan als Ausdruck einer gemeinsamen Abstammung zu deuten ist. Abteilungen von Pflanzen sind also große Verwandtschaftsgruppen, von denen man annimmt, daß sie auf eine gemeinsame Ursprungsart zurückzuführen sind. Dies scheint zunächst ein sehr einfaches Konzept zu sein, das eine klare systematische Gliederung erlaubt. In Wirklichkeit liegen die Dinge jedoch wesentlich komplizierter. Dies zeigt sich schon, wenn man die Gruppe der Moose, Farnpflanzen und Samenpflanzen betrachtet. Insgesamt handelt es sich bei dieser Gruppe grüner Landpflanzen sicherlich um eine Verwandtschaftsgruppe. Wie jedoch die Verwandtschaftsverhältnisse innerhalb der genannten Gruppen tatsächlich aussehen, ist bis heute nicht gesichert. Stammen zum Beispiel die Moose direkt von Algenvorfahren ab, und haben sie sich parallel zu den übrigen Gefäßpflanzen entwickelt? Oder gehen sie auf erste gemeinsame Landpflanzenvorfahren zurück, aus denen sich auch die Ur-Farne, die Farne und die Samenpflanzen herleiten lassen? Sind beispielsweise die Hornmoose eine unabhängige, parallel zu den anderen Moosen entstandene Gruppe, oder bestehen tatsächlich engere Verwandtschaftsbeziehungen als zu den anderen Gefäßpflanzen? Haben sich die Samenpflanzen aus farnartigen Vorfahren entwickelt, oder sind sie parallel entstanden (was heute als wahrscheinlicher gilt)?

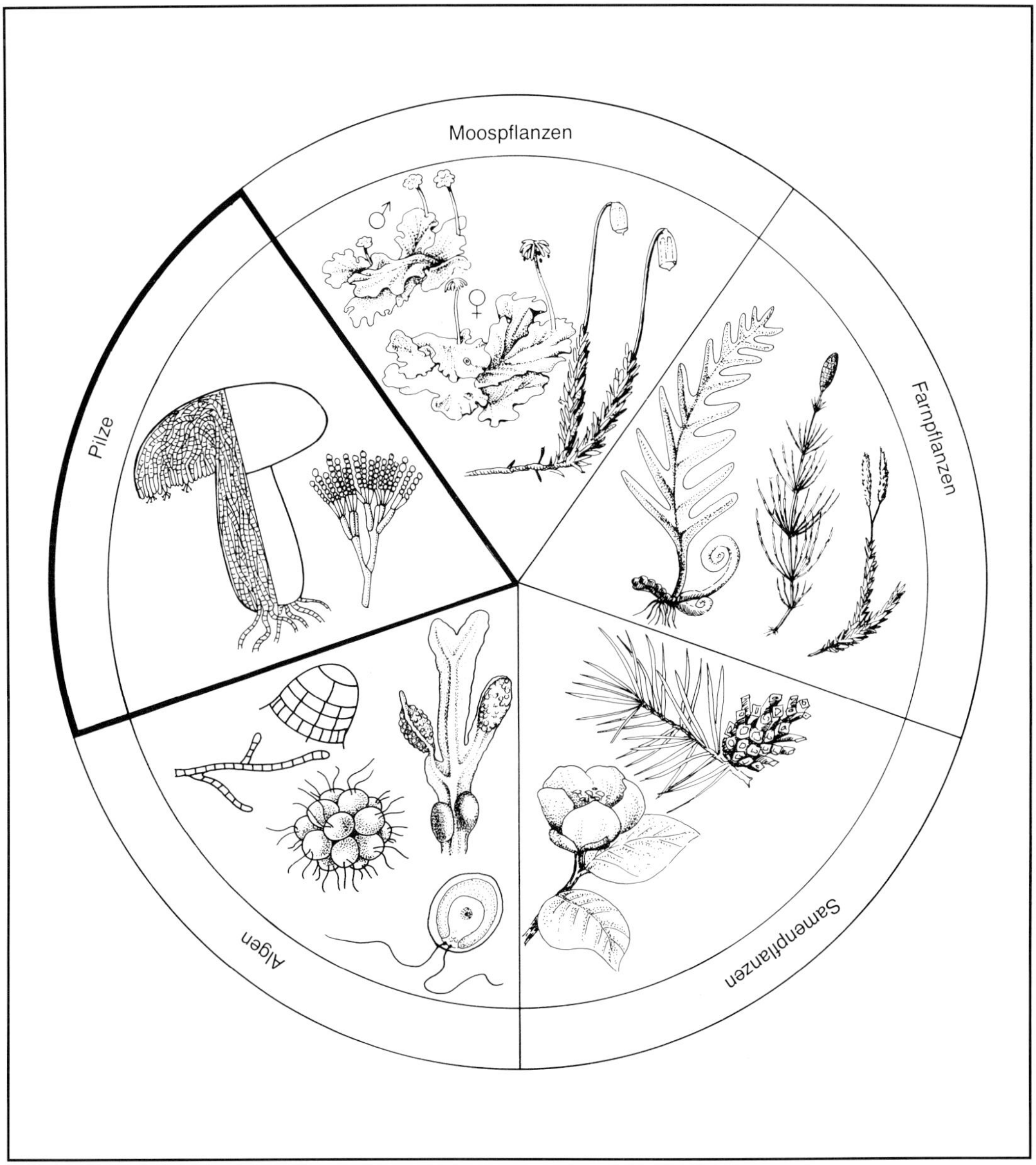

Abb. II, 6-1: Die klassischen Pflanzenabteilungen und die Pilze (Übersicht)

Mit der Aufstellung von Abteilungen versucht man, diese Fragen in dem einen oder anderen Sinne zu beantworten. Da durch neue Fossilfunde, aber auch durch neue Methoden der Datengewinnung an rezenten Pflanzen immer wieder neue Erkenntnisse möglich werden, gibt es auch immer wieder neue Einteilungsversuche. Bei den Niederen Pflanzen, den Algen, wird dies noch deutlicher als bei den Gefäßpflanzen.
Im folgenden werden die vier klassischen Pflanzenabteilungen und die Pilze kurz beschrieben. Eine Übersicht über die moderne systematische Gliederung gibt Tabelle II, 8-1.

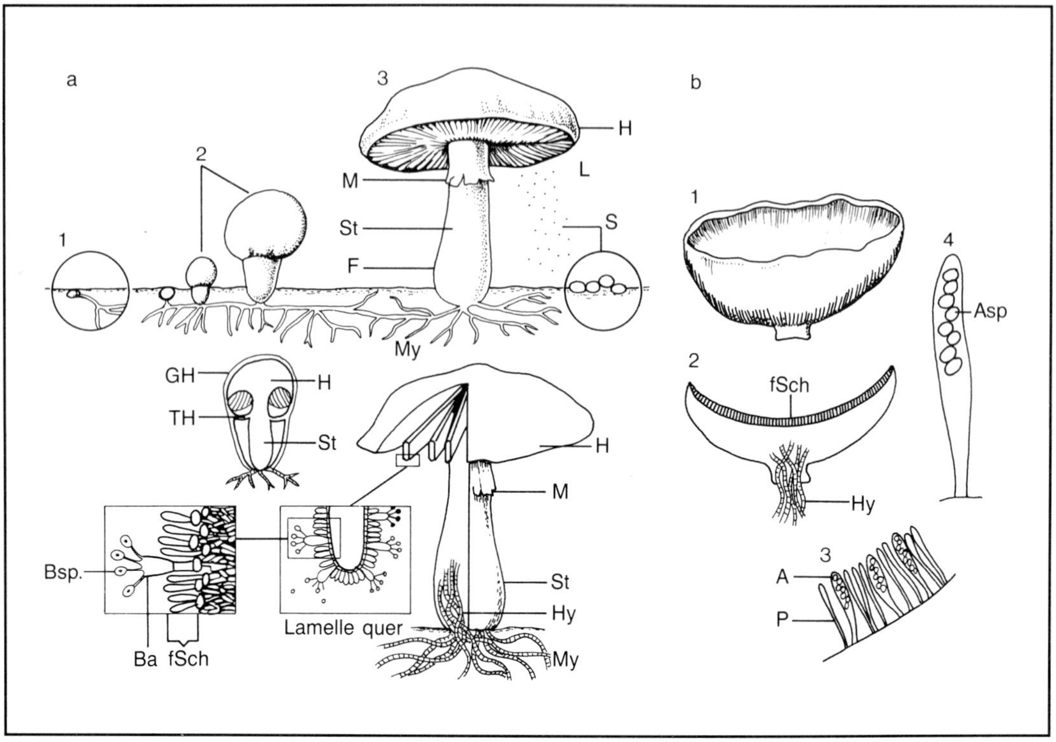

Abb. II, 6-2: Lebenszyklus und mikroskopischer Aufbau von a) Ständerpilz und b) Schlauchpilz (nach *Gerhardt/Brogmus* 1984, 321). Zu a) 1 keimende Spore; 2 Jungpilze; 3 ausgewachsener Pilzfruchtkörper; M Manschette, Ring; St Stiel; F Fuß; H Hut; L Lamellen, Blätter; S Sporen; My Myzel; Hy Hyphe, einzelner Myzelfaden; GH Gesamthülle, die den ganzen jungen Fruchtkörper einhüllt; TH Teilhülle, die nur die Lamellen einhüllt; Ba Basidie, Ständer; Bsp Basidiosporen; fSch fertile Schicht, die Basidien enthaltend. Zu b) 1 Becherling (Habitus); 2 Becherling, längs geschnitten; 3 fertile Schicht vergrößert; 4 Ascus (Schlauch) mit 8 Ascosporen; A Ascus; Asp Ascosporen; fSch fertile Schicht; P Paraphyse, sterile Elemente zwischen den Asci; Hy Hyphe

6.1.2 Pilze (Mycophyta)

Kurzbeschreibung: Pilze sind einzellig oder vielzellig, nie in Sproßachsen, Blätter und Wurzeln gegliedert, und bilden keine echten Gewebe. Bei den „Echten Pilzen" sind Zellfäden (Hyphen) die vorherrschende Organisationsform. Die „Höheren Pilze" bilden reich verzweigte Mycelien, die sich vor allem bei der Fruchtkörperbildung zu dichten „Flechtgeweben" (Plectenchym) zusammenlagern können (s. Abb. II, 6-2). Sie haben keine begeißelten Stadien und keine freien Keimzellen. Die Zellen können je nach Entwicklungsstadium ein- oder zweikernig sein. Die Niederen Pilze (Algenpilze, Phycomycetes) haben begeißelte Stadien. Für die Schleimpilze sind Zellaggregationen charakteristisch, bei denen es auch zur Wandauflösung der Einzelzellen kommen kann (Plasmodienbildung; s. Abb. II, 6-3).
Die Pilze ernähren sich heterotroph, ihre Zellen enthalten weder Plastiden noch Fotosynthesepigmente. Sie leben als Saprophyten von totem organischen Material, als Parasiten oder als Symbionten (z.B. mit Algen oder Cyanobakterien als Flechten; s. Band 8).
Die Pilze werden heute als getrennte Gruppe den Pflanzen und Tieren gegenübergestellt.
Pilze leben vor allem auf dem Lande und im Süßwasser, seltener auch im Meer.

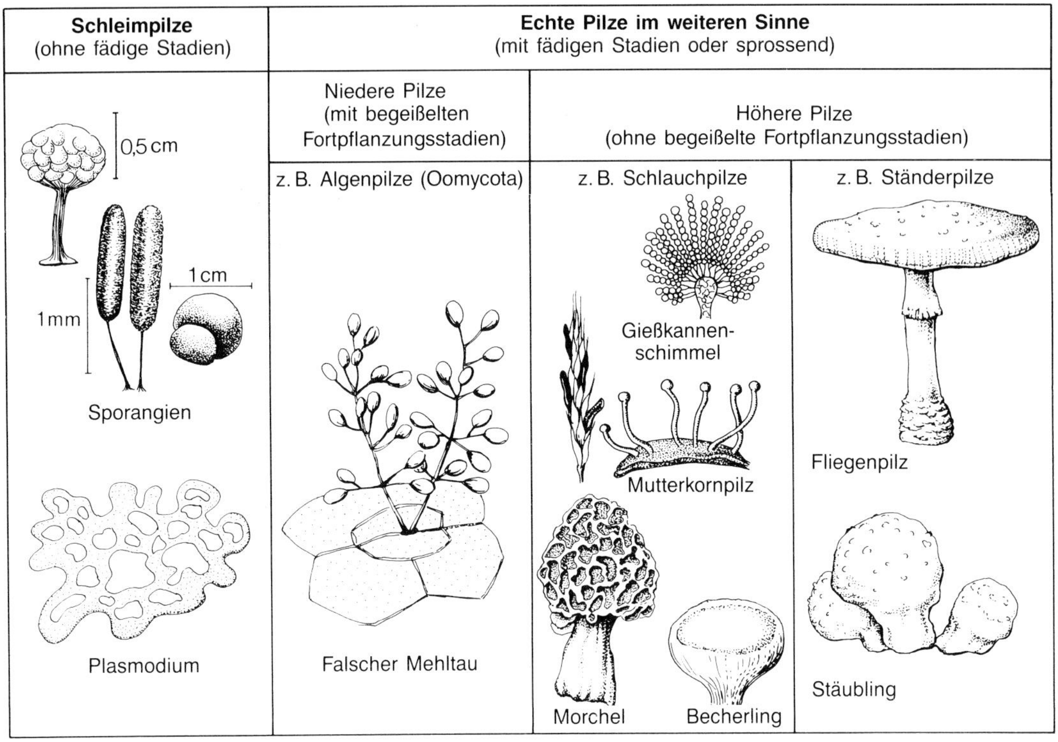

Abb. II, 6-3: Überblick über die wichtigsten Verwandtschaftsgruppen der Pilze

6.1.3 Algen (Phycophyta)

Unter diesem Organisationstyp werden nur die „Algen“ zusammengefaßt, deren Zellen mit Kern und Zellorganellen ausgestattet sind, nicht die prokaryotischen „Blaualgen“ (Cyanobacteria; s. Band 3).

Kurzbeschreibung: Algen sind einzellige oder vielzellige Pflanzen, deren Lager fädig, flächig oder räumlich entwickelt sein kann, jedoch nie in Sproßachsen, Blätter und Wurzeln gegliedert ist. Sie enthalten Chloroplasten mit verschiedenen Chlorophyllen, Carotinoiden und – teilweise – Phycobilinen, mit deren Hilfe die Lichtenergie zur Fotosynthese von Kohlenstoffverbindungen genutzt werden kann (s. Abb. II, 6-4).

Sporen und Gameten sind nicht in Behältern mit sterilen Wandzellen eingeschlossen. Die Zygoten entwickeln sich niemals innerhalb von weiblichen Sexualorganen zu vielzelligen Embryonen. Häufig wechseln verschiedene Generationen miteinander ab, die sich auch morphologisch stark unterscheiden können.

Die meisten Algenarten leben im Süß- oder Salzwasser. Es gibt nur wenige „Luft- und Bodenalgen“.

Die Algen werden heute in mehrere Abteilungen aufgeteilt (s. Kap. II, 8).

6.1.4 Moose (Bryophyta)

Meist werden die Moose in die Klassen Hornmoose, Lebermoose und Laubmoose untergliedert (s. Abb. II, 6-5). Es gibt den Vorschlag, die Hornmoose (Anthocerotales) als eigene Abteilung zu werten.

Kurzbeschreibung: Moose sind photoautotrophe Landpflanzen mit Chlorophyll A und B, Carotinoiden, Zellulosewänden und Stärkespeicherung. Lignin fehlt. Sie haben einen Generationswech-

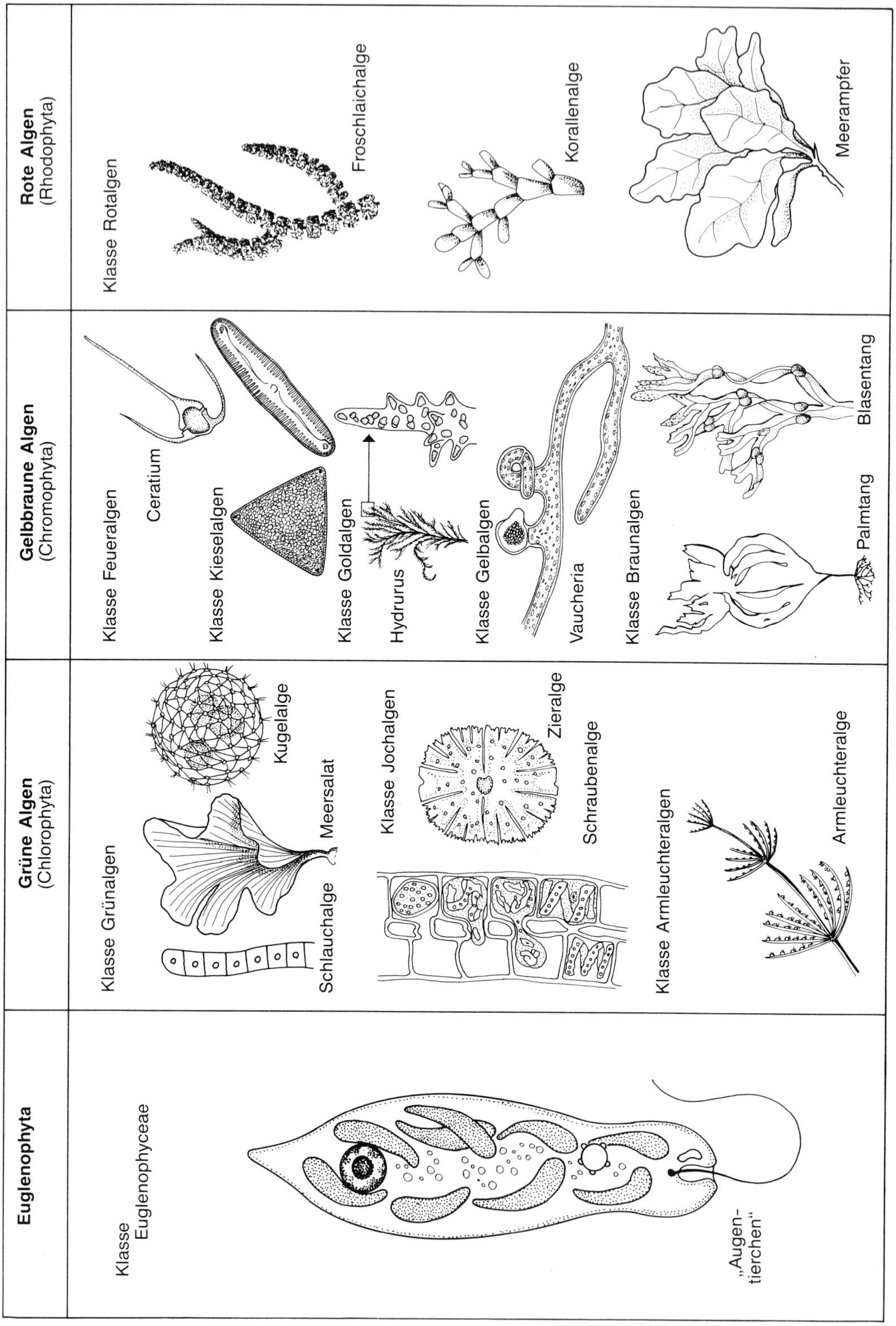

Abb. II, 6-4: Überblick über die wichtigsten Verwandtschaftsgruppen bei Algen (die Beispiele sind in ganz unterschiedlichem Maßstab gezeichnet)

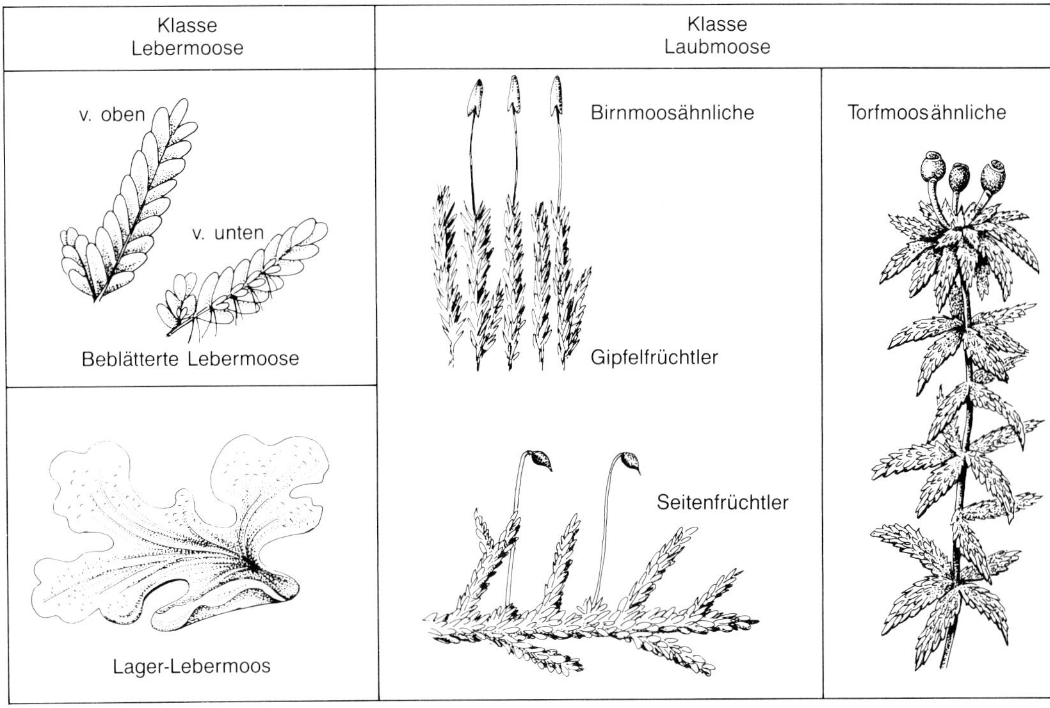

Abb. II, 6-5: Überblick über die wichtigsten Verwandtschaftsgruppen der Moose

Abb. II, 6-6: Lebenszyklus (Generationswechsel) eines Mooses (Sternmoos, Mnium punctatum) (nach *Haller/ Probst* 1983, 73)

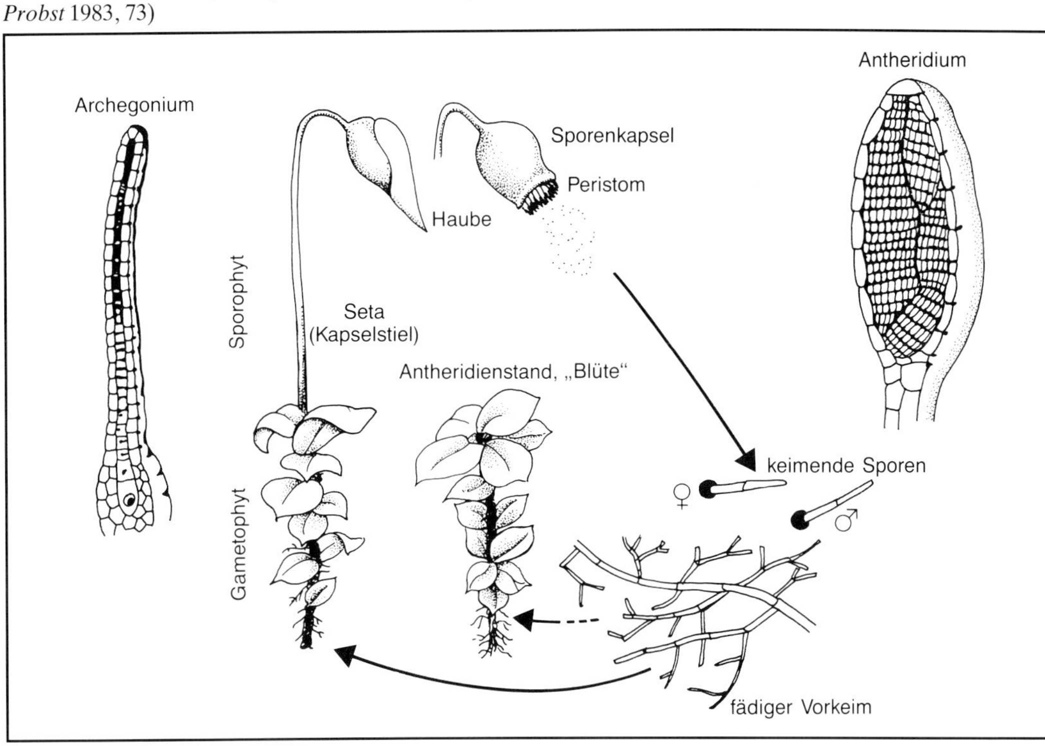

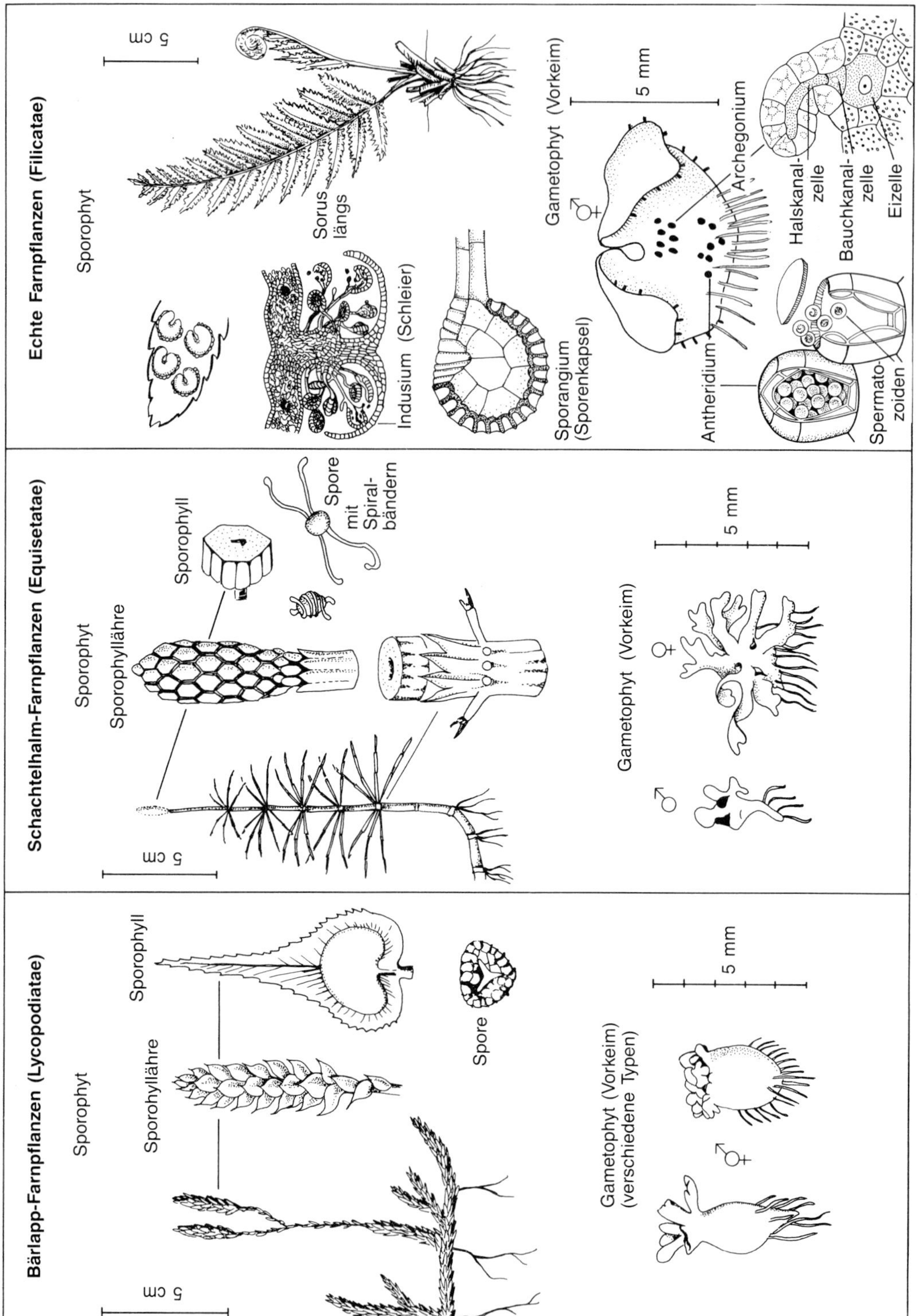

Abb. II, 6-7: Die Klassen der Farnpflanzen (nach *Haller/Probst* 1983, 52, 55, 56, 58)

sel mit dominierender haploider Gametophytengeneration, von der die Sporophytengeneration ernährungsphysiologisch abhängig bleibt. Der Gametophyt ist häufig in Achse und Blättchen gegliedert. Wurzeln fehlen. Der Sporophyt besteht nur aus einem Stiel (Seta) und einer endständigen Sporenkapsel, bei Torfmoosen und Lebermoosen nur aus einer Kapsel. Sowohl im Sporophyten als auch im Gametophyten können besondere Leitgewebe entwickelt sein. Sporen und Gameten entwickeln sich in Organen, die Wände aus vielen sterilen Zellen besitzen. In den weiblichen Archegonien wird nur eine Eizelle gebildet, die im Archegonium befruchtet wird und sich zu einem vielzelligen Embryo entwickelt (s. Abb. II, 6-6).
Moose leben vor allem auf dem Lande, seltener im Süßwasser. Sie sind vorwiegend an feuchte Standorte gebunden.

6.1.5 Farnpflanzen (Pteridophyta)

Die verschiedenen Klassen der Farnpflanzen (s. Abb. II, 6-7) haben sich parallel zu den Samenpflanzen aus gemeinsamen Vorfahren entwickelt. Da man die Samenpflanzen als Abteilung wertet, wäre es im Sinne einer phylogenetischen Systematik konsequent, auch die Klassen der Farne in den Rang von Abteilungen zu erheben bzw. Samenpflanzen und Farnpflanzen in einer Abteilung „Gefäßpflanzen" (Tracheophyta) zusammenzufassen. Andererseits hat die Entwicklung der Organisationsstufe „Samenpflanze" zu einer beschleunigten Evolution und zu einer schnellen Eroberung aller Lebensräume durch die Samenpflanzen geführt. Nach *Möhn* (1984) ist in einem solchen Falle ein Sprung in den taxonomischen Rangstufen nach oben sinnvoll.

Kurzbeschreibung: Farnpflanzen sind photoautotrophe Landpflanzen mit Sporophyten, die in der Regel in Wurzel, Sproßachse und Blätter gegliedert sind, und sehr kleinen, wenig differenzierten Gametophyten (Vorkeime, Prothallien). Die drei Grundorgane Blatt, Sproßachse und Wurzel wachsen mit Scheitelzellen, die mehrschichtige Gewebe bilden. Der Sporophyt hat differenziertere Leitgewebe. Die Wandversteifungen der Wasserleitungsbahnen sind verholzt.
Auf den Prothallien werden die Gameten – wie bei den Moosen – in Antheridien und Archegonien gebildet. Die einzige Eizelle entwickelt sich nach der Befruchtung im Archegonium zum Embryo.

6.1.6 Samenpflanzen (Spermatophyta)

Kurzbeschreibung: Wichtigstes Merkmal ist die Ausbildung von *Samen.* Die Megaspore ist bei ihrer Keimung noch mit dem Sporophyten verbunden, und dieser ernährt den Gametophyten bis zur Befruchtung und Embryobildung (s. Abb. II, 6-8). Der Gametophyt ist sehr klein, im weiblichen Geschlecht bleibt er zeitlebens in die Megasporenwand und sogar in das Megasporangium eingeschlossen. Der männliche Gametophyt besteht lediglich aus 0 bis 2 Prothalliumzellen, 1 Pollenschlauchzelle, zum Teil 1 Stielzelle und 2 (selten mehr) Geschlechtszellen. Die männlichen Gameten sind bei einigen primitiven Formen noch begeißelt, bei der großen Mehrzahl heutiger Samenpflanzen werden sie vom Pollenschlauch an die Eizelle in der Samenanlage herangeführt (vgl. *Weberling/Schwantes* 1981; *Ehrendorfer* 1983b). Samen können in besondere Organe eingeschlossen sein, die ihrer Ausbreitung dienen *(Früchte).*
Sporophyllstände an Kurzsprossen mit begrenztem Wachstum werden als *Blüten* bezeichnet. Sie kommen bei allen Gruppen vor, nur bei wenigen primitiven Formen stehen die Sporangien einzeln bzw. an durchwachsenden Achsen.
Alle Samenpflanzen sind in Wurzel, Sproßachse und Blätter gegliedert. Die Verzweigungen der Achse entspringen in Blattachseln (s. Abb. I, 1-1 und I, 1-4).
Typisch ist die Fähigkeit zu sekundärem Dickenwachstum von Sproßachsen und Wurzeln durch einen Kambiumring (s. Abb. II, 3-1). An Stelle von Scheitelzellen liegen an Sproß- und Wurzelspitze Gruppen von gleichartigen Initialzellen.

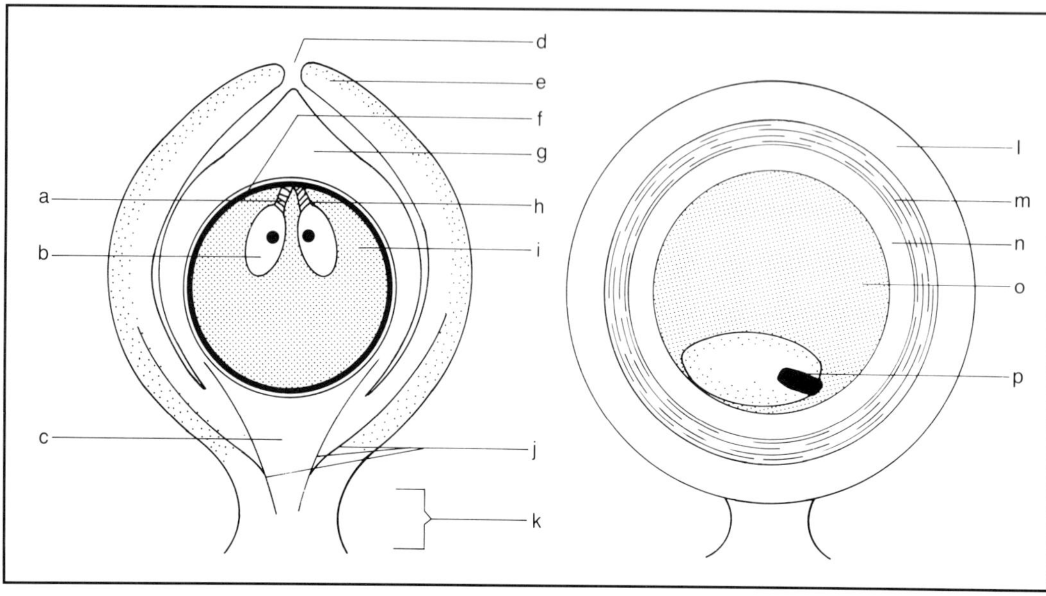

Abb. II, 6-8: Samenanlage und Same (Nacktsamer)
links: Samenanlage, rechts: Same
a Halskanalzellen, b Eizelle, c Chalazza (Stiel des Megasporangiums), d Mikropyle (Öffnung in den Integumenten), e Integumente (Hülle um das Megasporangium), f Megaspore, g Megasporangium (Nucellus), h Archegonium, i Megaprothallium (Embryosack), j Leitbündel, k Funiculus (Stiel der Samenanlage), l äußere Samenschale, m innere Samenschale, n Perisperm (äußeres Nährgewebe), o Endosperm (inneres Nährgewebe, meistens ist nur eines der beiden Nährgewebe entwickelt), p Embryo

Die Samenpflanzen stellen mit 225 000 beschriebenen Arten die artenreichste und bedeutendste Pflanzengruppe der Gegenwart dar.

6.2 Vorschläge zur Unterrichtsgestaltung

6.2.1 Didaktische Überlegungen

Im allgemeinen kann man wohl davon ausgehen, daß Schüler der 7. und 8. Jahrgangsstufe mit den Begriffen Pilze, Algen, Moose, Samenpflanzen und Farnpflanzen bereits bestimmte Vorstellungen verbinden. Es gilt nun, diese Vorstellungen zu festigen, teilweise zu korrigieren und zu erweitern. Am Ende sollen die Schüler in der Lage sein, eine beliebige Pflanze in eine der fünf „großen Schubladen" einzuordnen.
Um dieses Ziel zu erreichen, sind unterschiedliche Vorgehensweisen möglich:

- Man kann von der Gemeinsamkeit verschiedener Pflanzenarten aus einer Abteilung ausgehen und so zum Beispiel mit fünf bis zehn Arten die grundlegenden Baumerkmale einer Abteilung erarbeiten. Dann nimmt man sich die nächste Abteilung vor usw.
- Man kann mehrere Pflanzen (und Pilze) aus unterschiedlichen Abteilungen vergleichen und so charakteristische Merkmale der einzelnen Abteilungen herausarbeiten.

Der zweite Weg ist vor allem dann empfehlenswert, wenn für die Unterrichtseinheit nur wenig Zeit zur Verfügung steht. Auch eine Kombination beider Vorgehensweisen ist denkbar. Es werden

zunächst zwei bis drei Pflanzenabteilungen ausführlich bearbeitet und anschließend Zuordnungsübungen durchgeführt, bei denen auch Pflanzen anderer Abteilungen berücksichtigt werden.
Hier wird ein Unterrichtsbeispiel für die zweite der genannten Möglichkeiten vorgestellt, weil damit in relativ kurzer Zeit ein „Raster" erarbeitet werden kann, das dann den ganzen späteren Unterricht begleitet und gewissermaßen „von oben herab" gefüllt und differenziert werden muß. Denn die Vorstellung der Pflanzenabteilungen und die Fähigkeit, Pflanzenarten bestimmten Abteilungen zuzuordnen, soll den Schülern nicht nur ein Ordnungsraster für den morphologisch-systematischen Bereich liefern, sondern auch eine Grundstruktur für die Einordnung von Themen aus der angewandten und der allgemeinen Biologie (vgl. *Probst* 1977; *Klug* 1984).
Sicherlich wäre es nicht sinnvoll, mit den Schülern die weitere systematische Untergliederung der fünf Abteilungen zu pauken. Trotzdem sollte an ein oder zwei Beispielen die hierarchische Gliederung des Pflanzensystems verdeutlicht werden. Der Systematikunterricht in der Klassenstufe 9/10 (s. Kap. II, 8) kann dann auf diesen Grundlagen aufbauen und sich verstärkt der Frage nach den Gliederungsprinzipien des natürlichen Systems zuwenden.
Die Unterrichtseinheit kann in folgende Teile gegliedert werden:
(1) Zuordnungen der Pflanzen, Beispiele zu unterschiedlichen Abteilungen
(2) Hierarchische Gliederung des Systems an einem Beispiel
(3) Entwicklung einer Ausstellung: Die fünf Abteilungen.

Unterrichtsziele:

Die Schüler sollen
- die fünf Abteilungen Pilze, Algen, Moospflanzen, Farnpflanzen, Samenpflanzen unterscheiden können;
- die wichtigsten Unterschiede dieser fünf Abteilungen nennen können;
- eine beliebige Pflanze (bzw. einen Pilz) einer dieser Abteilungen zuordnen können;
- neben der obersten Rangstufe „Abteilung" auch die Kategorien Klasse, Ordnung, Familie, Gattung und Art in der richtigen Reihenfolge angeben können.

6.2.2 Unterrichtsprozeß

Für den ersten Unterrichtsabschnitt werden – je nach Schüleranzahl – fünf bis sieben Tabletts mit jeweils mindestens zehn Arten aus den verschiedenen Abteilungen vorbereitet. Die Schüler sollen zunächst erkennen, daß die auf dem Tisch liegenden „Lebewesen" sämtlich „Pflanzen" sind. (Die Ausgliederung der Pilze wird hier noch nicht eingeführt.) Einige Unterschiede zu Tieren können genannt werden (geringere Bewegungsfähigkeit, Ortsfestigkeit, starke Oberflächendifferenzierung). Der Lehrer verstärkt nun den Eindruck der Vielgestaltigkeit der Pflanzenwelt, indem er einzelne Beispiele hochhält und von den Schülern benennen läßt. Auf diese Weise müssen die Schüler die Organismen genauer betrachten. Der Lehrer wählt zunächst solche Arten aus, von denen er relativ sicher ist, daß sie auch mit Art- oder Gattungsnamen benannt werden können. Bei Zweigen von Bäumen weist er darauf hin, daß nicht das ganze Lebewesen mitgebracht werden konnte, da es zu groß ist. Bei mikroskopisch kleinen Objekten (Schimmel, Algenbeläge) ist es günstig, wenn noch Zeichnungen oder Fotos mit Maßstabsangabe bereit stehen, an denen das Aussehen der mikroskopisch kleinen Objekte deutlich wird. Am Ende der ersten Unterrichtsphase soll die Erkenntnis stehen, daß Pflanzen ganz unterschiedlich aussehen können: Es gibt mikroskopisch kleine, einzellige Pflanzenarten und riesig große Bäume (Pflanzenauswahl: s. Kasten II, 6-1). Der Lehrer weist darauf hin, daß für die Gliederung der Pflanzen in verschiedene Pflanzenabteilungen die Größe weniger wichtig ist als der Aufbau und die Art und Weise, wie sie sich fortpflanzen.
Die Unterrichtsform wechselt nun zum Gruppenunterricht. An Arbeitsgruppen mit drei bis vier Schülern werden die Tabletts mit den Pflanzen ausgeteilt. Der Lehrer gibt vor, daß es möglich ist,

Christrose
Tulpe
Kiefernzweig mit Zapfen (in dem noch Samen enthalten sind)
Tüpfelfarn (Rhizomstück mit zwei bis drei Wedeln, Wedelunterseite mit Sporangienhäufchen
Schachtelhalm mit Sporophyllähre
Haarmützenmoos (grünes Moospflänzchen mit Sporogon)
Brunnenlebermoos
Champignon-Fruchtkörper
Schimmelpilz (in Petrischale oder auf Brot, Zitronenschale)
Zweigfadenalge (Cladophora) oder andere fädige Grünalge
Armleuchteralge oder Tang
Pleurococcus (grüner Belag auf der Borke von Bäumen oder anderer Belag von einzelligen Grünalgen, z.B. von Deckscheibe eines Aquariums)

Kasten II,6-1: Vorschlag für eine Artenauswahl zur Erarbeitung der Abteilungen

die Pflanzenarten fünf verschiedenen Abteilungen zuzuordnen. Jede Arbeitsgruppe soll versuchen, dies für die vorgegebenen Beispiele zu tun. Der Begriff „Abteilung" wird zunächst durch „große Gruppe von Pflanzen, die einige Gemeinsamkeiten in Aufbau und Fortpflanzungsweise besitzen" umschrieben. Während der Gruppenarbeit hat der Lehrer Zeit zu beobachten, wie die Schüler an diese Aufgabe herangehen, welche Vorstellungen und welches Wissen bei ihnen bezüglich einer Aufgliederung des Pflanzenreiches vorhanden sind und wo die größten Schwierigkeiten auftreten. Am Ende dieser Phase werden einige Einteilungsvorschläge vorgestellt. Dann werden gemeinsam die für die Unterscheidung wichtigen Merkmale erarbeitet:
– Aufbau (Gliederung des Vegetationskörpers),
– Vermehrung (durch Samen oder Sporen),
– Fehlen oder Vorhandensein von grünem Farbstoff (Chlorophyll).
Mit Hilfe einer Tabelle (Wandtafel oder Folie), die auch ins Heft übernommen wird, wird dies Art für Art überprüft (s. Tab. II, 6-1).

Tab. II,6-1: Tabelle zur Unterscheidung der klassischen Pflanzenabteilungen und der Pilze (Vorlage für Folie oder Tafelbild)

		Pilze	Algen	Moose	Farnpflanzen	Samenpflanzen
Aufbau	Lager	+	+	±	–	–
	beblätterte Stengel	–	–	±	+	+
	Wurzeln	–	–	–	+	+
Vermehrung durch Samen		–	–	–	–	+
Vermehrung durch Sporen		+	+	+	+	–
grüner Blattfarbstoff (Chlorophyll)		–	+	+	+	+

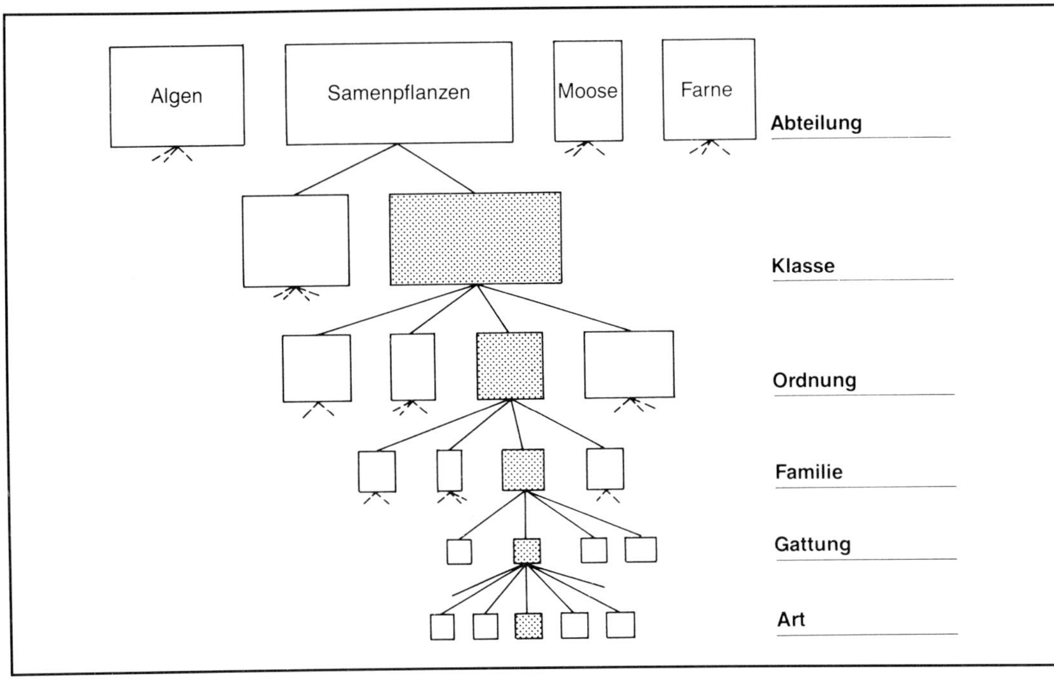

Abb. II, 6-9: Hierarchische Gliederung des Pflanzensystems (Vorlage für Folie oder Tafelbild)

Wenn auf diese Weise alle Pflanzenarten richtig zugeordnet worden sind, haben die Schüler eine erste Vorstellung von der groben Gliederung des Pflanzenreiches. Hier sollte die Sonderstellung der Pilze angesprochen werden, die jetzt einsehbar ist. Zur Festigung werden in einer Zuordnungsübung mit Pflanzenbildern (Dias, Kalenderbilder, Fotos usw.) dieselben Arten, ähnliche Arten und weitere Pflanzenbeispiele nach Abteilungen sortiert. Jede Zuordnung soll durch die Nennung der entsprechenden Kriterien begründet werden. Dabei soll deutlich werden, daß die verschiedenen Pflanzenabteilungen jeweils eine große Artenanzahl umfassen. Man kann folgern, daß eine weitere Untergliederung der Abteilungen in systematische Kategorien abnehmender Rangstufe notwendig ist. Mit Hilfe einer Schemazeichnung (Folie, Tafelbild; s. Abb. II, 6-9) wird das Prinzip des hierarchischen Systems an einer Beispielart demonstriert.
Im letzten Teil der Unterrichtseinheit soll es darum gehen, die verschiedenen Pflanzenabteilungen mit bestimmten Inhalten der allgemeinen und angewandten Biologie zu verknüpfen. Hierzu soll eine Ausstellung aufgebaut werden. Zur Einführung bespricht der Lehrer mit der ganzen Klasse, welche Objekte man in eine solche Ausstellung aufnehmen könnte. Es werden Beispiele für die fünf Abteilungen genannt, und es ist gut, wenn der Lehrer auch einige Materialien dazu vorstellen kann (z.B. Poster, Zeitungsausschnitte, getrocknete Fruchtkörper eines Baumpilzes, eine halbierte Walnuß oder einen Fichtenzapfen). Es werden fünf Arbeitsgruppen gebildet, die jeweils eine Abteilung bearbeiten sollen. Man kann mit der Beschriftung großer Kartons (mindestens DIN-A1-Format) bzw. großer, weiß beschichteter Schaumstoffplatten, wie sie im Dekorationsgewerbe verwendet werden, anfangen und für die Aufteilung dieser Flächen bestimmte Vorgaben machen. So kann mit Bleistift eine Einteilung vorgenommen werden, aus der hervorgeht, wo bestimmte Dinge nachher untergebracht werden sollen. Beispiel: unter der Überschrift mit dem Abteilungsnamen eine Spalte, in der eine Zusammenfassung der wichtigsten Merkmale gegeben wird; ein Kasten, in dem besonders auf die wirtschaftliche Bedeutung von Vertretern der entsprechenden Pflanzenabteilungen hingewiesen werden soll; ein Kasten, in dem Beispiele für die verschiedenen Formen gegeben werden sollen. Jede Gruppe erhält die Hausaufgabe, für „ihre" Abteilung möglichst viel Material – auch Naturobjekte – zu sammeln.

II Ordnen nach systematischen Gesichtspunkten

Das eigentliche Aufbauen der Ausstellung wird vermutlich etwa zwei Schulstunden benötigen. Wichtigste Aufgabe des Lehrers ist es, darauf zu achten, daß keine falschen Informationen auf die Ausstellungsplakate gelangen. Es sollte zunächst alles mit Bleistift vorgeschrieben werden, damit korrigiert werden kann. Zur Not lassen sich falsche Stellen auch überkleben oder mit Tipp-Ex löschen. An Materialien sollen Klebstoff, Reißnägel, Tusche, Filzschreiber, Malstifte, farbiges Klebeband und Wollfäden für Hinweispfeile, Verbindungslinien usw. bereitgehalten werden.
Die Ausstellung wird in der Klasse oder auch an einer anderen Stelle der Schule für ein bis zwei Wochen eingerichtet.

6.3 Medien

6.3.1 Naturobjekte und Naturbilder

Neben Naturobjekten können Dias und Bilder, z.B. aus Kalendern oder Bildbänden, eingesetzt werden (Beispiele: Urania-Pflanzenreich, Knaurs Pflanzenreich in Farben; Kosmos-Naturkalender, Farbtafeln des Kronen-Verlags, Hamburg).

6.3.2 Diapositive

V-Dia:
Zusätzlich zu den unter „Familien der Samenpflanzen" (s. Abschnitt II, 3.6) genannten Dia-Serien: Der Wurmfarn D 23 077; Farne D 23 083; Bärlappgewächse D 23 067; Schachtelhalme D 23 068; Laubmoose D 23 035; Lebermoose D 23 070; Jochalgen D 23 076; Meeresalgen: Grün-Braun- und Rotalgen D 23 075; Pilze der Heimat I (Blätterpilze am Standort) D 23 021; Pilze der Heimat II (Röhrenpilze, Bauchpilze, Keulenpilze, Schlauchpilze am Standort) D 23 022; Schimmelpilze D 23 082; Flechten I (Wuchsformen und Vorkommen) D 23 039;
CVK:
Dia-Sammlung Biologie I/A: Verwandtschaft bei Pflanzen 19 623;
FWU:
Zusätzlich zu den unter „Familien der Samenpflanzen" (s. Abschnitt II, 3.6) genannten Dia-Serien: Blau- und Grünalgen 10 0449; Einheimische Leber- und Laubmoose 10 0199; Farne: Entwicklung 10 0180; Kieselalgen 10 0650.

6.3.3 Arbeitstransparente

Zusätzlich zu den unter „Familien der Samenpflanzen" (s. Abschnitt II, 3.6) genannten Arbeitstransparenten:
V-Dia:
Entwicklung des Wurmfarns AT 36 810; Der Generationswechsel beim Laubmoos AT 36 807;
Klett:
Generationswechsel beim Farn (Wurmfarn) 99 812; Generationswechsel beim Moos (Waldbürstenmoos) 99 813.

6.3.4 Wandtafeln

Zusätzlich zu den unter „Familien der Samenpflanzen" (s. Abschnitt II, 3.6) genannten Tafeln:
Hagemann:
Kiefer 07 03 41; Ackerschachtelhalm 07 03 42; Moosfarne 07 03 43; Wurmfarn 07 03 44; Haarmoos

07 03 45; Blasentang 07 03 46; Algen 07 03 47; Gelbe Wandflechte 07 03 48; Wiesenchampignon 07 03 49; Kopf-, Gießkannen- und Pinselschimmel 07 03 50; Grüner Knollenblätterpilz, Weißer Anischampignon 13 03 01;
Klett (Pertlwieser Botanische Tafeln):
Haarmützenmoos (Polytrichum commune) Nr. 166169; Wurmfarn (Dryopteris filix-mas) Nr. 166139; Rotföhre-Kiefer (Pinus silvestris) Nr. 166159.

Literatur

Blana 1986; *Bolay* 1983; *Bremer/Wanntorp* 1981; *Bresinsky* 1983; *Cronquist/Takhtajan/Zimmermann* 1966; *Dörfeldt* 1989; *Ehrendorfer* 1983b; *Entrich* 1989; *Eschenhagen* 1976, 1984; *Frohne/Jensen* 1985; *Füngers/Probst* 1986; *Gerhardt-Dircksen* 1985; *Götz/Knodel* 1980; *Haller/Probst* 1983; 1989; *Hedewig* 1980; *Hennig* 1982; *Heywood* 1971; *Horn* 1986; *Klug* 1984; *Knodel/Bayrhuber* 1983; *Kraus* 1982; *Kremer* 1983; 1989; *Margulis/Schwartz* 1989; *Möhn* 1984; *Osche* 1975; *Paulus/Dünckmann* 1978; *Pfligersdorffer* 1984; *Probst* 1977; 1987; 1989; *Remane* 1956; *Schmeil* 1905; *Stichmann* 1974; *Sturm* 1972; 1982; *Sula* 1968; *Vogellehner* 1981; *Wartenberg* 1979; *Weber, W.*, 1986; *Weberling* 1981; *Weberling/Schwantes* 1981

7 Das System der Tiere

7.1 Sachanalyse

7.1.1 Organisationstypen (Baupläne) als Grundlage des Systems der Tiere

In der Biologie wird angestrebt, ein sogenanntes natürliches System der Organismen aufzustellen; das heißt, daß das System der Tiere deren stammesgeschichtliche Verwandtschaft widerspiegeln soll (s. Abschnitt II, 0.1.). Dieses Prinzip ist zwar auf dem Hintergrund der Evolutionstheorie von bestechender Klarheit und Tragfähigkeit, die Anwendung auf die großen Gruppen der Tiere, die Tierstämme, ist jedoch nicht immer wissenschaftlich abgeklärt, und die damit verbundenen Probleme sind schwer nachvollziehbar. Diese Umstände legen es nahe, das System der Tiere nicht zuerst unter phylogenetischem Aspekt zu betrachten.
Die ungeheure Mannigfaltigkeit der Tierformen läßt sich nämlich überraschend klar einer kleinen Anzahl von Organisationstypen oder Bauplänen zuordnen. Die Stämme des Tierreiches sind zwanglos durch diese Typen zu charakterisieren. Dieses Vorgehen hat in der Zoologie eine lange Tradition und geht auf die Typenlehren zu Beginn des vorigen Jahrhunderts (vor allem die von *Cuvier*) zurück; es wurde bereits angewendet, lange bevor die Frage nach der natürlichen Verwandtschaft evolutionsbiologisch beantwortet wurde.
Die beiden Gesichtspunkte, stammesgeschichtliche Verwandtschaft und Organisationstypen, sind theoretisch klar zu trennen, obgleich sie sich in einer Zusammenschau gegenseitig ergänzen. In der folgenden Darstellung wird daher auf eine phylogenetische Interpretation zunächst verzichtet. Die Behandlung des Systems unter diesem Aspekt bleibt der Evolutionslehre vorbehalten (s. Band 7). Sie wird hier strikt unter den Bauplangesichtspunkt gestellt. Die Trennung der beiden Aspekte ist besonders deshalb zu betonen, weil diese in Lehrbüchern der Zoologie und Praktikumsbüchern (vgl. *Kükenthal/Renner* 1984) oft vermengt werden und daher das hier vorgeschlagene Vorgehen besondere Aufmerksamkeit der Lehrenden erfordert.
Bei der Klassifikation in Tierstämme ist selbstverständlich trotz des Absehens von einer phylogenetischen Begründung gesichert, daß sich diese mit einer späteren phylogenetischen Deutung verein-

baren läßt und damit von dem Ordnen nach Lebensformtypen abhebt. Darin besteht ja gerade der wesentliche Unterschied zwischen dem Ordnen nach Organisationstypen (Bauplänen) und dem nach Lebensformtypen (s. Teil I).

Die Übersicht über die Stämme des Tierreichs als Übersicht über die Baupläne stellt damit die Abstraktion der unübersehbaren Vielfalt von Formen zu einer begrenzten Anzahl von Typen dar, deren Ursprung und verwandtschaftliche Beziehungen später durch die Evolutionstheorie erklärt werden.

Die Betrachtung unter dem Bauplangesichtspunkt ist durch Einbeziehen des Zusammenhangs von Bau und Funktion weiterentwickelt worden, indem die Baupläne in ihrem Funktionszusammenhang gesehen und gedeutet werden (vgl. *Koecke* 1982).

Typisch für die Tiere ist ihre freie Beweglichkeit. Die Baupläne sind also besonders durch die Ausprägung des Bewegungs- und Stützapparates, der Steuerungssysteme und die Ausstattung mit Sinnesorganen (Kopf als Sinnespol) charakterisiert. In diesem Sinne werden heute zum Beispiel auch die besonderen Flüssigkeitsräume der Bilateria, insbesondere die sekundäre Leibeshöhle (Coelom), als Teil des Bewegungs- und Stützsystems gedeutet und als „Hydroskelett" bezeichnet.

Die Baupläne (Organisationstypen) der Organismen lassen sich so als „Funktionsgestalten" beschreiben.

Da die Beweglichkeit für Tiere charakteristisch ist, lassen sich die Organisationstypen des Tierreichs, wie oben skizziert, im wesentlichen als Bewegungsgestalten auffassen. In einem zweiten Schritt können die Organisationstypen nach dem Kriterium der Organisationshöhe (Komplexität des Bauplans) und der Leistungsfähigkeit des Funktionsgestalttyps angeordnet werden (s. Abschnitt II, 7.1.3). Die Leistungsfähigkeit ist u.a. zu erkennen an

- der Lösung der Bewegung vom Substrat oder an der freien Bewegung im Medium (schnelles Laufen durch Abheben des Körpers vom Boden durch Beine, freie Bewegung im Wasser oder in der Luft),
- der gezielten Steuerung der Bewegung durch Besitz von Sinnesorganen für die Raumwahrnehmung (z.B. räumliches Sehen),
- dem Schutz gegen Austrocknung bei Besiedlung des trockenen Landes.

Die ebenfalls mögliche Betrachtung der Stämme nach den vorwiegend entwickelten ökologischen Zonen (vgl. *v. Wahlert* 1981) wird man erst im Zusammenhang mit der Evolution einführen können (s. Band 7).

7.1.2 Charakterisierung ausgewählter Tierstämme

Da die Gruppen der Einzeller an anderer Stelle behandelt werden (s. Band 1, Kapitel I, 5), beschränkt sich die Darstellung auf die vielzelligen Tiere (Metazoa). Die Vielzeller sind von den übrigen Eukaryoten (Lebewesen, deren Zellen einen Zellkern mit Kernmembran besitzen) klar durch die schon am Keim erkennbare Schichtung des Körpers in Keimblätter abgehoben. Als Keimblätter werden ein Ektoderm und ein Entoderm und bei den Bilateria das zwischen diesen liegende Mesoderm ausgebildet.

Im typischen Fall haben Tiere eine kompakte Gestalt und einen in Organsysteme funktional gegliederten inneren Bau (Darm mit Anhangsorganen, Muskulatur, Blutkreislauf, Nervensystem und Sinnesorgane) sowie einen Kopf als Sinnespol am Vorderende (vorwiegende Bewegungsrichtung). Charakteristisch sind auch die Abgabe und die Wahrnehmung von spezifischen Signalen und die damit verbundene Kommunikation zwischen den Individuen, die die Geschlechterfindung bei der Fortpflanzung und ein Leben im Sozialverband ermöglichen.

Die Vielzeller werden heute meist in 24 Stämme unterteilt, von denen einige allerdings nur eine geringe Artenanzahl haben. Im folgenden sind nur die 9 Stämme mit einer Artenanzahl von mehr als 5000 aufgeführt. Nur diese sind auch für den Schulunterricht bedeutsam.

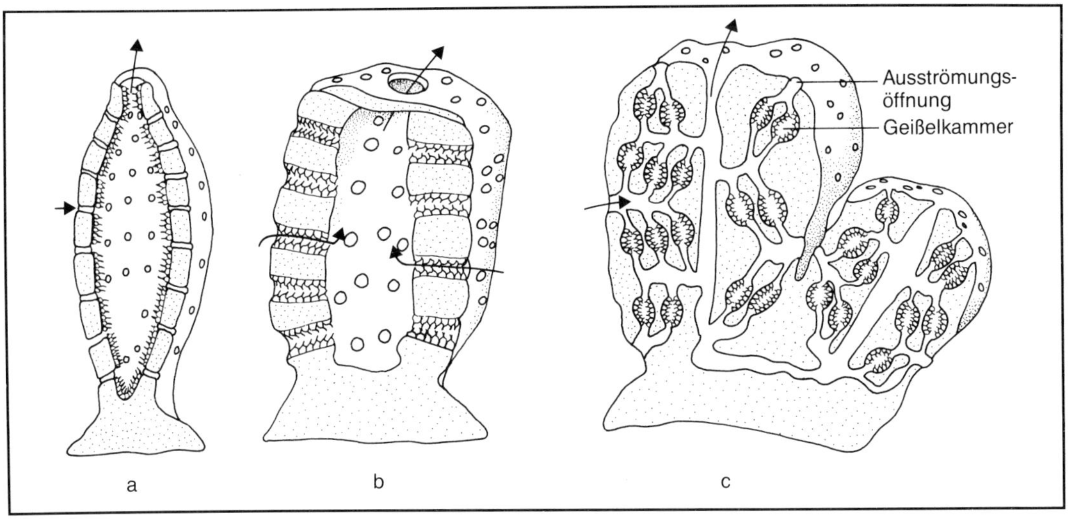

Abb. II, 7-1: Bautypen der Schwämme: a) Ascontyp, b) Sykontyp, c) Leukontyp (nach *Eulefeld* 1972)

Eine ausführliche Beschreibung der Stämme ist den Lehrbüchern der speziellen Zoologie (*Wurmbach* 1968; *Kaestner* 1973; 1980; 1982; 1984; *Siewing* 1985; *Remane/Storch/Welsch* 1985) zu entnehmen. Lohnend ist auch das Nachschlagen in populärwissenschaftlichen Werken (Urania Tierreich 1967 ff., als Taschenbuchausgabe erschienen als rororo Tierwelt; *Grzimeks* Tierleben 1979).

1. Stamm: Schwämme (Porifera)

Schwämme sind festsitzende krusten-, klumpen-, strauch- oder auch trichterförmige, auch innerhalb der Arten stark variable Gebilde, die von Kanalsystemen durchzogen sind und als stationäre Filtriereinheiten fungieren (s. Abb. II, 7-1). Spezielle Organe, Muskulatur, Blutgefäßsystem, Sinneszellen und Nervensystem fehlen (s. Abb. II, 7-2). Schwämme wurden daher erst 1825 als Tiere

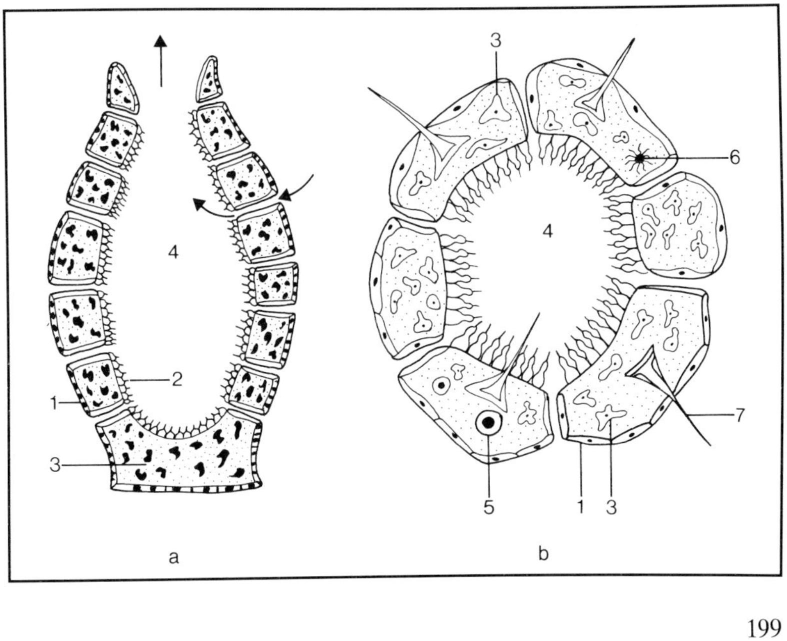

Abb. II, 7-2: Bauplan eines einfachen Schwammes (Ascontyp) a) Längsschnitt, b) Querschnitt. 1 Ektoderm, 2 Entoderm, 3 Mesenchymzelle, 4 Gastralraum, 5 Eizelle, 6 Spermienzelle, 7 Skelettnadel (nach *Kühn, A.*, 1972)

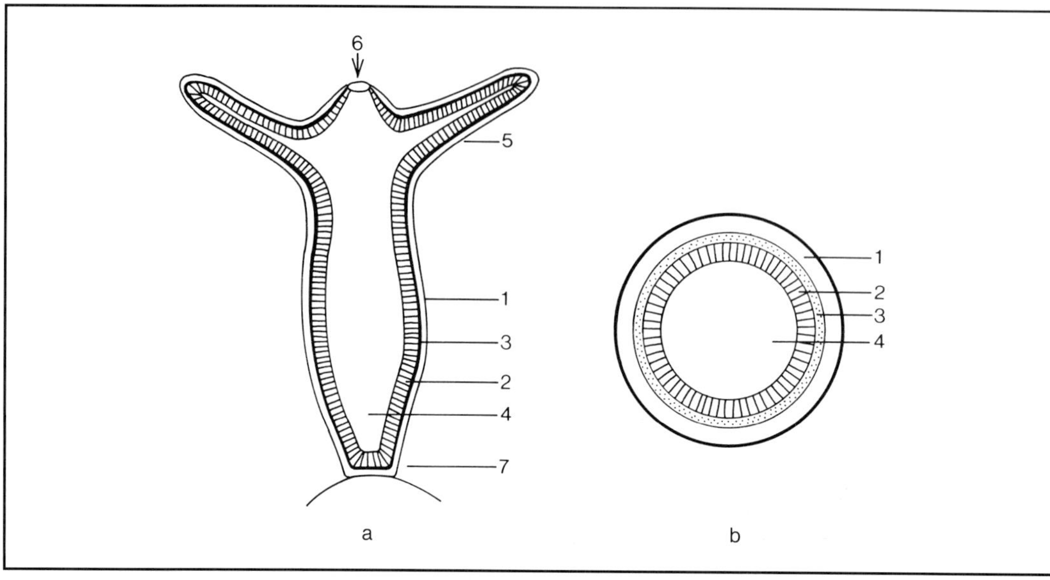

Abb. II, 7-3: Bauplan eines Süßwasserpolypen (Hydropolyp). a) Längsschnitt, b) Querschnitt. 1 Ektoderm, 2 Entoderm, 3 Stützlamelle, 4 Gastralraum (Magen), 5 Tentakel, 6 Mund (After), 7 Fußscheibe (nach *Kükenthal/Renner* 1984)

Abb. II, 7-4: Bauplan einer Hydromeduse, Längsschnitt. 1 Ektoderm, 2 Entoderm, 3 Gallertschicht, 4 Gastralraum, 4 a Magen, 4 b Radialkanal, 4 c Ringkanal, 5 Tentakel, 6 Mund (After), 7 Keimdrüse (nach *Kükenthal/Renner* 1984)

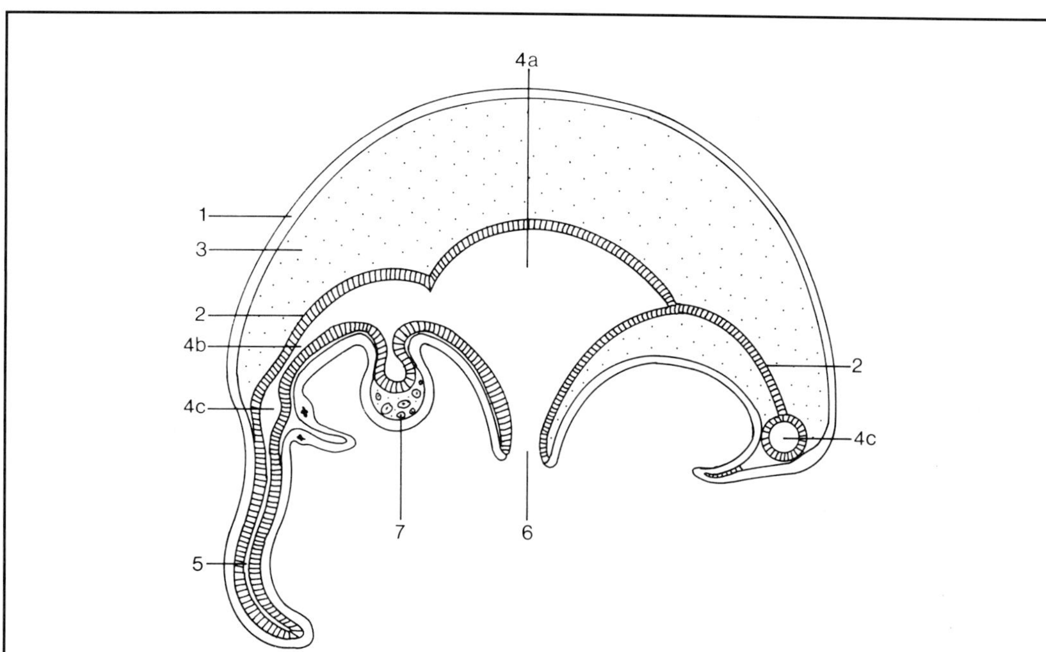

erkannt. Das Ektoderm besteht aus einer geschlossenen Lage plattenförmiger Zellen. Dem Entoderm entsprechen Lager der für die Schwämme spezifischen Kragengeißelzellen, die den Wasserstrom erzeugen, mit dem „Kragen“ Feinpartikel abfangen und sie an seinem Grund aufnehmen. Diese Kragengeißelzellen liegen bei den rezenten Formen in besonderen Kammern der Kanalsysteme. Der Raum zwischen Ekto- und Entoderm wird von einem gallertigen Gel eingenommen, in dem locker Zellen verschiedener Typen (z.B. Skelettnadeln oder Stützfasern bildende Zellen, Geschlechtszellen oder die Archaeocyten, aus denen alle anderen Zelltypen nachgebildet werden können) liegen und durch das sich amöboide Wanderzellen bewegen, die das Transportsystem bilden. Die Larven entsprechen morphologisch meist dem Blastula-Stadium der Bilateria. Sie sorgen als planktische Stadien für die Ausbreitung (wie bei vielen festsitzenden Tieren). Die heimischen Süßwasserschwämme überwintern z.T. mit vegetativ gebildeten Dauerstadien (Gemmulae).

2. Stamm: Nesseltiere (Cnidaria)

Die Nesseltiere wurden früher mit den Rippenquallen zum Stamm Hohltiere zusammengefaßt. Der radiärsymmetrische Körper der Nesseltiere besteht nur aus zwei Zellschichten, dem Ekto- und dem Entoderm (s. Abb. II, 7-3 und 5). Funktionsgestalten sind der festsitzende Polyp (s. Abb. II, 7-3) und die freischwebende und durch Rückstoß schwimmende Meduse oder Qualle (s. Abb. II, 7-4). Um den Mund herum stehen Tentakeln, bei Medusen oft am Glockenrand. Sie sind mit Nesselzellen ausgestattet, die auf Reizung hin Nesselkapseln abschießen (s. Abb. II, 7-6). Diese sind die kompliziertesten Zellbildungen überhaupt. Penetranten durchschlagen bei vielen Arten selbst die Panzer von Krebstieren oder die Haut von Fischen und lähmen die Tiere mit dem Gift. Für den Menschen ist z.B. die Nesselung der blauen und roten Feuerquallen schmerzhaft. Andere Nesselkapseln sto-

Abb. II, 7-5: Ausschnitt aus der Körperwand eines Süßwasserpolypen. 1 Sinneszellen, 2, 3 Nesselzellen (verschiedene Typen; s. Abb. II, 7-6), 4 interstitielle Zellen (Ersatzzellen), 5 Nervenzelle, 6 Muskelzelle, 7 Drüsenzelle (nach *Hadorn/Wehner* 1978)

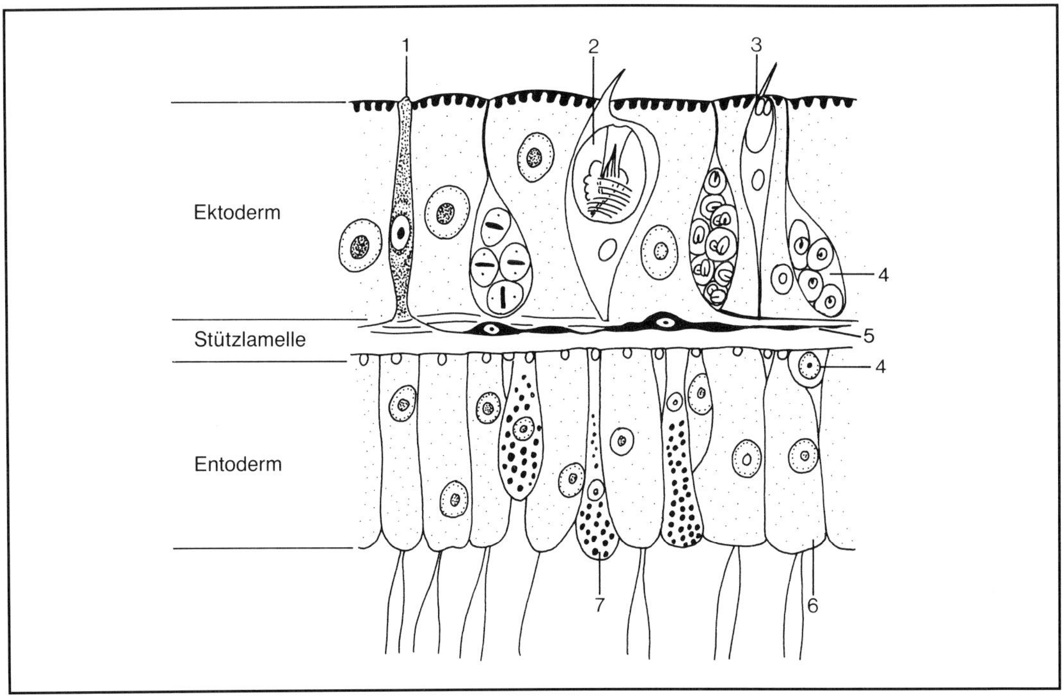

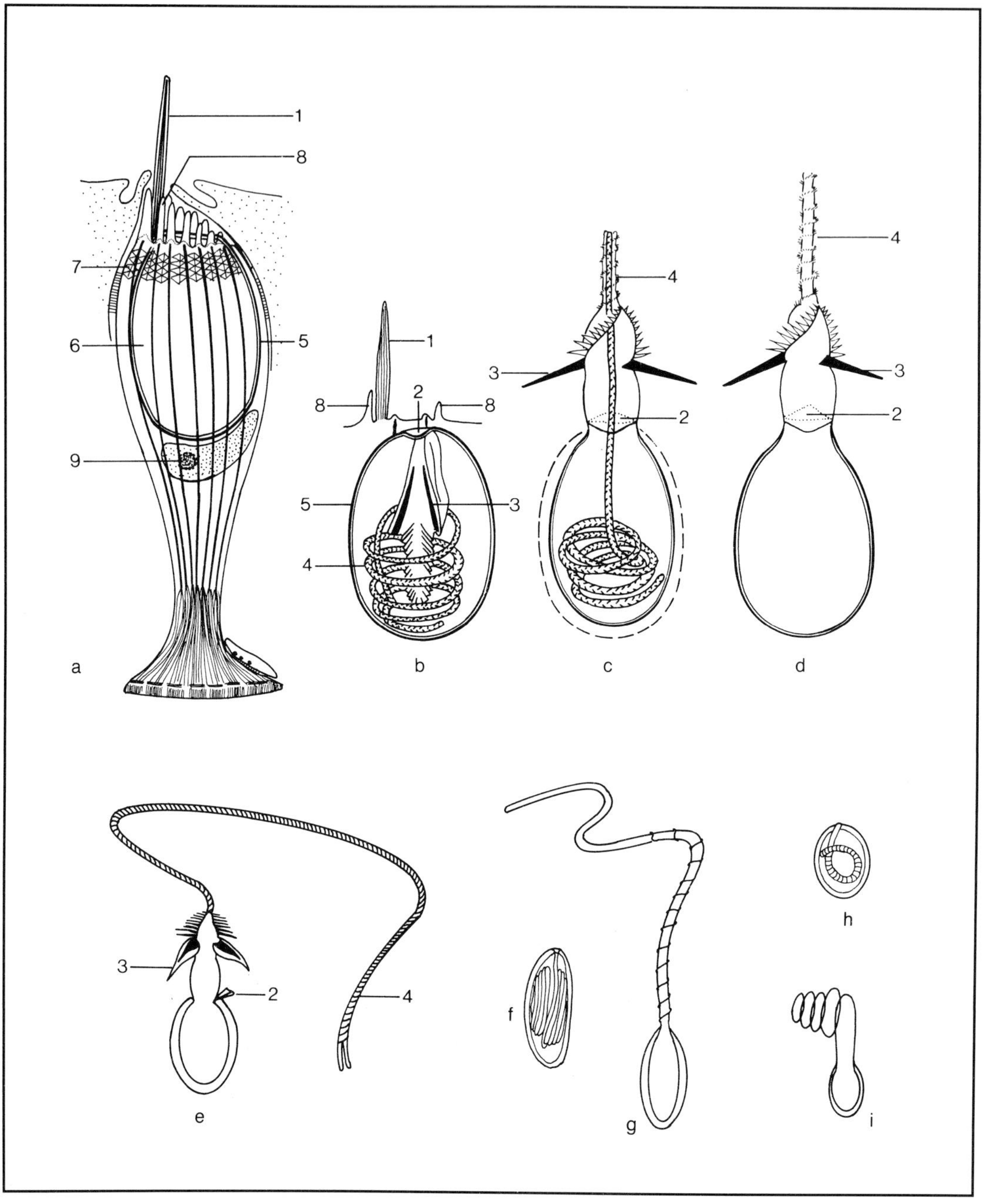

Abb. II, 7-6: Nesselzellen und Entladung der Nesselkapseln. a) Nesselzelle mit Stilettkapsel (Penetrante), b) bis e) Entladung der Stilettkapsel; b) ruhende Kapsel mit Cnidocil im optischen Längsschnitt, c) Kapsel während der Entladung, Schaft mit Stilett bereits ausgestülpt, d), e) Kapsel nach der Entladung, Nesselschlauch ausgestülpt. Da die Kapsel sich beim Ausstülpen verkleinert, ist bei c) die ursprüngliche Größe gestrichelt eingezeichnet. f), g) Klebekapsel (Glutinante) in Ruhe und entladen, h), i) Wickelkapsel (Volvente) in Ruhe und entladen. 1 Cnidocil, 2 Operculum, 3 Stilett, 4 Nesselschlauch, 5 Wand der Nesselkapsel, 6 Stützfibrillen, 7 Stützband aus Querfasern, 8 cilienartige Plasmafortsätze, 9 Zellkern der Nesselzelle (nach *Remane/Storch/Welsch* 1985; *Hadorn/Wehner* 1978)

ßen dünne Wickelfäden aus, die z.B. Borsten von Krebstieren umschlingen und festhalten, oder dicke Klebfäden, die an glatten Flächen festhaften. Je größer die Beute oder ihre Abwehrbewegungen, desto mehr Nesselzellen desselben oder benachbarter Fangfäden werden gereizt. Die angeheftete Beute wird durch Verkürzung der beteiligten Tentakeln zum Mund gebracht und in dem sackförmigen Darm verdaut; der Darm dient (bei den Medusen mit taschenförmigen Aussackungen) zugleich der Nährstoffverteilung. Die Muskelfibrillen liegen in Fortsätzen von Epithelzellen. Das Nervensystem überzieht gitterartig den Körper, bei Medusen auch als Strang um den Glockenrand herum. Polypen können spannerartig auf der Unterlage kriechen, Medusen durch Zusammenziehen der Glocke einen Rückstoß erzeugen; letztere sind als Schwimmer und Schweber mit Lagesinnes- und einfachen Lichtsinnesorganen ausgestattet.
Polypen pflanzen sich ungeschlechtlich durch Knospung fort. Vielfach werden Kolonien gebildet, die bei den Korallen mit ihren Kalkpanzern mächtige Riffe aufbauen können und bei den Staats-„Quallen" arbeitsteilig differenziert sind, so daß sie nur als Kolonie eine lebensfähige Ganzheit bilden.
Medusen pflanzen sich geschlechtlich fort, sie entstehen durch Knospung oder Abschnürung aus Polypen (Generationswechsel). Beim Süßwasserpolyp, bei Blumentieren (wie den Seeanemonen) und Korallen fehlt das Medusenstadium vollständig; hier pflanzt sich der Polyp geschlechtlich fort.

Bilateria
Die folgenden Stämme umfassen zweiseitig symmetrische Tiere, deren Körper aus drei Keimblättern aufgebaut ist:

1. Ektoderm: Es liefert vor allem die Außenhaut (einschließlich Haaren, Federn usw.), das Nervensystem, bei Insekten die Tracheen als Hauteinstülpung.
2. Mesoderm: Es liefert die Muskulatur, Blut- und Blutgefäßsystem, meist die Nieren bzw. Ausscheidungssysteme, das Knochenskelett der Wirbeltiere.
3. Entoderm: Es liefert den Darm und die Darmanhangsorgane (wie die Schwimmblase der Fische, die Lunge der Landwirbeltiere, die Leber, die Bauchspeicheldrüse).

Die Bilateria sind durch eine spezifische Keimesentwicklung, insbesondere die Entstehung des Mesoderms ausgezeichnet (s. Band 5). Nach der Entstehung des Mundes lassen sich zwei Typen unterscheiden:
Protostomier: Urmund wird zum späteren Mund, After wird neu gebildet; Nervensystem meist als Doppelstrang und meist bauchseitig; Herz rückenseitig; nie ein Innenskelett, z.T. äußere Kalkschalen oder Chitin-Außenskelett.
Deuterostomier: Urmund wird zum späteren After, Mund wird neu gebildet; Nervensystem rückenseitig; Herz (wenn vorhanden) bauchseitig; oft mesodermales Kalk-(Innen-)Skelett.

3. Stamm: Plattwürmer (Plathelminthes)

Plattwürmer sind wurmförmige Tiere mit abgeplattetem, von Mesenchym erfülltem Körper, ohne After, mit verzweigtem Darm (Nahrungsaufschluß und -verteilung). Sie sind meist Zwitter mit kompliziertem Genital (Hoden mit gesonderten Ausführgängen und ausstülpbarem Begattungsorgan, das in eine Vagina eingeführt wird; Fremdsamenspeicherung im Receptaculum seminis, weibliches Genital mit Ovarien, Dotterstöcken und die Eihüllen erzeugenden Drüsen, Eireifung im Uterus).

Die *Strudelwürmer* (z.B. Planarien des Süßwassers) kriechen meist mit den Flimmerhaaren der Körperunterseite oder bewegen sich mit einem Hautmuskelschlauch aus Ring-, Längs- und Diagonalmuskeln (s. Abb. II, 7-7). Sie können mit dem zu einem Rüssel ausgezogenen, in der Leibesmitte gelegenen Mund Würmer und andere wenig bewegliche Tiere erbeuten. Am Vorderende besitzen sie häufig einfache Augen (Pigmentbecherocellen).

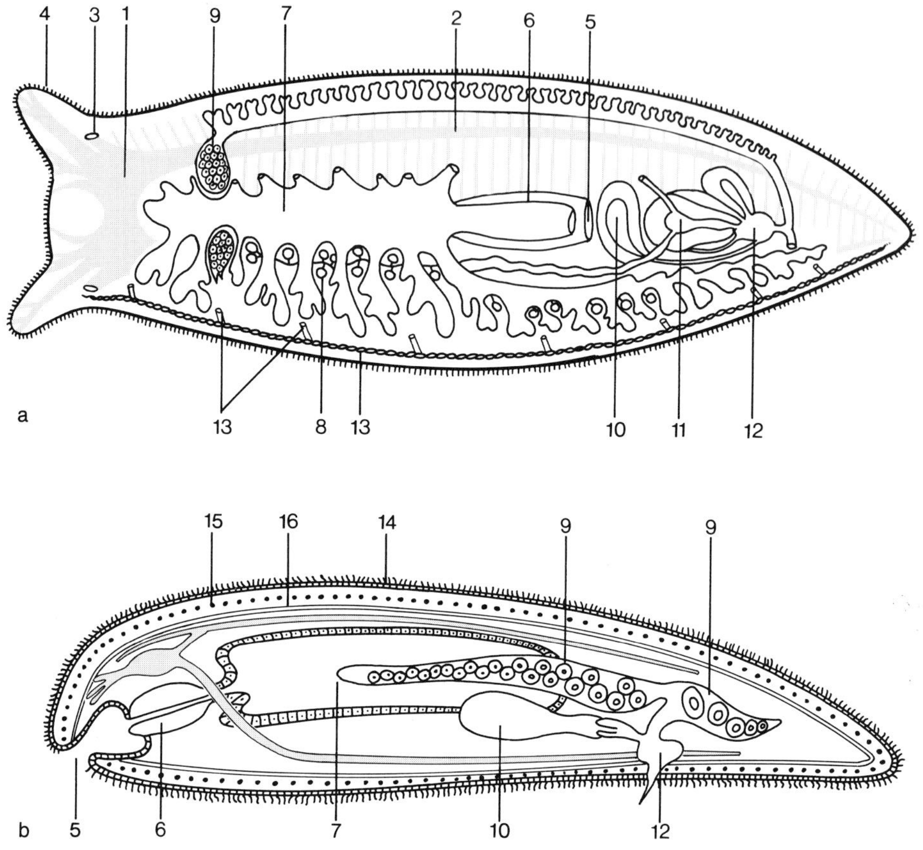

Abb. II, 7-7: Bauplan eines Strudelwurms (Planarie). a) Aufsicht: rechts: Nervensystem und weibl. Geschlechtsorgane, links: Ausscheidungsorgane und männliche Geschlechtsorgane, b) Seitenansicht: 1 Gehirn, 2 Nervenmarkstränge, 3 Auge, 4 Tentakel, 5 Mund (After), 6 Pharynx, 7 Darm, 8 Hoden und Anhangsorgane, 9 Eierstock und Anhangsorgane, 10 Samenblase, 11 Begattungsorgan, 12 Geschlechtsöffnung, 13 Exkretionsorgan, 14 Epidermis mit Cilien, 15 Ring- und Transversalmuskeln, 16 Längsmuskeln (nach *Hennig/Dathe* 1980)

Die *Saugwürmer* sind Parasiten z.B. im Darmsystem, die sich mit ihren beiden Saugnäpfen festsaugen und spannerartig kriechen können (z.B. Großer Leberegel und Kleiner Leberegel in Gallengängen von Rind bzw. Schaf); sie ernähren sich von Blut und Gewebefetzen der Gangwände, die sie mit Hilfe der kräftigen Schlundmuskulatur loslösen und einsaugen. Aus den Eiern entstehen einfach gebaute, sich parthenogenetisch vermehrende Stadien, die Zwischenwirte befallen (oft Mollusken oder Krebstiere: Wirtswechsel gekoppelt mit Generationswechsel).

Die *Bandwürmer* sind darmlose Darmparasiten mit Anheftungsorganen am kleinen Vorderende (Scolex, „Kopf"), das eine Vielzahl von Gliedern erzeugt, die im wesentlichen vom Genital (oft erst dem männlichen, dann dem weiblichen, zuletzt von dem großen, prall mit Eiern gefüllten Uterus) eingenommen und nach der Eireifung abgeschnürt werden. Aus den Eiern entwickeln sich einfache Larven (Finnen) in Form einer Blase mit eingestülptem „Kopf", meist in einem anderen Wirt und meist in inneren Organen (Wirtswechsel ohne Generationswechsel) (s. Band 8, Abschnitt II, 3.1.6).

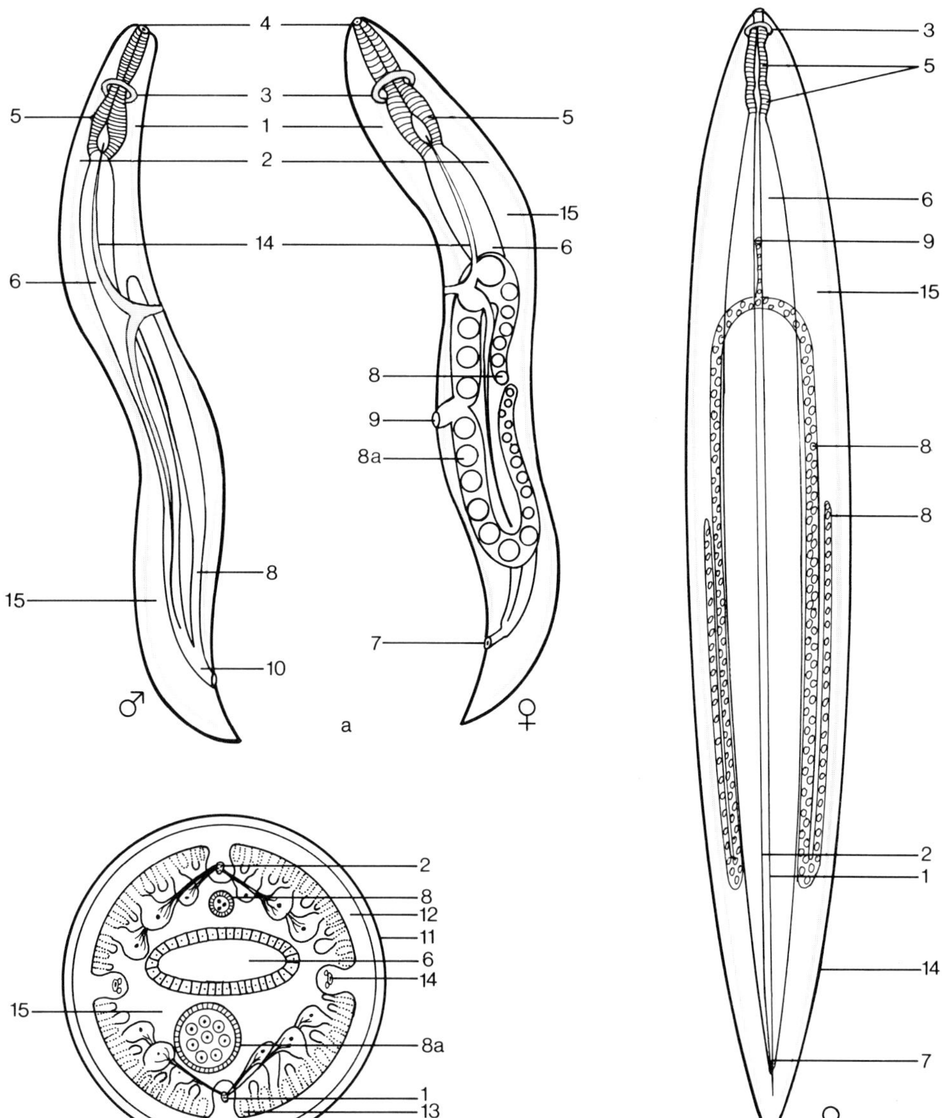

Abb. II, 7-8: Bauplan der Fadenwürmer (Nematoden). a) Längsschnitt von der Seite, b) in Aufsicht, c) Querschnitt. 1, 2 Bauch- und Rückennerv, 3 Nervenring („Gehirn"), 4 Mundöffnung, 5 Pharynx, 6 Mitteldarm, 7 After, 8 Keimdrüsen (Eierstöcke bzw. Hoden), 8a Uterus, 9 Scheide, 10 Kloake, 11 Kutikula, 12 Epidermis, 13 Längsmuskelzellen, 14 Ausscheidungskanal, 15 Leibeshöhle (nach *Eulefeld* 1972; *Wurmbach* 1968)

II Ordnen nach systematischen Gesichtspunkten

4. Stamm: Rundwürmer (Nemathelminthes)

Rundwürmer sind drehrunde, unsegmentierte Würmer mit einer derben Außenhaut und einer prall mit Flüssigkeit gefüllten Körperhöhle, die als Hydroskelett wirkt (s. Abb. II, 7-8). Unter der Haut liegen ausschließlich Längsmuskelstränge und zwei Nervenstränge mit Fortsätzen zu den einzelnen Muskelzellen. Den Körper durchzieht ein Darm, der vorn oft einen ausstülpbaren Rüssel besitzt. Ein Nervenring mit wenigen Ganglienpaaren umzieht den Vorderdarm und verbindet die beiden Längsnervenstränge als einfaches Gehirn. In der Leibeshöhle liegen die einfachen Genitalien, die Tiere sind im allgemeinen getrenntgeschlechtlich.

Fadenwürmer (Nematoden) bilden eine artenreiche, aber formenarme Gruppe. Die Würmer besiedeln alle Feuchtlebensräume vom Meer (bis in große Tiefen), dem Süßwasser (bis zu heißen Quellen), dem Lückensystem des Bodens und feiner Pflanzenrasen z.B. als Räuber, Bakterien- oder Pilzfresser. Viele Arten leben parasitisch in Pflanzen oder Tieren (wie der Spulwurm Ascaris oder die Trichine). Fadenwürmer bewegen sich durch Hin- und Herschlagen des Körpers (wechselseitige Kontraktion der rechten und linken Längsmuskulatur mit dem Hydroskelett als Widerlager).

Rädertierchen (Rotatoria) sind vielgestaltige, planktisch lebende Kleinformen mit einem Wimperkranz am Vorderende als Bewegungs- und Strudelorgan und einem auffallenden Kaumagen.

5. Stamm: Weichtiere (Mollusca)

Der weiche Körper dieser Tiere ist von einer mehr oder weniger derben Schleimhaut umgeben und meist in den Kopf, den muskulösen Fuß und den (oft sackförmigen) Bereich der Eingeweide gegliedert. Vom Rücken geht in Form von zwei Hautfalten der Mantel ab, der die Mantelhöhle (meist als Atemkammer mit den Kiemen bei primären Wasserbewohnern) umschließt. Er scheidet nach außen meist eine Kalkschale ab. Im Mund liegt bei Schnecken und Tintenfischen eine eigentümliche Raspelplatte, die Radula. Das Blutgefäßsystem ist offen, das Rückenherz liegt in einem flüssigkeitserfüllten Raum, dem Herzbeutel, in dem die Nierenkanälchen mit je einem Flimmertrichter (Metanephridium) beginnen. Das Filtrat (der Harn) wird in die Mantelhöhle ausgeschieden.

Schnecken sind meist langsame Gleitkriecher, die sich mit Kontraktionswellen des Fußes auf einem hinter dem Kopf abgeschiedenen Schleimband voranschieben (s. Band 1, Abb. I, 4-8). Im Meer gibt es auch frei schwimmende Formen. Der Eingeweidesack ist meist durch eine Schale geschützt, die häufig spiralig gewunden ist. Diese Windungen macht der Eingeweidesack mit, er ist dementsprechend asymmetrisch geformt (s. Abb. II, 7-9). Bei Gefahr oder in der Ruhe können sich die Schnekken mit einem besonderen Muskel in ihre Schale zurückziehen, oft auch die Mündung mit einem am Fuß angehefteten Deckel verschließen. Das Herauskommen aus der Schale erfolgt hydraulisch durch Erhöhung des Druckes der Leibesflüssigkeit. Schnecken sind in der Regel Weidegänger, z.T. auch Aasfresser, einige überfallen wenig bewegliche Tiere. Sie sind meist Wassertiere, einige haben als Feuchtlufttiere das Land erobert.

Muscheln sind Wassertiere, deren Weichkörper zwischen der zweiklappigen Schale verborgen ist (s. Abb. II, 7-10). Am Hinterende bildet der Mantel die Ein- und Ausströmöffnung für das Atemwasser, das von den vier riesigen, lappenartigen Kiemen filtriert wird. Das Filtrat wird von Flimmerepithelien zum Mund transportiert und von diesem aufgenommen. Mit dem beilförmigen Fuß ist eine langsame Ortsveränderung und ein Eingraben in den Gewässergrund möglich; einige Arten (z.B. Miesmuschel, Dreiecksmuschel) spinnen sich am Untergrund fest. Ein Kopf ist nicht ausgebildet; Sinnesorgane fehlen meist ebenso wie die Radula. Die Kalkschalen sind durch ein artspezifisch geformtes Gelenk, das Schloß, verbunden und klaffen durch den Zug eines elastischen Bandes (Ligament) auseinander. Die lebende Muschel schließt diesen Spalt mit Hilfe von ein bis zwei besonderen Schließmuskeln, die von einer Schale zur anderen ziehen.

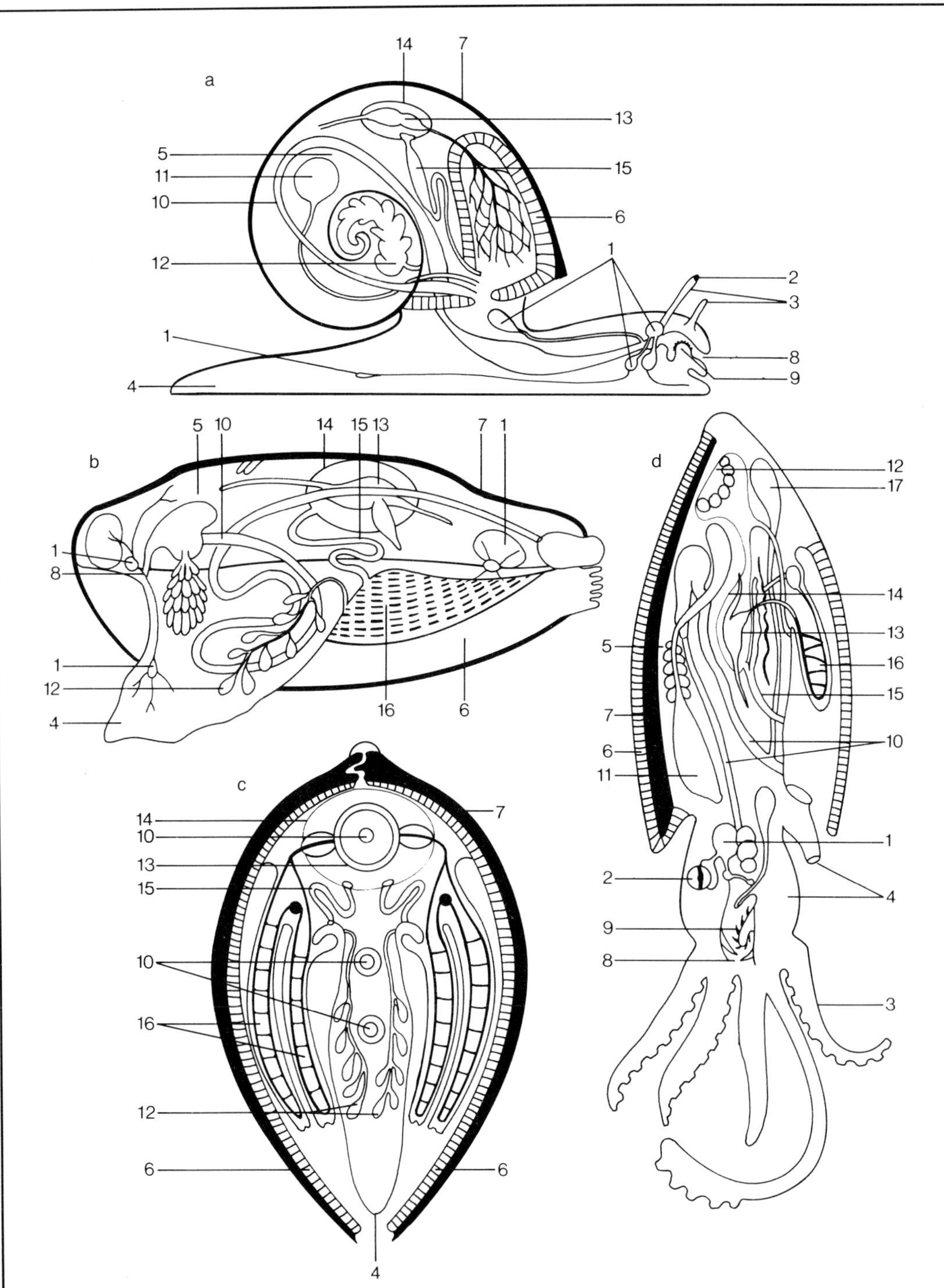

Abb. II, 7-9: Baupläne der Mollusken. a) Schnecken, b), c) Muscheln, Längs- und Querschnitt, d) Tintenschnecken. 1 Nervensystem mit Ganglien (Gehirn-, Fuß- und Eingeweidesackganglien), 2 Auge, 3 Tentakel, 4 Fuß, 5 Eingeweidesack, 6 Mantel, 7 Schale, 8 Mund, 9 Radula, 10 Darm, 11 Leber, 12 Keimdrüse, 13 Herz, 14 Herzbeutel, 15 Niere, 16 Kiemen, 17 Tintenbeutel (nach *Linder* 1960; 1967)

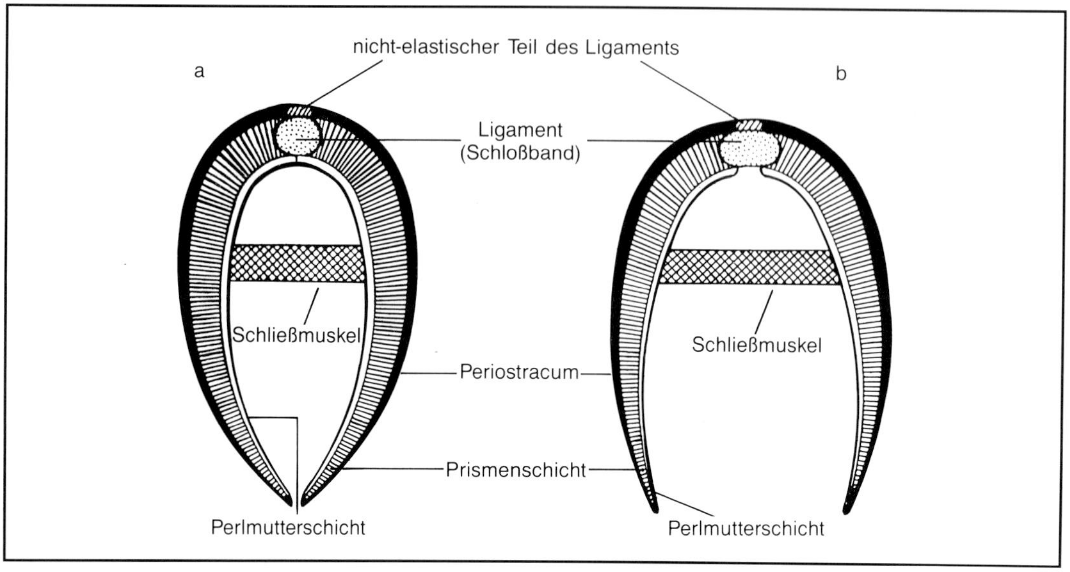

Abb. II, 7-10: Schalenklappen, Ligament und Schließmuskeln bei Muscheln.
a) Muschel geschlossen, Muskeln angespannt, b) Muschel geöffnet, Muskeln entspannt, Ligament durch Eigenelastizität zusammengezogen, so daß die Schale klafft (nach *Hennig/Dathe* 1980)

Tintenschnecken („Tintenfische") sind gewandte, räuberische Schwimmer der Meere. Der Kopf ist groß, er besitzt zwei leistungsfähige Linsenaugen sowie acht oder zehn mit zahlreichen Saugnäpfen besetzte Fangarme. Der Mund trägt einen Hornschnabel zum Zerteilen der Beute. Der Körper ist meist einheitlich sack- oder stromlinienförmig, da die beiden Mantelhälften miteinander verwachsen sind (s. Abb. II, 7-11). Der rückenseitige Eingeweidesack und die bauchseitige Mantelhöhle heben sich also äußerlich nicht ab. Der Fuß ist zu einer düsenartigen, beweglichen Öffnung des Eingeweidesackes umgebildet (Trichter). Die Tiere schwimmen geschickt rückwärts (Rückstoßschwimmer) mit Hilfe des ausgepreßten Atemwassers, das bei Gefahr mit dem Sekret des Tinten-

Abb. II, 7-11: Baupläne (Körperteile und Schale) bei Kopffüßern. a) Grundbauplan, b) Nautilus (Sepia s. Abb. II, 7-9). 1 Tentakeln, 2 Fuß, 3 Eingeweidesack, 4 Mantel, 5 Schale, 6 Mantelhöhle, 7 Sipho (nach *Hadorn/Wehner* 1978)

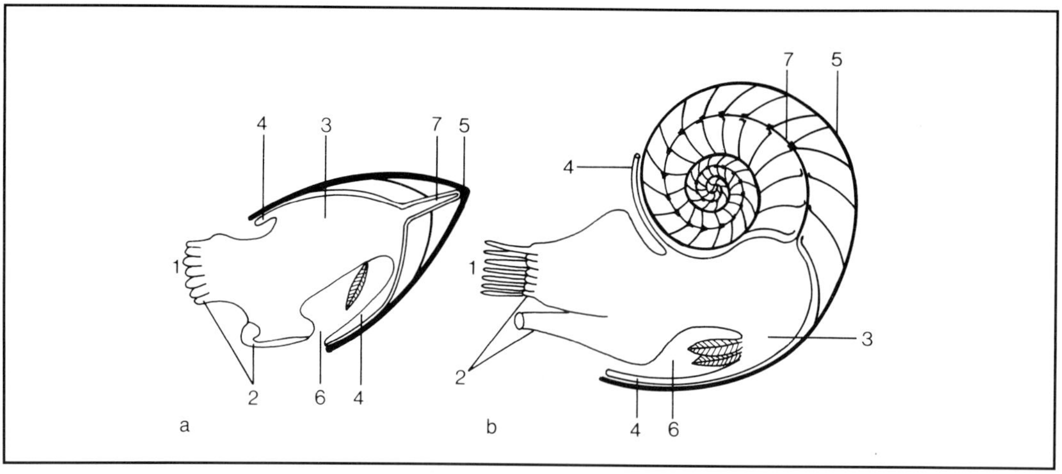

beutels getrübt werden kann (Sichtschutz vor Feinden). Eine Kalkschale fehlt entweder völlig (Kraken) oder ist als Rückenschulp äußerlich nicht sichtbar (Sepia). Das Schiffsboot (Nautilus) hat dagegen wie zahlreiche fossile Formen (Ammoniten, Belemniten) eine große, gekammerte Kalkschale (s. Abb. II, 7-11): Der Körper steckt in der zuletzt gebildeten, äußersten Kammer, die inneren, früher gebildeten Kammern sind gasgefüllt und halten den Körper mit Schale in der Schwebe. Tintenschnecken sind in einer Reihe von Merkmalen den Fischen überraschend ähnlich, mit dem großen, von einer Knorpelkapsel geschützten Gehirn mit Augenhöhlen, dem Bau der Augen (mit Lid, Iris, Pupille, Cornea, Ciliarkörpern) und von Knorpeln gestützten (hier aber seitlichen) Flossen, so daß man früher an eine Verwandtschaft gedacht hat.

Abb. II, 7-12: Bauplan der Ringelwürmer. a) in Aufsicht, Nervensystem und Exkretions- sowie Geschlechtsorgane, b) Seitenansicht, c) Querschnitt. 1 Bauchmark, 2 Gehirn (Oberschlundganglion), 3 Mund, 4 Darm, 4a After, 5 Ausscheidungsorgan (Metanephridium), 6 Rückenblutgefäß, 7 Ringblutgefäß, 8 Bauchblutgefäß, 9 Dissepiment, 10 Keimdrüse, 11 Kutikula, 12 Epidermis, 13 Ringmuskeln, 14 Längsmuskeln, 15 Leibeshöhlenepithel (Mesoderm), 16 Leibeshöhle (nach *Eulefeld* 1972; *Hennig*/*Dathe* 1984)

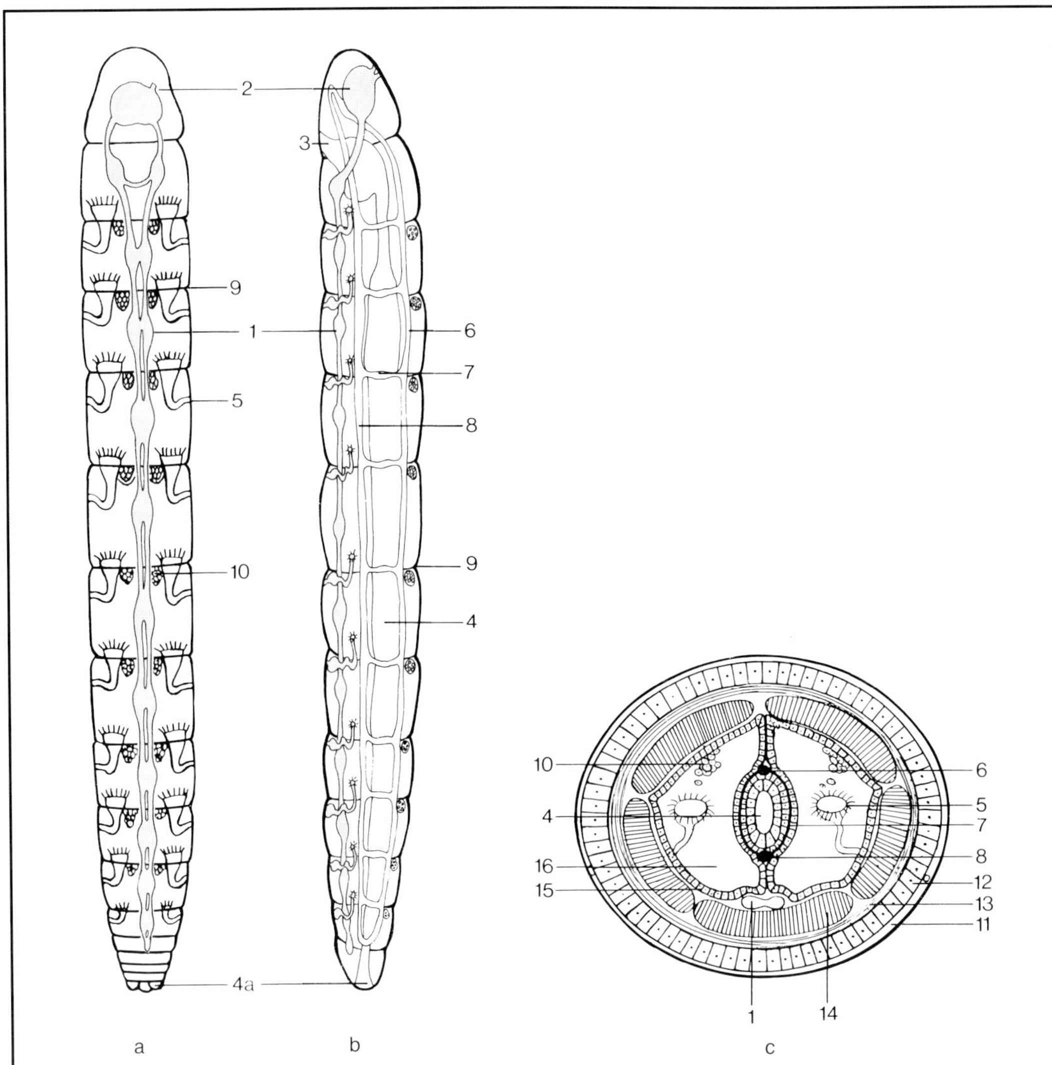

6. Stamm: Ringelwürmer (Annelida)

Der Rumpf dieser Würmer ist (wenigstens äußerlich) in eine Vielzahl gleichartiger Segmente gegliedert. Sie haben ein Strickleiternervensystem als Bauchmark, das vorn den Schlund umschließt und zu einem Gehirn vergrößert sein kann (Oberschlundganglion) sowie ein geschlossenes Blutgefäßsystem mit einem Rückengefäß als Herz. Typische Exkretionsorgane sind Metanephridien, die auch der Ausleitung der Keimzellen aus den meist über eine Reihe von Segmenten verteilten Gonaden dienen. Je eine Lage aus Ring- und Längsmuskulatur liegt unter der Haut (Hautmuskelschlauch) (s. Abb. II, 7-12).

Meeresringelwürmer: Jedes Segment ist durch eine Querwand von den benachbarten abgetrennt, den Raum zwischen Hautmuskelschlauch und Darm nimmt ein Paar von Flüssigkeit erfüllter Säcke ein, die als Hydroskelett und Widerlager für die Muskulatur dienen. Jedes Rumpfsegment trägt zwei seitlich angeordnete, mit Borsten verstärkte Lappen (Parapodien), die als Schwimmruder, Lauf- oder Wühlbeine dienen, bei Röhrenbewohnern jedoch oft als Haftwülste ausgeprägt sind und meist die Kiemen tragen (s. Abb. II, 7-13). Die räuberischen Formen haben einen mit Augen (z.T. Linsenaugen mit Akkommodation) und einer Vielzahl von Fühlern ausgestatteten Kopf und z.T. einen ausstülpbaren Rüssel. Bei filtrierenden Röhrenbewohnern können die Fühler zu Tentakelkronen aufgegliedert sein und den Tieren ein blumenartiges Aussehen verleihen.

Wenigborster: Prototyp ist der Regenwurm (s. Band 1, Abschnitt I, 4.1.3).

Egel: Sie besitzen einen Saugnapf am Vorder- und Hinterende und bewegen sich durch ein spannerartiges Kriechen oder Schwimmen, indem sie vertikal schlängeln. Ihnen fehlt die innere Segmentierung, die Ausprägung von flüssigkeitserfüllten Hohlräumen als Widerlager für Längs- und Ringmuskulatur; ihr Körper ist von einem Mesenchym erfüllt. Die Egel sind Schlinger (z.B. von Würmern, Insektenlarven), Fresser (z.B. von Schnecken) oder Blutsauger (wie der Medizinische Blutegel) mit entsprechender Ausstattung des Mundbereiches. Sie leben meist im Süßwasser, vielfach an Steinen; in den Tropen kommen auch terrestrische Blutsauger als Feuchtlufttiere vor. Egel und Wenigborster sind durch eine gürtelartige Verdickung im vorderen Bereich (Clitellum) gekennzeichnet. Sie sondert einen Schleimring ab, mit dem die Partner bei der Begattung verbunden sind und der bei der Eiablage einen Kokon für die Eier bildet.
Die Ringelwürmer werden oft mit den Gliederfüßern zu einem Tierstamm, den Gliedertieren, vereinigt.

Abb. II, 7-13: Vergleich des Querschnittes durch einen Vielborster (Nereis) und einen Wenigborster (Regenwurm) (nach *Hennig/Dathe* 1984)

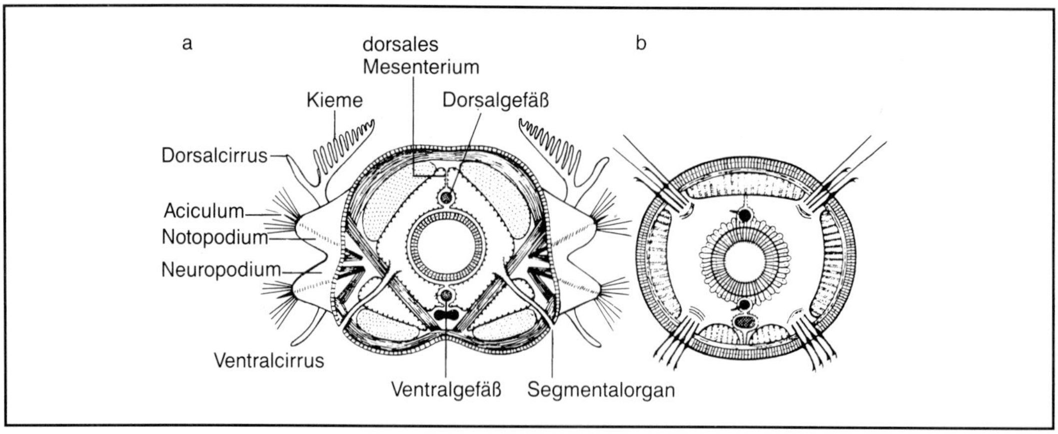

7. Stamm: Gliederfüßer (Arthropoda)

Gliederfüßer sind Tiere mit einem Außenskelett aus Chitin als starrer Körperhülle. Der Chitinpanzer ist in Segmente untergliedert, diese wiederum in eine Rücken- und Bauchspange (Tergit und Sternit), gegebenenfalls auch in Seitenplatten (Pleuren), die über zarte Verbindungen (wie die Intersegmentalhäute) gegeneinander durch innen ansetzende Muskulatur beweglich sein können. Der Körper ist in zwei bis drei Abschnitte unterteilt (Kopf, Brust bzw. Kopfbrust-Teil und Hinterleib) und durch Gliederfüße vom Boden abgehoben und beweglich. Der Kopf ist Sinnespol mit Augen (oft als Fazettenaugen), gegliederten Fühlern bzw. Tastern als Tast- und Geruchsorganen und im Mundbereich mit gegliederten, oft zangenartig gegeneinander arbeitenden Mundwerkzeugen ausgestattet. Das Wachstum erfolgt wegen des Außenskeletts in Schüben durch Häutungen. Die Arthropoden stellen vier Fünftel aller rezenten Tierarten und sind durch eine ungeheure Vielfalt in der Gestalt des dauerhaften Außenskeletts, der ökologischen Einnischungen und Lebens- sowie Verhaltensweisen ausgezeichnet.
Zu den Gliederfüßern gehören die Klassen der Spinnentiere, Krebstiere, Vielfüßer (Tausendfüßer) und Insekten (s. Abschnitt II, 5.1).

Abb. II, 7-14: Bauplan eines Seesterns (Stachelhäuter). a) Längsschnitt durch den Körper und einen Arm, b) Querschnitt durch einen Arm. 1 Nervenring, 2 Nervenstrang, 3 Mund, 4 Magen, 5 Darm mit Verzweigungen, 6 Wassergefäßsystem mit Ringgefäß und Reservoireblase sowie Ampullen und Füßchen, 7 Siebplatte (Madreporenplatte), 8 Keimdrüse, 9 Kalkpanzer, 10 Kalkstachel, 11 Kiemen (nach *Linder* 1950)

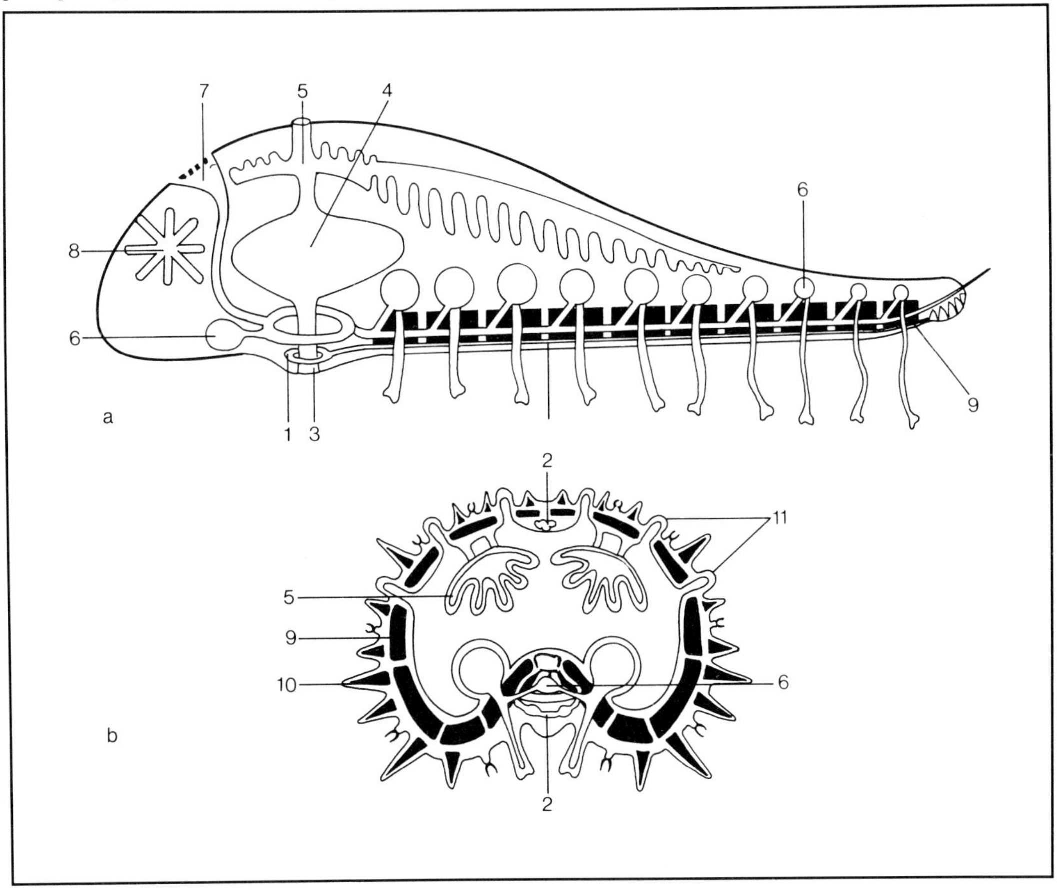

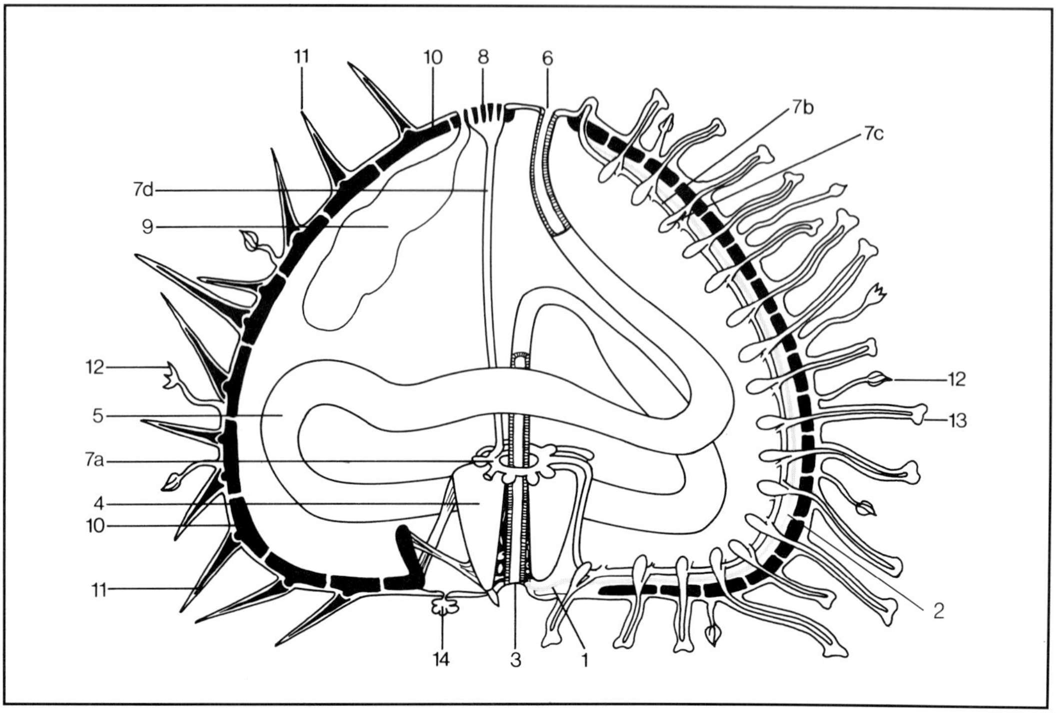

Abb. II, 7-15: Bauplan eines Seeigels (Stachelhäuter), Längsschnitt. 1 Nervenring, 2 Nervenstrang, 3 Mund, 4 „Laterne des Aristoteles" (Kieferapparat), 5 Darm, 6 After, 7 Wassergefäßsystem mit 7a Ringkanal, 7b Radiärkanal, 7c Ampullen, 7d Steinkanal, 8 Siebplatte (Madreporenplatte), 9 Keimdrüse, 10 Kalkpanzer, 11 Kalkstachel, 12 Abwehr- und Putzzangen (Pedicellarien), 13 Füßchen, 14 Kiemen (nach *Kükenthal/Renner* 1984)

8. Stamm: Stachelhäuter (Echinodermata)

Die Stachelhäuter fallen durch ihre fünfstrahlige Symmetrie auf (Prototyp: Seestern, s. Abb. II, 7-14, und Seeigel, s. Abb. II, 7-15). Die Bilateralsymmetrie, die ihrem Bau zugrundeliegt, zeigt sich deutlich bei den Larven, bei erwachsenen Tieren noch in der Lage des Afters (Madreporenplatte beim Seeigel, s. Abb. II, 7-16). Unter der Haut liegt ein Kalkplattenskelett, von dem aus stachelartige Fortsätze nach außen ragen können (z.B. Seeigel) (s. Abb. II, 7-17). Der Innenraum ist von Flüssigkeit erfüllt. Der Mund liegt meist auf der Unter- oder Oberseite, der After schräg gegenüber, ein Kopf fehlt. Eine Besonderheit ist das Wassergefäßsystem mit einer Vielzahl von hydraulisch arbeitenden Saugfüßchen, die, ausgehend vom Mundbereich, in fünf Strahlen über den Körper angeordnet und vielfältig einsetzbar sind (s. Abb. II, 7-18). Der Keimesentwicklung nach sind die Echinodermen Deuterostomier, ihre Larven sind zweiseitig-symmetrische Plankter.
Die *Seelilien* (Crinoidea) sind festsitzende Filtrierer.
Die sackförmigen *Seegurken* (Holothurien) nehmen Feinpartikel mit ausstülpbaren Tentakeln auf.
Die kugelförmigen *Seeigel* (Echinoidea) haben einen mächtig bezahnten Kauapparat („Laterne des Aristoteles") und können Tange oder wenig bewegliche Beutetiere (wie Seepocken, Korallenpolypen, Röhrenwürmer, Schwämme) zerkleinern. Die flachen, bodenbewohnenden Formen unter den Seeigeln (Sanddollar) nehmen Feinmaterial auf.
Die *Seesterne* (Asteroidea) öffnen mit dem Zug ihrer Arme Muscheln und verdauen sie, indem sie den Magen ausstülpen; die *Schlangensterne* mit ihren schlanken, gut beweglichen Armen sind Weidegänger, Greifer, Taster oder Filtrierer.

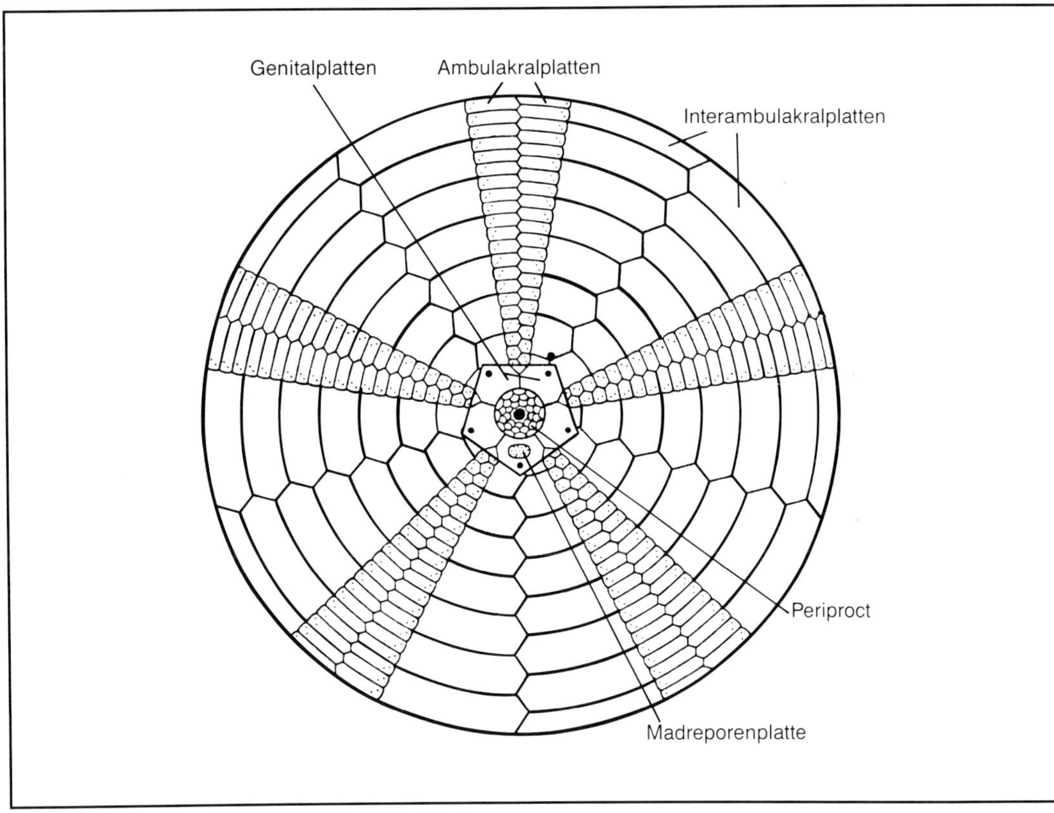

Abb. II, 7-16: Aufsicht auf ein Seeigelskelett (nach *Hennig/Dathe* 1984)

Abb. II, 7-17: Schnitt durch die Haut eines Seeigels mit einem Kalkstachel. Der Stachel kann durch die ansetzenden Muskeln bewegt werden

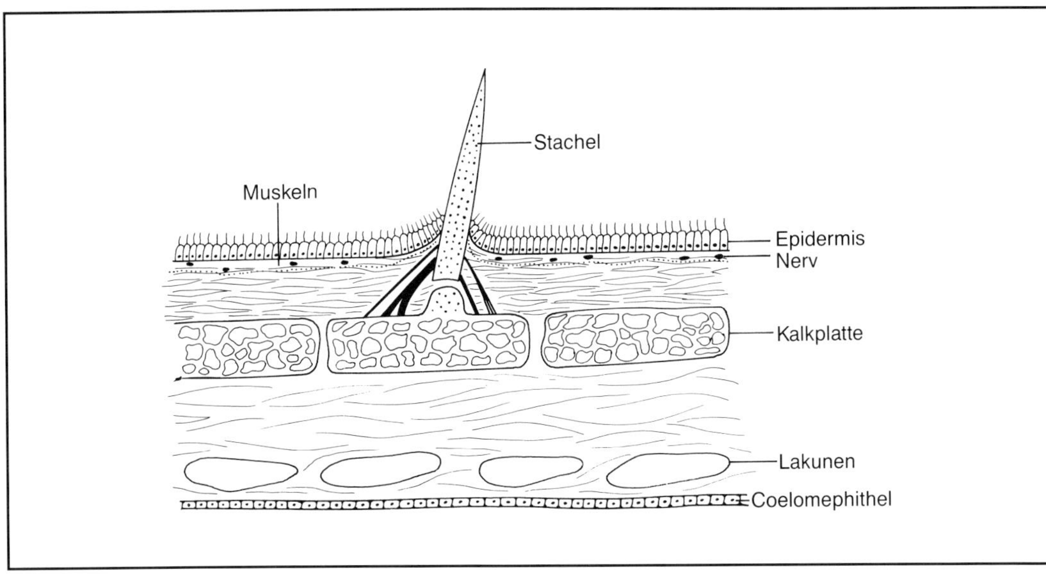

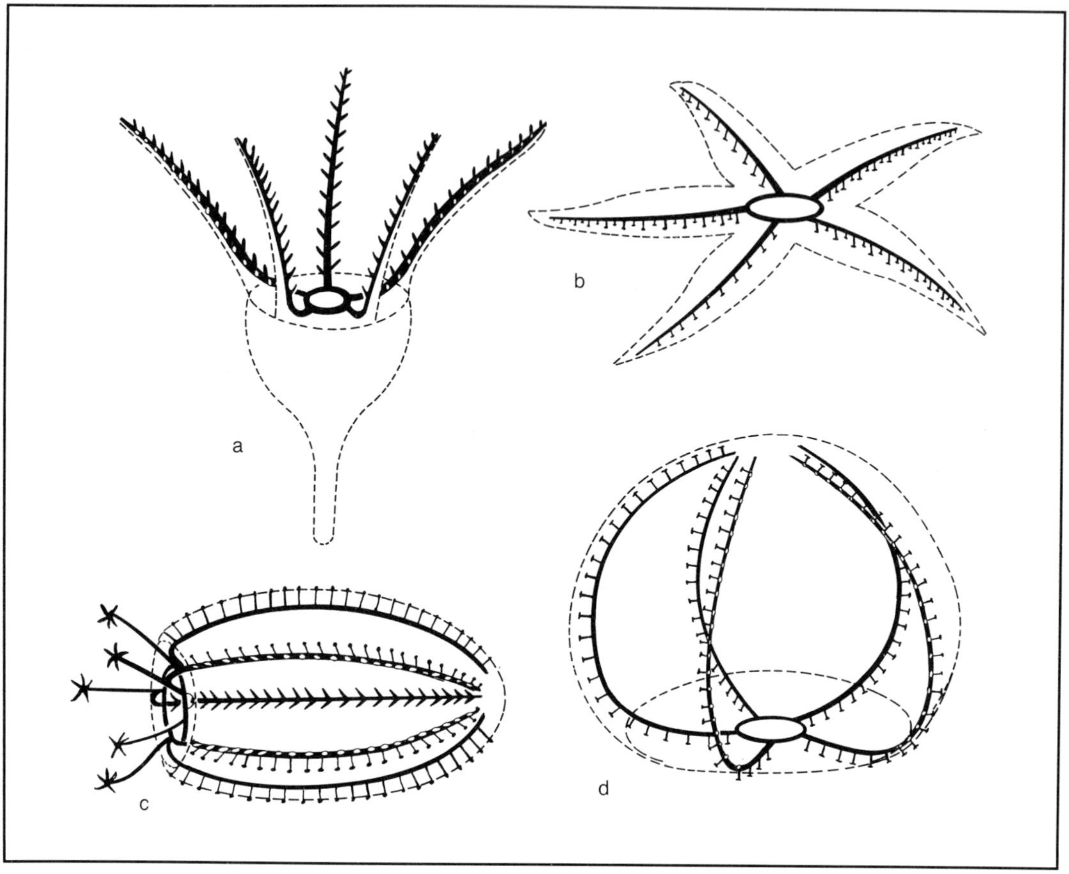

Abb. II, 7-18: Vier Typen der Stachelhäuter: Körperform und Wassergefäßsystem. a) Seelilie (Haarstern), b) Seestern, c) Seewalze, d) Seeigel (nach *Kaestner* 1957, 1162)

9. Stamm: Chordatiere (Chordata)

Charakteristisch für die Chordatiere ist ein elastischer Achsenstab (Chorda) oberhalb des Darmes, welcher dem Körper durch große, turgeszente Zellen Stabilität verleiht, insbesondere die Körperlänge konstant hält und durch die Rückenmuskulatur zu schlängelnden Bewegungen verbogen werden kann. Über der Chorda liegt das Neuralrohr als Rückenmark, das im Kopf mehr oder weniger deutlich zum Gehirn erweitert ist. Der Vorderdarm ist zumindest embryonal mit Kiemenspalten versehen. Das Bauchherz treibt das Blut in einem geschlossenen Blutkreislauf an. Dem Grundbauplan entsprechen marine, planktische Kiemendarmfiltrierer.

1. Unterstamm Manteltiere (Tunikaten): Die Larven entsprechen dem Grundbauplan, die erwachsenen Tiere sind tonnenförmige, festsitzende oder planktische, per Rückstoß schwimmende Filtrierer, bei denen Chorda und Rückenmark reduziert sind und ein Kopf nicht ausgeprägt ist.

2. Unterstamm Acrania, wörtlich *Schädellose* (Prototyp: Lanzettfischchen) (s. Abb. II, 7-19): Dem Grundbauplan weitgehend entsprechender Kiemendarmfiltrierer, der jedoch meist im Sandgrund eingegraben ist und einen Kopf als Sinnespol nicht erkennen läßt (einfache Lichtsinnesorgane sind über das ganze Rückenmark verteilt).

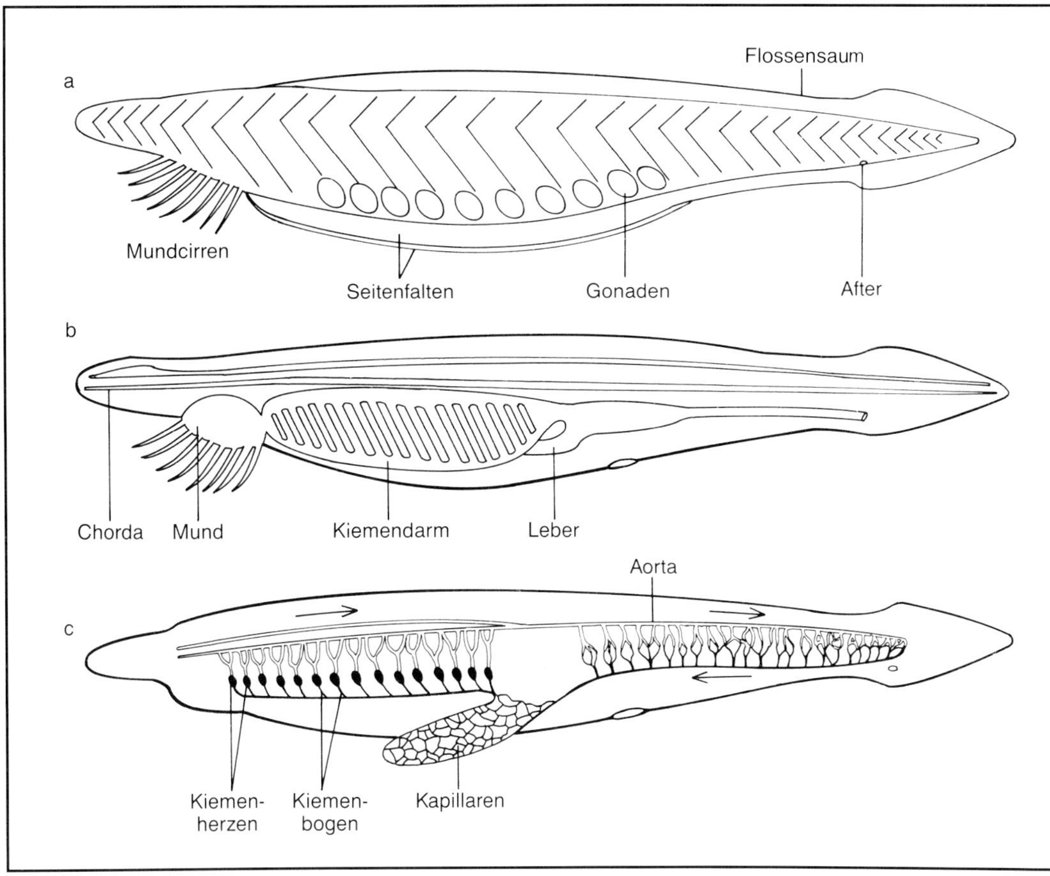

Abb. II, 7-19: Bauplan des Lanzettfischchens (Chordatiere)
a) äußerer Bau, b) Nervensystem, Chorda und Darmsystem, c) Blutgefäßsystem (nach *Hadorn/Wehner* 1978)

3. Unterstamm Wirbeltiere: Bei ihnen wird die Chorda als Achsenskelett mehr oder weniger stark durch eine gelenkig verbundene Knorpel- oder Knochenkette, die Wirbelsäule, verdrängt. Die Wirbel umschließen schützend das Rückenmark, vorn schließt sich eine Knochenkapsel, der Schädel, als Hülle um das Gehirn an, mit Höhlen für die Augen, Nase und Ohren (Gehör- und Lagesinnesorgan).

I. *Kieferlose* Agnatha (Prototyp: Neunaugen): Als Larven sind die Tiere im Boden eingegrabene Kiemendarmfiltrierer (Querder), als Erwachsene haben sie eine aalartige Gestalt mit kieferlosem Saugmund; sie leben meist parasitisch an Fischen. Der Kiemendarm ist reines Atemorgan, jede Kiemenspalte hat einen eigenen Ausführgang mit einer Kiemenkammer. Die Kiemenöffnungen sind rund und führten zu dem Namen „Neunaugen".

II. *Kiefermünder* Gnathostomata: Bei ihnen wird der Mund durch Knochen- oder Knorpelspangen und die oft mit Hautzähnen besetzten Kiefer gestützt. Zu den Gnathostomata gehören die fünf Klassen der Wirbeltiere, die im Biologieunterricht der Sekundarstufe I eine Rolle spielen: Fische, Lurche oder Amphibien, Kriechtiere oder Reptilien, Vögel, Säuger (s. Abb. II, 7-20 und Abschnitt II, 1.1). Dabei sind die Fische eine uneinheitliche Gruppe, die in die Klassen der Knorpelfische und der Knochenfische aufgeteilt werden müßte. Im Sinne einer einfachen Übersicht wird man jedoch im Biologieunterricht des Sekundarbereichs I die Fische als Klasse ebenso beibehalten wie die Wirbeltiere als Stamm (s. Abschnitte II, 1.1 und II, 7.3.1).

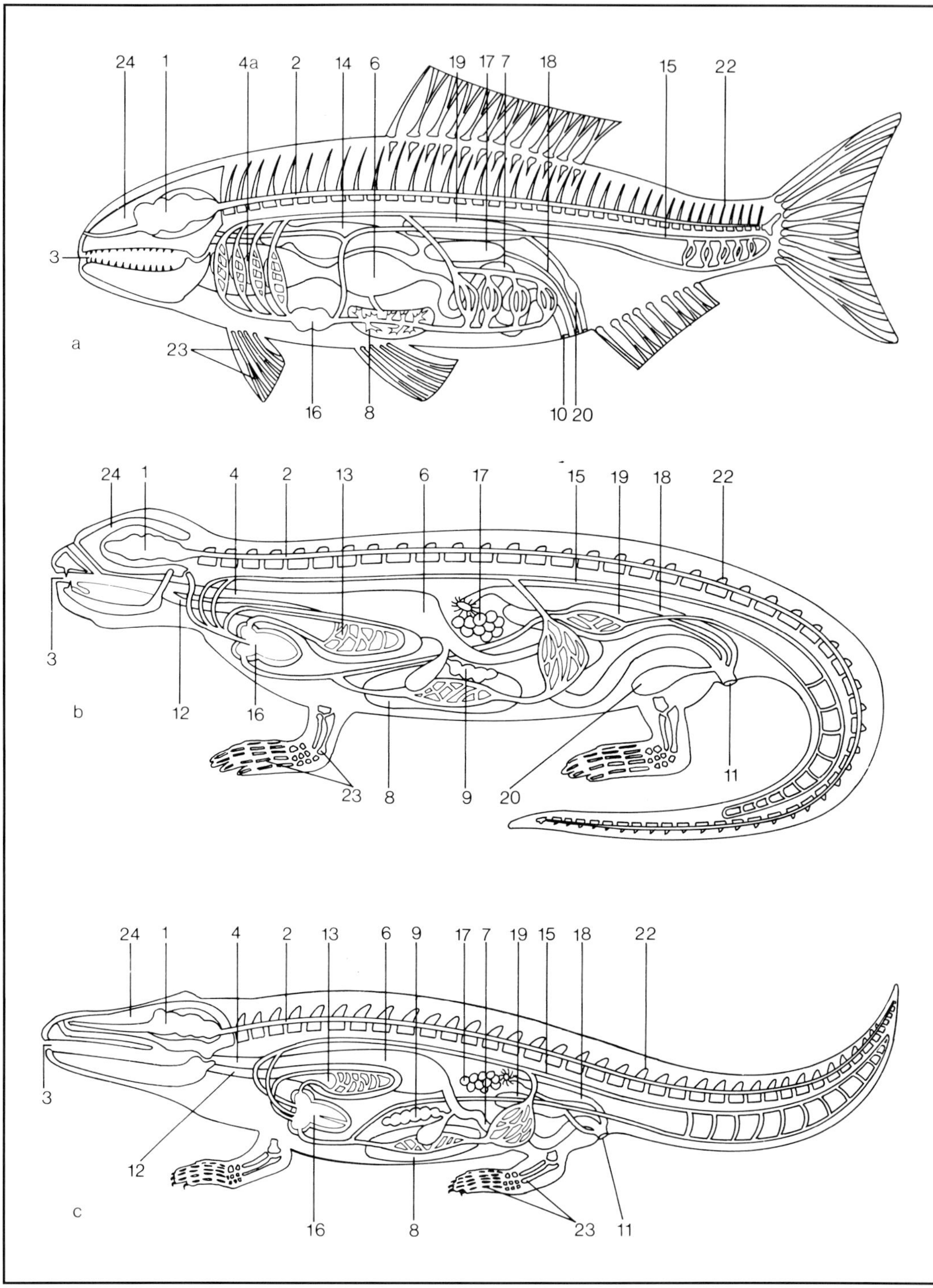

Abb. II, 7-20: Baupläne der Wirbeltierklassen (Chordatiere). a) Knochenfisch, b) Lurch (Molch), c) Reptil (Eidechse), d) Vogel (Taube), e) Säuger (Hund). 1 Gehirn, 2 Rückenmark, 3 Mund, 4 Speiseröhre, 4a Kiemendarm, 5 Kropf, 6 Magen, 7 Mitteldarm, 8 Leber, 9 Bauchspeicheldrüse, 10 After, 11 Kloake, 12 Luftröhre,

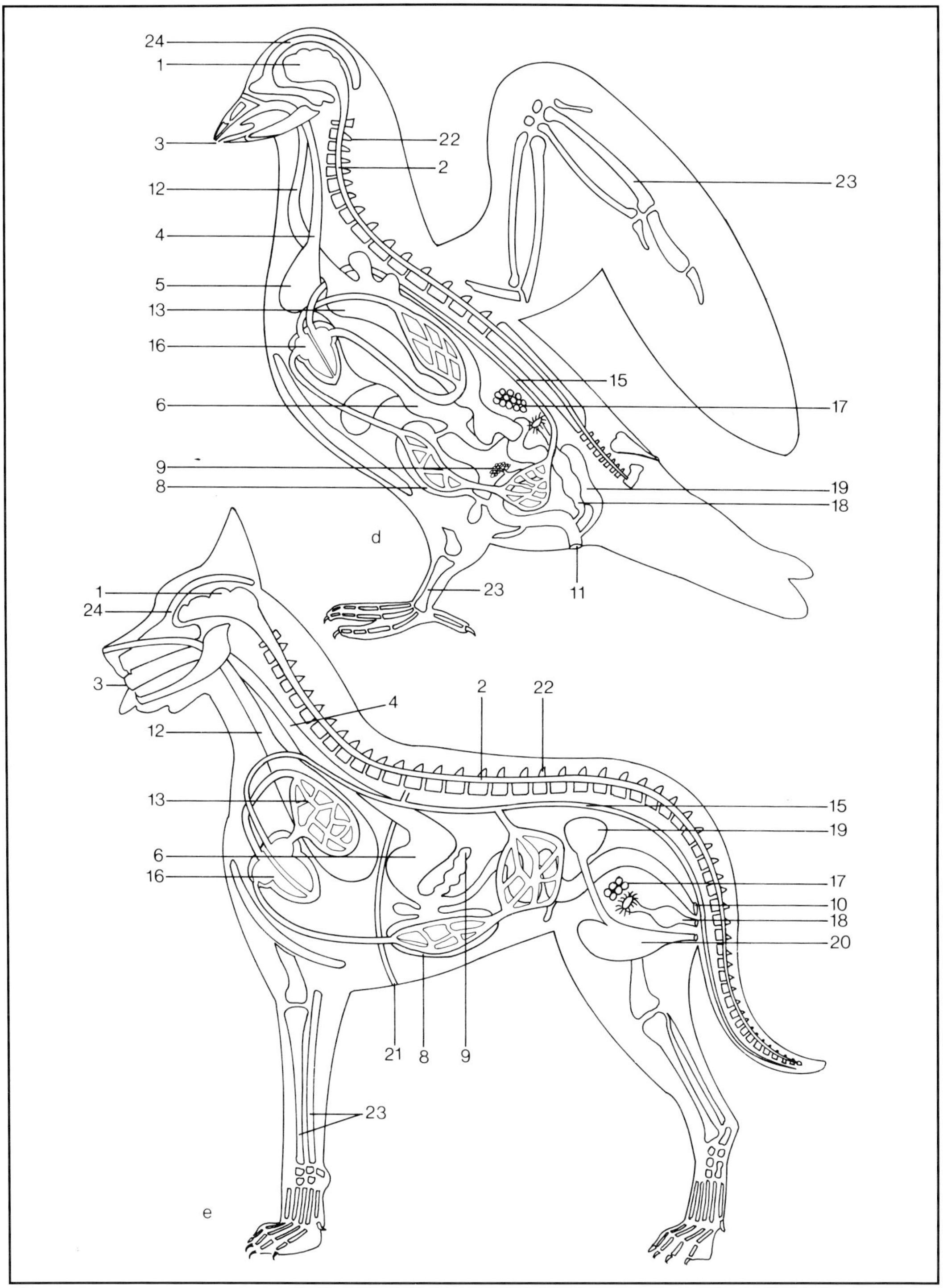

13 Lunge, 14 Schwimmblase, 15 Blutgefäß (Körperarterie), 16 Herz, 17 Keimdrüse (Ovar), 18 Eileiter, Uterus, Scheide, 19 Niere, 20 Harnblase, 21 Zwerchfell, 22 Wirbelsäule, 23 Gliedmaßenknochen, 24 Schädelknochen (nach *Kattmann/Palm/Rüther* 1983, 48 ff.)

7.1.3 Anordnung der Tierstämme unter dem Gesichtspunkt der „Funktionsgestalt“

Unter den Vielzellern ergibt sich von den Schwämmen als festsitzenden, unbeweglichen Geißelkammerfiltrierern ohne echte Gewebe, ohne Muskel-, Sinnes- und Nervenzellen über die Nesseltiere als festsitzende oder planktische Nesseltentakelfänger mit nur zweischichtigem Körper bis zu den Bilateria mit ihrem zweiseitig symmetrischen, aus drei Schichten aufgebauten Körper eine einfache Staffelung in der Organisationshöhe. Die Gliederung innerhalb der Bilateria ist dagegen schwieriger. Nach der Leistungsfähigkeit sind zwei Spitzen zu verzeichnen, die Arthropoden und die Chordaten (speziell die Tetrapoden, also Reptilien, Vögel und Säuger), die als einzige Tierstämme das trokkene Land besiedeln können. Beim Laufen mit Extremitäten heben sie ihren Körper vom Boden ab und halten so die Reibung gering, wobei ein gegliedertes Skelett mit Gelenkstellen und darüber greifender Skelettmuskulatur den Stütz- und Bewegungsapparat ergibt. Bei einigen kommt Flugvermögen vor, wobei die Orientierung mit Hilfe von Hochleistungsaugen erfolgt. Hinsichtlich des Bauplans bestehen jedoch einige grundlegende Unterschiede zwischen Arthropoden und Chordata (wie Innen- bzw. Außenskelett; Rücken- bzw. Bauchmark; geschlossenes Blutgefäßsystem mit Bauchherz bzw. offenes Blutgefäßsystem mit Rückenherz; Großlinsen bzw. Facettenaugen).
Einen weiteren Leistungshöhepunkt verkörpern die Mollusken mit den Tintenschnecken (Cephalopoden). Die Anordnung innerhalb der Bilateria kann daher auch nach dem Funktionsgestalttyp nicht linear erfolgen. Die Aufspaltung in zwei Äste läßt sich bei der gegebenen Auswahl von Stämmen durch die Trennung in Stämme mit und solche ohne Innenskelett aus Hartteilen vornehmen. Zu ersteren sind neben die Chordaten die Echinodermen mit ihrem eigentümlichen, fünfstrahligen Wassergefäßsystem für Fortbewegung und Nahrungserwerb bei im ganzen erheblich geringerer Organisationshöhe zu stellen. Bei den Stämmen ohne Innenskelett aus Hartteilen können jene mit einem gegliederten Körper und damit einem gegliederten oder lokalisierten Bewegungsapparat und mit einem Kreislaufsystem mit (Rücken-)Herz von jenen mit einfach wurmförmigem Körper und ungegliedertem oder fehlendem Bewegungsapparat ohne Kreislaufsystem abgehoben werden. Zu letzteren gehören die Plattwürmer und die Rundwürmer. Unter den ersteren sind die Mollusken durch den bauchseitigen Fuß und den Eingeweidesack sowie einen die Schalen bildenden Mantel ausgezeichnet. Von ihnen heben sich die Gliedertiere (Artikulaten) durch die „geringelten“ Körper und entsprechend gegliederte Bewegungsapparate, Kreislauf- und Strickleiternervensysteme ab; dabei sind die Ringelwürmer mit dem Bewegungsapparat in Form eines Hautmuskelschlauches einfacher organisiert als die Gliederfüßer mit ihrem Chitin-Außenskelett und der Fortbewegung mittels ihrer Gliederfüße.
Eine Übersicht ausgewählter Tierstämme ist in der Abbildung II, 7-21 in Form eines Dendrogramms gegeben (die wirbellosen Gruppen der Chordatiere sind dabei nicht berücksichtigt). Ein solches Dendrogramm sollte nicht mit einem Stammbaum verwechselt werden (s. Band 7). Beim Dendrogramm fehlt die Zeitleiste, und es kann daher schon aus diesem Grunde keine geschichtliche Entwicklung im Sinne der Evolution darstellen (vgl. *Eschenhagen/Kattmann/Rodi* 1985, 252 f.). Das Dendrogramm gibt lediglich die Ähnlichkeiten der Organisationstypen in einer zweidimensionalen Anordnung an, die später auf dem Hintergrund der Evolutionstheorie allerdings als stammesgeschichtliche Verwandtschaft gedeutet werden kann.

7.2 Kriterien der Themenauswahl

Die Einordnung aller Lebewesen in ein System war, zumindest am Gymnasium, bis zur Reform des Biologieunterrichts seit Ende der 60er Jahre ein Inhalt, der den Unterricht in den Klassen 5 bis 8 weitestgehend bestimmte. Dieses „enzyklopädische“ Vorgehen ist zugunsten eines phänomen- und problemorientierten Unterrichts zurückgetreten, so daß die Systematik als Unterrichtsthema nur

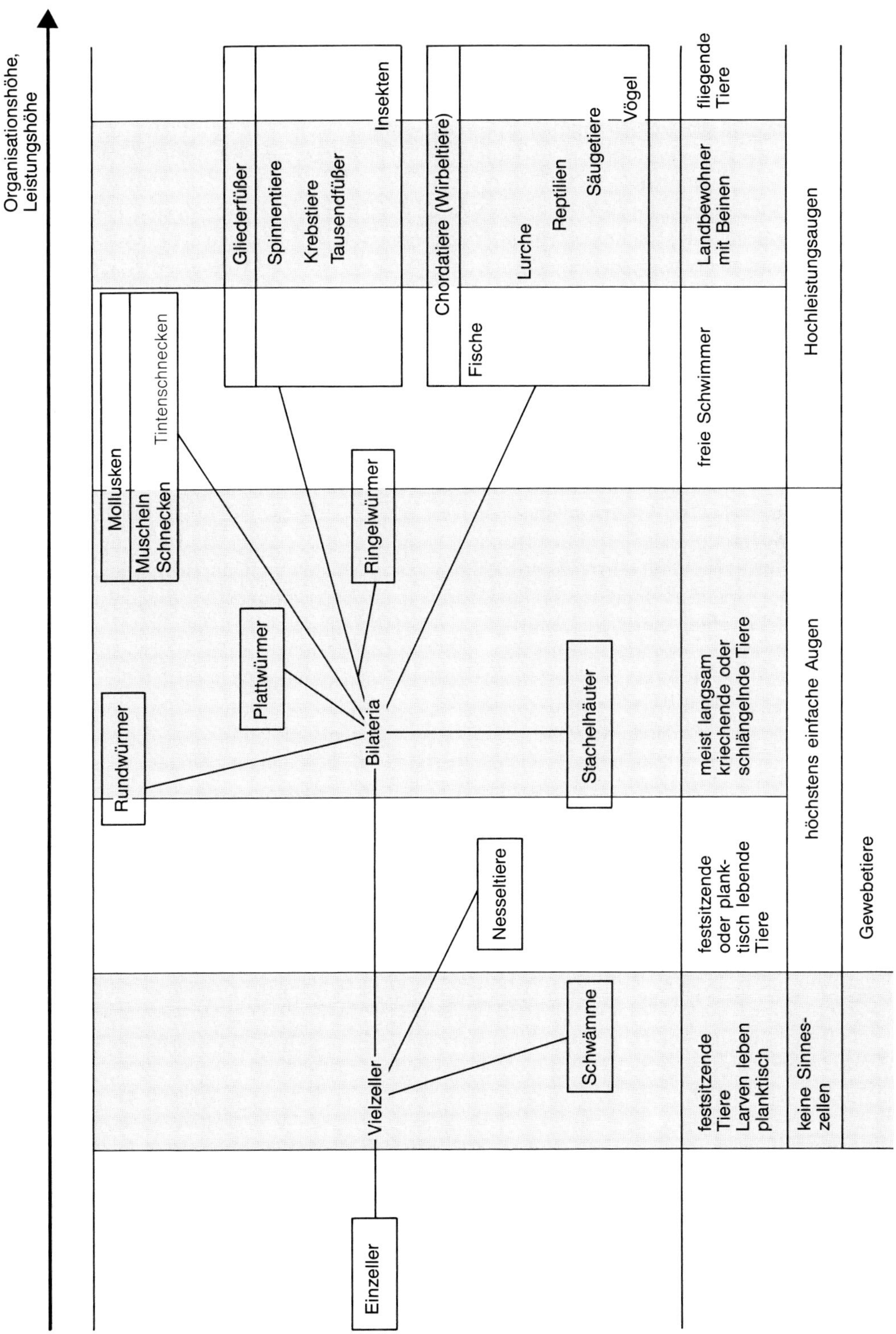

Abb. II, 7-21: Dendrogramm ausgewählter Stämme des Tierreichs, angeordnet nach der Leistungshöhe. Die Stämme sind durch Kästen gekennzeichnet, die Leistungsstufen durch Grauraster. Die wirbellosen Gruppen der Chordatiere (Manteltiere, Schädellose) sind nicht berücksichtigt mehr einen Orientierungsrahmen für den Unterricht liefern, nicht aber den Unterricht strukturieren soll.

Das Thema „System der Tiere" kann so vor allem unter drei Gesichtspunkten angegangen werden:

- Die Schüler sollen die Grundsätze und Kriterien lernen, nach denen das System der Lebewesen aufgestellt wird. Dieses Ziel wird man am besten exemplarisch an den Gruppen erarbeiten, die den Schülern aus dem vorhergehenden Unterricht am meisten vertraut sind (Wirbeltiere und Gliederfüßer; s. Abschnitt II, 7.3).
- Die Schüler sollen einen Überblick über das System der Tiere mit den wichtigsten Tierstämmen sowie über die Bezüge der Stämme zueinander bekommen. Hier müssen auch die sonst im Unterricht weniger eingehend behandelten Stämme berücksichtigt werden (Mollusken, Stachelhäuter, „Niedere Würmer", s. Abschnitte II, 7.4 und II, 7.5).
- Die Schüler sollen einen Einblick in die phylogenetische Deutung des natürlichen Systems bekommen. Dieser Aspekt sollte von den beiden vorstehenden Aspekten abgetrennt und im Zusammenhang mit der Evolutionslehre aufgegriffen werden (s. Sachanalyse und Band 7).

Bei den Kriterien zur Aufstellung des Systems der Tiere sollte man von den traditionellen Gesichtspunkten der Morphologie (Bauplanähnlichkeit) ausgehen, da die Baueigentümlichkeiten der Gruppen für die Schüler am ehesten faßbar und einsehbar sind. Die Abstraktionsleistung, die in der Aufstellung eines Bauplans steckt, sollte allerdings bewußt gemacht und an Beispielen nachvollzogen werden (s. Abschnitt II, 7.3). An eine solche Arbeit kann dann der Aspekt der Funktion leicht angeschlossen werden. Im Unterschied zu der früheren, rein morphologischen Betrachtung von tierischen Organisationstypen kann durch die Verknüpfung von Morphologie und Physiologie die Leistungsfähigkeit der Organismen der jeweiligen Gruppe in die Betrachtung einbezogen werden. Für eine derartige Verknüpfung bietet ein Unterricht, der auf der Sekundarstufe I an den Kennzeichen des Lebendigen orientiert ist, gute Voraussetzungen. Die Betrachtung wird hier also in vorsichtiger Weise an den sogenannten Funktionsgestalten orientiert (s. Sachanalyse), ohne daß dieser Begriff im Unterricht genannt wird.

Für ein solches Vorgehen müssen Stämme verschiedener Organisationshöhe bzw. Leistungsfähigkeit der Funktionsgestalt miteinander verglichen werden, z.B. können verschiedene Gruppen der sogenannten „Niederen Würmer" (s. Abschnitt II, 7.5) herangezogen werden. Man könnte hier ebenso gut die Ringelwürmer mit den Gliederfüßern vergleichen. Im Sinne des Ziels, eine Übersicht über die wichtigsten Stämme zu erreichen, ist dieser Gesichtspunkt auch geeignet, die Stämme von den Schülern insgesamt anordnen zu lassen (s. Abschnitt II, 7.6).

Ausschlaggebend für die Themenwahl und die Abfolge der Themen ist hier der Grundsatz, von den Organismen, ihrem Bau und ihrer Lebensweise selbst auszugehen und Baupläne wie auch das System der Stämme weitgehend unterrichtsmethodisch induktiv von den Schülern erarbeiten zu lassen. Eine Alternative besteht darin, den Schülern ein fertiges System vorzugeben und dann die ihnen bekannten Vertreter zuordnen zu lassen. Ein solches deduktives Vorgehen setzte jedoch eine Vertrautheit der Schüler mit Prinzipien der Taxonomie voraus und könnte daher allenfalls am Schluß einer Unterrichtsfolge zum System der Tiere stehen.

7.3 Vorschläge zur Unterrichtsgestaltung am Beispiel „Was ist ein Bauplan?"

7.3.1 Didaktische Überlegungen

Die Bezeichnung „Bauplan" werden die Schüler zwar aus dem vorhergehenden Unterricht bereits kennen, bei diesem Unterrichtsthema kommt es jedoch darauf an, ihnen einen klaren Begriff zu vermitteln und sie die Abstraktionsprozesse vollziehen zu lassen, die beim Aufstellen eines Bauplans

nötig sind. Dabei wird man in der Sekundarstufe I die den Schülern vertraute und verständliche Bezeichnung „Bauplan“ beibehalten und deren anthropomorph finalen Beiklang in Kauf nehmen. Der wissenschaftliche Name „Organisationstyp“, der den Sachverhalt an sich besser trifft, erscheint für Schüler dieser Altersstufe zu unanschaulich. Das gilt erst recht für den neuerdings gebrauchten Ausdruck „Funktionsgestalt“. Die Prinzipien zur Aufstellung eines Bauplans sollten an denjenigen Beispielen ermittelt werden, die den Schülern am meisten vertraut sind. Dazu können mit den Unterrichtsthemen „Klassen der Wirbeltiere“ (s. Kap. II, 1) und „Klassen der Gliederfüßer ...“ (s. Kap. II, 5) die Voraussetzungen geschaffen werden. Man wird auch auf der Klassenstufe 9/10 weiterhin die Wirbeltiere als Tierstamm bezeichnen. Diese Vereinfachung ist so lange angemessen, wie andere Chordatiere den Schülern nicht bekannt sind. Von den Klassen der beiden genannten Stämme sind den Schülern wiederum die Säugetiere und die Insekten am bekanntesten. Da diese beiden Klassen zu den hochorganisierten der beiden Stämme gehören, können die unterschiedlichen Organisationstypen besonders klar hervortreten (vgl. *Eschenhagen* 1979).
Um den Zugang zur abstrakten Sichtweise der Baupläne zu erleichtern, sollte man von dem anschaulich gegebenen äußeren Bau der Tiere ausgehen, so daß auch bei diesem Unterrichtsthema die Organismen selbst den Ausgangspunkt bilden. So kann den Schülern der Abstraktionsprozeß schrittweise deutlich werden, besonders dann, wenn sie an einem Beispiel versuchen sollen, den Bauplan eines Tieres selbst zu erstellen (hier Hohltier: Süßwasserpolyp, s. Abb. II, 7-3).
Mit diesem Unterrichtsthema werden die Grundlagen geschaffen, die für das Aufstellen eines Systems der Tiere wichtig sind (Bauplanbegriff). Mit dem Vergleich des einfachen Bauplans der Hohltiere mit den komplexen Bauplänen von Wirbeltieren und Gliederfüßern wird außerdem das an Organisationshöhe und Leistungsfähigkeit orientierte Vorgehen bei den folgenden Unterrichtsthemen vorbereitet (s. Abschnitt II, 7.5 und 7.6). Alternativ oder ergänzend hierzu könnte der Bauplan eines Rädertieres mit Hilfe des Mikroskops erarbeitet werden (vgl. *Halbach* 1971; *Preissler* 1982), da bei den durchscheinenden Tieren der innere Bau leicht zu erschließen ist.

Unterrichtsziele:
Die Schüler sollen
- den Begriff „Bauplan“ definieren können;
- die Baupläne von Wirbeltieren und Gliederfüßern am Beispiel der Säuger und der Insekten charakterisieren können;
- die Gliedmaßen der Säuger und der Insekten in Funktion und Bau vergleichen und mit den grundsätzlichen Unterschieden im Bauplan (Innenskelett bzw. Außenskelett) in Verbindung bringen können;
- die Farbgebung für Organsysteme in Bauplanskizzen konsequent anwenden können;
- den Bauplan der Hohltiere aus der Beobachtung des Süßwasserpolyps selbständig ableiten können.

7.3.2 Unterrichtsprozeß

Der Einstieg in das Thema erfolgt am Originalobjekt. Die Schüler beobachten in Gruppen- oder Partnerarbeit Schaben (notfalls trotz des Fehlens der Flügel auch Stabheuschrecken) (Haltung von Schaben und Stabheuschrecken s. Abschnitt II, 5.3.1). Die Tiere werden in mit Klebstreifen verschlossenen Petrischalen ausgeteilt, und es wird die Aufgabe (schriftlich an der Tafel oder auf einem Arbeitsblatt) gestellt, den Bau der Tiere zu beschreiben: Körpergliederung, Gliedmaßenanzahl, Körperanhänge, Körperöffnungen, Sinnesorgane. Die Schüler sollen auch darauf achten, mit Hilfe welcher Organe die Tiere sich bewegen, atmen und Nahrung aufnehmen können, so daß schon hier Bau und Funktion in die Betrachtung einbezogen werden (s. Sachanalyse). Die Auswertung der Schülerbeobachtungen wird so vorgenommen, daß jeder Punkt mit den Verhältnissen bei Säugetie-

	Insekten	Säugetiere
Körpergliederung	Kopf, Brust, Hinterleib	Kopf, Rumpf, Schwanz
Beine	6	4
Körperanhänge	2 Fühler 4 Flügel (Hautausstülpungen)	–
Körperstütze	Chitinpanzer (Außenskelett)	Knochengerüst (Innenskelett)
Augen	Komplexaugen (Facettenaugen)	(Einzel-)Linsenaugen
Atmung	Tracheen	Lungen
Herz	Rückenherz	Bauchherz
Blutkreislauf	offen	geschlossen
Nervensystem	Bauchmark (Strickleiternervensystem)	Rückenmark
Ernährungs- und Ausscheidungssystem	Mundgliedmaßen, Darm, Speicheldrüsen; Malpighische Gefäße	Mundhöhle mit Zähnen, Speicheldrüsen, Darm; Nieren

Tab. II,7-1: Vergleich von Insekten und Säugetieren

ren verglichen wird, wobei ein den Schülern vertrautes Lebewesen (Maus, Goldhamster) zugrundegelegt wird. Das Ergebnis wird nach Art der Tabelle II, 7-1 (oberer Teil) an der Tafel festgehalten. Zum Erschließen des inneren Baues wäre es nun für die Schüler sicher am eindrucksvollsten, wenn sowohl eine Schabe wie auch ein Säugetier präpariert werden könnten. Da jedoch das Töten von Tieren für den Unterricht fragwürdig und im Fall des Säugetieres ausgeschlossen ist, wird man sich auf Transparente oder Lehrtafeln (s. Abschnitt II, 7.7) bzw. vereinfachte Folienskizzen (Vorlagen Abb. II, 7-20 und II, 5-7) beschränken müssen. Im Unterrichtsgespräch wird die Tabelle II, 7-1 ergänzt (unterer Teil) und der Begriff des Bauplans als vereinfachtes Abbild des äußeren und inneren Baues einer Organismengruppe (hier: Insekten und Säuger) eingeführt.
Zur Festigung werden nun vergrößerte Kopien der beiden Bauplanskizzen ausgeteilt und die eingezeichneten Organsysteme von den Schülern jeweils mit derselben Farbe ausgemalt, und zwar: Haut, Sinnesorgane und Nervensystem: gelb; Hautbildungen wie Schalen, Panzer, Haare etc.: braun bzw. schwarz; Darm und Anhangsorgane: grün; Muskeln, Blutgefäße: rot; Exkretionsorgane, Keimdrüsen: violett; Knochen (Innenskelett): blau. Mit der Farbgebung werden die Organsysteme wiederholt, und es wird zugleich die systematische Übersicht über die Teile der Baupläne beim Vergleich der Gruppen erleichtert. Deshalb sollten die Farben bei allen Bauplandarstellungen konsequent in gleicher Weise angewendet werden (s. Abschnitt II, 7.6).
Nun werden die Schüler darauf hingewiesen, daß die Baupläne von Säuger und Insekt zugleich auch zwei Tierstämme repräsentieren: Wirbeltiere und Gliederfüßer. Die Klassen beider Tierstämme werden wiederholend aufgezählt und dabei Unterschiede und Übereinstimmungen mit den aufgestellten Bauplänen von Säuger und Insekt besprochen. Schließlich werden die durchgehenden Unterschiede zwischen beiden Tierstämmen herausgestellt: Innenskelett bzw. Außenskelett; Rükkenmark bzw. Bauchmark; unsegmentierter Körper bzw. segmentierter Körper; 4 Gliedmaßen (als Beine oder Flossen) bzw. 6 bis zahlreiche Gliedmaßen.

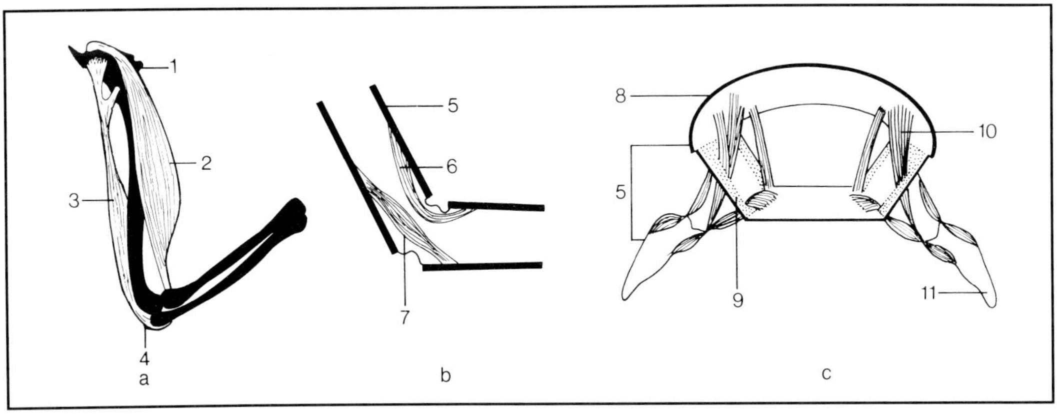

Abb. II, 7-22: Das Zusammenspiel von antagonistisch arbeitenden Muskeln und Skelett. a) Wirbeltiere: 1 Innenskelett, 2 Beuger, 3 Strecker, 4 Sehne, b) und c) Gliederfüßer: 5 Außenskelett, 6 Strecker, 7 Beuger, 8 dicke, harte Cuticula, 9 dünne, biegsame Cuticula, 10 Muskel, 11 gegliederte Extremität

Wie trotz der grundsätzlich verschiedenen Baupläne ähnliche Leistungen möglich sind, kann anhand der Bewegung vertiefend gezeigt werden, indem Bau und Funktionsweise der Gliedmaßen gegenübergestellt werden (s. Abb. II, 7-22).
Nachdem die Schüler so Prinzipien der Bauplanbeschreibung kennengelernt haben, sollen sie nun versuchen, den Bauplan eines Tieres selbst zu ermitteln. Dazu wird der Süßwasserpolyp untersucht (vgl. *Staeck* 1972), und zwar entweder in Partnerarbeit mit Hilfe des Binokulars oder anhand einer Demonstration mit Hilfe einer Küvette, die in den Strahlengang eines Diaprojektors gestellt wird (zur Haltung von Süßwasserpolypen s. Abschnitt II, 7.7.1). Die Schüler sollen dabei das Fangen von Wasserflöhen durch den Süßwasserpolypen und die Nahrungsaufnahme beobachten. An diesem Vorgang können zwei charakteristische Merkmale der Tiergruppe anschaulich gemacht werden:
– Das Lähmen der Beute durch Nesselzellen führt zum Namen des Tierstammes: Nesseltiere.
– Die Nahrungsaufnahme in den großen Körperhohlraum erklärt den anderen Namen: Hohltiere.
Die Schüler bekommen den Auftrag, eine einfache Skizze vom Bau des Tieres zu zeichnen (erwartet wird, daß diese Zeichnung die Körperumrisse, evtl. den Hohlraum, die Tentakeln und den Mund enthält). Dann wird im Unterrichtsgespräch versucht, den Bau des Tieres zu beschreiben. Die Schwierigkeit für die Schüler liegt hier gerade darin, die Einfachheit des Bauplans zu erfassen, nachdem sie bisher nur komplizierte Verhältnisse kennengelernt haben. Der Polyp kann als „Sack" mit Öffnung („Mund") und einem Tentakelkranz beschrieben werden. Das Erkennen der zwei Gewebeschichten ist am Polyp selbst nur schwer zu erreichen. Daher wird jetzt am besten eine Skizze ausgeteilt, die die beiden Schichten zeigt (s. Abb. II, 7-3), und die Schüler werden gefragt, mit welchen Farben sie die beiden Schichten anmalen müssen, wenn sie die üblichen Bauplanfarben verwenden wollen. Bei der Diskussion hierüber wird dann erkannt, daß der Polyp nur aus Außenhaut (Farbgebung: gelb) und Darm (Farbgebung: grün) besteht.
Damit ist der Bauplan der Nesseltiere erarbeitet, der am Schema einer Qualle wiedererkannt und differenziert werden kann (dazwischengeschobene Gallertschicht; s. Abb. II, 7-4).

7.4 Vorschläge zur Unterrichtsgestaltung am Beispiel „Eigenartige Wirbellose – Stachelhäuter und Mollusken"

7.4.1 Didaktische Überlegungen

Mollusken und Stachelhäuter werden im Unterricht nur selten ausführlich behandelt. Dabei kann man bei diesen beiden Gruppen die Faszination der Schüler bei der Begegnung mit fremdartig anmutenden Tieren ausnutzen, um deren Bau zu erkunden (vgl. *Grebel* 1961; *Koch, G.*, 1975; *Witte* 1974; *Hinrichs* 1978; *Garberding/Thies* 1980; *Dietrich* 1980b). Von den Mollusken sind meist die Schnecken im vorhergehenden Unterricht bereits behandelt worden (s. Band 1, Abschnitt I, 4.6). Diese Gruppe wird hier wiederholend in das Vorgehen einbezogen. Der übliche deutsche Name „Weichtiere" für den Stamm führt die Schüler meist in die Irre. Noch auf der Oberstufe antworten Schüler auf die Frage nach Vertretern der Weichtiere häufig mit „Quallen" und „Regenwürmer". Dies ist verständlich, wenn man bedenkt, daß für die Schüler die Mollusken viel stärker durch ihre harten Kalkschalen als durch ihren muskulösen Weichkörper gekennzeichnet sind. Es wäre daher naheliegend, den Tierstamm, ähnlich wie im Fall der Wirbeltiere, mit dem in der Schule allein bedeutsamen und den Schülern allein bekannten Unterstamm (Conchifera) als „Schalenträger" zu bezeichnen. Als weniger weitgehende Lösung kann man einfach den verdeutschten lateinischen Namen „Mollusken" verwenden.
Die Klassen der Mollusken lassen sich im Unterricht gut an den Teilen charakterisieren, die den Schülern am besten bekannt sind, eben den Kalkschalen. Während die Muscheln sich eindeutig durch die zweiklappige Schale kennzeichnen lassen, muß man für die Tintenfische auf die Schale von Nautilus zurückgreifen, um auch den Schulp von Sepia von einer äußeren Kalkschale ableiten zu können (vgl. *Flor* 1970; *Hinrichs* 1978). Von den Stachelhäutern kennen die Schüler meist nur Vertreter der Klassen Seesterne und Seeigel. Die Abtrennung der Schlangensterne von den Seesternen läßt sich im Schulunterricht nicht einsehbar nachvollziehen, so daß auf ihre ausführliche Behandlung ebenso verzichtet werden kann wie auf die der Seewalzen und Haarsterne (vgl. *Grebel* 1961).
Wesentliche Aspekte des Bauplans der beiden Stämme können im Unterricht durch den für die Tiere charakteristischen Funktionskreis der Fortbewegung erarbeitet werden. Bei den Mollusken führt diese Orientierung zu dem den Molluskengruppen gemeinsamen Bauplanelement des Fußes sowie dessen Umbildung bei Tintenschnecken (vgl. *Hinrichs* 1978). Bei den Stachelhäutern erschließt die Behandlung des Aspektes „Fortbewegung" zwei Eigentümlichkeiten des Bauplans: Zum einen wird – ausgehend von den Saugfüßchen – das Wassergefäßsystem behandelt; zum anderen verweist die Bewegung der Stacheln bei Seeigeln auf den Besitz eines Innenskeletts, wodurch den Schülern trotz des ganz unterschiedlichen sonstigen Bauplans die Nähe der Stachelhäuter zu den Wirbeltieren demonstriert wird (s. Abb. II, 7-17).

Unterrichtsziele:

Die Schüler sollen
- Klassen der Mollusken aufgrund ihrer Schalen charakterisieren können;
- Klassen von Mollusken (Schnecken, Muscheln, Tintenschnecken) und von Stachelhäutern (Seeigel, Seesterne) anhand ihrer Fortbewegungsweisen beschreiben können;
- anhand von Kalkpanzer und Kalkplatten von Seeigeln und Seesternen sowie der Bewegung der Seeigelstacheln erläutern können, daß Stachelhäuter ein Innenskelett besitzen;
- die Baupläne von Mollusken und Stachelhäutern durch die wesentlichen Teile (Schale, Mantel und Fuß bzw. Kalkinnenskelett, Wassergefäßsystem, fünfstrahlige Symmetrie) charakterisieren können.

7.4.2 Unterrichtsprozeß

Zu Beginn dieser Unterrichtseinheit präsentiert der Lehrer eine umfangreiche Sammlung von ungeordnetem „Strandgut“. Dieses sollte möglichst aus folgenden Teilen bestehen: verschiedene Muschelschalen, deren Klappen wenigstens zum Teil noch durch das Ligament verbunden sind; unterschiedliche Schneckenschalen (neben verschieden gewundenen auch flache wie Patella); die Schale von Nautilus; Schulpe von Sepia; ausgenommene Seeigel und Seeigelpanzer ohne Stacheln; getrocknete Seesterne.
Im Unterrichtsgespräch benennen die Schüler die Tiere (bzw. Tiergruppen), zu denen die einzelnen Teile des Strandgutes gehören. Nachdem jede der vertretenen Gruppen benannt wurde, werden zwei bis fünf Schüler aufgefordert, das Strandgut gemeinsam nach den genannten Gruppen zu ordnen. Dabei werden die Gruppen anhand der Schalen bzw. Kalkpanzer und Präparate charakterisiert. Schon hier sollte der Unterschied zwischen den Kalkschalen und den unter der Haut liegenden Innenskeletten von Seeigeln und Seesternen deutlich herausgestellt werden.
Im Anschluß an dieses Ordnen werden fünf Schülergruppen gebildet, von denen jede eine der Tiergruppen wählt. Jede Schülergruppe hat die Aufgabe, das Aussehen und vor allem die Bewegungsweise ihrer Tiergruppe zu erkunden. Dafür werden das Schülerbuch und weitere Tierbücher benutzt, die der Lehrende im Klassenraum zur Verfügung stellt.
In der Auswertung berichtet zunächst jede Schülergruppe über ihre Tiergruppe. Der Lehrende hält Ausschnitte aus den Filmen bereit, die bei der Vorführung von einem Experten der jeweiligen Schülergruppe erläutert werden. Am ausführlichsten muß die Fortbewegung bei Seesternen und Seeigeln besprochen werden, da diese ohne das Wassergefäßsystem nicht verständlich ist. Hierzu werden Folienskizzen (s. Abb. II, 7-14) herangezogen. Auf gleiche Weise wird die Bewegung der Stacheln erläutert (s. Abb. II, 7-17). Bei der Erkundung in den Büchern haben die Schüler wahrscheinlich nebenbei auch erfahren, zu welchem Tierstamm ihre Tiergruppe gehört. Es werden nun Schülergruppen gebildet, bei denen möglichst Experten jeder Tiergruppe auf die neuen Gruppen verteilt sind. Jede Gruppe erhält dann die Skizzen der Baupläne der fünf (s. Abb. II, 7-9, II, 7-14 und II, 7-15) Tierklassen. Die Aufgabe für die Gruppenarbeit lautet, die Zuordnung der Klassen zu den beiden Tierstämmen aufgrund der Baupläne zu begründen.
Mit den von den Schülern erkannten Übereinstimmungen zwischen den Seesternen und den Seeigeln einerseits und den Schnecken, Tintenschnecken und Muscheln andererseits werden dann die Stämme der Stachelhäuter und der Mollusken (Schalenträger) zusammenfassend charakterisiert.

7.5 Vorschläge zur Unterrichtsgestaltung am Beispiel „Würmer mit einfachen und komplizierten Bauplänen“

7.5.1 Didaktische Überlegungen

Die Voraussetzungen für dieses Unterrichtsthema sind in zwei Abschnitten des vorausgehenden Unterrichts zu schaffen. In der Klassenstufe 7/8 sollte das Thema „Würmer und solche, die nur so aussehen“ behandelt worden sein, in dem der umgangssprachliche Ausdruck „Wurm“ differenziert wird durch den Vergleich von Gliederfüßern, Strudelwürmern, Fadenwürmern und Ringelwürmern (s. Band 1, Abschnitt I, 4.5). Die zweite Voraussetzung ist die Behandlung parasitischer Würmer, bei der ausführlich auf die Lebensweise und den Bau von Saugwürmern und Bandwürmern sowie Fadenwürmern eingegangen wird (s. Band 8, Abschnitt II, 3.1.6). An diese Behandlung läßt sich gut die systematische Einordnung der besprochenen Wurmarten in die Klassen der beiden Stämme „Plattwürmer“ und „Rundwürmer“ anschließen. Der Name „Rundwürmer“ für die Nemathelminthes ist dabei den Namen „Schlauchwürmer“ und „Hohlwürmer“ vorzuziehen, da die beiden Tier-

stämme auf diese Weise schon im Namen durch ihre unterschiedliche Form gekennzeichnet werden. Die Bezeichnung „Hohlwürmer“ kann außerdem von den Schülern leicht mit dem Namen „Hohltiere“ verwechselt werden.
Bei beiden genannten Themen haben die Schüler gelernt, daß die „Würmer“ keine einheitliche systematische Gruppe sind. Während aber der Vergleich der „Würmer“ auf der Klassenstufe 7/8 nur deren Unterschiedlichkeit zeigen sollte, wird nun auf der Klassenstufe 9/10 angestrebt, daß die Schüler die unterschiedliche Komplexität in Bau und Bewegungsweise erkennen und somit den Aspekt der „Organisationshöhe“ in den Vergleich einbeziehen. Damit sollen auch die den Schülern vielleicht bekannten Bezeichnungen „höhere“ und „niedere“ Tiere bzw. Würmer durch die biologisch präzise Kennzeichnung „Würmer mit einfachen und komplizierten Bauplänen“ ersetzt werden. Außerdem wird der folgende Unterrichtsabschnitt (s. Abschnitt II, 7.6) vorbereitet.
Der vorgesehene Vergleich könnte mit Vertretern der drei Stämme Plattwürmer, Rundwürmer und Ringelwürmer durchgeführt werden. Hier wird der Vergleich auf die Rundwürmer (Beispiel: Fadenwurm) und die Ringelwürmer (Beispiel: Wenigborster) beschränkt, um das Vorgehen für die Schüler zu erleichtern: Beide Vertreter zeigen die typische, langgestreckte und runde Wurmform, jedoch deutliche Unterschiede in den Bewegungsweisen und im Bauplan, die sich zudem funktionell eindeutig aufeinander beziehen lassen (Hautmuskelschlauch und Leibeshöhlenflüssigkeit als Hydroskelett bei beiden Stämmen, Unterschiede im Aufbau des Hautmuskelschlauches, der Leibeshöhlengliederung und entsprechend in den Bewegungsweisen). Der Vergleich von Plattwürmern (Beispiel: Planarie als Strudelwurm) und Ringelwürmern erfordert sehr viel komplexere Überlegungen und führt zu weniger eindeutigen Ergebnissen. Der Hautmuskelschlauch der Strudelwürmer kann nicht ohne weiteres als einfacher als der der Ringelwürmer bezeichnet werden. Der Vergleich von Planarie und Wenigborster (Regenwurm) ist zur Ermittlung der Organisationshöhe ungeeignet, da die Planarie sichtbar „Augen“ (Pigmentbecherocellen) besitzt, so daß man zum Vergleich allenfalls einen Meeresringelwurm (mit Linsenaugen) wählen sollte. In diesem Fall können die Schüler nur an den Merkmalen „Blutkreislauf“, „Segmentierung“ und „Coelom“ erkennen, daß der Bauplan der Ringelwürmer komplizierter ist als der der Plattwürmer.
Eine gleichartige Unterscheidung von einfacher und komplizierter Fortbewegungsweise wie im Fall des Vergleiches von Rundwürmern und Ringelwürmern ist nicht möglich, da sich Planarien sehr vielfältig bewegen können (s. Band 1, Abschnitt I, 4.1.3).
Der Vergleich von Rundwürmern und Ringelwürmern an den Beispielen Fadenwurm und Wenigborster bietet sich auch deshalb an, weil die lebenden Organismen in diesem Fall viel leichter zu beschaffen sind als Planarien und Seeringelwürmer.

Unterrichtsziele:

Die Schüler sollen
- angeben können, daß Würmer verschiedenen Tierstämmen angehören, und Vertreter der Plattwürmer, Rundwürmer und Ringelwürmer nennen können;
- die Bewegungsweisen der Fadenwürmer und der Ringelwürmer beschreiben und auf den Bau beziehen können;
- begründen können, inwiefern der Bauplan der Ringelwürmer komplizierter ist als der der Rundwürmer.

7.5.2 Unterrichtsprozeß

Es wird empfohlen, dieses Unterrichtsthema direkt an die Behandlung parasitischer Würmer anzuschließen, indem eine Tabelle zur systematischen Einordnung der behandelten Würmer aufgestellt wird (Tabelle II, 7-2). Bei den zu ergänzenden freilebenden Formen (Strudelwürmer und z.T.

Gruppe / Merkmal	Stamm: Plattwürmer Klasse: Strudelwürmer	Saugwürmer	Bandwürmer	Stamm: Rundwürmer Klasse: Fadenwürmer	Rädertiere
Lebensweise	freilebend	parasitisch	parasitisch	freilebend und parasitisch	freilebend
Gestalt und besondere Merkmale	länglicher, abgeplatteter Körper, einfache Augen 5–35 mm	flacher Körper mit zwei Saugnäpfen 0,5–10 mm	kopfartiges Anfangsteil (Scolex) mit Saugnäpfen oder Haken, langer Körper aus Einzelgliedern bis 12 m	drehrunder Körper 0,1 mm–8,5 cm	tönnchen-, walzenförmiger bis runder Körper mit Wimpernkranz am Vorderende 0,1–3 mm
Bewegungs-system	Kriechen mit Wimpern der Bauchseite, vielseitige Fortbewegung mit Längs-, Ring- und Quermuskulatur des Hautmuskel-schlauches	Larven sind bewimpert als erwachsene Tiere egelartige Fortbewegung mit den Saugnäpfen	festgeheftet	Schlängel-bewegung mit Längsmuskeln des Hautmuskel-schlauches	Schwimmen mit Wimpernkranz
Verdauungs-system	austülpbarer Schlund (Rüssel) an der Bauchseite, Darm ohne After	muskulöser Saugschlund, Darm ohne After	Stoffaufnahme durch gesamte Körperoberfläche, Darm fehlt	Mund z.T. mit Kauwerkzeugen, muskulöser Schlund, Darm mit After	Strudeln mit Wimpernkranz, muskulöser Schlund (Kaumagen) und Magen, Darm mit After
Vertreter und Bedeutung	Planarien Leitorganismen bei Gewäserunter-suchungen ca. 3000 Arten im Meer, Süßwasser und feuchtem Boden	Großer und kleiner Leberegel, Pärchenegel als Erreger der Bilharziose ca. 5000 Arten	Rinder-, Schweine-, Hunde- und Fischbandwurm ca. 1500 Arten	Spulwurm, Madenwurm, Trichine, ca. 50 Arten als Parasiten des Menschen; Älchen u.a.: ca. 10 000 Arten freilebend	mikroskopisch kleine Formen, vor allem des Süßwassers, ca. 1500 Arten

Tab. II,7-2: Plattwürmer und Rundwürmer (nach *Kattmann/Palm/Rüther* 1983)

Fadenwürmer sowie Rädertiere) wird u.a. an die Unterrichtseinheit „Würmer und solche, die nur so aussehen" und die dort beobachteten Tiere erinnert (s. Band 1, Abschnitt I, 4.5).
Nach diesem Unterrichtsabschnitt wird vom Lehrer das Ziel angegeben, im folgenden Unterricht noch einmal zwei Wurmgruppen genau zu untersuchen. Für die Untersuchung werden Älchen (Beschaffung s. Abschnitt II, 7.7.1) und Bachröhrenwürmer (Tubifex, Beschaffung in Aquariengeschäften, Zoohandlungen) gewählt. Eine Doppelstunde ist hierfür am geeignetsten.
Die Schüler untersuchen in Partnerarbeit nacheinander die beiden Wurmarten, die sich in Petrischalen oder einem Blockschälchen befinden, mit dem Binokular oder starken Lupen. Sie haben die Aufgabe, die äußere Form der Tiere und deren Bewegungsweise zu beschreiben. Außerdem sollen sie notieren, welche durchscheinenden inneren Organe sie erkennen können (zu sehen ist bei beiden

Arten der Darm, bei Tubifex sieht man außerdem die Blutgefäße mit dem strömenden roten Blut). Neben dieser zuletzt erwähnten Beobachtung wird in der Auswertung vor allem die gleichförmig peitschende Schlängelbewegung der Älchen den Kriech- und vielfältigen Bewegungen der Röhrenwürmer gegenübergestellt, bei denen Kontraktionswellen über den Körper laufen.
An dieser Stelle empfiehlt es sich, zur Verdeutlichung und Festigung die Bewegungsweise des Regenwurms, die bereits an anderer Stelle beobachtet wurde (s. Band 1, Abschnitt I, 4.5), eventuell nur als Demonstration mit dem Tageslichtprojektor zu wiederholen.
Nun werden Bauplanschemata der Fadenwürmer und der Ringelwürmer (s. Abb. II, 7-8 und II, 7-12) an die Schüler verteilt, die mit den vereinbarten Bauplanfarben (s. Abschnitt II, 7.3.2) angemalt und beschriftet werden (zur Kontrolle und Unterstützung wird dasselbe begleitend an Overheadtransparenten der Abbildungen vollzogen). Danach werden im Unterrichtsgespräch Unterschiede und Gemeinsamkeiten der Baupläne zusammengetragen. Bei beiden Bauplanzeichnungen sollte die Leibeshöhlenflüssigkeit bezeichnet werden. Zu deren Funktion wird vom Lehrenden erläutert, daß sie aufgrund der prallen Füllung das Gegenlager zu den Kontraktionen des Hautmuskelschlauches bildet.
Zur funktionalen Betrachtung der Baupläne wird durch die Aufgabe übergeleitet, die unterschiedliche Bewegungsweise der Tiere mit deren Bau zu erklären. Bei der Beantwortung werden die Unterschiede im Hautmuskelschlauch und dessen Zusammenwirken mit der Leibeshöhlenflüssigkeit herausgestellt: Längsmuskeln bewirken die Schlängelbewegung, Ring- und Längsmuskeln zusammen die Kontraktionswellen; komplexer Bau und komplexe Bewegung entsprechen einander.
Das Fehlen der Blutgefäße beim Rundwurm fällt auf. Der Lehrende stellt daher die Frage, wie die Nährstoffe ohne Blutkreislauf im Körper der Rundwürmer verteilt werden könnten. Die Antwort führt zugleich weiter zu den Verhältnissen beim Ringelwurm: Während die Leibeshöhlenflüssigkeit zur Verteilung der Nährstoffe einfach zusammen mit der Körperbewegung bewegt wird, ist die Verteilung des Blutes im Blutkreislauf des Ringelwurms von der Körperbewegung unabhängig. Damit werden die Schüler erneut auf die höhere Leistungsfähigkeit des komplizierteren Bauplans verwiesen.
Zusammenfassend wird festgestellt, daß man die Baupläne der Tierstämme unter dem Aspekt betrachten und vergleichen kann, wie kompliziert sie sind und welche Leistungen sie ermöglichen. Die Betrachtung kann aufgrund des im vorhergehenden Unterricht Gelernten nach zwei Richtungen hin fortgesetzt werden: im Vergleich der Rundwürmer mit den Hohltieren mit ihrem noch einfacheren Bauplan (s. Abschnitt II, 7.3) und im Vergleich der Ringelwürmer mit den Gliederfüßern (s. Abschnitt II, 5). Eine noch umfassendere Fortführung, die alle den Schülern bekannten Tierstämme umfaßt, wird in Abschnitt II, 7.6 vorgeschlagen.

7.6 Vorschläge zur Unterrichtsgestaltung am Beispiel „Anordnung der Stämme des Tierreichs“

7.6.1 Didaktische Überlegungen

Mit diesem Unterrichtsthema sollen die Themen der Abschnitte II, 7.3 bis II, 7.5 zusammengefaßt und zum Überblick über das System der Stämme des Tierreichs weitergeführt werden. Das Vorgehen erfordert die Kenntnis der in den genannten Themen behandelten Stämme und wichtiger Klassen. Obgleich die Schüler bereits das Kriterium der Kompliziertheit des Bauplans kennengelernt haben, sollen sie zunächst eigene Prinzipien zur Anordnung der Stämme entwickeln, um die Schwierigkeiten kennenzulernen und größere Einsicht in die Brauchbarkeit der Kriterien zu gewinnen. Für eine intensive Diskussion zwischen den Schülern in diesem Punkt ist die Unterrichtsform der Gruppenarbeit günstig.

Unterrichtsziele:

Die Schüler sollen
- ausgewählte Tierstämme und Klassen nach Bauplanschemata erkennen können;
- für ausgewählte Tierstämme eine Anordnung nach eigenen durchgehenden Kriterien finden und begründen können;
- die ausgewählten Tierstämme nach dem Kriterium „Kompliziertheit des Bauplans" bzw. „Leistungshöhe" anordnen können;
- bekannte Tierarten, -familien bzw. -ordnungen den Klassen bzw. Stämmen zuordnen können.

7.6.2 Unterrichtsprozeß

Für diese Unterrichtseinheit sind Karten (DIN A6 bis höchstens DIN A5) mit den Bauplanzeichnungen der ausgewählten Tierstämme vorzubereiten, und zwar je nach Klassenstärke in 5 bis 6 Sätzen für die Gruppenarbeit. Die Karten sollten den bereits von den Schülern im vorangegangenen Unterricht bearbeiteten Bauplanskizzen (s. Abb. II, 7-2, 7-4, 7-7, 7-8, 7-9, 7-12, 7-15, 7-20 und II, 5-7) entsprechen und auch dieselbe Farbgebung enthalten (s. Abschnitt II, 7.3.2). Bei den Weichtieren, Wirbeltieren und Gliederfüßern werden die Schemata für die großen Klassen statt eines Schemas für den Stamm verwendet, um die Anschaulichkeit zu verbessern (s. Abb. II, 7-9, 7-20 und II, 5-7). Zum Vergleich im Unterricht sollten die Bauplanzeichnungen auch als Transparent für den Overheadprojektor zur Verfügung stehen.
Zu Beginn des Unterrichts werden Arbeitsgruppen aus 5 bis 6 Schülern gebildet, die je einen Satz der Bauplankarten erhalten. Die Klassentische werden, wo möglich, zu einem großen Sortierpult je Gruppe zusammengeschoben. Die erste Aufgabe besteht darin, die Klassen bzw. Stämme der Bauplanzeichnungen zu benennen. Dazu wird auf die Karten ein Namensschildchen mit Klebstreifen befestigt (für die mehrfache Verwendung im Unterricht sollte das Namensschild wieder ablösbar sein). Der Lehrende überprüft die Gruppenarbeit und gibt gegebenenfalls Hilfe. Die Hauptaufgabe der Gruppen besteht dann darin, die Klassen und Stämme so anzuordnen, daß ein möglichst durchgehendes und einsehbares Prinzip sichtbar ist.
Bei der Auswertung vertreten die einzelnen Gruppen ihre Lösungen und versuchen, die Anordnungen gegeneinander abzuwägen oder auf einen Nenner zu bringen. Ohne daß andere Lösungen als falsch bezeichnet werden, hebt der Lehrende diejenigen Ansätze heraus, die auf das den Schülern bereits bekannte Kriterium der Kompliziertheit bzw. der Leistungshöhe abheben. Dann wird, aufbauend auf den Ergebnissen der Gruppenarbeit, gemeinsam eine Anordnung nach diesem Kriterium erstellt (Tafel oder Overheadprojektor). Die Anordnung sollte dabei nicht von unten nach oben, sondern von links nach rechts erfolgen, um eine Verwechslung des entstehenden Dendrogramms mit einem Stammbaum zu vermeiden (s. Abschnitt II, 7.1.3 und Abb. II, 7-21).
Der Anfang ist mit den Hohltieren (Nesseltieren) schnell zu finden. Die bisher nicht berücksichtigten Einzeller sollten hier genannt und noch links daneben gesetzt werden. Ebenso werden mit dem Ergebnis aus dem Unterrichtsabschnitt „Würmer mit einfachem und kompliziertem Bauplan" die Rundwürmer und die Ringelwürmer leicht rechts angeschlossen. Die Plattwürmer kann man zunächst zurückstellen und als weitere Hilfe angeben, daß die Stämme jeweils anhand derjenigen Klassen eingeordnet werden sollen, die die höchste Leistungsfähigkeit zeigen (Besiedelung des Landes, Schreiten auf Gliedmaßen, abgehoben vom Untergrund, Flugvermögen). Auf diese Weise sind zwei Gruppen rechts nebeneinander zu stellen: die Wirbeltiere und die Gliederfüßer. Die Gliederfüßer werden dann wegen der Übereinstimmung (Segmentierung, Rückenherz, Bauchmark) mit den Ringelwürmern direkt an diese angeschlossen. Es kann auch erwähnt werden, daß beide Gruppen von einigen Zoologen in einem einzigen Stamm, Gliedertiere, vereinigt werden.
Landtiere (Feuchtlufttiere) und leistungsfähige Schwimmer des freien Wassers finden sich dann (außer bei den Ringelwürmern) noch bei den Weichtieren (Schnecken, Tintenschnecken), so daß

diese einen dritten Ast der verzweigten Anordnung bilden. Es bleiben noch die Stachelhäuter und die Plattwürmer übrig. Die letzteren werden wegen der geringen Komplexität des Bauplans neben die Rundwürmer eingeordnet. Bei den Stachelhäutern kommt das Kriterium „Innenskelett" dazu, mit dem sie in die Nähe der Wirbeltiere, aber deutlich weiter links, zu stellen sind. Als Ergebnis erhält man im Prinzip ein Dendrogramm nach Art der Abbildung II, 7-21. Die Schüler erkennen also, daß man die Stämme nicht in einer Reihe, sondern sinnvoll nur verzweigt anordnen kann.
Als Abschluß der Unterrichtseinheit kann ein Wettspiel folgen, das den Schülern erfahrungsgemäß viel Spaß macht. Die Klasse wird in mindestens zwei Gruppen geteilt. Dann werden Bilder (Dias, Poster) von Tieren gezeigt. Kann ein Mitglied das Tier benennen (Art, Familie oder Ordnung, z.B. Käfer) und dabei die taxonomische Kategorie mit angeben, so erhält die Gruppe einen Punkt. Wird außerdem von demselben Schüler der zugehörige Tierstamm richtig benannt, wird der Gruppe ein weiterer Punkt zugesprochen.
Man kann die Auswahl der Bilder auf einen Lebensraum beschränken, in dem Vertreter besonders vieler Tierstämme vorkommen, z.B. das Korallenriff (s. Diareihe FWU 10 0690 und Jünger 2991: Hohltiere, Schwämme, Ringelwürmer, Stachelhäuter, Wirbeltiere), so daß die Schüler mit dem Spiel gleichzeitig die Tierwelt des Ökosystems kennenlernen.
Mit diesem Spiel wird die Sicht von der abstrakten Bauplanebene wieder auf die Ebene der unmittelbaren Anschauung, auf die der Lebewesen, gelenkt.

7.7 Medien

7.7.1 Lebende Organismen

Zur Beschaffung und Haltung von Einzellern s. Band 1, Kästen I, 5-1 und 2.
Beschaffung und Haltung des Süßwasserpolypen: Süßwasserpolypen sind vor allem an Wasserpflanzen und Stöcken stehender Gewässer zu finden. Man sammelt Wasserpflanzen und bringt diese in Gefäße mit Teichwasser ein. Nach einigen Stunden sammeln sich die mitgefangenen Hydren an der Lichtseite des Gefäßes (nur eine seltene Hydraart scheut das Licht). Eine andere Methode besteht darin, im Wasser schwimmende Gegenstände (Blätter, Stöcke) genau auf braune, etwa stecknadelgroße Schleimklümpchen zu untersuchen. Diese lassen sich mit Hilfe eines Halms oder eines Pinsels in ein Fanggläschen mit Wasser transportieren, und man kann kontrollieren, ob es sich um Hydren handelt. Außer der grünen Art (Chlorohydra), die empfindlich ist, lassen sich die Hydraarten ohne Aufwand längere Zeit in einem kleinen Aquarium halten. Das Aquarium soll gut belichtet, mit Wasserpflanzen versehen und abgedeckt sein. Das Wasser sollte nicht wärmer als 18 °C werden. Man füttert die Polypen mit Wasserflöhen (etwa 3 pro Polyp und Tag).
Beschaffung von Fadenwürmern s. Band 1, Abschnitt I, 4.7.1.
Beschaffung und Haltung von Rädertieren s. Band 1, Kasten I, 5-1 (Heuaufguß).
Beschaffung und Haltung von Regenwürmern s. Band 1, Abschnitt I, 4.7.1.
Haltung von Schaben s. Abschnitt II, 5.3.
Beschaffung von Stachelhäutern: Die Biologische Anstalt Helgoland (Meeresstation, Postfach 148, 2192 Helgoland) bietet u.a. an: erwachsene Seeigel (Psammechinus miliaris, Echinus esculentus), Seesterne (Asterias rubens) und Schlangensterne (Ophiura texturata); die Haltung ist in Seewasseraquarien möglich.

7.7.2 Präparate

Schlüter: Leben im Meer (Biokit 1882) (Koffer mit Schalen von u.a. Nautilus, Herzmuscheln, Austern, Napfschnecken sowie Sepiaschulpen; außerdem Exemplaren von Badeschwämmen,

Strandseeigeln und Seesternen sowie Korallenstücken; als Verbrauchsmaterial sind auch getrennt vom Biokit zu beziehen: Strandseeigel, Seesterne, Sepiaschulpe, Korallenstücke).
Lieder bzw. Schlüter:
Mikropräparate (u.a. von Hydra und verschiedenen Würmern); zu den Mikropräparaten werden auch entsprechende Mikrofarbdias angeboten (s. Abschnitt II, 7.7.5).

7.7.3 Modelle

SOMSO:
Süßwasserpolypen ZoS 106; Regenwurm ZoS 108; Weinbergschnecke ZoS 117; Teichmuschel ZoS 119; Seestern ZoS 114;
Schlüter:
Süßwasserpolyp 1467a; Seestern 271/20.

7.7.4 Filme

FWU:
Dressurversuche bei Planarien 36 0796; Der Regenwurm 32 2431; Der Regenwurm, Schlüpfen und Fortbewegung 36 0438; Der Regenwurm, Nahrungsaufnahme 36 0439; Die Weinbergschnecke 30 0303; Die Weinbergschnecke, Nahrungsaufnahme und Fortbewegung 36 0390; Die Weinbergschnecke, Paarungsverhalten und Eiablage 36 0391; Fluß- und Teichmuschel, Fortbewegung, Ernährung und Fortpflanzung 36 0660; Sepia officinalis, Fortbewegung und Farbwechsel 36 0585; Bewegung bei Seeigeln 30 2094; Bewegungen bei Seeigeln 36 0002; Bewegungs- und Verhaltensweisen beim Schlangenstern 36 0139; Tiergärten der Nordsee (u.a. Quallen, Korallentiere, Seesterne, Schlangensterne, Seeigel) 30 0377; Am Korallenriff (mehrere Arten von Riffkorallen, Seerosen, Fische, Seevögel, Suppenschildkröten) 32 0891.

7.7.5 Diapositive

FWU:
Hohltiere 10 2110; Anatomie des Regenwurms 10 0824; Schnecken 10 0552; Bau und Biologie der Fluß- und Teichmuscheln 10 2241; Tierleben in einem Korallenriff (verschiedene Riffkorallen, Seeanemone, Strudelwurm, Schnecken, Haarstern, Seeigel, Fische) 10 690;
V-Dia:
Hohltiere D 22121; Ringelwürmer D 22114; Die Weinbergschnecke D 22147; Bau und Biologie der Fluß- und Teichmuscheln D 22146; Stachelhäuter D 22084; Tiere des Meeres (Korallen, Seerosen, Qualle, Seescheiden, Haarstern, Seestern, Schlangenstern, Seeigel, Seewalze, Nacktschnecke, Krake, Fische) D 22085;
Jünger:
Schnecken 372; Korallenriff, Reihen 1 und 2 (Korallen, Seeigel, Seesterne, Muscheln, Krebse, Fische) 2991/2;
Lieder:
Hohltiere, Bauplan und mikroskopische Anatomie 3203; Rundwürmer, Bauplan und mikroskopische Anatomie 3261; Verschiedene Ringelwürmer, Bauplan und mikroskopische Anatomie (u.a. Tubifex) 3206; Stachelhäuter, Bauplan und mikroskopische Anatomie 220.

7.7.6 Arbeitstransparente

Von verschiedenen Firmen werden Arbeitstransparente zu den Bauplänen der Tiere angeboten. Serien, die alle in Frage kommenden Stämme und Klassen umfassen, liefern Westermann

(359613–18) und Jünger (7429). Die Darstellungen enthalten häufig sehr viele Details und sind unter sachlichen Gesichtspunkten z.T. kritisch zu betrachten (vgl. *Schminke/Schultz* 1981). Um die Schüler außerdem nicht durch unterschiedliche Farbgebungen und Darstellungen zu verwirren, wird hier empfohlen, sich eigene Arbeitstransparente nach den Abbildungen dieses Buches selbst herzustellen und entsprechend zu kolorieren. Die im folgenden genannten Arbeitstransparente enthalten neben Zeichnungen z.T. auch Naturfotografien:
Hagemann:
Süßwasserpolyp und andere Hohltiere 171820; Regenwurm, Bauplan und Bewegungsablauf 171823; Weinbergschnecke I (Habitus, Bauplan, Gehäuse) 171814; Weinbergschnecke II (Farbfotos: Kriech-, Freßvorgang, Paarungsverhalten, Eiablage) 174 354; Tintenfische (äußere und innere Organisation, Bewegung, verschiedene Arten: Kalmar, Kraken, Nautilus) 171809.

7.7.7 Wandtafeln

Die von Verlagen angebotenen Wandtafeln sind meist nicht gut geeignet, da sie zu viele Details bieten. Da Wandtafeln gegenüber den Arbeitstransparenten den Vorteil haben, lange Zeit im Unterrichtsraum verbleiben zu können, so daß sich die Schüler die Bilder einprägen können, wird hier empfohlen, mit Hilfe der Abbildungen dieses Buches eigene Wandtafeln herzustellen. Dies kann z.B. in Schülerarbeitsgemeinschaften geschehen.

Literatur

Dietrich 1980b; *Eschenhagen* 1979; *Eschenhagen/Kattmann/Rodi* 1985; *Eulefeld* 1972; *Flor* 1970; *Garberding/Thies* 1980; *Grebel* 1961; *Grzimek* 1979; *Hadorn/Wehner* 1978; *Halbach* 1971; *Hennig/Dathe* 1972 ff.; *Hinrichs* 1978; *Kaestner* 1972 f.; *Kaestner/Gruner* 1980 ff.; *Kattmann/Palm/Rüther* 1983; *Koch, G.,* 1975; *Koecke* 1982; *Kühn, A.,* 1972; *Kükenthal/Renner* 1984; *Linder* 1967; *Preissler* 1982; *Remane/Storch/Welsch* 1985; *Schminke/Schultz* 1981; *Siewing* 1985; *Staeck* 1972; Urania Tierreich 1967; *von Wahlert* 1981; *Witte* 1974; *Wurmbach* 1968

8 Das System der Pflanzen

8.1 Sachanalyse

8.1.1 Die großen Gruppen

Folgt man den Prinzipien der phylogenetischen Systematik, so würde sich nach den heutigen Erkenntnissen eine systematische Einteilung der Lebewesen ergeben, wie sie in Abbildung II, 8-1 dargestellt ist. Danach ist anzunehmen, daß schon relativ früh eine Trennung in drei unabhängige Entwicklungslinien erfolgte, die prokaryotischen Archaebakterien, die prokaryotischen Eubakterien und die Eukaryoten, zu denen alle höheren Lebewesen mit kernhaltigen Zellen gehören. Dabei scheint innerhalb der Eukaryoten eine Gliederung in Tiere, Pilze und Pflanzen gerechtfertigt.
Die Pflanzen lassen sich aufgrund ihrer Organisation in Lagerpflanzen und Sproßpflanzen aufteilen. Während die Lagerpflanzen (Thallophyta, Thallobionta) aus mehreren, voneinander unabhängigen Verwandtschaftsgruppen bestehen, die man vor allem biochemisch klar unterscheiden kann (s. Tab. II, 8-1), dürfte es sich bei den Sproßpflanzen (Cormophyta, Cormobionta) um eine phylogenetische Einheit und damit um ein echtes Taxon des natürlichen Systems handeln (s. Kap. II, 6).

8.1.2 Lagerpflanzen (Thallophyta, Thallobionta)

Die verschiedenen Gruppen der Lagerpflanzen haben sich vermutlich aus verschiedenen Einzellergruppen entwickelt, die möglicherweise sogar auf verschiedene Prokaryotengruppen zurückgehen. Bei den „Algen“ kann man drei große Gruppen unterscheiden, die sich jeweils klar durch den chemischen Aufbau ihrer Zellen definieren lassen:
- Rote Algen (Abteilung Rhodophyta)
- Braungelbe Algen (Abteilung Chrysophyta, Chromophyta oder Heterokontophyta)
- Grüne Algen (Abteilung Chlorophyta).

Einige einzellige Algen werden aufgrund ihres Zellaufbaus und ihrer chemischen Inhaltsstoffe als selbständige Abteilungen gewertet, z.B. die Panzerflagellaten (Dinophyta) und die Euglenophyta.
Die systematische Gliederung innerhalb der verschiedenen Algenabteilungen richtet sich vor allem nach den unterschiedlichen Organisationsstufen (Einzeller, fädige Vielzeller, Gewebe).
Auch die verschiedenen Gruppen der heterotrophen Pilze gehen wahrscheinlich auf verschiedene Einzeller zurück. Für einige Gruppen der Höheren Pilze (Schlauchpilze) wird auch eine Entstehung aus vielzelligen Algen diskutiert.
Die Flechten bilden innerhalb der Lagerpflanzen (Thallophyta) eine eigene Abteilung (Lichenes). Sie sind Doppelorganismen aus Algen bzw. Cyanobakterien und Pilzen. Aufbau und Lebensweise der Flechten werden im Band 8, Abschnitt II, 3.1, beschrieben.

8.1.3 Gefäßpflanzen (Cormobionta, Cormophyta)

Aufgrund der biochemischen Ausstattung ihrer Zellen sind Moospflanzen, Farnpflanzen, Samenpflanzen und Grünalgen in eine große Verwandtschaftsgruppe zu stellen. Vermutlich vor 400 bis 450 Millionen Jahren (im ausgehenden Silur) haben sich die Landpflanzen aus bestimmten gewebebildenden Grünalgengruppen gebildet. Bis heute sind die verwandtschaftlichen Beziehungen der genannten drei Großgruppen der Landpflanzen nicht eindeutig geklärt (s. Abb. II, 8-2).
Die eigenständigste Gruppe sind die Moose (Abteilung Bryophyta). Im Unterschied zu den anderen Gefäßpflanzen besitzen sie ein ausgesprochen schlecht ausgebildetes Leitungssystem, keine echten Wurzeln und einen meist stark reduzierten Sporophyten, der ernährungsphysiologisch vom Gametophyten abhängig bleibt. Auch die Fähigkeit zur Ligninsynthese (Verholzung) ist in dieser Pflanzengruppe noch nicht ausgebildet.

	Abteilungen	Klassen	Organisationsstufe der Zellen	Organisationsstufe des Zellverbandes	Bekannt seit:
	Archebakterien Eubakterien	Cyanobakterien („Blaualgen“) gram positive Bakterien gram negative Bakterien	Kernlose (Prokaryota)		Präkambrium ca. −3,8 Mrd. J.
Algen (Phycophyta)	Euglenophyta	kleine Abteilungen vorwiegend einzelliger Algen	Kernhaltige (Eukaryota)	Einzeller (Protophyta)	mittl. Präkambrium ca. −2 Mrd. J.
Algen (Phycophyta)	Cryptophyta				
Algen (Phycophyta)	Dinophyta				
Algen (Phycophyta)	Haptophyta				
Algen (Phycophyta)	Gelbbraune Algen (Chromophyta, Chrysophyta, Heterocontoph.)	Goldalgen (Chrysophyceae) Gelbalgen (Xanthophyceae) Kieselalgen (Bacillariophyceae, Diatomeae) Braunalgen (Phaeophyceae)		Lagerpflanzen (Thallophyta)	
Algen (Phycophyta)	Rote Algen (Rhodophyta)	Rotalgen (Rodophyceae)			
Algen (Phycophyta)	Grüne Algen (Chlorophyta)	Grünalgen (Chlorophyceae) Jochalgen, Konjugaten (Conjugatophyceae) Armleuchteralgen (Charophyceae)			
	Flechten (Lichenes)	Doppelorganismen aus Pilz und Alge			Teritiär (Bernstein) −50 Mill. J.
Pilze	Echte Pilze (Eumycota)	Schlauchpilze (Ascomycetes) Ständerpilze (Basidiomycetes) Jochpilze (Zygomycetes)			Kambrium −500 Mill. J.
Pilze	Eipilze (Oomycota)	Oomycetes			
Schleimpilze	Acrasiomycota	Arcasiomycetes			?
Schleimpilze	Myxomycota	Myxomycetes, Protosteliomycetes, Labyrinthulomycetes			
Schleimpilze	Plasmodiophoromycota	Plasmodiophoromycetes			

Moospflanzen (Bryophyta)	Lebermoose (Marchiantiatae, Hepaticae)			Oberdevon −350 Mill. J.
	Laubmoose (Bryatae, Musci)			
	Hornmoose (Anthocerotatae)			
Farnpflanzen (Pteridophyta)	Urfarnpflanzen (Psilophytatae)		Sproßpflanzen (Cormophyta)	Obersilur −450 Mill. J.
	Bärlapp−Farnpflanzen (Lycopodiatae)			
	Schachtelhalm−Farnpflanzen (Equisetatae)			
	Echte Farnpflanzen (Filicatae)			
Samenpflanzen (Spermatophyta)	U.-Abt. Wedel-Nacktsamer (Cycadophytina)			Devon/Karbon −350 Mill. J.
	U.-Abt. Nadel-Nacktsamer (Coniferophytina)			
	U.-Abt. Bedecktsamer (Magnoliophytina, Angiospermae)			
	Einkeimblättrige Bedecktsamer (Liliatae)			Jura/Kreide −140 Mill. J.
	Zweikeimblättrige Bedecktsamer (Magnoliatae)			

Tab. II,8-1: Überblick über das ,,Klassische" System der Pflanzen (neuere Taxonomien ordnen die Kernlosen, die Einzeller und die Pilze getrennten Organismenreichen zu)

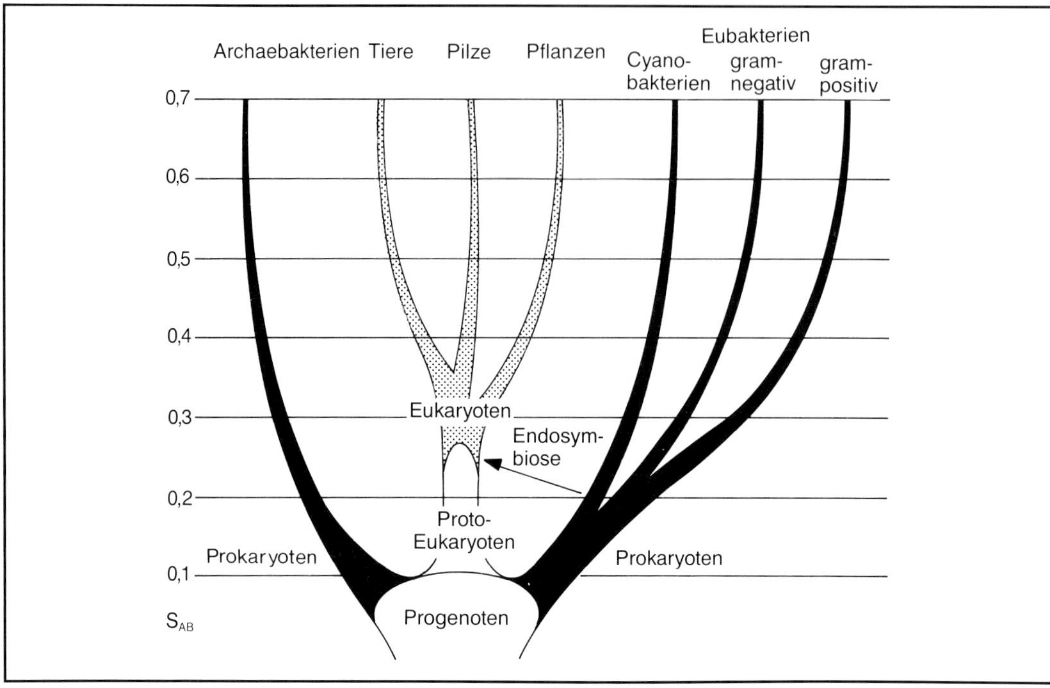

Abb. II, 8-1: Phylogenetische Zusammenhänge der Lebewesen nach Übereinstimmung der Basensequenz der ribosomalen RNA (vorwiegend 5s- und 18s-RNA). Die S_{AB}-Werte stellen ein Maß für die Ähnlichkeit der Basensequenz der ribosomalen RNA dar. Zur Ermittlung des S_{AB}-Wertes gewinnt man aus den Ribosomen zweier Taxa Oligonucleotide (auf enzymatischem Wege). Man stellt dann fest, wie viele dieser Oligonucleotide (von der Kettenlänge ≥ 6) beiden gemeinsam sind (N_{AB}) und wie viele nur beim Taxon A (N_A) bzw. beim Taxon B (N_B) vorkommen. Daraus ergibt sich der S_{AB}-Wert ($S_{AB} = 2\,N_{AB}/N_A + N_B$) (nach *Frohne/Jensen* 1985, 22, verändert)

Andererseits haben die Moose eine Reihe von abgeleiteten Merkmalen gemeinsam mit den übrigen Sproßpflanzen:

- Bau von Antheridien und Archegonien,
- grundsätzlicher Aufbau von Leitelementen für Wasser- und Assimilatetransport,
- Besitz von Spaltöffnungen aus zwei beweglichen Schließzellen.

Auch die übrigen Gefäßpflanzen haben einen heterophasischen-heteromorphen Generationswechsel. Doch im Gegensatz zu den Moosen ist bei den Farnen und noch stärker bei den Samenpflanzen der Sporophyt die dominierende Generation. Der Gametophyt ist unscheinbar, bei den Samenpflanzen mikroskopisch klein und in den Samenanlagen eingeschlossen (s. Abschnitt II, 6.1.6).

8.1.4 Die systematische Gliederung der Samenpflanzen

Nach unserer heutigen Kenntnis entstanden die Samenpflanzen schon im (Ober-)Devon aus einer Pflanzengruppe, den Progymnospermen, die sich direkt von den ersten Landpflanzen ableiten läßt. Bei diesen „Vor-Nacktsamern" waren die Sprosse noch nicht deutlich in Sproßachsen und Blätter differenziert. Innerhalb der Gruppe der Progymnospermen hat sich der Übergang von gleichsporigen zu ungleichsporigen Formen vollzogen. Aus diesen Vorläufern haben sich parallel kleinblättrige Nacktsamer und großblättrige Nacktsamer entwickelt. Während sich bei den „Kleinblättrigen" nur die Endverzweigungen der Sprosse zu Blättern differenzierten bzw. Blätter als eigene neue Organe

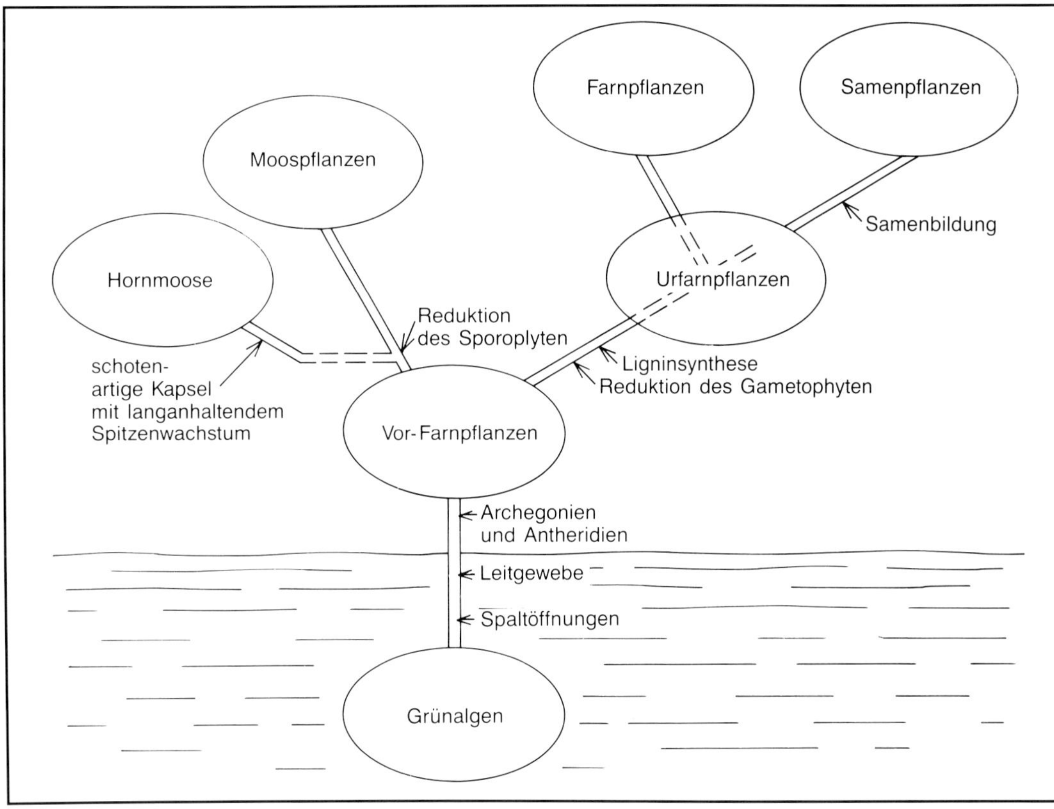

Abb. II, 8-2: Schematische Darstellung der möglichen Verwandtschaftsbeziehungen von Moosen und übrigen Sproßpflanzen aufgrund gemeinsamer abgeleiteter Merkmale

gebildet wurden, flachten sich bei den „Großblättrigen" ganze Sproßsysteme zu Wedeln ab. Nachkommen der kleinblättrigen Linie sind Nadelgehölze (Coniferophytina), Nachkommen der großblättrigen Linie die Palmblättrigen Nacktsamer („Palmfarne", Cycadophytina).

Die Bedecktsamer haben sich wesentlich später, vermutlich im ausgehenden Jura, aus wedelblättrigen Nacktsamern entwickelt.

Diese stammesgeschichtlichen Beziehungen, die im wesentlichen auf Entdeckungen und vergleichende Untersuchungen der letzten 30 Jahre zurückgehen, haben dazu geführt, die früher übliche Aufteilung der Samenpflanzen in zwei Unterabteilungen (Nacktsamer und Bedecktsamer) zugunsten einer Dreiteilung aufzugeben: Nadel-Nacktsamer (Coniferophytina), Wedel-Nacktsamer (Cycadophytina) und Bedecktsamer (Angiospermae, Magnoliophytina) (s. Abb. II, 8-3).

Die weitere Differenzierung der Bedecktsamer begann vermutlich in der Kreide. Schon aus der unteren Kreide kennt man Vertreter, die Beziehungen zu zahlreichen heutigen Ordnungen zeigen. Die häufig in der Literatur zu findende Feststellung, daß damals schon die heutigen Ordnungen entwickelt gewesen wären, ist allerdings nicht korrekt. Wie zum Beispiel *Hughes* (1976) und *Beck* (1976) richtig hervorgehoben haben, gehen die Vorfahren der heutigen systematischen Großgruppen der Angiospermen sicherlich auf Sippen der älteren Kreide zurück. Aber vor 80 bis 100 Millionen Jahren waren diese Pflanzenarten natürlich noch keine selbständigen Ordnungen oder gar Unterklassen. Die Bedecktsamer, die sicher aus einer Ursprungsart entstanden sind, waren in den ersten Jahrmillionen nach ihrer Entstehung vermutlich nur als eine Gattung zu werten; dann ent-

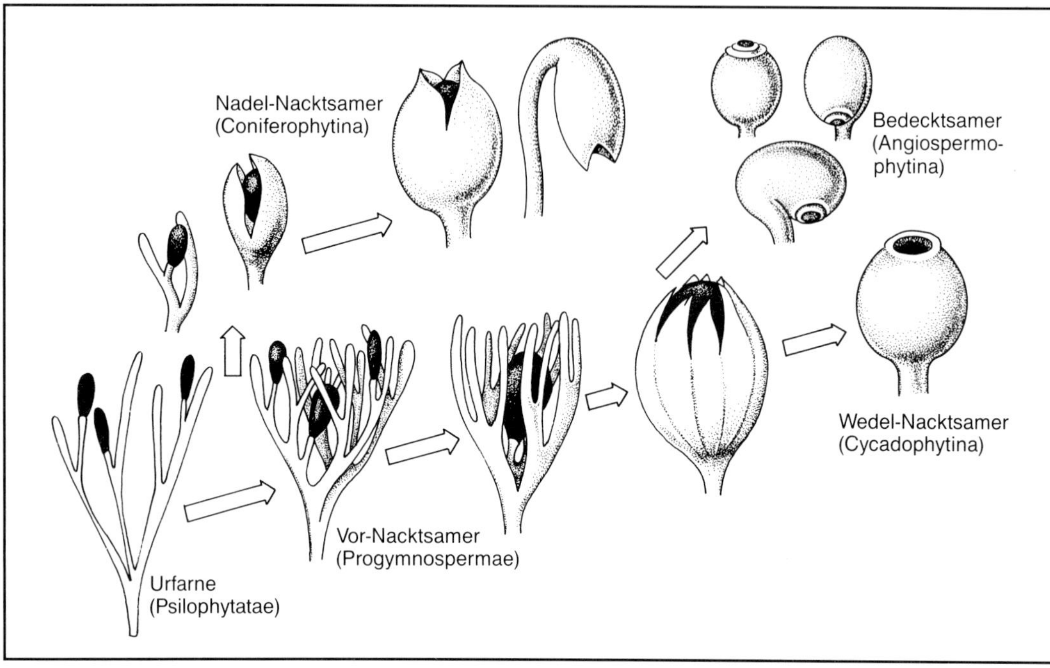

Abb. II, 8-3: Schematische Darstellung der Entwicklung von Samenanlagen aus Sporangien im Laufe der Stammesgeschichte. Dargestellt sind die Verhältnisse bei Ur-Farnpflanzen, Vor-Nacktsamern, Nadel-Nacktsamern, Wedel-Nacktsamern und Bedecktsamern

standen aus den einzelnen Arten Gattungen, Familien und schließlich sogar Ordnungen. In der Oberen Kreide sind die „Blütenpflanzen" bereits zum beherrschenden Element der Vegetation geworden (s. Abb. II, 8-4).
Aufgrund der großen Anzahl von rezenten Familien (600 bis 700) und Ordnungen ist es schwierig, einen Überblick über die heutige Formenvielfalt der Bedecktsamer zu gewinnen. Es ist deshalb auch aus didaktischen Gründen sehr zu begrüßen, daß in den letzten Jahrzehnten eine systematische Strukturierung der Bedecktsamer Gestalt angenommen hat, deren wichtigstes Prinzip die Gliederung der großen Anzahl von Familien und Ordnungen in eine überschaubare Anzahl großer Verwandtschaftsgruppen ist (vgl. *Takhtajan* 1959; 1973; 1980; *Thorne* 1976; *Ehrendorfer* 1983a; b; *Cronquist* 1981; *Ehrendorfer/Dahlgren* 1983; *Dahlgren/Clifford/Yeo* 1985; *Frohne/Jensen* 1985; *Martensen/Probst* 1990).
Nach diesem modernen Konzept werden die beiden Klassen der Bedecktsamer, die Einkeimblättrigen und die Zweikeimblättrigen, in insgesamt zwölf Unterklassen eingeteilt, die bereits in Kapitel II, 3 kurz vorgestellt wurden. Angaben zu den für die systematische Gliederung der Bedecktsamer wichtigsten Merkmalskomplexen finden sich dort. Bei der Zuordnung von einzelnen Ordnungen und Familien zu den verschiedenen höheren Verwandtschaftsgruppen gibt es allerdings noch deutliche Unterschiede zwischen den Auffassungen zu den verschiedenen Systematiker.

Abb. II, 8-4 (rechts): Stammbaum der Samenpflanzen (unsicher, durch Fossilfunde nicht dokumentierte Verbindungen gestrichelt; nach *Ehrendorfer* 1983, 774 verändert)

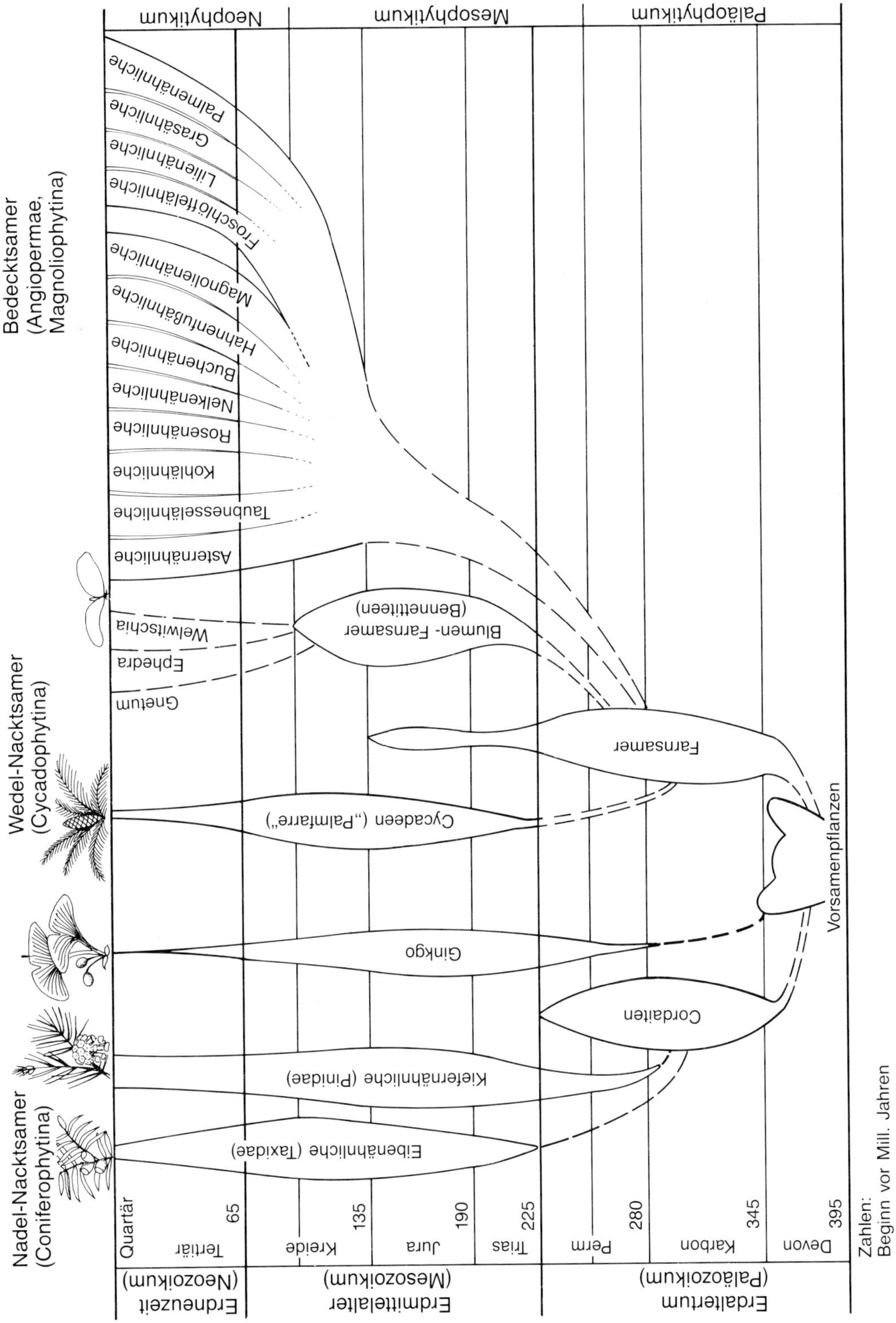
Neophytikum
Mesophytikum
Paläophytikum
Bedecktsamer (Angiopermae, Magnoliophytina)
Palmenähnliche
Grasähnliche
Lilienähnliche
Froschlöffelähnliche
Magnolienähnliche
Hahnenfußähnliche
Buchenähnliche
Nelkenähnliche
Rosenähnliche
Kohlähnliche
Taubnesselähnliche
Asternähnliche
Welwitschia
Ephedra
Gnetum
Blumen- Farnsamer (Bennettiteen)
Farnsamer
Wedel-Nacktsamer (Cycadophytina)
Cycadeen („Palmfarre“)
Vorsamenpflanzen
Ginkgo
Cordaiten
Kiefernähnliche (Pinidae)
Nadel-Nacktsamer (Coniferophytina)
Eibenähnliche (Taxidae)
Quartär
Tertiär
65
Kreide
135
Jura
190
Trias
225
Perm
280
Karbon
345
Devon
395
Zahlen: Beginn vor Mill. Jahren
Erdneuzeit (Neozoikum)
Erdmittelalter (Mesozoikum)
Erdaltertum (Paläozoikum)

8.2 Vorschläge zur Unterrichtsgestaltung

8.2.1 Didaktische Überlegungen

Wie schon in den Unterrichtsvorschlägen für die Klassen 5/6 (II, 2) und 7/8 (II, 6) dargelegt, soll Systematikunterricht ein Ordnungssystem liefern, das in anderen Unterrichtseinheiten immer wieder helfen kann, angesprochene Arten in einen größeren Zusammenhang zu stellen. In der Klassenstufe 9/10 sollten auch die Einteilungskriterien und die Methoden der Systematik behandelt werden. Dies bedeutet, daß man eine Verbindung herstellen muß zur Stammesgeschichte der Lebewesen und zum Ablauf des Evolutionsgeschehens (s. Band 7).
In einer Unterrichtseinheit über das System der Pflanzen sollte also versucht werden, gleichzeitig einen Überblick über die Stammesgeschichte der Pflanzen zu skizzieren. Dabei könnten die parallele Entwicklung der Gruppen der Niederen Pflanzen (verschiedene Algen) und die Verwandtschaft der Grünen Algen mit den Höheren Landpflanzen (Moose, Farnpflanzen, Samenpflanzen) jeweils wichtige Leitlinien sein.
Als inhaltliche und methodische Schwerpunkte, die ein Verständnis der Systematik fördern könnten, bieten sich z.B. an:

- *Merkmalsvergleiche:* Ein wertender Vergleich bestimmter Merkmalskomplexe steht am Anfang einer systematischen Gruppierung. Von der Merkmalsphylogenie kann dann auf die Phylogenie der Sippen geschlossen werden. Exemplarisch läßt sich eine solche Vorgehensweise etwa an den Früchten der Rosengewächse vorführen.
- *Abgestufte Ähnlichkeit und hierarchische Gliederung:* Die abgestufte Ähnlichkeit der Lebewesen kann an ausgewählten Beispielen von Schülern selbst erfahren werden. Gruppierungsversuche einiger vorgegebener Arten können zur Aufstellung eines hierarchischen Ordnungssystems führen.
- *Stammesgeschichte und System:* Es soll eine Beziehung zwischen den großen systematischen Einheiten der Pflanzen und ihrer Stammesgeschichte hergestellt werden, wobei man sich der Argumentationsweise der phylogenetischen Systematik bedient.
- *Zuordnungsübung:* Sie dient vorwiegend zur Festigung und Vertiefung der systematischen Kenntnisse.

Da die Schüler zu den wenigsten systematischen Gruppen der Pflanzen irgendwelche Beziehungen haben, die die Ausbildung eines Merkrasters erleichtern würden, erscheint Pflanzensystematik zunächst als ein uninteressanter und unübersichtlicher Unterrichtsgegenstand. Wichtigstes Ziel einer solchen Unterrichtseinheit muß es deshalb zunächst sein, die Schüler zu motivieren. Dies kann nur gelingen, wenn man mit möglichst viel Anschauungsmaterial (auch lebende Pflanzen) und unterschiedlichen Unterrichtsformen und -methoden sowie wohlüberlegtem Medieneinsatz arbeitet. Der Schwerpunkt sollte in jedem Fall auf der Förderung des Verständnisses und weniger auf einer vollständigen Vermittlung des Pflanzensystems liegen. Dazu ist es notwendig, die Schüler selbst ausgewählte Pflanzengruppen „systematisch" gliedern zu lassen. Zur Motivation kann man ein solches Verfahren zunächst erproben, ohne genaue Vorgaben zu machen. Ziel des Unterrichts sollte es dann sein, diese Vorgaben, nämlich die Methodik der phylogenetischen Systematik, zu erarbeiten. Am Beispiel einer rezenten Verwandtschaftsgruppe – z.B. der Rosengewächse – soll die Fragestellung erarbeitet werden: Wie kann man eine Gruppe rezenter Arten in ein hierarchisches System ordnen, so daß dieses System ihre natürliche Verwandtschaft widerspiegelt? Näheres zu der Methodik findet sich in Abschnitt II, 0.1.2. Bei den Früchten der Rosengewächse könnten dabei folgende Merkmale berücksichtigt werden (s. Abb. II, 8-6):
- Anzahl der Samenanlagen pro Fruchtblatt,
- Anzahl der Fruchtblätter pro Blüte (bzw. pro Sammelfrucht),

- Ausgestaltung der Frucht bzw. der Sammelfrucht,
- Ausgestaltung der Blütenachse.

Bei der Auswahl der Objekte sollte man berücksichtigen, daß hinsichtlich dieser Merkmale eine möglichst breite Streuung herrscht, gleichzeitig aber auch einige Übereinstimmungen zwischen den verschiedenen Früchten beobachtet werden können.

Unterrichtsziele:

Die Schüler sollen
- die grobe systematische Gliederung der Pflanzen (Abteilungen, einige Klassen und Ordnungen) darstellen und begründen können;
- eine beliebige Pflanze in dieses System eingliedern können;
- an einem Beispiel erklären können, was man unter abgestufter Ähnlichkeit versteht;
- an einem Beispiel erklären können, daß das System der Pflanzen hierarchisch gegliedert ist, und begründen, wie es zu dieser hierarchischen Gliederung kommt;
- am Beispiel eines Merkmalskomplexes erklären können, wie man durch Merkmalsvergleich zu einer systematischen Einteilung kommen kann (Beispiel Rosengewächse).

8.2.2 Unterrichtsprozeß

Zu Beginn der Unterrichtseinheit werden etwa zehn ausgewählte Pflanzenarten an die Schüler verteilt, und sie erhalten den Auftrag, diese nach ihrem Gutdünken zu ordnen, d.h. „in ein System" zu bringen. Der Einstieg könnte etwa folgendermaßen versucht werden: „Ähnlich, wie sich verschiedene Modelle einer Automarke in der Regel leicht als ‚Mercedes', ‚Opel', ‚VW' erkennen lassen, so kann man auch Pflanzenarten einer ‚Verwandtschaftsgruppe' an einer Reihe gemeinsamer Merkmale erkennen. Ihr erhaltet zehn verschiedene Pflanzenarten und sollt versuchen, diese Pflanzen in Gruppen ähnlicher Arten zusammenzufassen. Ihr müßt die Pflanzen mindestens in zwei Gruppen gliedern, und eine Gruppe muß mindestens aus zwei Arten bestehen. Zum Schluß sollt Ihr Eure Einteilung begründen können". Es empfiehlt sich, in Zweier- oder Dreiergruppen arbeiten zu lassen. Man sollte für die Einteilung nicht mehr als zehn Minuten Zeit geben. Wichtig für den Erfolg ist die richtige Auswahl der Arten. Vermeiden sollte man alle Arten, die durch extreme ökologische Anpassungen besondere Gestalten bilden (z.B. Wasserlinsen, Bedecktsamer mit Nadelblättern, wie Rosmarin oder Krähenbeere). Um die Suche nach geeigneten Einteilungskriterien gleich in die richtigen Bahnen zu lenken, wäre es auch günstig, Pflanzen gleicher oder ähnlicher Lebensformen zu verwenden, also nicht Bäume, Sträucher und Kräuter, sondern nur zehn Kräuter oder zehn Holzgewächse. Eine mögliche Auswahl wäre etwa: Raps, Ackersenf, Hirtentäschelkraut, Löwenzahn, Gemeiner Pippau, Weiße Taubnessel, Kriechender Günsel, Tüpfelfarn, Wurmfarn, Frauenhaarmoos, Schlafmoos.

Für die Auswertung hält man Bilder oder frische oder gepreßte Pflanzen auf Pappbögen bereit, die man mit Doppelklebeband oder Haftmagneten an der Tafel befestigen kann. Man heftet nun diese Abbildungen oder Pflanzen in beliebiger Reihenfolge an die Tafel und läßt einige Gruppen ihre Gliederungsvorschläge vortragen und begründen. Die erste Gruppe wird dabei am meisten Zeit brauchen, die folgenden Gruppen sollen dann diese Einteilung der ersten Gruppe kritisieren, soweit sie andere Gliederungen vorgenommen haben. Bei der Begründung der jeweiligen „Systeme" wird eine Reihe von Ordnungskriterien genannt werden: z.B. Vorhandensein von Blüten, Blütenfarbe, Gestalt der Blüten, Blattform, Stellung der Blüten, Stellung der Blätter. Diese Einteilungskriterien werden auf einem Seitenflügel der Tafel notiert. Bei geschickter Auswahl der Objekte ist es nicht schwierig, sich auf ein sinnvolles System zu einigen, das den ausgewählten Abteilungen, Klassen, Ordnungen und Familien entspricht.

Abb. II, 8-5: Bauplan der Kohlgewächse (Kreuzblütler, Brassicaceae): Die den einzelnen Arten gemeinsamen Merkmale werden im Bauplan zusammengefaßt

Vier der vorgestellten Pflanzen besitzen überhaupt keine Blüten, d.h., sie sind keine Blütenpflanzen. Man kommt so zu einer ersten Zweiteilung der vorgeschlagenen Gruppen in blühende und nicht blühende Pflanzen. Für die weitere Untergliederung der Blütenpflanzen werden sich der Blütenbau und die Anordnung der Blüten (Blütenstand) als wichtige Einteilungskriterien erweisen. Aber auch vegetative Merkmale, wie Blattstellung und Verzweigungstyp, werden sich als brauchbare Kriterien heranziehen lassen, während sich andere Merkmale, wie Blütenfarbe und Blattform, als sehr variabel und daher für eine Einteilung weniger geeignet erweisen.
Pflanzenarten, die auf diese Weise aufgrund einer Reihe übereinstimmender Merkmale in eine Gruppe eingeordnet werden, können dazu verwendet werden, den Begriff des „Bauplans" zu erarbeiten. Man ordnet hierzu die Arten einer Gruppe, z.B. Raps, Ackersenf und Hirtentäschelkraut, nebeneinander an der Tafel an und notiert die gemeinsamen Merkmale:

- kreuzförmige Blüten aus vier Kelchblättern, vier Kronblättern, sechs Staubblättern und zwei verwachsenen Fruchtblättern (s. Abb. II, 3-7);
- traubiger Blütenstand; wechselständige Blattstellung; fiederschnittige Blätter; scharf schmekkende Inhaltsstoffe (s. Abb. II, 8-5).

Diese Charakteristik kann nun dazu dienen, eine Skizze zu entwerfen, die genau diese Merkmale zeigt, aber nicht mehr, so daß von den speziellen Merkmalsprägungen nichts zu sehen ist. Diese so

gewonnene Skizze kann man als Bauplan der Kreuzblütler bezeichnen. Man kann darauf hinweisen, daß diese Verfahren ein bißchen an die Suche nach dem Hauptnenner beim Bruchrechnen erinnert. Kennt man den Bauplan einer Pflanzengruppe, so kann man auch unbekannte Pflanzen dieser Gruppe zuordnen. Im Unterricht kann man dies erproben, indem man eine Reihe weiterer Pflanzenarten vorführt (Originale, Herbarstücke oder Bilder) und die Arten herausfinden läßt, die dem Bauplan der Kreuzblütler entsprechen.
Nachdem diese Methode an einer Gruppe etwas ausführlicher durchgeführt wurde, können die Schüler zum Abschluß auch noch Beispielarten für andere Gruppen nennen oder aus einer Kollektion zuordnen.
Im folgenden Unterricht soll dieses Modell nun dazu verwendet werden, das Gesamtsystem der Pflanzen als hierarchische Ordnung einzuführen. Es soll zunächst ein Überblick über die vielen verschiedenen systematischen Gruppen gewonnen werden. Das kann zum Beispiel so gemacht werden, daß man die Schüler beliebige Pflanzenarten nennen läßt und an die Tafel schreibt. Die Pflanzenarten können auch auf große Zettel geschrieben werden, die man dann einsammelt und an die Tafel oder eine Steckwand heftet. Es sollten möglichst Namen aus allen Pflanzenabteilungen vertreten sein, und die Gesamtanzahl der genannten Pflanzenarten oder Gattungen sollte 30 nicht übersteigen. Nun wird versucht, gemeinsam eine Gliederung in diese Artenfülle zu bringen, indem man zunächst eine Zweiteilung der Menge vornimmt und dann die beiden Teilgruppen in weitere Teilgruppen untergliedert. Maßstab sollte hierfür jeweils die Anzahl der gemeinsamen Merkmale sein, wobei man darauf hinweisen muß, daß es zwischen wichtigen und unwichtigen Merkmalen (Hinweis auf Vorübung: Blütenfarben) zu unterscheiden gilt. Das Ergebnis könnte dann eine Gliederung sein, die wichtige Abteilungen und einige Klassen und Ordnungen des Pflanzensystems umfaßt.
Den Abschluß der Unterrichtseinheit bildet ein Einteilungsversuch von Pflanzenarten einer systematischen Verwandtschaftsgruppe nach phylogenetischen Prinzipien (vgl. z.B. *Kuhn/Probst* 1980). Man läßt in Arbeitsgruppen von drei bis vier Schülern arbeiten. Jeder Gruppe wird ein Arbeitsblatt (s. Tab. II, 8-2) und ein Satz von verschiedenen Früchten der Rosengewächse entsprechend den auf dem Arbeitsblatt genannten Beispielen ausgeteilt. Auch Alkoholmaterial kann verwendet werden. Wichtig ist, daß Vertreter aller vier Unterfamilien dabei sind (z.B. Blasenspiere, Apfel, Schlehe, Rose und möglichst eine Reihe weiterer Vertreter). Von jeder Frucht soll nun entsprechend dem Beispiel auf dem Arbeitsblatt eine einfache Skizze entworfen werden, die insbesondere die Anzahl der Samenanlagen, die Anzahl der Fruchtblätter, die Anordnung der Fruchtblätter und die Ausgestaltung der Blütenachse und ihre Beteiligung am Fruchtbau deutlich werden läßt. Um Zeit zu spa-

Tab. II,8-2: Merkmalsvergleich von Früchten der Rosengewächse. Die Tabelle wird in Partner- oder Gruppenarbeit ausgefüllt und dann gemeinsam besprochen

	Apfel	Scheinquitte	Mehlbeere	Pflaume	Nelkenwurz	Aprikose	Süßkirsche	Rose	Erdbeere	Blasenspiere
Anzahl der Samenanlagen pro Fruchtblatt	2	12–15	1	1	1	1–2	1	1	1	4–6
Anzahl der Fruchtblätter	5	5	2	1	∞	1	1	∞	∞	5
Ausgestaltung der Frucht (Fruchttyp)	Apfel	Apfel	Apfel	Steinfrucht	Sammelnußfrucht	Steinfrucht	Steinfrucht	Sammelnußfrucht	Sammelnußfrucht	Sammelbalgfrucht
Bau der Blütenachse (bei Fruchtreife)	fleischig, mit Fruchtblättern verwachsen	fleischig, mit Fruchtblättern verwachsen	fleischig, mit Fruchtblättern verwachsen	dünn	dünn	dünn	dünn	krugförmig	kegelig	dünn

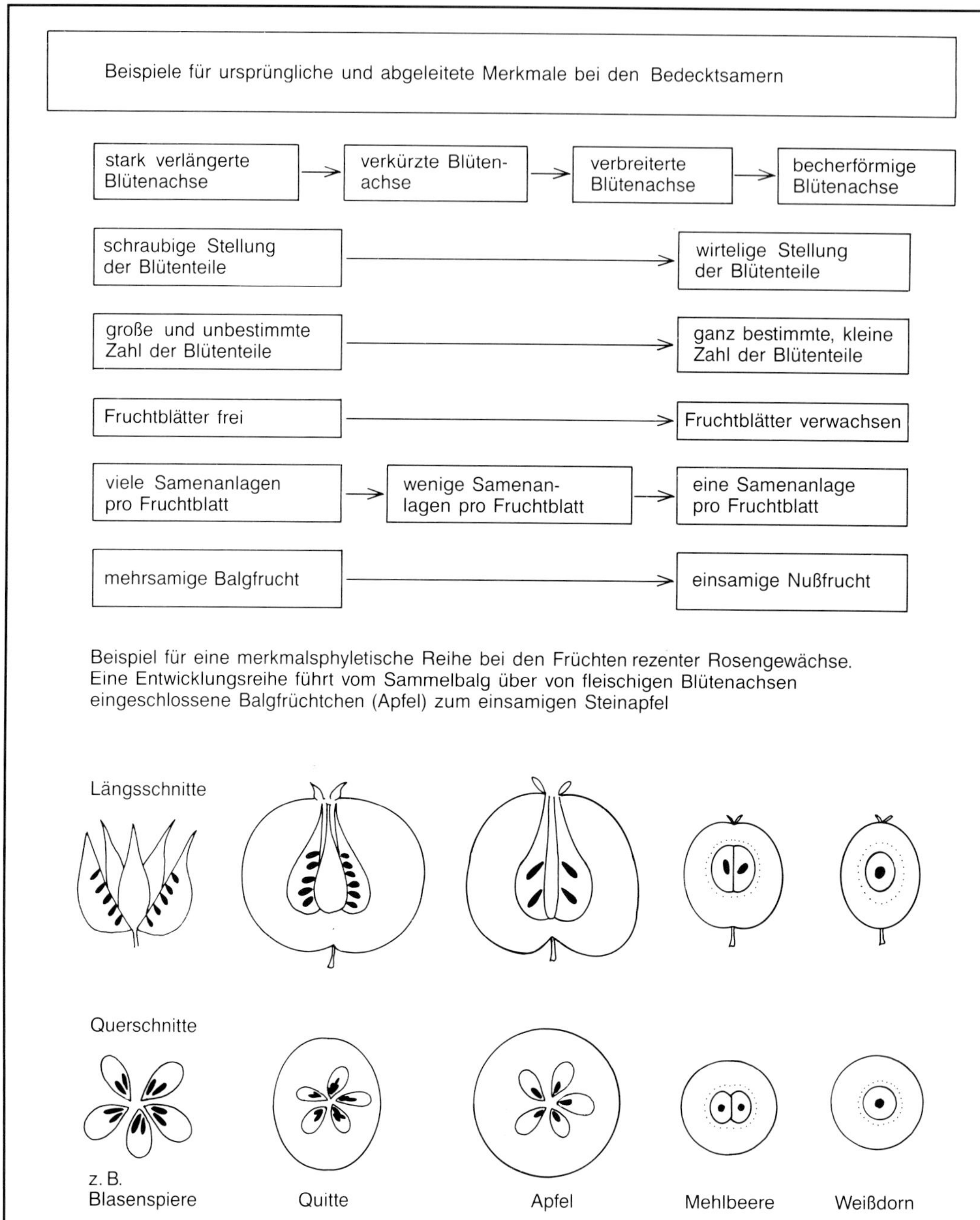

Abb. II, 8-6: Beispiele für Merkmalsphylogenie bei den Bedecktsamern

Abb. II, 8-7 (rechts): Von der Merkmalstabelle zum Stammbaum. a) Zusammenstellung der ursprünglichen und abgeleiteten Merkmale. b) Aus a) ergeben sich für die Artenpaare jeweils die aufgeführten Zahlen gemeinsamer abgeleiteter Merkmale. c) Daraus ergibt sich eine isolierte Stellung der Blasenspiere, die aufgrund dieses Merkmalsvergleichs nicht als verwandt mit den übrigen Arten erkannt werden kann. Weiterhin ergibt sich aus dieser Zusammenstellung, daß Pflaume, Aprikose und Süßkirsche jeweils drei gemeinsame abgeleitete Merkmale besitzen und aus diesem Grunde als eng verwandt angesehen werden müssen. Apfel, Mehlbeere und Schein-

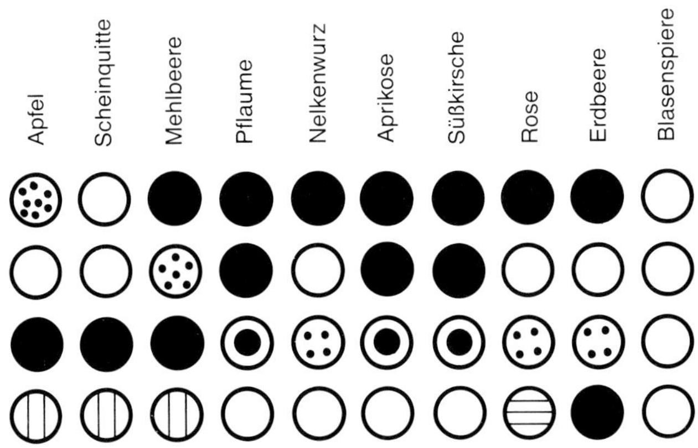

nicht ausgefüllter Kreis bedeutet jeweils „ursprüngliche Merkmalsausprägung“, gleiche Signatur (z. B. ausgefüllter Kreis) bedeutet „übereinstimmendes abgeleitetes Merkmal“

a

	Apfel	Scheinquitte	Mehlbeere	Pflaume	Nelkenwurz	Aprikose	Süßkirsche	Rose	Erdbeere	Blasenspiere
Apfel										
Scheinquitte	2									
Mehlbeere	3	2								
Pflaume	0	0	1							
Nelkenwurz	0	0	1	1						
Aprikose	0	0	1	3	1					
Süßkirsche	0	0	1	3	1	3				
Rose	0	0	1	1	2	1	1			
Erdbeere	0	0	1	1	2	1	1	2		
Blasenspiere	0	0	0	0	0	0	0	0	0	

Anzahl von gemeinsamen abgeleiteten Merkmalsausprägungen.

b

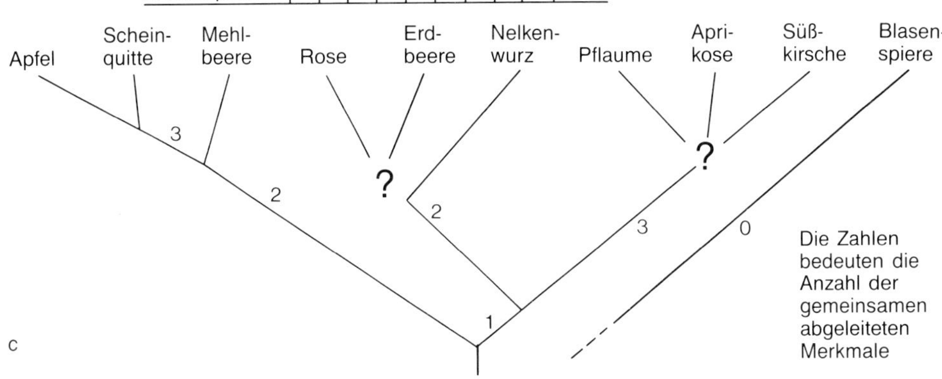

c

quitte besitzen zwei gemeinsame abgeleitete Merkmale, darüber hinaus hat die Mehlbeere ein abgeleitetes Merkmal in einem Bereich, in dem Apfel und Scheinquitte eine ursprüngliche Merkmalsausprägung zeigen. Auch Rose, Erdbeere und Nelkenwurz besitzen jeweils zwei gemeinsame abgeleitete Merkmale. Aus diesen Übereinstimmungen läßt sich der dargestellte Stammbaum ableiten.

ren, kann man auch so vorgehen, daß auf einem Arbeitsblatt alle ausgeteilten Früchte dargestellt sind und daß es nur darum geht, die Originale den Abbildungen richtig zuzuordnen und dann die entscheidenden Merkmale herauszufinden (s. Abb. II, 8-6).
Hierzu dient die Tabelle des Arbeitsblattes (s. Tab. II, 8-2). Art für Art werden die Merkmale eingetragen. Dann werden die verschiedenen Merkmalskomplexe für die einzelnen Arten verglichen. Für die weitere Auswertung soll nun versucht werden, festzulegen, welches die ursprüngliche Merkmalsausprägung ist und in welche Richtung sich das Merkmal im Laufe der Stammesgeschichte entwickelt hat. Beispiel: „Viele Samenanlagen pro Fruchtblatt" ist bei den Bedecktsamern ein ursprüngliches Merkmal; „2 Samen pro Fruchtblatt" ist abgeleitet, steht aber dem Primitivzustand noch näher als „1 Samen pro Fruchtblatt" (s. Tab. II, 3-1).
Durch Unterstreichen wird nun in der Tabelle Merkmal für Merkmal überprüft, welches die ursprüngliche Form und welches die abgeleitete Merkmalsausprägung ist. Dabei kann man zwischen verschiedenen Stufen abgeleiteter Merkmale unterscheiden. Auf diese Art und Weise erhält man Artenpaare oder größere Artengruppen mit gemeinsamen abgeleiteten Merkmalsausprägungen. Je mehr gemeinsame abgeleitete Merkmale zwei Arten haben, desto enger sind sie miteinander verwandt. Man kann so für die Rosengewächse aufgrund der Merkmale ihrer Früchte ein Dendogramm erhalten, das die Verwandtschaft der Arten wiedergibt (s. Abb. II, 8-7). Für eine schematische Abbildung dieses Verwandtschaftsdendogramms können auch die realen Früchte verwendet werden, die man entsprechend Abb. II, 8-6 auf einem Pappkarton anordnet.
Zum Abschluß kann man darauf hinweisen, daß die Rosengewächse entsprechend dem Bau ihrer Früchte in vier Unterfamilien eingeteilt werden.

8.3 Medien

Siehe auch Angaben in Abschnitt II, 6.3.

8.3.1 Originalobjekte

Eine Kollektion von Früchten der Rosengewächse (z.B. Weißdorn, Mehlbeere, Apfel, Quitte oder Japanische Quitte, Odermennig, Nelkenwurz, Fingerkraut, Erdbeere, Brombeere, Hagebutte, Spierstrauch oder Blasenspiere, Kirsche, Mandel oder Pflaume).

8.3.2 Diapositive

FWU:
Anatomie der Blüte 100138; Verwandtschaftsbegriff bei Pflanzen: Familie Liliengewächse 102289.

Literatur

Ax 1984; *Beck* 1976; *Becker* 1972; *Berck* 1970; *Blana* 1986; *Boedijin* 1967; *Bolay* 1983; *Bresinsky* 1983; *Briggs/Walters* 1969; *Cronquist* 1981; *Dahlgren/Clifford/Yeo* 1985; *Diehl* 1976; *Eckardt* 1964; *Ehrendorfer* 1983 a; b; *Ehrendorfer/Dahlgren* 1983; *Engler* 1964; *Entrich* 1989; *Eschenhagen* 1976; *Frohne/Jensen* 1985; *Fukarek* 1985; *Gerhardt-Dircksen* 1985; *Graf* 1975; *Haller/Probst* 1977; 1983; 1989; *Hennig* 1982; *Heywood* 1971; 1978; *Hickey/King* 1981; *Hughes* 1976; *Katz* 1982; *Kelle/Sturm* 1979; *Kraus* 1976; *Krieger* 1984; *Kuhn/Probst* 1980; *Kunze* 1985; *Martensen/Probst* 1990; *Mayr* 1967; *Merxmüller* 1968; *Osche* 1975; *Paulus/Dünckmann* 1978 a; b; *Peters/Gutmann* 1973; *Probst* 1977a; b; 1987; 1989; *Remane* 1956; 1971; *Schlee* 1971; *Schmeil* 1970; *Stebbins* 1974; *Stichmann* 1974; *Sturm* 1975; 1982; *Takhtajan* 1959; 1973; 1980; *Thorne* 1976; Urania Pflanzenreich 1976; 1977; *Wagener/Strey* 1981; *Weberling/Schwantes* 1981; *Winkel* o. J.; *Wit* 1965; *Wittmann/Maas/Kiewisch* 1985; *Zimmermann* 1931; 1953; 1969

Literaturverzeichnis

Liste der verwendeten Abkürzungen

BioS	Biologie in der Schule
BiuZ	Biologie in unserer Zeit
BU	Der Biologieunterricht
DIFF	Deutsches Institut für Fernstudien an der Universität Tübingen
Mitt. d. VDB	Mitteilungen des Verbandes Deutscher Biologen (seit 1989: Biologie heute)
MNU	Der mathematische und naturwissenschaftliche Unterricht
NBB	Die Neue Brehm-Bücherei
NiU	Naturwissenschaften im Unterricht
NiU-B	Naturwissenschaften im Unterricht – Biologie
PdN-B	Praxis der Naturwissenschaften – Biologie
UB	Unterricht Biologie
WPB	Westermanns Pädagogische Beiträge

Abraham, R./Pfisterer, J.: Über die Erwärmung von wechselwarmen Tieren durch Sonnenstrahlen. PdN-B 28 (1979), H.10, 253–259

Abrahamse, J., u.a. (Hrsg.): Das Wattenmeer. Neumünster: Wachholtz 1976

Aichele, D./Golte-Bechtle, M.: Was blüht denn da? Stuttgart: Franckh 1990

Aichele, D./Schwegler, H. W.: Die Natur im Jahreslauf. Stuttgart: Franckh 1974

Aichele, D./Schwegler, H. W.: Welcher Baum ist das? Stuttgart: Franckh 1983[19]

Aktionskonferenz Nordsee e.V. (Hrsg.): Wattenmeer und Nordsee. Unterrichtsmaterialien. Göttingen/Lichtenau: Die Werkstatt/AOL 1989

Amann, G.: Bäume und Sträucher des Waldes. Melsungen: Neumann-Neudamm 1983[14]

Aschoff, J.: Tages- und Jahresuhren zur Orientierung in Raum und Zeit. Nova Acta Leopoldina NF 57 (1984), 9–47

Aschoff, J./Günther, B./Kramer, K.: Energiehaushalt und Temperaturregulation. In: *Gauer/Kramer/Jung:* Physiologie des Menschen. Bd. 2. München/Berlin/Wien: Urban & Schwarzenberg 1971

Auspicium. Ringfundberichte der Vogelwarte Helgoland und der Vogelwarte Radolfzell-Möggingen, 1959 ff.

Ax, P.: Das phylogenetische System. Systematisierung der lebenden Natur aufgrund ihrer Phylogenese. Stuttgart/New York: Fischer 1984

Bäßler, U.: Das Stabheuschrecken-Praktikum. Stuttgart: Franckh 1965

Baker, R.: Tierwanderungen. München: Christian 1980

Bang, P./Dahlström, P.: Tierspuren. München: BLV 1975

Bauer, E. W. (Hrsg.): Aus dem Reich der Tiere. 1. Teil: *Schnare, K.:* Säugetiere unserer Heimat. Stuttgart/Salzburg/Basel: Spectrum 1976

Bauer, E. W. (Hrsg.): Biologie 2, Lehrerheft. Berlin: Cornelsen-Velhagen & Klasing 1978

Bauer, H. C./Hofer, R./Knapp, W./Moser, H.: Zoologische Experimente. München: dtv 1974

Bayrhuber, H.: Zum Einfluß der Umgebungstemperatur auf die Atmungsintensität – Schulversuche und kybernetische Beschreibung. PdN- B 24 (1975), H.4, 85–93

Beck, C. B., (Hrsg.): Origin and Early Evolution of Angiosperms. New York/London: Columbia Univ. Press 1976

Becker, R.: Ein „Modell-System" für den Biologieunterricht. MNU 25 (1972), H. 1, 46–48

Benz, U.: Mannigfaltigkeit und Ordnung – Biologieunterricht zum Thema Systematik in einer 8. Klasse des Gymnasiums. NiU-B 32 (1984), H. 5, 165–173

Berck, K. H.: Der Homologiebegriff im Biologieunterricht. MNU 23 (1970), H. 1, 27–33

Bergmann, H.-H.: Die Biologie des Vogels. Wiesbaden: AULA 1987

Bertsch, A.: In Trockenheit und Kälte. Ravensburg: Otto Maier 1977

Bertsch, K.: Der Wald als Lebensgemeinschaft. Ravensburg: Maier 1947

Bestajovsky, C.: Igel in Pension. Wie hilft man Igeln über den Winter? Stuttgart: Franckh 1979[4] (Kosmos Bibliothek Bd. 287)

Literaturverzeichnis

Bezzel, E.: Vögel. Band 2: Spechte, Eulen, Greifvögel, Tauben, Hühner u.a. München/Wien/Zürich: BLV 1984
Binder, H.: Einführung in die Biologie. Leben und Überleben. Probleme und Lösungen. Frankfurt/Berlin/München: Diesterweg 1976
Blana, H.: Die Schulung der biologischen Erkenntnisgewinnung am Beispiel der Evolution der Gefäßpflanzen. PdN-B 35 (1986), H. 9, 1–16
Blume, D. (Hrsg.): Tierwanderungen. Themenheft 4. Ni-B 28 (1980), H. 12
Boedijn, K. B.: Knaurs Pflanzenreich in Farben. Bd. 3: Niedere Pflanzen. München/Zürich: Droemer-Knaur 1967
Böhlmann, D.: Ökophysiologisches Praktikum. Berlin/Hamburg: Parey 1982
Bohnsack, P.: Die Jahresverbreitung schleswig- holsteinischer Stare, Sturnus vulgaris, nach den Ringfunden. Corax 2 (1967), 79–86
Bohnsack, P.: Ringfunde schleswig- holsteinischer Stare (Sturnus vulgaris). Auspicium 2 (1968), H. 5, 403–411
Bolay, E.: Eine unkonventionelle Einführung in die Systematik in Klasse 5: „Autosortieren". NiU- B 31 (1983), H. 1, 1–8
Boucher, M.: Der Kosmos-Spurenführer. Stuttgart: Franckh 1982
Brauner, K.: Wo waren Schwalben und Stare im Winter? Unterrichtsanregung für die Orientierungsstufe. UB 12 (1988), H. 139, 20–24
Bremer, K./Wanntorp, H.-E.: Cladistic classification of green plants. Nordic Journ. of Bot. 1 (1981), no. 1, 1–3
Bresinsky, A.: Niedere Pflanzen. In: *Strasburger* (Ersthrsg.): Lehrbuch der Botanik für Hochschulen. Stuttgart/New York: Fischer 1983[32]
Briggs, D./Walters, M.: Die Abstammung der Pflanzen. Evolution und Variation bei Blütenpflanzen. München: Kindler 1969
Brogmus, H./Gerhardt, A.: Arbeitsblätter zum Thema: Die Natur im Wechsel der Jahreszeiten (1). Frühblüher in Gärten, Parks und Wäldern. NiU-B 31 (1983), H. 4, 137–143
Brohmer, P.: Fauna von Deutschland. Heidelberg: Quelle & Meyer 1982[15]
Brüll, H.: Das Leben europäischer Greifvögel. Stuttgart/New York: Fischer 1984
Bub, H./Oelke, H.: Markierungsmethoden für Vögel. Wittenberg-Lutherstadt: Ziemsen 1985[2] (NBB 535)
Buchsbaum, R./Milne, L. M.: Knaurs Tierreich in Farben: Niedere Tiere. München/Zürich: Droemer 1960
Bühring, E./Clausnitzer, H. J.: Warum können Frösche unter Wasser überwintern? UB 3 (1979), H. 40, 27–31
Bünning, E.: Der tropische Regenwald. Verständliche Wissenschaft, Bd. 56. Berlin/Göttingen/Heidelberg: Springer 1956
Campbell, A. C.: Der Kosmos-Strandführer. Stuttgart: Franckh 1977; 1987[2]
Carthy, S.: Tiere auf Wanderung. Frankfurt/Main: Umschau 1968
Chinery, M.: Insekten Mitteleuropas. Hamburg/Berlin: Parey 1979
Clausnitzer, H. J.: Immer mehr Tiere und Pflanzen werden immer seltener. NiU-B 32 (1984), H. 12, 444–448
Cleffmann, G.: Stoffwechselphysiologie der Tiere. Stuttgart: UTB 791 (Ulmer) 1979
Collatz, K.-G./Nolof, G./Schulz, W.: Tierphysiologie. 9. Studienbrief. Tübingen: DIFF 1972
Corbet, G./Ovenden, D.: Pareys Buch der Säugetiere. Hamburg/Berlin: Parey 1982
Creutz, G.: Geheimnisse des Vogelzuges. Wittenberg-Lutherstadt: Ziemsen 1987[9]; 1989[10]
Cronquist, A.: An Integrated System of Classification of Flowering Plants. New York: Columbia Univ. Press 1981
Cronquist, A./Takhtajan, A./Zimmermann, W.: On the higher taxa of Embryobionta. Taxon 15 (1966), 129–134
Curry-Lindahl, K.: Das große Buch vom Vogelzug. Berlin/Hamburg: Parey 1971
Czieslik, O./Nottbohm, G.: Muscheln, Schnecken und Tintenfische sind miteinander verwandt. UB 11 (1987), H. 127, 20–31
Czihak, G./Langer, H./Ziegler, H. (Hrsg.): Biologie. Berlin/Heidelberg/New York: Springer 1981[3]
Dahlgren, R. M. T./Clifford, H. T./Yeo, P. F.: The Families of the Monocotyledons. Berlin/Heidelberg/New York/Tokyo: Springer 1985
Danneel, I.: Ein einfaches Muschelmodell – hilfreich, billig und leicht herzustellen. NiU-B 27 (1979), H. 5, 156 f.
De Haas, W./Knorr, F.: Was lebt im Meer an Europas Küsten? Stuttgart: Franckh 1965
Deckert, K.: Fische. In: Urania Tierreich, Band Fische/Lurche/Kriechtiere. Leipzig/Jena/Berlin: Urania 1969
Diehl, M.: Abstammungslehre. Biologische Arbeitsbücher 17. Heidelberg: Quelle & Meyer 1976
Dietrich, W. (Hrsg.): Meer. UB 4 (1980a), H. 43
Dietrich, W.: Wie Muscheln leben. Unterrichtsmodell Primarstufe. UB 4 (1980b), H. 43, 15–18
Dircksen, R. (Hrsg.): Wattenmeer und Inselwelt. BU 9 (1973), H. 1
Dörfelt, H. (Hrsg.): Lexikon der Mykologie. Stuttgart/New York: Fischer 1989
Dombrowsky, S.: Die Bachforelle. UB 5 (1981), H. 59, 15–21
Dylla, K.: Zur Motivation der Schüler im Biologieunterricht, 1: Beispiele aus der Botanik. PdN-B 22 (1973), H. 7, 185–190

Eckardt, T.: Die natürliche Verwandtschaft bei den Blütenpflanzen. Umschau 64 (1964), 496–502
Ehrendorfer, F.: Evolution und Systematik. In: *Strasburger:* Lehrbuch der Botanik für Hochschulen. Stuttgart/New York: Fischer 1983[32]a
Ehrendorfer, F.: Spermatophyta. In: *Strasburger:* Lehrbuch der Botanik. Stuttgart/New York: Fischer 1983[32]b
Ehrendorfer, F./Dahlgren, R. (Hrsg.): New evidence of relationship and modern systems of classification of the angiosperms. Nordic Journ. of Bot. 3 (1983c), no. 1
Eichholz, G./Hinrichs, K.: Spurensicherung im Watt. Schülerarbeitsheft. UB 12 (1988), H. 136, 25–32
Eidmann, H./Kühlhorn, F.: Lehrbuch der Entomologie. Hamburg/Berlin: Parey 1970[2]
Eisentraut, M.: Überwinterung im Tierreich. Stuttgart: Franckh 1955
Eisentraut, M.: Der Winterschlaf mit seinen ökologischen und physiologischen Begleiterscheinungen. Jena: VEB Fischer 1956
Ellenberg, H./Müller-Dombois, D.: Tentative physiognomic-ecological classification of plant formations of the earth. Ber. Geobot. Inst. ETH Rübel 37 (1967a), 21–55
Ellenberg, H./Müller-Dombois, D.: A key to the Raunkiaer plant life forms with revised subdivisions. Ber. Geobot. Inst. ETH Rübel 37 (1967b), 56–73
Emde, F.: Der Vogelzug. Eine Unterrichtsreihe für das 7./8. Schuljahr. NiU-B 28 (1980), H. 12, 433–444
Emlen, S. T./Emlen, J. T.: A technique for recording migratory orientation of captive birds. Auk 83 (1966), 361–367
Encke, F.: Die schönsten Kalt- und Warmhauspflanzen. Stuttgart: Ulmer 1968
Engler, A.: Syllabus der Pflanzenfamilien. Bd. 2: Angiospermae (herausgegeben von *H. Melchior* und *E. Werdemann*). Berlin: Borntraeger 1964
Entrich, H.: Auf dem Weg zur Samenpflanze. UB 13 (1989), H. 147, 44–51
Eschenhagen, D.: Das Thema Evolution im Unterricht. UB 1 (1976), H. 3, 2–12
Eschenhagen, D.: Das Thema „Insekten" im Biologieunterricht. UB 3 (1979), H. 32, 2–9
Eschenhagen, D.: Untersuchung zu Tierkenntnissen von Schülern. UB 6 (1982), H. 68, 41–44
Eschenhagen, D.: Untersuchungen zu Pflanzen- und Tierkenntnissen von Schülern. In: *Hedewig, R./Staeck, L.* (Hrsg.): Biologieunterricht in der Diskussion. Köln: Aulis 1984, 143–156
Eschenhagen, D.: Vermittlung von Pflanzen- und Tierkenntnissen in der Grundschule. Sachunterricht und Mathem. i.d. Primarstufe 13 (1985), H. 4, 120–126
Eschenhagen, D.: Wirbellose. Basisartikel. UB 11 (1987), H. 127, 4–12
Eschenhagen, D. (Hrsg.): Orientierung. UB 12 (1988), H. 139
Eschenhagen, D./Kattmann, U./Rodi, D.: Fachdidaktik Biologie. Köln: Aulis 1985
Etschenberg, K.: Welche biologischen Objekte können Schüler beim Übergang in die Sekundarstufe I benennen? NiU-B 31 (1983), H. 10, 344–351
Etschenberg, K.: Sehen und Benennen. Eine empirische Untersuchung mit Schülern beim Übergang in die Sekundarstufe I. UB 9 (1985), H. 105, 46–48
Eulefeld, G.: Biologie in Stichworten. III. Zoologie. Zytologie – Histologie – Systematik. Kiel: Hirt 1972
Evans, P. G. H.: Whales & Dolphins. New York/Oxford: Facts on File 1987
Falkenhan, H.-H. (Hrsg.): Handbuch der praktischen und experimentellen Schulbiologie. Studienausgabe. Köln: Aulis 1981
Fiedler, W.: Mit der Gliep im Watt. UB 12 (1988), H. 136, 14–17
Fioroni, P.: Einführung in die Meereszoologie. Darmstadt: Wiss. Buchgesellschaft 1981
Fischer, W.: Steinadler, Kaffernadler, Keilschwanzadler. Wittenberg-Lutherstadt: Ziemsen 1974 (NBB 475)
Fischer, W.: Der Wanderfalk. Wittenberg-Lutherstadt: Ziemsen 1975[3] (NBB 380)
Fischer, W.: Die Seeadler. Wittenberg-Lutherstadt: Ziemsen 1982[4] (NBB 221)
Fischer, W.: Die Habichte. Wittenberg-Lutherstadt: Ziemsen 1983[2] (NBB 158)
Fitschen, J.: Gehölzflora. Heidelberg: Quelle & Meyer 1987[8]
Fitter, R./Fitter, A./Blamey, M.: Blumen – Wildblühende Pflanzen. Hamburg: Parey 1987
Fiuczynski, D.: Der Baumfalke. Wittenberg-Lutherstadt: Ziemsen 1988 (NBB 575)
Flindt, R.: Biologie in Zahlen. Stuttgart/New York: Fischer 1985; 1986[2]; 1988[3]
Flor, F.: Demonstration an rezenten und fossilen Tintenfischen. BU 6 (1970), H. 3, S. 52–55
Fox, M. W.: Vom Wolf und Hund. München: BLV 1975
Frädrich, H./Frädrich, J.: Zooführer Säugetiere. Stuttgart: Fischer 1973
Friederichs, K.: Die Grundfragen und Gesetzmäßigkeiten der land- und forstwirtschaftlichen Zoologie, insbesondere der Entomologie (2 Bde.). Berlin: Parey 1930
Frings, H.-J.: Erfahrungen mit Hunden. UB 2 (1977), H. 5, 21–33
Fritzsche, H.: Igel als Wintergäste. München: Gräfe & Unzer 1980
Frohne, D./Jensen, U.: Systematik des Pflanzenreichs. Stuttgart: Fischer 1985[3]
Frommhold, E.: Wir bestimmen Lurche und Kriechtiere Europas. Radebeul: Neumann 1959

Literaturverzeichnis

Frommhold, E.: Die Kreuzotter. Wittenberg-Lutherstadt: Ziemsen 1964 (NBB 332)
Füngers, S./Probst, W.: Erprobung einer Unterrichtseinheit „Überblick über das System der Pflanzen". PdN-B 35 (1986), H. 2, 38
Fukarek, F.: Hauptwege der Phylogenese im Pflanzenreich. In: *Kämpfe, L.* (Hrsg.): Evolution und Stammesgeschichte der Organismen. Jena: VEB Fischer 1985[2]
Gaberding, K.-H./Thies, M.: Miesmuscheln im Watt. UB 4 (1980), H. 43, 29–35
Gahl, H.: Über die Formenkenntnis des Primarschülers und seine Einstellung zum Tier. In: *Schwartz, E.* (Hrsg.): Entdeckendes Lernen im Lernbereich Biologie. Arbeitskreis Grundschule. Bd. 16/17, 155–175. Frankfurt/M. 1973
Galland, B.: Wir ordnen häufige Frühblüher. UB 6 (1982), H. 68, 25–27
Gams, H.: Prinzipienfragen der Vegetationsforschung. Vierteljschr. Naturf. Ges. Zürich 53 (1918), 293–493
Garberding, K.-H./Thies, M.: Miesmuscheln im Watt. Unterrichtsmodell Sekundarstufe I. UB 4 (1980), H. 43, 29–35
Gerhard, F.: Naturraum Wattenmeer. München: Meyster 1981
Gerhardt-Dircksen, A. (Hrsg.): Evolution der Pflanzen I. Stammesgeschichte. PdN-B 34 (1985), H. 7
Gerhardt, A./Brogmus, H.: Arbeitsblätter zum Thema „Die Natur im Wechsel der Jahreszeiten". NiU-B 32 (1984), H. 10, 321–333
Gerhardt, A./Dircksen, R. (Hrsg.): Biologieunterricht im Freiland – Das Wattenmeer. NiU-B 30 (1982), H. 5
Gerlach, M.: Vom Wert von Bestimmungsübungen. BioS 32 (1983), H. 5, 205 f.
Gerlach, R.: Die Fische. Hamburg: Claassen 1950
Gierke, J./Ruge, K.: Bussardbestände wachsen nicht in den Himmel. UB 5 (1981), H. 56, 30–36
Ginsburg, H./Opper, S.: Piagets Theorie der geistigen Entwicklung. Stuttgart: Klett-Cotta 1982[3]
Glahn, H. von: Artenkenntnis durch Bestimmen im Naturkundeunterricht der Volksschuloberstufe. Z.f.Naturl. u. Naturk. 6 (1958), H. 3, 62–68
Glutz v. Blotzheim, U./Bauer, K./Bezzel, E.: Handbuch der Vögel Mitteleuropas, Bd. 4: Falconiformes. Wiesbaden: Akademische Verlagsgesellschaft 1971
Götting, K.-J./Kilian, E.F./Schnetter, R.: Einführung in die Meeresbiologie. Band 1: Marine Organismen – Marine Biogeographie. Band 2: Das Meer als Lebensraum und seine Nutzung. Braunschweig/Wiesbaden: Vieweg 1982 u. 1988
Götz, E./Knodel, H.: Erkenntnisgewinnung in der Biologie, dargestellt an der Entwicklung ihrer Grundprobleme. Stuttgart: Metzler 1980
Gospodar, U.: Amphibienschutz und Schulbiologie. UB 7 (1983), H. 78, 60–62
Graf, J.: Tafelwerk zur Pflanzensystematik. Einführung in das natürliche System der Blütenpflanzen. München: Lehmann 1975; 1976
Grahmann, R.: Urgeschichte der Menschheit. Stuttgart: Kohlhammer 1952
Grasshoff, M.: Sessile Tiere des Meeres – Evolutionswege – Konstruktionen – Lebensräume. Natur und Museum 117 (1987), 369–386
Gray, J.: How Fishes Swim. Scientific American 197 (1957), 48–54
Gray, J.: Animal Locomotion. London: Weidenfeld & Nicholson 1968
Grebel, D.: Einführung in die Stachelhäuter. PdN-B 10 (1961), H. 12, 232–234
Griffin, D. R.: Vogelflug. München: Desch 1965
Grimm, H. (Hrsg.): Wattenmeer. UB 12 (1988), H. 136
Gruner, H.-E. (Hrsg.): Lehrbuch der Speziellen Zoologie (begr. v. *A. Kaestner*), Bd. I: Wirbellose Tiere, 1. Teil: Einführung, Protozoa, Placozoa, Porifera. Stuttgart: Fischer 1980[4]
Grupe, H.: Bestimmungsübungen. Z.f. Naturl. u. Naturk. 9 (1961), H. 11, 342–344
Grzimek, B. (Hrsg.): Grzimeks Tierleben. Enzyklopädie des Tierreichs in 13 Bänden. München: dtv 1979
Grzimek, B. (Hrsg.): Grzimeks Enzyklopädie Säugetiere. 5 Bände. München: Kindler 1987/88
Haager, J.: Zimmerpflanzen. Hanau: Dausien 1980
Hadorn, E./Wehner, R.: Allgemeine Zoologie. Stuttgart: Thieme 1978[20]
Hahn, M. Wie kommt der Mäusebussard zu seiner Beute? Ein Unterrichtsbeispiel für die 6. Jahrgangsstufe. NiU-B 27 (1979), H. 11, 328–332
Halbach, U.: Das Rädertier Asplanchna – ein ideales Untersuchungsobjekt. I–III. Mikrokosmos 60 (1971), H. 7, 193–199; H. 10, 289–294; H. 12, 360–365
Halbach, U.: Die Ökologische Nische. PdN-B 32 (1983), H. 4, 101–108
Haller, B./Probst, W.: Eine synoptische Merk- und Bestimmungstabelle für die wichtigsten Familien der Bedecktsamer. BU 13 (1977a), H. 2, 36–49
Haller, B./Probst, W.: Eine neuartige synoptische Tabelle für Bestimmungsübungen – vorgestellt am Beispiel „Coniferen". BU 13 (1977b), H. 2, 50–68
Haller, B./Probst, W.: Botanische Exkursionen. Bd. I, Exkursionen im Winterhalbjahr, 1983[2], Bd. II: Exkursion im Sommerhalbjahr, 1989[2]. Stuttgart/New York: Fischer

Haltenorth, T.: Säugetiere. 2 Bände. Das Tierreich VII/6. Sammlung Göschen. Berlin: de Gruyter 1969
Haltenorth, T.: Klasse Mammalia, Säugetiere. In: Handbuch der Biologie, Bd. VI/3. Wiesbaden: Athenaion 1977
Hanke, W./Hamdorf, K./Horn, E./Schlieper, C.: Praktikum der Zoophysiologie. Stuttgart/New York: Fischer 1977
Harz, K.: Die Geradflügler Mitteleuropas. Jena: VEB Fischer 1957
Harz, K./Wittstadt, H.: Wanderfalter. Wittenberg-Lutherstadt: Ziemsen 1957 (NBB 191)
Haßenberg, L.: Ruhe und Schlaf bei Säugetieren. Wittenberg-Lutherstadt: Ziemsen 1965 (NBB 338)
Haug, K.: Naturkundliches Arbeitsbuch. Bd. 1. (Stuttgart: Mundus), Braunschweig: Westermann o.J.
Hechler, U./Koch, D.: Wärmeregulierung bei Mensch und Tier. PdN-B 22 (1973), H. 5, 125–132
Hedewig, R.: Biologielehrpläne im Wandel. UB 4 (1980), H. 48/49, 15–26
Hedewig, R. (Hrsg.): Amphibien. UB 7 (1983), H. 78
Hegi, G./Merxmüller, H./Reisigl, H.: Alpenflora. Hamburg/Berlin: Parey 1977[25]
Heinzel, K./Klausnitzer, B./Kummer, G. (Hrsg.): Tiere der Heimat. Bestimmungsbuch für jedermann. Berlin: Volk und Wissen 1988
Helgoland, draußen, Heft 39. Hamburg: HB Verlags- u. Vertriebsges. 1985
Hemmer, H.: Frosch und Kröte im Unterricht. Heidelberg: Quelle & Meyer 1979
Hennig, W.: Phylogenetische Systematik. Berlin/Hamburg: Parey 1982
Hennig, W./Dathe, W.: Taschenbuch der Speziellen Zoologie. Frankfurt: Harri Deutsch. Teil 1: Wirbellose 1. Ausgenommen Gliedertiere. 1980[4]. Teil 2: Wirbellose 2. Gliedertiere. 1972. Teil 3: Wirbeltiere 1. Fische, Lurche, Kriechtiere. 1975. Teil 4: Wirbeltiere 2. Säugetiere, Vögel. 1984
Herald, E. S./Vogt, D.: Fische. Knaurs Tierreich in Farben. Stuttgart/Zürich/Salzburg: Droemer 1960
Hertel, H.: Struktur – Form – Bewegung. Mainz: Krausskopf 1963
Herter, K.: Die Biologie der europäischen Igel. Leipzig 1938
Herter, K.: Der Temperatursinn der Tiere. Wittenberg-Lutherstadt: Ziemsen 1962 (NBB 295)
Herter, K.: Der Igel. Wittenberg-Lutherstadt: Ziemsen 1965[2] (NBB 71)
Heß, D.: Die Blüte. Stuttgart: Ulmer 1983
Hesse, G.: Tabelle zur Bestimmung der in Deutschland vorkommenden Spinnenfamilien. BU 19 (1983), H. 4, 88–93
Hesse, M.: Artenkenntnis bei Studienanfängern. Eine Anregung zur verstärkten Behandlung der Pflanzenarten im Unterricht. BU 19 (1983), H. 4, 94–100
Hesse, M.: „Artenkenntnis" in der Sekundarstufe I (Hauptschule). NiU-B 32 (1984), H. 5, 163–165
Hessisches Institut für Lehrerfortbildung, Zweigstelle Frankfurt: Unterrichtsmaterialien Biologie S I, Unterrichtseinheit 6.3: Umweltbewältigung am Beispiel der Überwinterung. Fuldatal I/Kassel – Frankfurt: 1970/71
Heywood, V. H.: Taxonomie der Pflanzen. Stuttgart/New York: Fischer 1971
Heywood, V. H.: Flowering Plants of the World. Oxford/London/Melbourne: Oxford Univ. Press 1978
Hickey, M./King, C.: 100 Families of Flowering Plants. Cambridge/London/Melbourne/Sidney: Cambridge Univ. Press 1981
Hinrichs, K.: Weichtiere. Unterrichtsmodell Sekundarstufe I. UB 2 (1978), H. 24/25, 64–70
Hintermeier, H.: Amphibienschutz – ein Unterrichtsthema mit Praxisbezug. NiU-B 30 (1982), H. 10, 345–357
Hintermeier, H.: Lebende Amphibien im Unterricht – eine Übersicht über die gesetzlichen Bestimmungen in den einzelnen Bundesländern. NiU-B 32 (1984), H. 3, 105–109
Hoebel-Mävers, M.: Vielfüßer (Myriopoda) im Unterricht. BU 6 (1970), H. 3, 4–24
Hoffmann, K.: Versuche zu der im Richtungsfinden der Vögel enthaltenen Zeitschätzung. Z. Tierpsychol. 11 (1954), 453–475
Hoffmann, K.: Kompaß und „Innere Uhr" der Zugvögel. In: *Burkhardt/Schleidt/Altner:* Signale in der Tierwelt. München: Heinz Moos 1966, 91–100
Hoffmann, K.: Thermoregulation bei Insekten. BiuZ 1 (1978), 17–26
Hofmeister, H.: Lebensformen der Pflanzen – Ausdruck ihrer Ökologie. BU 9 (1973), H. 2, 15–28
Hofmeister, H.: Lebensraum Wald. Hamburg/Berlin: Parey 1983[2]; 1990[3]
Hofmeister, H./Miehe, D.: Pflanzen im Winter. UB 3 (1979), H. 40, 12–17
Hofmeister, H./Wiencke, C.: Vegetationskundliche Untersuchungen in Wäldern. Unterrichtsmodell Sekundarstufe II. UB 1 (1977), H. 13, 41–45
Hollwedel, W.: Lebendbeobachtungen an Wasserflöhen. BU 8 (1972), H. 1, 33–42
Horn, F.: Moderne Systematik im Biologieunterricht. BioS 35 (1986), H. 1, 14–18
Houot, G./Willm, P.: 4000 m tief. Wiesbaden: Brockhaus 1955
Huber, H.: Leitfaden durch die Ordnungen und Familien der Bedecktsamer, Stuttgart/New York: Fischer 1991
Hughes, N. F.: Palaeobiology of Angiosperm Origines. Cambridge/London/New York/Melbourne: Cambridge Univ. Press 1976

Literaturverzeichnis

Humboldt, A. v.: Ideen zu einer Physiognomik der Gewächse. Tübingen: Cotta 1806

Illies, J.: Noahs Arche, Weg zum biologischen System. Kosmos-Bibliothek Band 261. Stuttgart: Franckh 1969

Immelmann, K. (Hrsg.): Verhaltensforschung. Sonderband zu Grzimeks Tierleben. Zürich: Kindler 1974

Jacob, F./Jäger, E. J./Ohmann, E.: Botanik. Stuttgart/New York: Fischer 1987[3] (UTB 1431)

Janke, K./Kremer, B. P.: Düne, Strand und Wattenmeer. Stuttgart: Franckh 1988

Janßen, W.: Morphologie. UB 9 (1985a), H. 101, 2–10

Janßen, W.: Formenvielfalt: Vogelschnäbel und Vogelfüße. Unterrichtsanregung für die Sek. I. UB 9 (1985b), H. 101, 38–40

Janßen, W.: Steppentiere der Kontinente: Körpergestalt und Umwelt. Unterrichtsanregung für die Sek. I. UB 9 (1985c), H. 101, 41–43

Janßen, W. (Hrsg.): Tierspuren. UB 13 (1989), H. 150

Janus, H.: Das Watt. Stuttgart: Franckh 1986[7]

Jüngling, H./Hager, P./Paysan, A./Roth, A.: Bestimmungsbuch für Pflanzen. Stuttgart: Klett 1970

Kabisch, K.: Die Ringelnatter. Wittenberg-Lutherstadt: Ziemsen 1959 (NBB 483)

Kaestner, A.: Lehrbuch der Speziellen Zoologie. Teil I: Wirbellose. 2. Halbband. Stuttgart: Fischer 1957

Kaestner, A.: Lehrbuch der Speziellen Zoologie. Bd. 1, 3. Teil: Insecta A.: Allgemeiner Teil. Bd. 1, 3. Teil: Insecta B: Spezieller Teil 1972 u. 1973 Stuttgart: Fischer 1972 f.

Kaestner, A./Gruner, H.-E.: Lehrbuch der Speziellen Zoologie. Bd. 1: Wirbellose Tiere, Teil 1: Einführung, Protozoa, Placozoa, Porifera (1980[4]), Teil 2: Cnidaria, Ctenophora, Mesozoa u.a. (1984[4]), Teil 3: Mollusca, Sipunculida, Echiurida u.a. (1982[4]). Stuttgart: Fischer 1980 ff.

Kalchreuter, H.: Die Sache mit der Jagd. München/Wien/Zürich: BLV 1984[4]

Kasbohm, P.: Haltung und Überwinterung von Fröschen, Weinbergschnecken u.ä. als Demonstrations- und Versuchstiere für den Unterricht. NiU 21 (1973), H. 9, 404–406

Kattmann, U.: Artbegriff und Evolution. In: *Kattmann, U./Wahlert, G. von/Weninger, J.:* Köln: Aulis 1981, 71–118

Kattmann, U./Palm, W./Rüther, F. (Hrsg.): Kennzeichen des Lebendigen. Stuttgart: Metzler. Bd. 1: 1982, Bd. 2: 1983

Kattmann, U./Stange-Stich, S.: DER Mensch und DIE Tiere. IPN Einheitenbank Curriculum Biologie. Köln: Aulis 1974

Katz, K. P.: Homologie und das Stammbaumproblem. UB 6 (1982), H. 68, 28–30

Kayser, C.: The Physiology of Natural Hibernation. Oxford: Pergamon Press 1961

Kazmaier, H.: Säugetiere im Meer. UB 2 (1978), H. 24/25, 49–56

Kelle, A./Sturm, H.: Pflanzen leicht bestimmt. Bonn: Dümmler 1979

Kelle, A./Sturm, H.: Tiere leicht bestimmt. Bonn: Dümmler 1984[2]

Kerner von Marilaun, A.: Die Abhängigkeit der Pflanzenwelt von Klima und Boden. Innsbruck 1869

Kerner von Marilaun, A.: Pflanzenleben. 2 Bände. Leipzig/Wien: Bibliographisches Institut 1890; 1891

Kerschensteiner, G.: Wesen und Wert des naturwissenschaftlichen Unterrichtes. München/Düsseldorf und Stuttgart: Oldenbourg und Teubner 1959[5]

Kieffer, E.: Der Maulwurf – angepaßt an ein Leben im Boden. UB 12 (1988), H. 133, 14–19

Kiesser, J. G.: Warum im Herbst die Blätter fallen. Bild der Wissenschaft 11 (1976), H. 2, 48–56

Killermann, W./Scherf, G.: Die Vermittlung von Formenkenntnissen als grundlegende Aufgabe des Biologieunterrichts. Pädagogische Welt 40 (1986), H. 4

Kindersley, D.: Mehr Freude an Zimmerpflanzen. Stuttgart: Das Beste 1981

Klapp, E.: Taschenbuch der Gräser, Hamburg/Berlin: Parey 1983[11]

Klausewitz, W.: Fischartige und Fische. Handbuch der Biologie, Bd. VI/2, 495–628. Konstanz: Athenaion 1965

Kloft, W. J.: Ökologie der Tiere. Stuttgart: UTB 729 (Ulmer) 1978

Klopfer, K.: Systematik der Pflanzen. Programmiertes Studienmaterial zur Wiederholung und Übung. Jena: VEB Fischer 1974

Klug, W.: Phylogenetische und weltanschauliche Gesichtspunkte im Stoffgebiet „Systematik“. BioS 33 (1984), H. 6, 235–239

Knapp, R.: Einführung in die Pflanzensoziologie. Stuttgart: Ulmer 1971

Knodel, H./Bayrhuber, H./Bäßler, U./Danzer, A./Kull, U.: Linder Biologie. Stuttgart: Metzler 1983[20]

Knoll, J. (Hrsg.): Überwinterung, UB 3(1979), H. 40

Knoll, J. (Hrsg.): Blüten. UB 8 (1984), H. 92

Knoll, J./Werner, H. (Hrsg.): Grundfragen der Biologie 5/6. München: Oldenbourg 1979

Koch, G.: Entwurf einer Unterrichtseinheit über das Thema „Weichtiere“ als alternierender Unterricht mit offenen Lernprogrammen. BU 11 (1975), H. 1, 26–52

Kock, K.: Das Watt. Rendsburg: Naturschutzgesellschaft Schutzstation Wattenmeer e.V. 1983

Koecke, H. U.: Allgemeine Zoologie. Bau und Funktion tierischer Organismen. Wiesbaden: Vieweg 1982

Koenig, O.: Tier und Mensch. Wien/München: Jugend und Volk 1980

Koepcke, H.-W.: Die Lebensformen. 2 Bände. Krefeld: Goecke & Evers 1973; 1974

Korbes, F.: Auswahlkriterien für Bildungsinhalte des Biologieunterrichts. BU 12 (1976), H. 3, 33–48

Kosch/Frieling/Janus: Was find ich am Strande? Stuttgart: Franckh 1974

Krämer-Brand, F./Brand, W.: Kein falsches Mitleid – Igel sind keine Heimtiere. Unterrichtsmodell für die Sekundarstufe I. UB 11 (1987), H. 128, 22–25

Kramer, G.: Über Richtungstendenzen bei der nächtlichen Zugunruhe gekäfigter Vögel. In: *Mayr, E./Schüz, E.* (Hrsg.): Ornithologie als biologische Wissenschaft. Heidelberg: Winter 1949

Kramer, G.: Weitere Analyse der Faktoren, welche die Zugaktivität des gekäfigten Vogels orientieren. Naturwissenschaften 37 (1950), 377–378

Kramer, G.: Die Sonnenorientierung der Vögel. Verh. Dtsch. Zool. Ges. Freiburg 1952; 1953, 72–84

Kramer, V.: Habicht und Sperber. Wittenberg-Lutherstadt: Ziemsen 1975[3] (NBB 158)

Kraus, O.: Phylogenetische Systematik und evolutionäre Klassifikation. In: Verh. Dtsch. Zool. Ges. 1976, 84–99

Kraus, O.: Biologische Systematik. Denkschrift der deutschen Forschungsgemeinschaft. Weinheim: Verlag Chemie 1982

Kremer, B. P.: Die Klassifikation der Organismen. Naturwiss. Rundschau (1983), H. 3, 102–105

Kremer, B. P.: Winterknospen – morphologisch und anatomisch gesehen. Mikrokosmos 76 (1987), H. 11, 339–346

Kremer, B. P.: Die fünf Reiche der Organismen. Überlegungen zum gewandelten Verständnis der Lebewesen. Mikrokosmos 78 (1989), H. 7, 198–203

Krieger, K. G.: Vom natürlichen System zum Stammbaum – Methoden der Evolutionsforschung an einfachen Beispielen – für Grund- und Leistungskurs. PdN-B 33 (1984), H. 8, 225–248

Kuckuck, P.: Der Strandwanderer. Berlin/Hamburg: Parey 1974[11]

Kühn, A.: Grundriß der allgemeinen Zoologie. Stuttgart: Thieme 1972[18]

Kühn, H.: Vorgeschichte der Menschheit. Köln: DuMont Schauberg 1962

Kühnelt, W.: Bodenbiologie mit besonderer Berücksichtigung der Tierwelt. Wien: Herold 1950

Kühnelt, W.: Grundriß der Ökologie. Jena: VEB Fischer 1970[2]

Kükenthal, W./Renner, M.: Leitfaden für das Zoologische Praktikum. Stuttgart: Fischer 1984[19]

Kuhn, K./Probst, W.: Biologisches Grundpraktikum, Bd. II. Stuttgart/New York: Fischer 1980

Kuhn, K./Probst, W./Schilke, K.: Biologie im Freien. Stuttgart: Metzler 1986

Kuhn, W.: Methodik und Didaktik des Biologieunterrichts. München: List 1975[5]a

Kuhn, W.: Exemplarische Biologie in Unterrichtsbeispielen. 1. u. 2. Teil. München: List 1975[4]b und 1975[2]c

Kulzer, E.: Der Winterschlaf der Fledermäuse. Umschau 69 (1969), 195–201

Kulzer, E.: Winterschlaf – ein ökologisch-physiologisches Problem. PdN-B 22 (1973), H. 2, 29–38

Kummer, B.: Lokomotion der Wirbeltiere. In: *Siewing, R.:* Lehrbuch der Zoologie, Band 1: Allg. Zoologie. Stuttgart/New York: Fischer 1980[3]

Kummer, G./Neubauer, M./Püschel, U./Zabel, E. (Hrsg.): Pflanzen der Heimat. Bestimmungsbuch für jedermann. Berlin: Volk und Wissen 1991

Kummert, F.: Das große Buch der Zimmerpflanzen. München: Südwest-Verlag 1975

Kunze, H.: Zur Morphologie von Angiospermen. UB 9 (1985), H. 101, 44–46

Lammert, K./Lammert, F. D.: Die Jahreszeiten am Bach. UB 8 (1984), H. 91, 23–37

Landerer, J.: Sollen wir nun die Vögel füttern oder nicht? UB 9 (1985), H. 108, 14–16

Lange, E./Heinrich, W.: Wir bestimmen Pflanzen. Köln: Aulis 1984

Larcher, W.: Ökologie der Pflanzen. UTB 232. Stuttgart: Ulmer 1980[3]

Laufens, G./Detmer, B.: Untersuchungen zum Verständnis der Wirbeltier-Klassifizierung. BU 16 (1980), H. 2, 28–51

Leunis, J. (bearbeitet von *A. B. Frank*): Synopsis der Pflanzenkunde. Hannover: Hahn'sche Buchh. 1885[3]

Leyhausen, P.: Verhaltensstudien an Katzen. Berlin/Hamburg: Parey 1973

Leyhausen, P.: Katzen, eine Verhaltenskunde. Berlin/Hamburg: Parey 1982

Linder, H.: Biologie. Stuttgart: Metzler 1948; 1950[2]; 1967[16]

Lieb, E.: Vom Alter der Menschen und der Bäume: Die Upstedter Linde. Unterrichtsentwurf für die Primarstufe und für die Orientierungsstufe. UB 8 (1984), H. 100, 14–19

Lipkow, E.: Überwinterung der Wechselwarmen – Schulversuch und Unterrichtsverlauf. PdN-B 23 (1974), H. 12, 309–317

Lipkow, E. (Bearbeiter): Überwinterung. IPN-Einheitenbank Curriculum Biologie. Köln: Aulis 1976

Lipkow, E. (Bearbeiter): Leben in der Kälte. IPN-Einheitenbank Biologie, Köln: Aulis o.J. (1989)

Lobeck, K./Streitz, C.-D.: Quantitativ auswertbare Experimente zur Temperaturabhängigkeit der Organismen. BioS 7 (1970), 279–286

Lyman, Ch. P./Willis, J. S./Malan, A./Wang, L. C. H.: Hibernation and Torpor in Mammals and Birds. New York/London/Paris/Tokyo/Toronto: Academic Press 1982
Mackean, D. G.: Einführung in die Biologie 1. rororo 6181. Hamburg: Rowohlt 1970
Margulis, L./Schwartz, K.: Die fünf Reiche der Organismen. Heidelberg: Spektrum 1989
Martensen, H. O.: Pflanzen wehren sich. Unterrichtsmodell für die Orientierungsstufe. UB 9 (1985), H. 101, 14–18
Martensen, H. O./Probst, W.: Farn- und Samenpflanzen in Europa. Stuttgart/New York: Fischer 1990
Matthews, G. V. T.: Vogelflug. München: Goldmann 1971
Matz, G./Weber, D.: BLV Bestimmungsbuch Amphibien und Reptilien. München/Wien/Zürich: BLV 1983
Matzke, M.: Zur Bildung der Begriffe „Kriechtiere" und „Lippenblütengewächse" in Klasse 5. BioS 30 (1981), H. 1, 10–14
Matzke, M.: Festigung und Erweiterung von Artenkenntnissen auf Sommerexkursionen und Wanderungen. BioS 34 (1985), H. 6, 245–247
Mayr, E.: Artbegriff und Evolution. Hamburg/Berlin: Parey 1967
Mayr, E.: Grundlagen der zoologischen Systematik. Hamburg/Berlin: Parey 1975
Meincke, J.: Hinweise zur Stoffeinheit „Korbblütengewächse" im neuen Lehrplan Klasse 6. BioS 38 (1989), H. 5, 192–200
Meise, W.: Der Abendsegler. Wittenberg-Lutherstadt: Ziemsen 1962 (NBB 42)
Melde, M.: Der Mäusebussard. Wittenberg-Lutherstadt: Ziemsen 1983[4] (NBB 185)
Merkel, F. W.: Orientierungsprobleme beim Vogelzug. BiuZ 1 (1971), 165–171
Merkel, F. W.: Das Wanderverhalten der Vögel. BiuZ 2 (1972), 52–59
Merkel, F. W.: Orientierung im Tierreich. Stuttgart/New York: Fischer 1980
Merkel, F. W./Fromme, H. G.: Untersuchungen über das Orientierungsvermögen nächtlich ziehender Rotkehlchen, Erithacus rubecula. Naturwissenschaften 45 (1958), 499–500
Merxmüller, H.: Moderne Probleme der Pflanzensystematik. In: Arbeitsgemeinschaft für Forschung des Landes NRW, Natur-, Ingenieur- und Gesellschaftswissensch., H. 183. Köln/Opladen: Westdeutscher Verlag 1968, 7–37
Meyer, H. U.: Schulbiologische Untersuchungen im Wattenmeer. IPTS Beiträge für Unterricht und Lehrerbildung 21, Kiel 1985
Möhn, E.: System und Phylogenie der Lebewesen. Bd. 1. Stuttgart: Schweizerbart'sche Verlagsbuchhdlg. 1984
Mohr, E.: Säugetiere. 192 Tafeln. Hamburg: Kronen Verl. 1974[3]
Moll, K.-H.: Der Fischadler. Wittenberg-Lutherstadt: Ziemsen 1962 (NBB 308)
Mrososky, N.: Winterschlafende Säugetiere sind physiologische Extremisten. Umschau 12 (1970), S. 388
Müller, H.: Thermoregulation und Wärmehaushalt bei Vögeln. UB 5 (1981), H. 56, 37–43
Müller, H.: Jahresperiodische Erscheinungen bei Winterschläfern, Winterruhern und Wechselwarmen. UB 8 (1984), H. 91, 45–55
Muus, B. J./Dahlström, P.: Meeresfische in Farben. München: BLV 1975
Natuschke, G.: Heimische Fledermäuse. Wittenberg-Lutherstadt: Ziemsen 1960 (NBB 269)
Nehls, J.: Säugetierzähne im Unterricht. PdN-B 10 (1961), H. 10, 181–184
Niethammer, S.: Säugetiere. Stuttgart: Ulmer 1979
Noack, W.: Woher kommen unsere Zimmerpflanzen? Unterrichtsmodell für die Primarstufe. UB 9 (1985), H. 103, 14–17
Nordsee, draußen, Heft 7. Hamburg: HB Verlags- u. Vertriebsges. 1980
Norman, J. R.: Die Fische. Hamburg/Berlin: Parey 1966
Oberdorfer, E./Müller, T.: Pflanzensoziologische Exkursionsflora. Stuttgart: Ulmer 1983[5]
Odum, E. P.: Ökologie. München: BLV 1980
Olberg, G.: Die Fährten der Säugetiere. Wittenberg-Lutherstadt: Ziemsen 1959 (NBB 419)
Ortlieb, R.: Die Sperber. Wittenberg-Lutherstadt: Ziemsen 1987[3] (NBB 523)
Ortlieb, R.: Der Rotmilan. Wittenberg-Lutherstadt: Ziemsen 1988[3] (NBB 532)
Osche, G.: Ökologie. Freiburg/Basel/Wien: Herder 1973; 1981[9]
Osche, G.: Die Vergleichende Biologie und die Beherrschung der Mannigfaltigkeit. BiuZ 5 (1975), 139–146
Paulus, H. F./Dünckmann, M.: Einheit und Vielfalt der Lebewesen. In: Studienbrief für Biologielehrer Nr. C 4. Tübingen: DIFF 1978a
Paulus, H. F./Dünckmann, M.: Methoden der Systematik. In: Studienbriefe für Biologielehrer Nr. C 5. Tübingen: DIFF 1978b
Penzlin, H.: Lehrbuch der Tierphysiologie. Stuttgart/New York: Fischer 1977
Peschke, H. J.: Überwinterung wechselwarmer Tiere. NiU-B 29 (1981), H. 9, 314–321
Peters, G.: Urania Tierreich. Band IV: Reptilien. Leipzig/Jena/Berlin: Urania 1969
Peters, D. S./Gutmann, W. F.: Die Stichhaltigkeit des Homologiebegriffs. MNU 26 (1973), H. 5, 274–279
Peterson, R./Mountfort, G./Hollom, P. A. D.: Die Vögel Europas. Hamburg/Berlin: Parey 1984[13]

Petzsch, H.: Urania Tierreich: Säugetiere. Leipzig/Jena/Berlin: Urania 1966. Lizenzausgabe für die Bundesrepublik Deutschland 1969
Peukert, D. E.: Eine meeresbiologische Exkursion – Anregung für die Sekundarstufe II (Leistungskurs). UB 6 (1982), H. 67, 29–37
Peukert, D. E.: Ökologische Nischen im Wattenmeer. UB 12 (1988), H. 136, 41–45
Pfeiffer, K.: Die Laubverfärbung und der herbstliche Laubfall als Lebensgeschehen. Welt der Schule 21 (1968), 503–517
Pfisterer, J.: Kreuzblüten – Schmetterlingsblüten. Unterrichtsmodell für die Orientierungsstufe. UB 8 (1984), H. 92, 18–33
Pfligersdorffer, G.: Empirische Untersuchung über Lerneffekte auf Biologieexkursionen. In: *Hedewig, R./Staeck, L.* (Hrsg.): Biologieunterricht in der Diskussion. Köln: Aulis 1984, 174–186
Pflumm, W.: Das braune Fettgewebe – eine Wärmequelle der Säugetiere. BiuZ 15 (1985), Nr. 5, 137–140
Piaget, J./Inhelder, B.: Die Entwicklung der elementaren logischen Strukturen, Teil 1. Düsseldorf: Schwann 1973
Piechocki, R.: Der Turmfalke. Wittenberg-Lutherstadt: Ziemsen 1975[4] (NBB 116)
Pissarek, A./Riquarts, B.: Welchen Tieren ähnelt der Mensch? UB 3 (1979), H. 31, 13–17
Poduschka, W.: Geliebtes Stacheltier. Hannover: Landbuch-Verlag 1972
Poduschka, W.: Zur Biologie des Igels – Bedrohungen, Schutzmaßnahmen und Überlebenschancen. PdN-B 31 (1982), H. 8, 247–252
Poduschka, W./Saupe, E./Schütze, H.-R.: Das Igelbrevier. Zu beziehen über: Zool. Gesellschaft von 1858, Alfred-Brehm-Platz 16, Frankfurt/M. 1979[4]
Polunin, O./Huxley, A.: Blumen am Mittelmeer. München/Bern/Wien: BLV 1976[4]
Precht, H./Christopherson, J./Hensel, H./Larcher, W.: Temperature and Life. Berlin/New York: Springer 1973
Preissler, K.: Rädertiere – lohnende Objekte zur Einführung in Mikroskopie und Gewässerkunde. In: *Hedewig, R./Rodi, D.* (Hrsg.): Biologielehrpläne und ihre Realisierung. Köln: Aulis 1982, 233–240
Probst, W.: Formenkunde und Systematik im Biologieunterricht – ein alter Zopf? BU 13 (1977a), H. 2, 4–10
Probst, W.: Vorschläge zur Bearbeitung der Blütenpflanzen im Schul- und Hochschulunterricht. Bu 13 (1977b), H. 2, 11–35
Probst, W.: Biologie der Moos- und Farnpflanzen. Heidelberg/Wiesbaden: Quelle & Meyer 1987
Probst, W. (Hrsg.): Farne und Moose. UB 13 (1989), H. 147
Rademacher, M.: Winterstarre als Überwinterungsform bei Fischen. NiU-B 27 (1979), H. 2, 38–44
Raths, P.: Tiere im Winterschlaf. Jena/Leipzig/Berlin: Urania 1975
Raths, P./Biewald, G.-A.: Tiere im Experiment. Köln: Aulis 1961
Raths, P./Kulzer, E.: Physiology of hibernation and related lethargic states in mammals and birds. Bonner Zoologische Monographien 9, Bonn: Museum Alexander Koenig 1976
Raunkiaer, C.: Planterigets Livsformer og deres Betydning for Geografien. Kopenhagen 1907
Reichelt, G./Schwoerbel, W.: Ökologie. CVK Biologie-Kolleg. Berlin: Cornelsen-Velhagen & Klasing 1974
Reichelt, G./Wilmanns, O.: Vegetationsgeographie. Das Geographische Seminar. Braunschweig: Westermann 1973
Reineck, H.-E. (Hrsg.): Das Watt, Frankfurt/M.: Kramer 1982[3]
Reiss, H.: Wärmeströme in Isolationen. Spektrum der Wissenschaft 11 (1985), 112–125
Remane, A.: Die Bedeutung der Lebensformtypen für die Ökologie. Biol. gen. 17 (1943), 164–182
Remane, A.: Die Besiedlung des Sandbodens im Meere und die Bedeutung der Lebensformtypen für die Ökologie. Zool. Anz. Suppl. 16 (1952), 321–359
Remane, A.: Die Grundlagen des natürlichen Systems, der vergleichenden Anatomie und der Phylogenetik. Leipzig: Geest & Portig 1956[2] (Reprint Königstein/Ts.: Koeltz 1971)
Remane, A./Storch, V./Welsch, U.: Kurzes Lehrbuch der Zoologie. Stuttgart: Fischer 1981[4]
Remane, A./Storch, V./Welsch, U.: Systematische Zoologie. Stuttgart/New York: Fischer 1980[2]; 1985[3]
Remmert, H.: Ökologie. Berlin/Heidelberg/New York: Springer 1978; 1980[2]; 1984[3]
Rockenbauch, D.: Zwölfjährige Untersuchungen zur Ökologie des Mäusebussards (Buteo buteo) auf der Schwäbischen Alb. Journal Ornithologie 116 (1975), 39–54
Rodi, D.: Strukturanalyse zum Thema: Die Anpassung der Fische an das Leben im Wasser. Die Schulwarte 26 (1973), H. 2, 40–52
Rodi, D./Sauerland, H./Schwoerbel, W.: Fische. Anpassung an den Lebensraum Wasser. Körperbau und Lebensweise. Studienbrief. Tübingen: DIFF 1970
Rohweder, O./Endress, P. K.: Samenpflanzen. Stuttgart-New York: Thieme 1983
Rose, J.: Tiere zerkleinern ihre Nahrung. NiU 19 (1971), H. 2, 75–80
Rothmaler, W. (Ersthrsg.): Exkursionsflora für die Gebiete der DDR und der BRD. Berlin: Volk und Wissen, Bd. 1 Niedere Pflanzen 1989[3], Bd. 2 Gefäßpflanzen 1988[14], Bd. 3 Atlas der Gefäßpflanzen 1988[7], Bd. 4 Kritischer Ergänzungsband Gefäßpflanzen 1988[7]

Ryman, D.: Children's understanding of the classification of living organisms. Journal of Biological Education 8 (1974a), 140–144
Ryman, D.: The relative effectiveness of teaching methods on pupils' understanding of classification of living organisms at two levels of intelligence. Journal of Biological Education 8 (1974b), 219–223
Salomonsen, F.: Vogelzug. München/Basel/Wien: BLV 1969
Sanderson, I. T./Bolle, F.: Knaurs Tierreich in Farben: Säugetiere. München/Zürich: Droemersche Verlagsanstalt 1956
Santarius, K. A.: Die Ursachen der Frost- und Trockenresistenz. Umschau 67 (1967), H. 12, 387
Sauer, F.: Die Sternorientierung nächtlich ziehender Grasmücken (Sylvia atricapilla, borin und curruca). Z. Tierpsychol. 14 (1957), 29–70
Schaefer, M./Tischler, W.: Ökologie. Wörterbücher der Biologie. UTB 430. Stuttgart: Fischer 1983
Schaller, F.: Die Unterwelt des Tierreichs. Berlin/Göttingen/Heidelberg: Springer 1962
Scheer, B. T.: Tierphysiologie. Stuttgart: Fischer 1969
Scherf, G.: Zur Bedeutung pflanzlicher Formenkenntnis für eine schützende Einstellung gegenüber Pflanzen und zur Methodik des formenkundlichen Unterrichts. Diss. d. Fak. f. Biologie der Uni. München 1986. In: *Killermann, W.* (Hrsg.): Münchner Schriften zur Didaktik der Biologie, Bd. 3. München 1986
Schilke, K. (Bearbeiter): Herbstfärbung und Laubfall. IPN-Einheitenbank Curriculum Biologie. Köln: Aulis 1977
Schilke, K. (Hrsg.): Blätter und Verdunstung. IPN-Einheitenbank Curriculum Biologie. Köln: Aulis 1978[2]
Schilke, K. (Bearbeiter): Leben an trockenen Standorten. IPN-Einheitenbank Biologie. Köln: Aulis 1984
Schlee, D.: Die Rekonstruktion der Phylogenese mit *Hennigs* Prinzip. Aufsätze u. Red. senckenberg. naturforsch. Ges. 20 (1971), 1–62
Schlichte, H. J.: Untersuchung über die Bedeutung optischer Parameter für das Heimkehrverhalten der Brieftaube. Z. Tierpsychol. 32 (1973), 257–280
Schlichte, H. J./Schmidt-Koenig, K.: Zum Heimfindevermögen der Brieftaube bei erschwerter optischer Wahrnehmung. Naturwissenschaften 58 (1971), 329–330
Schmeil, O.: Reformbestrebungen des Naturgeschichtlichen Unterrichts. Leipzig: Nägele 1905
Schmeil, O.: Leitfaden der Botanik. Leipzig: Quelle & Meyer 1913[50]; 1931[150]
Schmeil, O. (Ersthrsg.): Pflanzenkunde (Neuauflage). Heidelberg: Quelle & Meyer 1970
Schmeil, O./Fitschen, J.: Flora von Deutschland und seinen angrenzenden Gebieten. Heidelberg: Quelle & Meyer 1982[87]
Schmid, K. P./Inger, R. F./Wermuth, H.: Knaurs Tierreich in Farben: Reptilien. München/Zürich: Droemer'sche Verlagsanstalt 1961
Schmidt, E.: Auswertung von Ringfunden – Eine Schülerübung zur Behandlung des Vogelzuges im 6. Schuljahr. PdN-B 19 (1970), H. 3, 45–54
Schmidt, E.: Zur Methodik von Insektenbestimmungen in der Schule. MNU 24 (1971), H. 1, 16–25
Schmidt, E.: Ein Modell zur Neugestaltung von zoologischen Bestimmungsübungen und Anfänger-Exkursionen der Hochschulen. BU 13 (1977), H. 2, 69–79
Schmidt, E.: Tierbestimmen unter funktionalem Aspekt an Hirschen in Tierpark und Museum. NiU-B 30 (1982), H. 12, 437–443
Schmidt, H.: Tierkunde. Köln: Aulis 1981. Auch in: *Falkenhan, H.-H.* (Hrsg.): Handbuch der praktischen und experimentellen Schulbiologie. Köln: Aulis 1971, Bd. 2, 1–384
Schmidt, H.: Die Wiese als Ökosystem. Köln: Aulis 1981[2]
Schmidt-Koenig, K.: Migration and Homing in Animals. Berlin/Heidelberg/New York: Springer 1975
Schmidt-Koenig, K.: Das Rätsel des Vogelzugs. Hamburg: Hoffmann und Campe 1980
Schminke, H. K./Schultz, W.: Arbeitstransparente von Bauplänen der Tiere. Kritisch unter die Lupe genommen. UB 5 (1981), H. 60/61, 16–18
Schmithüsen, J.: Allgemeine Vegetationsgeographie. Berlin: de Gruyter 1968[3]
Schneider, I.: Tiergesellschaften bei Raubtieren. UB 8 (1984), H. 98, 23–41
Schöne, H.: Orientierung im Raum. Stuttgart: Wiss. Verlagsges. 1980
Schreitling, K.-T.: Wir bestimmen Bäume im Sommer. Mitt. d. AG Geobotanik in Schleswig-Holstein u. Hamburg, H. 28b, 1977
Schröpfer, R. (Hrsg.): Säuger. UB 6 (1982), H. 66
Schubert, R. (Hrsg.): Lehrbuch der Ökologie. Jena: VEB Fischer 1986
Schütte, H.: Winterkleidung. UB 3 (1979), H. 40, 18–26
Schüttoff, K.: Kenn- und Bestimmungsübungen an einheimischen Schnecken. BU 11 (1975), H. 1, 79–130
Schüz, E.: Grundriß der Vogelzugskunde. Berlin/Hamburg: Parey 1971
Schubert, R.: Pflanzengeographie. Berlin: Akademie-Verlag 1986[2]
Schulte, J.: Auch Schnecken können riechen und tasten. Unterrichtsmodell für die Primarstufe. UB 8 (1984), H. 89, 15–19

Schulz, W.: Temperaturhaushalt und Wärmeregulation. Studienbrief 1, Tübingen: DIFF 1978
Schuster, M.: Die Gartentulpe (Lehrprogramm). München: Bayerischer Schulbuchverlag 1977
Schwarzenbach, A. M.: Die Fortbewegung des Fisches, Untersuchungen mit Stroboskop und Fischrad. PdN-B 30 (1981), H. 3, 74–78
Schwarzmaier, W./Zauner, F.: Kursheft Energiehaushalt. Stuttgart: Klett 1981
Schwerdtfeger, F.: Ökologie der Tiere. Band I: Autökologie, 1963; 1977[2]; Band II: Demökologie, 1968; 1979[2]; Band III: Synökologie, 1975. Hamburg/Berlin: Parey
Schwerdtfeger, F.: Lehrbuch der Tierökologie. Hamburg/Berlin: Parey 1978
Schwoerbel, W.: Zwischen Wolken und Tiefsee. Ravensburg: Otto Maier 1976
Schwoerbel, W./Sauerland, H./Rodi, D.: Fische. Fernstudienlehrgang für Biologielehrer: Grundlagen für den Biologieunterricht, 3. Studienbrief. Tübingen: DIFF 1970
Seidel, D.: Anpassung der Wiesenpflanzen an den Mahdrhythmus. UB 8 (1984), H. 93, 16–19
Siedentop, W.: Arbeitskalender für den biologischen Unterricht. Heidelberg: Quelle & Meyer 1959
Siewing, R. (Hrsg.): Lehrbuch der Zoologie. Begr. von *H. Wurmbach.* Stuttgart: Fischer, Band 1: 1980[3]; Band 2; 1985[2]
Sperber, G.: Der Wald der gemäßigten Breiten. In: *Illies, J./Klausewitz, W.* (Hrsg.): *Grzimeks* Buch der Ökologie. München: Kindler 1973
Speta, F.: Zwiebeln – versteckte Vielfalt in einfacher Form. Linzer Biol. Beiträge 16/1. (1984), 3–44
Staeck, L.: Das Arbeiten mit dem lebenden Naturobjekt im biologischen Unterricht – am Beispiel des Süßwasserpolypen. NiU 20 (1972), H. 3, 128–133
Staeck, L.: Plädoyer für einen gesellschaftsbezogenen Biologieunterricht. UB (1976), H. 1, 46–48
Staeck, L.: Zeitgemäßer Biologieunterricht. Düsseldorf: Pro Schule 1975; Stuttgart: Metzler 1982[3]
Starke, K.-H.: Eine Übung im Klassifizieren am Beispiel der Säugetiere. PdN-B 24 (1975), H. 12, 328–332
Stebbins, L.: Flowering Plants. Evolution above Species Level. Cambridge (Mass.): Belknap Press of Havard Univ. Press 1974
Steen, A.: Der Mäusebussard. Eine Unterrichtsstunde für eine 6. Klasse. NiU-B 28 (1980), H. 2, 40–42
Stern, H./Schröder, W./Vester, F./Dietzen, W.: Rettet die Wildtiere. Stuttgart: Pro Natur 1980
Stichmann, W.: Naturerlebnis und Formenkenntnis in unserer Zeit. WPB 26 (1974), H. 82, 437–442
Stichmann, W.: Die Natur im Wechsel der Jahreszeiten. UB 8 (1984), H. 91, 2–13
Stichmann, W. (Hrsg.): Bäume. UB 11 (1987), H. 127
Strasburger, E. (Ersthrsg.): Lehrbuch der Botanik für Hochschulen. Stuttgart/New York: Fischer 1983[32]
Streble, H.: Was find ich am Strande? Stuttgart: Franckh 1978
Stresemann, E. (Ersthrsg.): Exkursionsfauna für die Gebiete der DDR und der BRD. Berlin: Volk und Wissen 1967. (Bd. 1 Wirbellose 1986[7], Bd. 2/1 Wirbellose: Insekten I 1989[8], Bd. 2/2 Wirbellose: Insekten II 1988[6], Bd. 3 Wirbeltiere 1989[11])
Strübing, H.: Schnee-Insekten. Wittenberg-Lutherstadt: Ziemsen 1958 (NBB 220)
Sturm, H.: Eigenart und Wirksamkeit der biologischen Schulausstellung. NiU-B 20 (1972), H. 5, 213–228
Sturm, H.: Bestimmungsübungen im Biologieunterricht. BU 11 (1975), H. 1, 53–78
Sturm, H.: Formenkenntnis. UB 6 (1982), H. 68, 2–13
Sula, J.: Der Vergleich und seine Bedeutung für die Bildung elementarer biologischer Begriffe. BU 4 (1968), H. 3, 21–40
Sutter, E.: Radar als Hilfsmittel der Vogelforschung. Orn. Beob. 54 (1957), H. 3/4, 70–96
Tait, R. V.: Meeresökologie. Stuttgart: Thieme 1971
Tardent, P.: Meeresbiologie. Stuttgart: Thieme 1979
Takhtajan, A.: Die Evolution der Angiospermen. Jena: VEB Fischer 1959
Takhtajan, A.: Evolution und Ausbreitung der Blütenpflanzen. Stuttgart/New York: Fischer 1973
Takhtajan, A.: Outline of the classification of flowering Plants (Magnoliophyta). Bot. Rev. 46 (1980), 107–142
Tendel, J. (Hrsg.): Überwinterung von Pflanze, Tier und Mensch. Themenheft 6, NiU-B 29 (1981), H. 9
Teschner, D.: Versuche mit Insekten. Heidelberg: Quelle & Meyer 1979
Theede, H.: Experimentelle Untersuchungen über die Filtrationsleistung der Miesmuschel Mytilus edulis L. Kiel: Kieler Meeresforschung 19 (1963), 20–41
Theede, H.: Frostschutz bei Meerestieren. UB 5 (1981), H. 58, 43–46
Thielcke, G./Herrn, C.-P./Hutter, C.-P./Schreiber, R.: Rettet die Frösche. Stuttgart: Thienemann 1990[2]
Thies, M.: Biologie des Wattenmeeres. Köln: Aulis 1985
Thorne, R. F.: A phylogenetic classification of the Angiospermae. In: *Hecht, M. K./Steere, W. C./Wallace, B.* (eds.): Evolutionary Biology 9. New York/London: Plenum Press 1976, 35–106
Tille, R.: Vorschläge für die Behandlung der Pflanzen in den Klassen 5 bis 7. BioS 34 (1985), H. 5, 189–194
Tischler, W.: Synökologie der Landtiere. Stuttgart: Fischer 1955
Tischler, W.: Ökologie der Landtiere. Konstanz: Athenaion 1956

Literaturverzeichnis

Tischler, W.: Einführung in die Biologie: Ökologie. Stuttgart: Fischer 1984

Troll, W.: Praktische Einführung in die Pflanzenmorphologie. Jena: VEB Fischer 1957

Troll, W.: Allgemeine Botanik. Stuttgart: Enke 1973[4]

Trommer, G.: Naturerleben – ein naturwissenschaftlich unmöglicher aber notwendiger Begriff für die Umweltbildung. In: *Homfeldt, H.-G.* (Hrsg.): Erziehung und Gesundheit. Weinheim: Studienverlag 1988, 200–223

Urania Pflanzenbereich. Höhere Pflanzen 1 und 2. Thun/Frankfurt a.M.: Deutsch 1976[2]

Urania Pflanzenreich. Niedere Pflanzen. Thun/Frankfurt a.M.: Deutsch 1977[2]

Urania Tierreich. Leipzig/Jena/Berlin: Urania 1967 ff. (Lizenz-Taschenbuchausgabe als Rowohlts Tierwelt, Reinbek: Rowohlt 1977); Neubearbeitung 1989 ff.

Vogellehner, D.: Baupläne der Pflanzen. Freiburg/Basel/Wien: Herder 1981

Vogellehner, D.: Botanische Terminologie und Nomenklatur. Stuttgart/New York: Fischer 1983[2]

Vollert, I.: Funde in Nordrhein-Westfalen beringter Stare (Sturnus vulgaris). Auspicium 1 (1960), H. 2, 141–195

Wagener, A./Strey, G.: Einführung in das Bestimmen der Pflanzen. Heidelberg: Quelle & Meyer 1981

Wahlert, G. von: Evolution als Geschichte des Ökosystems „Biosphäre". In: *Kattmann, U./Wahlert, G. von/ Weninger, J.:* Evolutionsbiologie. Köln: Aulis 1981, 23–70

Wallraff, H. G.: Das Navigationssystem der Vögel. München/Wien: Oldenbourg 1974

Wallraff, H. G.: Navigation mit Duftkarte und Sonnenkompaß: Das Heimfindevermögen der Brieftauben. Naturwissenschaften 75 (1988), H. 8, 380–392

Walter, H.: Einführung in die Phytologie III: Grundlagen der Pflanzenverbreitung, I. Teil: Standortslehre. Stuttgart: Ulmer 1951; 1960[2]

Walter, H.: Die ökologischen Systeme der Kontinente (Biogeosphäre). Stuttgart/New York: Fischer 1976

Walter, H.: Allgemeine Geobotanik. UTB 284. Stuttgart: Ulmer 1979[2]

Walter, H./Breckle, F.-W.: Ökologie der Erde. Bd. 1–3. UTB Große Reihe. Stuttgart: Fischer 1983; 1984; 1986

Walter, H./Harnickell, F./Müller-Dombois, D.: Klimadiagramm-Karten, Stuttgart: Fischer 1975

Wartenberg, A.: Systematik der Niederen Pflanzen. Bakterien, Algen, Pilze, Flechten. Einführung für Botaniker. Mikrobiologen, Pharmazeuten und Mediziner. Stuttgart: Thieme 1979[2]

Wattenmeer, draußen, Heft 44. Hamburg: HB Verlags- u. Vertriebsges. 1986

Weber, H.: Themenkreis Überwinterung bei Pflanzen. NiU-B 29 (1981), H. 9, 297–307

Weber, H./Weidner, H.: Grundriß der Insektenkunde. Stuttgart: Fischer 1974[5]

Weber, R.: Arbeitssammlungen für den Biologieunterricht – Anleitung zur Materialbeschaffung, Präparation und unterrichtlichen Auswertung. BU 3 (1967), H. 2, 56–64

Weber, W.: Die Evolution der Fortpflanzung und des Generationswechsels der Pflanzen. PdN-B 35 (1986), H. 9, 17–25

Weberling, F.: Systematik der Pflanzen. In: *Czihak/Langer/Ziegler:* Biologie. Berlin/Heidelberg/New York: Springer 1981[3]

Weberling, F./Schwantes, H.-O.: Pflanzensystematik. Stuttgart: Ulmer 1981[4]

Wehrenberg, B.: Tillandsia – ein Epiphyt. Unterrichtsmodell für die Sekundarstufe I. UB 9 (1985), H. 103, 21–23

Weick, F.: Die Greifvögel der Welt. Berlin/Hamburg: Parey 1980

Weigold, H.: Der Winterschlaf der Fledermäuse – eine Anpassung an unser Klima. Mitteilungen des Verbands Deutscher Höhlen- und Karstforscher 21 (1975), H. 1/2

Weismann, E.: Revierverhalten und Wanderungen der Tiere. Ravensburg: Maier 1978

Wellinghorst, R.: Wirbellose Tiere des Süßwassers. Ein Bestimmungsschlüssel unter besonderer Berücksichtigung von Indikatororganismen für Gewässergüte. Seelze: Friedrich 1982 (Beilage zu UB, H. 68)

Wessel, V. (Hrsg.): Greifvögel – Bioindikatoren und Opfer menschlicher Vorurteile. BU 17 (1981), H. 2

Whittaker, R. H.: Communities and Ecosystems. London/New York: Macmillan 1975[2]

Wieser, W.: Temperaturbeziehungen wechselwarmer Organismen. BiuZ 3 (1973), 116–123

Williams, C. B.: Die Wanderflüge der Insekten. Hamburg/Berlin: Parey 1961

Wiltschko, W.: Über den Einfluß statischer Magnetfelder auf die Zugorientierung der Rotkehlchen (Erithacus rubecula). Z. Tierpsychol. 25 (1968), 537–558

Wiltschko, W.: Kompaßsysteme in der Orientierung von Zugvögeln. Akad. Wiss. Lit. Mainz, Reihe Inf. Org. II., Wiesbaden: Steiner 1973

Wiltschko, W.: Further analysis of the magnetic compass of migratory birds. In: *Schmidt-Koenig, K./Kaeton, W. T.* (Hrsg.): Animal Migration, Navigation, and Homing. Berlin/Heidelberg/New York: Springer 1978

Windelband, A.: Fangen und Herrichten von Insekten für die biologische Schulsammlung. BU 3 (1967), H. 2, 70–86

Windelband, A.: Unterrichtsmittel für die anschauliche Gestaltung des Stoffgebietes Fische – selbst hergerichtet. BU 4 (1968), H. 4, 25–39

Winkel, G. (Hrsg.): Haustiere. UB 1 (1977), H. 5

Winkel, G.: Phylogenie bei Peperomien. Veröff. d. Schulbiologiezentrums Hannover 1.1.20. Hannover o.J.
Winkel, G. (Hrsg.): Regenwald. UB 9 (1985), H. 104
Wit, H. C.: Knaurs Pflanzenreich in Farben. Bd. I und II. Zürich: Droemer/Knaur 1965
Witt, W.: Die Überwinterung gleichwarmer Tiere: Dachs und Hamster. NiU-B 29 (1981), H. 9, 321–330
Witte, G. R.: Die Miesmuschel: Möglichkeiten zur Initiierung von Erkenntnis und Lernprozessen durch den Einsatz unterschiedlicher Medien. PdN-B 23 (1974), H. 5, 122–129
Wittmann, R./Maas, A./Kiewisch, S.: Die „Metamorphose" der Pflanzen. UB 9 (1985), H. 1, 19–23
Wolf, K.: Der Winterschlaf – dargestellt am Beispiel des Igels. NiU-B 27 (1979), H. 10, 289–295
Wurmbach, H.: Lehrbuch der Zoologie. Bd. II: Spezielle Zoologie. Stuttgart: Fischer 1968[2]
Wyniger, R.: Insektenzucht. Stuttgart: Ulmer 1974
Zahradnik, J.: Der Kosmos-Insektenführer. Stuttgart: Franckh 1980
Zimen, E.: Der Wolf. Wien/München: Meyster 1978
Zimmermann, W.: Arbeitsweise der botanischen Phylogenetik. In: *Abderhalden, E.* (Hrsg.): Handbuch der biologischen Arbeitsmethoden. Berlin/Wien: Urban & Schwarzenberg 1931, 941–1053
Zimmermann, W.: Methoden der Phylogenetik. In: *Heberer, G.* (Hrsg.): Die Evolution der Organismen. Bd. 1. Stuttgart/New York: Fischer 1953[2]
Zimmermann, W.: Geschichte der Pflanzen. Stuttgart: Thieme 1969[2]
Ziswiler, V.: Die Wirbeltiere. 2 Bände. Stuttgart: Thieme 1976
Zucchi, H.: Säugetiere in der Bundesrepublik Deutschland (Quartett). Beilage zu Unterricht Biologie 6 (1982), H. 66
Zucchi, H. (Hrsg.): Fische. UB 10 (1986), H. 113
Zucchi, H./Bergmann, H.-H./Hinrichs, K./Stock, M.: Watt. Lebensraum zwischen Land und Meer, Ravensburg: Maier 1989

Stichwortverzeichnis